史大型学术文化工程丛书

廷全

执行主编 张新斌

河南城镇史

徐春燕 田冰 著

中原出版传媒集团
中原传媒股份有限公司
大象出版社
·郑州·

图书在版编目(CIP)数据

河南城镇史 / 徐春燕, 田冰著. — 郑州：大象出版社, 2020.5
(河南专门史大型学术文化工程丛书 / 谷建全主编)
ISBN 978-7-5711-0513-6

Ⅰ.①河… Ⅱ.①徐…②田… Ⅲ.①城市史-河南 Ⅳ.①K296.1

中国版本图书馆 CIP 数据核字(2019)第 299735 号

河南专门史大型学术文化工程丛书

河南城镇史
HENAN CHENGZHEN SHI

徐春燕　田冰　著

出 版 人	王刘纯
选题策划	王刘纯　张前进
项目统筹	李建平
责任编辑	董罂华
责任校对	安德华　毛　路　李婧慧　牛志远
装帧设计	张　帆

出版发行	大象出版社(郑州市郑东新区祥盛街 27 号　邮政编码 450016) 发行科　0371-63863551　总编室　0371-65597936
网　　址	www.daxiang.cn
印　　刷	北京汇林印务有限公司
经　　销	各地新华书店经销
开　　本	720 mm×1020 mm　1/16
印　　张	31.25
字　　数	505 千字
版　　次	2020 年 5 月第 1 版　2020 年 5 月第 1 次印刷
定　　价	138.00 元

若发现印、装质量问题，影响阅读，请与承印厂联系调换。
印厂地址　北京市大兴区黄村镇南六环磁各庄立交桥南 200 米(中轴路东侧)
邮政编码　102600　　　电话　010-61264834

"河南专门史大型学术文化工程丛书"
编辑委员会

顾　　　问	魏一明　张占仓　袁凯声　丁同民
主　　　任	谷建全
副　主　任	周　立　王承哲　李同新　张新斌
主　　　编	谷建全
执 行 主 编	张新斌
执行副主编	唐金培　陈建魁　李　乔

编　委
（以姓氏笔画为序）

卫绍生	王记录	王玲杰	王景全	毛　兵
田　冰	田国行	代　云	朱海风	任崇岳
李　龙	李　暖	杨　波	杨世利	张玉霞
张佐良	陈习刚	赵广军	赵保佑	赵炳清
贾兵强	徐春燕	高丽杨	郭建慧	程有为

河南专门史总论

张新斌

河南专门史研究,是河南历史的细化研究,是河南历史的全面研究,是河南历史的深入研究,也是河南历史的综合研究。河南历史研究,不仅是地方史研究,也是中国史研究,是中国史的核心研究,是中国史的主干研究,更是中国史的精华研究。

一、河南称谓的区域变迁及价值

(一)河南:由地理到政治概念的演变

河南是一个地理概念。河南概念的核心是"河",以黄河为指向形成地理方位概念,如河南、河东、河西、河内、河外等。《史记·殷本纪》:"盘庚渡河南,复居成汤之故居。"又,《战国策·齐策》:"兼魏之河南,绝赵之东阳。"魏惠王徙都大梁(今开封),而河南地区为魏之重要区域。《史记·项羽本纪》:"彭越渡河,击楚东阿,杀楚将军薛公。项王乃自东击彭越。汉王得淮阴侯兵,欲渡河南。"这里的"河南"明显不是一个政区概念,而是一个地理概念。

河南也是一个政治概念。《史记·货殖列传》所云"三河"地区为王都之地。"昔唐人都河东,殷人都河内,周人都河南。夫三河在天下之中,若鼎足,王者所更居也。"可见河南为周之王畿之地。又,《史记·周本纪》:"子威烈王午立。考王封其弟于河南,是为桓公。"《史记·项羽本纪》:"故立申阳为河南王,都洛阳。"这也从一个侧面反映出河南在战国、秦汉之际与王都连在一起,无疑应为政治中心。《通志·都邑略》对河南有一个重要评价："故中原依大河以为固,吴越依大江以为固。中原无事则居河之南,中原多事则居江之南。自开辟以来皆河南建都,虽黄帝之都、尧舜禹之都于今皆为河北,在昔皆为河南。"

(二)河南：以洛阳为中心的政区概念

1.河南郡。汉代始设,至隋唐之前设置。《汉书·地理志》云,河南郡,辖县22,有洛阳、荥阳、偃师、京、平阴、中牟、平、阳武、河南、缑氏、卷、原武、巩、谷成、故市、密、新成、开封、成皋、苑陵、梁、新郑。以上地区包括今洛阳市区周边,含今新安、孟津、伊川、偃师,今郑州市的全部,今开封市区,以及今原阳县,今汝州市。据《晋书·地理志》,河南郡领河南、巩、安、河阴、新安、成皋、缑氏、新城、阳城、陆浑。西晋时,汉河南郡东部析置荥阳郡,而西晋时的河南郡大致包括今洛阳市区及嵩县、新安、偃师、伊川等,以及巩义、登封、新密,还有荥阳的一部分和今汝州市。《宋书·州郡志》：南朝宋司州有三郡,包括河南郡,领河南、洛阳、巩、缑氏、新城、梁、河阴、陆浑、东垣、新安、西东垣等,其范围与西晋河南郡差不多。《魏书·地形志》说河南郡仅领县一个,其区划郡县叠加。《隋书·地理志》记述隋设河南郡,统领18个县,为河南、洛阳、桃林、阌乡、陕、熊耳、渑池、新安、偃师、巩、宜阳、寿安、陆浑、伊阙、兴泰、缑氏、嵩阳、阳城,涉及今三门峡市区及灵宝、渑池、义马等,今洛阳市区及新安、偃师、嵩县、宜阳等,今郑州所辖巩义、登封等。

2.河南尹。东汉时洛阳为都,在都城设河南尹。《后汉书·郡国志》：河南尹,辖洛阳、河南、梁、荥阳、卷、原武、阳武、中牟、开封、苑陵、平阴、缑氏、巩、成皋、京、密、新城、偃师、新郑、平。其所辖范围与西汉河南郡基本相当。三国魏时亦有"河南尹",如《三国志·魏志》：夏侯惇曾"转领河南尹",司马芝于"黄初中,入为河南尹"。

3.河南县。西汉时设县,沿至东汉、西晋、刘宋、北魏、隋、唐、宋等,金代已无河南县,洛阳的"河南""洛阳"双城结构正式瓦解。

4.河南府。唐代始设,沿至宋、金、元,但元代已称之为路。据《旧唐书·地理志》,河南府辖河南、洛阳、偃师、巩、缑氏、告成、登封、陆浑、伊阙、伊阳、寿安、新安、福昌、渑池、永宁、长水、密、河清、颍阳、河阳、汜水、温、河阴、阳翟、济源、王屋。《新唐书·地理志》载,河南府共辖20县,有河南、洛阳、偃师、巩、缑氏、阳城、登封、陆浑、伊阙、新安、渑池、福昌、长水、永宁、寿安、密、河清、颍阳、伊阳、王屋。由此可以看出，其地含今洛阳绝大部分，今郑州的巩义、登封，甚至今豫西北的济源。《宋史·地理志》有河南府，辖河南、洛阳、永安、偃师、颍阳、巩、密、新安、福昌、伊阙、渑池、永宁、长水、寿安、河清、登封共16县。《金史·地理志》载，金时河南府仅辖9个县，即洛阳、渑池、登封、孟津、芝田、新安、偃师、宜阳、巩。以上县名与今县名比较接近，主要分布在今洛阳周边。《元史·地理志》载，在河南行省下有"河南府路"，实相当于河南府，相关县有洛阳、宜阳、永宁、登封、巩县、孟津、新安、偃师，以及陕州的陕县、灵宝、阌乡、渑池，相当于今三门峡市一部分、洛阳市一部分及郑州市一部分。《明史·地理志》记录的河南省下有河南府，属地有洛阳、偃师、孟津、宜阳、永宁、新安、渑池、登封、嵩县、卢氏及陕州的灵宝、阌乡2县。其地较元代河南府稍大。

5.河南道。仅在唐代、五代时实行。据《旧唐书·地理志》载，"河南道"辖河南府、孟州、郑州、陕州、虢州、汝州、许州、汴州、蔡州、滑州、陈州、亳州、颍州、宋州、曹州、濮州等，其范围"约当今河南、山东两省黄河故道以南（唐河、白河流域除外），江苏、安徽两省淮河以北地区"①。《新唐书·地理志》也讲到"河南道"，相当于古豫、兖、青、徐四州之域。据《旧五代史·郡县志》载，五代时有"河南道"，含河南府、滑州、许州、陕州、青州、兖州、宋州、陈州、曹州、亳州、郑州、汝州、单州、济州、滨州、密州、颍州、濮州、蔡州等，可见其范围是极大的。

（三）河南：以开封为中心的政区概念

自元代开始，"省"成为地方最高级行政建制。元代正式设立"河南江北等处行中书省"。《元史·地理志》云，河南行省辖路12、府7、州1、属州34、属县182。其中，汴梁路，领录事司1（县17，开封一带），还领郑、许、陈、钧、睢等5州21县。河南府路，领录事司1（县8，洛阳一带），还领陕州及4县。南阳府，领南阳、镇平2县及邓、唐、嵩、汝、裕5州11县。汝宁府，领汝阳、上蔡、西平、确山、遂平5县及颍、息、光、信阳4州10县。归德府，领睢阳、永城、下邑、宁陵4县及徐、宿、邳、亳4州8县。襄阳路，领录事司1县6，还领均、房2州4县。蕲州

---

① 复旦大学历史地理研究所《中国历史地名辞典》编委会：《中国历史地名辞典》，江西教育出版社1988年版，第538页。

路,领录事司1县5。黄州路,领录事司1县3。以上仅为"河南江北道肃政廉访司",所领范围已包括今河南省黄河以南部分,以及今湖北省江北部分地区,今苏北、皖北部分地区。

明代正式称河南行省(承宣布政使司),《明史·地理志》记录河南省辖府8、直隶州1、属州11、县96。府有开封府、河南府、归德府、汝宁府、南阳府、怀庆府、卫辉府、彰德府,以及直隶州汝州。总的来看,明代的河南省已经与现在的河南省大体范围相当,成为一个跨越黄河南北的省。

清代沿袭了相关的行政建制。需要注意的是,其治所在开封。直到民国及新中国成立初期,开封一直为省会所在。

从以上的史料罗列中可以看出,"河南"是一个重要的概念。先秦时期,河南是一个重要的地理概念,而这个概念中实际上包含了非常深刻的政治含义,河南实际上是天下政治中心的具体体现。从西汉开始到清代,河南成为一个非常重要的行政建制名称。隋唐之前是河南郡(尹),隋唐之后则为河南府(路)。元代之前,河南郡、府、道、尹、县的治所,以及地理概念、政治概念的核心,均在今洛阳。可以说,河南的范围时有变化,作为河南中心的洛阳地位始终是不变的,洛阳甚至是河南的代名词。元代以后行省设立,开封成为行省治所(省会)所在,数以百年。虽然如此,但河南的根源、灵魂在洛阳。

二、河南历史的高度与灵魂

(一)河南历史的高度:河南史的实质就是中国史

河南是个大概念,不仅涉及地理、政区,也涉及政治,研究中国历史是绕不开以洛阳为中心的河南的。《元和郡县志》卷六对"河南"有一个解读:"《禹贡》豫州之域,在天地之中,故三代皆为都邑。"这里对夏至唐的洛阳为都有一个清晰的勾勒,如禹都阳翟、汤都西亳、成王都成周、东汉、曹魏、西晋、北魏等均都洛阳,隋炀帝号为东京,唐代号称东都或东京,"则天改为神都",到了北宋则成为西京。可以说,一部王朝史,绕不开以洛阳为中心的河南。《说苑·辨物》载"八荒之内有四海,四海之内有九州,天子处中州而制八方耳",而这个"中州"就是河南。

对于河南的认识,其战略地位的重要性不言而喻,还有另外一个角度的分析。《读史方舆纪要》卷四十六:"河南,古所称四战之地也。当取天下之日,河南在所必争;及天下既定,而守在河南,则岌岌焉有必亡之势矣。周之东也,以河南而衰;汉之东也,以河南而弱;拓跋魏之南也,以河南而丧乱。朱温篡窃于汴梁,延及五季,皆以河南为归重之地。以宋太祖之雄略,而不能改其辙也,从而都汴。都汴而肩背之虑实在河北,识者早已忧之矣。"在这里,作者将洛阳的战略地位定性为"四战之地",讲到得天下者首先要得河南,反映了作者的敏锐性。但是,将洛阳定位于岌岌可危之地则有所不妥。河南对关中的承接,实际上反映了中国古代的两大政治中心相互补充完善的作用。中国历史上的统一王朝,基本上都经历了定都于关中长安和河洛洛阳两个阶段。所以,从某种意义上讲,河南历史既是河南地方的历史,也是中国古代的历史;从区域角度来看,可以说河南区域史是极为精练的中国史,是影响甚至决定王朝走向的关键历史;从中国历史的大视野考察,具备这种关键作用的区域,在中国这种大格局中,也就是那么一两个地区,而河南无疑是其中之一。

(二)天地之中:中国历史最具灵魂的思维探寻

中国古代都城的选择是与中国人特定的宇宙观联系在一起的。在中国人的观念中,"中"具有极为特殊的意义。中国古代历史上最具影响力的都城中,最能体现这种观念的非洛阳莫属。[1]

周灭商之后,周公受命探寻"天地之中"。《太平寰宇记》卷之三云:"按《博物志》云:'周在中枢,三河之分,风雷所起,四险之国也。昔周武王克殷还,顾瞻河、洛而叹曰:"我南望三涂,北望岳鄙,顾瞻有河,粤瞻雒、伊,毋远天室。"遂定鼎郏鄏,以为东都。'《周书》又曰:'周公将致政,乃作大邑,南系于洛水,北因于郏山,以为天下之大凑也。'皇甫谧《帝王世纪》云:'周公相成王,以丰、镐偏在西方,职贡不均,乃使召公卜居涧水东、瀍水之阳,以即中土。而为洛邑,而为成周王都。'"周朝建立后,最大的问题是"择中而居"。选择"天下之中"与"天地之中",关键是"中"。《路史》卷三十:"古之王者,择天下之中而立国,择国之中而立官,择官之中而立庙。"又,《周礼订义》卷十五:"夫天不足西北,地不足东南,有余不足皆非天地之中,惟得天地之中,然后天地于此乎合土播于四时,所

---

[1] 张新斌:《"天地之中"与"天下之中"初论》,《中州学刊》2018年第4期。

以生长收藏万物一时之气,不至则偏而为害。惟得天地之中,然后四时于此而交,通风以散之,雨以润之,偏于阳则多风,偏于阴则多雨。惟得天地之中,然后阴阳和而风雨以序,而至独阴不生,独阳不成。阴阳之和不成则反伤夫形。"这里论述了天地之中的阴阳秩序。但从众多文献看,天地之合、四时之交、风雨之会、阴阳之和是个立体的概念。"天地之中"刻意强调了思想观念上的特殊性,着重关注了本质文化上的特质性,重点强化了政治统治上的正当性,具有综合意义。

"天地之中"所在地,以洛阳(洛、洛地、洛师、洛邑、洛之邑、洛河之邑、洛水之涯、洛邑之地、河洛等)之说为绝对主流观点;与"天地之中"对应的"天下之中",则更多强调了位置适中,交通便利,其地方文献也多以洛阳为主。《河南通志》卷七:"河南居天下之中,嵩岳表其峻,大河、淮、济萦流境内。"这里所说的河南实则是大河南,河南的本质是洛阳。所以,洛阳为都的观念思想特征的探寻,反映了中国古代的思维方式与思维特点,其理论的深刻性极大丰富了中国古代的思想宝库,也是中国古都历史的灵魂所在。

三、河南历史:既是地方史也是区域史

河南地方史同时还是河南区域史,这是我们对河南专门史进行研究时时常要注意的关键性问题。我们应该如何对待我们的研究?

(一)作为地方史的河南专门史

地方是相对中央而言的。每一个王朝,都有中央与地方。中央就是皇帝,以及三省六部;地方则是郡县、省府县。对中央而言,省及以下建置都是地方。地方史就是研究一定行政建制内的历史,比如县的历史、市的历史、省的历史。

关于地方史,有人认为"所谓地方史研究,就是专门考察、分析某一地区历史变迁的史学工作"[1],或认为"地方史的书写往往是一种以国家宏大历史叙事为背景,又兼具本土地方特色的历史书写","地方历史的建构既是对国家宏大

---

[1] 叶舟:《地方文献与地方史研究》,载《上海地方志》编辑部编《2017年地方志与地方史理论研讨会论文汇编》,第199~203页。

历史叙事的补充,也是新时期国家与地方共同致力于民族地方形象、软实力及文化生态打造的努力"。① 一般而言,地方史是与一定级别的行政建置有关联的。河南长期为地方行政建置,从河南郡与河南县,到河南尹与河南县,到河南府与河南县,到河南路与河南县,再到河南省,作为省级建置也有七百余年的历史。相对王朝而言,河南的历史理所当然地就是地方史。换句话说,河南地方史就是研究河南地方的历史,就是研究在省的建置下河南这一特定范围内所发生的历史。河南地方史,就是对河南特定行政建置(省)内所有历史大事、历史人物、历史规制、历史机构、历史社会、历史文化等总的汇集、总的提炼、总的评价,是一部中国特定地方的小通史,是中国通史的河南卷。河南专门史,则是河南地方历史的细化,是河南专门历史的汇集,是作为地方的河南的历史的总的盘点。

河南地方史的研究,在河南是个"偏科"。河南史学界研究中国史,研究世界史,研究考古学,研究史学理论,当然,大家的研究无疑必然会触及河南,因为在中国史的研究范畴中,如果回避了河南,中国史肯定就不是完整的中国史。一方面,从夏到北宋,河南是王朝的政治中心所在,从某种意义上讲,这期间河南史中的重大事件无疑也是中国史中的重大事件,河南的历史也是中国的核心历史、中国的精英历史。另一方面,关键是要从河南的角度来研究中国的历史,从历史纵的时间轴来研究河南史,从历史横的空间区域比较中研究河南历史。所以,对于研究中国史的学者而言,河南地方史既是熟悉的,又是陌生的。

(二)作为区域史的河南专门史

区域是相对总体而言的。区域可以是一个地方行政建置,如河南、郑州、新郑,也可以是一个地区,如豫北、河朔、齐鲁、三秦、华北。当然,区域也可以是永恒的,对全球而言,中国、东亚、远东,都是区域。在全球史的背景下,区域史是个很时尚的东西,研究中国史与世界史(世界各国的历史),实质上研究的都是区域史。

学界有关区域史的讨论,是非常复杂的。例如,将地方史等同于区域史就

---

① 杨旭东:《近年来地方史研究评述》,《中原文化研究》2016年第1期。

是一种常见的声音,如:"地方史,或称区域史,是历史学科的一个重要分支。"①有的直接将区域史的研究范式等同于地方史的研究范式;②也有的将区域史作为地方史的支脉,"地方史内部也演化出了新的支系"③。尽管区域史和地方史有一定的契合点,但两者还不能完全画等号。区域史研究一般多关注区域的特殊性,但是,"区域史研究的意义不仅仅在于认识作为个案的区域本身,而且有助于对国家整体史的认识。于是,区域史研究的一个重要归宿还在于对中华帝国整体史的理解和把握,并不是局限于孤零零的区域个案,也非仅凭借一两个新线索的发现来填补漏洞、空白,而是从局部、微观、特殊性中找到一些带有普遍性的反映整体的现象和规则"④。区域史,就是由诸地理要素所构成的特定地理空间,有较长时段的经济交流与政治联系,以及内部所共生的以文化为纽带的规律性问题的研究。区域史更多关注点在基层社会,是对特定的人群、组织架构、民间信仰,以及形成的民风进行的研究。除利用正史、正志之外,区域史也要更多关注地方文献,如家谱、文书、契约、方志等,只有这样,区域史才会更加丰满。

河南历史,就河南而言,其起点是地理概念。从历代史志可以看出,行政区划的河南是立足于地理概念河南之上而设置的,在中国古代由特定地理概念而产生的政区并不多见,仅从这一点而言,河南历史既可以是地方史,又可以成为区域史,甚至由于以洛阳为核心的河南在历史上特殊的政治地位,河南史在某些时段可以上升为中国史。这就是河南历史的特殊价值所在。

四、河南历史的研究现状与努力目标

(一)河南历史的主要研究成果

改革开放以来,河南省社会科学院及全省学界陆续推出了一系列河南历史

---

① 叶舟:《地方文献与地方史研究》,载《上海地方志》编辑部编《2017年地方志与地方史理论研讨会论文汇编》,第199~203页。
② 段建宏:《地方史研究的思考》,《忻州师范学院学报》2007年第1期。
③ 姚乐:《如何理解地方史与区域史?——以〈江苏通史·魏晋南北朝卷〉为例的分析》,《南京晓庄学院学报》2014年第3期。
④ 孙竞昊、孙杰:《中国古代区域史中的国家史》,《中国史研究》2014年第4期。

的研究成果:

一是通史类。如《简明河南史》(张文彬主编,1996)、《河南通史》(4卷本,程有为、王天奖主编,2005)。以上成果有首创意义,但分量不足,不足以反映河南历史文化的厚重与辉煌。

二是专门史类。如《河南航运史》(河南省交通厅史志编审委员会,1989)、《河南少数民族史稿》(马迎洲等,1990)、《河南陶瓷史》(赵青云,1993)《河南新闻事业简史》(陈承铮,1994)、《河南考试史》(李春祥、侯福禄主编,1994)、《河南文学史·古代卷》(王永宽、白本松主编,2002)《河南文化史》(申畅、申少春主编,2002)、《河南教育通史》(王日新、蒋笃运主编,2004)《河南农业发展史》(胡廷积主编,2005)《河南经济通史》(程民生主编,2012)《河南生态文化史纲》(刘有富、刘道兴主编,2013)、《中原科学技术史》(王星光主编,2016),以及即将出版的《中原文化通史》(8卷本,程有为主编,2019)等。总体来讲,质量参差不齐,形成不了河南专门史体系类的成果。

三是市县通史类。如《驻马店通史》(郭超、刘海峰、余全有主编,2000)、《商丘通史(上编)》(李可亭等,2000)、《洛阳通史》(李振刚、郑贞富,2001)、《南阳通史》(李保铨,2002)、《安阳通史》(王迎喜,2003)、《嵩县通史》(嵩县地方史志编纂委员会,2016),以及我们即将完稿的《郑州通史》(张新斌、任伟主编,2020)等。

(二)河南历史的研究机构与研究重点

河南历史研究以河南省社会科学院历史与考古研究所为核心。河南省社会科学院历史与考古研究所是专门从事河南历史研究的权威机构,该所前身为成立于1958年的河南省历史研究所。1979年河南省社会科学院成立之际,河南省历史研究所正式成为河南省社会科学院历史研究所,以后又成立了河南省社会科学院考古研究所,2007年正式合并为河南省社会科学院历史与考古研究所。该所现有工作人员19人,其中研究员4人、副研究员10人,博士或在读博士7人,其研究涉及中国历史的各个方面,尤以中国古代史研究实力最为雄厚,在省级社科院中位列前茅。该所主编的"河南历史与考古研究丛书"已出版第一辑(9本)、第二辑(6本),在中原文化、河洛文化、姓氏文化研究方面均有标志性成果。郑州大学的历史研究在以刘庆柱研究员领衔的中原历史文化重点学科、王星光教授为代表的中原科技史方向、吴宏亮教授为代表的河南与近现代中国方向、陈隆文教授为代表的河南史地方向等方面成果卓著。河南大学以黄河文明研究作为主轴,李玉洁教授的河南先秦史研究、程民生教授为代表的以汴京为核心的宋史研究等较为突出。河南师范大学、新乡学院立足新乡,开展牧野文化研究。安阳师范学院则形成了以甲骨文、殷商史为代表的特色学科。河南理工大学立足于焦作,研究太行文化、太行发展。河南科技大学、洛阳师范学院、洛阳理工学院及文物部门的徐金星、蔡运章、薛瑞泽、毛阳光、扈耕田等先生立足于洛阳,开展河洛文化和洛阳学研究。商丘师范学院立足于商丘,对三商文化与商起源的研究颇有建树。许昌学院对汉魏许都的研究、黄淮学院对天中文化的研究、南阳师范学院对东汉文化的研究则各具特色。信阳师范学院以尹全海教授为代表的根亲文化研究、以金荣灿教授为代表的淮河文化研究及三门峡职业技术学院李久昌教授的崤函文化研究等均独树一帜。这些都已经成为河南历史研究的重要力量,也总体反映出河南历史研究的特色。

(三)河南专门史大型学术文化工程运作的过程与目标

2007年以来,为了进一步整合力量,推出标志性成果,我们在已完成的《河南通史》等研究成果的基础上,提出加大对河南历史研究的力度,并以"河南专门史"作为深化河南历史研究的重要抓手。河南专门史的研究工作得到了河南省社会科学院历任领导的重视。早在2008年,河南省社会科学院副院长赵保佑研究员就积极支持专门史研究的工作构想,积极推动该项工作的落实。2010年,院长张锐研究员、副院长谷建全研究员,专门带历史与考古研究所的相关人员到北京社科院进行调研,向他们学习北京专史集成研究的工作经验。2015年,院党委书记魏一明、院长张占仓研究员、副院长丁同民研究员积极推动,将河南专门史正式纳入河南省社会科学院重大专项工作,并于年底召开了河南专门史的正式启动会。在河南专门史创研期间,院领导积极关注工作进展,副院长袁凯声研究员统筹协调,有力地推动了后续工作。2019年,院领导班子对河南专门史工作给予了大力支持,尤其是院长谷建全研究员更是将专门史作为院哲学社会科学创新工程的标志性成果,院办公室、科研处等相关部门为本套书的出版做了大量的后勤保障工作,使河南专门史第一批成果能够按时高质量地出版。河南省社会科学院历史与考古研究所在承担繁重的创研工作的同时,也承担了大量的学术组织工作,张新斌、唐金培、李乔、陈建魁多次在一起商议工程的组织与推动,唐金培在学术组织工作方面,在上下联动、督促、组织上付出了大量的艰辛。大家只有一个想法:尽快拿出一批高质量的学术成果。

为了有效推动河南专门史大型学术文化工程,我们在工作之初便编辑了《河南专门史研究编写实施方案》《河南专门史大型学术文化工程第一批实施方案》《河南专门史大型学术文化工程工作方案》《关于征集河南专门史重大专项书稿的函》等文件,成立了以魏一明、张占仓为组长的"河南专门史大型学术文化工程"领导小组,工程实行首席专家制,由河南省社会科学院历史与考古研究所所长张新斌研究员为首席专家。整个工程坚持"三为主、三兼顾"的原则,即以河南省社科院科研人员为主,兼顾河南史学界;以在职科研人员为主,兼顾退休科研人员;以团队合作为主,兼顾个人独著。在写作上,采用"三结合"的方法,即史实考证与理论提高相结合、学术价值与当代意义相结合、学术性与可读性相结合。

在第一批书稿创研中,我们结合各自的研究基础,自动组成团队,不但河南省社会科学院历史与考古研究所全体科研人员参与了该项工程,文学研究所、哲学与宗教研究所等单位的科研人员也都承担了相关的任务。河南大学、河南师范大学、河南农业大学、华北水利水电大学、郑州市委党校等同行均参与了创研。最终确定了第一批15本书稿的创研目标:《河南考古史》《河南水利史》《河南移民史》《河南园林史》《河南哲学史》《河南水文化史》《河南道教史》《河南城镇史》《河南行政区划史》《河南基督教史》《河南古都史》《河南家族史》《河南书院史》《河南诗歌史》《河南史学史》。我们的总体目标是推出100部具有学术意义的河南专门史成果。

从第一批15部书稿中我们归纳出以下几个特点:一是极大丰富了河南历史研究的内容。这些书稿所涉及的门类有大有小,其研究不仅梳理了相关门类的历史脉络,也丰富了通史类成果无法容纳的分量。如考古史、基督教史时段较短但内容更为丰满,有的甚至可以形成重大事件的编年。二是从更高的视角研究河南。现代考古学在河南的发展对中国考古学的分期具有标志性意义,实际上我们是从中国考古史的角度来研究河南考古史的。正因为这样,我们对河南考古学在中国考古学中的地位有了更为清晰的看法。三是从史料梳理中探寻发展规律。对于每一个专题的研究者,我们更多地要求大家在对史实进行研究的基础上,要探寻相关门类发展的规律,寻找兴衰的规律,以及决定这种兴衰规律的内在因素。我认为在这批成果中,有的已经超越了地方史的范畴,而进入区域史的研究探索之中。当然,研究是一个永无止境的过程,我们期待着河南专门史在以后的创研过程中不断有更多的学术精品问世。

2019 年 8 月

目 录

绪 论 001

第一章 先秦时期河南城市的产生和演进 009
第一节 黄河、平原与城市 010
一、黄河是华夏文明的摇篮 011
二、河南的地域环境与特征 016
三、河南与中国城市的滥觞 024
第二节 河南早期城市的演进 036
一、青铜时代早期：夏代的城市文明 037
二、青铜时代鼎盛期：商代的城市文明 051
三、历史变革期：周代的城市文明 066

第二章 秦汉时期河南封建城市体系的初建 081
第一节 国家大一统与城市体系的初步形成 082
一、秦王朝的大一统与郡县体制建立 083
二、汉代的郡国并行体制 087
第二节 秦汉时期河南城市经济的发展 094
一、秦代的城市经济发展 094

二、两汉时期的城市经济　　　　　　　　　　　　097
　第三节　城市的建设、布局与管理　　　　　　　　108
　　一、城市的规划和建设　　　　　　　　　　　　109
　　二、市坊的布局和管理　　　　　　　　　　　　115
　第四节　城市的文化与社会　　　　　　　　　　　117
　　一、城市的文化发展　　　　　　　　　　　　　117
　　二、城市的社会生活　　　　　　　　　　　　　121

第三章　魏晋南北朝时期河南城市的曲折发展　　125
　第一节　朝代更迭与河南城市体系变化　　　　　　126
　　一、魏晋时期的朝代更迭与行政体制变革　　　　126
　　二、十六国时期的政局动荡与州郡空置　　　　　131
　第二节　城市经济的破坏与恢复　　　　　　　　　136
　　一、战争的破坏和城市的衰落　　　　　　　　　137
　　二、城市人口变化与城乡一体发展　　　　　　　141
　　三、不同时期城市的恢复与建设　　　　　　　　145
　第三节　城市的营建与里市的设置　　　　　　　　150
　　一、城市的营建　　　　　　　　　　　　　　　150
　　二、里市的设置　　　　　　　　　　　　　　　155
　第四节　城市的文化与社会　　　　　　　　　　　159
　　一、城市的文化发展　　　　　　　　　　　　　159
　　二、城市的社会生活　　　　　　　　　　　　　169

第四章　隋唐五代时期河南城市体系的重构和兴盛　175
　第一节　城市体系的重新调整和建立　　　　　　　176
　　一、隋朝的统一和州县体制的建立　　　　　　　177
　　二、唐代的郡县制和区域中心城市的发展　　　　180
　　三、五代政权更迭和行政区划变动　　　　　　　186
　第二节　大运河的疏通与城市经济的进步　　　　　192
　　一、大运河疏通与政治中心东移　　　　　　　　192

　　　　二、运河城市的兴起、发展和繁荣　　　　　　　　　　195
　　　　三、城市人口变化与河南城市化发展　　　　　　　　199
　　第三节　城市的建设与发展　　　　　　　　　　　　　　201
　　　　一、城市的规划建设　　　　　　　　　　　　　　　202
　　　　二、市坊制度的变革　　　　　　　　　　　　　　　206
　　第四节　城市的文化与社会　　　　　　　　　　　　　　213
　　　　一、城市的文化发展　　　　　　　　　　　　　　　214
　　　　二、城市的社会生活　　　　　　　　　　　　　　　224

第五章　宋金时期河南城市的勃兴与繁荣　　　　　　　　　　231
　　第一节　两宋时期河南的行政建制　　　　　　　　　　　232
　　　　一、北宋时期　　　　　　　　　　　　　　　　　　233
　　　　二、宋金对峙时期　　　　　　　　　　　　　　　　234
　　第二节　宋金时期的城市经济发展　　　　　　　　　　　237
　　　　一、北宋城市的发展动力　　　　　　　　　　　　　238
　　　　二、市民阶层的兴起和城市化　　　　　　　　　　　239
　　　　三、不同等级的城市发展　　　　　　　　　　　　　242
　　　　四、金代城市的曲折发展　　　　　　　　　　　　　251
　　第三节　城市的建设和市坊制度的改革　　　　　　　　　253
　　　　一、宋代的城市规划　　　　　　　　　　　　　　　254
　　　　二、坊市制度的崩溃与城市商业的空前发展　　　　　257
　　第四节　城市的文化与社会　　　　　　　　　　　　　　260
　　　　一、城市的文化发展　　　　　　　　　　　　　　　261
　　　　二、城市的社会生活　　　　　　　　　　　　　　　274

第六章　元明时期河南城镇体系的完善与持续发展　　　　　　279
　　第一节　时代变迁与城镇体系的完善　　　　　　　　　　280
　　　　一、元代政区的层级与城镇体系的格局　　　　　　　281
　　　　二、明代行政区划的调整与城镇体系的重构　　　　　287

第二节　不同城镇经济的发展 　293
　　一、城镇经济发展的动力 　293
　　二、不同等级城镇经济的发展概况 　300
　　三、市镇的迅速崛起 　306
　　四、商品经营范围的丰富 　309
第三节　城镇的规划建设和空间拓展 　313
　　一、城镇规划建设 　313
　　二、城镇商业空间的发展 　316
第四节　城镇的社会生活与文化发展 　319
　　一、社会生活 　320
　　二、文化教育 　325
　　三、科学技术 　331
　　四、哲学宗教 　332
　　五、城市娱乐 　334

第七章　清代河南城镇的发展分化 　335
第一节　明清易代与城镇体系的重建 　336
　　一、城镇体系的重建 　336
　　二、河南行政区划和城镇数量的变化 　340
第二节　城镇经济发展的动力与新趋势 　346
　　一、城镇经济发展的基础和动力 　346
　　二、不同等级的城镇发展 　352
　　三、商业市镇的进一步发展 　356
　　四、城镇经济发展的新趋势 　368
第三节　城镇的建设和管理 　375
　　一、城镇规划建设 　375
　　二、城镇市场管理 　382
第四节　城镇的社会生活与文化发展 　384
　　一、社会生活 　384
　　二、思想文化 　388

　　　　三、学校教育　　　　　　　　　　　　　　　　390
　　　　四、科学技术　　　　　　　　　　　　　　　　399

第八章　民国时期河南城镇的近代转型　　　　　　401
第一节　大变革时代的城镇发展　　　　　　　　　402
　　　　一、政权更迭对地方行政区划的影响　　　　　402
　　　　二、河南行政区划　　　　　　　　　　　　　410
第二节　城镇经济的发展与民族资本主义的产生　　416
　　　　一、新式交通体系的形成　　　　　　　　　　416
　　　　二、民族资本主义经济的发展　　　　　　　　421
　　　　三、城镇商业发展　　　　　　　　　　　　　423
第三节　城镇的规划建设和市政管理　　　　　　　427
　　　　一、城镇规划建设　　　　　　　　　　　　　427
　　　　二、市政管理的引进与应用　　　　　　　　　435
第四节　城镇的社会生活与文化发展　　　　　　　440
　　　　一、社会生活　　　　　　　　　　　　　　　440
　　　　二、文化教育　　　　　　　　　　　　　　　441
　　　　三、科学技术　　　　　　　　　　　　　　　448
　　　　四、思想与哲学　　　　　　　　　　　　　　449
　　　　五、城镇娱乐　　　　　　　　　　　　　　　450

结　语　　　　　　　　　　　　　　　　　　　　　455

参考资料　　　　　　　　　　　　　　　　　　　　460

后　记　　　　　　　　　　　　　　　　　　　　　475

绪论

城镇的出现是人类文明进步的产物，也是人类聚居生活的最高形式。河南位于黄河中下游地区，早在数万年前这里就有人类定居，此后随着社会生产的进步和人类活动范围的扩大，早期的人类逐渐由原始聚落向城市转化。河南是中国城市的起源地之一，城市的产生和发展经历了一个漫长而曲折的过程，河南城镇发展的轨迹基本上代表了我国古代城镇演进的方向。

一、"城镇"和"城市"

这两个词都是近代才开始使用的词语，在我国古代文献中，很少将"城"与"市""镇"连在一起使用，虽然唐代大诗人杜甫在《征夫》中有"路衢唯见哭，城市不闻歌"的诗句，但此处"城市"与"路衢"相呼应，"路衢"是城中四通八达的道路，那么"城市"应该指城中的市井，也就是时人从事商品买卖的专门场所，与现代"城市"的含义有着本质区别。古代"城""市""镇"泾渭分明。"城"历史悠久，《黄帝内经》中说"帝既杀蚩尤，因之筑城"，《轩辕本纪》中有"黄帝筑城邑，造五城"的记载。《说文解字》卷十三下《土部》说"城，以盛民也。从土，从成，成亦声"，"从土"就是以土外筑城垣，拱卫臣民，可见早期的城筑有城墙，起到军事抵御的作用。"市"的产生年代也较早。《世本·作篇》说："祝融作市"，颜师古注曰："古人未有市，(及井)若朝聚井汲水，便将货物于井边货卖，故言市井也。"[1]就是说"市"是在人类生活必需品有了剩余之后才出现，是集中进行货物交换的固定场所。早期的"市"数量有限，且多集中于城内，为宫廷和贵族服务，故而又有"都市""宫市"之称，后来随着经济的发展，"市"的规模不断扩大，

---

[1] 〔汉〕司马迁：《史记》卷三〇《平准书》，中华书局2005年版，第1204页。

"城"的商业功能日益凸显,"市"与"城"便紧密结合在一起。"镇"的出现相对较晚,其设置最早始于军事目的。北魏时"缘边皆置镇都大将,统兵备御,与刺史同"[①],镇将除了管辖军务,还同州、郡官员一样享有管理地方政务的权力。唐初,"兵之戍边者,大曰军,小曰守捉,曰城,曰镇"[②],就是说戍守边防的军队规模大者称"军",小者称"守捉",再小的称"镇"。镇将掌管所在地的防戍守御,品秩与县令同,较之北魏权力缩小。北宋时期,政府废除藩镇,"诸镇省罢略尽",只在人烟较盛之地设"监镇",其职能是"主烟火兼征商"[③],可见镇官已经不是以前主要负责军事防御的武将,而是兼有管理与征税职能的行政事务官员。此后伴随着商品贸易的发展,乡村集市和草市逐步增多,在交通便利的地方,固定的货栈和商铺随之出现,规模不断扩大,于是"镇"便在城市之外的农牧村庄中破茧而出,所谓"镇建于市,市随镇起",进一步说明了"镇""市"之间的联系,至今人们仍习惯将镇市、市镇混称。明清时期,镇的行政地位居于县之下,直至今天仍然因袭。

在现代地理学中,"城市"和"城镇"都是相对于农村而言的。从狭义上来说,城市(city)是指经国家批准设立的有市建制的较大规模的非农业人口集聚地,人口较为稠密,城市含市不含镇。而镇(town)也是以非农业人口为主的具有一定工商业规模的居民点,具有镇的建制。一般来说,城镇含镇又含市。而"城市"在非严格情况下,也可以既含市又含镇,如《中华人民共和国城市规划法》第一章第三条就有"本法所称城市,是指国家按行政建制设立的直辖市、市、镇"的规定。本书所关注的是民国及其之前河南地域出现的所有都、府、州、县、镇的历史,故而文中出现的"城市"和"城镇"除非有特殊说明,否则均为混称,即"城镇""城市"概念相同,同时因为宋代及之前具有"征商"功能的镇还没出现或者数量极少,笔者统一将之称为"城市",之后的朝代统一称之为"城镇"。

---

① 〔北齐〕魏收:《魏书》卷一一三《官氏志》,中华书局1974年版,第2976页。
② 〔宋〕欧阳修、宋祁:《新唐书》卷五〇《兵志》,中华书局1975年版,第1328页。
③ 〔宋〕谈钥:《嘉泰吴兴志》卷一〇《管镇》,民国刻本。

二、河南城市的演进

夏代之前的中原城镇尚处于滥觞阶段。旧石器时代的先民们在与自然进行斗争的过程中逐渐学会了选择山林密布、水源丰富的地区群居生活。迨至新石器时代，先民们继续在物竞天择的残酷斗争中完善自己，不但掌握了按照时令栽培农作物的技术，也开始依傍作物居住，随着大量剩余产品的出现，氏族内部的关系日趋复杂，与此同时，相邻部落之间的斗争也日益激烈。人们为了保护自己和本族的私有财产不受侵犯，不得不加强居住地的防御工事，历史上最早的具有军事功能的"城"开始出现。虽然它和现代意义上的城市还有所区别，但是已经能够称之为"雏形城市"。金石并用时代涌现了炎帝、黄帝、蚩尤、帝喾、尧、舜、禹等英雄人物，此时期随着农业生产的大踏步前进，人们不再单纯靠天吃饭，引水灌溉技术的发明以及更加坚固的铜制生产工具在生产劳动中的应用，标志着生产力水平又一次大大提升。早期的国家政权开始产生，人力的聚合为生产注入一股强劲的动力，剥削和阶级分化的加剧使得人们更为深刻地认识到，简单的环壕无法有效地阻挡敌人的进攻，于是人们开始思考如何建造更加高耸坚固的城墙。目前河南已发现的登封王城岗、新密古城寨、辉县孟庄、淮阳平粮台、新密新砦、漯河郾城郝家台、安阳后岗、平顶山蒲城店、濮阳戚城、博爱西金城和温县徐堡等早期城市，虽然规模普遍不大，但是城市规划已经初见端倪，政治功能和经济功能都已具备。

夏、商、周时期是中原城市发展的早期阶段。有熊氏在这里点燃了中华文明的希望之光，夏禹征服大小部落，在这里建立起了我国第一个奴隶制大国，商汤一族不断壮大，经济与政治相结合的"大邑商"由此诞生，周代城市与农村已经有了明显的区分，城市已经成为国家或地区政治、文化、经济的中心，"昔三代之君皆在河洛之间"[①]，在秦统一前的2000多年中，这里始终是华夏文明的核心地带。应该说此时期的城市总量还不是很大，功能较为单一，城市规模也不大，但是人口的聚集以及集市贸易的兴起对城市功能的完善起到了积极推动作用，

---

① 〔汉〕司马迁：《史记》卷二八《封禅书》，中华书局2005年版，第1172页。

城与市相结合,具有完整意义上的城市逐步形成,依礼而建的城市规划制度对后世影响深远。需要指出的是,西周及其之前出现的"城"与现代意义上的"城市"还是不完全相同的,如今的城市是与农村相对而言的,正如马克思、恩格斯所说:"某一民族内部的分工,首先引起工商业劳动和农业劳动的分离,从而也引起城乡的分离和城乡利益的对立。"①如果该理论成立,那么城市的出现就应该是工商业与农业劳动分离的结果,城市以工商业经济为基础,由之产生的城市居住者也必然应该以手工业者为主。但是在中国,直到西周时期,史书记载中的手工业者(也即"百工")并不是城内生活者的主体,且城内也并不排斥农民的存在,甚至前者的数量还会是一个不小的数字,城市和农村从这个意义上来说并不是对立的。因此马世之先生认为"'城市'这个概念比'城'的内涵深,而前者的外延所包含的对象分子却比后者少……城为种概念,城市为属概念,二者之间有从属关系。我们通常所说的城,特别是早期的城,主要是指其围墙建筑而言,它同作为一个国家或地区的政治、经济、文化中心的城市是两个不尽相同的概念"②,也就是说,我国夏、商与西周时期的城市还仅具备"城"的概念,虽然周代的城显然要比早期只具有"围墙建筑"概念的城先进许多,但距离以工商业为主要特征的城市概念也还有一定距离,还只能算是早期的城市,这种早期城市形态一直要延续到春秋战国时期。

秦汉时期河南是全国城市建设的重要组成部分,随着中国进入封建社会,空前的中央集权制度的建立为城市体系的形成和确立奠定了基础,中国城市发展开始走向成熟。郡、县两级城市体系已形成并不断加强,城乡各级市场相继建立。河南虽也有封国存在,但是分封制始终不是主流,而且随着中央王朝的政治稳定,封国将会成为全国行政区划的一部分。总之,政治的稳定,贸易壁垒的清除为城市平顺发展提供了保证,各项社会秩序有效推进,各地商业交流和文化交往日益增多。特别是东汉时期,河南作为封建帝国的统治中心登上历史舞台,以洛阳为中心的区域经济初具规模,随着商品贸易的繁荣,河南还涌现出一批商业名都,这些都标志着河南城镇发展达到了新的历史水平。此外,政治

---

① [德]马克思、恩格斯:《德意志意识形态》,《马克思恩格斯全集(第三卷)》,人民出版社 1960 年版,24—25 页。
② 马世之:《史前文化研究》,中州古籍出版社 1993 年版,第 283 页。

的统一也使得城市建设和管理彻底突破了前代以政治概念为本的"城邦国野"规划观念的束缚,将各自为政的郡县建设纳入到帝国统治的秩序之中,是中国城市建设史上不可或缺的一部分。市场交易日趋频繁,城市从事商业活动的区域被称为"市",因为关系到国计民生,政府对"市"的管理非常严格,此外随着商业的发展,山村野乡也出现了集市。

城镇的发展并不是一蹴而就的,战争是破坏城镇发展最重要的因素。魏晋南北朝时期是中国战乱时间最长的一段时期,从221年到589年的300余年里,大一统的时间仅有37年,其余都是多国并存、军阀割据、战争扰攘。河南是各方军阀争相逐鹿的对象,城市破坏极为严重,经济发展停滞甚至倒退。不过也是因为政治地位举足轻重,不少封建割据政权在此建都,所以战后社会秩序恢复也较快。此时期河南政区变化较大,州长官的统辖权力日渐增大,城镇的数量不断增多,城镇管理体制从郡(国)、县两级向州、郡(国)、县三级行政体制过渡。城市的数量和布局也变换不定,城市水平没有明显提升,但战争使城市建设的除旧布新更为彻底,对城市格局的重新规划起到了一定积极作用。此外,这也是中原汉族文化和北方少数民族文化碰撞最激烈的一段时期,不同文化因素交融在一起,使得城市社会和文化发展更为丰富多彩。

隋唐时期是继秦汉之后中国历史上第二次大一统时期,经历了魏晋南北朝的大分裂和民族大融合,河南城市发展步入新的历史阶段。隋唐时期的行政体制改革,使得河南州、县两级管理体系日益完善,政治的长期稳定,也使得中原人口大幅度提升。此外,隋唐大运河的开通为中原城市经济发展带来了活力。大运河以洛阳为中心,首次将自然河流与前代各段运河连接成规模宏大的漕运体系,沟通了黄河中下游地区与长江三角洲和浙东平原等富庶地区的联系,此后一直到清代,大运河沿线成为王朝经济不衰的新增长带,运河两岸的城镇日渐繁荣。也就是在这个时期河南地区迎来了最早的交通型商贸城市。沿河或者街道两岸设置栏店的做法打破了官市交易的束缚,直接导致了市坊制度的变革,草市也是在这个背景下兴起的。五代时期临街设店已被政府承认为合法行为。随着唐中期以后市坊制度的解体,以商人、手工业者为代表的市民阶层开始形成,虽然他们的力量在当时还不够强大,但是对于社会和文化进步还是产生了不可忽视的影响。

北宋时期,河南城镇迅速发展,经济和文化均远远超越前代。此时期在河南地域参照犬牙相入的原则被分为8大块,州、县的行政划分与唐代相似。作为全国的政治中心、经济中心,河南城镇获得了充分发展。东京汴梁承续前代城市管理经验,一度恢复旧的市坊制度,但是商品经济的空前发展使得市坊遭遇到巨大冲击,在对市场体制的一系列改革中,东京的城市规划格局也发生了一次跨时代的大变革,并最终发展成为当时全国乃至全世界最为繁华的大都市。洛阳等次大城市人口也迅速增加,城市内部结构逐步突破了传统的封闭式。在以城市为中心,由城市、镇、草市而构成的多层次网络状的商业贸易不断发展之下,宋代的区域市场逐渐形成并日渐活跃。城市经济的发展也给城市面貌和社会生活带来了崭新的变化,河南城市呈现一派欣欣向荣的景象。1127年,金军攻破汴京,北宋灭亡,偏安江南一隅的南宋王朝随之建立,与统治北方的金政权形成南北对峙局面,河南地处金与南宋交界地带,残酷的战争使得此时的河南城镇举步维艰。金统一北方后,社会秩序相对稳定,中原的水陆交通得以恢复,社会生产有所发展。

　　元代的河南处于蒙古族的统治之下,地方行政建制较前代有了很大变化。秦汉魏晋时期地方行政建制一般都是二三级,迨至元代增至四五级,不仅如此,行省的建立,打破了历代按照山川地理和人文传统划分政区的管理形式。今河南所属区域基本属于河南行省辖域,这也是河南省称谓的最早由来。明代将地方行政层级省略为府、州、县三级,清代中后期又增加了厅一级。明清时期是我国城镇发展空前繁荣的阶段。随着国内交通网络的畅通,商品市场的逐步形成以及社会生产的进步,中原地区的城镇进一步发展,在许多方面取得了前所未有的成就。首先城镇职能方面出现了政治、军事职能突出的城市,作为交通枢纽异军突起的城镇和具有优势资源特色的城镇三类职能组合。此外,府、州、县的数量和规模有所变动,但是总体上较为稳定。县级以下的镇市发展异常迅速,数量急剧增加,从不同时段城镇数量和分布变化的比较来看,城镇的分布呈日益均衡的趋势。

　　民国时期河南的行政建制基本分为两个阶段:北京政府时期,地方行政层级分为府、道、县三级;南京政府时期又采用省(区)、县两级制。此时的中国战乱灾祸不断,城市发展缓慢,河南处于中国封建势力和帝国主义势力的双重包围之下,城镇发展异常艰难。但是因为社会关系的急剧变化以及外来因素的影响,城市的政治、经济、规划、建筑理念及市民的意识形态等也在不断地转变,河南成为中国内陆省份的一个缩影。

三、相关文献及研究现状

河南城镇史的发展源远流长,关于城镇史的记载除了正史、野史、文人笔记和诗词小说等外,专门的著述还有《洛阳伽蓝记》《唐两京城坊考》《东京梦华录》《宋东京考》《如梦录》等,为我们一窥古代河南城市风采留下了宝贵记录。近代,梁启超、全汉昇等在研究中国都市和行会时对河南城市经济多有涉及,很多研究方法和理论成果值得我们借鉴。中华人民共和国成立以后,自20世纪五六十年代,阎文儒、傅衣凌等开始对汉唐和明清河南城镇进行研究和探讨。1980年,黄以柱发表《河南城镇历史地理初步研究》,系统地对中原城镇不同时期的发展条件、经济水平以及规律演变进行了分析,此后邓亦兵、王兴亚、许檀、马玉臣等学者也陆续出版著作、发表论文对河南商业城镇和集市贸易深入探究,奠定了河南城镇经济研究的基础。进入21世纪以来,关于河南城镇史方面的论文和著作更是日渐丰富。可以说,学者们对河南城镇发展方面的研究已达到相当的广度和深度。笔者不揣浅陋,希望以前人成果为基础,立足中原,对河南城镇的历史源流、行政建置、建设规划等进行系统的分析和梳理,并对漫长而复杂的时空环境下的城镇演变的特点、规律以及城镇与政治、经济、文化之间的关系进行探讨,希望在加深我们对于河南城镇变迁认知的同时,对推进我国城镇史研究也有所裨益。

第一章 先秦时期河南城市的产生和演进

城市的出现是人类文明进步的产物,也是人类聚居生活的最高形式,是人类社会走向成熟和文明的标志。黄河是中华民族伟大的母亲河,孕育了华夏早期的城市。河南位于黄河中下游两岸,自古被视为九州之腹,有"中国之处,而天下之枢"[①]的赞誉,这里地理条件优越,是中国城市最早的起源地之一,从仰韶文化时期的环壕聚落到龙山文化时期的原始城市,再到夏、商、周时期的故国古城,均在河南这片土地上展现过历史的辉煌。

第一节 黄河、平原与城市

水是城市诞生的摇篮,在城市的发展过程中水的作用举足轻重。世界上每一个文明的发源地都是依傍江河湖泊,从这个意义上来讲,黄河当之无愧是中华民族的母亲河。它发源于青藏高原的巴颜喀拉山麓,一泻千里顺流东去,以其丰富的乳汁孕育了人类早期的伟大文明,在它绵延不息的浇灌下,黄河两岸崛起了大批城镇。河南位于黄河中下游地区,平原、盆地、山谷占据其大半面积,气候温暖,四季分明,土壤肥沃,水域充足,是最适合人类居住的区域之一,中国早期的城市在这里诞生。

---

① 〔清〕姚鼐纂集,胡士明、李祚唐标校:《古文辞类纂》卷二六《范雎说昭王论四贵》,上海古籍出版社2016年版,第327页。

一、黄河是华夏文明的摇篮

水是生命之源,很早以前人们就认识到了这一点。春秋时代法家代表人物管仲曾说:"水者何也?万物之本原也,诸生之宗室也。"① 稍晚一点的古希腊哲学家泰勒斯也认为世界的实体性构成要素是水。② 战国时代的思想家更是认为"太一生水,水反辅太一,是以成天"③。虽然囿于科学技术条件限制,人们还不能回答水究竟为何物,但是对于水的重要性人类却有着共识。水也是城市之本,城市的形成和发展都离不开水。早期的人类"逐水草而居",人类聚居的城市都具有依傍江河湖泊的特点。四大文明古国中的古巴比伦发源于幼发拉底河和底格里斯河流域,古埃及发源于尼罗河流域,印度发源于印度河、恒河流域,而我们中国则发源于黄河、长江流域。

黄河古称"河",殷商甲骨文写作"𣲒"或"𣱽",从水可声,可理解为人肩挑土石以巩固黄河堤岸。黄河在古代典籍中被誉为华夏"四渎之宗",百水之首。《说文》云"河,水。出敦煌塞外昆仑山,发原注海",此处的"河"特指黄河。《考异邮》谓:"河者,水之气,四渎之精也,所以流化。"四渎,指的是长江、黄河、淮水和济水。《汉书·沟洫志》载"中国川原以百数,莫著于四渎,而河为宗",黄河是对中国影响最为深远的河流。《新论》说"四渎之源,河最高而长",郭璞《穆天子传注》云"河,四渎之首",苟佺《与河伯牋》也说"发洪流于昆仑,扬高波于砥柱,包四渎以称王,总百川而为主"。不过后来河不再专指黄河,外延有所扩大。有学者认为因为古代其他北方的河流同黄河一样多泛滥,需要经常征发人役治理,故而将北方的河流通称为"河"。《水经注》卷一《河水一》引《春秋说题辞》云"河之为言荷也。荷精分布,怀阴引度也",此处"荷"与"河"通。《释名》解释说:"河,下也,随地下处而通流也。"《汉书·司马相如传》则说"罢池陂陁,下属江河",颜师古注引文颖曰:"南方无河也。冀州凡水大小皆谓之河,诗赋通

---

① 黎翔凤:《管子校注》第十四卷,《新编诸子集成》,中华书局2004年版,第831页。
② [德]文德尔班著,詹文杰译:《古代哲学史》,上海三联书店2014年版,第35页。
③ 《郭店楚简》,出土于湖北荆门郭店一号战国楚墓。

方言尔。""南方无河",大约是因为那里的河流极少泛滥改道,不需要人们耗时费力经常治理,人们便习惯称之为"江","江"者,从水工声,可引申为人工水道,即不会泛滥改道之河流也。

最早记载黄河源流的古籍是战国至秦汉成书的《禹贡》,书中有"导河积石"的说法,大意是说黄河由积石山流出。《汉书·地理志》认为小积石在汉代河关县,即今青海循化附近。《山海经·西山经》则说"昆仑之丘……河水出焉",认为积石山以西高大的昆仑山才是黄河的水源地。这些记载反映了人们对河源的最初认识。随着人们视域的不断扩大,对黄河源头的认识越加准确。康熙四十三年(1704),宫廷侍卫拉锡和内阁侍读舒兰奉皇帝之命考察黄河源头,他们在当地官员的陪同下,跋山涉水、翻山越岭,实地勘察了星宿海、扎陵湖和鄂陵湖等水域的面积、流向及形成原因等,并绘制成详细的地图编入《星宿海河源图》,同时舒兰还将这次考察的经历整理成《河源记》,使人们对黄河有了更加深入的了解。中华人民共和国成立后,经过科学考察队确认,黄河源自巴颜喀拉山南麓的各姿各雅山("各姿各雅"藏语意为雄伟美丽的山),由西向东流去,沿途吸纳几十条溪流汇入约古宗列曲(黄河西源),经过星宿海后分流几股进入扎陵湖,再由扎陵湖纷乱流出,接纳来自巴颜喀拉山的其他大小支流,分九股从西南角注入鄂陵湖,流出鄂陵湖北口时,黄河已经初具规模,河水最宽处可达上百米,在接纳了其他大大小小多支河流汇入后,黄河由此开始了它九曲十八弯的大"几"字形历程,万里迢迢,穿山过岭,经青海、四川、甘肃、宁夏、内蒙古、陕西、山西、河南及山东9个省、自治区,最后浩浩荡荡流入渤海。[①] 黄河全长5464公里,是我国第二大河,其中上游以山地为主,中下游主要是平原和丘陵,由于河流中段途经黄土高原地区,挟带而下的大量泥沙使得水流由清澈而变浑浊,黄河之名由此得来。

---

① 马凤兰:《从历代典籍与"咏黄"诗歌看黄河渊源》,《北方民族大学学报(哲学社会科学版)》2009年第5期。

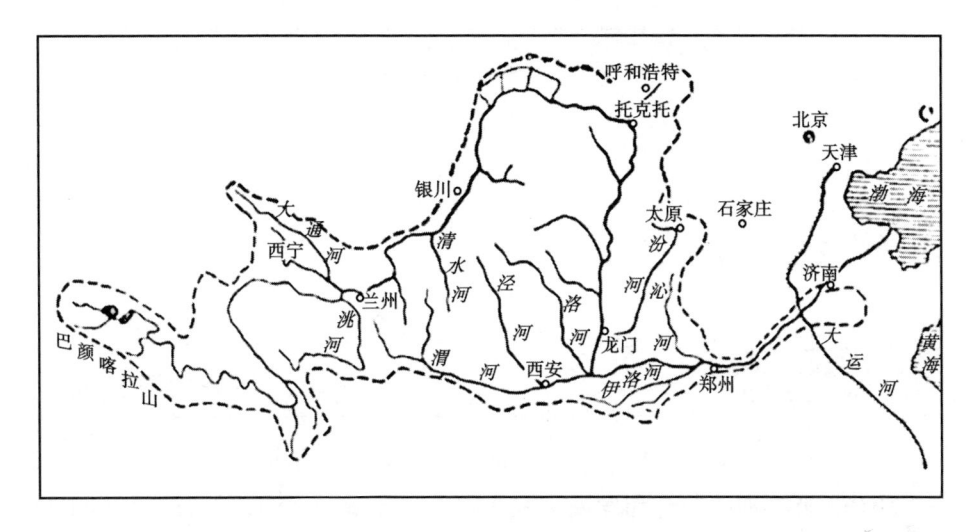

图 1-1-1　黄河水系示意图

　　黄河是中华民族的母亲河,黄河及其支流以其丰富的水源为人类早期的生产生活提供了便利。旧石器时代(距今约 300 万~约 1 万年)华夏先民们在这片热土上生息繁衍,陕西蓝田、山西丁村、宁夏水洞沟等地均留下了他们生活过的足迹,从考古发现以及近人研究成果中,我们推断那时候的黄河流域气候相对干冷,多森林草原和半干旱草原,人们在与自然环境的抗争中得到锻炼,最终脱离动物界转化成为真正的能够直立行走的人。距今 1 万年左右,地球气候逐渐转暖,人类活动日渐活跃,开始走出采集与狩猎时代,进入使用新石器的现代人阶段。9000 年至 5000 年前的黄河流域温暖湿润,四季分明,适宜农业生产和人类的定居生活,人类学会了栽培耕种、饲养家畜,同时也学会利用一些重要的矿物资源、烧制陶器以及冶炼铜等金属,制作生产生活工具,生产力水平大大提升。已发现的该时期的仰韶文化遗址在黄河流域分布甚多,中下游地区尤为集中,西安半坡遗址发现了密集的房屋基址,甘肃渭河台地、河南淇水沿岸以及郑州西山遗址等都发现有村落遗址,可见各地区的仰韶时期文化普遍比较发达。距今约 5000 年至约 4000 年处于新石器时代的晚期,以龙山文化为代表。在山东济南市城子崖、日照市尧王城,河南登封市王城岗、淮阳县平粮台,山西襄汾县陶寺等存留的遗迹中可以清楚看到这个时期的生产工具的数量及种类较之前大为增长,快轮制陶技术已经比较普遍,城中的居民区、陶器场所和墓葬区分离,城边还有原始的城堡、城垣和大型建筑,城堡被史学家称为原始城市。

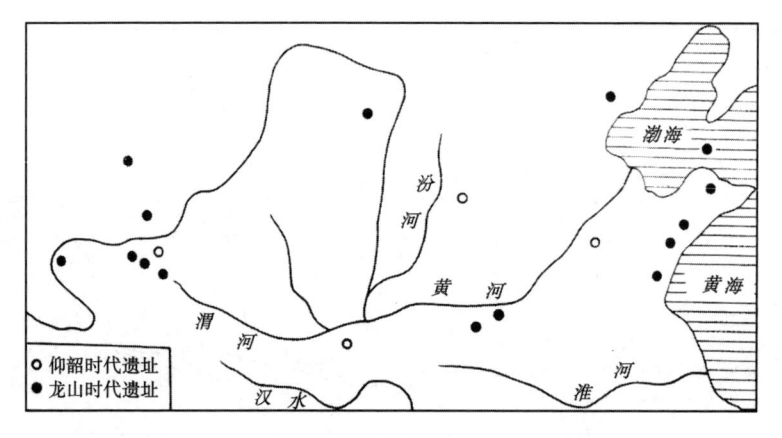

图 1-1-2　仰韶及龙山时代同期出土地点分布①

中华民族早期的融合和发展也发生在黄河流域。大约在新石器时代中晚期，散布在黄河流域的以黄帝、炎帝和蚩尤为首领的部族共同活跃在历史舞台上，他们过着定居与迁徙交织的生活。后来黄帝和炎帝在中原为取得祭天之权进行了一场战争，后人称之为"阪泉之战"，黄帝赢得了这场战争的胜利，从而使炎黄联盟初具雏形。再后来，炎黄部族的人联手在涿鹿打败了东夷集团的九黎族首领蚩尤，联盟势力进一步扩大至今山东境内，蚩尤和炎帝原同属一个部落。再经过尧、舜、禹时代，一直到公元前2100～前770年，炎帝和黄帝的子孙先后建立了夏、商、周三个王朝，他们自称"华"或"夏"，"华"在甲骨文中是极为尊贵的词语。《左传·定公十年》有"裔不谋夏，夷不乱华"的记载，这里"华"与"夏"同。华族人认为自己居住的中原地区是四方之中，故而华夏就有了中华、中夏、中土、中国之意。大概到春秋时期，"华"与"夏"开始连用，"华夏族"成为了炎黄子孙的自称。《尚书·周书·武成》谓"华夏蛮貊，罔不率俾"，"蛮貊"与"华夏"相对应，"华夏"指中原，"蛮貊"指中原以外的南方和北方落后部族，亦泛指四方落后部族。这句话赞扬了在周武王治国理政期间，不管是中原的华夏族，还是偏远地区的部族都心悦诚服、忠心顺从。后来，华夏文化从中原地区不断向四方传播，"中华""华夏"逐渐变成整个中国的代称。此外，从郑州大河村出土的仰韶文化时期器物中可以看到，大河村遗址不但有典型的仰韶文化特征，同时还具备山东大汶口文化和湖北屈家岭文化的因素，这既是黄河与长江流域

---

① 薛凤旋：《中国城市及其文明的演变》，世界图书出版公司2015年版，第11页。

文化交流融合的证据,同时也表明华夏民族的文化已经初露端倪。①

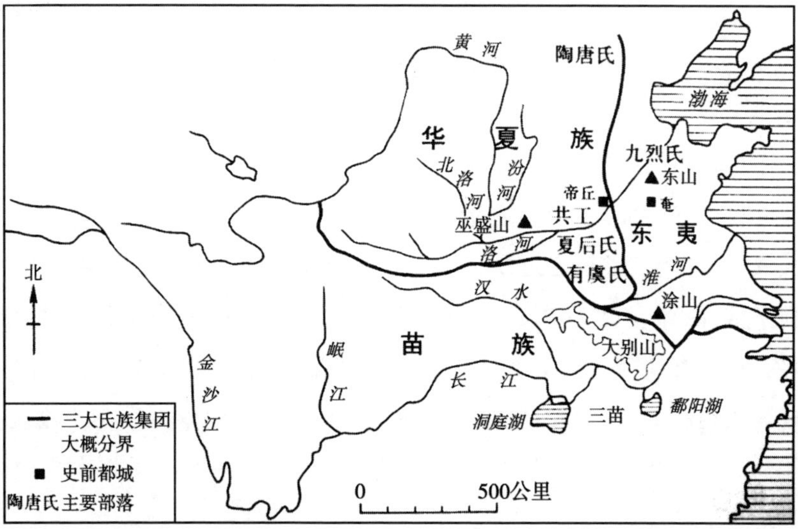

图 1-1-3　传说时代氏族部落分布②

　　黄河孕育了华夏最早的文明,华夏早期社会的形成和城市的发展与黄河息息相关。迄今我们在黄河流域发现的多处原始社会村落遗址充分展现了先民们在这片辽阔的土地上创造的璀璨文明。进入文明时代后,夏商与西周均以黄河流域为政治中心,此后西安、洛阳、开封等城市长期为我国封建统治王朝国都所在,可以说在宋代之前,黄河流域的城市发展始终居于全国前列。千百年来,无数的炎黄儿女定居生活在这里,既享受着黄河的馈赠和滋养,同时也与黄河水患进行着艰苦卓绝的斗争,在这个历史进程中,他们经历过煎熬与苦痛,也付出过难以计数的人力与物力,但最终收获了坚强、智慧与力量,"黄河之水天上来,奔流到海不复回"的伟大诗篇至今仍在华夏大地上传诵,真诚地表达着人们对黄河的敬仰与热爱。

---

① 任崇岳主编:《中原地区历史上的民族融合》,内蒙古人民出版社 2004 年版,第 1 页。
② 薛凤旋:《中国城市及其文明的演变》,世界图书出版公司 2015 年版,第 11 页。

二、河南的地域环境与特征

河南位于黄河中下游地区,古属豫州,又称"中州""中原",简称豫,西汉政权曾在此设置河南郡,为得名之始。河南位于亚热带和暖温带地区,属于温带大陆性气候,古代气候较之近现代更为温暖和湿润,适合人类生存和居住。地势西高东低,西部、西北部以山地为主,其余大部分地区为平原和盆地,境内水源丰足,黄河、淮河、海河、汉水穿境而过,这种宏观的地理环境使得中原地区很早就成为人类的群居中心,夏、商、周等先后 20 多个朝代曾先后在此建立都城。"天下之形势,视乎山川;山川之绝络,关乎都邑"[1],河南地理环境对城市体系的建立和形成影响深远。

1.不断波动的温带气候

河南地处北温带,属于温带大陆性季风气候,虽然自更新世以来,这里的气候不断波动变化,但是总体而言,河南气候温暖湿润,四季分明,适宜人居。

旧石器时代(距今约 300 万~约 1 万年),以使用打制石器为标志的人类物质文化发展阶段,对应的地质时代属于上新世晚期至更新世。在河南境内共发现旧石器文化遗址 30 余处,从这些遗址出土的石器标本、用火痕迹和动物化石等发现中可以大致估略当时的气候情况。河南境内发现的三门峡地区旧石器文化、南召猿人文化,大致与北京周口店猿人时代相似,都属于更新世中期。当时河南的气候温暖湿润,较现今高 5℃~7℃。南召猿人文化遗址中发现了一批古脊椎动物化石,计有剑齿虎、剑齿象、肿骨鹿等 20 余种,说明当时有大片的草原和森林。[2] 到更新世晚期,全球性气候变冷,中国亚热带的北界退至南岭一线。安阳小南海遗址是该时期较有代表性的文化遗存。小南海遗址位于安阳市西南 25 公里的北楼顶山之腰,为一洞穴堆积,据碳 14 测定,洞穴的文化遗存上层堆积距今约 13000 年,下层距今约 2.5 万~2 万年。遗址中发现有不少的石器,器形较小,多由燧石锤击或砸击制成,如菱形和三角形的尖状器,多边、双

---

[1] 〔清〕顾祖禹:《读史方舆纪要·凡例》,中华书局 2005 年版,第 1 页。
[2] 王幼平:《中国远古人类文化的源流》,科学出版社 2005 年版,第 323 页。

边、复刃的刮削器,圆形、长条刮器,以及砍砸器、柱状石核等,种类众多,此外还有大量的鸵鸟蛋以及刺猬、猩猩、野驴、披毛犀、水牛、野猪、斑鹿、羚羊、狗、狼、洞熊、狍、豹、獾等动物化石。这些发现说明此时期的黄河中下游地区应该既有森林也有草原,还有大面积的河流和沼泽,人们在遥承更新世中期石器制作的基础上又有了进一步的提高。遗址洞穴中还发现有烧骨、烧土块、炭粒,说明人们已经学会用火来抵御寒冷或者烧制熟食,山洞是人类御寒和休憩的场所。到更新世末期,黄河中下游地区的气候由湿热变为干冷,豫北及豫东地区发现的该时期大面积较厚黄土沉积和喜干旱动物化石就有力地说明了这一点。[①] 同时从豫西的洛阳、嵩山发现的大量大象化石以及黄河中下游大面积河流堆积的遗迹中也可以推测当时的河南河流众多,尽管气候偏冷,但是广大的水域和连绵的森林、草原保证了人们可以获取足够的食物,在物竞天择的抗争中人类的体能得到了锻炼,智慧也在不断提高。

大概距今1万年以前,地球的发展经历了更新世最末一次冰期之后进入了全新世时期,以施雅风为代表的一些学者认为全新世大暖期出现于距今约8500~3000年之间,其正好与中原地区的裴李岗文化、仰韶文化、龙山文化和夏商王朝相对应,这段时期河南的气候比近现代要温暖和湿润一些,大抵相当于长江中上游如湖北、四川等地的气候。

裴李岗文化(距今约8000~7000年)遗址集中分布在河南省中部地区,在大别山北麓和太行山东麓的山前地带也有发现。该文化的早期堆积以黄沙为主,似乎反映了较干旱的气候,晚期以红色黏土为主,可能代表了一个小的温暖期。从动物种类来看,有猪、狗、鹿、羊、鼠、猫、鱼、蚌、螺蛳、牛、鸡、野兔、龟、鳖、貉、獾等,几乎都是温带动物,表明当时的气候与今天相差不多,但在贾湖遗址第三层发现了鳄鱼,表明裴李岗文化的较晚阶段气候变暖,此外裴李岗文化中还发现了麻栎,这是一种喜暖植物。另外,环形藻类比例更大,蒿属等植物比例变小,这应该说明草原面积收缩而湖沼面积扩大,换言之就是当时的气温和降水量都较前阶段有所提升,气候特征与长江流域气候相似。综上所述,可以判断这段时期河南的气候应该处于晚冰期向后冰期过渡阶段,且过渡特征明显,

---

① 刘有富、刘道兴主编:《河南生态文化史纲》,黄河水利出版社2013年版,第39页。

气候仍嫌干凉,但温暖湿润是转变方向。①

仰韶文化时期(距今约7000~5000年)以郑州大河村遗址、淅川下王岗遗址为典型代表。大河村遗址发现的动物遗存有鱼、貉、獾、牛、鹿、麂、猪、竹鼠等。竹鼠生活在南方,为喜暖动物,但只发现于仰韶文化中期偏早阶段,之后再没发现过。淅川下王岗仰韶一期文化和二期文化中发现的动物遗存有亚洲象、苏门犀、水鹿、水牛、孔雀、猕猴、虎、黑熊、豹、大熊猫等,表明当时下王岗一带有高山和较大面积的森林、草地、水域,竹林面积也应不小,气候温暖湿润。但是二期文化之后,热带、亚热带动物在这一区域绝迹,这说明大约在距今6000~5000年之间,河南的气候逐渐由温暖湿润转向寒温。这种气候的变化也能够从不同时期孢粉种类和数量的分布得到印证。根据大河村遗址出土情况可以看到,早期草本花粉多于木本花粉,草本花粉又以中生或半湿生禾本科花粉最多,在木本划分中几乎全为松属,表明该阶段气候温暖适宜;中期木本花粉占优势,松本花粉仍最多,但喜暖的阔叶植物花粉种类增多,表明此时期气候温和湿润;晚期草本花粉占优势,阔叶花粉及草本花粉种类和数量明显减少,说明气候转向干凉,与今天的气候类似。②

龙山文化时期(距今约5000~4000年)的遗址分布较多,规模也较大,气候仍以温暖湿润为主。从地理环境来说,河南龙山文化的地层堆积都是河流冲击而成的,这说明在那个时期河南境内的河流非常多,而且从发现的大量水生动物,如龟、鳖、草鱼以及马、牛、羊、轴鹿、水鹿等陆地食草动物的存在可以推断河南地域应该水草丰美,丛林密布,因为轴鹿、水鹿以及獐等动物是生活在南方的,这说明龙山文化时期的气候还是较今更为温暖。③ 另外在对杞县段岗龙山文化层选取的孢粉样本进行检测中发现,此时期草本植物花粉占65.8%,蕨类孢子占31.6%,木本植物花粉占2.6%,草本花粉和蕨类孢子的比重如此之大是气候温暖湿润的反映,此外大量水龙骨蕨类植物的出现进一步说明了生长环境的湿润。④

---

① 张居中:《环境与裴李岗文化》,见周昆叔主编:《环境考古研究(第一辑)》,科学出版社1991年版,第122—126页。
② 郑州市文物考古研究所编著:《郑州大河村》,科学出版社2001年版,第675—680页。
③ 周锋:《全新世时期河南的地理环境与气候》,《中原文物》1995年第4期。
④ 王星光:《生态环境变迁与夏代的兴起探索》,科学出版社2004年版,第55页。

夏商文化时期(距今4000~3100年)中原地区的气候开始恶化,气候特点由湿润开始转向干旱。夏文化主要分布在豫西地区,以二里头文化遗址为代表。下王岗二里头文化一期层中有鲤鱼、鲶鱼、龟、獾、野猪、斑鹿、轴鹿、狐、熊、豹、虎、河狸、圣水牛、犀牛、田鼠、麋鹿、獐、苏门羚、海螺、田螺、雕鸮、亚洲象等,温带、热带、亚热带动物的大量出现,可以推测在二里头文化早期,河南气候和龙山文化晚期基本一致,温度可能更高些,淅川一带仍然森林茂密,草地广阔,还应该有大面积的水域。另外,先秦文献也透露出夏代气候的一些信息,拿《夏小正》和《礼记·月令》作比较,会发现前者较之后者春季物候提前,秋季物候推迟,这说明从这两本书的记载来看,夏代的气候要比春秋时期的更为温暖。[1] 商代气候温暖,属于亚热带气候。安阳殷墟出土了大量的动物骨骼,除了猪、牛、羊、狗外,还有獐、竹鼠、貘、圣水牛等亚热带动物,如以犀牛、象等成群活动作为亚热带北界的标志,则当时的北界至少在安阳一线。[2] 商代后期,古书上出现了"雨土于薄(亳)"[3],"洹水一日三绝"[4],"昔伊、洛竭而夏亡,河竭而商亡"[5]的记载,说明虽然此时期中原地区处于温暖期,但干旱迹象已经十分明显。综上所述,夏商时期,河南的气候总体上较现在温暖,有向干冷发展的趋势,为此后西周时期寒冷气候的形成做了铺垫。[6]

西周至战国时期(前1046~前221)气候波动比较大。西周寒冷气候是全新世气候结束后的第一个寒冷期,而到春秋时期,气候又开始迅速转暖。《孟子·滕文公章句下》有周王"驱虎豹犀象而远之"的记载,古本《竹书纪年》也说"周昭王十六年,伐楚荆,涉汉,遇大兕",兕是雌性的犀牛,犀牛在这个时期应该比较稀少,夷王"猎于杜林,得一犀牛",从这些文字中可以推测此时期随着北方气温的降低,原来成群活动在黄河流域的犀牛、亚洲象等喜暖动物已经南迁,甚至

---

[1] 张丕远主编:《中国历史气候变化》,山东科学技术出版社1996年版,第283页。
[2] 邹逸麟主编:《黄淮海平原历史地理》,安徽教育出版社1997年版,第12页。
[3] 〔清〕毕沅校注,吴旭民校点:《墨子》卷五《非攻下》,上海古籍出版社2014年版,第83页。
[4] 方诗铭、王修龄:《古本竹书纪年辑证》,上海古籍出版社1981年版,第36页。
[5] 〔战国〕左丘明著,〔三国吴〕韦昭注,胡文波校点:《国语》,上海古籍出版社2015年版,第18页。
[6] 刘有富、刘道兴主编:《河南生态文化史纲》,黄河水利出版社2013年版,第49页。

还出现了"冬,雨雹,大如砺"①,"大雨雹,牛马死"②,"夏六月,陨霜"③等记载。另外从淅川下王岗西周时期遗址中也可以看到动物种类较之龙山时期要少,并且喜暖的水鹿和轴鹿已经不见。这些都说明此前长达5000年的全新世大暖期彻底终结,气候由湿润变得冷干。古书里有不少关于西周旱情的记载,厉王二十二年、二十三年、二十四年、二十五年连续"大旱"④,宣王即位后,旱灾并没有止息,依旧年年如故,严重的干旱使得河水断流,草木枯竭,以至于幽王即位不久,"三川竭,岐山崩"⑤,这种干旱一直持续到西周灭亡。春秋时期,黄河中下游地区气候迅速回暖。《左传》中有数次提到鲁国无冰的现象,如鲁桓公十四年(前698),"春正月,公会郑伯于曹。无冰"⑥,鲁成公元年(前590),"二月辛酉,葬我君宣公。无冰"⑦,鲁襄公二十八年(前545),"春,无冰"⑧。《礼记·月令》中记载的物候与今洛阳地区相比也均提前1旬左右,这些证据都共同证明了春秋时期气候转暖的结论。战国时期,气候复又转冷。黄河中下游麦收时间由春秋时期的四月间推迟到了夏至前后,《管子》载,战国时期初春时间大概在"日至六十日而阳冻释,七十日而阴冻释,阴冻释而秇稷",换算成公历大概为2月下旬,而如今郑州地区的初春时间大约在2月11日前后,以时令推算,战国时期的气候要比现在寒冷。⑨

2.平原为主的地形地貌

据地质学家考察,在距今150万年前,黄河所流经的地方还只有零星分布的几个湖泊,经历了100多万年的沧海桑田,在距今50万~10万年之间,黄河河道才基本形成,而实现奔流到海则应该发生在距今10万~1万年之间的古渤海形成以后,"所以说,黄河冲出今小浪底水库上游的八里胡同峡是一次伟大的

---

① 张玉春译:《竹书纪年译注》,黑龙江人民出版社2003年版,第33页。
② 〔宋〕李昉编纂:《太平御览》卷八《咎征部五》,河北教育出版社1994年版,第47页。
③ 张玉春译:《竹书纪年译注》,黑龙江人民出版社2003年版,第213页。
④ 郑国光主编:《中华大典·地学典·气象分典》,重庆出版社2014年版,第1359页。
⑤ 〔战国〕左丘明著,〔三国吴〕韦昭注,胡文波校点:《国语》,上海古籍出版社2015年版,第18页。
⑥ 杨伯峻编著:《春秋左传注·鲁桓公十四年》,中华书局1995年版,第138页。
⑦ 杨伯峻编著:《春秋左传注·鲁成公元年》,中华书局1995年版,第781页。
⑧ 杨伯峻编著:《春秋左传注·鲁襄公二十八年》,中华书局1995年版,第1140页。
⑨ 王绍武等编著:《现代气候学概论》,气象出版社2005年版,第86页。

地质事件,从此,中国北部孕育华夏文明的温床才渐渐形成"①,河南今天的地形地貌特征也是随之变化而逐渐形成的。

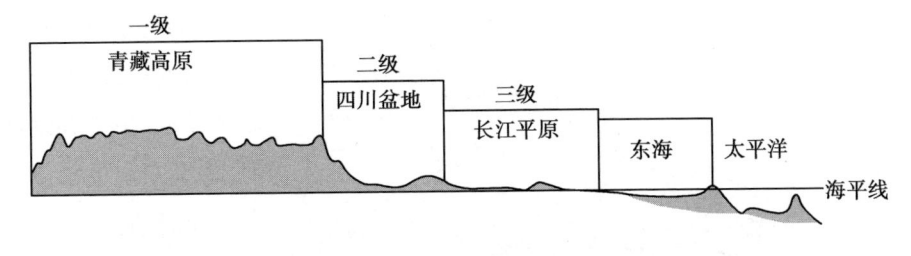

图 1-1-4 中国地势图

河南在地理上居全国南北方向之中,东西方向之中偏东,先秦的地理书《禹贡》序列九州,河南属豫州,而豫州居九州之中,因而河南有中州之称。中州即为天下之中,中部、东部又为广袤无垠的大平原,因而就有了"中原"之名。从地势图上可以看到,河南横跨我国第二和第三两级地貌台阶,西部为连绵起伏的山地,东部主要是广阔平坦的平原,地势西高东低,平原、山地、丘陵、盆地多样共存。西北部的太行山、王屋山,西部的熊耳山、伏牛山和南部的桐柏山、大别山像巨人张开的手臂环抱着东、中部的黄淮海大平原。从面积上来说,主要是平原、盆地和河谷分布最广,约为9.3万平方公里,占全省面积的56%。东、中部的平原由黄河、海河冲积而成,是华北大平原的西南部分,西部海拔最高100米,由西往东缓慢递降至海拔40~50米之间,这里沃野千里、土层深厚,长期被黄河、淮河及其众多沿坡面作辐射状分布的支流灌溉,水源充足,为农业发展提供了良好的条件。南阳盆地为唐河、白河冲积而成,盆地三面环山,长约150公里,宽约120公里,面积2.6万平方公里,海拔在50~150米之间,中部为海拔20~80米的冲积洪积微倾斜平原,气候温和、土地肥沃、水量充沛,是河南重要的粮仓。

---

① 徐刚、郑泰森(摄影):《黄河与河南的纠缠:黄河中华文明的宿命之河》,《中国国家地理》2008年第5期。

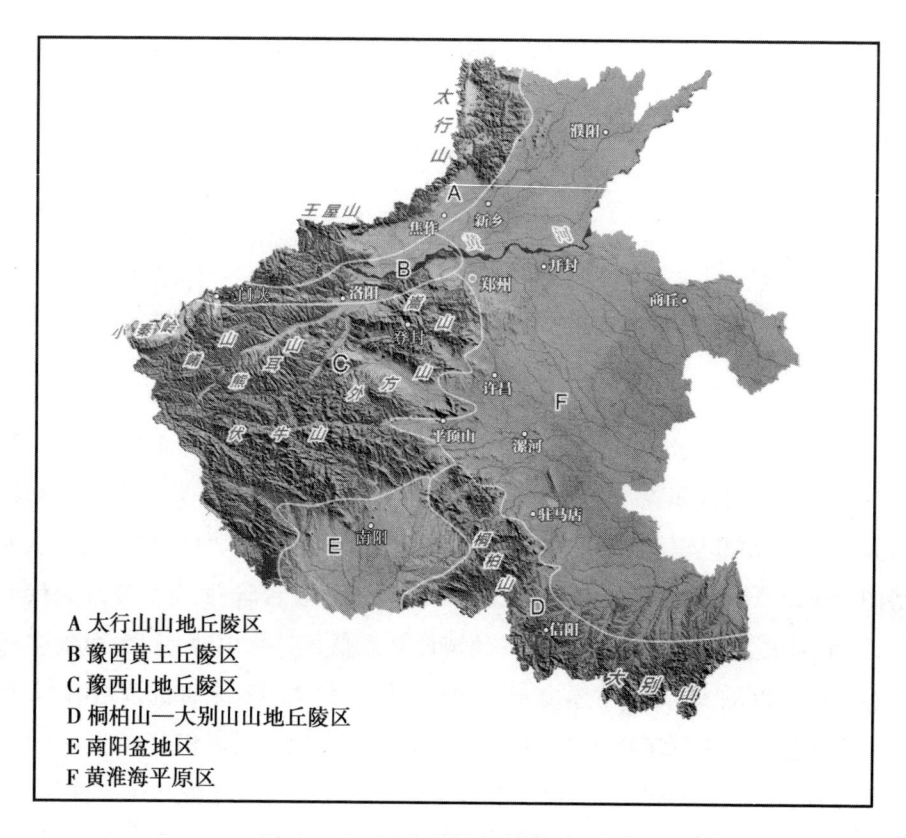

A 太行山山地丘陵区
B 豫西黄土丘陵区
C 豫西山地丘陵区
D 桐柏山—大别山山地丘陵区
E 南阳盆地区
F 黄淮海平原区

图1-1-5 河南省地势、地貌分区图①

河南的山地主要分布在西北、西部和西南,自然形成三区,山体复杂多样,既有与高大山脉相连接的崇山峻岭,又有与平原唇齿相依的低山丘陵,既有因地质构造运动形成的断块山体、褶皱山体,又有被流水切割而成的剥蚀山体、黄土丘陵。豫北山区的南太行是太行山脉在晋冀两省边界地带向南,然后转折向西之后的延伸,构成山西高原与华北平原的天然分界线。太行山山体主要由断块构造山地组成,在由高原向平原过渡的过程中,因受华北平原板块断裂下沉的拖拽,山脊走向发生大断裂后形成的林虑山、神农山、八里沟和青铜峡都是山峰险峻,峭壁林立,加之山体中间河流切割,山下岩层整体抬升,由于断层的作用既造就了落差巨大、气势恢宏的瀑布、峡谷等自然景观,也形成了林州盆地、沁阳盆地等风景优美、适宜耕种的农业区域。豫西伏牛山是秦岭山脉东延部分,山势不高,可以被称为豫西山地丘陵地区。秦岭山体高大,由西向东递减,

---

① 冯德显:《河南:一半是山地,一半是平原》,《中国国家地理》2008年第5期。

进入河南后出现余脉特征,山脉分叉,向东北、东南扇形打开,山势由中山、低山渐变为丘陵。伏牛山是秦岭最南的一支,呈西北—东南走向,到南阳盆地东北方向突然中断,形成南阳盆地与黄淮平原连接的重要通道。伏牛山山体规模庞大,分布广泛,峰峦叠嶂,构成黄河、淮河和长江三大水系的重要分水岭,是河南省境内平均海拔最高、人类活动相对稀少的地区。伏牛山地向东延伸到方城东北突然中断,形成著名的"方城缺口",长约30公里,宽约8~15公里,是一条由西南向东北延伸的山间堆积平原地带,缺口东南又是地势起伏的低山丘陵。"方城缺口"是沟通华北平原和南阳盆地、江汉平原的天然交通要道。崤山山脉也是秦岭东段规模较大的支脉之一,山势挺拔陡峭,把中原地区同关中平原分开,位于今河南省灵宝市境内的函谷关就在崤山山谷内,是古代洛阳与长安之间的交通咽喉,也是重要的军事要塞,自古有"一夫当关,万夫莫开"之称。豫西山高林多,又受伊、洛、汝、颍等水流的分割侵蚀,土地支离破碎,除河谷两岸,可耕面积较小,但是林业发达,是北方重要的木材产区。豫南山区位于南阳盆地以东,淮河以北,包括桐柏山和大别山南麓,山系主要分布在河南南部和安徽西北部,是湖北、河南、安徽三省的分界线,山势大致呈西北—东南方向,是长江与淮河两大水系的分水岭,也是我国地理上南北自然分界线。豫南山势较低,海拔一般为400~800米,主要由低山和丘陵组成。山地中分布有一些小盆地和较宽阔的山间盆地。桐柏山山脉主要由低山和丘陵组成,呈西北—东南方向延伸,长达120余公里,一般山脉海拔在500米左右,但也有太白顶这样海拔在1140米以上的高峰,著名的避暑胜地鸡公山的主峰更是高达1244米。这里土地瘠薄,除了一些宽广的河谷附近,宜耕土地面积较少。大别山在鄂、豫、皖三省边界,西接桐柏山,东延霍山,山脉呈西北—东南走向,为华北平原与长江中下游平原之间的天然屏障。大别山山脉主脊海拔多在800~1000米,总的特点是山脉南高北低,山势低缓,山体破碎,向北依次降为低山和丘陵,然后过渡为山前洪积倾斜平原。大别山北挽淮河、南濒长江、瞰视中原的特殊位置以及崇山峻岭、峰峦叠嶂的地理优势使得这里自古就是兵家必争之地。

　　河南水源丰富,大小1500多条河流横跨黄河、淮河、海河、长江四大水系,纵横交织,对河南气候、农业、交通以及城市发展产生了重要影响。黄河干流在陕西境内东流,经过灵宝市进入河南境内,横穿河南中部7个地级市24个县级行政区(市、区),境内干流711公里,流域面积3.62万平方公里,约占全省面积的 1/5。孟津县是黄河中游与下游的交界地,孟津县以上河道狭窄单一,水流湍急;以下河路展宽,水流变缓。由于水面比降骤然变小,河床上出现心滩,河流分岔,造成大量泥沙淤积,逐渐成为高出地面的"地上河"。河南境内黄河主要支流有伊河、洛河、沁河、弘农涧、漭河、金堤河等。今淮河干流发源于河南省桐柏山太白顶,向东流经信阳市的罗山、息县、潢川、淮滨等县境,在固始县三河尖乡流入安徽省境,再至江苏省扬州市的三江营入长江,全长 1000 公里。淮河流域是河南省境内范围最大的水系,省内河长 417 公里,面积 88310 平方公里,约占河南省总面积的 53%。淮河流域有些支流的流域面积和长度都很大,形成支强干弱的形势,分布也极不对称,干流水系包括淮河干流、淮南支流及洪河口以上淮北支流,较大的支流有浉河、白露河、寨河、史灌河、竹竿河、洪河、汝河、汾泉河、沙河、北汝河、颍河、贾鲁河、黑河、涡河、惠济河、浍河、沱河、万福河、清水河等。海河又称沽河,是我国华北地区的主要河流,它由北运河、永定河、大清河、子牙河、南运河五大支流组成,由北、西、南三面汇流至天津,然后东流至大沽口入渤海。海河西起太行山,北倚内蒙古高原南缘,东临渤海,南界黄河,流经京、津、冀、晋、鲁、豫、辽、内蒙古八个省区市,流域面积 31.78 万平方公里。海河水系在河南省内主要有卫河及其支流,习惯上也把发源于河南省、流经山东省后直接入海的马颊河和徒骇河也合并在海河水系一起统计,这样海河水系在省内总面积为 15300 平方公里,占全省总面积的 9.3%。其主要河流有卫河、漳河、徒骇河、马颊河。河南汉江水系的河流主要有唐河、白河和丹江,均发源于山丘,河流湍急,汛期时河流下游经常发生水涝灾害。唐白河是汉水流域水量最大的支流之一,由唐河和白河两条分支组成,两河在湖北两河口相汇,唐白河流域大部分位于河南省南阳市,在河南流域面积大约为 2 万平方公里,水量丰盈,利于灌溉,南阳盆地自古有"粮仓"之誉。

三、河南与中国城市的滥觞

城市的发展不是一蹴而就的,而是经历了一个漫长的、崎岖的过程。早期的人类因为生存的需要聚居在一起形成了原始聚落,随着社会生产的进步和人类活动范围的扩大,城市应运而生,可以说城市是社会经济发展到一定历史阶段的产物,是生产技术进步和经济发展的结果,同时城市的产生也推动了社会经济的进一步发展。河南城市发展较早,基本上代表了我国城市发展的轨迹。

1.旧石器时代:原始聚落雏形的出现

群居来源于人类的动物性。在自然界,许多动物是社会性群居动物,如蜜蜂、蚂蚁、老鼠、狼、羚羊、犀牛、大象、黑猩猩、金丝猴等,当它们定居于某个处所时,还会有目的地改造环境,通过建窝筑巢等大型工程来实现个体的团结与合作。人类脱胎于动物,为了生存,早期人类也是定居和群居在一起的,原始社会人们的聚居之地,即原始社会的村落或者村落群形成了原始聚落。现发现的旧石器时代聚落遗址中只发现有简陋的石器工具、烧火痕迹和动物骨骼化石等,因此可称之为原始聚落出现雏形期。

位于河南南召县云阳镇西北3.5公里杏花山上的南召猿人,其生活年代与周口店北京猿人大体相当,距今约50万年,是迄今在河南土地上发现最早的人类。根据同层出土的动物化石,如剑齿虎、剑齿象、野猪、獾、熊、犀、鹿等分析,南召猿人应该生活在温暖湿润的茂密山林之中。另外在距离杏花山3公里处的小空山发现的一处猿人洞穴遗址,距今约1万~3万年,虽然两者时代相差较远,但是因为距离较近,又均处于旧石器时代,所以统称"南召猿人"。通过考古学家和地质学家的勘察,南召猿人生活在山林和荒野中,那时候他们还不会建造房屋,为了躲避毒虫或野兽,他们采取"穴居野处"的方式生活,或择洞而居,或构木为巢。他们在小空山居住的洞穴,高3.2米,宽6.4米,进深20米,可以同时容纳几十人。他们已经能够以附近河滩砾石为原料打制石器,如砍砸器、刮削器、雕刻器、石球、石锤、石核等,种类颇多,虽然看起来简陋和粗糙,但是能够制造工具是人类与动物的根本区别。从山洞内残留的厚约1米的灰烬中可以推测南召猿人已经学会了使用火,取火技术的掌握对人类意义重大,不但可以帮助人类驱逐野兽和黑暗,烤炙熟食,还能够增强人类体质,促进大脑发育,给人类的生存发展带来"光明"。南召猿人依靠采集和狩猎为生,应该还不具备从事农业和手工业生产的能力,这从他们制造和使用工具的情况可以推测出来,虽然学会了使用火,但是一定程度上可能依然过着"茹毛饮血"的生活。旧石器时代的原始人虽然也会迁徙流动,但大部分时间应该过着定居的生活,这从安阳市西南约25公里小南海附近的北楼顶山东坡发现的小南海洞穴遗址就可以看出来。据碳14测定,这里的第5层距今24100年上下,第2、3层距今11000年上下,前后延续了上万年,可见这一原始群在此居住时间之长。

织机洞遗址位于河南省荥阳市城南崔庙镇王宗店村北500米,洞内发现有大量的烧火痕迹、石制品和动物骨骼化石,经专家考证,认为织机洞晚于周口店中国猿人文化,也晚于大荔人石制品组合,而早于其南部具有相同石制品特点的南阳小空山的组合,显示出它具有旧石器文化南北交流甚至于哺乳类南北迁徙的"驿站"作用①,对研究古人类发展具有很大价值,是继周口店之后又一北方旧石器晚期考古的重要发现,有"河南第一洞"之称。

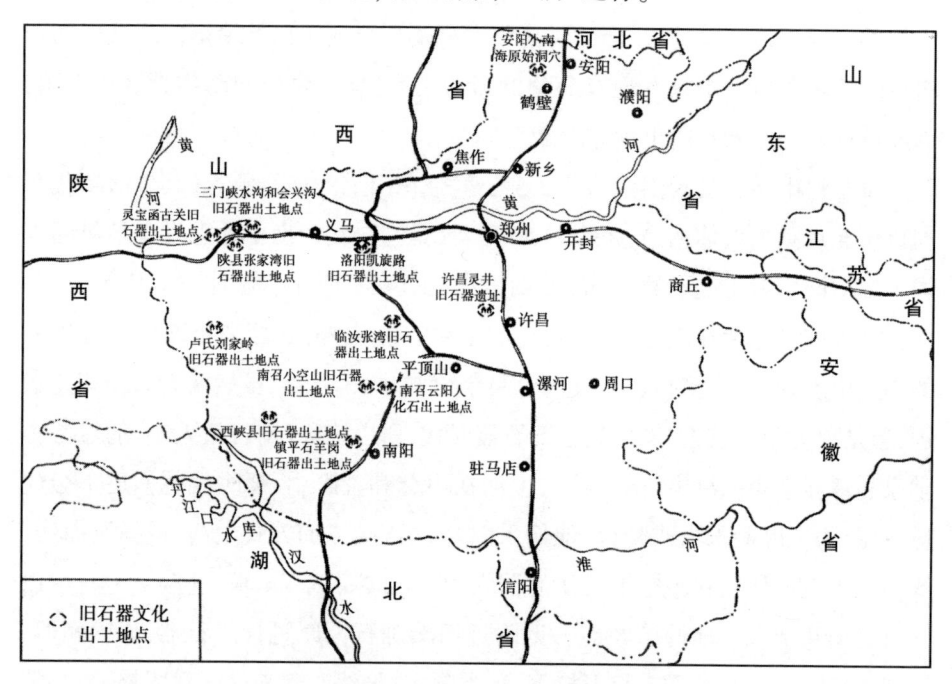

图1-1-6 河南省旧石器文化遗存分布图②

目前在河南发现的旧石器时代遗址有近千处,如图1-1-6《河南省旧石器文化遗存分布图》所示,可以看到它们大部分分布在豫西地区,结合上节所讨论的河南的地域环境,豫西地区在旧石器时代气温比现在要高,山林密布,水源丰富,非常适宜人数不多且对抗外界能力有限的原始人类居住,不但可以通过采摘挖掘或围猎捕捉得到多种食物,还方便人类利用山洞遮风挡雨,躲避毒蛇猛

---

① 张松林、刘彦锋:《织机洞旧石器时代遗址发掘报告》,《人类学学报》2003年第1期。
② 程有为、王天奖主编:《河南通史(第一卷)》,河南人民出版社2005年版,第17页。

兽侵害。可以说,人类自其诞生之日起就已经学会了如何选择适合自己劳动、生息和繁衍的居所,当然动物们在物竞天择过程中有的也能掌握这些,但显然早期人类对环境的改造和利用的能力已经超越任何一种动物。

2. 新石器时代:原始聚落的发展与早期城市的萌芽

随着岁月的流逝,豫西先民的生活环境有了极大改变,更新世最后一个寒期的侵袭,使得山林中热带、亚热带动植物数量减少,人们的食物来源更加不稳定,加之人口的不断增加,这些都导致山居生活不再适宜,于是经过数万年艰苦卓绝的奋斗之后,先民们开始走出西部山区,向着中东部辽阔的平原进发。工具的改进推动了农业技术的发展,随着人们对自然界年际周期认识的深入,人们开始学会根据时令栽培农作物,农业的发展使人们能够获得比游猎更为稳定的食物来源,于是人们便开始自然地选择依傍作物定居生活。在适应和改造自然的过程中,先民们的头脑和四肢得到了很好的锻炼,他们开始使用磨制石器,这标志着新石器时代的来临。

(1)裴李岗文化时期的原始村落

此时的先民已经结束"茹毛饮血而衣皮革"①的生活,除了种植、渔猎,他们还饲养家畜和纺线织布,为了抵御寒冷,他们在平原地区建筑房屋,为了方便炊煮和饮食,他们学习烧制陶器,他们用自己极为有限的智慧和并不算灵巧的双手战胜恶劣的自然环境,建立起古老的氏族村落,开创了以"裴李岗文化"为代表的早期氏族社会新纪元,向世界展示了中原先民们非凡的生存能力。

裴李岗文化遗存最早发现于河南新郑裴李岗村,以后在全省各地发现同类型遗址 100 余处,统称"裴李岗文化"。据碳 14 测定,该文化距今 8000～7000 年,属于新石器时代偏早阶段。从居住地域看,此时期的河南先民已经不再局限于豫西地区,而是向中、东部扩展,他们逐水而居,选择在临河的台地或平原的高地建筑房子,聚居生活。他们的村落面积一般不大,约为 2 万～5 万平方米,村落由几座到十几座房子组成,这些房子布局并不整齐,建造也没有一定之规,但非常集中,应该是原始氏族社会中各个家庭亲密关系的反映。裴李岗许多村落遗址都发现有氏族公共墓地,墓坑多为单人葬或同性双人葬,随葬品均

---

① 〔明〕李贽:《史纲评要·三皇五帝纪》,中华书局 1974 年版,第 5 页。

为生产工具,男子为石铲、石镰、石斧等,女子为石磨盘、石磨棒等,数量和质量没有明显区别,这说明当时氏族村落人与人之间是平等的,没有贵贱之分,男女有了明确的分工,家庭形式应该是对偶家庭,即每个家庭由一个母亲和若干孩子组成,丈夫不固定,这些都是母系氏族社会的特征。另外,随葬品的出现或许意味着人们已经有了希望死者到阴间继续使用的愿望,即"人死灵魂不灭"的唯心主义观念,死者的头部都偏向南方,这或与某种原始的宗教信仰有关。此外,舞阳贾湖遗址中还发现了裴李岗时期的古笛和契刻符号,对于研究我国早期的音乐文化和文字起源具有重要意义,它们是人类最古老文明的载体。

(2)仰韶文化时期的早期城市

虽然放在历史的长河中,原始人类的生活朝而复始,日复一日,节奏缓慢,但是时光一刻未曾停留,人类的历史又悄无声息地跨入了仰韶文化阶段。仰韶文化是黄河中游地区重要的新石器文化,时间持续大约从公元前5000~前3000年,也就是距今约7000~5000年,持续时间长达2000年,因为最早在河南省三门峡市渑池县仰韶村发现,按照考古惯例以此命名。

仰韶文化时期人类在长期的劳作中已经积累了丰富的经验,农业耕种技术日臻成熟,种植已经成为人类生活的主要来源,种植技术的提升以及由此带来的稳定的聚居生活使得村落和城市的出现成为可能。仰韶文化早期人们使用的主要生产工具仍是石斧、石镰、石铲,只是形式更加多样化,材料由单一的青色火成岩,扩大成白色大理石等坚硬石料,更加锋利和耐用。石刀前所未见,估计为收割谷物之用,形体较小,携带方便。此外,还发现了较多石网坠和古镞等渔猎工具,它们与弓矢结合在一起,可以推测直到此时期渔猎在人们生活中仍然扮演着重要角色。农作物品种除了原有的粟,又在淅川下王岗和渑池仰韶村发现了稻壳,郑州大河村遗址发现了高粱,可见仰韶文化时期河南的粮食品种至少有3种。家庭饲养虽然始于裴李岗文化时期,但是到仰韶文化时期规模明显扩大,在淅川下王岗、陕县庙底沟、三里桥等多个遗址中发现了猪、狗、鸡、羊、马、牛、猪的化石,其中以猪最普遍,几乎每个遗址中都存在,可能是我们的先祖已经认识到在所有动物中,猪最容易养,而且生产期短,肉产量大。仰韶文化遗址中出土了较多的陶纺轮和骨针,说明纺织技术已经得到广泛应用。

此时期的制陶已不再是妇女家务劳作的一部分,而是发展成为有专门人员从事的行业,这应该是人类社会发展中形成的第一种专门的手工业。仰韶时期的陶工已经有相当高的制陶技术,不仅能够制作原有的罐、钵、碗、壶、鼎等简单实用的陶器,还创制了造型复杂的大口尖底瓶、细颈瓶、圈足盆、甑,以及体量很大的的缸、大瓮等容器。先民们的审美在陶器中也有了淋漓尽致的展现,庙底沟彩陶主要表现在细泥红陶和少量白陶上,颜色以黑、红为主,图案复杂并富于变化,有条纹、涡纹、三角涡纹、圆点以及方格纹等,线条流畅,绘制精美,令人赞叹。在郑州大河村、淅川下王岗等不少遗址中出土的陶器上都发现有多种绘写或刻画的符号,数量和种类远远超过裴李岗时代,它们"不太可能是标记、数字或个人记号,而是一种代表有着社会意义并为大众所识的符号,就是人们能够不用语言进行某种思想交流和思维信息传递的特殊符号——文字"①,更有专家认为"彩陶上的那些刻画符号,可以肯定地说就是中国文字的起源,或者中国原始文字的孑遗"②。如果这个判断是正确的,那我国早在 6000 多年前就有了文字。

仰韶文化时期的遗址,迄今在河南发现多处(详见图 1-1-7),面积由几万平方米到 30 余万平方米不等,较之裴李岗时期扩大了数倍,结合仰韶文化时期正好是传说中炎、黄二帝在中原地区活动的时代,可以推断,随着聚居人口的大幅增加,氏族关系变得日趋复杂,每个区域可能居住了不止一个同胞氏族,而且这些氏族组成若干部落或部落联盟。仰韶文化初期还处于母系氏族公社时期,但到中期已经开始向父系氏族社会过渡,这从河南淅川下王岗仰韶文化早期和中期墓葬的对比中就可以看出端倪。同早期相比,中期墓葬仍有一定的朝向和葬式,但已不那么整齐,少数男性墓葬中拥有较多的随葬品。在 M198 的大型墓地中央有一座 16 个男女老少的合葬墓,其中一位老年男性排在第一列,拥有 8 件随葬品,其余人等分成两排横列其下,每人拥有两三件随葬品,这说明老年男性在家庭中具有特殊的地位,而男子的社会地位也应该已经高于女性。到仰韶文化晚期,父系氏族社会已经建立,从淅川下王岗遗址发现的仰韶晚期遗存来看,已经没有了母系氏族社会时期一座座对偶家庭居住的小房子围绕氏族公共活动大房子的现象,取而代之的是一座座东西横列的连间排房,排房由隔墙分

---

① 程有为、王天奖主编:《河南通史(第一卷)》,河南人民出版社 2005 年版,第 89 页。
② 郭沫若:《古代文字之辩证的发展》,《考古》1972 年第 3 期。

割成单间或双间套房。这些单间或套房有 1/3 房间内残存有火灶,有 1 间 1 灶,最多的有 1 间 6 灶,都有一个各自独立的门出入,据专家推测这些带灶排房的出现是同父系个体家庭氏族制度紧密联系的[1]。社会的变革不仅仅是婚姻家庭关系的改变,生产力的发展使得社会财富不断积累,剩余产品的出现让私有制成为可能。到仰韶文化中后期,"随着各类生产工艺渐趋复杂,个体差异开始导致一定程度的贫富分化,技术高超者凭借出类拔萃的专业技能,开始聚集较多的财富。同时,性别优势也随着生产技术的发展悄然发生着变化,男子在农业、渔猎以及手工业部门中担当着日益重要的角色,男子掌控的财产开始超过女性"[2]。仰韶文化是黄河流域重要的新石器时代文化,"仰韶文化遗址的布局、大小房屋、陶器场和墓葬区,反映出新石器时代原始居住群落的情形,人们通常称之为原始社会居民点的形成"[3]。

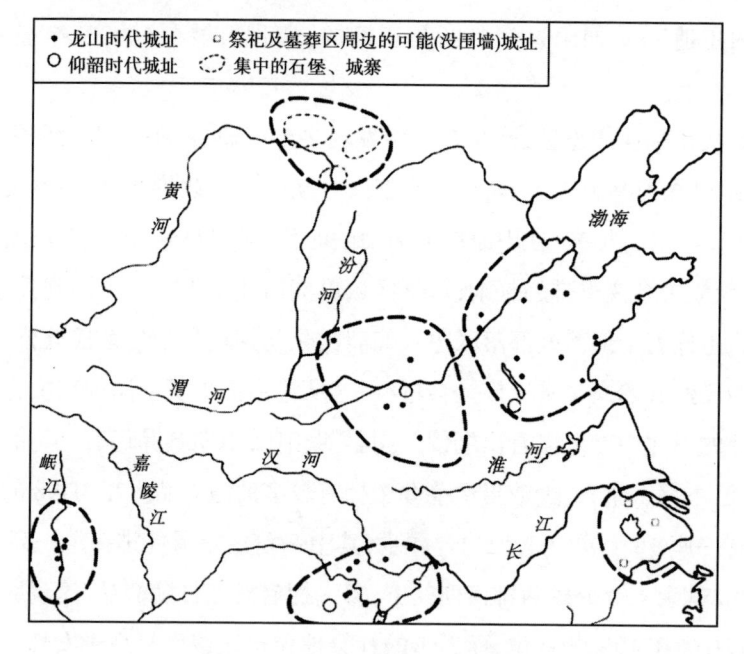

图 1-1-7 仰韶时代的史前遗址[4]

---

[1] 程有为、王天奖主编:《河南通史(第一卷)》,河南人民出版社 2005 年版,第 58 页。
[2] 马学强、郁鸿胜、王红霞等:《中国城市的发展历程、智慧与理念》,上海三联书店 2008 年版,第 7 页。
[3] 傅崇兰等:《中国城市发展史》,社会科学文献出版社 2009 年版,第 34 页。
[4] 薛凤旋:《中国城市及其文明的演变》,世界图书出版公司 2015 年版,第 26 页。

郑州西山城址距今5300~4800年，遗址面积大、堆积厚，时代跨越了仰韶时代早、中、晚三个时期，是迄今中原地区最早的史前城址，"学者一致认为它是黄帝时期的指挥中心——'五城'之一而被誉为'中原第一城'"①。城址平面近圆形，最大直径180米，面积约34500平方米，城的西北角和东北角，与交接城垣各呈约135度夹角，颇类于八角形的平面，这种情况同湖南省澧县城头山大溪屈家岭文化城址颇为类似，应属于从仰韶文化早中期的环壕聚落向龙山时代方形城制的过渡形态。西山古城城垣采用先进的方块版筑法，分层逐块逐段夯筑而成。在城墙建造过程中，局部地段可能采用中间立柱固定夹板，四面同时逐块夯筑的方法，因此在局部的板块与板块之间，往往保存有埋设立柱而形成的宽约30厘米，深40~50厘米不等的基槽，基槽内分布有直径12厘米左右的柱洞。在东北角城墙解剖发掘中，可以看到直径3~4厘米、窝深0.3~0.5厘米的圆形夯窝，筑城者是用3根一组的集束棍夯，来完成夯筑城墙这种浩大的工程。西山城址的建筑技术，在当时来说是最为先进的。所需的土方量则在城墙内外两侧挖沟，就地起取。在城墙筑起后，内侧的沟即予封填，以保护城墙基础不受破坏，环绕城墙外侧的沟则成为类似护城河的环壕，可以对城内起到军事防御作用。高耸城墙以及壕沟的组合显然比单纯的环壕更具有防御效能，西山古城的发现充分说明到新石器时代晚期，部落间的掠夺战争已经十分激烈，人们为了保卫自己的私有财产不受外敌侵犯，不得不加强居住地的防御工事建设，这就形成了最初的城，也就是说早期城的重要功能是军事功能。西山古城门于北、西各发现一处，均偏离中心位置。正对北门内侧发现南北道路一条。西门内东侧有一处夯土建筑基址，呈扇面形状，周围有数座房基环绕，其北是一个面积达数百平方米的广场。大量储存物窖穴分布于城内西北地势高亢处，城内北部和城外西部有一处氏族公共墓地，说明此时的城市已有了一定的功能分区。在一些废弃的窖穴底部，发现有人、兽骨架，应该是举行某种祭祀的牺牲，表明宗教活动已经对社会产生了深刻影响。凡此种种，充分说明西山城堡已经脱离了村落加围墙的聚落形态，军事、宗教、政治、经济功能并存，是城邑的前身，也可称为广义的城市②，它的产生并不是源自"经济发展或其必然需求，而是新石

---

① 张振明主编：《古荥镇与荥阳故城》，广陵书社2008年版，第5页。
② 程有为、王天奖主编：《河南通史（第一卷）》，河南人民出版社2005年版，第93页。

器时代晚期形成的精英阶层对当时农业社会榨取剩余价值及保障其统治地位的一种工具",反映了"仰韶晚期精英阶层和他们的氏族之间日益远离的经济、社会和空间分割"①。此时的城与村并没有实质性分离,城内城外居民并没有因为居住地的不同而被强行分割,他们在经济生活及生产工具的使用上基本没有差别,并非通常所理解的城市或都市,而是指城乡最初分化意义上的城或镇,是城市的雏形状态,称呼其为"城堡"似乎更允当些。有的学者将考古发现的早期的城与古史中国家的出现(如黄帝为有熊国国君)相结合,认为我国城市发展的初期存在"建城即营国"的现象,即城市与国家如影相随,建城就是立国,建城就是管理国家,城市的建立,"标志着氏族制度的灭亡和国家的产生","长达约5000年的氏族制度已经瓦解,长达百余万年的原始社会已经不复存在,私有制已经确立,国家已经出现,人们已经迈进阶级社会的门槛,历史也掀开新的一章"。尽管这种观点在学界还存在争议②,但是可以肯定早期的城市"不是经济起飞的产物,而是政治领域中的工具"③,虽然与现代概念上的城市存在一定区别,但是已经可以称之为早期城市。

3.金石并用时代:原始城市的形成与发展

传说中的炎帝、黄帝和蚩尤都是活跃在仰韶文化时期舞台上的氏族首领,此后中原大地上又陆续涌现了颛顼、帝喾、尧、舜、禹等英雄人物,他们均是黄帝的后人,根据他们的活动时间、地域和事迹,结合考古发现,大致可确定"颛顼、帝喾于仰韶文化末期至河南龙山文化前期在今河南北部和东部活动;尧、舜、禹在河南龙山文化后期活动于今河南的中部、西部及北部,或者更广的地区"④。龙山文化泛指中国黄河中下游地区约相当于新石器时代晚期的一类文化遗存,因首次发现于山东省历城县龙山镇(今山东省济南市章丘区)而得名,距今约4500~4000年。龙山时期农业生产大跨步前进,在河南汤阴北营、洛阳矬李等遗址中发现有水渠和水井,可见人们已经不再完全靠天吃饭,干旱时能够使用引水灌溉等措施为农业生产提供保障,不仅效率较高的掘土翻土石器得到广泛

---

① 薛凤旋:《中国城市及其文明的演变》,世界图书出版公司2015年版,第28页。
② 张光直:《中国相互作用圈与文明的形成》,《庆祝苏秉琦考古五十五年论文集》,文物出版社1989年版,第1—23页。
③ 张光直:《关于中国初期"城市"这个概念》,《文物》1985年第2期。
④ 程有为、王天奖主编:《河南通史(第一卷)》,河南人民出版社2005年版,第90页。

使用,铜制生产工具也被更多地应用到农业生产中。在汝州煤山类型二期文化灰坑内发现有用红烧土制成的炼铜坩埚残片,内壁粘有六层铜液痕迹,类似的坩埚残片在郑州牛寨和董寨龙山文化遗址中也有发现,说明当时坩埚冶炼金属技术已经得到广泛使用。另外在登封王城岗龙山文化 H617 窖穴中还出土了宽约 6.5 厘米、残高 5.7 厘米、壁厚 0.2 厘米的铜器残片,化验证实其成分中含有铜、锡、铅等成分,说明当时的人们已经掌握了利用多种金属按照一定比例冶炼性能更为优越的合金材料的技术,这在中国乃至全世界冶金史上都处于领先地位。总体来说,金属工具在此时期的使用还是少量的,大量的生产工具仍是石器,因此考古学上称这个阶段为"金石并用时代"。

龙山时期的文化成就见诸许多史书记载。《尚书·尧典》有"乃命羲和,钦若昊天,历象日月星辰,敬授人时"的说法,寥寥数语道出古人已经掌握了一定的天文学知识,并将之运用到农业种植上,为生产服务。《皇图要纪》说"帝喾造钟磬","钟磬"是古代的乐器,襄汾陶寺遗址出土了鼍鼓和石磬,证明龙山文化时期钟磬确实存在。《事物纪原》载"伏羲作裘,轩辕臣胡曹作衣,伯余为裳,因染彩以表贵贱,舜始制衮及繐深衣,禹作襦袴",可知舜帝时因为阶级的差异,衣服有了颜色的区别。《吕氏春秋·古乐》言"唐氏之始,阴多滞伏而湛积,水道壅塞,不行其原,民气郁阏而滞著,筋骨瑟缩不达,故作为舞以宣导之"[1],陶唐氏帝尧时代的阶级统治使得许多人心中不满,于是人们用舞蹈来宣泄。由于社会上已经形成了早期国家政权,人力的聚合为生产注入一股强劲的动力,"人类文明开始在威权的攒和中发挥出前所未有的威力"[2]。几乎每个河南龙山文化遗址中都能发现若干又大又深、口小腹大、内壁结实的窖穴,有的底部和墙壁还垫附有防潮的白膏泥或涂抹草拌泥,应该为存储粮食之用,另外龙山遗址中还发现了鬶、盉、斝、杯等酒器,酿酒需要大量的粮食,这些都说明龙山时代粮食产量有了很大提高,富人家中粮食可能堆积成山,但这并不能说明当时依靠粮食人人都能够实现温饱,因为私有制和剥削阶级的产生使得消费品分配不再均衡,穷人食不果腹的现象可能普遍存在。贫富不均不仅存在于部落内部,部落之间也

---

[1] 〔战国〕吕不韦:《吕氏春秋》,吉林大学出版社 2011 年版,第 70 页。
[2] 马学强、郁鸿胜、王红霞等:《中国城市的发展历程、智慧与理念》,上海三联书店 2008 年版,第 13 页。

日益加重,为了夺取更多的财富和土地,部落间的争斗愈演愈烈,"单纯的环壕已经无法有效地阻止同类的进攻。很有可能先民在实战中发现,由环壕派生的围墙在人与人的攻防战中具有比壕沟更大的防御效能,于是开始有意识地建筑高耸的城墙"[1]。

目前河南已发现龙山文化时期的原始城市有登封王城岗、新密古城寨、辉县孟庄、淮阳平粮台、新密新砦、漯河郾城郝家台、安阳后岗、平顶山蒲城店、濮阳高城、博爱西金城和温县徐堡11座。与仰韶文化时期相比,数量显著增多,这是社会发展(可能是部落间争夺和保卫资源与财富的需要)的结果。此时期中原城市建设普遍规模不大,像王城岗城址南墙与西墙长度仅为90余米,平粮台城址长、宽各为185米。结构非常相近,除却王城岗可能存在内外两重城垣,其余都为一重城垣(如图1-1-8所示)。平面形状基本都是正方形或者长方形。在王城岗、新砦、蒲城店、郝家台、古城寨、孟庄等都发现有护城壕或护城河,新砦古城更是设有外壕、城壕、内壕三重防护措施。城门数量均不超过四个。郝家台、孟庄发现城门一个,位于东城墙;古城寨、平粮台,南、北各一城门;徐堡东、西各一门;王城岗小城中似有南门一个;新砦城北外壕有三处缺口,西内壕中部有缺口,可能建有城门。此外,大型夯土建筑基址多见于城址中北部。如新砦中部偏北的浅穴式大型建筑可能与祭祀有关,平粮台西南角埋有两副完整的牛骨架,应该也与祭祀有关。[2] 在防御体系方面,王城岗大城的北城壕通向五渡河和其西城壕通向颍河的布局与新密古城寨河南龙山文化晚期城址的北城壕向西通溱水和其东城壕向南通一无名河,两者在建筑上都采取了人工护城壕与天然河流相结合的方式。从这些趋同点不难判断,当时的中原城市发展虽然还处于胚胎期,但是人们对城市的建设已经有了约定俗成的认识,早期的城市规划可能已经初步形成。

---

[1] 马学强、郁鸿胜、王红霞等:《中国城市的发展历程、智慧与理念》,上海三联书店2008年版,第12页。

[2] 赵明星:《河南先秦城市平面布局与中国古代城市规划理论体系的形成》,《华中建筑》2008年第6期。

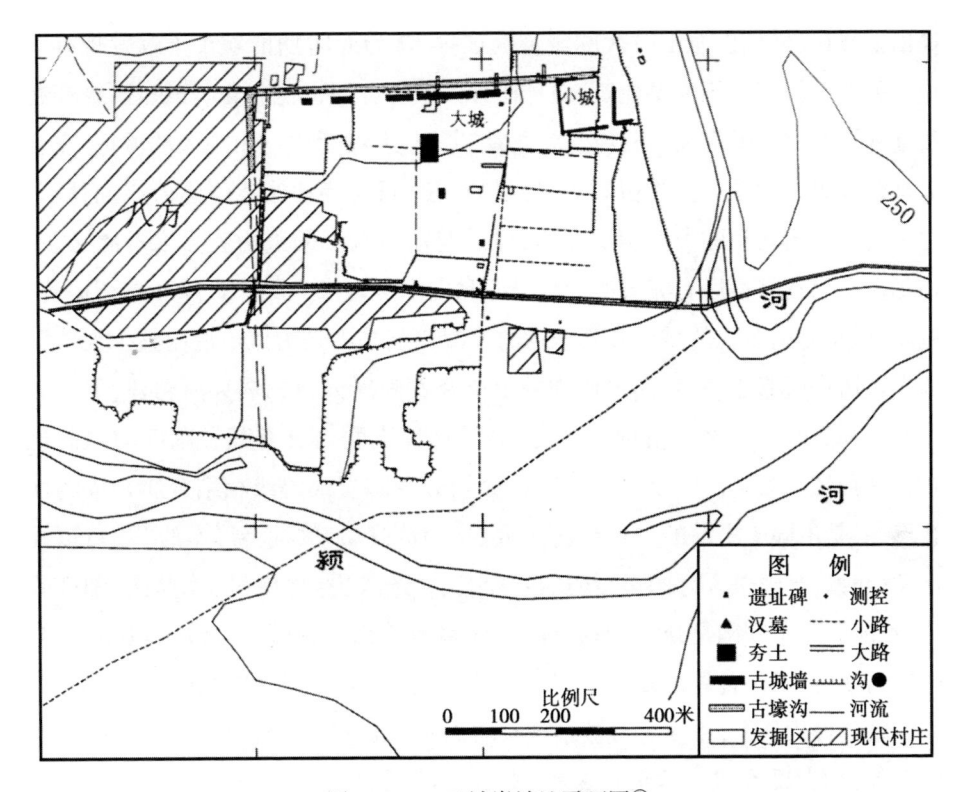

图 1-1-8　王城岗城址平面图①

另外,我们还在平粮台遗址南门出土了埋设在地下的陶质排水管道,王城岗文化遗址发现了陶窑,郝家台城址发现了连间式房子,安阳后岗出土了卜骨和穿孔龟甲,这些发现不仅展示了中原城市发展水平,也说明龙山文化时期的城市已经初步具备政治、经济等重要功能。同时,随着城市的不断发展,人们的建筑经验,包括总体规划思想等都得到了很大的提高和改善,为以后城市建设和理论发展打下了良好的基础。大量龙山文化遗址的发现证实中国早期的城市此时期已初步形成,因为是处于原始社会萌芽状态,所以又被称为"原始城市",可以说城址的发现是龙山文化的重要特征之一。

此外,需要一提的是,虽然有学者认为龙山时代仍属于氏族社会阶段,是氏族社会晚期的氏族联盟阶段,只有到夏代国家才真正出现②,但是不少学者对此

---

① 刘庆柱主编:《中国古代都城考古发现与研究(上)》,社会科学文献出版社 2016 年版,第 58 页。
② 张光直:《中国相互作用圈与文明的形成》,《庆祝苏秉琦考古五十五年论文集》,文物出版社 1989 年版,第 1—23 页。

提出了异议,他们以龙山时代的城址为证据,认为此时期的城市不仅发现有不止一处的宫殿宗庙等大型建筑,而且还有大量能证明贫富分化、等级、阶级存在的墓葬资料及朱书陶文、小件铜器、龙盘、鼍鼓、玉钺等,"一个庞大的城垣,需要大规模地组织调动大量的劳动力,经过较长时间的劳动才能营建而成;而城垣之内宫殿宗庙之类的大型房屋建筑,也需要动员众多的人力物力之资源,这一切都显示出在其背后有完善的社会协调和支配机制来为其作保障和进行运营。也就是说,龙山时代的城址及其城内的大型建筑并不是为该地域内整个聚落群的人口居住所修建,它是为贵族中的上层及其附属人口的居住所营建,但却有权调动和支配整个聚落群的劳动力,显然这种支配力具有某种程度的强制色彩。这种带有强制性的权力与当时社会划分为阶层或等级相结合所构成的社会形态,是不同于史前的'分层社会'或被称为'酋邦'的社会形态的"[①],可以推定龙山时代已经进入邦国类型的国家社会。结合《史记》中对于"禅让"制度的记载,能够想象邦国是众多的独立的地区性政治组织,邦国之上应该还有一个松散的联盟,联盟首领由邦国中有影响力的人物(如唐尧时期的四岳)推举,上一任联盟首领任命,主要考量被推举人的德才(如尧至孝至仁)以及对邦国所做的贡献(如大禹治理了洪水),这种"非血亲继承制"产生领导人的方式得到了儒学鼻祖孔子的大加赞赏,称其时代为"大同社会"。总体来说,龙山时期的城邦与国外其他形式的城邦有不少相似之处,但也有自己明显的特色,"相对于前工业或古希腊式城邦,龙山时代的农业和集权社会已有长足发展",这种极具中国特色的城邦时代,可以称为"龙山城邦"[②]。

第二节 河南早期城市的演进

夏、商、周时期生产力有了明显的提高,城与市相结合,具有完整意义上的

[①] 王震中:《邦国、王国与帝国:先秦国家形态的演进》,《河南大学学报(社会科学版)》2003年第4期。

[②] 薛凤旋:《中国城市及其文明的演变》,世界图书出版公司2015年版,第31—33页。

城市形成也是在这个阶段。从总体上来说,这个时期城市数量还不是很多,功能较为单一,城市规模也不大,但是人口的增多及集市贸易的兴起对城市的发展壮大起到了积极作用,特别是依礼而建的中心城市对后世影响深远。河南生态环境优越,在这里有熊氏点燃了中华文明的希望之光,夏禹征服大小部落,建立起了华夏第一个奴隶制大国,商汤一族不断壮大,经济与政治相结合的"大邑商"由此诞生,周代城市与农村已经有了明显的区分,城市已经成为国家或地区政治、经济、文化的中心,"昔三代之君皆在河洛之间"[①],在秦统一前的2000多年中,河南始终处于中国城市发展的中心区域,是华夏文明的核心。

一、青铜时代早期:夏代的城市文明

夏朝(约前2070~前1600)是中国传统史书记载的第一个世袭制王朝,一般认为夏朝是一个部落联盟形式的国家,君主和诸侯分而治之。夏文物中有一定数量的青铜和玉制的礼器,虽然青铜的使用比重还较小,铜石并用的特征仍十分明显,但可以推测此时已经进入人类文化发展的新阶段——青铜时代。铜冶炼铸造技术的进步和青铜器的广泛应用在我国生产发展史上具有划时代的意义,除此之外,农业和手工业生产水平的提升,人们物质生活条件的日渐丰富,这些都说明"较为先进的奴隶制正处于生机勃勃的上升时期"[②]。

1.中国历史新纪元的开启

夏朝是黄帝族后裔的一支,据《史记》记载,黄帝生子昌意,昌意生子颛顼,颛顼生子鲧,鲧生子禹,禹是黄帝的玄孙。尧帝在位时,洪水滔天,百姓不堪其苦,鲧奉尧命治理洪水,"九年而水不息,功用不成",舜登基后,以鲧"治水无状"将之处死,并任命禹承袭父业,继续治水。经过13年劳神焦思,宵衣旰食,禹终于使得黄河"东渐于海,西被于流沙,朔南暨,声教讫于四海","天下于是太平",禹也因此不世之功受到各部族拥戴,并在舜帝死后,"南面朝天下,国号曰

---

① 〔汉〕司马迁:《史记》卷二八《封禅书》,中华书局2005年版,第1172页。
② 程有为、王天奖主编:《河南通史(第一卷)》,河南人民出版社2005年版,第158页。

夏后,姓姒氏"①。禹死后,其子启废除"非血亲继承制",也就是上古"五帝时代"的"禅让制",君临天下,由此开启"家天下"的先河,建立了我国第一个统一的奴隶制大国。

有关夏朝的历史,《尚书》《竹书纪年》《孟子》《左传》等也有记载,但是因为时代久远,夏代文字仅有留存于陶器上的零星符号,所以很长一段时期,学者们对其真实存在还有质疑,直到 20 世纪 50 年代,随着该时期文化遗址的陆续发现,人们才对夏朝有了更为真实的认识。夏代的文化遗址主要集中在河南中部的二里头地区,因此在中国考古学中夏文化又被称为"二里头文化"。具体来说,二里头文化是指以洛阳偃师二里头遗址Ⅰ至Ⅳ期所代表的考古文化遗存,该文化核心区分布于河南中部、山西西南和陕西东部,截止到 2000 年,共发现150 余处二里头文化遗址,其中 67 个在二里头地区,另有 35 个集中在山西夏县东下冯附近。另外还有若干夏文化分支散落在山东西南、安徽西北、河北和江苏以北地区,形成一条横跨 1000 公里的广大边缘区。② 从时间连接上来说,黄河中下游龙山时代大概是公元前 2600～前 2000 年,而夏族人聚居河南的南部接近王城岗一带的龙山时代王湾Ⅱ期是公元前 2500～前 2000 年,新砦文化是公元前 2050～前 1750 年,二里头文化是公元前 1900～前 1500 年,商朝的建立时间大约在公元前 1600 年,可见二里头文化正好填补了华夏文明在龙山与商代之间的时段空缺。

《史记·封禅书》有"自禹兴而修社祀"的记载,"社祀"即"社祭",是古代祭祀土地神的仪式。五帝以来,人们一直将"敬天"作为礼之本,而禹即位之后重视农业生产,并将之作为稳固政权的重要措施。"修社祀"这一大举动可谓是对原有礼制的根本性变革,也标志着"敬地"为礼之本的开始。社会意识形态的转变既是社会发展的结果,同时也会对社会经济和政治产生不可忽视的影响。孔子有"(禹)卑宫室,而尽力乎沟洫"③之语,就是说禹不沉迷于物质享受,将全国的人力物力都集中在发展农业生产上,在此思想影响下,夏代的农业已经相当发达。就生产工具而言,虽然使用最多的仍是石器、骨器和木器,如犁地工具是

---

① 〔汉〕司马迁:《史记》卷二《夏本纪》,中华书局 2005 年版,第 38、57、62 页。
② 薛凤旋:《中国城市及其文明的演变》,世界图书出版公司 2015 年版,第 49 页。
③ 〔宋〕朱熹著,欧阳玄主编:《四书集注·论语》,海南出版社 1992 年版,第 136 页。

石铲、骨铲、蚌铲,收割工具是石刀、石镰、骨刀和蚌刀,但是这些工具做工更加精细,种类也更繁多。在龙山文化晚期和二里头文化灰坑壁中还发现了两齿的木耒痕迹,《韩非子》有"禹之王天下也,身执耒臿以为民先"①的记载,两者相结合可以推测耒、臿(大致类似于耜,曲柄起土的农器)的推广和使用大致是在龙山文化后期和夏文化时期。虽然没有出土粮食作物,但是根据文献资料以及夏代前后考古发掘推测,应该是以种植粟、黍、稷、麻、麦、菽、水稻等为主。畜牧业包括了猪、狗、鸡、羊、牛、马等,应该已经开始走向规模化养殖。渔猎仍是社会生活中的重要组成部分,这从出土有大量的骨和铜制的渔钩、陶渔坠以及箭镞中可以推测出来。夏代的产业结构应该是"种植业为主、畜牧业为副、渔猎为辅"②的格局。不过,虽然夏代已经处于青铜时代的初期,青铜器在人们生活中已经较为常见,但是利用青铜制作的器物多为礼器、武器以及贵族使用的容器和装饰品,如爵、鼎、斝、箭镞、钺、戈、刀、铃、挂牌等,铜制农具却未见,这可能是因为石器和骨器等的坚硬程度已经可以满足当时的生产需要,加之技术水平等原因,铜的产量有限,成本昂贵,所以在实际生活中没能得到广泛推广。此外,觚、爵、斝、盉等众多饮酒器具的出现表明夏代的农业较之以前任何时代都更先进,饮酒文化已经在富人阶层中较为流行。

上古时期因为生产能力有限,同一氏族的人往往群居在一起,为了防御外族侵夺自己的劳动成果,人们便在聚集区周围兴建城墙,挖掘壕沟,城市也由此诞生,也正是因为如此,早期的城与国的概念并没有太大区分。史书上记载,夏王太康和有穷氏首领后羿都喜欢带着部属游猎,后人批评他们耽于玩乐,不理国政,其实联系到当时的社会生产状况,他们的这种行为很可能与原始社会农作物生产能力有限,打猎和畜牧业仍是其重要的生活补充有关。

2.河南是夏王朝的区域中心

由夏部首领禹建立的夏朝是中国王朝历史的开端,夏朝没有明确的疆界,《尚书·禹贡》中所划"九州",地域范围广大,非当时国家统治力量所能及,所谓"东渐于海,西被于流沙,朔南暨,声教讫于四海",应该只是人们能够想象的禹之声名所达之处,不是实指管辖区域。《史记·殷本纪》说:"古禹、皋陶久劳

---

① 〔战国〕韩非:《韩非子·五蠹》,岳麓书社2006年版,第178页。
② 陈文华:《中国农业通史:夏·商·西周·春秋卷》,中国农业出版社2007年版,第13页。

于外,其有功乎民,民乃有安。东为江,北为济,西为河,南为淮,四渎以修,万民乃有居。"史家因此根据"四渎"的方位认为夏国的疆域大致西起华山,东至豫东,北抵晋南,南达豫南淮河流域,以今偃师、登封、新密、禹州为核心范围。① 夏朝的大部分区域在河南境内,自禹至桀共历17王,据考证大部分王都在这里,可以说居住于河南一带的先民率先脱离野蛮和蒙昧,最先踏入阶级社会的门槛并创造出举世瞩目的夏代文明。

(1)嵩洛之兴

夏族是一个古老的部落,《国语·周语》有"昔夏之兴也,融降于崇山"的记载,据考证此处的崇山即今绵延于河南境内的登封、新密、汝州和伊川诸市县一带的中岳嵩山。夏族的活动地域《逸周书·度邑解》记载"自洛汭延于伊汭,居阳无固,其有夏之居",就是说夏族的居地在古伊水和洛水交汇之处。《水经·颍水注》引徐广曰"河南阳城、阳翟,则夏地也",此处的河南指今洛阳市,阳城今登封市阳城,阳翟今禹州市。由以上所述,可以推定夏族的主要活动区域在今

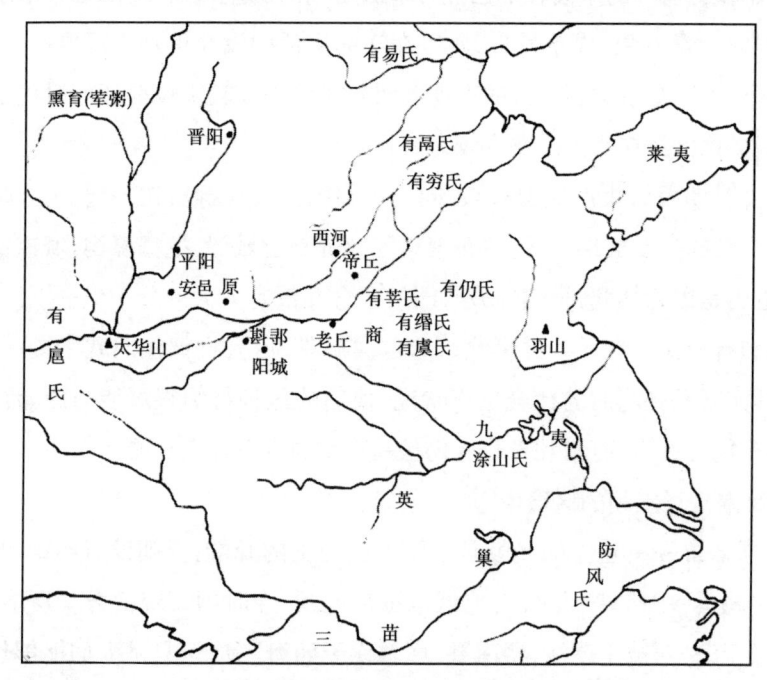

图 1-2-1 夏代政治疆域示意图②

---

① 程有为、王天奖主编:《河南通史(第一卷)》,河南人民出版社2005年版,第145页。
② 贺业钜:《中国古代城市规划史》,中国建筑工业出版社1996年版,第108页。

豫西地区。此外,禹父鲧当年因为治水不当,被尧处死于羽山①,许多学者认为羽山就在今河南嵩县陆浑镇附近,而在100公里以外的登封王城岗二期还发现了一座龙山文化城堡,规模不大,与鲧生活年代相当,结合《世本·作篇》中"鲧作城郭"的说法,虽然不能肯定该城堡为鲧所筑,但其为夏朝初期城垣遗迹问题不大,此外综合其他的考古发掘和史料记述,可推定鲧及其族系所活动的地域应该就在嵩洛地区。

(2) 禹都阳城

《史记·夏本纪》说"禹辞辟舜之子商均于阳城",讲的是舜去世后,禹曾经避居阳城的历史,在阳城居住期间,禹成功地消除了商均的威胁,在"天下诸侯皆去商均而朝禹"的形势下君临天下。古本《竹书纪年》也有"禹居阳城"的说法,《世本·居篇》更直接说"禹都阳城",因此大致可以认定阳城是夏朝的第一个国都。关于阳城的地望在学术界有多种说法,但多数学者认为应在今登封境内,这是因为王城岗夏代初期城垣在告成镇西区,而在告成镇东北的城山岭一带陆续发现了春秋、战国、西汉时期的阳城遗址,在战国遗址出土的陶豆柄、豆盘内明确印有"阳城仓器"的戳记,同时附近出土的西汉筒瓦面上也印有"阳城"戳记,充分证明告成镇一带就是东周和汉代阳城之所在,而夏代的阳城或许相去不远。2004～2005年"中华文明探源工程——王城岗遗址的年代、布局及周围地区的聚落形态"专题组在王城岗调查时惊喜地发现,在原来发现的小城以西,有一座带有护城壕的龙山文化晚期大型城址,因为大城的北城壕打破小城西城的西北拐角处的夯土城墙,可知大城的建设晚于小城,另外从王城岗小城和大城的位置可推测当时人们对于王城岗城的修建是有所规划的,即先建小城,后扩建大城,联系到历史上夏族集中在此活动的传说以及东周和汉代阳城均在此的事实,考古学家判断"大城有可能与'禹都阳城'有关,其年代已进入夏始年即公元前2070年以内"②。

(3) 钧台之享

阳翟也是古书中常提到的夏禹立国和启即帝位的重要城市。《史记·周本

---

① [宋]李昉编纂:《太平御览》卷四二《羽山》,河北教育出版社1994年版,第372页。
② 方燕明:《登封王城岗龙山文化晚期城址——"禹都阳城"的考古学研究》,《华夏都城之源》,河南人民出版社2012年版,第113页。

纪·集解》引徐广曰："夏居河南,初在阳城,后居阳翟。"《史记·夏本纪·正义》引《帝王世纪》说："禹受封为夏伯,在豫州外方之南,今河南阳翟是也。"《汉书·地理志》"颍川郡阳翟县"条注说："夏禹国。周末、韩景侯自新郑徙此。"《元和郡县图志》卷五"河南府阳翟县"条说："（阳翟县）本夏禹都所,春秋时郑之栎邑,韩自宜阳移都于此。"启作为禹的儿子应该在阳翟居住过很长时间,并且在此荣登九五之尊。《今本竹书纪年疏证》说："（启）元年癸亥,帝即位于夏邑,大飨诸侯于钧台。诸侯从帝归于冀都。大飨诸侯于璿台。"《帝王世纪》进一步说："（禹）以飨诸侯于阳翟之钧台,故知启即位于夏邑,即阳翟是也。""杜注河南阳翟有钧台陂。"此外《今本竹书纪年疏证》还有"帝归于冀都"的记载,冀都可能就是安邑。《括地志》说"安邑故城在绛州夏县东北十五里,本夏之都",也就是说启在阳翟即大位,大飨诸侯于钧台,然后北上,迁都于安邑,这个路线也与夏族群的迁徙方向大致吻合。根据考古发现,我们可以确认春秋战国时期的阳翟故城在今禹州市朱阁镇八里营村北侧,城内面积约 50 万平方米,但是这里并没有发现更早期的遗物、遗迹,因此不能确认这里是夏代阳翟故城,不过流传下来的历史信息却很有参考价值。《读史方舆纪要》和清乾隆年间修的《禹州志》均说这里是战国前期的韩国故城,即阳翟故城,而禹州市城内仍存有古钧台,始建年代不详,据说为夏启宴飨诸侯处。

（4）夏启之都

在新密市东南 18.6 公里的刘寨镇新砦村发现了一处面积约为 100 万平方米的新砦城址,从时间上看它"早于二里头文化的新砦二期遗存和嵩山周围龙山文化晚期偏晚阶段的文化遗存,应是比二里头文化更早的夏文化。新砦城址历经龙山文化晚期和新砦期两个时期,其规模宏大,拥有内外三重城壕和大型建筑,而且出土众多不同凡响的重要遗物,应当是夏文化早期的大型城址"[1],其"始建年代约为公元前 2000 年至公元前 1900 年间。无论将夏王朝始年定在公元前 2070 年还是公元前 2000 年左右,从年代学角度分析,都不能排除新砦龙山文化城址始建于夏启的可能性"[2]。另外从城中心地区清理出一批铜容器残片、青铜牌饰以及刻有夔龙纹的陶器圈足等高规格遗物可以判断这里应是非权

---

[1] 赵春青、张松林：《河南新密新砦遗址发现城墙和大型建筑》，《中国文物报》2004 年 3 月 3 日。
[2] 赵春青：《新密新砦城址与夏启之居》，《中原文物》2004 年第 3 期。

即贵人群的居所。《穆天子传》中有"丙辰,天子南游于黄台之丘,以观夏后启之所居"①的记载,这里提到的黄台之丘就在新密一带。《穆天子传》卷五说:丁丑"祭父自圃郑来谒"穆天子,圃郑大概是今天的郑州祭城一带,"天子饮于洧上",其地应指流经新密、新郑、长葛的洧水。根据"穆天子出游的地域环境看,北边以祭父国为界,南边可达洧水流域,东边有圃田泽,西边可至虎牢关"②。丁山认为:"黄台之丘可确指其即赤涧水旁之皇台冈。"③史念海也认为:"禹之后,启居黄台之丘,在河南郑州市和密县之间。"④密县现为新密市,境内刘寨乡台岗村附近有一台冈遗址,夯土筑成,面积1.3万平方米左右,台上有红烧土层,地面散落有瓦片,时代约为东周时期。台冈遗址是武定水域赤涧水之间高丘地带的制高点,结合游"黄台之丘"可观"启之所居"的说法,"启之所居"必定在黄台之上俯瞰的视野范围之内,可以推定台冈遗址与穆天子所游的黄台之丘的地理环境相符,也就是说新砦城址即是《穆天子传》中提到的"夏后启之所居","确切一点说它是启居黄台之都城,在它的周围有一个庞大的聚落群"⑤。

(5)迁都斟鄩

启在位39年,其后子太康继位,《史记·夏本纪·正义》引《汲冢古文》曰"太康居斟鄩,羿亦居之,桀又居之",今本《竹书纪年》也云"仲康居斟鄩",也就是说太康在位期间将国都迁往斟鄩。《汉书音义》说"斟鄩在河南",指的是汉代河南郡,其地在今洛阳附近。《水经·洛水注》有"洛水又北,迳偃师城东,东北历鄩中,水南谓之南鄩,亦曰上鄩也,迳訾城西,司马彪所谓訾聚也。而鄩水注之"⑥的记载,鄩水在河南偃师城东,俗称温泉水,也叫暖泉沟,斟鄩的得名应该与鄩水有关。《左传·昭公二十三年》载"二师围郊。癸卯,郊、鄩溃",杜预注:"河南巩县西南有地名鄩中。"《括地志》说:"故鄩城在洛州巩县西南五十八里。"近年来在偃师二里头文化遗址先后两次发现了大型夯土建筑遗址,学者们

---

① 丁山:《由三代都邑论其民族文化》,《历史语言研究所集刊》第五本,1935年版。
② 许顺湛:《寻找夏启之居》,《华夏都城之源》,河南人民出版社2012年版,第127页。
③ 丁山:《古代神话与民族》,商务印书馆2005年版,第6页。
④ 史念海:《中国古都和文化》,中华书局1998年版,第43页。
⑤ 许顺湛:《寻找夏启之居》,《华夏都城之源》,河南人民出版社2012年版,第130页。
⑥ 〔北魏〕郦道元著,陈桥驿、叶光庭、叶扬译注:《水经注全译》,贵州人民出版社1996年版,第536页。

认为这里应该就是夏代斟鄩故址,此外在巩义罗庄附近找到了以二里头文化为主要内涵的稍柴遗址,估计是斟鄩氏的故居。①

太康是一位失德的皇帝,《尚书·夏书·五子之歌》说"太康尸位以逸豫,灭厥德,黎民咸贰","内作色荒,外作禽荒。甘酒嗜音,峻宇雕墙","今失厥道,乱其纲纪",导致夏王室分崩离析,东夷族有穷氏首领后羿乘虚而入,率兵攻入斟鄩,赶走太康,后来太康逃难到河南太康县,最后死于彼(今太康县东南二里处)地。后羿掌握大权后,扶植其弟仲康作傀儡,仲康死后,子相继位,东夷族为了让相与其族势力隔离将都城迁往斟灌(一说在今山东省寿光市东南),但是相不甘受人摆布,依靠同姓斟鄩氏逃到商丘,后羿动用武力迫使相重归斟灌,并代相发号施令。后羿的助手寒浞羽翼丰满,他利用后羿游猎取乐之机派人将其杀害并取而代之。寒浞子浇掌权后杀相,相妃后缗逃回母族有仍氏,生下少康,少康逃奔夏族有虞氏之地(今虞城县),有虞氏国君为其修建了纶邑(一说在今禹州市顺店镇康城村一带)。少康聪明有谋略,他联络夏族余部,苦心经营,形成一股强大的力量,最终打败东夷有穷氏夺回王位。据今本《竹书纪年》载"少康自纶归于夏邑",此处所说的夏邑应该就是启都夏邑,也就是新砦古城,后又迁都原(今济源市西北)。少康之子杼(又称帝宁)继承父业后迁都老丘(在今河南省开封市原陈留镇东北老丘城)。此后五位帝王的都城没有记载,大概还是在老丘,直到胤甲(又名廑)迁都西河(今山西省南部),此后又经过了孔甲、皋、发诸王,到帝桀继位时,夏王朝势力已经日落西山,便又将都城迁回太康的旧都斟鄩。综上所述,夏王朝除了斟灌、西河两座都城,其余均在河南境内,河南是夏族及夏王朝的活动中心确定无疑。

3.夏代的城市体系

夏代国家形态初成,由原始社会的聚落转化过来的城市也随着国家的诞生以及阶级的分化而分化,作为统治者据点的聚落演化成"都",而沦为农业奴隶聚居的部落则成为在野的"邑",前者为统治阶层居住的城堡,后者则分布在城堡外围的广阔郊野,是农业生产者的居里,亦称"聚",即都鄙之邑。甲骨卜辞中有"大方伐……鄙廿邑"②的记载,也就是关于方国一连攻占二十个鄙邑的占卜。《尔雅·

---

① 郑杰祥:《夏史初探》,中州古籍出版社1988年版,第75页。
② 郭沫若:《殷契粹编》,科学出版社1965年版,第801片。

释言》说"里,邑也",表明二字含义相通。《说文》说"里,居也,从田从土",明确指出此为农业劳动者的聚居处。而且从都、邑含义的不同,"君子居国""小人狎于野"的贵族与劳动者分居状态可以推测都、邑规划国野体制在夏朝已有体现。

如果将新砦遗址作为二里头文化的开端,从聚落分布态势来看,"裴李岗文化遗址多集中在台地上,遗址之间的地带较大,整个聚落群呈散点状分布;仰韶文化遗址分布在河流较高阶地上,整个聚落群呈线状分布;龙山文化遗址在靠近河流的较低的河流阶地上向远离河流的地带发展,从而使整个聚落群呈团状分布。而新砦期聚落与龙山文化时期的聚落分布特点相同"①。值得注意的是,二里头时代中心聚落面积大幅度提升,由龙山时代的10万~30余万平方米扩大到100万~300万平方米。②

新密新砦遗址崛起于公元前1900年前后,不仅是河南迄今为止面积最大的一处龙山文化遗址,也是目前确认的唯一的新砦期城址。新砦城址总面积逾100万平方米,地势略高于四周地面,平面略呈圆角长方形。新砦聚落中心区域约6万平方米,周围由环壕(内壕)圈起,其内分布有大型建筑等重要遗址,中心区中央偏北高台地上坐落有一座东西长50多米、南北宽14.5米的大型建筑基址,已经发现其南墙和北墙,墙体皆夯筑,墙内涂白灰,在北墙基上发现有个别柱洞,南墙体附近有红烧土块。居住面下有若干包含大量红烧土粒的垫土层。内壕现存西、北、东三面,与南面双泊河一起,将聚落中心区封闭起来。城壕在内壕以外,首先发现于苏沟村的北面,宽约数十米,深6~7米,北、西、东三面均有,与南面的双泊河一起围绕着整个遗址,总圈占面积约70万平方米,这是新砦城址的大城。外壕只见于遗址北部,位于新砦北环壕220米以外,是一条人工与自然冲沟结合形成的壕沟,遗址外壕与南面的双泊河、西面的武定河、东面的圣寿溪河一起将遗址包围,共同形成遗址的最外围防线。"与龙山时代的城邑相比,新砦大邑抛却了方正的城垣规制,而以并不规则的壕沟联通自然河道、冲沟形成防御体系,这构成了其较为鲜明的聚落形态上的特色"③。此外,从现有材料看新砦时期已经摒弃了龙山时代普遍筑城的传统,以环壕取而代之,成为这一时代主流的防御设施。

---

① 赵春青:《新砦聚落考古的实践与方法》,《华夏都城之源》,河南人民出版社2012年版,第137页。
② 许宏:《大都无城:中国古都的动态解读》,生活·读书·新知三联书店2016年版,第213页。
③ 许宏:《大都无城:中国古都的动态解读》,生活·读书·新知三联书店2016年版,第214页。

偃师二里头文化遗址沿古伊洛河北岸呈西北—东南向分布，据新世纪以来的钻探和发掘结果表明，二里头遗址"东西最长约 2400 米，南北最宽约 1900 米，北部被今洛河冲毁，现存面积约 300 万平方米，估计原聚落面积应在 400 万平方米左右"[1]。遗址可以分为中心区和一般居住活动区两大部分，中心区位于遗址东南部至中部的微高地上，大致由宫殿区、若干贵族聚居区、手工作坊区和祭祀活动区组成。宫殿区位于遗址中部，面积不小于 12 万平方米，区内已发现建于二里头文化第 II 至 IV 期的大型建筑基址 10 余座，其中已确认的第 III、IV 期多座单体宫室建筑纵向排列，形成明确的中轴线。我国古代有"凡邑，有宗庙先君之主曰都"[2]的传统，《帝王世纪》也有"天子所宫曰都"的记载，结合二里头宫殿遗址的勘测，专家推断这里应该是夏朝的一个都邑。宫殿区外围有垂直相交、略成"井"字的道路，这是迄今考古学确认的中国最早的城市道路网，既显示出宫城方正规矩的布局，也展现了夏代都邑极强的规划性。贵族聚居区围绕在宫城周围，发现有中小型夯土建筑基址，此外宫城北部和东北还集中分布有百余座贵族墓葬，多数规模为中小型，内陪葬品丰富，一座规模较大的墓葬位于宫殿基址北部正中。二里头宫城周围出土了制玉、制石、制骨、制陶等作坊遗址，其中绿松石器制造作坊和铸铜作坊都位于宫殿区以南，根据周围发现的夯土墙推断这里应该有围垣将其与外部隔开，很可能是二里头官营手工业区。祭祀活动区位于宫殿区以北和西北一带，目前已发现有东西连绵二三百米，这一带集中分布着与宗教有关的建筑(包括圆形的地面建筑和长方形的半地穴建筑)及附属的一些墓葬和其他遗迹。一般居住活动区居于遗址的西部和北部区域，主要是小型地面式和半地穴式房基，还有不少小型墓葬，随葬品以陶器为主。从图 1-2-2 中可以看到以宫殿区为中心，祭祀区在其北，官营手工业作坊在其南，三个功能区一线排开，宫殿区外围四条交错的大路方正摆开，既是重要的交通孔道，同时也起到了分割城市功能的作用，这种布局和方位概念展现了夏朝的都邑建设和规划体制已经日趋严密，都邑规划水平逐步提高。

---

[1] 许宏：《大都无城：中国古都的动态解读》，生活·读书·新知三联书店 2016 年版，第 209 页。
[2] 杨宽：《战国史料编年辑证》，上海人民出版社 2001 年版，第 136 页。

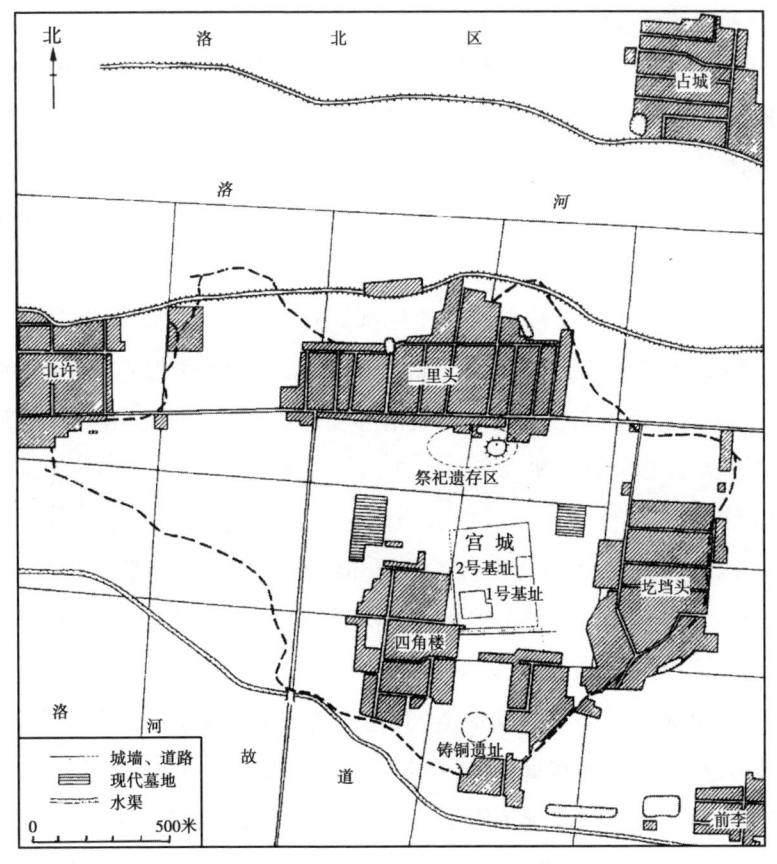

图 1-2-2　二里头遗址平面图①

荥阳大师姑遗址北距黄河、西南距荥阳市区均为 13 公里,距离二里头遗址约 70 公里,是我国迄今为止唯一一座单纯的二里头文化遗址。城址大体呈正方形,四围城垣环绕,总长接近 3000 米,城垣结构复杂,底部宽约 16 米,顶部宽约 7 米,倾斜推筑,水平夯打,残高 3.75 米。城垣外有壕沟,宽 13~15 米,残深 4~7 米,沟壁较缓,中下部陡直内收,底部平整。城址内遗存丰富,文化层厚度在 2~2.5 米之间,已出土有多处夯土房址、灰坑、窖穴、灰沟等遗迹,以及青铜、玉、石、陶等生产生活用具。此外,在城址中部还发掘出土有成片倒塌的夯土墙体和大量的陶制排水管道,显示出二里头城市建设已经有了较大进步。至于该座城市的性质,专家推测这里可能是夏王朝的东方军事重镇或者是方国的都邑。

---

① 许宏、陈国梁、赵海涛:《二里头遗址聚落形态的初步考察》,《考古》2004 年第 11 期。

4.夏朝的城市文化

夏王朝是在统一中原众多小国的基础上形成的一个较大的国家,辖域内除了夏王所居的国都,分封的姒姓诸侯国以及异姓方国也有很多位于河南,他们也都分别建有自己的城,当然其规模无法与夏都相比。根据学者研究成果,史前时期大型聚落的人口一般不超过 5000 人,与二里头同时期的普通聚落的人口一般不超过 1000 人,但是二里头最繁荣时期人口却在 20000 人以上,如此高度集中的人口在中国乃至整个东亚地区都属首见,"人口的增长是社会复杂化与国家出现的重要契机,而人口集中的程度又从一个侧面反映出国家社会的成熟度"①。在夏王朝长期较为安定的政治环境和生产力发展的背景下,中原地区的城市文化展现出勃勃生机。

（1）服饰

夏朝以麻衣为主,也可能出现了丝绸,但是目前还没有实物印证。《史记·五帝本纪》云"尧乃赐舜绨衣","绨"指细葛布。《说苑》称禹"衣裳细布",细布应为细麻料。1975 年,偃师二里头夏代遗址出土的一座贵族墓内发现了一件蒙有至少六层粗细不同织物的圆铜器,其粗者为麻布,细者未确定性质。《盐铁论·力耕》有"桀女乐充宫室,文绣衣裳"的记载,说明夏宫室内的女子的衣服已经相当讲究。不仅如此,贵族的服饰也有了一定之规。《礼记·王制》说"夏后氏收而祭",《史记集解》引《太古冠冕图》云:"夏名冕曰收。"司马贞《史记·索引》进一步注解道:"收,冕名。其色黄,古曰黄收。"《山海经·海外西经》说:"（夏后启）左手操翳,右手操环,佩玉璜。"郭璞注"翳"字为"羽葆幢",《说文》云"翳,华盖也",指羽饰之华盖。"环"者玉璧腕饰之类。"玉璜"为身上的佩玉,半璧称璜。夏后启留给后人的形象就是头戴黄色冠冕,身穿麻布衣服,左手持羽饰之华盖,右手操环,胸前还有玉璜作为佩饰。夏人钟爱玉器,尤其是绿松石的饰物,不仅出土有绿松石的手工作坊,在不少墓葬中也有绿松石饰物的出土。如偃师二里头遗址发现的 M1 墓中就有绿松石串珠项链 87 件,而 M4 墓中有绿松石管和片残存 200 余件。《尚书·舜典》有"明试以功,车服以庸"的说法,即根据诸侯功劳政绩的不同赏赐出行的车马和服饰以显示其荣耀和高贵,《史记·五帝本纪》载"禹践天子位。尧子丹朱,舜子商均,皆有疆土,以奉先祀。

---

① 许宏:《最早的中国》,科学出版社 2009 年版,第 70 页。

服其服,礼乐如之",这里提到的"服其服",等同于《左传》中强调的"服以旌礼"和《管子》所标榜的"衣服有制……虽有贤身贵体,毋其爵不敢服其服",以此"明贵贱之别,序等列之分",从而建立了"非其人不得服其服,所以顺礼"的古代服饰"礼"制。

(2)饮食

从二里头发掘的墓穴陪葬品来看,器物组合多为实用的陶制饮食器具,如鼎、罐、深腹盆、瓮、觚、爵、盉等,可见夏代的饮食器具应该仍然停留于土质陶器时代,所谓"饭于土簋,饮于土铏"①,不过随着冶金技术的发展,青铜容器也开始出现,二里头遗址出土了十多件爵(酒器),还有青铜的鼎、斝、盉等。其中青铜鼎的铸造意义重大。《墨子·耕柱第四十六》载:

> 昔者夏后开使蜚廉折金于山川,而陶铸之于昆吾,是使翁难雉乙卜于白若之龟,曰:"鼎成三足而方,不炊而自烹,不举而自臧,不迁而自行。以祭于昆吾之虚。上乡。"乙又言兆之由,曰:"飨矣!逢逢白云,一南一北,一西一东。九鼎既成,迁于三国。"夏后氏失之,殷人受之。殷人失之,周人受之。②

此处的"夏后开"就是夏王启,他命蜚廉于山川采矿,昆吾铸鼎,从九鼎"不炊而自烹"可知这是一种饮食器具,启将之置于昆吾祭祀鬼神,可见九鼎还是一种礼器,从夏失国而殷受,殷失国而周受,可以推断九鼎被先人们视为国家政权的传国之宝。九鼎作为一种饮食器具,将政治、宗教、文化、艺术等结合于一体,它的问世标志着夏代的饮食文化已经超越以往任何时代。

(3)建筑

目前,我们发现的夏代房屋基址并不多,主要集中在偃师二里头遗址。《世本·作篇》曰"禹作宫室","室"乃夏人对住所的称谓,而"宫"则指统治者的住所。《竹书纪年》说"夏桀作倾宫、瑶台",台是一种高台上的建筑。将建筑称呼以宫和室是为了将统治者华丽的政事朝堂和居所与普通人相区别,当然帝王的住所也会称之为"室",《晏子春秋·谏下》就有"夏之衰也,其王桀背弃德行,为璇室玉门"的说法。

---

① 〔战国〕韩非:《韩非子·十过》,岳麓书社2006年版,第84页。
② 吴毓江撰,孙启治点校:《墨子校注》,中华书局1993年版,第656页。

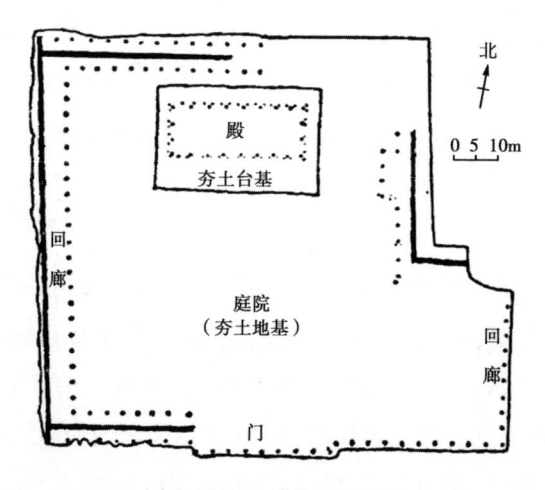

图 1-2-3　偃师二里头一号宫殿遗址①

偃师二里头一号宫殿遗址是已发掘的最早的大型殿址,有"华夏文化第一殿"之称。整个宫殿遗址坐落在低矮平整的夯土台上,略呈折角正方形,东西108米,南北100米,庭院北部正中是主体殿堂,东西长30.4米,南北宽11.4米,柱洞排列整齐,专家将其复原成面阔8间、进深3间的殿身平面。庭院四围回廊环绕,除西侧为单面廊外,其余均为双面廊,南廊折入处有大门与殿堂大体对位。

二里头二号宫殿遗址面积略小,同样是院落、宫室、门与回廊的庭院式组合,门与宫室仍没有完全对准,但是殿后的大墓与门厅轴线正对。夏代对祖先的崇拜根深蒂固,启伐有扈氏之前曾作有《甘誓》,言"用命赏于祖,弗用命戮于社",以此来激励和告诫士兵,这里的"祖"就是祖庙,专家推测二号遗址就是夏代王族宗庙所在。二里头遗址中没有发现瓦片,推断当时房屋是以茅草为顶、夯土为台基的"茅茨土阶"形制,单体殿堂可能已存在"前堂后室"的空间划分,建筑群已呈廊庑环绕的庭院式格局。

---

① 中国科学院考古研究所二里头工作队:《河南偃师二里头早商宫殿遗址发掘简报》,《考古》1974年第4期。

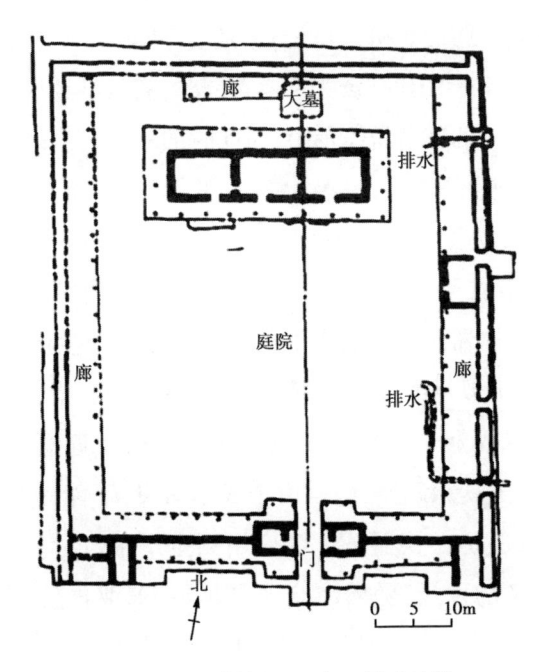

图 1-2-4　偃师二里头二号遗址①

《说苑》有"土阶三等"的记载,就是说夏时人们的居所会根据身份地位的不同有所区别,宫室是帝王行政、祭祀、居住的地方,是最豪华的贵族建筑,普通人的房子远没有如此气派,这也是人类进入阶级社会的反映。夏代仍存有半地穴式和地面上长方形的单间居室,面积为 10 平方米左右。二里头遗址还发现有多处土台式长方形多间居室,其中一座土台式长屋东西横列,长 28 米,进深 5.3 米,分隔为三间,大小不同,最小的西间面积约 36 平方米,最大的东间面积约为 65 平方米,长屋前后两面建有宽约 0.9 米的走廊,估计这应该是一个大家庭的住所,具有土台式建筑的特色。

二、青铜时代鼎盛期:商代的城市文明

殷商族的起源历史悠久,大概在虞舜时代,商族出现了一位杰出的军事首

---

① 中国社会科学院考古研究所二里头队:《河南偃师二里头二号宫殿遗址》,《考古》1983 年第 3 期。

领契,他被公认为是商族的始祖,《诗经》中还有"天命玄鸟,降而生商,宅殷土芒芒"的诗句赞颂。到契十四代孙汤为部落首领时,商族已经成为实力雄厚、独霸一方的诸侯国,周围小的部落纷纷依附,而此时的夏朝正值暴君桀当政,他横征暴敛、祸国殃民,致使生灵涂炭、民怨沸腾,在此背景下,商汤在贤臣伊尹的帮助下举兵讨伐,并在大约公元前1600年践帝位,建立商朝,成为第二个奴隶制王朝的领袖。商朝共存在了近600年,到公元前1046年商纣王在位时,殷商为姬周取代。殷商时期,木器、石器、骨器和蚌器仍然是农业生产不可或缺的工具,但从商代遗址中出土数量颇多的铜镬、铜铲、铜锸推测,青铜工具已经被广泛使用,这标志着商代农业生产取得了巨大进步。然而青铜器固然实用,可以制造出更加坚硬的工具和武器,但是由于成本昂贵,不能完全代替石器,石器真正退出历史舞台还是在铁器被广泛应用到生产中以后。青铜器冶炼技术的提高,推动了生产的发展,随着剩余产品增加,商业也随之进步,商代城市的商业功能有了前所未有的加强,已经出现了常设的交易场所"市","市"内还有经营各种商业活动的"肆"。此时期的商业活动已经非常普遍,因为商代人善于经营,所以后世将买卖人称作商人,商品、商业等概念也由此衍生。[①]

1. 奴隶制鼎盛时期的文明

夏朝的历史我们还主要靠《尚书》《史记》等后代典籍来了解,缺乏当时文字的证明,但是步入商代以后,甲骨文的出现标志着我国的历史进入信史时代。甲骨文因为大多刻在龟腹甲和牛胛骨上而得名,目前共发掘了不下16万片,能够辨认的字约5000个,已经解读的大概1000个。在这些文字里,约有一半的造字理念和字形与我们现在使用的汉字基本一致,由此可以推测应该在商代或者更早之前我们的文字体系已经建立。通过甲骨记述的事情非常广泛,既有祭祀、战争、封赐、结盟等军国大事,也不乏起居、梦幻等生活琐事,对于我们了解商人的生产生活大有裨益。此外,一些卜辞上的文字并不是刀刻而成,而是朱砂写就,可推论当时的文字已经通过笔墨写在布帛、树皮、竹子或其他生产成本更低廉的载体上面,只是因为年代久远,它们多已风化无存,我们难以寻觅它们的踪迹而已,但是其数量必定远远超过甲骨,古书言商代"有典有册",所

---

① 吴慧:《中国古代商业史(第一册)》,中国商业出版社1983年版,第65、75页。

言应不虚,而今我们所见《山海经》《尚书》等极可能由上古文献辗转传袭而来。①

商代的农业有了很大进步,除了上面提到的铜器在生产中得以运用外,商代人还掌握了较为先进的阴阳合历,将一年平分为12个月,闰年13个月,生产者会根据农时耕种收割。生产者不再单纯依赖已有的河流浇灌,他们采取田间挖沟渠的方法将水引入农田,在洪涝季节还可以通过它们将过多的雨水排出,更好地保护庄稼成长。商代人的田间管理技术已经不错,殷墟遗址发现了不少蚌铲,估计是除草的工具。甲骨卜辞中有了"受年"的记载,应该是农业取得好收成的记录。在商代的村落和城址的居住区内发现了大批窖穴,根据规模可以判断是普通民众用以贮存粮食的地方,因为王室贵族储存粮食的仓库一般建筑于地面之上,规模比之要大得多。古籍中提到的周王灭商后将殷纣王"钜桥仓"的大批粮食发放给贫苦百姓,这"钜桥仓"应该只是商代大粮仓中的一个,甲骨卜辞中还有多处关于"廩"的记载,应该也是商代诸多粮仓中的一部分。商代的酿酒业远比夏代发达,殷墟中出土的酿酒大缸以及数目可观的青铜酒器充分证明了这一点,同时也说明商代的粮食产量已经很高。

与生产技术和文化发展相适应的是商代的奴隶制国家管理机构也初步完善。商代社会组织包括三个阶层:上层为统治阶级,即王室家族及子姓氏族内的普通贵族,内服职官以及外服异族诸侯,掌管宗教活动的职官亦在此列;下层是数目众多的奴隶,没有人身自由,属于被统治阶级;自由民处于社会的中层,同奴隶一样没有田地,属于被统治阶级,但是地位较前者要高,通过义务帮助奴隶主耕种田地和提供其他劳力服务来作为所耕公田的地租,这是周代税赋的前身,《商书·盘庚篇》所言"小人"就指自由民。商王朝依照"亲贵合一"的组织原则,建立起宗法式家族制度为核心的国家机器,中央和地方机构的管理由许多家族的骈枝构成,中央是以成汤灭夏的"贵"族贤才为核心建立的国家管理机构,地方是以商王的弟、子"亲"族为主组建的诸侯国。奴隶主通过建立官吏、军队、监狱、刑法等组织体系来镇压奴隶和平民的反抗,镇服四方诸侯,抵御域外入侵及进行对外攻略。商代统治者建立的以商王为中心的比较完整的内外职官体制既完善了地方政权体制,也使得按区域组织和管辖军民的国家特征开始

---

① 薛凤旋:《中国城市及其文明的演变》,世界图书出版公司2015年版,第69页。

出现,虽然同后世相比,结构还欠严谨,体系亦不够完备,但是较之前代仍有了巨大的进步。

2.河南是商代统治的核心区域

殷商族的起源历史悠久,大概在虞舜时代,商族出现了一位杰出的军事首领契,他被公认为是商族的始祖。《史记·殷本纪》载,契的母亲简狄,有娀氏女,为帝喾次妃。契兴起于唐尧、虞舜、大禹之际,因协助禹治水有功,被舜任命为司徒,封于商,赐子姓。《史记·殷本纪》说:"成汤,自契至汤八迁。汤始居亳,从先王居,作帝诰。"司马迁的这段话源于《尚书·夏书》,也就是说,自契封商地至汤建商朝,商族共经历八次迁移,虽然具体的地望难以确证,但是根据参考文献和考古发现,大致能够推定早期的商族活动在今天的豫北、豫东及鲁西和冀南一带,豫东北是其中心。[①]

汤是契的第十四代孙,由契到汤的几百年中,商族逐渐发展成为实力雄厚、独霸一方的诸侯国,周围小的部落纷纷依附,而此时的夏朝正值桀当政,他荒淫无度,暴虐无道,致使朝政紊乱、民怨沸腾,汤乘势而起,联合其他方国,依靠贤臣伊尹的帮助,举兵推翻夏的暴政,建立商朝,定都亳。《左传》记载:"(鲁襄公十一年)公会晋侯、宋公、卫侯、曹伯、齐世子光、莒子、邾子、滕子、薛伯、杞伯、小邾子,伐郑。秋,七月,己未,同盟于亳城北。"杜注说"亳城,郑地",郑地在今河南郑州境内。1956年,在郑州商城北部和东北部的金水河、白家庄附近陆续发现了几批东周时期的陶文,"这些陶文是用印戳打上去的。已发表的十一个戳印字中,有一个字迹不清,有一个是'䣜'字,有九个是'亳'字"[②],"䣜"应该指的是邶城,在今新郑市东北,距郑州商城三四十公里,而多次出现的"亳"字,则应该说明郑州商城是周代的亳地。而随着考古发掘的深入,许多学者进一步认为,郑州商城正是商汤所建亳都之所在。陈旭在《郑州商城宫殿基址的年代及其相关问题》中说,郑州商城大多数宫殿基址建筑在南关外遗址期和二里岗下层,属于二里岗上层的宫殿基址较少,而且商代城墙夯土层普遍被二里岗下层文化堆积叠压,这些都说明城墙和宫殿的建成时间早于二里头文化,可以理解

---

① 程有为、王天奖主编:《河南通史(第一卷)》,河南人民出版社2005年版,第184、185页。
② 邹衡:《郑州商城即汤都亳说》,《华夏都城之源》,河南人民出版社2012年版,第171页。

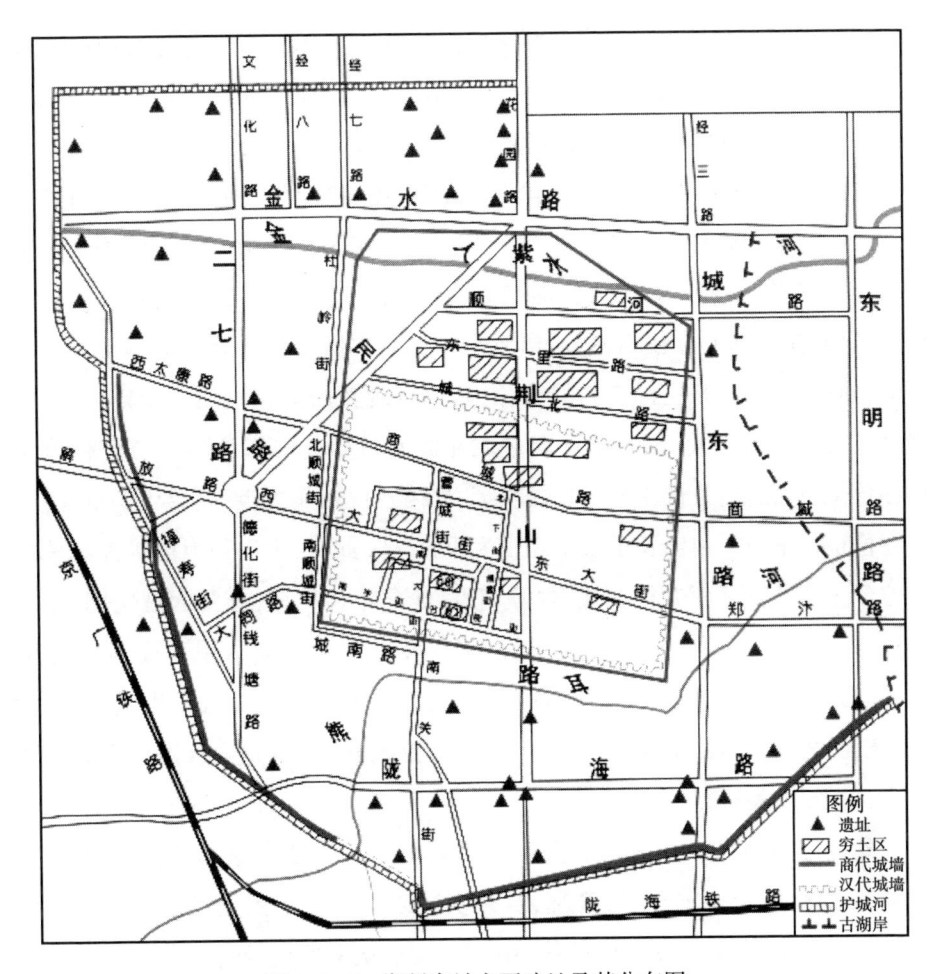

图 1-2-5　郑州商城主要遗址及其分布图

成郑州商城的初建时间应该是在晚夏时期,即商灭夏之前。① 袁广阔进一步阐述:郑州"商城下面三分之二的地方都有洛达庙类型遗址","二里岗下层一期是洛达庙类型向二里岗下层二期的过渡期,二里岗文化是洛达庙文化的自然延续"②。也就是说洛达庙文化是二里岗期商文化的源头,关于商城始建年代,"倾向郑州商城内城是从洛达庙期晚段开始的"③,应在公元前 1640 年至公元前 1600 年之间。这就从时间上印证了"汤始居亳,从先王居"的说法。

---

① 陈旭:《郑州商城宫殿基址的年代及其相关问题》,《中原文物》1985 年第 2 期。
② 袁广阔:《先商文化新探》,《中原文物》2002 年第 2 期。
③ 袁广阔:《郑州商城始建年代研究》,《中原文物》2003 年第 5 期。

提到汤都还必须提到西亳。西亳城在今洛阳偃师西部洛河北岸,1983 年在此发现了一座古代城址,年代属于商代早期,应该为商代汤王所建第一个都城。《汉书·地理志》有"尸乡,殷汤所都"的记载,偃师商城附近的西塔庄村北有一片低洼地带,当地人称之为"石羊洼","石羊"音与"尸乡"极为相似,很可能是后代人为避讳而改称。①《帝王世纪》也说:"殷汤都亳,在梁。又都偃师。"偃师商城距离夏桀之都斟鄩不远,可能是为监督夏后裔残余势力而建,但这里远离商族基地,在管理上存在不便,所以后来汤又将都城迁回郑州。另据考古学家研究,西亳城中门、东门都有封堵现象,且已发现宫殿遗址均属中晚期,迄今未发现建成初期的宫殿,因此估计西亳城在殷商时期又曾作为陪都二次利用。②汤在位 13 年去世,王位由次子外丙继承,外丙在位两年去世,其弟中壬继任,中壬在位也仅 10 年,由汤长子太丁之子太甲接任。此时,大臣伊尹因为连续辅佐三位帝王功勋卓著而大权在握,权倾朝野,他与年轻气盛,准备大展宏图,不甘心权力外移的太甲发生了激烈的矛盾,在一系列斗争之后,太甲落败,被放逐桐宫。《晋太康地记》载:"尸乡南有亳阪,东有城,太甲所放处也。"也就是说,太甲被禁闭之地距离西亳不远。七年后,太甲逃离桐宫,带领亲族潜回亳城杀死伊尹,重新夺回政权。

此后,自太甲至太戊的 150 余年里,6 代商王都生活在亳都,这段时期商王朝国力强盛,政治稳定,四海升平,百姓安居乐业。但是到太戊之子中丁即位后,因为经常受到周边蓝夷的骚扰,中丁将国都从平原地区迁移到了隞地。古本《竹书纪年》说:"中丁即位,元年,自亳迁于嚣。"《史记·殷本纪》说:"帝中丁迁于隞。""嚣"与"隞"应该是同地的不同名称。清乾隆《荥泽县志》说:"隞山在县西南即嚣地,中丁迁于此。"《帝王世纪》说:"中丁迁嚣,或曰隞,今河南敖仓是也。"20 世纪 90 年代,经过 3 次大的发掘,考古学家在郑州市西北 20 公里的小双桥地区发现了一处商代前期的遗址,在年代上与郑州商城前后衔接,存在此废彼兴的关系,面积上仅次于商代前期的郑州商城和偃师商城,与都邑规模相称,此外该遗址内还出土有较大面积的夯土基址,其结构与郑州商城夯土建筑相近,特别是还出现宫殿建筑上才会有的青铜饰品。综上种种,说明小双桥

---

① 王学荣:《河南偃师"尸乡沟"小议》,《中国文物报》1996 年 9 月 22 日。
② 程有为、王天奖主编:《河南通史(第一卷)》,河南人民出版社 2005 年版,第 189 页。

遗址应该正是中丁所建之隞都。

中丁死后,商朝的政局依旧不稳定,其弟外壬即位,外壬死,弟河亶甲即位。《太平御览》引《竹书纪年》说:"河亶甲整即位,自嚣迁于相。征蓝夷,再征班方。"①据考证,相都在今河南省内黄县城东南,在隞都东北方向,与之相距大约200公里,如此长途跋涉的迁徙,可能是为了与蓝夷作战的便利。因为从地理上来看,虽然隞都与相都距离班方均为220多公里,但是隞都距离蓝夷却很远,超过550公里,相对来说,相都距离蓝夷大概360公里,路程缩短了近一半,在生产能力有限,长途作战还需要步行的商朝,无疑以相地作为都城更适合商朝自保或主动出击。

河亶甲在位9年,去世后子祖乙继位,又一次迁都。古本《竹书纪年》载:"祖乙胜即位,是为中宗,居庇",庇地在今武陟县境内。从方向来说,庇在相的西南,大概相距220公里,因此这属于一次向商腹地的返迁,似乎能说明当时的政局较前代平稳,蓝夷对于商朝安防的威胁已经减轻或消失。此后的商王祖辛、沃甲、祖丁都居住在这里,以庇为都总共持续了47年。

祖丁之后,沃甲之子南庚即位,古本《竹书纪年》载:"南庚更自庇迁于奄",奄地在今山东省曲阜东,这是商朝自立国以来第一次国都在河南省境外,之所以如此,大概是为了躲避王室的争权夺利。不过统治阶层内部的争斗,迁都带来人力、物力的巨大消耗以及东夷部落的包围侵扰,使得南庚的统治并不太平,"自中丁以来,废嫡而更立诸弟子,弟子或争相代立,比九世乱,于是诸侯莫朝"②,到祖丁之子阳甲即位后这种内忧外患仍然没能解除,商朝以奄为都经历了南庚、阳甲两代。

到阳甲之弟盘庚即位后,商朝已历经五迁,都无定所的状况使得殷民皆怨,但是盘庚认为奄都不能满足统治的需要,坚持再次迁都,"自奄迁于北蒙,曰殷"③。盘庚是个有作为的帝王,在殷地励精图治,厘定政法,实行仁政,终于使得"百姓由宁,殷道复兴。诸侯来朝,以其遵成汤之德也"④。殷都存在的时间比较长,古本《竹书纪年》说,"自盘庚迁殷,至纣之灭,二百七十三年,更不徙

---

① 〔宋〕李昉编纂:《太平御览》卷一《皇王部八》,河北教育出版社1994年版,第719页。
② 〔汉〕司马迁:《史记》卷三《殷本纪》,中华书局2005年版,第74页。
③ 方诗铭,王修龄:《古本竹书纪年辑证》,上海古籍出版社1981年版,第29页。
④ 〔汉〕司马迁:《史记》卷三《殷本纪》,中华书局2005年版,第74页。

都",这直接反映了盘庚迁都后的政局稳定。据考证,盘庚所迁之殷都当在今安阳西北郊的殷墟遗址。从位置上看,这里距离殷商祖地和亳都不远,在商族势力范围内,便于统治,而且地势比较险要,白陉(古之孟门)在殷墟西南,殷墟东北有漳、滏二水从太行流出,符合"左孟门而右漳釜"①的历史记载。而且20世纪以来的考古发掘也证实这里规模巨大,总面积超过400万平方米,是迄今规模最大的有城墙的城市遗址,考古发掘资料显示,该城可分为宫殿区、手工业作坊区和王陵区三个区域,应该是王都无疑。城内主要遗址年代早于商王武丁(盘庚之后第二代王)时期,但晚于郑州商城,因此极有可能为盘庚所迁之殷都。

从各类史书记载来看,商朝的疆域空前广阔,如《诗经·商颂·玄鸟》就歌颂说"古帝命武汤,正域彼四方","邦畿千里,维民所止,肇彼四海。四海来假,来假祁祁"。《诗经·商颂·殷武》也说:"昔有成汤,自彼氐羌,莫敢不来享,莫敢不来王,曰商是常。"《淮南子·泰族训》说:"纣之地,左东海,右流沙,前交趾,后幽都。"考古资料证明早商商城大抵和夏代的二里头地域相同,但到二里岗晚期,它已经扩大到今天的山东、江西、湖南、内蒙古、山西以及河南等省区,在这个问题上,《汉书·贾捐之传》的记载较为详尽,"武丁、成王,殷、周之大仁也。然地东不过江、黄,西不过氐、羌,南不过蛮荆,北不过朔方"。根据考证,"江"指古代之江国,在今驻马店市正阳县境内,"黄"指古代的黄国,在今信阳市潢川县境内,"氐、羌"活动在今甘肃、青海一带,"蛮荆"是现在的江汉地区,汉代的"朔方"在今陕西北部与内蒙古交界一带。大致来说这个范围是东至山东与河南交界一带,西抵陕西境内,南达长江中游的江汉平原,北到燕山南麓。当然因为不同时期商朝国力的不同,控制区域也会有所增减,大体来说,国力强盛时统治面积大些,国力微弱时统治面积小些,但是从整体的统治区域及国都选择来看,河南黄河南北两岸的地区是商王朝核心区域。

3.商代的城市体系

由于商王朝统治地域广阔,商人以五方观念统御全国,五方将全国分为东、西、南、北、中五个区域。"中"顾名思义即全国之中,是商王直接居住、统辖的区域,也就是全国的中央,以王都为核心的,被称为"中商""王畿"或"畿内"的区域是商族聚居的根据地。王都以外是被商王分封的诸侯领地或一些方国部落,

---

① 高诱注:《战国策》卷二二《魏一》,商务印书馆1934年版,第92页。

根据其所在位置分属东、南、西、北四方，统称为"四土"，又称"畿外"。不过由于商代前后期都城位置变化很大，加之其所分封诸侯国和方国屡有变化，所以畿内外区域有所不同。商代的城市根据等级大致可以分为三类，即王都、诸侯城邑和一般封邑。从规模上看，三级并无明确的政治等级限制，基本上都是按需而建，城外为鄙，是农牧场所，配置相应的鄙邑，与城市形成有国有野的城邦组织。据不完全统计，商代我国有城邑 70 多座，其中河南 30 余座，占总数的一半左右，豫北、豫东地区城邑分布最为集中。

(1) 偃师商城遗址

作为商王朝第一都，偃师商城遗址坐落于洛阳盆地东部，距离夏桀王都斟鄩仅 6 公里，地势稍高，北依邙山，南濒洛水，整体略呈长方形，东西长约 1700 米，南窄北宽，南 740 米，北 1215 米，总面积在 190 万平方米上下。偃师商城始建于二里头Ⅳ期，最初只是一个被围墙环绕的面积只有 4 万平方米的小聚落，由一座中心宫殿、铸铜作坊和一些先商遗迹构成，后来不断扩大至面积约 86 万平方米的小城圈，城东南处经探明有水泊遗迹，估计该城南段向西折拐应该是为避开这片水域，可见偃师商城规划遵循着依地形而建的原则。小城南最大的夯土建筑群是宫城区，呈正方形，面积约 4 万平方米，周围由宽约 2~3 米的围墙环绕，城墙南有一大门。宫城内发现有多处宫殿基址，正殿东西长约 36.5 米，南北宽约 11.8 米，虽然建筑已经荡然无存，但是从基址依旧能推测出当年的宏伟壮丽。考古学家认为宫城西南的建筑群可能是具有防御性功能的巨型府库，内部建筑基址规整排列，四围夯土城墙环抱。考古发现，在二里岗下层时期小城又向北、向东扩展成"大城"，面积达到了 200 万平方米，宫殿和府库有重建和扩建遗迹，小城外东侧增添了第二处仓储区。偃师城外有城墙，由不同颜色、不同土质的泥土夯筑而成，城垣墙体顶部残宽 16~18 米，城高不得而知，城墙上已发现城门 6 座，其中被发掘的 5 座城门均为单门道，门道宽 2~3 米，从城垣多拐折、城门狭小及城内有府库类建筑等可以看出偃师城的军事色彩极为浓厚。此外，城内还发现有手工作坊、水井、水池、排水沟以及若干纵横大道等遗址和遗迹。虽然对于偃师城池的发掘还未完成，至今我们还不得窥其全貌，但是从目前的考古成果来看偃师商城应该继承了夏代旧制，但是其规划水平又技高一等。

(2)郑州商城遗址

郑州商城地处今郑州市区中部。外城依水而建,西、南两侧发现有城垣,由西南至东北对内城形成环抱之势,外城面积在17平方公里以上。内城约略呈长方形,四围有泥土夯筑的城垣,周长近7公里,城圈面积达3平方公里。内城东北部是宫殿区,数十处宫殿建筑基址相连或重叠,结合史书记载这里曾有9代商王长期居住,九王之都的荣耀隐约可见。城址内外除了建置有不少的手工业作坊,包括铸铜手工业作坊、大型骨器作坊和制陶作坊,周围还发现有祭祀遗存和墓葬区等。此外,城内外分布着大面积的农田,可以为统治者提供充足的粮食,城址周边还分布有同时期的众多小型遗址,类似于郑州城的"卫星"聚落,它们与郑州商城面积加在一起能达160平方公里。可以判断郑州商城面积广大,是商朝政治、经济的中心,不仅城外聚集了大量的农业人口,城内农业人口也应不少,这种城乡协作的特点保障了城市在缺少外援帮助下可以自给,城市浓厚的军事性质确定无疑。

(3)焦作府城遗址

府城遗址位于焦作市西南郊,地处太行山南麓、黄河以北的山前台地。平面略呈方形,东西长约280米,南北长约300米,面积近8万平方米。四围城墙夯筑,西、北城墙保存完好,北墙外有河水自西向东流过,南墙仅存基槽部分。城内北部偏东发现有4处大型宫殿基址,其中1号宫殿面积最大,保存较为完整。平面呈长方形,南北长70米,东西宽约55米,面积3500平方米左右,分前后两座院落,院落中间为正殿,与周围的配殿、回廊连接构成一个封闭性的组群建筑,这种结构在商代考古中还属首次。城墙与城内夯土基址应始建于二里岗文化早期,延续使用至二里岗文化晚期。此外,城址东部还有路土、夯土、烧土和灰坑等遗迹,生活气息较浓,城内还发现有一处堆积石块和半成品石器的区域,推测为石器手工作坊。经考证,府城遗址正是古文献中"雍"城地望之所在,甲骨文中也有许多关于雍地的记载,二里岗文化时期这里是商朝的臣属国,也是商王的狩猎区、农业区和畜牧区,是早商重要的军事重镇。

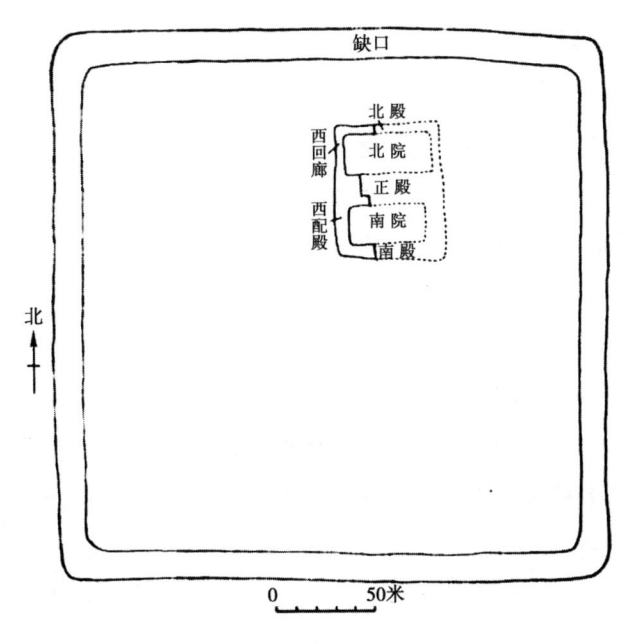

图 1-2-6　焦作府城城址①

(4) 新郑望京楼遗址

望京楼城址北距郑州35公里,古溱水(今黄水河)东岸,年代大致在二里头文化晚期至二里岗文化时期。该城依古溱水而建,大致呈方形,面积约37万平方米,城址中南部发现有一处大型夯土建筑遗存,目前已发掘900平方米,为一大型回廊式建筑,北部为主体,西、南、东为配房,中部有庭院。城内发现东西和南北方向的道路共四条。城址四围均有夯土城墙基址,城门发现有3处,已发掘的东城门平面呈"凹"字形,两侧有立柱柱洞及附属建筑,从整体结构看,可谓是后期瓮城的雏形。除了西侧毗邻古溱水外,其余三侧城墙外有宽约15米的护城壕。北城墙以北300米处还发现有夯土城墙,城墙外为人工开凿的壕沟,应该是外郭城墙和护城河,护城河东西连通黄沟水和古溱水,由此形成一个面积约168万平方米的封闭的城圈将内城环抱。外郭城墙与内城墙之间发现大量灰坑、陶窑、墓葬等。从城墙、护城壕、城门以及人工壕沟可以看出望京楼城池的军事防御功能显著,可能是商都亳城南部的一座军事重镇。

---

① 许宏:《大都无城:中国古都的动态解读》,生活・读书・新知三联书店2016年版,第194页。

(5)安阳殷墟遗址

殷墟遗址位于今天的安阳市殷都区小屯村,商朝以殷地为都的时间大致从公元前1300年至公元前1046年,殷墟文化的年代与此大致吻合。建都初期,殷墟建设的重心在洹水以北,但是营建不久,宫殿即被大火焚毁。考古发现洹北城聚落周围有方形环壕,圈围面积达4.7平方公里,壕内有密集的居民点,东部偏南有一处以大规模夯土建筑为主体的宫殿区,面积约41万平方米。在方壕以南的洹水南岸小屯村一带发现有同时期的夯土建筑基址群,埋有甲骨卜辞的灰坑,以成组青铜礼器随葬的贵族墓穴以及铸铜作坊等,因为级别比较高,远非普通居民点所能有,因此学者推测其为殷墟洹北都邑的重要组成部分。[①] 后经历大火,殷墟营建者将重心转移到了洹水南岸。洹南殷墟建设经历了由小到大、由简渐繁的过程,聚落总面积达36平方公里。整个王都可以分为宫殿宗庙区、手工业作坊区、王陵区三部分。宫殿宗庙区在安阳小屯村东北部,大概吸取了洹北城遭遇火灾的教训,洹南城的宫殿临河而建,范围广阔,"可能不限于取土沟与洹河围起的70万平方米的区域,而是向西延伸,以人工或自然沟壑为界"[②]。目前已发现宫殿基址53座,它们是殷王处理军机要政的处所,亦是王室贵族居住的禁地,同时殷室祭祀的宗庙也在其中。另外,宫殿区附近还发现有几处刻有卜辞的甲骨储存窖藏,内存的甲骨排列有序,数量巨大,卜辞内容丰富,涉猎广泛,可称之为殷王朝的档案馆。宫殿宗庙区外发现了多处手工作坊,铸铜、制骨、制陶和制作玉石的都有,与民居杂处,分散四面八方。洹北西北王陵区至今已出土8座大墓,可能埋葬的是东迁之后的商王,5座小型墓葬埋葬的应该是商族王室一般成员,王陵区内还出土了1400个以上的祭祀坑和人殉遗存。此外,城郊也有不少墓葬,可能是以氏族分区,每个墓区均有一些贵族大墓和众多埋葬平民的小型墓葬。与前期商都相比,虽然都是遵循以宫城为中心的形制,但是殷墟采取综合性的功能分区进行规划,而之前的商都是按照单一功能划出专门性功能分区。以殷墟宫城为例,除了宫殿建筑,还出现了府库和宫廷手工作坊,这在以前是没有的。殷墟宫殿宗庙区外围是居住区,许多族邑聚

[①] 许宏:《大都无城:中国古都的动态解读》,生活·读书·新知三联书店2016年版,第159—161页。

[②] 许宏:《大都无城:中国古都的动态解读》,生活·读书·新知三联书店2016年版,第168页。

落呈点状密集分布,各族邑周围有耕地和归属本族聚落的墓葬区,构成一个小的综合性居住分区。居住区内的层层族邑以及洹南城周边商王族的封邑和亲商的封国为殷商都邑,对宫城起到了聚落屏障或城墙的作用,这或许就是洹南大邑军事攻防色彩淡薄,至今没有发现外郭城墙的重要原因。殷墟都邑建设与商朝前期的都邑有着显著的不同,体现了都邑规划正在向着新的发展阶段迈进。

综上所述,商代城市的建筑规模远大于前代,并有继续增大的趋势,城市布局日趋严整,功能分区更加明显,开始有了不同阶层分区居住的萌芽,这些特征说明伴随着国家的出现,社会资源向统治阶层集中的趋势加速,统治阶级显示权力和财富的欲望反映到了城市规划和布局上。随着社会经济的发展,城市功能日益复杂,已不单纯是一个军事防御为主体的堡垒。此外,城市依旧保有大面积农田的事实说明,直到商代,城市和农村还没有完全分离,城乡关系依然具有早期城市的特征。

4. 商代的城市文化

商代的城市文明已经达到较高水平,内城宫殿建筑空前宏伟高大,外城大型手工业作坊种类增加,宫城周围环绕着诸多聚落,不仅如此,史书中还出现了"殷君善治宫室,大者百里,中有九市"[①]、"宫中九市,车行酒,马行炙"[②]的记载,可以想见殷朝的都市繁华。有人估测商代王城人口在6万~23万之间,固然这些人口中有相当一部分依然从事农业,但是无可否认诸多非农业人口的生活以及王公贵族奢华享受的维系都需要庞大的物资供给,就是说"商王朝需要通过一个聚落系统在广大的领土幅员内有效地开发、组织各种资源,管理所涉及的双向物流"[③],这也意味着商代的城市管理达到了相当高的水平。

(1)服饰

商代的服装已经初显奢华。衣物面料有麻、丝、棉制品和皮革4种,殷墟妇好墓中出土的40余件丝织物,至少可以分为5个品种,经过专家鉴定,这些织物纹路种类繁多,不仅有简单的平织,还出现了比较高级的菱形暗花,说明殷代

---

① 〔宋〕李昉编纂:《太平御览》卷八二七《资产部七》,河北教育出版社1994年版,第691页。
② 〔宋〕李昉编纂:《太平御览》卷八三《皇王部八》,河北教育出版社1994年版,第724页。
③ 薛凤旋:《中国城市及其文明的演变》,世界图书出版公司2015年版,第91页。

织机有了大幅改进,时人已经掌握了提花技术。服装染色技术也显著提高,商代衣料用色厚重,除了丹砂等矿物颜料,许多植物如蓝草、茜草、紫草、槐花、栀子、栎斗等也被用作染料,为服装纹饰和款型设计的发展提供了广阔空间。

从殷墟出土的雕塑可以看到,殷人的服装通常是上衣下裳制,上衣窄袖右衽,下身裙裳,腰间束绅带。不同阶级之间的服饰有着鲜明的区别,衣饰华丽者为贵族,头戴平顶帽,身着窄袖翻领绣短衣,领口、袖口均有织绣花纹,腹前佩戴一块上狭下宽的斧形装饰,称为韦鞸(又称蔽膝,只有贵族能够使用),下配裙裳。小奴隶主或平民服饰简单,头戴尖顶帽或裹巾子,上穿右衽交领衣,下着裙裳。奴隶或战俘衣着简陋,身穿窄袖圆领衣,手上戴枷。

殷朝饰品种类丰富,头、颈、臂、腕、耳上的装饰应有尽有,材质有骨、玉、石、陶、金等,金饰有臂钏、耳环等,但不多见。精美玉饰颇受欢迎,妇好墓中就出土了玉饰品426件,可见上层贵妇人以拥有众多玉饰为荣耀。殷人对于发型非常重视,目前考古发现的就达数十种,根据造型特点大致可分为结发、辫发和垂发三种。妇好墓出土的装饰品中以发饰品为最多,有骨笄499件、玉笄28件、玉梳2柄。当然饰品以当时的生产条件来说还应属于奢侈品,只有贵族才能享用,广大平民很少拥有,就考古发现来说,仅在个别墓中出土有一些石、骨制品,用于束发而已,装饰作用不强。

(2)饮食

商代的饮食已经发展到一定水平,主要粮食是粟(即小米)和黍(即黄米),此外还有麦、稻和菽(即豆子)等,但是因为产量不大,估计主要是供给王公贵族。肉食类包括家养牲畜和野生动物,与现代相差不多。蔬菜瓜果应该不如现代普遍,还属于奢侈品。从考古发掘可以看到商代已经有了磨盘和杵臼,所以估计当时的人们已懂得使用面粉等制作食物。殷人的饮食相当讲究,已经掌握了煮、腌、蒸、烤等烹饪技巧,也有了专门的器具,如蒸饭用甑、甗,煮肉用鼎,煮粥用鬲等。调味品主要是盐和梅,"若作和羹,尔惟盐梅"①,酸、甜是两道主味。厨师这个职业商代已经存在,《史记·殷本纪》说名臣伊尹"负鼎俎,以滋味说汤,致于王道",也就是以饮食滋味向帝王诠释治国之道,可见是位高明的厨师。普通人一日两餐,时间在早上九点和下午五点,奴隶主两餐之外,晚上还有宵

---

① 陈成国点校:《尚书·说命下》,《四书五经(上)》,岳麓书社2003年版,第240页。

夜,当时还没有吃饭专用的桌椅,人们席地而坐,餐具是青铜器或陶器,盛饭用具为簋,盛肉餐具是盘、豆。殷人爱好饮酒,武丁妃子妇好的墓内出土了诸多酒器,如觚、爵、斝、盉、壶、觥、斗、尊、罍、卣等。《诗经》中有许多殷人饮酒的文字,殷代亡国之君纣也因为"惟荒腆于酒"①,"以酒为池,县肉为林,使男女倮相逐其间,为长夜之饮"②的糜烂生活为后世訾诟,可见殷人嗜酒成风。

（3）建筑

较之前代,殷人的房屋设计更加合理,居住也更加舒适,应该已经掌握了地面画线、以水测平、日影定向等技术。房子是主人阶级属性的体现,《周礼·考工记》说"殷人重屋,堂修七寻,堂崇三尺,四阿重屋",这种高大的建筑显然是为奴隶主设计建造的。奴隶主的宫殿采用版筑法夯筑墙体,厚实坚固,由正殿、中庭、回廊、大门等构成,大殿之顶修盖有屋檐,既能保护外围木结构免遭风吹雨淋,又增添了殿堂的宏伟大气,所谓"四阿重屋"应该就是指此。贵族宫室面积可达数百平方米,装饰华丽,后人有"宫墙文画,雕琢刻镂,锦绣被堂"③之誉。商代的城市内外还有许多地穴式房屋,与仰韶、龙山文化时代无太大差异,有些甚至面积更小,深入地中,需要以阶梯为进出,应该是下等平民和奴隶的住所。小面积的地面建筑也有不少,一般为单间,也有用矮墙辟作二三个分室的,似乎为平民居住。

（4）出行与交通

商代的交通比夏代发达。从殷墟出土了不少来自远方的物品,如南方的象,海里的鲸,新疆的和田玉,域外的龟甲等,可以推测三千多年前我国就已经和边远地区及域外有了交通和商业的往来。甲骨文中经常出现"舟"和"车"字,推测这是商代主要的交通工具,虽然传说它们在夏代就已经开始使用,但是至今没有确实证据。殷墟中出土车马坑数处,虽然车木已经腐朽,但马络头饰和车饰仍有保存。《管子·轻重篇》有"殷人之王,立皂牢,服牛马,以为民利,而天下化之"的记载,可知时人所乘,主要是马车和牛车。马善于奔跑,适合轻载战车或贵族游猎,牛承重致远,多用于运输拉货。与夏代粗线条的"九道"④不

---

① 陈戍国点校:《尚书·酒诰》,《四书五经（上）》,岳麓书社2003年版,第256页。
② 〔汉〕司马迁:《史记》卷三《殷本纪》,中华书局2005年版,第77页。
③ 〔清〕毕沅校注,吴旭民校点:《墨子》卷一五《佚之》,上海古籍出版社2014年版,第331页。
④ 李梦生译注:《左传译注（下）》,上海古籍出版社2016年版,第799页。

同,商朝的交通系统更加完善,偃师商城遗址内已发现道路11条,东西南北纵横交织,路面宽敞平坦,主次道路相辅相成。为了更便于马车行走,盘庚迁殷后在新都为马路铺上了整齐石板,《诗经·商颂·殷武》赞颂说"商邑翼翼,四方之极",就是夸赞殷都的建设整齐壮观,堪称全国之表率。商都通往全国的"王道"笔直平坦,往西可到陕甘渭水流域,往南可达两淮、两湖地区。我国古代的驿道也发轫于商代。甲骨文中已经有了"驿"字,"驿"为驿传、驿站之意。甲骨文中经常出现"自南有警""自北有警""来警自东""来警自南"的记载,"警"为紧急军报,这些军报也是通过邮驿从四面八方汇集王城的。不仅如此,商王田猎,官吏或贵族来往于王城和地方之间也会通过驿车。

(5)墓葬

虽然殷朝习俗"因于夏礼",但是有所区别。商朝的王公贵族和平民的陵墓严格分开,王陵布局一般采取"中""亚"和"甲"字形,王陵挖掘较深,上下留有阶梯型的二层台。殷朝流行厚葬,王公贵族死后,"棺椁必重,葬埋必厚,衣衾必多,文绣必繁,丘陇必巨",诸侯死后"虚车府,然后金玉珠玑比乎身"。在居上位者的带动下,下层平民也纷纷跟风,墓内几乎均有葬具,有些平民为了埋葬甚至"殆竭家室"[①]。当然这样的风气也不是一蹴而就的,就考古发现来说,郑州二里岗、偃师商城出土的墓葬以中小墓葬为主,随葬品相对少一些,但在殷墟出土的大型墓葬中显著增多,而且王陵、大型墓、中型墓、小型墓等级悬殊,随葬品泾渭分明,还出现了殉人现象,王陵中可以高达几十人,大、中型墓葬中少一些。此外,在大型墓附近还发现了车马坑多座,说明殷商时期已经开始使用车马陪葬。

三、历史变革期:周代的城市文明

周原本是殷商统治下的蕞尔小国,始祖名弃,即后稷,尧帝时因为农事有功受封于邰(今陕西省扶风县一带),周文王在位时,以丰(今陕西省西安市附近)为都城,实力逐渐雄厚。公元前1046年,周武王率诸侯联军在牧野打败商代最

---

① 梁奇译注:《墨子译注》,上海三联书店2014年版,第177、178页。

后一位君主帝辛,建立周朝。周朝统治的时间很长,人们习惯把公元前1046年到公元前771年的这段时期称为"西周",这是我国奴隶社会的鼎盛时期。通过分封制和井田制,周朝建立起地域空前且等级森严的奴隶制国家,对后世影响深远。从公元前770年到秦统一全国的公元前221年,人们称之为"东周"。这段时期又可以分为两个阶段。第一个阶段从公元前770年到公元前476年,为春秋时期,周王室衰微,诸侯征伐不休,西周森严的分邦建国制度受到破坏,社会秩序混乱,这就是孔子眼中"礼崩乐坏"的年代。第二个阶段是从公元前475年至公元前221年,为战国时期。这是华夏历史上分裂最严重,对抗时间最持久的时期,西周建立的社会秩序彻底被打乱,政治格局重新洗牌,硝烟与战火,对抗与争霸,是此时期的关键词。经过长期战争,公元前403年,周由宗主国变为诸侯小国,公元前249年,周被秦灭亡,公元前221年,秦先后灭掉韩、赵、燕、魏、楚、齐六国,七国争雄的局面结束。河南城市在周代得到了突飞猛进的发展,据统计,西周时期河南城市最多时也不过百,但是在春秋时期,中原城邑数量可达200余座。战国时期,虽然经过诸侯兼并,城邑数量有所减少,但是总数仍然在150个以上。[①] 不仅如此,随着东周以洛阳作为统治核心,河南城市的地位在全国举足轻重。

1. 周王朝的统治理念及城市发展

西周时期,疆域空前扩张,政治、经济、军事以及城市建设都发展至奴隶制度的巅峰。周王占有全部土地,"溥天之下,莫非王土"[②]。为了控制偌大版图,武王、成王、康王和宣王先后几次实行大规模分封,即所谓的"封国土建诸侯"制度,周王将王畿之外的土地分封给姬姓子弟、功臣谋士、先贤后人和殷朝贵族。受封的诸侯王再将封国内的土地对卿大夫实行分封,世代沿袭。在裂土分封的基础上,西周还以血缘关系为纽带,以君臣关系为纲纪,建立起等级森严的宗法制度,它与世袭制、分封制一起构成了周代政治的主体。西周建国之初,在大规模封邦建国制度的推动下,周代都邑建设迎来了第一次高潮,营国制度得到广泛推广。营国制度是我国夏商时期都邑规划经验的总结,它的建立标志着奴隶社会城市规划体系的成熟,"为建立其时各种族文化大融合的华夏文化系统之

---

① 黄以柱:《河南城镇历史地理初探》,《史学月刊》1981年第1期。
② 韩伦译注:《诗经》,江西人民出版社2017年版,第200页。

城市规划体系,奠定了初步基础。这是周人对我国古代城市规划科学所作出的不可磨灭的重大贡献。延续三千多年的华夏城市规划体系传统,就是在这个基础上形成的"①。

东周时期,周天子天下共主的地位开始衰落,与此相对应,一些诸侯国势力强大起来,大国兼并小国,一部诸侯争霸史开启。战争使得各诸侯国更加重视自身发展,声势浩大的周代第二次城市建设高潮来临。此时期的城市建设已经突破《周礼》规定,逾制建城变得非常普遍,伴随着封建制的勃兴,各种类型的城市纷纷出现。战国时期,铁器的广泛使用加速了统治者对旧城的改革,城市的经济活动开始打破以往旧城国野体制的经济圈,走向更为广阔的交换领域,如濮阳成为中原重要的手工业中心,宜阳"城方八里,材士十万,粟支数年"②,商业发达,人口众多。可以说整个东周时期是社会变革最剧烈的时代,新的官僚、常备军以及商人阶层兴起,城市的军事功能和商业功能显得格外重要,中国城市化和城市文明进入一个新的阶段。

2. 周王朝对河南的控制

商朝统治中原几百年,虽然亡国,但遗民势力不可低估,西周镐京(今陕西省西安市南)距离殷商旧地千里之遥,为了妥善处理遗民问题,周武王采取了"以殷治殷"策略,具体来说就是将纣王之子武庚封于殷故地(今安阳市殷墟一带),并将武王之弟管叔、蔡叔、霍叔分别封于殷都之东(卫)、西(鄘)和北(邶)三地,以监视武庚和殷遗民的活动,史称"三监"。武王去世后,成王年幼,周公摄政当国,引起周王室不满,武庚串通管叔、蔡叔,又联合东方的淮夷发动叛乱,举国震动。周公亲自率军讨伐叛乱,经过三年战争,武庚、管叔被杀,参与反叛的东夷族被荡平,蔡叔被流放。为了镇抚殷遗民,周公将黄河、淇水之间的殷故都周围地区和殷民七族交给武王之弟康叔统治。康叔原被封于康(今禹州市西北),改封后遂将都城迁往朝歌(今淇县),成立"卫"国,卫是当时最大最重要的封国。与此同时,纣王之兄微子启受封于宋(今商丘市一带),一部分殷地遗民随之迁徙宋地,进一步剪削了殷旧势力。蔡叔病逝于流放之地,其子胡,有德行,周公改封胡于蔡地,建都新蔡(今新蔡县),其父蔡叔封地在今上蔡县东南百

---

① 贺业钜:《中国古代城市规划史》,中国建筑工业出版社 1996 年版,第 107 页。
② 何建章注释:《战国策注释(上)》,中华书局 1990 年版,第 5 页。

余里处。除了以上几个影响比较大的诸侯国,河南境内受周册封的诸侯国以及前朝方国还有滑、共、凡、胙、邘、盟、向、温、樊、原、单、苏、封父、杞、戴、厉、陈、祭、东虢、越戏、邻、密、华、许、鄢、畴、房、胡、北虢、焦、毛等多个小国,国土面积一般在30至50里之间。公元前770年,京畿之外,犬戎与西夷虎视眈眈,京畿之内,各方争斗不已,面对内忧外患,周平王携王室贵族将都城迁往洛邑,史称"东周",此后河南由周王朝的重要统治区域变为全国政治、军事、经济、文化的中心。

西周是河南城邑发展的一个重要时期。夏商时期,河南城市主要分布在西北部的河谷盆地和中北部的平原地区,随着周天子大力推广宗法分封,除了西部山区外,省内其他广大地区普遍出现了城邑,河南的城市体系雏形初步建立。从地理位置看,周的发祥地虽在渭水流域,但河南仍是全国的中心。当时河南除西部和南部山区外,广大的平原及河谷、盆地陆续开发,城市的分布也相当普遍。据说西周时有大小国1200多个,"周之所封四百余,服国八百余"。经过激烈兼并,到西周末期,尚有140多个小国,其中在河南境内的就有50多个。[1] 较大封国的都城有蔡(今上蔡县)、陈(今周口市淮阳区)、许(今许昌市东)、邘(今汤阴县东南)和东(今濮阳市南)等,较小封国的都城有息(今息县)、黄(今潢川县)、申(今南阳市北)、吕(今南阳市)等40余个。[2] 此时期的城市数量虽然大为增加,但是作为大小封邑的奴隶主有向周王纳贡并随同作战的义务,由此可见,此时期城市的政治、军事功能仍然较强,经济功能相对较弱。

春秋战国时期,随着生产力的迅速发展,奴隶制生产方式逐渐向封建制生产方式过渡,城市也蓬勃发展起来。春秋时期,中原的卫、宋、郑、许、蔡、陈等诸侯国乘势崛起,实力一度不可小觑,但是在周边大国旷日持久的夹击下,国力渐渐不支,有的甚至沦为大国附庸或被消灭。战国时期,中原地区仍然是各方豪杰争斗的主战场。经过多年的战火纷飞,河南地区除了周王室继续统治的王畿(今洛阳市)及周围地区外,西周时的几十个诸侯国和方国先是被卫、宋、郑等强国兼并或控制,后来又被周边强大的国家瓜分和鱼肉,再后来卫、郑等国也不敌晋、楚、齐等国的强悍,成为他们的附庸,并于战国中期亡国。只有都于睢阳(今

---

[1] 黄以柱:《河南城镇历史地理初探》,《史学月刊》1981年第1期。

[2] 李永文主编:《河南地理》,北京师范大学出版社2010年版,第338页。

商丘市西南)的宋国最为持久,一直苟延残喘在河南偏东一隅,到公元前286年为齐国吞并。当然中原热土不缺乏逐鹿者,"战国七雄"中五强成为这里新的统治者,魏国居河南中北部,韩国居西南部,楚国居南部,秦国居西部,赵国居北部,不过他们也没能安享太平,诸国间大大小小战争此起彼伏,虽然使得城市数量较之前代有所减少,但是"城,以盛民也"的新城市概念取代了过去"筑城以卫君"的旧奴隶主政治城堡的性质,我国城市发展迎来了重要的里程碑。这时期中原城市的性质大致分为三类:其一是集政治、经济、军事三位于一体的国都和封君驻地,如中牟(今郑州市东)、帝丘(今濮阳市南)、沫(今淇县)、大梁(今开封市)、阳翟(今禹州市)、巩(今巩义市)、郑(今新郑市)、睢阳(今商丘市)、陈(今周口市淮阳区)、曹(今滑县)等。其二是新兴的具有工商业性质的城市,如楚国的宛(今南阳市)和棠溪(今西平县西北)是当时著名的冶铁中心,晋国的温(今温县西南)、轵(今济源市)"富冠海内""天下名都",魏国的朝歌(今淇县)是北方贸易中心。其三是军事重镇,如孟门(今辉县市西)、函谷关(今灵宝市)、轩辕关(今登封市西北)、鲁关(今鲁山县)和塞(今信阳市南)等。

3.周朝的城市体系

周代城市发展迅猛,这固然与周初分封,东周时期诸侯征战,各方力量为了进攻和防御的需要大力扩建旧城、兴建新城有重大关系,但是客观上,生产力发展对城市的推动还是起着决定性作用。周代的城市建设体系日益完善,西周营国制度的产生标志着中国古代都城布局规划理论体系的形成。所谓"作邑作邦","邑"指城市,"邦"指邦国,"作邑"与"作邦"并提,就是说建设一座城市等同于建立一个城邦,"城"是"邦"的主体,城之外,邦亦有"野","邦"等级有高有低,"城"规模有大有小,可见"营国"的实质就是建立以城为中心的有城有野的城邦。在西周严格的宗法体制下,"城的建置数量、分布布局乃至大小等级的配备,都须纳入宗法分封政治轨道"[①],中原地区的诸侯国和方国的城市建设亦应如此。春秋战国之际,随着封建经济的发展,城市建设中出现了严重的"逾制"现象,一方面新的城市打破了旧的体制约束,新城数量增多,核心规模扩大,城市化进程加速,另一方面为了适应封建经济发展的需要,旧的城市被重新规划,"市"逐渐成为集中的商业区,是城市的经济中心所在。此外,城市的经济功能

---

① 贺业钜:《中国古代城市规划史》,中国建筑工业出版社1996年版,第205页。

也在不断加强,新型工商业城市、地区经济中心等不断涌现。

(1)大邑成周

西周定都镐京,对于中原的统治鞭长莫及,武庚叛乱平定后,周王朝就着手兴建东都洛邑,作为经营东方、巩固政权的重要基地。根据考古发现,西周洛邑旧址很可能在瀍河以西、北窑、庞家沟乃至洛阳老城区一带。东都的建设大致经历了四个过程:其一是选址,统治者对于选址非常重视,据《尚书·洛诰》记载,先是成王自镐京步行至丰地文王庙,祀告先王,然后派太保召公赴洛邑相地选址,后来周公又亲自勘察、占卜。其二是规划,成周既为东都,应该遵循了《周礼·考工记》的标准和原则,如王城"方九里,旁三门。国中九经九纬,经涂九轨。左祖右社,面朝后市,市朝一夫"等。其三是建造,洛邑从大兴土木到最终完成不及一年,周人称之为"成周",以与镐京为都的"宗周"相呼应。其四是迁居,既然是东都,便会有王室贵族迁居。今洛阳老城北至北窑、庞家沟一带发现了西周的贵族墓和车马坑,其中出土的许多青铜器上铸有铭文,涉及如王妊、太保、康伯、白懋父、丰伯、叔造(召公之子)、召伯等人物,可以肯定埋葬的是王公贵族。还必然会有大批的驻屯士兵保卫,以捍卫周王的无尚尊荣。不仅如此,西周将武庚叛乱后的殷朝余民分而化之,除了迁往宋、卫、鲁外,不少顽固分子被迁往洛邑。考古工作者在瀍河以东发现了百余座西周墓葬,一些随葬铜器中还带有殷族族徽的铭文,这应该是殷民迁洛的佐证。此外,这里还发现了一处周王室控制下的官营铸铜手工业作坊,其规模之大、品种之丰在西周青铜作坊遗址中是首屈一指的。从旧址文化遗存看,西周洛邑兴盛于西周早、中期,衰落于西周晚期,与传世文献中成周的历史大致相符,只是瀍河两岸至今未发现夯土城垣,因此杨宽、许宏等认为《逸周书·作雒》中所提到的"方千七百二十丈,郛方七十里。南系于洛水,北因于郏山"中的"郛"不是指土筑城郭,而是周围的自然山川。[1]

(2)东周王城

继平王东迁洛邑之后,其继任者又在洛河北岸涧河以东另建新城,这就是东周王城。东周王城的规模较之旧城要大,外围城圈不甚规则,平面近乎于方形,北墙全长2890米,城外有护城壕,西墙跨越涧河,南北两端相距3200米。

---

[1] 许宏:《大都无城:中国古都的动态解读》,生活·读书·新知三联书店2016年版,第153页。

四周有夯土城垣,根据地层关系和出土遗物判断,应该建于春秋中期以前,战国时代至秦汉之际曾加以修葺和增补。王城西南部是周王和王族居住的宫殿区,以王宫为中心,按照"左祖右社,前朝后市"的原则修建,正宫正门对着中央大道,宫殿区还发现有官营手工业作坊和粮窖群遗迹。中部被汉代河南县城叠压,原有遗迹遭破坏,发现有专门烧制冶铁坩埚的窑址,北部出土有制陶、制骨、制玉石和铸铜作坊等的遗址,还发现有各类生活用品、建筑材料及随葬冥器等,推断应是城内的一处手工业作坊区,产品直接供应城内居民消费。城址东部、东北部及其附近发掘了数千座东周墓葬、车马坑,其中东北部多是带有墓道的大墓,规格较高,其随葬品中青铜礼器和铜剑的数量比例很大。

(3)郑韩故城

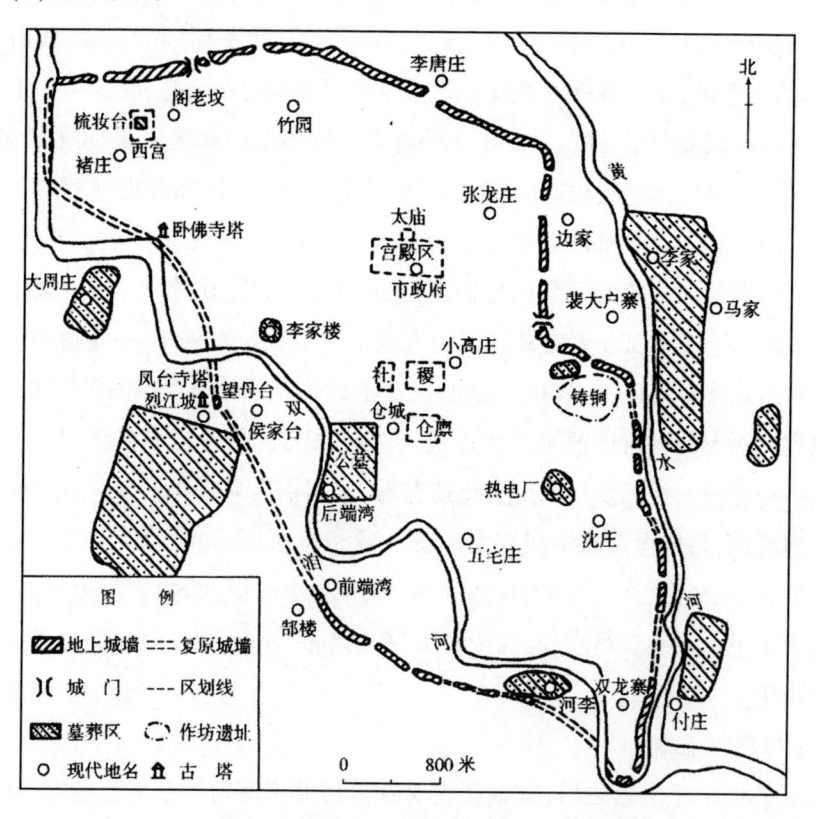

图 1-2-7 郑韩故城

郑韩故城是东周时期唯一一座经过武力征伐而改朝换代的诸侯都城,坐落于新郑市双洎河和黄水河交汇处,因为双洎河古称洧水,黄水河古称溱水,所以历史上又称郑韩故城位在"溱洧之上"。据文献记载,西周末年至春秋初年,郑国自郑（今陕西省华县）东迁至河南，建都新郑，时称"郑城"，后人为与郑之旧地相区别，又称其地为新郑。从选址来说，新郑位于具茨山下双洎河畔，符合《管子·乘马》所说"凡立国都，非于大山之下，必于广川之上。高毋近旱而水用足，下毋近水而沟防省。因天材，就地利，故城郭不必中规矩，道路不必中准绳"的选址标准。郑韩故城依双洎河与黄水河而筑，平面呈不规则长方形，俗称"四十五里牛角城"，东西长5000余米，南北宽约4500米，周长20公里，城内面积约16平方公里。城中有一道南北城墙将城分为东西两部分。西城为宫殿区，是郑国的中枢，王公贵族的居住区域，平面呈长方形，长约2400米，西边紧邻双洎河，城内北中部发现夯土建筑1000余处，面积大者可达6000余平方米。西城西北部有一座大型夯土建筑基址，从南北横长估计是沿袭了坐西朝东的旧有传统。另外郑韩故城虽未发现宫城，但是根据《左传》等文献记载，推测西城内应该建有宫城或内城。东城为经济区，是供应郑韩故城乃至全国的手工业品生产基地，可以称之为郑国的经济中心，平面也呈不规则长方形，面积比之西城更大，分布着制玉、制骨、制陶和铸铜等手工业作坊，还发现有储备物资的石仓城。郑国的宗庙基址位于东城的西部，社稷祭祀遗址位于东城西南部，按照郑城坐西朝东的布局，两处遗址恰好符合《周礼·考工记》"左宗庙，右社稷"的理念。值得一提的是郑韩故城不是"内城外郭"，而是"城郭并立"[1]，以一墙之隔将城市分为政治区和经济区，这种布局在战国时期其他城市，如曲阜鲁故城、易县燕下都、楚都纪南城中也有发现。

公元前375年，韩哀侯灭郑，随后韩由阳翟（今河南省禹州市）迁都于此，直到公元前230年，韩为秦灭，韩在此建都146年。韩都基本沿袭郑都旧制，城垣在郑墙基础上加高加宽。西城仍然是宫殿区所在，西城中部有一小城，可能是宫城遗址，平面接近正方形，面积约41万平方米，有夯筑城墙，西墙外有护沟，这段墙基北部发现有一条横穿墙基的排水设施，管道为五角形，互相套接，城址内大小夯筑建筑基址50余处，最大建筑长54米，宽36米，面积为1944平方米。1977年，考古专家曾在西城中部偏南侧地下发现一座长方形城址，1997年在对其中心大型建筑基址挖掘的过程中发现该建筑南北长114米，东西宽97米，占地面积颇大，应该为主要建筑基址，房基上发现有战国时期的排水管道和并连

---

[1] 许宏：《大都无城：中国古都的动态解读》，生活·读书·新知三联书店2016年版，第85页。

的蓄水井、饮水井,房基西北部还有砖砌排水道。房基中心出土一件圭形带穿石碑,经专家考证为韩宗庙碑,它的发现不仅证明此处是韩国宗庙所在,也证明韩国宫城和宫殿已经是坐北朝南格局,宗庙位在宫城前方偏左的位置,符合"左宗右社"的格局。① 东城的手工业作坊较之郑国时期,规模更大、数量更多且分布广泛,从城内出土的大量铁器可以看出韩国铸铁技术在列国中应处于领先的地位,不但开始冶铸生铁,生铁柔化技术也较为先进,利用球墨锻炼铸铁的技术把我国球墨铸铁的年代提前了大约200年。② 东城南部还发现了一座铜兵器窖藏坑,出土铜制兵器180件,其中170余件上有铭文,对究战国晚期军事、政治具有重要意义。

综上所述,韩城是在郑城基础上建设而来,城市布局保持了极大的一致性,都是东西两座大城,都保持了"左宗右社"的建筑格局,但也各有特色,就城墙而言,韩国城墙是在郑国基础上加高加宽而成,城市方位选择上,郑国保持了传统的坐西朝东,而韩国则开创了坐北朝南的先河,两国手工业在当时都较为先进,郑国铸铜工艺精湛,韩国铸铁技术在各国享有盛誉。此外值得一提的是,郑国高官贵族的墓葬和车马坑均在城内,而韩国王侯的陵墓都在城郊,这可能是由于郑时城内人口不多,还存在较大面积的农田,而到韩时,随着人口数量增多,农田面积有所减少导致。

(4)轵城遗址

轵城遗址坐落于济源市南约6公里处。轵城从名字上看就有着强烈的军事意味。据史书记载,西周时期济源一带有原国、樊国和向国,周襄王十七年(前635),晋文公因为拥立有功,被赐阳樊之地,但阳樊民众为周太子虞仲的后代,不愿归属,晋文公率军围攻,阳樊大夫苍葛率领民众让出城池,退向东南20里,然后以战车列卫,围土筑城。"轵"本义是车轴的末端,为纪念新城在战车护卫下建立,故以"轵"命名。轵城曾属韩国,经过大规模修建,初具雏形。公元前358年,魏国取得了轵城的统治权,经过多年经营,轵城空前繁荣,《盐铁论·通有篇》称赞其富冠四海,为天下名都。轵城遗址平面呈方形,总面积约330万平

---

① 蔡全法:《郑韩故城的发现与研究》,《华夏都城之源》,河南人民出版社2012年版,第259、260页。
② 蔡全法:《郑韩故城的发现与研究》,《华夏都城之源》,河南人民出版社2012年版,第261页。

方米,四围城垣夯筑,东西略宽,南城垣微向外折。东、南城墙完好,发现城门遗迹各两处,西城墙北段已被夷为平地,南段尚存残垣,发现城门、水门各一处,北城墙仅余少量部分,发现有水门一处,城门两处。城内西北郊疙瘩坡(古称金銮殿)为宫殿区,发现有大型建筑基址。古轵城祖庙位于城中心位置,北宋时为大明寺,寺前50米处发现有10余座陶窑。此外,历年来在城内发现了大量的陶器、骨器、石器、铜器和铁器。从历史记载和考古成果可以推测,最初的设计者重视的是军事防御功能。轵城四面筑有城垣,城墙加内外护墙,最厚处可达21米,城外还设置有宽达15米的护城河。已发现的9座城门并不对称,这应该是基于地形和军事需要的考量。城内东部偏北发现有一处边长100米的方形高台夯筑建筑遗址,高2.5米。轵城三面环山,唯有东南处为平地,为军事薄弱点,此处设置高台,应为战时瞭望之用。① 此外,轵城地势南高北低,泥沟河(古称涂沟水)自西南水门入城,北折穿城由北水门流出,很好地解决了城内居民用水问题。总之,轵城的设计合理,城池坚固,在古代几乎可以用固若金汤来形容。

4. 周朝的城市文化

周王朝以"德""礼"制天下,在统治者的宣扬倡导下,城市发展伊始,城市居民的衣食住行各个方面就被纳入了"德""礼"体系,不过后来随着西周统治的土崩瓦解,许多束缚城市发展的规矩制度被废除,城市发展迎来了历史的春天。周代的城市人口规模已经很大,除了王都洛阳外,全国涌现出不少"千丈之城,万家之邑"②。魏都大梁,方圆超过10里,人口不下20万,其规模比今日开封老城还要大,其他如宋都睢阳、韩都阳翟、楚都陈等城垣范围也都超过5公里,人口在10万以上,经济繁荣,城市发展活力无限。

(1)服饰

周人服饰的材料与前代相比几乎没有变化,只是随着技术的进步,布与丝的使用更加普遍,特别是春秋以后,丝织品种类日益丰富,花色也愈加精细。周朝以"礼"和"德"制天下,随着各项制度的建立和完善,周代服饰作为标识身份和规范礼仪的符号,也逐渐形成了一套上至天子下到黎民都必须遵循的冠服制

---

① 曹国正:《轵国故城》,《济源古代文化研究》,中州古籍出版社2006年版,第87—94页。
② 高诱注:《战国策》卷二《赵三》,商务印书馆1934年版,第68页。

度。就基本服饰而言,周代仍然承袭商代服制,主要以上衣下裳为主,领子通用交领右衽式,衣、裳、带、冠仍是贵族男子服饰的基本组成,只是袖子逐渐变得又长又宽,所谓宽衣大袖就是从这个时代开始,有的贵族腰间还会挂上玉制饰物。服饰的专用界限和等级差别更加清晰,品种类别相应增加,军士有戎服,婚嫁有喜服,丧葬有哀服,王室和贵族为了显示自己的身份和地位,在重要场合还会根据不同的礼仪规范穿着不同样式、色彩和图案的礼服。特别是周王,朝聘、祭祀、婚礼、军旅、乡射、丧礼等不同场合都有相应的服饰,在宫内专门设置了司服、内司服等官职为其服务,并有玉府、司裘、缝人、染人、追师等众多的专门人员设计和制作。周代服装纹饰已经颇为讲究,出现了日、月、星辰、山、龙、华虫、宗彝、藻、火、粉米、黼、黻等"十二章"纹样。周人的足下服饰有裹腿和履,裹腿最晚出现于商代,周代沿用。履即鞋,草制者称"扉",麻、丝、皮制者均称"履","履"也有贵贱之别,丝、皮制者为贵族专用,平民庶民以及奴隶能穿到粗制草、麻制品就不错了。周人衣饰有年龄之别,《礼记·曲礼上》说"男子二十,冠而字",冠是周人所戴的帽子,是冠、冕、弁的总称,只有贵族男子才有资格佩戴,与后世不同,周代的帽子只罩住发髻。女子"十有五年而笄。二十而嫁"①,也就是说十五岁之后的女孩就意味着长大,服饰就要遵守礼仪规范。对于未成年人的要求则较为宽松,《礼记》有"童子不裘不帛,不屦絇""衣不帛襦袴"的记载,符合儿童生理特点的需要,体现了周代服饰的合理性。其实烦琐的礼节制度只是为了显示奴隶主贵族的荣耀和特权,对于饱受统治剥削、衣食无继的底层民众,"无衣无褐,何以卒岁"②才是其真实的生活写照。步入春秋战国以后,服饰开始突破西周严格的冠服制度,齐纨、鲁缟、卫锦、荆绮等纷纷进入商品市场,百花齐放,色彩纷呈。春申君食客三千皆着珠履,平原君后宫百姬均披绮罗,卫国王宫卫士统一穿黑色戎衣,鲁国儒者长服、褒袖、方履,人们根据喜好和需求可以有不同的选择。当时社会上流行深衣,也就是长袍,宽博的、窄小的,款式多样,穿着方便,人们可以各取所需。公元前307年,地处西北的赵国为了强国强军,在全国推行胡服,与中原人习惯的长袍大袖不同,胡服短衣、长裤、革靴,短小轻便,利于骑射,逐步为各国接受、改造和推广,影响深远。

---

① 陈戍国点校:《礼记·内则》,《四书五经(上)》,岳麓书社2003年版,第541页。
② 陈戍国点校:《诗经·豳风·七月》,《四书五经(上)》,岳麓书社2003年版,第344页。

(2) 饮食

周天子为天下至尊,其饮食代表了同时代的最高水平。根据《周礼·天官·膳夫》记载,天子的饮食分为饭、饮、膳、馐、珍、酱六大类,食有稻、黍、稷、粱、麦、苽六谷,膳用马、牛、羊、豕、犬、鸡六牲,饮取水、浆、醴、琼、医、酏六清,馐共百二十品,珍用八物,酱则百二十瓮。这六大类还都是原料,实际菜品当然更为丰富。为了满足王室贵族饮食需求,宫廷还建立了膳夫、庖人、腊人、食医、酒正、浆人、盐人等高达 2000 余人的庞大队伍,专门负责管理王室各项与饮食相关的工作,由此可见周代饮食管理的规范与重要。周人对于饭菜的味道有了自己的准则,不同菜肴,有着不同的食材和调料搭配,还会根据季节做出调整,《吕氏春秋·本味》说"调和之事,必以甘酸苦辛咸,先后多少,其齐(剂)甚微,皆有自起",饭菜需要五味调和,调料次序、剂量多少均有讲究,"鼎中之变,精妙微纤,口弗能言,志不能喻",美食味道何等奇妙,已经不能以言语形容,可以说已经成为了一门艺术。饮食之礼是一切立法的基础,《礼记·礼运》说"夫礼之初,始诸饮食",因此周人对其十分重视。一场正式的宴会要包括待客之礼、侍食之礼、宴饮之礼、进食之礼、侑食之礼等多种礼节,主、客对饮食之礼的遵循和掌握成为衡量其身份和教养的重要标准。周代还规定了丧食之礼,亲人去世,家中三日不举火,可由邻里乡亲送粥食;君王去世,王子、大夫、公子、众士诸人三日不食,可以喝粥;大夫去世,家臣、室老、子姓亦如之。不仅如此,东周时期的诸子百家还将饮食上升到了"食以体政"的高度,著名的"治大国,若烹小鲜"[1]就是老子最具代表的哲言之一。墨家提倡节俭,强调为食"以增气冲虚,强体适腹而已"[2],应该"量腹而食,度身而衣"[3]。儒家注重礼教,"色恶不食,臭恶不食","食不语,寝不言",讲求饮食质量,"食不厌精,脍不厌细"[4],这些都对后世的饮食文化起到了不可忽视的作用。鉴于商代"腆于酒"而亡国的教训,周初政府制定了严格的禁酒法令,禁止聚会饮酒和纵酒,违反者会被处以死刑,这直接导致了商代流行的大量酒器失去了用武之地。西周中期,酒禁松弛,但是由于饮酒礼仪上的诸多严格规定,饮酒之风还是有所遏制。

---

[1] 李敖主编:《老子 论语 列子 庄子》,天津古籍出版社 2016 年版,第 43 页。
[2] 姜宝昌:《墨子·辞过》,《墨子训释》,齐鲁书社 2017 年版,第 73 页。
[3] 姜宝昌:《墨子·鲁问》,《墨子训释》,齐鲁书社 2017 年版,第 804 页。
[4] 彭亚非:《论语析义》,河北人民出版社 2017 年版,第 220、221 页。

(3) 建筑

西周早期，居民们还是沿用商周时期半穴居形式，没有太多变化，分室房数量增多，单室房相对变少，与此同时，部分木架结构的地面房屋也在使用，房屋结构日趋复杂。西周讲究礼制，体现在建筑上形成了一套约定俗成的定制。据《考工记》记载，春秋时期士大夫的宅院方正，左右对称，门、堂立于中轴，正房面阔三间，中央明间为门，左右次间为塾，门内有庭院。堂是接见宾客和举行仪式的地方，左右有厢房，堂后为寝室。这种设计近代还有沿用。瓦是西周时出现的，有板瓦、筒瓦、"人"字形瓦和圆柱形瓦钉等。瓦用于房顶，较之草泥不仅更为坚实耐用，而且在造型上变化更多。瓦的创制促使建筑脱离了"茅茨土阶"的简陋状态，同时也使得几千年来最富表现力的屋顶样式有了更多可能。不仅如此，窗在房屋建造中也得到了运用，在一件出土的兽足方甗中，可以清楚看到形似房屋的方甗不但有两扇门扉，还有三面十字棂格窗，窗在建筑上的运用是人类居室走向文明的重要成就。可以说，周代无论是宗庙朝堂还是市井建筑都规模宏大，规划有序，尤其是宫殿建筑设施完备，有五门三殿、六寝、六宫、九室的定制，《诗经·小雅·斯干》曾栩栩如生地赞美周宣王宫殿的宏大、壮丽和环境优美，"如跂斯翼，如矢斯棘，如鸟斯革，如翚斯飞，君子攸跻"。

(4) 交通与出行

周人重视道路的修筑。《周礼·考工记》有"国中九经九纬，经涂九轨"，"环涂七轨，野涂五轨"，"环涂以为诸侯经涂，野涂以为都经涂"的记载，可以清楚知道周代道路有主、次的区分，因为城市等级不同，道路修筑也有一定之规。对于道路的管理也日趋完善，《周礼·地官》载："凡国野之道，十里有庐，庐有饮食；三十里有宿，宿有路室，路室有委；五十里有市，市有候馆，候馆有积"。驿传传递采取节级递送的方式，速度更为快捷。总体来说周朝虽然未设专门的管理道路交通的官员，但不同的业务有不同的属官负责，分工很细，各司其职，也颇有效率。东周时期随着各国往来的日益密切，城市间货运渠道和水路交通网络得以不断完善，中原地区以洛阳为中心的水路和陆路交通发展迅速。洛阳向西有黄河通向关中，向东有丹、睢、颍、淮等河通往江、浙，向东北有黄、济等河通向冀、鲁，向南有唐、白诸河通向楚、湘。魏国还疏通了鸿沟运河，把当时的河、淮之间的重要水道，如济、丹、睢、涡、沙和颍等水系都连接起来，构成了一个完整的中原水道运输网，河南一跃成为全国水陆交通枢纽，这一变化无疑会对城市的进步和繁荣起到积极的推动作用。[1]

周人的交通工具依然是舟和车。周初沿用商代的单辕车,主要结构仍为木质,但制作工艺有所提高,战国中期才出现与现代相似的双辕车。商代的车一般两匹马拉,西周贵族的车出现了四匹马拉的现象,东周贵族墓中还出土了"天子驾六"的车马坑,可见周代贵族的车更为舒适、豪华。在周代严密的等级制度下,车不是简单的代步工具,而是阶级的体现,各阶层的人乘坐马车有着详细规定,如《周礼·春官·巾车》载"服车五乘:孤乘夏篆,卿乘夏缦,大夫乘墨车,士乘栈车,庶人乘役车",不同类型的车结构大致相同,只是用料、车的彩饰和马的装饰有所区别,庶人所乘的车主要用于载物,不在等级之列。战车已经成为周代战争的重要作战武器。殷商时期已有车战,但规模不大,周代战争参战车辆动辄成百上千,这主要是由于战车速度快,机动性强,冲锋破坏力大,用当时的木制、青铜兵器抵挡相对困难。直到战国晚期,随着铁质兵器的广泛投入使用,车战才逐步被更为灵活的骑兵代替。此外,周代富贵人家出行还喜欢乘坐一种人抬的车,叫作肩舆,是后来轿的前身。

(5)丧葬礼俗

周代的丧葬制度非常复杂,有着强烈的阶级性,不同等级的人丧葬仪式不同,甚至对死的称呼也大不一样,《礼记·曲礼下》说:"天子死曰崩,诸侯曰薨,大夫曰卒,士曰不禄,庶人曰死。"周人的丧葬礼俗要遵循复、哭、殓、殡、葬、服丧六个阶段。人初死,古人认为灵魂还未离开躯体,亲属登上屋顶面向北方长呼三声死者的名字,希望逝者能够死而复生,故而称作"复"。哭是对死者的哀悼,逝者已逝,生者要以哭来表达对死者的怀念和告慰,声泪俱下,可陈述死者生前的品德和功绩,还可边跳边哭。殓是尸体入棺前的仪式。先要为死者沐浴、梳头、穿衣,再将米或者贝放入死者的口中,称"饭含"或"含殓"。"饭含"颇有讲究,《礼记·杂记下》载"天子饭九贝,诸侯七,大夫五,士三",不能随意更改。为死者袭服,穿左衽袍,充塞七窍并掩盖其面部。然后小殓,用布裹紧死者尸体,再用衾被覆盖尸床,在死者去世第三日将尸体送入棺木,此为大殓。殡为死后入殓后的停枢待葬期。《礼记·王制》说"天子七日而殡,七月而葬。诸侯五日而殡,五月而葬。大夫、士、庶人三日而殡,三月而葬",可见地位越高,殡期越

---

[1] 李永文主编:《河南地理》,北京师范大学出版社2010年版,第338页。

长。葬是各环节中最隆重的。逝者生前的亲友及其他相关人员都要参加,人们身穿白衣,春秋时期晋国也有黑衣送葬的礼俗,亲友帮忙牵拉灵车上的绳子,称执绋,口中吟唱挽歌,把灵柩送往埋葬之处,让逝者入土为安,整个丧葬仪式才算最终完成。此后逝者的亲人还要为其服丧,根据与逝者的亲疏关系,服丧期限各有不同,如《周礼》规定,庶子须为嫡母服丧三年,后来丧期减少为一年,而嫡子无须为庶母服丧。嫡长子先父而亡,嫡孙代父承丧。妻为夫服丧三年,夫为妻服丧一年等。

第二章 秦汉时期河南封建城市体系的初建

秦汉时期是河南城市发展的重要时期,空前的中央集权制度的建立为城市体系的形成和确立奠定了基础,城市规划彻底突破了旧的以政治概念为本的城邦国野规划观念的束缚,之前各自为政的城市建设正式纳入帝国统治秩序,在此背景下,地区间的贸易壁垒被彻底清除,各项社会秩序有效推进,商业交流和文化交往日益增多。河南是全国城市建设的重要组成部分,随着封建政权的巩固和完善,郡、县两级城市体系不断加强,加之汉代立国较为长久,政治的稳定为城市平顺发展提供了保证,特别是东汉时期,河南作为封建帝国的统治中心登上历史舞台,各级城市也有不同程度的进步,一批商业名都陆续涌现,这些都标志着河南城市发展达到了新的历史水平。

第一节　国家大一统与城市体系的初步形成

秦汉时期是中国封建社会建立和初步发展时期,其在行政区划和区域管理方面的建树开启了后世两千年的先河。此时期中国封建城市行政区划和管理机制日臻完备,以郡县制度为基础的首都、郡国、县邑三级政治城市体系业已形成,在政治大一统的背景下,河南的郡县制度不断加强和完善。因为汉代实行的是郡县并行制,河南地域也有封国存在,但是分封制始终不是主流,而且随着中央王朝的政治稳定,封国逐渐成为全国行政区划的一部分。

一、秦王朝的大一统与郡县体制建立

秦代建立起大一统的政权后,在全国推行郡县制度,将城市的地域空间进一步向北、西、南方向扩展。河南毗邻陕西,地理位置重要,秦初将这里划分为7个郡,其中三川郡是秦都咸阳通往东方的要道。虽然秦王朝国祚短暂,但是其在河南建立的郡县体系影响十分深远。

1. 秦代的中央集权与郡县制

秦王嬴政是我国历史上第一个真正以全中国为版图的君主,在他的指挥领导下,秦国消灭中原地区的争霸势力,结束了自东周以来五百多年政局纷乱的割据局面,建立起我国历史上第一个统一的中央集权制封建国家,可以说这是一件彪炳史册的大事件。政治上的统一使得秦王朝有能力从封国建藩的桎梏中解脱出来,开创新的管理秩序。秦始皇认为:"天下共苦战斗不休,以有侯王。赖宗庙,天下初定,又复立国,是树兵也,而求其宁息,岂不难哉"[1],"以为周制微弱,终为诸侯所丧,故不立尺土之封,分天下为郡县"[2],于是彻底废弃西周以来在中国已经实行了近千年的分封诸侯制,以郡县制取而代之,在全国普遍推行郡、县二级制,这在中国行政制度史上是一个划时代的改革。其实郡县制的推行,春秋末期已经开始,但是直到战国时期也只有秦国执行得最为彻底。具体来说,郡县制就是郡下设县,县下设乡、里、亭等,由此构成全国自上而下的行政中心管理网络。这种行政中心管理网络对于全国城市体系最为明显的影响是其职能组合结构中以行政中心为主的城市开始占绝对优势。[3] 与西周时期中央政府依靠等级分封控制各级宗法城市来实现对全国的间接统治相比较,这种依靠体系化的郡县城市群来统治全国,各级城市成为中央机构权力枢纽点的做法对于中央控制地方显然更加直接和有效。郡是秦朝中央政府辖下的地方最高一级行政单位,以京师咸阳为中心的经济区则称为"内史",是相当于郡一

---

[1] 〔汉〕司马迁:《史记》卷六《秦始皇本纪》,中华书局2005年版,第170页。
[2] 〔汉〕班固撰,〔唐〕颜师古注:《汉书》卷二八上《地理上》,中华书局2012年版,第1244页。
[3] 顾朝林:《中国城镇体系——历史·现状·展望》,商务印书馆1992年版,第47页。

级的行政区。郡级行政机关由郡守主持全郡政务,对上承受中央命令,对下督责所属各县。另设郡尉,负责军务,直接领兵。郡监,也称监御史,监察郡之行政,并有牵制郡守的作用。郡下若干县,县级行政机构以县令或县长为最高行政长官,主管一县的政务和司法。秦代的县有大、小之分,大县满万户以上,长官称县令,小县不足万户,长官称县长。不管是郡守还是县令、县长都是流动官员,不能世袭,只能任免。县令或县长下面设有县尉,负责辅佐长官管理兵戍徭役和地方治安;县丞负责辅佐长官处理政务和司法。郡县官吏均由中央政府任免。县以下设乡、里等基层行政机构。乡设"有秩"为主管官吏,其下有"三老"一人,掌教化;"啬夫"一人,掌赋税和司法;"游徼"一人,掌循禁盗贼,维护地方治安。乡下设里,以"里正"或"里典"为主管官吏。此外,在城市和交通要道还设置了亭。一般十里为一亭,由亭长负责维护亭内的交通和治安,汉高祖刘邦就曾担任过亭长之职。

$$中央\begin{cases}内史—县\begin{cases}乡\\亭\end{cases}\\郡—县\begin{cases}乡\\亭\end{cases}\end{cases}$$

图 2-1-1　秦代行政等级

秦代郡县制的推行使得全国自上而下的行政中心管理网络开始形成,可以说,郡县制在当时来说是较之分封诸侯制更为先进,更能代表社会发展的一种行政管理体制。虽然秦代统一王朝只延续了短短 15 年(前 221~前 207),但是它却为中国历史揭开了新的篇章。

2.秦代河南的郡县分布

今河南地区在战国时期主要属于韩、魏辖域以及楚国以北疆土,秦初"分天下以为三十六郡"[①],即全国除首都咸阳及京畿附近地区而另设内史管辖之外,其余皆统一推行郡县制度,总共设置了 36 个郡和 1000 多个县,后来郡的数量增加至 42 个,主要分布在黄河中下游和江淮地区。秦代我国城市分布以北方为主的格局没有发生根本的改变,即使在北方,城市的分布也并不均衡,以河北、河南、陕西、山东、山西为中心的黄河中下游地区城市分布最为集中,其中河

---

① 〔汉〕司马迁:《史记》卷六《秦始皇本纪》,中华书局 2005 年版,第 170 页。

北、河南分布最为密集,均为5个,如下表所示:

表2-1-1 秦朝北、南方各区域郡治城市分布一览表①

北方	陕西	山西	河南	河北	北京	山东	甘肃	蒙古	辽宁	合计
	3	4	5	5	2	4	2	2	2	29
南方	四川	重庆	安徽	广东	广西	福建	湖南	湖北	江苏	合计
	1	1	3	1	2	1	2	1	1	13

全国郡治城市42个,其中北方29个,南方13个,河南5个,统计下来,北方占全国总量的69%,而河南占到了全国总量的11.9%,如果当时全国有1000个县,那么河南应该在119个上下,实际也许会更多。

至秦始皇二十七年(前220),在今河南省境内分属有5郡,即三川郡,治所在洛阳;河内郡,治所在怀县(今武陟县西南);陈郡,治所在陈(今商丘市淮阳区);颍川郡,治所在阳翟(今禹州市);南阳郡,治所在宛(今南阳市)。此外,今固始县为郡治设在今安徽省寿县的九江郡管辖,今信阳市属于设在今湖北省黄冈市的衡山郡管辖,今浚县、内黄县属于设在今河北省邯郸市的邯郸郡管辖,今灵宝市属于设在今陕西省咸阳市的内史管辖。

三川郡。战国时期属韩地,秦庄襄王元年(前249)始置,以境内有黄河、洛河、伊河三川而得名。治所在洛阳(今洛阳市汉魏故城),后迁荥阳。辖洛阳、偃师(县治今老城东)、河南、巩县(县治今渑池县西南)、缑氏(县治今偃师市东南缑氏镇)、荥阳(县治今荥阳市西)、京县(县治今荥阳市南)、卷县(县治今原阳县西)、阳武(县治今原阳县东南)、新安(县治今渑池县东)、渑池(县治今渑池县西)、陕县(县治今三门峡市区)、宜阳(县治今宜阳县韩城镇)、平阴(县治今孟津县白鹤)、梁县(县治今汝州市西)等15县,相当于今河南黄河以南,灵宝以东的伊、洛流域和北汝河上游地区。三川郡是秦都咸阳通往东方的要道,战略地位举足轻重,统治者对这里的管控十分重视。秦庄襄王时,相国吕不韦受封文信侯,食洛阳十万户,秦始皇十年(前210),吕不韦自杀,封地取消。陈胜、吴广揭竿起义时,三川郡郡守李由是权倾朝野的相国李斯之子,据说他据守荥阳,地理位置重要,鸿沟、广武、敖仓、索水等皆在其辖地内。

颍川郡。战国时期韩地,秦王政十七年(前230)始置,以境内颍水而得名,

---

① 何一民:《中国城市史》,武汉大学出版社2012年版,第133页。

治所在阳翟(今禹州市)。辖阳翟、郏县、颍阳、襄城、昆阳、舞阳、颍阴、许县、长社(今长葛市)、新郑、苑陵、尉氏等 12 县,相当于今许昌市辖境及平顶山市、漯河市、禹州市、登封市、长葛市、开封市等部分地区。

东郡。战国时期魏地,秦王政五年(前 242)置,治所在濮阳。辖濮阳、白马、燕县、长垣、酸枣、宛朐、成武、城阳、都关、甄城、范阳、东阿、茌平、聊城等县,相当于今河南省濮阳市辖境、新乡市一部分以及山东省的菏泽、聊城部分地区。

南阳郡。原为楚地,秦昭襄王三十五年(前 272)置郡,因在南山(伏牛山)之南、汉水之北而得名,治所在宛县(今河南省南阳市),辖宛县、阳城、酂县、湖阳、穰县、丹水、析县、叶县、犨县、筑县、山都、邓县、隋县诸邑,所辖区域除今南阳市外,还包括鲁山县、叶县、舞阳县、栾川县的一部分和湖北的襄阳市(汉江以北)、随州市、枣阳市一带。

砀郡。战国时期魏地,秦王政二十二年(前 225)置郡,因境内砀山而得名,治所在砀县(今永城市北)。辖砀县、芒县、鄢县、栗县、睢阳、虞县、蒙县、萧县、襄邑、外黄、陈留、雍丘、启封、大梁及昌邑、单父、谯县、东缗、爰戚等 19 个县,相当于今河南省商丘市、开封市辖境以及山东巨野泽以南数县和安徽省亳州市部分地区。

淮阳郡。曾改为淮阳国、陈国、陈郡,其辖区大小不一,战国时楚地,秦王政二十三年(前 224)始置,治所在陈县(今周口市淮阳区)。辖陈县、固陵、阳夏、柘县、苦县、上蔡、项县、平舆及新阳、寝县、汝阴等 11 县,相当于今周口市、驻马店市淮水以北部分地区及安徽省阜阳市部分地区。

河内郡。战国时属魏地,秦王政十七年(前 230)始置,因黄河西、南、东三面环绕,地居其内而得名,治所在怀县(今武陟县西南)。辖怀县、野王、河雍、武德、修武、朝歌(今淇县)、安阳诸县,相当于今焦作市辖境及新安县、鹤壁市、安阳市的部分地区。

此外邯郸、九江、内史、衡山诸郡治所虽不在河南境内,但是却管辖今河南省的部分地区。

图 2-1-2　秦朝河南地区诸郡

二、汉代的郡国并行体制

汉高祖建国后承袭了秦朝郡县制的衣钵,但是在行政管理方面并没有实行一刀切式的划分,而是在全国推行郡县制度之外局部设置封国,这种郡国杂处,互相牵制的统治方式在汉初对维护中央集权和国家统一起到了一定的积极作用。后来郡国并行的制度一直被延续下去,以后几乎每个王朝都是以郡县为主,分封为辅,虽然不同朝代分封程度各有不同,但是分封制始终不是主流。两汉时期,河南城市不但地域分布更加均匀,而且郡治、县城和其他小城邑间的行政网络开始建立,虽然后来几经变迁,但是我们仍能从现代行政建制中切实感受它的存在。

1.西汉时期

汉代承袭秦代的行政管理制度,在全国实行郡国并行制,进一步强化了城市作为全国性治所和行政节点的功能。根据《汉书·地理志》记载,到公元前6年以前,西汉共设有郡国103个,县邑1314个,道32个,侯国241个,总计以行政中心为主的城市1690个,这构成我国封建社会早期城市体系的主体。

楚汉战争时期,河南是刘邦和项羽逐鹿的主战场,所谓"河南古所称四战之地也。当取天下之日,河南在所必争"①,因为河南地位重要,汉初刘邦曾想以河南洛阳作为新政权的都城,可以说在整个西汉王朝中河南郡的重要地位仅次于京兆尹。这里大部分区域为中央王朝直接统辖,能在河南受封建国的诸侯王基本都是备受宠遇的皇子。汉武帝时,王夫人曾为其子请封洛阳,武帝断然拒绝,说:"不可。洛阳有武库、敖仓,当关口,天下咽喉。自先帝以来,传不为置王。"②汉高祖末年,"自雁门、太原以东至辽阳,为燕、代国;常山以南,大行左转,度河、济、阿、甄以东薄海,为齐、赵国;自陈以西,南至九疑,东带江、淮、穀、泗,薄会稽,为梁、楚、淮南、长沙国:皆外接于胡、越。而内地北距山以东尽诸侯地,大者或五六郡,连城数十,置百官宫观,僭于天子。汉独有三河、东郡、颍川、南阳,自江陵以西至蜀,北自云中至陇西,与内史凡十五郡,而公主列侯颇食邑其中"③。也就是说,包括"三河"中的河南郡和河内郡,以及东郡、颍川郡和南阳郡的河南省西部、中部和北部的大部分地区都直接隶属于汉朝廷。

河南郡,秦时为三川郡,秦亡后成为河南王申阳的封地。汉高祖元年(前206),高祖领兵占领此地,设河南郡,郡治洛阳。河南郡管辖洛阳、荥阳、偃师、京县、平阴、中牟、平县、阳武、河南、缑氏、卷县、原武、巩县、谷成、故市、密县、新成、开封、成皋、苑陵、梁县、新郑等22县邑。王莽建立大新政权时曾一度将之改称保忠信乡,辖境西起函谷关新关(今新安县),东至今开封市,南至今汝州市境,北至黄河边。

河内郡,秦灭后曾为殷王司马欣的封地。汉高祖元年,高祖占领殷地,改为河内郡,治所怀县(今武陟县西南),辖怀县、汲县、武德、波县、山阳、河阳、州县、共县、平皋、朝歌、修武、温县、攀王、获嘉、轵县、荡阴、沁水、隆虑等18个县邑,辖境西至今济源市,东至今汤阴县,北至今安阳市、林州市,南临黄河。新莽时改称后队郡。

---

① 〔清〕顾祖禹:《河南方舆纪要序》,《读史方舆纪要》,中华书局2005年版,第1页。
② 〔汉〕司马迁:《史记》卷一二六《滑稽列传》,中华书局2005年版,第2431页。
③ 〔汉〕司马迁:《史记》卷一七《汉兴以来诸侯王年表第五》,中华书局2005年版,第681页。

东郡,治所在濮阳(今濮阳市)。辖濮阳、观县、聊城、顿丘、发干、范县、茌平、东武阳、博平、黎县、清县、东阿、离狐、临邑、利苗、须昌、寿良、乐昌、阳平、白马、南燕、廪丘等22县邑。辖境西临黄河,东至今山东省东阿县,北至古黄河,南至今山东省东明县北。新莽时改称治亭郡。

颍川郡,秦灭后为韩国,汉高祖六年(前201),仍改为颍川郡,治所在阳翟(今禹州市)。辖阳翟、昆阳、颍阳、定陵、长社、新汲、襄城、郾县、舞阳、郏县、颍阴、崇高、许县、鄢陵、临颍、父城、成安、周承休、阳城、纶氏等20县邑。辖境西至今登封市、宝丰县,东至今鄢陵县,北至今长葛市,南至今舞阳县。新莽时改称左队郡。

南阳郡,治所在宛县(今南阳市)。辖宛县、犨县、杜衍、酂县、育阳、博山、涅阳、阴县、堵阳、雉县、山都、蔡阳、新野、筑阳、棘阳、武当、舞阴、西鄂、穰县、郦县、安众、冠军、比阳、平氏、随县、叶县、邓县、朝阳、鲁阳、春陵、新都、湖阳、红阳、乐成、博望、复阳等36县邑。辖境西至武当山,东至桐柏山,北至今鲁山县,南至今湖北省广水市。新莽时改称前队郡。

弘农郡,以弘农(今灵宝市北)为治所。辖弘农、卢氏、陕县、宜阳、黾池、丹水、新安、商县、析县、陆浑、上雒等11县邑,辖境西至陕西省商洛、丹江流域,东至今宜阳县、嵩县,南至淅川县,北临黄河。新莽时改为右队郡。

郡之下,设有县和侯国。景帝中元二年(前148)郡守更名为太守,尉为都尉。郡设太守,郡下置县。县设令(长),下有乡里、亭邮,成为基层行政和治安组织系统。

河南还是梁、淮阳封国所在。分封建国本是刘邦统一天下的权宜之计,早在楚汉争霸之前,项羽自立为西楚霸王后就曾以霸主身份将全国分为18个王国,刘邦为了拉拢良将,分化敌营,遂效其法而行之,先后分封韩信、英布等7个异姓王。汉政权建立之初,为了与异姓王权抗衡,刘邦又分封了9个同姓子弟为王。汉高祖邦国稳固后,异姓王逐步被剪除,但同姓王因为统治政权的纵容,诸侯王雄霸一方,久之便出现了尾大不掉的问题,这在汉高祖去世后逐渐显露,此后统治阶级内部"兄弟睨于墙"的争斗困扰了西汉上百年,直到"七王之乱"的爆发以及汉武帝"推恩令"(即把封国分成更小的碎片,使之无力对抗朝廷)的推行,才算比较彻底地消除了封建王朝的这一隐患。

梁国,秦朝时属砀郡,汉高祖五年(前202)时为汉将彭越封地,管辖今河南东部和山东西南的十几个县,汉高祖十一年(前196),彭越死,次年高祖改封次子刘恢于此,同时把东郡(治今濮阳市)撤销,土地划归梁国,梁国实力大增。梁国治所屡有变更,景帝时定都睢阳(今商丘市南)。汉景帝在位时,爆发"七王之乱",梁孝王亲自"城守睢阳,而使韩安国、张羽等为大将军,以距吴楚"[1],率领梁国军队同周亚夫的汉军一起同吴楚叛军在梁国土地上相持三个月,功勋卓著,此后备受宠遇。梁孝王在位二十余年,梁国"北界泰山,西至高阳,得大县四十余城"[2],疆域之广,国力之强,诸封国无出其右者。汉景帝中元元年(前149),梁孝王薨,国土一分为五,被他的五个儿子继承,分别建立梁、济川、济东、山阳、济阴五个封国,梁国属地迅速缩小,后来梁国土地仅剩十余县。汉武帝元年,朝廷以梁王不孝为名,削其5县,"夺王太后汤沐成阳邑",此时的梁国尚有8城,为砀县、杼秋、蒙县、己氏、虞县、下邑、睢阳、甾县,基本上与今商丘市相当。汉成帝元延年间(前12~前9),梁王刘立杀人,"削立五县"[3],梁国土地仅剩3县。汉末王莽时废梁国。不仅梁王的封国遭到缩减,时代不同,梁王的权力也不一样。汉初,作为一国君主的梁王不仅可以任命御史大夫以下各级官吏,还有一定的财权和军权。汉景帝在位时开始剥夺诸侯王统治权后,梁王因为是皇帝唯一的亲弟弟,又在"七王之乱"中立下功劳,因此仍然可以"衣租食税",但是官员任命权收归中央,梁国内设内史,权力如同郡太守,中尉掌武职,如同郡都尉。汉成帝绥和元年(前8),朝廷省并内史官员,改国相治理梁国臣民。

淮阳国,秦朝时为陈郡,汉高祖十一年(前196)始设淮阳国,治所在陈县(今淮阳县)。高祖刘邦封子刘友为淮阳王,颍川郡土地和原秦朝陈郡的北部诸县作为淮阳国王的封地,管辖陈县、苦县、阳夏、宁平、扶沟、固始、圉县、新平、柘县等十几个县,大致相当于今周口市辖境。汉惠帝元年(前194),徙刘友为赵王。恢复颍川郡建制。高后元年(前187),吕后立惠帝儿子刘疆为淮阳王。汉代淮阳王对治地统辖权力的增减变迁大致与梁国相类,只是综西汉一朝,淮阳王迁徙频繁,不过诸王均为高祖、文帝、景帝和宣帝儿子,实力与影响和梁国相差不大。汉景帝以

---

[1] 〔汉〕司马迁:《史记》卷五八《梁孝王世家》,中华书局2005年版,第1658页。
[2] 〔宋〕司马光:《资治通鉴》卷一五《汉纪七》,岳麓书社1990年版,第159页。
[3] 〔汉〕班固撰,〔唐〕颜师古注:《汉书》卷四七《三王列传》,中华书局2012年版,第1702、1704页。

后,梁国逐渐缩小,淮阳国则时断时续,汉朝廷在这一地区设置了陈留郡和汝南郡。淮阳王对其封地的统治权力变化与梁王大致相同。

陈留郡,秦灭后分属魏国和梁国。汉武帝元狩二年(前121),削梁国西部土地,设陈留郡,治所在陈留(今开封市祥符区东南),辖陈留、小黄、成安、宁陵、雍丘、酸枣、东昏、襄邑、外黄、封丘、长罗、尉氏、傿县、长垣、平丘、济阳、浚仪等17县邑。辖境西至今尉氏县、延津县,东至虞城县南,北至长垣市,南至安徽省亳州市。

汝南郡,西汉始置,秦时属陈郡。治所平舆,辖平舆、阳安、阳城、慎强、富陂、女阳、鲖阳、吴房、安成、南顿、朗陵、细阳、宜春、女阴、新蔡、新息、灈阳、期思、慎阳、慎县、召陵、弋阳、西平、上蔡、鮦县、西华、长平、宜禄、项县、新郪、归德、新阳、安昌、安阳、博阳、成阳、定陵等37个县邑。辖境西至今西平县,东至安徽颍上县,北至西华县,南至淮河。

综上所述,西汉时期河南共有10个郡国,辖县200个左右。汉武帝时期,在郡国之上又设立13部刺史,河南郡、河内郡、弘农郡属司隶校尉部,东郡、陈留郡、淮阳国属兖州刺史部,南阳郡属荆州刺史部,颍川郡、汝南郡、梁国属豫州刺史部。作为朝廷派出监察地方的机构,刺史部无固定治所,后来它逐渐变成一级政权机构,称作州或者司隶部,于是形成了州、郡、县为主的三级地方制度。可以说,到汉武帝时期,汉代河南的行政区划才基本固定下来。新莽时期各级地方名称上虽多有更改,但辖域基本没有变化。总体来说,西汉朝廷在河南设立了郡以及与郡同级的王国,郡下设县,大县(万户以上)设县令,小县(万户以下)设县长,都是一县的最高长官。与县同级的还有侯国和邑。县下设乡,十亭一乡,乡下有里、什、伍等基层机构。汉代在全国委派官职,辟除吏员,以统治人民,征收赋税。各郡国均驻有军队,设有监狱。在洛阳设有武器库,并驻扎重兵,旨在镇压人民的反抗,巩固自己的统治。国家政权的力量日益强大。

表 2-1-2　汉平帝时期(前 1~6)河南境内郡县情况①

郡名	郡治	县数	今郡治所地
东郡	濮阳	22(-15)	濮阳市南
河内	怀县	18	武陟县西南
南阳	宛县	36(-9)	南阳市
颍川	阳翟	20	禹州市
河南	洛阳	22	洛阳市东
汝南	平舆	37(-8)	平舆县北
陈留	陈留	17	开封市东南
弘农	弘农	11(-2)	灵宝市北
淮阳国	陈县	9	周口市淮阳区
梁国	睢阳	8(-4)	商丘市南
合计		200(-38)	

注：括号内的县数为现今河南境外的县数。

2. 东汉时期

东汉政权为南阳郡豪强地主刘秀建立。刘秀称帝后，在行政区划上主要做了两件大事：一是恢复西汉时期的郡县名，废除王莽时所改变的州、郡、县各级行政区域名称，恢复旧制。二是提升州的权力，废除王莽所建十二州牧，恢复西汉时的部州，并固定州治驻所。因此至东汉末年，行政体制基本上实行州、郡、县三级。东汉初，由于多年战乱户口锐减，相应省并郡、国 10 个，县、邑、道、侯国 400 余。后世陆续增析，历百年至顺帝时，计有郡国 105 个，县、邑、道、侯国 1180 个。罢郡都尉并置太守，边郡往往置都尉。县级行政区除县、邑、道、侯国外，又有公国二。王莽时改西汉 14 部为 12 州，东汉建武初期一度恢复 14 部，不久朔方部并入并州部，改交趾部为交州部，实际是将西汉的 14 部改为 13 部。

东汉光武帝时期，基本沿用西汉行政区划的郡县制为实体、州刺史部为监察的体制，分全国为 13 个州刺史部。与西汉的主要区别是正式将司隶校尉部与其余 12 州并列，将北方的朔方刺史部并入并州刺史部，将南方的交趾刺史部

---

① 程民生：《河南经济简史》，中国社会科学出版社 2005 年版，第 46 页。

改名为交州刺史部。洛阳成为东汉王朝的都城,河南成为东汉政权的统治中心。在洛阳设置有相当于州的司隶校尉部,成为最高一级的地方政权,管辖河南尹、河内郡、弘农郡、京兆尹等7郡,在这7郡中属于河南的有3郡。在谯县(今安徽省亳州市)设立豫州刺史部,管辖颍川郡、汝南郡、梁国、陈国等6个郡国。东郡和陈留郡属于兖州刺史部,南阳郡则属于荆州刺史部。东汉王朝在河南设立了10个郡国。与西汉不同的是,州刺史部已由朝廷派出的监察机构变成了一级地方机构,形成了州、郡、县三级地方政权。

梁国和淮阳国依旧存在。新莽和东汉初年,梁王刘永专制地方,后被刘秀平定,国祚断绝。汉明帝永平十五年(72),封皇子刘畅为汝南王,汉章帝建初四年(79)徙刘畅为梁王,都睢阳,以陈留郡和济阴郡的6县加封梁国,食邑10余县。和帝即位后,刘畅就国,削二县。刘畅死后,相继传于其子孙,直至曹魏建立,降爵为崇德侯。淮阳国建于东汉初,汉光武帝封子刘延为淮阳公,二年进为王。刘延就国后,以汝南之长平、西华、新阳、扶乐四县加封。汉明帝永平年间,因罪被徙封阜陵王。汉明帝时期,明帝子刘宪被封为西平王,分汝南郡8县,明帝死,徙为陈王,食邑有陈县、阳夏等10余县。刘宪死后,封邑6县陆续被夺,传国至子怀王刘竦,无子国除。在梁、陈二国之外,又有汝南、西平二国,但封王不久即被徙封他地,国祚短暂。

总体来说,东汉末年,河南境内除京都洛阳以外,其他郡县级城市有150余个,数量的增加自然说明城市的分布更为密集。另外就具体地域分布而言,先秦时期河南城市还主要集中在北部地区,但是到了东汉时期河南的东南及西南的平原和盆地城市数量也有不少。河南全省范围内已经形成了一个由都城、郡治、县城和其他小城邑构成的四级城市网络,并建有一批小型交通贸易网点,为以后河南城市发展奠定了基础。虽然这个城市网络后来几经变迁,但是其大致轮廓还是得以保留下来。[①] 此时期具有突出行政管理职能的城市,如洛阳、开封、商丘等在以后的发展中又均能够集政治、经济中心于一身,行政中心层次越高手工业和商业越发达的特征在这些城市表现得淋漓尽致。

---

① 黄以柱:《河南城镇历史地理初探》,《史学月刊》1981年第1期。

第二节 秦汉时期河南城市经济的发展

秦代虽然国祚短促,但是政治上的统一使得河南城乡各级市场得以建立,地区间交通贸易往来障碍的消除有利于中原地区商业、手工业的发展,城市之间的交流逐渐增多,与此同时政府对于市场管理的政策和法规也在逐渐完善。两汉时期,河南城市数量持续保持上升趋势,长期的政治稳定,加之重要的政治地位,有力地促进了中原经济的发展,以洛阳为中心的区域经济初具规模,随着商品贸易的繁荣,河南还涌现了一批商业名都,成为这一时代城市发展的亮点。

一、秦代的城市经济发展

战国后期,持续不断的兼并战争对中原地区的社会、经济和城市造成很大的破坏,尤其是六国的城市,所谓"争城以战,杀人盈城"[1],不少城市直接毁于战火,还有很多城市因为饱受战争摧残,经济一蹶不振。秦统一六国后,下令推毁战国时代各诸侯所筑的城郭,拆除险要地区所建的堡垒,徙"天下豪富"到咸阳或其他偏远地区的城市,数量达到了12万户,如每户以5口计算,至少有60万人。在这样的政策之下,战国时期那些名极一时的繁华都市,如宛(今南阳市)、温(今温县西南)、轵(今济源市)等因为战争及大量的人口迁移,人去城空,衰落自然不可避免。此外,秦代还是一个劳役繁重的王朝,立国时间虽然不长,但是各种繁杂工程没有间断,筑"驰道"、凿运渠、修长城、建宫殿、造陵墓,这其中许多工程站在统治者角度考虑自然是立意长远,有利于国家长治久安,但是将之一股脑地加在战争创伤尚未平复的百姓身上,不免有竭泽而渔之嫌,人民不堪其重。除了对普通百姓进行敲骨吸髓的剥削,对商人更是毫不留情地加

---

[1] 金良年撰:《孟子译注》,上海古籍出版社2004年版,第158页。

以管制,在统治者看来商人是不事生产、抢夺社会财富的蠹虫,各种征发的苦役理所当然以之为先,商人应该是秦代受迫害最严重的社会阶层之一。因为帝王空前的专权,国家的全部人力、物力和财力几乎都沦为皇帝的一己私物,只为了满足其个人的雄心抱负或一己私念而存在,长此以往必然会导致经济萧条、民不聊生。但是从另一个角度讲,秦的大一统对于城市的长远发展还是有着积极意义的。战国时期诸国各自为政,关卡林立,勒索客商,以邻为壑,制造灾难的事情屡见不鲜,加之随时可能爆发的战争,这一切对于经济的发展都是严重的阻碍,秦统一后消弭了这些隐患,同时一些经济措施的出台,对于促进各地区间的文化交流和商业往来起到了积极作用,而河南位居天下之中,农业发达,自然从中受益良多。如秦代修建的以首都咸阳为中心的直通南北的驰道有9条,其中东方道出陕西过黄河,通山西,出函谷关至河南,再到河北和山东,武关道出今陕西商洛,向东南经过河南的洛阳、南阳,湖北荆襄,至江南和岭南,这些驰道的修建加强了河南与周边省份及南方地区的联系,对以后经济的交流、商品的往来起到了积极作用。不过因为关于秦代城市发展的资料较少,我们能够了解到的具体情况有限。河南的三川郡在秦国地位举足轻重。秦国占领荥阳之后随之设置三川郡,它是战国时期秦国东进所设置的第一个郡,因其境内有黄河、洛河、伊河三川而得名。早在秦军占领荥阳之前,随着鸿沟的开凿通流,荥阳已经因为其四通八达的水利条件发展成为经济活跃的天下名都,秦军占领这个"绾毂天下水陆"的宝地后又在荥阳故城以北建造了当时黄河上最大规模的敖仓,是调运黄淮平原粮食进入关中的重要转运仓,荥阳因之成为秦帝国重要的粮食储运基地,时人郦食其曾有"夫敖仓,天下转输久矣,臣闻其下乃有藏粟甚多"[1]的说法,一直到汉初荥阳敖仓仍存有大量粮食,是楚汉相争的战略要地。而三川郡也因为位置重要,成为秦国在东方的中枢和门户,是秦帝国经营东方的军事、政治、经济的中心。秦朝建立后,朝廷第一重臣李斯之子李由曾一度担任三川郡郡守。洛阳是战国以来的商业中心,三川郡初置时,吕不韦为秦国相,"食河南洛阳十万户",吕不韦"有家僮万人,系用以经营贸易",吕不韦被迁往蜀地"饮酖而死"[2]后,洛阳及其周围土地收归国有。虽然秦代洛阳城市的具体

---

[1] 〔汉〕司马迁:《史记》卷九七《郦生陆贾列传》,中华书局2005年版,第2081页。
[2] 〔汉〕司马迁:《史记》卷八五《吕不韦列传》,中华书局2005年版,第1956页。

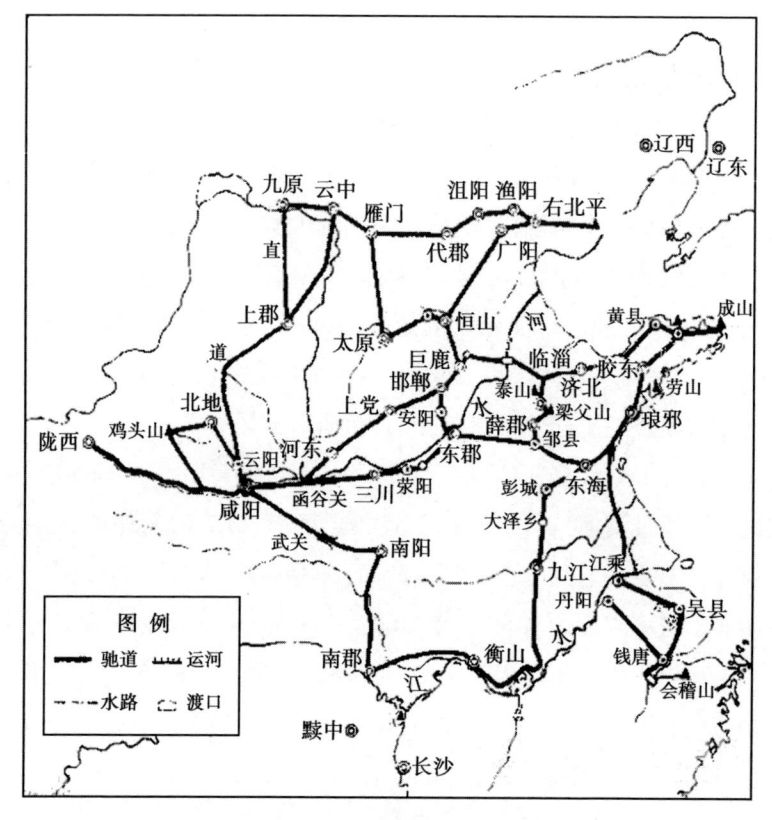

图 2-2-1　秦代驰道示意图

发展不见于记载,但从汉初刘邦巡视曲逆(今属河北省)时所说"壮哉县！吾行天下,独见洛阳与是耳"[1],可以推见秦代洛阳应该始终具有商业中心的地位。秦代河南大大小小的市场应有不少,20世纪50年代以来在洛阳、三门峡地区相继出土了刻有"河市""河亭""陕市"等戳记的陶片,结合近些年来对出土的云梦秦简的整理,我们能够知道秦代对于市场的管理相当严格,管理市场的手段和经验亦已相当丰富。云梦秦简《金布律》有"贾市居列者"的记载,说明当时店铺分布已有定制,并由此可推测当时的市场应有较好的秩序。为了防止官员贪污,《秦律十八中·关市》特别规定"为作务及官府市,受钱必辄其钱缿中,令市者见其人,不从令者赀一甲",即管理关和市等税收事务的官员必须当着买主的面把钱放入"钱漏"中,否则要接受处罚,可见市场管理已经非常细致。所有这些均为商品经济发展奠定了良好基础。

---

[1]　〔汉〕司马迁：《史记》卷五六《陈丞相世家》,中华书局2005年版,第1641页。

二、两汉时期的城市经济

秦末战争和楚汉大战对城市破坏很大,"天下之民肝脑涂地,父子暴骸中野,不可胜数"[1],"故大城名都散亡,户口可得而数者十二三"[2]。刘汉政权建立后,中国的封建社会开始步入平稳发展的历史阶段,统治者汲取秦朝灭亡的历史经验教训,实行以农为本、轻徭薄赋、与民休息的国策,社会经济得到很大的恢复。在这一大的历史背景下,河南农业的蓬勃发展为经济的全面进步奠定了基础。作为全国首善之区,河南的城市经济可以用异彩纷呈来形容,不但形成了四大商业区,还涌现出了几座人口较为集中的经济都会,虽然当时政府秉承"重农抑商"的思想,但是较为宽松的政治氛围,还是使得商人阶层的实力和队伍不断壮大。

1.四大商业区的形成

西汉时期,随着封建统治政权的巩固,农业、手工业、商业、交通的发展以及对外经济贸易的增加,河南城市经济进入繁荣阶段。同时政治管辖区域的划分以及地理环境因素的影响直接推动了河南经济商业区的形成。西汉时在行政区域的基础上又将全国分为14个部或州作为监察区域,河南主要处在豫州刺史部的监察之下,其辖境大致相当于今淮河以北、伏牛山以东豫东、皖北地区。豫州刺史部总面积不超过全国国土面积的2%,包括颍川、汝南、沛三郡和梁、鲁两国110余县,城市数量占全国总数的8.4%,人口超750万,约占全国总人口的12.5%,从城市与人口的占比中不难看出豫州刺史部政治、经济地位的重要。同时豫州刺史部的内部人口分布也不平衡,大致来说,以中部、南部和伊洛河平原、南阳地区和太行山以南的平原地区最为稠密,东北部、东部次之,西南部山区和西部山区较为稀少。就西汉平帝时期的人口统计数字而言,颍川、汝南两郡人口最多,约占河南地区总人口的38%,其次是河南、南阳、陈留等郡,而就人

---

[1] 〔汉〕班固撰,〔唐〕颜师古注:《汉书》卷四三《郦陆朱刘叔孙传》,中华书局2012年版,第1635页。

[2] 〔汉〕司马迁:《史记》卷一八《高祖功臣侯者年表》,中华书局2005年版,第739页。

口密度而言以颍川郡为最大。与此同时,地理环境的影响加之政治管辖区域的划分并伴随着商业经济的发展,推动了河南区域经济的分化,豫州刺史部在今河南辖域内大致形成了河内、河南、梁宋、南阳四大商业区。

(1)河内区。以温(今河南温县)、轵(今济源市)为都会,该区域自殷商以来商业就十分发达,两汉之际,由于没有遭受战火损害,以"完富"著称,"户口殷实",人民富庶,"河内带河为固,户口殷实,北通上党,南迫洛阳"[1],是当时的战略要地。东汉时期,这里水利资源丰富,盛产稻米,品质优良;每年朝廷在此调拨缣素绮縠8000余匹,后期增至15万匹;共县(今辉县市)、汲县(今卫辉市西南)以产漆闻名。境内居民,"温、轵西贾上党,北贾赵、中山。中山地薄人众,犹有沙丘纣淫地余民,民俗懁急,仰机利而食"[2],经商意识浓厚。据《汉书·地理志》和《后汉书·百官志》记载,汉代在手工业者集中的地方设置工官,以督促手工业者制造物品供皇室使用,并方便工业品卖出后政府收税,全国共有8郡设有工官,河内郡即有1处,可见当地手工制造业的发达。

(2)河南区。以河南郡的洛阳为中心都会,并形成控制全国的商业都市。河南郡人口稠密,西汉平帝时人口数为1740279人,东汉顺帝时人口数为1010827人。洛阳在春秋战国时期就是全国性商业中心城市,一直到汉代这里的政治、经济地位仍然举足轻重,《史记》载,汉武帝宠爱王夫人,特许其为儿子挑选封地,当知道其选洛阳时,断然制止,因为"雒阳有武库敖仓,天下冲扼,汉国之大都也。先帝以来,无子王于雒阳者"[3],可见其地位在其他郡县之上。东汉以此为首都,官营手工业规模宏大,生产"织室锦绣、冰纨、绮縠、金银、珠玉、犀象、玳瑁、雕镂玩弄之物"[4],精美绝伦,品种多样,甚至皇宫之内还设有织室,由太监统领,另设有平准令,"主练染,作采色"[5],都属于皇宫服装制作机构。汉代全国设有工官8处,此居其一。洛邑自古有经商牟利的传统,汉代优越的地理位置和便利的交通环境为商业进一步繁荣创造了条件,《史记》载,洛阳商

---

[1] 〔南朝宋〕范晔撰,〔唐〕李贤等注:《后汉书》卷一六《邓寇列传》,中华书局1965年版,第621页。
[2] 〔汉〕司马迁:《史记》卷一二九《货殖列传》,中华书局2005年版,第2468页。
[3] 〔汉〕司马迁:《史记》卷六〇《三王世家》,中华书局2005年版,第1682页。
[4] 〔南朝宋〕范晔撰,〔唐〕李贤等注:《后汉书》卷十上《皇后纪》,中华书局1965年版,第423页。
[5] 〔南朝宋〕范晔撰,〔唐〕李贤等注:《后汉书》卷二六《百官志》,中华书局1965年版,第3590页。

人"东贾齐、鲁,南贾梁、楚",足迹遍天下,大量商人在市场上经营贩卖,使得洛阳成为全国商业物资的重要聚散地。

(3)梁宋区。以陶(今山东省菏泽市定陶区)和睢阳(今商丘市睢阳区)为中心的商业区。梁宋自古就是丰饶之地,《史记》说:"夫自鸿沟以东,芒、砀以北,属巨野,此梁、宋也。陶、睢阳亦一都会也。昔尧作(于)成阳,舜渔于雷泽,汤止于亳。其俗犹有先王遗风,重厚多君子,好稼穑,虽无山川之饶,能恶衣食,致其蓄藏。"① 贾谊也说:"梁起于新郪而北著之河,淮阳包陈以南揵之江,则……梁足以捍齐、赵,淮阳足以禁吴、楚。"② 梁宋地区是关中通往东南的门户,西汉政府粮食供应主要来自关东,三河地区所产有限,因此距离政治中心较近、农业发达的梁宋地区政治地位自然举足轻重,可以说两汉时期的梁宋之地是河南最重要的经济区之一。汉初,景帝的弟弟,也就是窦太后最宠爱的儿子刘武被封于梁地,即梁孝王,史载梁地"居天下膏腴地。地北界泰山,西至高阳,四十余城,皆多大县",梁孝王在这里荣华富贵,极尽享受,"筑东苑,方三百余里,广睢阳城七十里,大治宫室,为复道,自宫连属于平台三十余里","多作兵器弩弓矛数十万,而府库金钱且百巨万,珠玉宝器多于京师","财以巨万计,不可胜数",即使在梁孝王死后,"藏府余黄金尚四十余万斤,他财物称是"③,梁国之富庶不言而喻,故而劳干说:"天下之财富在关东,关东之财富凑于齐梁。"④ 梁宋区商业也很发达,陈县(今周口市淮阳区),"在楚夏之交,通鱼、盐之货,其民多贾"⑤,境内较多从事水产品和石砚生意的商人。

(4)颍川南阳区。以颍川和宛(今南阳市)为中心的商业区。"颍川(按:战国时之阳翟)、南阳,夏人之居也。夏人政尚忠朴,犹有先王之遗风。颍川敦愿。秦末世,迁不轨之民于南阳。南阳西通武关、郧关,东南受汉、江、淮。宛亦一都会也。俗杂好事,业多贾。其任侠,交通颍川,故至今谓之'夏人'"⑥。汉代政府在8郡设置工官,颍川南阳区拥有两处,占到了总量的1/4,可见其地手工制

---

① 〔汉〕司马迁:《史记》卷一二九《货殖列传》,中华书局 2005 年版,第 2470 页。
② 〔宋〕司马光:《资治通鉴》卷一五《汉纪七》,岳麓书社 1990 年版,第 159 页。
③ 〔汉〕司马迁:《史记》卷五八《梁孝王世家》,中华书局 2005 年版,第 1658—1661 页。
④ 劳干:《论汉代之陆运与水运》,《历史语言研究所集刊》第十六本,1947 年版,第 69 页。
⑤ 〔汉〕司马迁:《史记》卷一二九《货殖列传》,中华书局 2005 年版,第 2470 页。
⑥ 〔汉〕司马迁:《史记》卷一二九《货殖列传》,中华书局 2005 年版,第 2472 页。

造业之发达。颍川郡在汉代是大郡,宣帝时循吏黄霸任太守,大力发展地方经济,使得这里"户口岁增,治为天下第一",社会经济发展迅速。颍川郡重经商,南阳郡也是如此。南阳郡是一个四面被山地丘陵环绕的半圆形盆地,特殊的地理构成使其成为长江、黄河、淮河三大水系的分水岭和南北气候的分界线,境内水系发达,物产丰富。秦汉时期,南阳郡是河南名副其实的人口大郡。据统计,西汉平帝时期,南阳郡27县,人口约为1456538人;东汉顺帝时期,南阳郡26县,人口约为1714326人。因为政治、经济地位重要,这里居住了大量王侯将相和达官贵人。西汉时期分封到这里的侯王有30多人,东汉时期这里的列侯和公主数量高达52人。南阳还是东汉世祖光武皇帝的龙兴之地,东汉皇帝来"帝乡"祭祖的次数多达12次。另外,两汉时期,这里还生活着邓氏、阴氏、来氏、樊氏、岑氏、彭氏、张氏等大批衣冠士族,诞生了大量对当时政治、社会、文化产生重要影响的历史名人。东汉建武七年(31),杜诗任太守,大力发展地方经济,百姓生活大有改善,"郡内比室殷足",被民众尊称为"杜母"[①]。南阳冶铁业发达,杜诗还发明了水利鼓风技术以提高炉温,用这种办法"铸为农器,用力少,见工多,百姓便之",进一步推动了南阳冶铁事业发展。据统计,东汉时期南阳从事手工业和冶铁业的生产者有47547户,产品远销西南、东南、南部和西部等地区,是全国外销铁器最多的郡。[②] 南阳郡商人众多,商业繁荣,不但冶铁贸易兴盛,还是汉代中西贸易中丝绸的重要来源地之一。

2.经济都会的繁荣

地方中心城市的兴起,是政治经济发展的必然结果。两汉时期,随着区域城市经济功能的强化,先秦时期纯政治中心的城市开始向具有经济职能的政治经济城市转变,"昔唐人都河东,殷人都河内,周人都河南。夫三河在天下之中,若鼎足,王者所更居也,建国各数百千岁,土地小狭,民人众,都国诸侯所聚会,故其俗纤俭习事"[③],汉代经济都市多是战国时期商业城市发展的延续,长期的政治稳定为一些交通枢纽城市和具有优势资源的城市发展提供了条件。河南地处两汉王朝的核心地带,城市商业发展尤为迅速,以洛阳为代表的各具特色

[①] 〔宋〕司马光:《资治通鉴》卷四二《汉纪三十四》,岳麓书社1990年版,第476页。
[②] 刘新:《试论汉代南阳郡治宛城的历史地位——兼谈宛城在汉代丝绸之路上的作用》,《洛阳考古》2014年第4期,第48页。
[③] 〔汉〕司马迁:《史记》卷一二九《货殖列传》,中华书局2005年版,第2467页。

的经济都市的出现,标志着河南封建时代的商业经济走向成熟。西汉时期,除两京外,全国涌现出了二三十个区域中心城市。司马迁在《史记》中提及战国以来重要的城市19座,其中河南有温(今温县西南)、轵(今济源市南)、洛阳(今洛阳市东)、陈(今周口市淮阳区)、宛(今南阳市)[1]5座。桓宽在《盐铁论》中也提到"燕之涿(今河北省涿州市)、蓟(今北京市南),赵之邯郸(今属河北省),魏之温(今温县西)、轵(今济源市南),韩之荥阳(今荥阳市东北),齐之临淄(今山东省淄博市临淄区东),楚之宛丘(今周口市淮阳区),郑之阳翟(今禹州市),三川之二周(今洛阳市东、巩义市西),富冠海内,皆为天下名都。非有助之耕其野而田其地者也,居五都之冲,跨街衢之路也。故物丰者民衍,宅近市者家富。富在术数,不在劳身;利在势居,不在力耕也"[2],文中所列举的重要商业城市有12座,河南就有8座,占总量的2/3。新莽时期在长安和"五都"设立五均官,所谓五都,即洛阳、邯郸、临淄、宛、成都,都是经济发达的大都市,其中河南有洛阳、宛两座商都。由以上数字中不难看出汉代河南地区的城市发展在全国应该处于执牛耳的地位。此外,通过表2-2-1还可以看出河南商业都市的分布是非常均匀的,除了河内和河南两郡拥有两处商业城市外,其他如南阳、淮阳、颍川三郡和梁国均只有一处,中心城市分布较为均匀。

表2-2-1 西汉河南经济都会城市列表

郡国	城市	郡国	城市
河内	温(今温县西南)	南阳	宛
河内	轵(今济源市南)	梁	睢阳(今商丘市睢阳区)
河南	荥阳	淮阳	陈(今周口市淮阳区)
河南	洛阳	颍川	阳翟(今禹州市)

资料来源:《史记·货殖列传》《汉志》《盐铁论》。

(1)洛阳。经历了秦末汉初的战火,洛阳城市一度破败不堪,户口仅余5000户而已,但是洛阳的重要地位并没有因此而丧失。这里土地富饶,地理位置重要,是连接齐、楚、秦、赵之地的"桥梁",刘汉政权初立之时曾以此为都5个月。大概在武帝时期,因为渭水水道曲折过长,从关东往长安运粮不便,朝廷

---

[1] 〔汉〕司马迁:《史记》卷一二九《货殖列传》,中华书局2005年版,第2469—2481页。
[2] 王贞珉注译:《盐铁论译注》,吉林文史出版社1995年版,第26页。

"引渭穿渠起长安,并南山下,至河三百余里"①,在渭河漕运得以兴修的同时,洛河漕运也得到疏通,此后两漕运连接在一起,"西汉以后的水陆交通,多以洛阳为中转站"②,洛阳成为关中与中原地区经济和商贸往来的枢纽。交通的便利推动着城市快速发展,洛阳人口到西汉后期已经增长到了52000余户,是汉初的10倍还多。洛阳城中有市,即市场,是商品交易的场所,市场中有肆,即店铺,同类商品集合在一起,以类列肆。这种情形和春秋时代的记载基本一致,《左传》说"伯有死于羊肆"的记载,可知当时的卖羊者集中于羊肆,以此类推,其他商品的货卖者也应该有各自的市肆。西汉时期的洛阳商业已经非常繁荣,"东贾齐、鲁,南贾梁、楚"③,是全国商业物资的重要聚集地,"富冠四海",有"天下冲扼,汉国之大都"④之美誉。

东汉时期,洛阳"处乎土中,平夷洞达,万方辐凑"⑤,成为全国真正的水陆交通中心,农业和手工业的发展使得这里的城市经济又上了一个新的台阶,《后汉书》曾以"洛中贵戚室第相望,金帛财产,家家殷积"⑥"船车贾贩,周于四方;废居积贮,满于都城"⑦来描述这里商业的发达和物资的丰富。作为全国的政治、经济中心,洛阳的人口吸附能力应该很强,东汉末年董卓强令迁都,"尽徙洛阳人数百万口于长安"⑧,虽然所提及"百万"人口可能有所夸张,但洛阳人口稠密,是毋庸置疑的。洛阳的市场较之前代规模有所扩大,市肆和商品的数量都在增多,金市、南市和马市是三个著名的大市,此外还有粟市等。洛阳经商风气盛行,不但寻常百姓"舍农桑,趋商贾,牛马车舆,填塞道路,游手为巧,充盈都

---

① 〔汉〕司马迁:《史记》卷二九《河渠书》,中华书局2005年版,第1198页。
② 白寿彝总主编:《中国通史(第四卷)》,上海人民出版社1995年版,第672页。
③ 〔汉〕司马迁:《史记》卷一二九《货殖列传》,中华书局2005年版,第2469页。
④ 〔汉〕司马迁:《史记》卷六〇《三王世家》,中华书局2005年版,第1682页。
⑤ 〔南朝宋〕范晔撰,〔唐〕李贤等注:《后汉书》卷四十下《班彪列传》,中华书局1965年版,第1369页。
⑥ 〔南朝宋〕范晔撰,〔唐〕李贤等注:《后汉书》卷七二《董卓列传》,中华书局1965年版,第2325页。
⑦ 〔南朝宋〕范晔撰,〔唐〕李贤等注:《后汉书》卷四九《王充王符仲长统列传》,中华书局1965年版,第1648页。
⑧ 〔南朝宋〕范晔撰,〔唐〕李贤等注:《后汉书》卷七二《董卓列传》,中华书局1965年版,第2327页。

邑"①，皇亲贵族也竞相逐利，汉灵帝甚至也参与其中，"作列肆于后宫，使诸采女贩卖"②。商业市场上交易的货品除了粮食、丝绸、布匹、牲畜、蔬菜、书籍、文具、果品等日常物品，还有不少满足富贵之家生活所需的艺术品和玩好之物，这些都是经济发展的表现。物质的丰富已经使得洛阳奢侈之风逐渐显露，故而王符说"今商竞鬻无用之货，淫侈之币，以惑民取产"③。随着政府和西域各国交流的深入，西域的名贵特产由使者带入中国，受到贵族的追捧，此后汉朝的使节和商人纷纷持币前往西域交换珍奇异物。东汉时期，中国与日本及东南亚各国也开始交往，光武帝时赐日本"汉倭奴国王金印"，柬埔寨、越南、缅甸、印度尼西亚等国的使团先后到达洛阳进献礼物。洛阳集中居住着大批胡商，他们在市场上售卖数目繁多、种类各异的胡货，价格不菲，但是销路很好。据说"灵帝好胡服、胡帐、胡床、胡坐、胡饭、胡箜篌、胡笛、胡舞，京都贵戚皆竞为之"④，可见胡货在当时的贵族圈中是非常时髦的物品，而此时的洛阳也因为胡商的进入成为中外商贸往来的国际性大都市。

（2）南阳宛县（今南阳市）。秦代南阳郡郡治宛县，北控汝洛，南襟荆襄，西通武关，东连江淮，以秦之武关驰道为中轴，水陆交通均非常发达。秦初受中央开发南方政策的影响，运往南部17郡的财货和铁器、农具等均需通过关中和南阳调配，宛城经济顺势而起。宛的后来居上，意味着南北方经济联系的加强。南阳的商业气氛很浓，居民"业多贾"⑤，可以与洛阳相媲美，《汉书》有"秦既灭韩，徙天下不轨之民于南阳，故其俗夸奢，上气力，好商贾渔猎，藏匿难制御也"⑥。秦汉实行的均为重农抑商的政策，故史学家眼中的"不轨之民"指的是不循法度的工商业者。其实早在战国后期，宛城就已经是较为富裕的地区，"宛孔氏之先，梁人也，用铁冶为业。秦伐魏，迁孔氏南阳。大鼓铸，归陂池，连车骑，游诸侯，因通商贾之利，有游闲公子之赐与名。然其赢得过当，愈于纤啬，家

---

① 〔汉〕王符：《潜夫论·浮侈》，《潜夫论笺校正》，中华书局1997年版，第120页。
② 〔宋〕司马光：《资治通鉴》卷五八《汉纪五十》，岳麓书社1990年版，第670页。
③ 〔汉〕王符：《潜夫论·务本》，《潜夫论笺校正》，中华书局1997年版，第17页。
④ 〔南朝宋〕范晔撰，〔唐〕李贤等注：《后汉书》卷一三《五行一》，中华书局1965年版，第3272页。
⑤ 〔汉〕司马迁：《史记》卷一二九《货殖列传》，中华书局2005年版，第2472页。
⑥ 〔汉〕班固撰，〔唐〕颜师古注：《汉书》卷二八《地理志下》，中华书局2012年版，第1319页。

致富数千斤,故南阳行贾尽法孔氏之雍容"①,此处"秦伐魏"的时间在战国时期,随着以孔氏为代表的工商业家族将原在魏国的冶铸业和经商习俗带到南阳,孔氏"雍容"之风在南阳传播开来,一直影响到秦汉。两汉时期宛城冶铁业发达,已经开始采用煤炭冶炼,私营冶铁业在全国处于领先地位,著名宛商孔仅就生活在这里。南阳是秦汉时期的中原大郡,宛城是"大郡之都",自然人口密集,"连城数十,人民众,积蓄多"②。西汉时期,这里能够与长安、洛阳、临淄、邯郸、成都并列为六大都会,可见其城市影响力之大,所谓"宛周齐鲁商遍天下"③。宛城是豫南地区的通邑大都,与西北方向的洛阳、长安联系紧密,也必然成为汉代丝绸之路上中西文化交流的重要一环,宛城商人沿着丝绸之路走出国门,将自己的产品和文化传播出去,与此同时西域胡人也沿着丝绸之路来到这里,带来了具有异域风情的商品和艺术。近年来南阳出土了大量与西域相关的画像砖和画像石,如张骞出使西域画像石、胡汉交战画像石、胡人乞讨画像石、胡人阉象画像石、胡人张口吞火画像砖等,画面中胡人身份复杂,不仅有使节、商人,还有艺人、战俘、奴隶等,可以想见当年宛城艺术家们的视域之开阔。此外南阳汉画《胡使持节图》和《胡商赊贷图》的发现,进一步证明了西域使者曾经到过宛城,还反映出在市肆中活跃着大量来自西域的胡商。可以肯定,两汉时期的宛城是一座极为开放的大都市,其对中西经济和文化的交流起到过积极作用。

(3)荥阳。战国时期,魏国在荥阳开凿了鸿沟,将黄河之水引向东南,与淮水、泗水、济水、汝水等汇合在一起,此后荥阳、陈(今周口市淮阳区)、定陶(今属山东省)等北方城市与江淮一带的城市连接在一起构成了一个商业贸易网络。因为交通便利,城市经济发展迅速,汉代荥阳已经成为"富冠海内"的"天下名都"。汉代荥阳官营手工业发达,是全国著名的冶铁中心,在目前考古已发现的15处西汉冶铁遗址中,古荥冶铁遗址中发现的冶铁炉是已知冶铁炉中最大的,而且生产规模和技术水平均走在了世界的前列。西汉荥阳工匠已掌握了球墨铸铁的技术,这比西方国家要早1000多年。根据《汉书》的记载"今汉家铸钱,

---

① 〔汉〕司马迁:《史记》卷一二九《货殖列传》,中华书局2005年版,第2478页。
② 〔汉〕司马迁:《史记》卷八《高祖本纪》,中华书局2005年版,第254页。
③ 王贞珉注译:《盐铁论译注》,吉林文史出版社1995年版,第16页。

及诸铁官皆置吏卒徒,攻山取铜铁,一岁功十万人已上"①,以此推断,当时在荥阳从事金属冶炼的铁官、吏卒、工匠和囚徒应该不下 10 万余。此外荥阳还是河南郡治所在地,城内有郡治、县署官衙、学馆、监狱、军营、工官等一整套政府、军事、教育机构的官员及其家属和奴婢,再加上城内常住居民,数量只会更多。然而这还不是全部,冶铁业带动了荥阳城市经济的发展,作为汉代著名的商业大都、水陆交通的枢纽城市以及全国重要的政治军事城市,荥阳城内应该还有不少从事交通运输业、商业的流动人口及临时驻军等,另外西城外还分布有冶铁工厂和制陶作坊等,其管理和生产人员也不会太少,虽然这些人口已经无法统计,但是他们的存在都说明汉代荥阳的城市人口绝对不会是一个小数字。近年来考古工作者还在荥阳故城城址中发现了许多当年用作房屋建筑的瓦当、板瓦、筒瓦、铺花地纹砖和空心砖等,纹饰精美,图案多样,此外还发现了大量陶器和汉代货物"五铢钱""马蹄金"等,反映了汉代荥阳城市民众的经济文化生活。

3. 汉代商人阶层的蓬勃发展

西汉政权建立后,统治者遵循"无为而治"理念治国,提倡民间自由贸易,政府甚至允许私人铸钱,《史记》载"汉兴,海内为一,开关梁,弛山泽之禁,是以富商大贾周流天下,交易之物莫不通,得其所欲"②,就是说政府开放关卡要道,允许商人通行,解除开采山泽禁令,允许私人经营矿业、盐业,于是富商大贾能够通行天下,各种商品能够自由买卖,人民能够各得所需。在一系列政策推动下,西汉社会出现了"民则人给家足,都鄙廪庾皆满,而府库余货财"③的局面,民间市场空前繁荣。与此同时,人们的意识形态也在发生着剧烈转变,"用贫求富,农不如工,工不如商,刺绣文不如倚市门"的观念在民众中间传播开来,"天下熙熙,皆为利来;天下攘攘,皆为利往"④成为在商业社会下人们思想的真实写照。

河南长期是国家的经济重地,许多地区本来就有着经商传统,汉代时这里的商业氛围更为浓重。洛阳前身是西周洛邑,居民主要是前周贵族,他们悠久

---

① 〔汉〕班固撰,〔唐〕颜师古注:《汉书》卷七二《王贡两龚鲍传》,中华书局 2012 年版,第 2305 页。
② 〔汉〕司马迁:《史记》卷一二九《货殖列传》,中华书局 2005 年版,第 2475 页。
③ 〔汉〕司马迁:《史记》卷三〇《平准书》,中华书局 2005 年版,第 1205 页。
④ 〔汉〕司马迁:《史记》卷一二九《货殖列传》,中华书局 2005 年版,第 2463 页。

的经营传统对洛阳民风影响深远,"周人之俗,治产业,力工商,逐什二以为务"①,"周人……巧伪趋利,贵财贱义,高富下贫,憙为商贾,不好仕宦"②。洛阳商贾足迹遍天下,"举俗舍本农,趋商贾,牛马车舆,填塞道路,游手为巧,充盈都邑,务本者少,浮食者众。'商邑翼翼,四方是极'。今察洛阳,资末业者什于农夫,虚伪游手什于末业。是则一夫耕,百人食之,一妇桑,百人衣之,以一奉百,孰能供之!天下百郡千县,市邑万数,类皆如此"③。虽然这里作者提到的洛阳"一夫耕,百人食之,一妇桑,百人衣之"的问题未免有些夸张,但是洛阳城市非农业人口比重大是毋庸置疑的事实,当然这也从侧面说明洛阳从事商业的人数是一个巨大的数字。南阳郡在东周时期就是农业发达、经济富庶之地,秦国争霸天下时,秦国先后将魏、韩商贾迁徙于此,从而使得这里的风气为之一变,居民"业多贾","好商贾渔猎",汉代私营手工业的发展带动了城市经济的进步,郡治宛城是当时著名的富商巨贾麇集之地,时有"商遍天下,富冠海内"之称,可见影响力之大。汉代商人阶层活跃,还涌现出了许多大商巨贾,如师史,《史记》记载"周人既纤,而师史尤甚,转毂以百数,贾郡国,无所不至。洛阳街居在齐秦楚赵之中,贫人学事富家,相矜以久贾,数过邑不入门,设任此等,故师史能致七千万"④,此外洛阳薛子仲、张长叔也都是赀财雄厚的大富豪。

　　商人获利丰厚,自然会使很多人对这个职业心向往之。西汉前期官吏从商者并不多,这主要是因为商人的社会地位较低,大多数官员耻于与其为伍,而且政府还三令五申禁止官员涉及商业。汉景帝时曾两次下诏,要求"吏及诸有秩受其官属所监、所治、所行、所将,其与饮食计偿费,勿论。它物,若买故贱,卖故贵,皆坐赃为盗,没入赃县官","吏发民若取庸采黄金珠玉者,坐赃为盗。二千石听者,与同罪",这样严厉的惩罚措施势必会给渴望从商业贸易中获利的官员敲响警钟,让其望而却步,也正因为如此,这时的商人身份还较为纯粹。汉武帝时情况有所变化,随着商人经济地位的提升,政府开始打破汉初商人不得为官

---

① 〔汉〕司马迁:《史记》卷六九《苏秦列传》,中华书局 2005 年版,第 1771 页。
② 〔汉〕班固撰,〔唐〕颜师古注:《汉书》卷二八《地理志下》,中华书局 2012 年版,第 1317 页。
③ 〔南朝宋〕范晔撰,〔唐〕李贤等注:《后汉书》卷四九《王充王符仲长统列传》,中华书局 1965 年版,第 1633 页。
④ 〔汉〕司马迁:《史记》卷一二九《货殖列传》,中华书局 2005 年版,第 2479 页。

的禁锢,利用官职来笼络大商人,如"南阳大冶"①孔仅,祖籍睢阳,围陂田以为铸铁工场,经营私营冶铁业,获利钜万,被武帝任命为大司农,管理国家盐铁事务;"洛阳贾人之子"桑弘羊"以心计(师古曰:不用筹算),年十三侍中",与大农丞言利,"事析秋毫矣"②,命为治粟都尉、御史大夫等要职;以畜牧业发家的洛阳人卜式,被"拜为齐王太傅,转为相"③;朝廷还任命了许多盐铁商人为吏,管理地方盐铁事务,于是"吏益多贾人"④。商人进入政治统治集团并把握政府的经济命脉,这在以前是不能想象的,这种现象的出现不仅进一步证明了汉代商品经济的高度发展,同时也说明汉代商人的势力非常强大,已经逐步渗透到国家政治生活中,影响着国家政策的制定,商人的社会地位已非昔日可比。此时期朝廷官员也纷纷利用手中的权力"与民争利",从事工商业的官员不胜枚举。东汉时期,商人的社会地位不受限制,在法律上也没有"抑商"的规定,在此基础上政商关系又向前迈进了一步,官员经商成为了普遍行为。光武帝刘秀早年生活在商业气氛浓厚的南阳,其本人曾卖谷于宛,从事过商业经营,且与工商业者有着千丝万缕的联系,其母舅樊宏"世善农稼,好货殖"⑤,妹夫李通"世以货殖著姓"⑥。东汉时期王公贵族经商或者巨商大贾谋得显位的事件屡见不鲜。四朝大将军梁冀位列三公之上,俸禄本已十分优厚,为了获取更高的商业利润,"又遣客出塞,交通外国,广求异物";成帝的丞相张禹,"为人谨厚,内殖货财,家以田为业";桓帝时宛城富贾有张汜,"桓帝美人之外亲,善巧雕镂玩好之物,颇以赂遗中官,以此并得显位,恃其伎巧,用势纵横"⑦。普通小民身兼两职的例子也有不少,《后汉书》就载:灵帝时,京都洛阳有数十名"市贾小民"聚集到桓帝

---

① 〔汉〕司马迁:《史记》卷三〇《平准书》,中华书局 2005 年版,第 1210 页。
② 〔宋〕司马光:《资治通鉴》卷一九《汉纪十一》,岳麓书社 1990 年版,第 214 页。
③ 〔汉〕班固撰,〔唐〕颜师古注:《汉书》卷五八《公孙弘卜式儿宽传》,中华书局 2012 年版,第 262 页。
④ 〔汉〕班固撰,〔唐〕颜师古注:《汉书》卷二四下《食货志第四下》,中华书局 2012 年版,第 1166 页。
⑤ 〔南朝宋〕范晔撰,〔唐〕李贤等注:《后汉书》卷三二《樊宏阴识列传》,中华书局 1965 年版,第 1119 页。
⑥ 〔南朝宋〕范晔撰,〔唐〕李贤等注:《后汉书》卷一五《李王邓来列传》,中华书局 1965 年版,第 573 页。
⑦ 〔南朝宋〕范晔撰,〔唐〕李贤等注:《后汉书》卷六七《党锢列传》,中华书局 1965 年版,第 2212 页。

陵园前自称孝子,被皇帝"悉除为郎中、太子舍人"①,由此可见东汉时期官爵封赏之滥,同时商人兼有官吏身份的情况在当时屡见不鲜。此外,还有一批农民被迫从事商业经营。东汉时期土地兼并的现象严重,失去土地的农民或者沦为豪族、世族庄园中的农奴,或者无以为继,只能流落到城市从事小商业经营活动,这也是王符在《潜夫论》中指出的"举世舍农桑,趋商贾,牛马车舆,填塞道路,游手为巧,充盈都邑,治本者少,浮食者众"②的重要根源所在,其固然显示了东汉城市发展中畸形、丑陋的一面,但是在许多社会因素综合作用下,汉代商人崛起并蓬勃发展,不断壮大是也无可辩驳的事实。

第三节 城市的建设、布局与管理

就我国城市建设发展而论,秦统一至西汉统治的这段时期,是继春秋战国之际城市建设高潮之后又进一步发展的一个时期,也是革新旧的营国制度,城市规划体系走向纵深发展的时期。秦汉时期政治上的大一统使得城市的建设和管理彻底突破了前代以政治概念为本的城邦国野规划观念的束缚,郡县建设正式纳入帝国统治的秩序,是中国城市建设史上不可或缺的一部分。秦汉时期的城市规划更趋合理,郡县的形制与规模虽并无明确规定,但大抵作为郡(国)的城市,规模比较大,县的规模相对较小,发达地区与不发达地区因具体条件和要求不同,城市规模亦有差别。市场交易日趋频繁,城市从事商业活动的区域被称为"市",因为关系到国计民生,政府对"市"的管理非常严格,此外随着商业的发展,山村野乡也出现了集市。

---

① 〔南朝宋〕范晔撰,〔唐〕李贤等注:《后汉书》卷六〇下《蔡邕列传》,中华书局1965年版,第1992页。
② 〔汉〕王符:《潜夫论·浮侈》《潜夫论笺校正》,中华书局1997年版,第130页。

一、城市的规划和建设

　　河南的城市建设基本都是在前代旧城的基础上改建而来,建设理念延续了战国时代的革新传统,城市选址在遵循"高毋近旱而水用足""下毋近水而沟防省"的原则之外,交通便利也应是极为重要的考量因素,城市规模和形状无一定之规,根据地形和经济发展需要而决定,城市功能分区也因为城市横向交往的加强以及经济文化的发展有所调整。可以说秦汉时期,尤其是汉武帝当国以来,随着区域经济的深度发展,旧的城市规划传统得到进一步革新,为建立新的制度积累了丰富的经验。

　　1. 秦代的城市建设

　　鉴于秦代城市建筑及其资料很多都已灰飞烟灭,所以针对此时期的城市研究还存在诸多疑问,但是从张衡《西京赋》关于"览秦制,跨周法"的记述,可以推测"秦制"与"周法"大相径庭。"周法"顾名思义是周人建立的营国制度,而"秦制"则应该是秦人在总结春秋、战国时代革新营国制度体系经验的基础上,结合当时大一统的政治、经济形势加以发展的产物。秦代重视革新旧制,《史记·秦始皇本纪》称"一法度衡石丈尺,车同轨,书同文字"就是明证,这应该与秦代遵循法家政治主张密不可分。秦代结束列国各自为政的局面,废除周代三级都邑建设体制后,将城市建设和管理纳入统一的新的发展轨道是秦代的首要工作。河南毗邻关中,境内设有郡城和县城两级政府机构,郡治和县治城市一般都设置在河流沿线或交通干道上,交通方便,工商业发达,人口也相对集中,因此政治和经济功能兼具,由此构成的城市网络体系与旧的营国制度下的都邑建设体制所构成的政治据点网络体系是有本质性的区别的。

　　2. 两汉时期的城市建设

　　西汉初期,社会经济秩序尚在修复,城市建设步伐放缓,统治者崇尚黄老无为而治的思想,虽有城市重建,但大多为旧城改造。汉武帝时期,国力逐渐强盛,统治者循序"外儒内法"的理念,城市建设屡有突破,如梁孝王时睢阳城得到改建,"孝王筑东苑,方三百余里。广睢阳城七十里。大治宫室,为复道,自宫连属于平台三十余里。得赐天子旌旗,出从千乘万骑,东西驰猎,拟于天子。出言踣,人言謦"①。迨至东汉,统治者继承了前代尊儒传统,保留了革新特色,城市建设以发展新的营国制度为主。河南政治地位上升,城市经济分区业已形成,城市间横向联系不断加强,城市在经济区、居民区的规划上也作出了一系列调整。终东汉之世,社会经济未能达到西汉全盛时期的水平,加之外患频仍、国力困乏等因素影响,大抵东汉城市建设重在医治战争创伤,改造重建旧的城池较多,而新建城市数量较少。

(1)汉河南县

汉河南县城遗址位于今河南省洛阳市西郊涧水河东岸小屯村,遗址下面多压有东周文化层,夯层中未发现汉代以后的遗物,证明汉河南县城的持续期应该在两汉的四百年左右。《汉书·地理志》注云:河南"故郏鄏地。周武王迁九鼎,周公致太平,营以为都,是为王城",可知河南县的前身为西周王城,平王东迁后一度为东周都城。公元前202年,刘邦建立西汉,初期曾以洛阳为都,"入都关中"后于洛阳置河南郡,郡治洛阳,原周王城区改置为河南县。

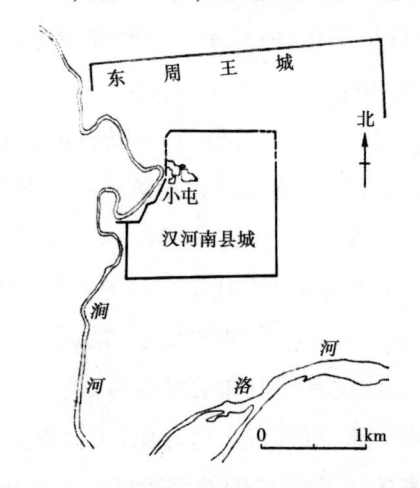

图 2-3-1 汉河南县城与周王城关系位置图②

汉河南县城因地形而建,西临涧河东岸,北达小屯村北,东墙为西工兵营覆盖,南墙在九都路南,城址平面轮廓近似正方形,西墙因避涧河弯曲,斜向内凹,北墙缩短三分之一,四垣总长约5400米,南北墙距约1410米,东西墙距约1485米,城基平均宽约6.3米,残高0.4至2.4米,皆未超出地面。如图2-3-1所示,

---

① 〔汉〕司马迁:《史记》卷五八《梁孝王世家》,中华书局2005年版,第1658页。
② 贺业钜:《中国古代城市规划史》,中国建筑工业出版社1996年版,第335页。

汉河南县位在东周王城的中部,大概为周代王宫所在位置,从面积上讲,汉河南县之规模不及周王城的1/4。

汉河南县城内大致可以分为三个区,即政治区、居住区和手工业作坊区。政治区在县城的中部和偏南地区。这里发现有两处大型房屋基址,皆为半地穴式建筑,即先挖约两米深坑,然后在坑内四周夯筑土墙,从建筑位置和规模看应为汉代官廨或一些重要官吏的住宅。一处房屋基址附近发现有圆形陶罐组成的下水道,可能是城内排水设施。房屋基址周围瓦片堆积很厚,地面还发现有大量的板瓦、筒瓦和具有饕餮纹、卷云纹的瓦当,这些建筑材料非一般建筑物所能使用,由此可推断汉代的河南县城是在周王朝的基础上重建而来,周代的有些宫殿可能到汉代仍在使用。该区域还发现有不少残陶器,器具上面盖有"河南""河市""河亭"的戳印,另外还发现了"河南太守章"和"洛阳丞印"的封泥。

居住区位于城内中部偏东位置,该区域发现多处房基遗存。西汉房基多半为由地下向上修建起来的土房,东汉时期地面建房的现象增多,并开始采用条砖砌墙,条砖采用单行平铺错缝砌法,屋顶多用板瓦和筒瓦铺盖,局部嵌有瓦当。居住区内还发现有石子路、水井、下水道、粮仓以及石磨、杵臼等粮食加工器具。城内有水井多处,多为圆形,利用辘轳汲水,内部砖砌,砖砌方式采用错缝斗角叠砌法,自上而下砖数逐渐增多,形成一个多角形等边的立锥形。粮仓有圆囷、方仓两种,皆为半地穴式。圆囷一般直径在3米左右,有些形制简单,坑底和坑壁略加平整即成,有些则建造细致,地面铺砖一周,然后在底砖的外部作横竖铺砌,向上各层均用此法推进,囷底中间有残石一块,可能是囷内中心柱的柱基,此外囷底还发现有许多竖立倾插的破碎瓦块,当为顶瓦脱落所致。方仓应为东汉时增加,是地下深1.45米,长、宽4米左右的方形坑,地面和四壁为砖砌。这片区域还发现了铁农具、纺轮、车器以及煤烧过的痕迹。

县城的东北、西南部为手工业生产区。东北区域发现一处西汉时期的砖瓦作坊。其烧制砖瓦的窑体近似圆形,直径约3.5米,高约3米,前有拱形大门,上有圆形烟囱,其中一座窑腔内还剩有一窑完整的筒瓦。附近发现了一处汉代烧制五铢钱的钱范窑址。此外县城西南区域还发现了铸造小铜器和铸造半两铜钱的作坊遗址,并出土有陶范等。

(2)荥阳故城

汉代荥阳故城位于郑州市西北27公里的古荥镇。荥阳因为地处荥泽西岸邙山之阳而得名,东有鸿沟水连淮、泗,北依邙山濒临黄河,南面遥望京、索,西过虎牢接近洛阳,地势险要,为南北之绾毂,东西之孔道。荥阳城大概建造于战国时期,公元前 320 年建成,是韩国的军事重镇和水陆交通要道。秦灭韩后,设置三川郡,荥阳为其治所。荥阳是秦朝进攻关东地区的前沿阵地,地理位置重要,著名的敖仓即建于此。楚汉相争时,刘邦曾取敖仓之粟扼项羽于荥阳东。两汉时期,这里富冠四海,与蓟(今北京市)、邯郸等并肩为"天下名都"。

汉代荥阳故城平面呈长方形,今大部分尚存。西城墙自古荥镇西北隅南伸至济公庙村以东,南墙由济公庙东沿索须河北岸向东至古城村,东墙已被黄河冲毁,仅存东南和东北两个拐角。故城南北长约 2200 米,东西宽约 1500 米,周长 7000 余米,残存城墙最高处 11.6 米,上宽 10 米,基宽 30 米。西城墙系版筑而成。墙有 3 处缺口,当是西门遗址。古荥镇位于城址西北角,北面和西面依城墙而建,面积约占城址的 1/4。

荥阳故城内功能区域分工清晰,城东部的高土台地上,发现了大块板瓦、筒瓦、砖和各种各样的瓦当残片,为当年宏伟建筑群坍毁后留下的遗迹,应该是当时行政官署机构所在地。台地的偏北处是战国时期荥阳邑的粮仓。故城的南半部分小片瓦砾遍地,地势平坦,适于居住,应该是居民区。同时故城内发现了古代房基、夯土台、水管道等城市建筑设施。西城门外为工业区,发现有一处大型汉代冶铁作坊,面积约 12 万平方米,还出土有金、铜货币、铜器、铁器、陶器。此外城内街道纵横交错,呈棋盘状分布,大街小巷相互连接,居民出行较为方便。

(3)东汉宛城

宛城位于现在南阳市中心,交通发达,水力资源丰富,学者张衡在《南都赋》中曾称赞:"于显乐都,既丽且康。陪京之南,居汉之阳;割周楚之丰壤,跨荆豫而为疆。体爽垲之闲敞,纷郁郁其难详。尔其地势,则武关关其西,桐柏揭其东。流沧浪而为隍,廓方城以为墉;汤谷涌其后,济水荡其匈。推濒引淄,三方是通。"[①]宛城城邑在战国时期已初步形成,秦昭王三十五年(前272),设南阳郡,郡治宛。汉高祖六年(前201),在秦宛城基础上重修,东汉建武十八年(42)再修,号称南都。东汉时期,宛城经过长期扩建,规模初显,《续汉书》引《荆州

---

① 〔唐〕徐坚辑:《初学记》,京华出版社 2000 年版,第 275 页。

记》云其"城周三十六里"。根据考古挖掘和史书记载,我们大致知道,汉代的宛城分内、外两城,内城即小城,位于大城西南隅,城内王侯将相,第宅相望,为管理衙署区;外城即郭城,分为生产区、生活区和工商贸易区,散布有汉代灰坑遗址、房基、窖穴、古井、陶井圈、地下水管道、冶铜和冶铁遗址等。内城的西、南城墙与外城重合,这种布局与当时的其他著名都市,如临淄、邯郸大体相同。城墙夯筑而成,有明显的夯土痕迹,夯层内发现有大量的汉代陶片和砖瓦。城外有护城河,残长1800米,宽50~80米,深6米。遗址内还残存有两处高台建筑遗迹。一处坐落于老城东北隅,人称"明山",现存台基南北46米,东西宽44米,残高9米,为平夯堆筑,台基上有大量汉砖和陶瓦残片,推测为一处宫殿基址。另一处位于今南阳市人民公园内,称"望仙台"(一说望乡台),台基亦夯筑,东西长80米,南北宽70米,残高9米,地表有大量汉砖和陶片,当为一处大型建筑基址。

(4)东汉洛阳

东汉洛阳城位于今洛阳市东15公里处,为洛龙区、孟津县、偃师市的交界地,"溯洛背河,左伊右瀍,西阻九河,东门于旋。盟津达其后,太谷通其前;回行道乎伊阙,邪径捷乎澴辕,太室作镇,揭以熊耳"[1],山河拱载,雄关林立,交通发达,是理想的都城之选。

洛阳城始建于西周时期,东周时曾有增建,秦代营建了洛阳南北两宫,西汉以洛阳为陪都,在此建造宫殿。东汉建武二年(26),光武帝刘秀在洛阳南宫却非殿坐镇指挥,"起高庙,建社稷于洛阳,立郊兆于城南"[2]。城垣是建武十四年(38)前后在前代城垣基础上继续用夯土版筑而成,夯层较薄,约3~10厘米厚,夯窝为圆形。城垣开12座城门,大小各异,但门皆有双阙。城外有护城河,宽阔深浚,称阳渠。东汉洛阳城整体呈不规则的南北长方形,《后汉书·郡国志》注引《帝王世纪》载"城东西六里十一步,南北九里一百步"。南城垣因洛河北移已被冲毁,其他三面依然断续相望。因为洛阳城大致南北长九里,东西宽六里,故而又称"九六城"。与西汉都城长安相比,东汉洛阳城在周长和面积上均有逊色。

---

[1] 〔汉〕张衡:《东京赋》,《昭明文选(第一册)》,华夏出版社2000年版,第69页。
[2] 〔南朝宋〕范晔撰,〔唐〕李贤等注:《后汉书》卷一上《光武帝纪》,中华书局1965年版,第27页。

东汉洛阳城的布局仍保留有秦和西汉的传统,但局部有所调整。城的总体布局是在纵向轴线上,宫城位居城之中,分南北两宫,城东尚有永安宫。全城最核心的区域为宫殿区,不仅地位最尊,而且占地也大,几近全城总面积的1/3,较之西汉长安宫廷区亦不逊色。南北宫平面呈"吕"字形,两宫相距500米,其间以三条复道相连。南宫南北长约1300米,东西宽约1000米,是皇帝群臣商议朝政的地方,以却非殿和崇德殿为正殿。主要官署设在南宫附近,太庙等祭祀建筑位在城南。南宫东南有太尉府、司空府和司徒府,可谓权贵聚集之地。北宫南北长约1500米,东西宽约1200米,是皇帝嫔妃寝居之处,东汉开国时北宫已毁,明帝永平三年(60),兴工修复,至永平八年(65)始完成,建筑巍峨气魄。城东政治地位也很重要,不仅建有永安宫,不少官署和权贵亦安置在此。

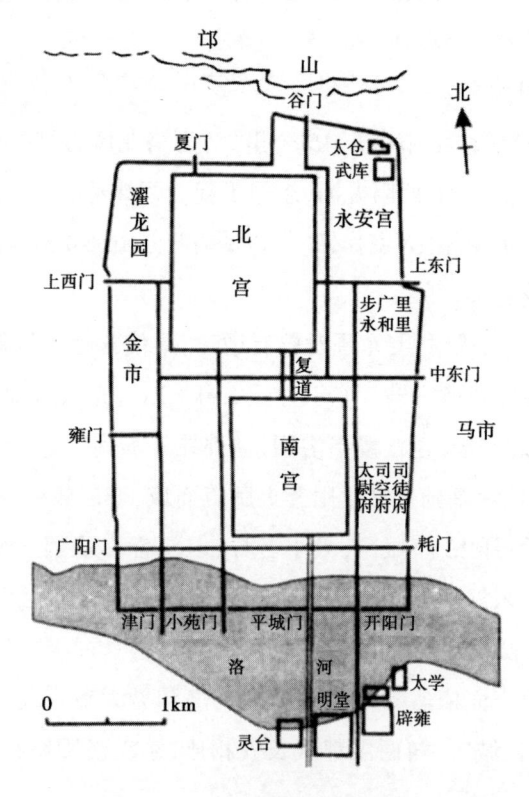

图 2-3-2 东汉洛阳城市平面图①

---

① 贺业钜:《中国古代城市规划史》,中国建筑工业出版社1996年版,第436页。

此外,东汉洛阳城金市在城西,居南宫之北,晋代文学家潘岳《闲居赋》中有宫殿"面郊后市"的记载。城东北隅设置有太仓与武库,为官府的重要仓库区所在。洛阳城内有皇家苑囿七八处,如城之西北有濯龙园,西面有西园。

洛阳城内交通便利,道路宽阔,有街道24条,大致为方格网形,分划出100多个闾里,两旁种植有松柏和白杨,其景象在古诗"长衢罗夹巷,王侯多第宅。两宫遥相望,双阙百余尺"[①]中有生动的描述。

二、市坊的布局和管理

秦汉时期河南城市商业发展极为迅速,不但城市规划更趋合理,市场交易也更频繁。秦始皇时,曾徙天下豪富于咸阳,咸阳城内居民大致延续战国时期"仕者近宫,不仕与耕者近门,工贾近市"[②]的传统,城内从事商业活动的区域称为市,市民住宅区称里,或闾里。两汉商业承袭周制,交易场所仍旧被固定在特定的"市"中进行,不过奴隶社会那种依附于宫的"后市"性质已经改变,过去专为奴隶主贵族服务的"宫市"已经成为为城市各阶层广大居民服务的集中商业区。这次变革是随着社会制度的改变而转变的,说明"市"在封建城市中的地位有所提高,也展现了封建城市政治、经济的双重功能。《汉书·食货志》有"于长安及五都立五均官,更名长安东、西市令及洛阳、邯郸、临淄、宛、成都市长皆为五均司市(称)师,东市称京,西市称畿,洛阳称中,余四都各用东、西、南、北为称,皆置交易丞五人,钱府丞一人"[③]的记述,也就是说,与长安、邯郸、临淄、成都一样,河南的洛阳和宛(今南阳市)城皆设有市,并有专门人员负责管理。此时期,河南其他地方的郡(国)县也设置有各自的市场,以供当地居民交易。王莽改制时,洛阳、宛等6大商业城市特设"五均官",洛阳的市改称中市,宛称南市。东汉时期,河南境内的市场分布更加广泛,洛阳除普通综合性市场——大市以外,还增设了马市、金市、粟市、西市等市场,不仅大的城市有新的市场增加,连

---

① 〔汉〕佚名:《青青陵上柏》,《文选》,上海古籍出版社1986年版,第1344页。
② 谢浩范、朱迎平译注:《管子全译》,贵州人民出版社1996年版,第288页。
③ 〔汉〕班固:《汉书》卷二四下《食货志》,中华书局2012年版,第986页。

一些山村乡居也出现了集市。如学者张楷，通晓《严氏春秋》《古文尚书》，名扬天下，门生甚多，拜访者络绎不绝，其隐居之弘农山的住所因之成集。

汉代都城洛阳按照"左祖右社，面朝后市"①的布局规划，用于商业交易的"市"位于城西，其他郡国城市虽然规划不一，但均设有特定贸易区域，与一般居住区"闾里"分开。从出土文物和发掘的古城遗迹可以看出，汉代的城市有市门（井）、市楼等。市楼上悬一大鼓，每日击鼓开市。市楼下是市场管理机构的办公处。东汉时期洛阳的"市"不仅分布在城内，如金市在城西，居南宫之北，城外还有马市、粟市等分布，可以看出此时期的城市规划已经突破周礼的限制，城市布局扩展到城外。

市场是实现交换的重要场所和方式，关乎国计民生，"农末俱利，平粜齐物，关市不乏，治国之道也"②，故而对于市场的管理政府非常重视。秦汉时期，市围有城墙，同居民区"里"隔开，商铺只能在市内开设，并且需要按照规定时间交易。《通典》卷二六《职官八·诸卿中·太府卿》："诸市署：周官有司市下大夫，掌市之理。汉京兆尹属官有长安市长、丞，后汉则河南尹属官雒阳市长、丞。"从中可以看出两汉时期的京师市场属京兆尹或河南尹管辖，按照其行政级别年俸为四百石，其他地方也有市长的记载。市长下设市吏、市掾、市啬夫等官吏及武职的都尉，他们的职责是登记商人的市籍、监督市场交易、平定物价、捕治盗贼、维护市场秩序等。其办公地点在市楼，也就是市场边的房子，这些房子全部为两层建筑，楼上插旗，故市楼又被称为旗亭。市有市门，守门人称"监门市卒"，负责定时开闭市门。史书中有很多关于"市"管理人员的记录，如《史记·太史公自序》提及司马迁曾祖父无泽为汉市长，《汉书·方术列传》中说汝南人费长房"曾为市掾"，《后汉书·酷吏列传》记载刘秀早年曾被拘新野，时"（樊）晔为市吏，馈饵一筒"。

值得一提的是，东汉时期有些大城市还出现了"夜籴"。"夜籴"，顾名思义就是晚上买粮，应该是现代夜市的前身。《太平御览》引应劭《风俗通》解释说："夜籴，俗说市买者当清旦而行，日中交易所有，夕时便罢无人也。今乃夜籴谷，

---

① 〔明〕胡广、杨荣、金幼孜等纂修，周群、王玉琴校注：《论语集注序说》，《四书大全校注（上）》，武汉大学出版社2009年版，第392页。
② 〔汉〕司马迁：《史记》卷一二九《货殖列传》，中华书局2005年版，第2463页。

明痴呆不足也。凡靳不施惠者曰夜叔。"这在官府对市场进行严格看管,启市和闭市都有固定时间的西汉是不可能出现的,夜叔的出现无疑是商业发展的产物。

第四节 城市的文化与社会

秦汉时期是我国封建社会发展的第一个高峰期,政治的大一统和经济的大繁荣为城市社会和文化的进步提供了坚实稳固的基础。两汉时期,河南教育事业发达,科学技术也走在了世界的前列。此外随着中原政权的强大,水陆交通的发展以及丝绸之路的开通,中原与西域各族联系日益密切,在此背景下,不仅佛教开始传入中国内地,游牧民族的生活方式和习俗也对中原产生了一定影响。

一、城市的文化发展

秦汉时期的城市文化事业获得了高度发展,学校教育制度日益完善,科技技术取得了空前成就,哲学思想也有进一步的发展。

1.文化教育

两汉时期,国家教育管理机构逐步完善。西汉时期,武帝接受了董仲舒"罢黜百家,独尊儒术"的建议,不仅在都城设立太学,教授"五经",还令天下郡国皆立学校官,以传授儒学为要务。此后,元帝时"郡国置五经百石卒史",平帝时"立官稷及学官。郡国曰学,县、道、邑、侯国曰校。校、学置经师一人。乡曰庠,聚曰序。序、庠置《孝经》师一人"①。由此,河南大小郡县均设有学校并设置经师教授学生儒学经典,兼习六艺。东汉时期,洛阳是全国的文化中心,学校教育

---

① 〔汉〕班固撰,〔唐〕颜师古注:《汉书》卷一二《平帝纪》,中华书局2012年版,第248—249页。

发达,光武帝城南开阳门外"起太学博士舍、内外讲堂,诸生横巷"①,顺帝年间重修,扩建240房,1850室,令"试明经下第者补弟子","使公卿子弟为诸生"②,太学人数大增,质帝时,学生已超过30000人,是全国的最高学府,也是当时世界上规模最大的学校。太学内学生主要由太常及各郡国地方官府选拔和推荐,也有自行前来求学者,如《汉书》载,翟方进"欲西至京师受经。母怜其幼,随之长安,织屦以给。方进读经博士,受《春秋》"③。其他郡国教育系统也更加完备,县、道、邑、侯国的官学称"校",乡、里的官学称"序"或"庠",此外,还有教授本家族子弟的家塾和私人开办教育邻家子弟的书馆,这些一般只对儿童进行启蒙教育,而要继续深造,除了要进官办郡县学"校"或太学,还可以入私人创办的"精庐",称"精舍"。有些精舍的规模可与官学媲美。如东汉楼望,"教授不倦,世称儒宗",洛阳"诸生著录九千余人"④,颍川李膺"居纶氏(西汉置县,以境本夏代纶国地而得名,治所在今河南省登封市西南),教授常千人"⑤,牟长在河内地区传道授业,"诸生讲学者常有千余人,著录前后万人"⑥,汝南南顿(今项城县西)蔡玄,学通"五经","门徒常千人,其著录者万六千人"⑦,此类记载,不一而足。

城市中的藏书也异常丰富。汉代皇家非常重视藏书,据说光武帝迁洛阳,"其经牒秘书载之二千余两。自此以后,参倍于前"⑧。《隋书·经籍志》也记载:"光武中兴,笃好文雅;明、章继轨,尤重经术。四方鸿生巨儒,负帙自远而至

---

① 〔南朝宋〕范晔撰,〔唐〕李贤等注:《后汉书》卷四八《杨李翟应霍爰徐列传》,中华书局1965年版,第1606页。
② 〔宋〕徐天麟:《东汉会要》卷一一《太学》,上海古籍出版社1978年版,第160页。
③ 〔汉〕班固撰,〔唐〕颜师古注:《汉书》卷八四《翟方进传》,中华书局2012年版,第3411页。
④ 〔南朝宋〕范晔撰,〔唐〕李贤等注:《后汉书》卷七九下《儒林列传》,中华书局1965年版,第2580页。
⑤ 〔南朝宋〕范晔撰,〔唐〕李贤等注:《后汉书》卷六七《党锢列传》,中华书局1965年版,第2191页。
⑥ 〔南朝宋〕范晔撰,〔唐〕李贤等注:《后汉书》卷七九上《儒林列传》,中华书局1965年版,第2557页。
⑦ 〔南朝宋〕范晔撰,〔唐〕李贤等注:《后汉书》卷七九下《儒林列传》,中华书局1965年版,第2588页。
⑧ 〔南朝宋〕范晔撰,〔唐〕李贤等注:《后汉书》卷七九上《儒林列传》,中华书局1965年版,第2548页。

者,不可胜算,石室、兰台,弥以充积。又于东观及仁寿阁集新书,校书郎班固、傅毅等典掌焉。"光武帝之后的明帝、章帝大力提倡经学,对于儒学经典非常重视,"诏求亡佚,购募以金"①,使得政府藏书大为增加。东汉设置有辟雍、宣明殿、兰台、石室、鸿都、东观和仁寿阁七所藏书处。其中石室位于洛阳汉高祖刘邦庙内,主要藏有谶纬书籍和一些自然界出现的异常现象记录;兰台是档案典籍库,也是当时名儒著述的地方;章帝、和帝以后,东观藏书渐盛于兰台,东观成为东汉宫廷收藏图书档案和撰修史书的主要场所,也是国家主要藏书处。但当时能阅读到大量书籍的人只有少数的皇亲国戚、史官和校书官而已。东汉时期,私人藏书者逐渐由宗室贵族向平民学者转移。据《博物志》卷六记载,学者蔡邕,陈留郡圉(今河南省开封市杞县南)人,喜爱藏书,"有书万卷",汉末年,"载数车与王粲"。后来王粲又将书传给了族侄王业,王业之后,这些书又先后到了王弼、傅玄、张湛等人的手里。通过蔡邕书的代代传递,我们也可捕捉到一些东汉私人藏书流传的信息。此外,东汉已经出现了专门的卖书场所——书肆。《后汉书·王充传》有"王充字仲任……好博览而不守章句。家贫无书,常游洛阳市肆,阅所卖书,一见辄能诵忆,遂博通众流百家之言"②的记载,《太平御览》卷六一三也提到"(荀悦)家贫无书,每至市间阅篇牍,一见多能忆诵",书肆的出现无疑体现了汉代文化的发达以及文化传播加速。

2. 科学技术

秦汉时期,河南的天文学取得了新的成就。西汉著名历算学家张苍,阳武(今原阳县)人,他校正《九章算术》,制定历法,著书十八篇,言阴阳律历事,提倡采用"颛顼历"。东汉著名天文学家张衡,南阳西鄂(今南阳市石桥镇)人,曾担任太史令一职,负责为王朝举行重大活动选择黄道吉日,记录全国各地的较大自然现象,如地震、水灾等。张衡在天文学上的成就全面体现在《灵宪》一书中。他认为宇宙是无限的,天体运行是有规律的;月光是日光的反射,月蚀起因于地遮日光,月绕地行且有升降;在中原可以见到的星有2500个,与现代天文学家的认识较为接近;经过测算,得出一周天为三百六十五度又四分度之一的

---

① 〔汉〕王充:《论衡·佚文》,上海人民出版社1974年版,第201页。
② 〔南朝宋〕范晔撰,〔唐〕李贤等注:《后汉书》卷四九《王充王符仲长统列传》,中华书局1965年版,第1629页。

结论,与近世所测地球绕日一周时间相差无几。此外,张衡还发明了地动仪和浑天仪。地动仪,又称候风地动仪,据《后汉书·张衡传》载,地动仪用精铜铸成,圆径八尺,顶盖突起,形如酒樽,用篆文山龟鸟兽的形象装饰。中有大柱,傍行八道,上安发动机关。其八个方位均各置一条口含铜珠之龙,龙下方有一蟾蜍与其对应,任何一方有地震,则铜珠坠入蟾蜍口中,由此可测发生地震的方位。浑天仪,用一个直径四尺多的铜球,球上刻有二十八宿、中外星官以及黄赤道、南北极、二十四节气、恒显圈、恒隐圈等,成一浑象,再用一套转动机械,把浑象和漏壶结合起来。以漏壶流水控制浑象,使它与天球同步转动,以显示星空的周日视运动,如恒星的出没和中天等。它还有一个附属机构即瑞轮䔰,是一种机械日历,由传动装置和浑象相连,从每月初一起,每天生一叶片;月半后每天落一叶片,其所用的两级漏壶是现今所知最早的关于两级漏壶的记载,凡当时人们所掌握的重要天文现象在浑天仪上均有所表现。

东汉时期天文学研究也得到了统治者重视。洛阳南郊曾发现一座东汉灵台遗址,始建于东汉初年,范围约44000平方米,中心建筑是一座方形高台,是当时人们观测天象、进行天文科学研究的重要场所。

汉代造纸术的发明对人类文化的传播和世界文明的进步做出了杰出的贡献。早在西汉时期,人们已经开始使用丝絮和麻造纸,并出现了一种很薄的絮纸,称赫蹏,虽然方便,但是因为造价昂贵,所以没有得到广泛推广。东汉时期,长期居住于洛阳的宦官蔡伦,使用易于获得的树皮、破渔网、烂布等纤维材料来造纸,价格低廉,迅速为市场接受。东晋末年,纸终于成为主要书写材料,后来造纸术又传入朝鲜、日本、中亚、西亚,后来又传入欧洲。蔡伦发明的纸被誉为"蔡侯纸",蔡伦的造纸术被列为中国古代的"四大发明",蔡伦本人千百年来备受后人尊崇,被奉为造纸业的鼻祖,有"纸神"之美誉。

3. 宗教传播

祈祷人死后羽化升仙的思想起源于战国时代,秦汉时期极为盛行。20世纪70年代在洛阳出土的西汉卜千秋墓,墓门内额上有一幅羽化仙人王子乔图,人首鸟身立于山顶,振翅欲飞上天。墓室顶另有一幅墓主人升仙图。有头盘双髻的仙女,拱手跪迎主人,女主人手捧三足金乌(又称三足乌)乘三头凤鸟。男主人手持弓,乘着龙蛇前奔。他的前方有口含瑞草的玉兔,旁有蟾蜍和奔犬,象征主人已腾空升仙。笔法简练,寓意深刻,反映了权贵豪右受黄老之道影响深重,幻想死后得道成仙的愿望。

东汉时期儒学的日益神化以及谶纬迷信的泛滥,为宗教的产生和传播提供了肥沃的土壤。东汉中后期,太平道作为一种土著宗教,开始在司、豫、兖、荆等地传播。太平道的经典著作是《太平经》,主要采用的是问答体,认为"阴阳者,要在中和,中和气得,万物滋生,人民和调,王治太平"[①],认为人们通过修行炼丹就可以得道成仙,长生不老。太平道在中原大地上信徒甚众。

两汉时期佛教传入中国。佛家的影响是潜移默化的,可能由西域胡商或民间百姓传入。《后汉书·楚王英传》中有光武帝之子刘英召集沙门(和尚)祭祀祈福的记载,这是"浮屠"第一次见于史书。不过当时佛教和道教还常常联系在一起,如刘英为浮屠建祠,里面也多半供奉老子,便可说明这一点。东汉明帝提倡佛教,曾派遣蔡愔、秦景、王遵等十多人到大月氏求取佛教经典。蔡愔等人学成归来,不但获得佛祖释迦牟尼像和《四十二章经》,还邀请大月氏两名高僧摄摩腾和竺法兰到洛阳讲经。汉明帝于永平九年(66),在洛阳雍门外修建一座佛家寺院,这就是我国第一座佛寺"白马寺",此后佛教在中原大地迅速传播,信奉者越来越多。

二、城市的社会生活

秦汉时期,人们的饮食已经与现代很接近,完整的服饰制度开始建立,居民建筑日益完善,城市娱乐也日渐活跃。

1. 生活起居

秦汉时期,小麦逐步代替了粟在人们饭桌上的主导地位,冬麦成为黄河流域的主要农作物。随着小麦产量的提升,粟、菽等退居为副食。与此同时,加工粮食的磨具不断改良和推广,面食成为人们主食的基本构成,面食制作方法多样,可以蒸、烤、煮等,已经出现了制作面点的蒸笼和烤炉。人们已经学会了榨制豆油、菜籽油和麻子油,植物油在生活中的使用日益普及。张骞出使西域后,带来的西瓜、葡萄、胡桃、石榴、胡麻、胡瓜、胡豆、茴香、苜蓿等陆续在中原广泛

---

① 王明:《太平经合校》,中华书局1960年版,第20页。

种植。汉代人们开始使用砖灶,和现代农村的柴灶相似,立体长方形,前方后圆,前有灶门,后有烟囱,灶面有一个或两个灶眼。汉代还有了炉子,陶制、铜制或者铁制,形状多样。秦汉时期贵族已经从一日两餐过渡到一日三餐,标志着生活水平的提高。

汉代中国完整的服饰制度开始建立。汉初基本沿袭秦代旧有服制,"玄衣,长冠",玄衣指黑色衣服,长冠是指汉高祖采用楚制之冠,名刘氏冠或长冠。汉代祭祀大典上通用的官服,用红色镶边。皇后的祭祀服,上衣用绀色,下裳用皂色,皇后蚕服,上衣用青色,下裳用缥色(浅黄色)。一般朝服按照四季的不同分为四色,春季用青色,夏季用朱色,秋季用白色,冬季用黑色。汉代的官民服饰,从样式上看区别不大,但是用料和颜色各有不同。先秦人们多穿深衣,上衣下裳,后来发展为"深衣",即将上衣下裳中间缝合连缀成整体,汉代又将深衣发展为袍,由丝棉制成,为士民便服,属于外衣。禅衣是单层长袍,为一般地主和官员的常服,又称"袛服",东汉时期成为武职官员的制服。妇女的常服称为襜褕,衣料较厚,更为宽博。妇女们还喜欢穿襦裙,襦为短衣,即上着短衣,下着长裙,蔽膝之上装饰腰带长垂。古诗《陌上桑》中描写的罗敷,"缃(浅黄色)绮为下裙,紫绮为上襦",这十个字将汉代少女着装跃然纸上。东汉末年,服饰有所改变,如"献帝建安中,男子之衣,好为长躬而下甚短,女子好为长裙而上甚短"①,《后汉书》中还提到汉灵帝好胡服,京中贵族男子纷纷追逐仿效,时人衣着审美的变迁可见一斑。

汉代河南居民建筑繁荣发展,无论是结构类型、空间处理,还是细节装饰等都达到相当成熟的状态。东汉洛阳宫殿富丽堂皇,位于正南的朱雀门,门阙雄伟,高耸入云,站上去可望到40里外。北宫德阳殿,规模宏大,"周旋容万人"②,前所未有。此外,与前代高台建筑不同,东汉洛阳宫殿大量采用斗拱式多层木结构,并以砖石为基础筑墙体,建筑形式的改变使得居住风格焕然一新。一般民居多采用院落围合模式,但尚未形成严格的中轴对称布局,形式较为自由。小型院落有单进、两进等形式,中等规模的院落则多为偏正跨院模式,住院与跨

---

① 〔南朝宋〕范晔撰,〔唐〕李贤等注:《后汉书》卷一〇三《五行一》,中华书局1965年版,第3273页。
② 〔南朝宋〕范晔撰,〔唐〕李贤等注:《后汉书》卷九五《礼仪中》,中华书局1965年版,第3131页。

院均为两进以上,大型院落则更为复杂,门侧置双阙以彰显房主尊贵地位,院内广辟庭院,有的甚至还附有园林建筑。民间楼房建筑已经司空见惯,《后汉书·酷吏·黄昌传》有"(陈相)县人彭氏,旧豪纵,造起大舍,高楼临道。昌每出行县,彭氏妇人辄升楼而观"①的记载。此外,从近年来出土的画像砖、画像石中还可以看到,汉代民居中已经出现了望楼、厕所、亭榭、畜栏等多种附属建筑,屋顶、门窗、斗栱、勾栏、门楼、角楼等建筑部件样式繁多,抬梁式、穿斗式、井干式等房屋木构架一应俱全,这些均反映了中原建筑在汉代所取得的长足发展。

秦汉时期中原民居室内地面为夯筑而成,在夯土基础上铺黄土找平,然后抹粗草泥和细沙,再敷砂泥面层。由于砖块烧制技术有限,只有富裕家庭才会地面铺砖。秦汉时期尚处于席坐时代,中原百姓多跪坐,以席子为铺垫。枰为坐具,床为卧具,上有枕、被、褥,也兼坐具。西汉后期,又出现了榻,专指坐具。《初学记》卷二五引服虔《通俗文》说"床三尺五曰榻,板独坐曰枰,八尺曰床",床与榻的用处不尽相同,但与枰基本一致,都是为坐而准备,较之床更矮更小,便于移动。汉代的屏风非常普遍,一般有钱人家都会使用,材料不一,多为木制,东汉以后纸制也很流行。与屏风同时出现的还有床屏,置于床或榻后,起到装饰、屏障的作用。汉代家庭中还广泛使用几和案。几又名庋,多置于榻上或榻前,以曲栅式的漆几最普遍。案,除了漆案,还有陶制和铜制,品种有食案、书案、奏案等,可以满足生活的需要。虽然汉代没有桌子,但是在一些画像砖和壁画的图案中,能够看到一些功能和形式类似的家具。故而学者孙机说:"床、榻、枰的流行,抬高了就坐者的视线,这时的贮(储)物之器如厨(橱)、匮(柜)等,庋物之器如双层几、虡、圆台等,均有向高家具发展的趋势,更不要说已规模初具的桌子了;从而在客观上奏响了垂足坐时代来临的序曲。"②

秦汉时期的车辆,有马车、牛车、羊车、鹿车等。汉初国力凋敝,缺乏马匹,只有王公贵族才能乘坐马车出行,其他官员只能乘坐牛车,规模庞大,蔚为壮观。汉代有一套完整的车舆制度,帝王、贵族、官员和一般土豪地主所乘车辆有无帷幔、车盖颜色、材质等均有一定之规,丝毫不能马虎。商人禁止乘车,而普

---

① 〔南朝宋〕范晔撰,〔唐〕李贤等注:《后汉书》卷七七《酷吏列传》,中华书局1965年版,第2497页。
② 孙机:《汉代家具》,《紫禁城》2010年第8期。

通民众则无力购置昂贵马车。汉代中后期,双辕马车逐渐普及。舆轿,多竹制,较为轻便,是靠人力肩负为乘车代步的工具,汉代也很流行。

2.娱乐活动

人们在有了闲暇时间后都会开展一系列的消遣活动,两汉时期城市贵族的娱乐生活已经非常活跃。郑州新通桥发掘的西汉晚期双棺墓中的画像砖就生动描绘了当时执笏、舞乐、吹笛、摇鼓、歌舞、对刺、狩猎、骑射、骑奔、刺虎、奔鹿、射鸟、驯牛、轺车、猎犬、野猎等丰富多彩的世俗生活。南阳唐河新店西汉末年墓,有画像35幅,内容有动物、人物、门阙、厅堂、舞乐百戏等。河南密县打虎亭东汉墓西墓北耳室的宴饮百戏图是一幅细致描绘汉代宴乐场面的宏伟画作,画中的饮宴者身前各置一案,分桌而食,歌舞、伎乐、投壶、戏耍这些助兴的节目都可在席前进行,这与后世围桌而食的气氛、环境有着极大差异,反映了饮酒宴乐方式的变迁。

第三章 魏晋南北朝时期河南城市的曲折发展

魏晋南北朝时期,政权频繁更迭,社会动荡,长期的封建割据和军事战争对于河南城市破坏严重,虽然在某些特定时期统治者力图对城市进行恢复和发展,但是总体来说,此时期河南城市的布局和数量变换不定,城市水平没有明显提升,但是从另一个方面来说,战争也使得城市建设的除旧布新更为彻底,对城市格局的重新规划起到了一定积极作用。此外,这也是中原汉族文化和北方少数民族文化碰撞最激烈的一段时期,不同文化因素交融在一起,使得城市社会和文化发展更为丰富多彩。

第一节　朝代更迭与河南城市体系变化

魏晋南北朝时期是中国历史上政权更迭最为频仍的时期,从221年到589年的三百余年里,大一统的时间仅有37年,其余时间都处于多国并存、封建割据、战争连绵的状态。河南是战乱最为频繁、受破坏最为严重的地区,不过因为政治地位重要,不少封建割据势力以此为都,所以战后社会秩序恢复较快。此时期河南政区变化较大,州长官的统辖权力逐步增大,城市的数量不断增多,城市管理体制从郡(国)、县两级向州、郡(国)、县三级行政体制过渡。

一、魏晋时期的朝代更迭与行政体制变革

汉献帝时期,刘氏王朝已经极为衰败,宦官和外戚争权夺势,朝纲不稳,政

治黑暗,并州刺史董卓趁机率军进驻京师。在洛阳,董卓不择手段玩弄权术,为非作歹,倒行逆施,惹得天怒民怨,人神共愤,关东诸郡首领纷纷起兵讨伐,中原地区再度陷入战乱,此时的东汉政权已经名存实亡。经过几十年的征战,华夏大地上只剩下曹操、刘备、孙权三家实力比较强的军事集团。220年,曹操死,其子曹丕代汉称魏帝;221年,刘备称汉帝;229年,孙权东吴称帝,历史正式迈入三国时代。今河南省在曹魏集团的控制下。265年,曹魏集团的晋王司马炎逼迫魏帝禅位,自立为帝,国号晋,史称西晋。从曹魏到西晋愍帝建兴四年(316)的大约100余年时间里,河南所在的北方地区政权较为稳定,社会经济有所发展。

1. 曹魏政权与三级城市体系的形成

经历了黄巾起义以及之后的董卓之乱,关东地区进入群雄割据时代,东汉统治者在这里历时二百年营建的繁华很快付之一炬,昔日"牛马车舆,填塞道路,游手为巧,充盈都邑"①的都城洛阳,被洗劫一空,沦为废墟。汉献帝十八年(213)五月,曹操被册封为魏公,建立魏公国,都邺县(今河北省临漳县),辖境包括河内和魏郡等十郡。同年"并十四州,复为九州"②,因为此时东汉帝国已分裂,故而九州制只在曹操统治下的黄河中下游地区施行。建安二十五年(220),曹操病逝,世子曹丕接受汉献帝"禅让",登基为帝,建立魏国。三国之中,魏国疆域最广,人口最多,经济、军事实力也最强。魏国恢复十四州制,改以关陇为雍州,河西为凉州,置司、豫、冀、兖、徐、青、雍、凉、并、幽、荆、扬12州。州之外,全国设立5都,洛阳居中,为首都,西都长安,东都谯县,南都许昌,北都邺县。此外,在全国设立河内、魏郡等10郡,分属12州。到262年,魏境共有郡国90余个,县的数量更多。曹魏时期,地方行政体制处在由郡、县二级制向州、郡、县三级制的过渡阶段。西汉末年至东汉初年,州刺史曾改称州牧,统领军政大权。光武帝建武十八年(42),复为刺史,恢复其监察职能。黄巾起义后,东汉政府再度将州长官刺史的职权扩大至可以干预民政,同时刺史拥有固定治所,不必亲自入京述职,这些改变使其具有了和地方官员抗衡的实力。曹魏时期,

---

① 〔南朝宋〕范晔撰,〔唐〕李贤等注:《后汉书》卷四九《王充王符仲长统列传》,中华书局1965年版,第1633页。
② 〔清〕王鸣盛撰,黄曙辉点校:《十七史商榷》卷四二《三国疆域》,上海古籍出版社2013年版,第500页。

州牧与刺史并行,但是州长官的职权经常会受到制度或时势影响,郡国仍与中央保持直接联系,且仍是民政中心所在,从这个意义上来说州作为一级行政机构还不能完全成立,故而有学者认为此时期的州郡关系"可以视为半虚半实,军事上控制较实,民政上较虚,因之作为一级政区,似并不完整,仍在形成之中"①。

$$中央\begin{cases}郡国—县\\州—郡国—县\end{cases}$$

图 3-1-1　曹魏时期行政制度

　　河南地区在东汉时期就是全国的政治中心,紧随其后的军阀征战,使得这里长期沦陷在军事战争的铁蹄之下。曾在河南驻军并以河南为根据地的军事集团有曹操集团、袁术集团、刘宠集团、刘表集团、张济和张绣集团等 10 多股力量。曹丕建立魏国后,今河南地区全部在其辖域之内,且大部分区域位于曹魏四都之间。曹魏政权的中心也在河南,曹操曾以许县为都,迁都洛阳后,将许县改名为许昌,宫室、武库尚存,一直到魏明帝时期,许昌的宫殿仍在营建,曹魏皇帝常来往于洛阳、许昌间。曹魏的政治中心是洛阳,曹魏经济"所恃内充府库,外制四夷者,为兖、豫、司、冀而已"②,河南地跨兖、豫、司 3 州,另外还有部分地区在荆州。司州,治所洛阳;豫州,治所安阳(今正阳县东北);荆州,治所新野。另外郡治在河南的还有 12 郡国(10 郡 2 国),分别是:河南尹,治所在洛阳;河内郡,治所在怀县(今武陟县西南);弘农郡,治所在弘农(今灵宝市老城),以上 3 郡属司州。汝南郡,治所在新县(今息县);弋阳郡,治所在弋阳(今潢川县西);陈郡,治所在陈县(今周口市淮阳区);梁国,治所在睢阳(今商丘市睢阳区);颍川郡,治所在许昌,以上 5 郡、国属豫州。南阳郡,治所在宛县(今南阳市);南乡郡,治所在南乡(今淅川县西南),以上 2 郡属荆州。此外还有陈留国,治所在陈留(今开封市祥符区东南);东郡,治所在濮阳。这两郡、国隶属兖州。总体来说,梁国、陈留国的力量都不大,曹魏时期的郡国制仍是以郡为主。州的长官称州牧或刺史,是地方最高一级官员。郡的长官称郡守。王国设相,品阶与郡守相同。万户以上大县长官称县令,万户以下小县长官称县长。值得一提的是,

---

① 瞿安全:《曹魏行政体制中的州郡》,《湖北文理学院学报》2013 年第 1 期。
② 〔清〕钱仪吉:《三国会要》卷二五《职官四》引《杜恕传》,上海古籍出版社 1991 年版,第 542 页。

三国时代由于战争的需要,地方官员往往兼领地方军事和民政,因此可见中央政府对地方的约束力十分有限。

图 3-1-2　三国时期的河南地区

2.西晋的短暂统一与三级城市体系的加强

咸熙二年(265)十二月,曹魏代汉的"禅让"戏码再次上演,司马炎逼迫魏帝曹奂退位后在洛阳东郊举行登基典礼,建立晋朝,仍都洛阳。曹奂被贬黜为陈留王,迁居邺县(今河北省临漳县西南)。西晋行政区划,保留了三国的州制,州以下分郡、王国。王国有大国、次国、小国之分,诸王仅得租税,王国如同郡县。诸王的军权,主要来自镇守之地。郡、王国以下设县,万人以上大县长官称县令,小县长官称县长。至于公国、侯国,地位如同县。

图 3-1-3　西晋郡县体制

晋朝的行政区划沿袭了两汉及三国。设州、郡、县、乡、亭五级。晋朝统一孙吴后,将汉朝的 13 州改为 10 州。继续承袭了东汉末年奠定的州、郡、县三级制。晋武帝结束了三国时期近百年的战乱,对天下州郡重新进行划分,基本上保留了三国的州制,对于较难管控的原蜀汉和辽东等地区进一步进行划分,建立了 19 个州。但是西晋的统一十分短暂,仅 30 多年就灭亡了,在此期间又增加了两个州,最终灭亡时共有 21 州。

西晋以洛阳为都城,司、豫地区为西晋王朝腹地,统治者对之极为重视。今河南省境内,当时设有两个州,并且是 16 个郡国的治所。司州,治所仍在洛阳;豫州,治所设在陈县(今周口市淮阳区)。16 个郡国分别是:河南尹,治所在洛阳;荥阳郡,治所在荥阳;弘农郡,治所在弘农(今灵宝市老城);河内郡,治所在野王(今沁阳市);汲郡,治所在汲县(今卫辉市西南);顿丘郡,治所在顿丘(今清丰县西),以上六郡隶属司州。又有颍川郡,治所在许昌;襄城郡,治所在襄城;汝南郡,治所在新息(今息县);弋阳郡,治所在弋阳(今潢川县西);梁国,治所在睢阳(今商丘市睢阳区),这五个郡国隶属于豫州。此外,还有陈留(今开封市祥符区东南);濮阳国,治所在濮阳,隶属于治所设在廪丘(今山东省郓城县西北)的兖州。而南乡郡,治所在南乡(今淅川县西南);南阳国,治所在宛县(今南阳市);义阳国,治所在新野,均隶属于治所设在江陵(今湖北省荆州市)的荆州。郡下设若干县。县下设乡,形成了一个完整的统治体系。

司州设司隶校尉,豫州设刺史,负责纠察辖郡长官,治理民事。郡设太守,河南称尹,各诸侯王国设相或内史,掌治民、进贤、决讼、检奸。大县设令,小县设长,乡置史、佐、正。州置吏、卒数十人,郡县依据户数多寡,置干吏、职吏、散吏数百至百余人不等。诸州郡所驻军队不等,由中尉领之。平吴以后,罢州郡兵,设武吏,大郡百人,小郡五十人,洛阳还设有廷尉和洛阳狱。当时还建立了严格的户籍制度,"郡国诸户口黄籍,籍用一尺二寸札,已在官役者载名"[①]。西晋王朝在司、豫地区设置了一套完整的国家机构,采取了相当周密的措施,强化对人民的统治。

西晋的诸侯王体制与前几朝有很大区别,虽然仍保留有封地,但是却不"就国",而是继续在朝廷任职。各王在自己封地的权力仅限于财政而无其他实权,但与东汉、三国时期不同的是,西晋王朝允许同姓诸侯王拥有军队,并都督一州军事。咸宁三年(277),"诏诸王各以户邑多少为三等,大国置三军五千人,次国

---

① 〔宋〕李昉编纂:《太平御览》卷六〇六《文部·札》,河北教育出版社 1994 年版,第 2726 页。

二军三千人,小国一军一千一百人"①。当时的司、豫、兖、荆地区,就有汝南王司马亮、濮阳王司马允、南阳王司马柬、顺阳王司马畅等。其中汝南国属大国,有5000人的军队。汝南王司马亮曾任镇南大将军,都督豫州诸军事,镇许昌。诸侯王掌握的政权、兵权成为西晋国家权力组成的重要特点。其结果,必然导致诸侯王专镇一方,尾大不掉,为其争夺中央政权提供了条件,也为日后的"八王之乱"及西晋灭亡埋下了伏笔。

二、十六国时期的政局动荡与州郡空置

晋惠帝末年,"八王之乱"以及其他内忧外患导致西晋政权陷入风雨飘摇之中,群雄征战,生灵涂炭,司马王室南迁,北方黄河流域再度成为各政权的逐鹿之所。从304年刘渊及李雄分别建立汉赵(后称前赵)及成汉起,至439年北魏拓跋焘(太武帝)灭北凉为止,这段时间史学家统称其为十六国时期。此后,北魏统一了北方,再经历了北魏、东魏、西魏对峙,北齐、北周对峙之后,至589年,隋朝灭陈,北朝宣告结束。在长达286年的历史进程中,河南地区长期处于战争铁蹄之下,城市建设备受蹂躏,但是因为地理位置重要,封建割据势力对其发展非常重视,并且经常把政权所在地建立在这里,所以战后社会秩序恢复较快。此时期城市区划变化较大,从东汉开始设立的13州刺史部,逐步演变为事实上的一级政区,而郡国随之成为二级政区,郡国所辖县、邑、道和侯国成为三级政区。到了北周时期,一州仅管辖二、三个郡国,为隋朝州郡合一奠定了基础。此外,从全国政局发展来看,从两晋时期开始,州的范围逐步缩小,所管辖的郡国数量也随之减少。此时期城市的数量明显增多,如北齐统治面积大概仅有秦朝的1/4左右,但是却号称统辖州211个,郡508个,可见其州、郡数量增幅之巨。

1. 十六国时期

十六国时期朝代更替纷杂,以383年淝水之战为界,大体可以分为两个阶段:前一阶段,北方政权更迭频仍,氐族异军突起,建立前秦,曾一度统一北方,

---

① 〔宋〕司马光:《资治通鉴》卷八〇《晋纪二》,岳麓书社1990年版,第22页。

在经过淝水一战后,前秦统治土崩瓦解;后一阶段,北方祸乱不息,关中、关东、陇西地区陷入战争的新高潮,后来由北魏鲜卑族统一北方,"五胡乱华"才真正结束。十六国时期只有前秦统一了北方,后赵统一了黄河中下游,前后燕统一了黄河下游,其余大都偏居一隅。十六国时期各国占地不大,但是在地方行政管理上还是沿袭了前朝实行的州、郡、县三级制,和东晋一样,为求虚名,以示疆域广大,十六国政权常将境外邻境的州增设于本国内。比如前赵将幽州设在北地郡,后秦将冀州设在蒲坂,南燕将徐州设在莒县。虽然各国占地不大,但往往分置许多州,以致州境大幅缩水。此外,一些国家采用胡汉分治的政策,设置各种族专属的行政区,例如前赵刘聪置左、右司隶及内史,用来统治汉人;设单于左、右辅及都尉,用来统治胡人。这也直接导致了行政区划数目的大幅度增多。北魏统一华北后即整合政区。由于州境缩小,郡失去了存在意义而被逐渐废除。

从326年到349年的24年中,河南地区基本在后赵的统治下。后赵以洛阳为南都,建立行台,后改称洛州。在许昌设豫州。两州之下设河南、荥阳、陈留、弘农、襄城、南阳、颍川、汝南、新蔡、陈、梁、河内、汲、东燕、濮阳、顿丘等16郡,郡下设县。325年,河南郡设新安、成皋、缑氏、新城、陆浑、梁等6县皆入河南郡;荥阳郡设荥阳、京、密、卷、阳武、苑陵、中牟、开封等8县。州置刺史,郡设太守,县有令长,以治百姓。

前燕政权在洛阳设洛州,在许昌设豫州,在鲁阳(今鲁山县)设荆州,置黎阳、汲、河内、河南、陈留、荥阳、颍川、襄城、陈、新蔡、汝南、南阳、梁、东燕、淮阳等15个郡,郡下设若干县。

前秦在洛阳设置豫州,在鲁阳(今鲁山县)设荆州,在仓垣(今开封市东北)设兖州,后将荆州从鲁阳迁至襄阳,置东豫州于许昌,时有河南、弘农、荥阳、陈留、濮阳、河内、汲、南阳、顺阳、新野、颍川、襄城、陈、新蔡、汝南、梁、东燕、黎阳、顿丘等19郡,郡下设县。

东晋在淝水之战后乘胜收复了一些失地。至安帝义熙五年(409),刘裕北伐,义熙六年(410)灭南燕,义熙十三年(417)灭后秦,东晋遂北以黄河与北魏为界,河南属司州(治在今虎牢关)辖域。

十六国时期,河南地区长期处于战乱的中心,城市屡遭破坏,许多刚恢复或重建的建筑很快又在下一轮的战争中被毁于一旦,从城市发展的角度来说,此时期的中原城市几乎乏善可陈。在行政区划上由于诸国间具有承袭关系,州、郡、县治所位置的确定大多较为一致,大体来说,司州地区原属河南、荥阳二郡或为洛州所领,或为司州领,或为豫州领,而治所一般在洛阳不变。原晋河内、汲、魏、顿丘诸郡常为冀州领域,治所也多在邺城。郡、县虽有所调整,但总体变化不大。

2. 北朝政局的变革与郡级的虚化

北朝行政体制承继西晋与十六国,在辖域内实行州、郡、县三级统治。440年,北魏结束前朝的混乱政局,统一华北,但州、郡滥设之风也从此开启。北魏初期,州的数量只有14个,孝文帝太和中增长至38个,太和末年又增至80余。北魏后来分裂为东、西魏,东魏有州80个,西魏有州33个,总计有州113个。北齐建立后,一度整顿行政区划,一次就废除3州、153郡、589县,郡县之滥设可以想见。但滥设之风并没有就此止步,到北周大象二年(580),北方州的数量竟然达到了211个,州尚且如此,郡县数量更多。行政机构设置冗滥的直接后果是州经常越过郡级直接管理县,以至于郡级的存在形同虚设。大定元年(581)二月,杨坚接受北周静帝禅让,即皇帝位,是为隋文帝,建立隋朝。隋文帝正式在全国推行州、县两级管理制度,州、郡、县行政管理体制从此退出历史舞台。

南北朝初期,河南是刘宋与北魏争夺的重点,处于两国分而治之的状态。北魏在孝文帝以前势力已经达到黄河以南,今天河南的豫北、豫西地区大致在其版图之内。北魏在河南分别设立了洛州(州治在今洛阳市)、豫州(州治在今虎牢关)、兖州(州治在今滑县)。南朝宋政权则大致保有豫南、豫东地区,南阳、顺阳、新野三郡在雍州治下;汝南、新蔡、颍川、陈、南在豫州治下;义阳、弋阳在南豫州治下。南北朝时期,北魏与南朝宋、齐争夺河南的斗争此起彼伏,长达七八十年之久,在历次战争中北魏多占优势,从而将自己的版图扩大到淮河南北和汉水流域,进而统治了今河南全部区域。

北魏太和十七年(493),孝文帝力排众议,迁都洛阳,在大规模营修洛阳宫殿的同时也进行了一系列汉化改革,移风易俗,加速北方少数民族和汉民族的融合进程,其中就包括行政设置与吏治改革。北魏孝文帝在洛阳设置司州,管

图 3-1-4 南北朝时期河南地区①

辖河南尹(治今洛阳市)、渑池郡、恒农郡(治今三门峡市)、荥阳郡、襄城郡、颍川郡(治长社,今长葛市东)、河内郡(治野王,今沁阳市)、汲郡(治汲县,今卫辉市西南)、东郡(治白马,今滑县东南)等9郡,以及今山西省部分地区。在上蔡(今汝南县)设豫州,管辖南颍川郡(治今漯河市)、汝阳郡(治今商水县西南)、南顿郡(治今项城市西)、陈郡(治今沈丘县)、新蔡郡、初安郡(治新怀,今驻马店市西)等6郡。在息县设东豫州,管辖汝南郡(治今息县)、新蔡郡(治苞信,今新蔡县南)。此外,梁郡(治睢阳,今商丘市南)和谯郡(治蒙县,今商丘市北)属兖州(治今山东省济宁市兖州区)管辖,顿丘郡(治今清丰县)和魏郡(治邺城,今河北省临漳县西南)属相州(治邺城,今河北省临漳县西)管辖,河南中西部的山北县(河南省鲁山县)等归荆州管辖。而豫南地区因为处在北魏和南朝争战的胶着地带,行政区划多有更改,最多时设数十州郡。中兴二年(502),魏军攻占义阳(今信阳市),置郢州,占领河南全境。

---

① 程有为、王天奖主编:《河南通史(第二卷)》,河南人民出版社2005年版,第239页。

表 3-1-1　北魏时期首郡和首县在河南的州

州	首郡	首县	郡县
司州(迁都前为洛州)	河南尹	洛阳(今河南省洛阳市)	20 郡 65 县
豫州	汝南郡	上蔡(今河南省汝南县)	9 郡 39 县
东豫州	汝南郡	南新息(今河南省息县)	6 郡 16 县

北魏末年,因为战乱,各地陆续设立行台,行台开始时只主管一方军政,但是后来兼管民政,逐渐成为高于州、郡的地方最高行政机关。北魏分裂后,今河南地区大部分在东魏的管辖之下。东魏设南道行台、西道行台、西南道行台、河阳道行台、河南道行台和大行台等,管辖今河南省的大部分地区。时河南境内主要有司州、魏尹、怀州(今沁阳市)、洛州(今洛阳市东)、阳州(今宜阳县西)、北豫州(今荥阳市汜水镇)、梁州(今开封市)、颍州(今长葛市东北)、荆州(今鲁山县)、豫州(今汝南县)等 8 州 28 郡。后又设义州,治所在陈城(今卫辉市),侨置五城、泰宁、新安、渑池、恒农、宜阳、金门等 7 郡 28 县。

550 年,东魏孝静帝禅位于高洋,齐国建立,史称北齐。556 年,西魏恭帝禅位于宇文觉,周国建立,史称北周。北周和北齐之间又进行了几十年的战争,河南地区是他们角逐的主战场。开始时,河南三门峡、南阳地区为北周管辖,其他地区为北齐管辖。北齐在邺城设立司州,改魏尹为清都尹。在河南境内共有司州、怀州(治今沁阳市)、洛州、北豫州(治今荥阳市汜水镇)、永州(治今信阳市长台关乡)、郢州(治今信阳市)、东豫州(治今息县)、光州(治今光山县)、南郢州(治今潢川县)、信州(治陈,今周口市淮阳区)、梁州(治今开封市)、豫州(治今汝南县)、郑州(治今许昌市)、广州(治今襄城县)、襄州(治今叶县西南)等 15 州 30 余郡。北魏分裂之初,就实力而言北齐占据优势,但是后来因为北齐政治黑暗,统治不得人心,国力渐弱,被北周超越,在后者不断大举进攻下,576 年,北齐灭亡,北周完成北方统一大业,此后河南全境处在北周政权统治下。

北周统一北方后,在河阳(今孟县西北)、豫州(今汝南县)置总管府。579 年,以洛阳为东京,徙相州 6 府于洛阳,于是河阳、幽、相、豫、亳、青、徐七总管府,均受东京 6 府管辖。洛阳遂成为北周统治关东地区的中心。此时期河南境内多达 40 余州、100 余郡。有司州(治今安阳市北)、南司州(治今信阳市)、豫州(治今汝南县)、北豫州(治今荥阳市西)、东豫州(治今息县)、光、蔡、襄、怀、义、梁、郑、洛、颖等州,以及侨置的广、扬、楚、合、南充、北荆、南定、西楚、北江、南襄、南广等州,至于郡县名称及其归属,更是极为混乱。

表 3-1-2　东魏首郡或首县在河南的州

州	首郡	首县	郡县
洛州	洛阳郡	洛阳(今河南省洛阳市)	6郡
陕州	恒农郡	陕城(今河南省三门峡市)	5郡
阳州	宜阳郡	宜阳(今河南省宜阳县)	3郡
北荆州		伏流城	3郡
北豫州	成皋郡	虎牢(今河南省荥阳市汜水关)	3郡
义州		陈城	5郡
怀州		野王(今河南省沁阳市)	2郡
梁州	陈留郡	大梁(今河南省开封市)	3郡
郑州	颍川郡	颍阴(今河南省许昌市)	3郡
北扬州	陈郡	项城(今河南省周口市淮阳区)	5郡
蔡州		铜阳(今河南省新蔡县)	2郡
东豫州		新息(今河南省息县)	6郡
财州		固始(今河南省固始县)	
豫州	汝南郡	悬瓠(今河南省汝南县)	9郡
南兖州	陈留郡	谯(今安徽省亳州市)	5郡
襄州		郏县	8郡
黎州		黎阳(今河南省浚县)	
东荆州		泌阳(今河南省泌阳县)	

第二节　城市经济的破坏与恢复

魏晋南北朝时期是社会大动荡、大分裂时期,也是河南经济发展极为艰难的一个阶段,城市作为各级政权的所在地和人口财富的集中地经常成为不同军事集团的争夺对象和攻击目标,经济发展备受阻滞,虽然城市在遭受大规模破坏之后还会在新政权的主持下重建,但是久久不能平息的战火,还会将前任统治者的努力付之一炬。这段时期河南城市始终在破坏和建设中交替进行,东汉末年、三国时期的破坏,曹魏政权时代有所恢复,西晋末年烽火重燃,北朝时期修复与破坏并行,整体而言,中原城市发展虽步履蹒跚,但也并非乏善可陈。

一、战争的破坏和城市的衰落

　　遭受黄巾起义打击之后,东汉政权已经名存实亡,初平年间爆发的董卓之乱更将刘氏王朝推向穷途末路。董卓虽是陇西集团的军阀,但因其导致的祸乱主要发生在司州的河南尹、河内郡、弘农郡以及豫州的颍川郡和兖州的陈留郡等地,因此河南是名副其实的重灾区。董卓之乱是一件影响历史进程的大事件,动乱以及由之引发的关东诸郡举兵讨伐直接导致了汉末群雄割据政治局面的形成,此后东汉政权日渐旁落,三国群雄粉墨登场,军阀混战的三国乱世由此开启。

　　中心城市的盛衰从一定程度上可以被认为是当时社会经济发展的集中反映。汉末的洛阳本是刘汉政权经营了近 200 年的国都,"洛中贵戚,室第相望,金帛财产,家家殷积",大小地主聚集于此,富足而殷实。董卓入驻后情形大变,他"纵放兵士,突其庐舍,淫略妇女,剽虏资物,谓之'搜牢'。人情崩恐,不保朝夕",不但平民备受骚扰,苦不堪言,皇亲贵戚亦未能幸免,"及何后葬,开文陵,卓悉取藏中珍物。又奸乱公主,妻略宫人,虐刑滥罚,睚眦必死,群僚内外莫能自固"[①]。董卓是一位缺乏政治远见和抱负的军事首领,他的胡作非为和穷凶极恶很快激起关东集团的义愤,各地州郡纷纷举兵讨伐之,无奈之下董卓竟然挟持汉献帝西迁长安,临行前洛阳及其周围数百万人口被驱赶上路,"尽徙洛阳人数百万口于长安,步骑驱蹙,更相蹈藉,饥饿寇掠,积尸盈路。卓自屯留毕圭苑

---

① 〔南朝宋〕范晔撰,〔唐〕李贤等注:《后汉书》卷七二《董卓列传》,中华书局 1965 年版,第 2325 页。

中,悉烧宫庙官府居家,二百里内无复孑遗"①。不仅如此,他还命"部兵烧洛阳城外面百里,又自将兵烧南北宫及宗庙、府库、民家,城内扫地殄尽。又收诸富室,以罪恶没入其财物;无辜而死者,不可胜计"②,董卓的丧心病狂使得洛阳遭遇了一场史无前例的浩劫,昔日繁花似锦的大都市迅速沦为一片废墟。至于洛阳破落到什么地步,可以从文人书写的历史片段中找到痕迹:汉献帝后来回返洛阳,见到的是"宫室烧尽,街陌荒芜,百官披荆棘,依丘墙间"③,满目疮痍的景象;东吴将领孙坚来到心向往之的洛阳,只见"旧京空虚,数百里中无烟火",不由得"惆怅流涕"④;青年诗人曹植路过这里,"步登北邙坂,遥望洛阳山。洛阳何寂寞,宫室尽烧焚。垣墙皆顿擗,荆棘上参天。不见旧耆老,但睹新少年,侧足无行径,荒畴不复田。游子久不归,不识陌与阡。中野何萧条,千里无人烟",伤心得"气结不能言"⑤。洛阳周边地区也饱受战争蹂躏,苦不堪言。董卓入驻洛阳期间,曾经派遣部队至阳城(今河南省登封市)扫除敌对势力,正赶上百姓举行春季祭社聚会,董卓军便借此诈称这些人要造反,男子全部刀斩,"载其妇女,以头系车辕,歌呼而还"⑥,残忍至极。董卓的倒行逆施招致各郡纷纷讨伐,"众数十万,皆集荥阳及河内。诸将不能相一,纵兵钞掠,民人死者且半"⑦。战争激烈之时,董卓部将李傕、郭汜、张济与关东军作战,"因掠陈留、颍川诸县,杀略男女,所过无复遗类",初平二年(191),李傕等出关东,"所过虏略,至颍川、陈留而还。乡人留者多见杀略"⑧。陈留圉县(今杞县南)女诗人蔡文姬在《悲愤诗》中记录道,"卓众来东下,金甲耀日光","猎野围城邑,所向悉破亡","斩截无孑遗,尸骸相撑拒",征服者视人命如草芥,杀人如麻的罪恶见诸笔端,斑斑血泪,凄惨让人不忍直视。

---

① 〔南朝宋〕范晔撰,〔唐〕李贤等注:《后汉书》卷七二《董卓列传》,中华书局1965年版,第2327页。
② 〔晋〕陈寿撰,〔宋〕裴松之注:《三国志》卷六《魏书六》,中华书局2000年版,第134页。
③ 〔晋〕陈寿撰,〔宋〕裴松之注:《三国志》卷六《魏书六》,中华书局2000年版,第140页。
④ 〔晋〕陈寿撰,〔宋〕裴松之注:《三国志》卷四六《吴书一》,中华书局2000年版,第813页。
⑤ 〔三国〕曹植:《送应氏》,《文选》,上海古籍出版社1986年版,第150页。
⑥ 〔南朝宋〕范晔撰,〔唐〕李贤等注:《后汉书》卷七二《董卓列传》,中华书局1965年版,第2325页。
⑦ 〔晋〕陈寿撰,〔宋〕裴松之注:《三国志》卷一五《魏书十五》,中华书局2000年版,第352页。
⑧ 〔晋〕陈寿撰,〔宋〕裴松之注:《三国志》卷一〇《魏书十》,中华书局2000年版,第232页。

从曹魏政权建立到西晋统一全国的 60 年间,河南地区生产迅速恢复,人口快速增加,但是好景不长,继之而来的"八王之乱"和"永嘉之乱"又让中原人民陷入新一轮的水深火热之中。晋怀帝永嘉年间及晋愍帝建兴年间,北方少数民族军队进入中原,《晋书》称:"自永嘉丧乱,百姓流亡,中原萧条,千里无烟,饥寒流陨,相继沟壑。"①在各军事集团征战不息的岁月,很多重要的政治型城市虽然屡经重建,但是旋踵间就又遭受破坏。比如洛阳,汉末沦为一片废墟,曹魏、西晋以之为都,进行重建,西晋"永嘉之乱"后,洛阳再次成为各军事集团抢夺的对象。永嘉五年(311),汉将呼延晏兵临洛阳城下,杀死禁军 3 万,焚烧城门府寺,掳掠而还。不久与王弥联兵复来,攻入洛阳城,大肆抢掠。动乱中,洛阳年满 13 岁的男子就要被迫服兵役,城内米价贵到一石万钱,饿死、战死者无数,苦难中的洛阳人无法继续生存,只好掀起了大规模的流亡浪潮,洛阳城又一次破败不堪,可以说,洛阳仅是河南城市发展的一个缩影,作为中华民族的核心地带,河南一直是各地军事集团角逐的主战场,汉末的中原"城邑空虚,道殣相望"②,境内十二州人口,"不过汉时一大郡"③,或者说"不如往昔一州之民"④。西晋门阀世族势力恶性发展导致的"永嘉之乱",使得中原丧失了数十万的生命,许多城市遭遇洗劫和焚毁。如刘渊的汉军在延津击败晋军,残忍地将男女老少 3 万余人推入黄河。石勒军攻陷白马(今滑县旧县东),3000 余男女被活埋,军队进入武德(今武陟县东南),又活埋万余人。"永嘉之乱"后北方地区长期混战,先后建立了 16 个割据小王朝,各个王朝为了争夺中原统治权,断续进行了 130 余年的战争,"百郡千城,曾无完郛"⑤,河南再度遭受浩劫,大量人口在战争中直接死亡,幸存百姓为了躲避战乱,不得不挈妇将雏,举家迁徙。据谭其骧先生考证,"永嘉之乱"后跟随晋元帝南渡的河南百姓大概有 10 万,他们中多数流徙到长江下游和淮河流域,今河南、湖北、江西、安徽四省的交界及其周边地区是其聚居地,也有部分移民逃亡到长江上游和汉水流域,今湖北与河南交界处的汉水沿岸及湖北西部、北部都是移民集中的区域。此外,河南百姓逃亡到东北地

---

① 〔唐〕房玄龄:《晋书》卷一〇九《载记第九》,中华书局 1974 年版,第 1886 页。
② 〔晋〕陈寿撰,〔宋〕裴松之注:《三国志》卷五六《吴书十一》,中华书局 2000 年版,第 964 页。
③ 〔晋〕陈寿撰,〔宋〕裴松之注:《三国志》卷一四《魏书十四》,中华书局 2000 年版,第 341 页。
④ 〔晋〕陈寿撰,〔宋〕裴松之注:《三国志》卷一六《魏书十六》,中华书局 2000 年版,第 376 页。
⑤ 〔唐〕房玄龄:《晋书》卷五六《列传第二十六》,中华书局 1974 年版,第 1024 页。

区的有数万家，辽东慕容廆专门为豫州流民设立了成周侨郡，也有逃到西北地区依附凉州张轨的，《晋书》载"中州避难来者日月相继，分武威置武兴郡以居之"①，可见人数也应不少。人口的大量死亡和迁徙，导致昔日繁华的都市鞠为茂草，"自丧乱已来六十余年，苍生殄灭，百不遗一，河洛丘虚，函夏萧条，井堙木刊，阡陌夷灭，生理茫茫，永无依归"②，"旧都宫室，咸成茂草，坠露沾衣，行人洒泪"③，大多数城市村庄被破坏甚至夷灭。

除却战争对城市发展的阻碍，自然灾害对城市的破坏力也不能小觑。《后汉书·仲长统传》说："汉二百年而遭王莽之乱，计其残夷灭亡之数，又复倍乎秦、项矣。以及今日，名都空而不居，百里绝而无民者，不可胜数。"这里提到的导致"名都空而不居"的罪魁不仅是战争，还有洪水、蝗虫等，如延熙九年（246）春，"司隶、豫州饥，死者什四五，至有灭户者"④，"什四五"是个约略之数，如果按此计算，则两地要损失三四百万人口。汉灵帝建宁三年（170），又遭遇一次大的灾荒，出现了"河内人妇食夫，河南人夫食妇"⑤的惨况，死亡人数也应不是小数。此外这个时期被人们称为"伤寒"的瘟疫对于百姓的伤害达到了让人闻风色变的地步。俗话说大灾之后必有大疫，瘟疫与战争在医疗条件尚不发达的古代可谓如影随形。据史料记载，东汉末仅仅30年就暴发全国性大瘟疫12次，瘟疫肆虐，哀鸿遍野，横尸满地。张仲景在《伤寒杂病论》的序言中提道："余宗族素多，向逾二百，自建安纪年以来，犹未十稔（年），其死亡者三分之二，伤寒十居其七。"医圣家族尚且如此，一般百姓之家可以想见。东汉张衡说："民多病死，死有灭户。人人恐惧，朝廷焦心，以至为忧。"⑥一代枭雄曹操也曾在诗文《蒿里行》中用"白骨露于野，千里无鸡鸣"来记录瘟疫过后的中原大地，悲悯的曹植更是写下了"家家有僵尸之痛，室室有号泣之哀，或阖门而殪，或覆族而丧"⑦的哀伤文字。被人们称为"伤寒"的瘟疫如同战争一样成为魏晋南北朝时

---

① 〔唐〕房玄龄：《晋书》卷八六《列传第五十六》，中华书局1974年版，第1483页。
② 〔唐〕房玄龄：《晋书》卷五六《列传第二十六》，中华书局1974年版，第1024页。
③ 〔唐〕房玄龄：《晋书》卷一〇三《载记第三》，中华书局1974年版，第1806页。
④ 〔宋〕司马光：《资治通鉴》卷五五《汉纪四十七》，岳麓书社1990年版，第640页。
⑤ 〔唐〕李冗：《独异志》，中华书局1983年版，第7页。
⑥ 〔南朝宋〕范晔撰，〔唐〕李贤等注：《后汉书》卷一〇七《五行五》，中华书局1965年版，第3350页。
⑦ 〔三国〕曹植：《说疫气》，《曹植集校注》，河北教育出版社2013年，第448页。

期的梦魇,其所引发的民不聊生和社会动荡与战争相比可谓有过之而无不及。如在西晋咸宁元年(275),洛阳瘟疫还时有发生,《晋书》有"是月大疫,洛阳死者大半"的记载。历史学家裴松之曾说过"自中原酷乱,至于建安,数十年间,生民殆尽,比至小康,皆百死之余耳"①。瘟疫暴发前的汉桓帝永寿三年(157),全国人口为5650万,到晋武帝太康元年(280),仅仅百余年全国人口竟然锐减大约3/4,仅存1600余万。而在瘟疫最严重的中原地区,到三国末年,其人口仅及汉代的1/10。"永嘉之乱"后,北方再度"大疫",永嘉五年(311),"洛阳饥困,人相食,百官流亡者什八九"②,次年七月,旱,司、冀、青、雍等六州蚕蝗。大兴四年(321),石勒"境内大疫,死者十二三"③。国土板荡,灾难相仍,直接导致河南城镇长期衰败不堪。

二、城市人口变化与城乡一体发展

人口是城市发展的动力和源泉,汉末的战乱和瘟疫对河南社会打击严重,人口大量死亡,生产濒于停滞,以洛阳为首的中原城市生灵板荡,关洛荒芜,诗人王粲在《七哀诗》中用"出门无所见,白骨蔽平原"来描述当时中原大地荒凉破败的景象。三国时期河南全境都在曹魏统治之下,是曹魏的政治腹心区域,为了充实这里的人口,统治者可谓煞费苦心,其所采取的方法大致可以归纳为两种:其一是战争掳掠。这样的事例在史书中记载甚多,如曹操当初与袁绍在黄河中下游地区作战时,就曾将燕地和白马之民南迁,在进攻袁谭、袁尚取得胜利后,让张辽、乐进徙其民于河南。曹操攻破荆州之后,也是徙其民至豫州之汝南郡耕田,邓艾就在被徙之列。曹魏时代还曾经将攻略所得的吴、蜀人口徙于三河(河内、河南、河东)、三辅地区。建安三年(198),曹操征张绣,曹仁别攻周围县地,"虏其男女三千余人"④回。其二是督促本辖区内居民向曹魏集团统治力量更为强大的河南地区迁移,以便于直接监视控制。建安九年(204),李典曾

---

① 〔晋〕陈寿撰,〔宋〕裴松之注:《三国志》卷六三《吴书十八》,中华书局2000年版,第1050页。
② 〔宋〕司马光:《资治通鉴》卷八七《晋纪九》,岳麓书社1990年版,第109页。
③ 〔宋〕王钦若等:《册府元龟》卷二二六《戒惧》,凤凰出版社2006年版,第2540页。
④ 〔晋〕陈寿撰,〔宋〕裴松之注:《三国志》卷九《魏书九》,中华书局2000年版,第178页。

"徙部曲宗族万三千余口居邺"①。建安十一年(206),梁习任并州刺史,迁兵士家室数万人于邺城。大概与梁习同时,司隶校尉钟繇看到自天子西迁后,洛阳人口散亡殆尽,遂"徙关中民,又招纳亡叛以充之,数年间民户稍实"②。为了发展地方经济,黄初二年(221),曹丕还亲自下诏"立石表,西界宜阳,北循太行,东北界阳平,南循鲁阳,东界郯,为中都之地。令天下听内徙,复五年,后又增其复"③,对于迁入河南之民给予免除五年租赋的优待。曹丕还曾打算徙冀州士家10万户以实河南,但由于连年发生蝗灾,民人大饥,后来只徙来了5万余户。曹魏政权逐步稳定之后,此前外逃返乡的河南民众也有不少。在这样的背景下,河南人口逐渐增多,不过因为缺乏户口统计数据,具体人口数量难以估计,但可以肯定,通过移民,曹魏腹心地区和其所控制的区域城市经济有了一定的恢复,这为后来西晋统一全国打下了基础。

西晋时期,河南地区人口继续呈增长态势。《晋书·地理志》记载了西晋灭吴实现统一之年,即太康元年(280)的郡国设置和户口状况。当年西晋辖境内有户数2459840,人口数16163863,平均每户6.57人。今河南地域包括颍川郡、汝南郡、襄城郡、南阳国、河南郡、荥阳郡、汲郡、顿丘郡、陈留国、河内郡的全部地区,以及汝阴郡的新蔡、褒信2县,梁国的阳夏、苦等11县,义阳郡的新野、平氏等6县,顺阳郡的南乡、丹水等4县,弘农郡的湖、宜阳等5县,上洛郡的卢氏1县,魏郡的长乐、安阳等5县,浦阳国的濮阳、白马2县,弋阳国的弋阳、期思等4县,安丰郡的安丰、于娄等3县,谯郡的酂县1县。总计河南有户数464253,按照每户6.57人计算,则共有人口3049960人。就人口密度来说,平均每平方千米达18.9人,居全国首位。从人口分布看河南郡114400户,河内郡52000户,荥阳郡34000户,陈留国30000户,颍川郡28300户,南阳国24400户,这些在汉代时人口就较多的地区,此时人口仍然相对集中。

西晋中后期,由于社会矛盾尖锐,大规模流民迁徙运动开始,流民的方向大致由北向南,由西向东,河南所在的黄河流域历来多征战,因此不少中原人士怀着"寻得桃源好避秦"的希望逃亡江南,如西晋"永嘉之乱"时"洛京倾覆,中州

---

① 〔晋〕陈寿撰,〔宋〕裴松之注:《三国志》卷一八《魏书十八》,中华书局2000年版,第400页。
② 〔晋〕陈寿撰,〔宋〕裴松之注:《三国志》卷一三《魏书十三》,中华书局2000年版,第254页。
③ 〔晋〕陈寿撰,〔宋〕裴松之注:《三国志》卷二《魏书二》,中华书局2000年版,第57页。

士女避乱江左者十六七"①。西晋灭亡后，大批北民渡江南下，一些士族、地主也纷纷率家族、部曲迁到长江以南，这股移民南下的浪潮此起彼伏，持续了170多年。官方文献记载移民数量当在90万人左右②。如晋惠帝元康八年（298），"关西扰乱，频岁大饥"，导致大批北人南下，"流民数万家就谷汉中，遂入巴蜀"③，不可禁止，其中河南人数量也应不少。另据《晋书·刘琨传》记载，东嬴公司马腾在晋阳镇邺时，邺城人口十不存二，全城户口加上跟随东嬴公而来的晋阳百姓也不足两万人。后来赵石虎在位，为了充实河南人口，先后下令秦、雍之民及氐、羌等少数民族移居函谷关以东，迁徙段氏鲜卑两万余户于雍、司、兖、豫四州，后来又将辽西、北平、渔阳等地万余户南迁兖、豫、雍、洛四州，以发展生产。北魏建都平城时曾经从山东、长安迁徙十多万手工业工人于平城，孝文帝迁都洛阳后，这些手工业工人又随着南下，洛阳人口逐渐充实。《洛阳伽蓝记》载，北魏末年洛阳城内的里坊编户数为"十万九千余"④，《魏书·地形志》也记载，北魏全盛时期"户口之数，比夫晋之太康，倍而已矣"。西晋武帝太康时期，全国的户口比是1：6.57，如依此比例，则全城人口在70万以上，即按一家5口计，人口亦达54.5万人。这些居民来源复杂，《隋书·经籍志》云"后魏迁洛，有八氏十姓，咸出帝族。又有三十六族，则诸国之从魏者；九十二姓，世为部落大人者，并为河南洛阳人"，还应有为数不少的洛阳原住居民、佛教僧侣以及商业、手工业等流动人口和由南方、四夷会聚而来的人口。还需注意的是这些统计数字仅针对的是城中编户，而不包括庞大的京城驻军数目。魏孝文帝从平城迁到洛阳时，统率大军护驾。《魏书·高祖纪》说，太和十九年（495），魏孝文帝诏选武勇之士15万人为羽林、虎贲，以填充宿卫，第二年，又诏以代迁之士，皆为羽林、虎贲。由此可以推断禁军数量十分庞大。随行禁军及其家属，再加上皇帝后宫的嫔妃、宫女、宦官、王公大臣以及为他们服务的奴婢、部曲等，如此估算下来，北魏最盛时洛阳郭城以内的人口可达百万。⑤

此外，需要说明的是，从三国时代一直到南北朝时期，农业对于城市经济的

---

① 〔唐〕房玄龄：《晋书》卷六五《列传第三十五》，中华书局1974年版，第1157页。
② 沈益民、童乘珠：《中国人口迁移》，中国统计出版社1992年版，第111页。
③ 〔北齐〕魏收：《魏书》卷九六《列传第八十四》，中华书局1974年版，第1428页。
④ 〔魏〕杨衒之撰，周祖谟校释：《洛阳伽蓝记校释》卷五《城北》，中华书局1963年版，第228页。
⑤ 朱大渭等著：《魏晋南北朝社会生活史》，中国社会科学出版社1998年版，第154、155页。

影响至关重要,不但是各地政治集团生存的命脉,还是当时社会的主要经济模式。虽然以前历朝历代的城市发展都是以农业生产为本,但是城市经济发展如此依赖农业却极为罕见,这是战争年代生产力发展受阻,社会生产衰败的重要体现,因此有学者将"城市与农业以一种前所未有的方式联系在一起"的阶段定义为"城乡一体化"①发展时期。在这样的历史背景下,城市与农村很难泾渭分明,战乱前后各种身份的人,如农民、亡叛、游民、奴客等大量涌入城市,形成诸如"河南尹内掌帝都,外统京畿,兼古六乡六遂之士。其民异方杂居……天下四会,利之所聚,而奸之所生"②的局面,而城内的高门大族也有不少在城外建立庄园用以居住并从事农业生产,如东晋大富豪石崇晚年卜居的庄园——金谷园就位于洛阳西北郊金谷涧畔,园中既有以供观赏的亭台楼阁,又种植有各类蔬菜瓜果,还有水碓、鱼池和土窟等。人们集中生活在城市的周围,生产劳作、手工业生产、商业往来和文化教育都在城市中或以城市为中心的周边区域展开,"因为战乱消除了乡里存在的可能性,包括土地、包括人口、包括有效的各级政权,都在消亡或变态。乡村人民必须城居,或深沟高垒,把自己变作'城'中人,才有机会生存",而"大多所谓村落者不仅居处偏远,或山险,或野谷,交通艰难、政令不畅;而且有很多属蛮僚之聚"③,可以说以编户方式定居的群众从根本上来说应该是一种城乡结合的方式,而以编户为对象统计出的人口数字自然也就不能够区分城市与农村。正如学者任重所说:"南北朝时期,城市集中了绝大部分人口。城市之重要,一个重要原因在于城市可以保持人口,城市失去,则土地、人民尽失;反过来说,夺取城市也就等于得到了人口和土地。"户口与城市密不可分,所以对城市的争夺成为必然,这种现象虽然不独为魏晋南北朝所有,但魏晋南北朝时期表现得尤为突出。④

---

① 任重:《魏晋南北朝的城市与农业》,《上海交通大学学报(哲学社会科学版)》2005 年第 3 期。
② 〔晋〕陈寿撰,〔宋〕裴松之注:《三国志》卷二一《魏书二十一》,中华书局 2000 年版,第 394 页。
③ 任重、陈仪:《魏晋南北朝城市管理研究》,中国社会科学出版社 2003 年版,第 131、132 页。
④ 任重:《魏晋南北朝的城市与农业》,《上海交通大学学报(哲学社会科学版)》2005 年第 3 期。

三、不同时期城市的恢复与建设

魏晋南北朝时期,河南长期处于动荡不安之中,城市建设受到严重制约,不少城市因为战乱被夷为平地,不过政治地位的重要以及大规模的民族融合和人口流动使得河南地区的城市修复不仅非常迅速,还带动了周边相对落后地区的城市化和商品经济的发展。此期间不少杰出政治家,如曹操、北魏孝文帝等,他们为了巩固政治统治,增强军事实力,大力恢复社会生产,组织城市建设,为河南城市事业做出了不可磨灭的贡献。

1. 魏晋时期

曹魏统治时期,曹操面临的最大问题便是粮食奇缺。中原本是粮食的主要产地,但是因为战争,大片土地荒芜,民众尚且食不果腹,更无力保证军队供给,曹操两次东征陶谦与吕布都曾因粮饷不足而中途作罢,因此曹操将恢复农业生产作为首要任务。建安元年(196),曹军击败颍川汝南的黄巾军,俘获了大量耕牛、农具等生产资料,于是"募民屯田许下",成绩显著,第一年便"得谷百万斛",此后推广全国,"州郡例置田官"。屯田可谓是曹操"强兵足食"的基本国策,为了配合农田的耕种,曹操还集中人力物力大兴水利工程。兴建水利工程对于农业来说是一件事半功倍的事情,不但可以改善土地环境,而且能够保障粮食产量倍增。曹魏兴建的水利工程规模和数量在三国中是首屈一指的。屯田制对组织生产、恢复社会秩序、增强魏国的实力、统一南方奠定了坚实的物质基础,屯田的施行在客观上起了进步作用,曹魏、蜀汉、孙吴三国中,以曹魏人口最多,垦荒的面积最广,这也是三国中曹魏实力最强的原因。"州郡例置田官,所在积谷,仓廪皆满。故操征伐四方,无运粮之劳,遂能兼并群雄。"[1]随着北方农业的恢复和发展,手工业、商业也得以复兴,在此基础上曹魏建置大型官营手工业作坊,发展手工业生产,从而推动了城市经济的恢复和发展。曹丕称帝后,在业已稳定地控制整个黄河流域的情况下,设立五都,洛阳居中,为首都。西有长安,东有谯县,南有许昌,北有邺县,今河南省大部分地区位于曹魏四都之间。

---

[1] 〔宋〕司马光:《资治通鉴》卷六二《汉纪五十四》,岳麓书社1990年版,第725页。

许昌和邺城早在曹操时代就不断营建,虽然地位不及洛阳,但是仍然十分重要。许昌原名许县,即今天河南省许昌市,220年曹操之子曹丕就是在这里接受汉献帝的禅让,登基建立曹魏政权的,所谓"魏基昌于许",曹丕遂将"许县"改称许昌,沿用至今。曹魏迁都洛阳后,许昌尚留有宫室、武库,一直到魏明帝时期,皇帝仍往来于洛阳、许昌之间,这里的宫室也持续在营建。《三国志·邓艾传》有"昔破黄巾,因为屯田,积谷于许都以制四方"的记载,可以想见许昌是曹魏辖域内最为富庶的地区之一。邺县,在今河南省安阳市以北,河北省临漳县以西,以漳河两岸为中心的广大地区,主体位于河北省临漳县境内。204年,曹操击败袁绍进占邺县并在此营建邺都。左思在《魏都赋》描述邺城"街衢辐辏",商业兴盛,"廓三市而开廛,籍平逵而九达。班列肆以兼罗,设阛阓以襟带,济有无之常偏,距日中而毕会⋯⋯财以工化,贿以通商"①,一幅繁华景象。汉末曾遭到董卓严重破坏的洛阳,作为黄河流域经济中心城市再次受到重视,并在魏晋时期繁华延续一个世纪之久,可以说黄河流域社会经济不断恢复的过程也是洛阳城市不断发展的过程。各地人口通过强行迁徙或自行择居,会聚在此,"异方杂居,多豪门大族,商贾胡貊,天下四会,利之所聚"②。"商贾胡貊"说明魏与西域和辽东都有贸易往来。此外造船业、陶瓷业、丝织业、制盐业等也都有了较大发展,商业渐渐兴盛起来。曹魏时期在统治者的极力恢复下,河南城市逐渐走出汉末社会动荡所带来的人口稀少、经济凋敝的窘境,以洛阳为中心的商业城市再度发展和兴盛,但是因为各地所处地理环境和战略地位不同,城市发展并不均衡。

西晋统一全国后,中原地区百业萧条,农田荒芜,为了恢复经济活力,政府大力召回流民,鼓励生产,奖励开垦,一度出现了"天下无事,赋税平均,人咸安其业而乐其事"③的太平景象,为城市的发展奠定了物质基础。西晋时期地主豪强的经济实力非常强大,为限制他们,政府曾有规定"国王公侯,京城得有一宅之处。近郊田,大国田十五顷,次国十顷,小国七顷。城内无宅城外有者,皆听流之",但是因为执政者也是豪强出身,导致政策在执行中形同虚设。贵族和官

---

① 〔西晋〕左思:《魏都赋》,《全魏晋赋校注》,吉林文史出版社2008年版,第358、359页。
② 〔晋〕陈寿撰,〔宋〕裴松之注:《三国志》卷二一《魏书二十一》,中华书局2000年版,第394页。
③ 〔唐〕房玄龄:《晋书》卷二六《志第十六》,中华书局1974年版,第513页。

僚阶层不仅拥有广大的田宅,还占有为数众多的衣食客和佃户。《世说新语》中描述司徒王戎的豪奢,"既贵且富,区宅、僮牧、膏田、水碓之属,洛下无比"①。官员石崇也是富极一时,"财产丰积,室宇宏丽。后房百数,皆曳纨绣,珥金翠。丝竹尽当时之选,庖膳穷水陆之珍",有"水碓三十余区,苍头八百余人,他珍宝货贿田宅称是"②。

洛阳是全国的商业中心,商业贸易活跃。城内建有金市、牛马市、羊市三个市场,其规模远超魏晋,来自各地的商品,如绢布、粮食、药材、器皿以及生产工具等应有尽有。随着各地交通阻隔被打破,商业贩运频繁,四方商人会集洛阳,"方今四海会同,九服纳贡,八方翼翼,公私满路。近畿辐辏,客舍亦稠。冬有温庐,夏有凉荫,刍秣成行,器用取给。疲牛必投,乘凉近进,发楄写鞍,皆有所憩"③。其中客商来自异域,如东方的马韩、辰韩(今朝鲜境内)、倭国,南方的扶南(今柬埔寨),西方的大宛(在中亚费尔干盆地)、大秦(埃及亚历山大城)、安息(今伊朗)、天竺(今印度)等国。其他城市的商业也有所发展,各城市"都有专市之贾,邑有倾世之商。商贾富乎公室"④。不过商业发展还不均衡,一般来说,中心城市较为发达,偏远城市相对滞后。西晋时期出现了类似汉代"驵侩"一类的商业经纪人。《晋令》规定"侩卖者,皆当着巾,帖额题所侩卖者及姓名,一足着黑履,一足着白履"⑤,政府需要通过法令对其身份进行确定,可见其已经发展成为一支重要的商业力量。

士族高门虽然自视甚高,对商贾极其贱视,但在利润的刺激下,也纷纷兼营商业,正如时人江统所言:"秦汉以来,风俗转薄,公侯之尊,莫不殖园圃之田,而收市井之利。"⑥大名士王戎,就亲自拿着筹码算账,昼夜忙碌。他家李子质量好,因为害怕买到的人得到种子,特意把李核钻破了才拿到市场上出售。宗室子弟也表示出对商业的极大兴趣。愍怀太子司马曾"于宫中为市",还在"西园卖葵菜、篮子、鸡、面之属,而收其利",因为经常参与经营活动,竟练就"使人屠

---

① 郭辉译:《世说新语(注释本)》卷二九《俭啬》,崇文书局2017年版,第748页。
② 〔唐〕房玄龄:《晋书》卷三三《列传第三》,中华书局1974年版,第656、657页。
③ 〔唐〕房玄龄:《晋书》卷五五《列传第二十五》,中华书局1974年版,第995页。
④ 〔晋〕傅玄:《〈傅子〉评注》,天津古籍出版社2010年版,第22页。
⑤ 〔宋〕李昉编纂:《太平御览》卷六九七《服章部十四》,河北教育出版社1994年版,第710页。
⑥ 〔唐〕房玄龄:《晋书》卷五六《列传第二十六》,中华书局1974年版,第1018页。

酷,手揣斤两,轻重不差"的"绝活儿"。① 义阳王司马齐,"好畜聚,不知纪极,遣三部使到交广商货"②,与民争利。统治阶级视财如命,上行下效,所谓"钱之所在,危可使安,死可使活;钱之所去,贵可使贱,生可使杀。是故忿争辩讼,非钱不胜;孤弱幽滞,非钱不拔;怨仇嫌恨,非钱不解;令问笑谈,非钱不发……谚云:'钱无耳,可暗使。'岂虚也哉? 又曰:'有钱可使鬼。'而况于人乎"③,成为时人价值观的真实写照,在这样的社会风气指引下,唯利是图,金钱高于一切的意识形态横行。

十六国时期河南城市发展陷入低潮,在战争纷仍,军阀割据,社会动荡的背景下,大范围的商业贸易已经不现实,但是各个分裂政权要寻求军事实力的壮大,仍然需要商业经济的支持,于是他们尝试在自己的地域范围内建立商业秩序,由此催生了地区商业的发展。后赵的统治者就曾在政权巩固后铸造"丰货钱",便于商品交换和流通,不过由于时局动荡,钱币始终不能为百姓完全接受,于是又下令"刑赎之家得以钱代财帛,无钱听以谷麦"④,可见当时实物贸易大量存在,政府无法过度干涉。不同割据势力的地区性市场逐步完善,地区间类似外贸的市场运作体系初步形成,如后赵石勒与东晋祖逖就曾在成皋(今荥阳市汜水镇)一带开展互市贸易,方便商品往来。互市的建立使得地区间的商业往来不再完全依靠行政权力,而是更倾向于一种类似外贸形式的市场运作体系,成为割据势力间商品流通的重要渠道。

2. 北朝时期

北朝时期城市经济的发展是极为迟缓的,城市连续遭受到战乱的冲击,许多城市被夷为平地。439 年,北魏统一北方,结束了长达 120 余年的诸国割据征战的混乱局面,河南大部分地区出现了相对安定的政治局面。北魏迁都洛阳后,河南成为中国北方的经济中心,面对社会经济凋敝,城市多成废墟的破败景象,北魏进行了一系列改革,使得城市建设有所恢复,经济发展步伐加快。北魏建国前并无正规商业可言,初都平城时,不设科禁,卖买任情,贩贵易贱,错居混杂,管理较为混乱,迁都洛阳后,统治者改革鲜卑旧俗,城市管理在基本沿袭秦

---

① 〔唐〕房玄龄:《晋书》卷五三《列传第二十三》,中华书局 1974 年版,第 966 页。
② 〔唐〕房玄龄:《晋书》卷三七《列传第七》,中华书局 1974 年版,第 713 页。
③ 《魏晋南北朝文观止》编委会编:《魏晋南北朝文观止》,学林出版社 2015 年版,第 80 页。
④ 〔唐〕房玄龄:《晋书》卷一〇六《载记第六》,中华书局 1974 年版,第 1846 页。

汉制度的同时,还开展了一系列改革,使得城市经济复苏,工商业亦有所发展。北魏市场较之西晋有所增加,有牛马市、金市、大市、小市、四通市和鱼鳖市等,大市是所有市场中最大的,商贾云集,热闹繁华。大市周围十里,多为工商货殖之民居住,"千金比屋,层楼对出,重门启扇,阁道交通,迭相临望。金银锦绣,奴婢缇衣;五味八珍,仆隶毕口"①,可见此时的洛阳已经发展成为商业发达,消费日趋奢靡的大都市。"最为富室"者刘宝,生意做得非常大,"州郡都会之处皆立一宅,各养马十匹","舟车所通,足迹所履,莫不商贩焉。是以海内之货,咸萃其庭,产匹铜山,家藏金穴"②。洛阳的改变,连前来此地的南方将领也曾惊叹:"自晋宋以来,号洛阳为荒土,此中谓长江以北尽是夷狄。昨至洛阳,始知衣冠士族并在中原,礼仪富盛,人物殷阜"③。北魏时期,中原与北部的朝鲜半岛诸国、日本、中亚、西亚诸国等商贸往来频繁,洛阳城南四夷馆和四夷里之间设置有四通市,这是一个典型的国际市场,各地珍稀宝物荟萃,有"天下难得之货,咸悉在焉"之誉。许多"商胡贩客"在附近居住,"乐中国土风因而宅者,不可胜数。是以附化之民,万有余家。门巷修整,阊阖填列。青槐荫陌,绿柳垂庭"④。不过由于西晋以来的长期战争对河南破坏严重,北魏时期经济发展的根基并不牢固。北魏分裂后,北方城市再度陷入战乱,洛阳又一次难逃浩劫成为一片废墟,但是邺城、长安等城市的商业活动仍在继续,并取代洛阳成为北方新的商业中心。尤其是北周统一北方后,政治的相对稳定使得城市有了相应的恢复和发展,河南长期的经济颓败状况得以扭转,这为隋朝的崛起和统一全国奠定了物质基础。

虽然整个魏晋南北朝时期,北方经济发展几乎没有亮点可言,在汉代就已经非常繁荣的颍川、汝南、陈留、济阳等郡的地位非但没有新的进步,反而有所倒退,除洛阳、邺城等政治功能强大的中心城市能够断续地维持其固有的地位外,没有出现其他地区性城市兴起并改变当地社会与经济的情况。但是也应看到,此时期的河南城市发展是极为曲折的,政治、军事地位的重要使得这里的城市经济没有因为战争的频繁而始终一蹶不振,恰恰相反,只要新的统治政权要

---

① 〔魏〕杨衒之撰,周祖谟校释:《洛阳伽蓝记校释》卷四《城西》,中华书局1963年版,第161页。
② 〔魏〕杨衒之撰,周祖谟校释:《洛阳伽蓝记校释》卷四《城西》,中华书局1963年版,第157页。
③ 〔魏〕杨衒之撰,周祖谟校释:《洛阳伽蓝记校释》卷二《城东》,中华书局1963年版,第108页。
④ 〔魏〕杨衒之撰,周祖谟校释:《洛阳伽蓝记校释》卷三《城南》,中华书局1963年版,第132页。

谋求更大的发展,就会将城市建设放在极其重要的地位上,很大程度上河南的城市建设成为封建王朝巩固和强大不可或缺的一部分。

第三节 城市的营建与里市的设置

作为北方的统治中心区域,河南在魏晋南北朝时期经历了三国鼎立、西晋短暂统一、十六国混乱、南北朝对峙的政治大波动、大变化,城市在建设与破坏中交替发展。战争对于城市的破坏无疑是巨大的,但是从另一个方面说,战争也使得城市的除旧布新更为彻底,在几番政治起伏中,城市建设和规划随着"社会演变而不断得到更新和发展"[1]。

一、城市的营建

虽然整体上来说,魏晋南北朝时期的城市建设处于停滞阶段,但是还是有少数城市获得了发展。洛阳城不同时段城市的规模、形制及其规划特点都有所不同,但是以宫城为中心,城市集聚若干功能分区的都城规划设计,以及"仕者近宫,工商近市"的居住分区等都是共同的,这说明西周时期营国制度的许多内容依然为后世王朝借鉴和汲取,积极发展营国制度中的传统精华,已成为城市规划营建的主要趋势。

1.洛阳城

东汉时期的洛阳城在初平元年(190)遭到董卓军队的严重破坏,魏晋时期统治者极力为之进行修复,永嘉五年(311),大规模的战乱又使得洛阳城沦为废墟,北魏孝文帝迁都洛阳后在此重建。魏晋和北魏时期的洛阳城较之前代均有更新和发展,对后世影响深远。

---

[1] 贺业钜:《中国古代城市规划史》,中国建筑工业出版社1996年版,第389页。

(1)魏晋洛阳城

魏晋时期河南的城市建设以洛阳为首,建筑格局向着布局整齐、结构严整、功能区分明显的中轴对称型发展,对后世产生了深远的影响。洛阳城虽然在汉末遭到了毁灭性破坏,但是古人根深蒂固"河洛为王者之里"的认识,还是使得封建王朝将国都选在了这里。

魏晋洛阳城是在东汉洛阳城的基础上重新改造而成,基本延续了秦汉时期的城市规划,但是也根据时代的发展有所变化。220年,曹丕篡汉自立为魏帝后便开始在东汉洛阳废墟上大兴土木。其实"初营洛阳宫"时间应该更早,曹操主政时就曾营修建始殿,经过曹丕再到明帝青龙三年(235)的十余年,洛阳一直营修不断。据《三国志·魏书》记载,魏文帝迁都洛阳后,首先营建的是北宫,此后明帝又仿效邺城三台,营建金墉城,嗣后南宫太极殿也得到重建。依然是汉代南北两宫并存格局,但其间的一里之距荡然无存,实际上已经成为宫廷的南北两个部分。太极殿是曹魏洛阳宫的正殿,左右建有东西堂。总体来说,曹魏时期的宫城略呈长方形,设有四门,宫殿自西向东有序排列,计有20座,整体建筑以汉代北宫为基础。宫廷区是全城的政治中心区域,皇室成员聚居于此,此外城内还有不少高官显贵的府邸,但总体占地面积有所压缩。229年,魏明帝又征民工数万修筑京城,从而形成内城(宫城)、郭城(外城)相套的格局,宫城位于外城之中。外城略同于东汉洛阳城,城呈东西宽、南北窄的长方形,据今考古发现,西垣约4290米,东垣约3895米,北垣约3700米,南垣虽已无存,但根据东西二城距离,大概可估测其长度大概在2460米,周长大致30里。外城为城市生活区和经济区,居民区较前代扩大。外城城垣沿袭东汉洛阳之旧开门12道,门皆双阙,城内主干道路宽阔,交通便利。曹丕时期,洛阳城西北角修建了金墉城。《太平御览》引《洛阳地记》说:"洛阳城内西北角有金墉城,东北角有楼高百尺,魏文帝造也。"金墉城为仿效曹操在邺城西北修筑"三台"之作,北依邙山,地势高亢,东西250米,南北约1080米,可分为三个毗邻的小城,平面略成"目"字形,各城之间有门户相通,城小而固,形成堡垒,是洛阳城的军事要塞,具有拱卫宫城,提高城市防御能力的作用。结合西北夏门内侧的宣武观和北垣外侧宣武场等阅兵讲武场所的设置,可以认为曹魏时期洛阳城北地带已经开辟成为一个城防区,这在前代是没有的。洛阳城的西北城墙外壁和金墉城的外壁设置了许多墩台,其形制和效用如同后世的马面,这也是中国古代城制上的一个创举。

曹魏洛阳的太极殿和东西堂制度,并于宫侧建苑囿的制度一直被后代沿用,直到明清。此外,东汉洛阳城政治区居城中心,经济、生活区居城市两翼的建设理念依然被延续,只是经济分区更明显呈现了向东郊发展的趋势,如改善东郊桥梁建设、建旗亭、置市官等,西晋咸宁二年(276)"起太仓于城东,常平仓于东、西市"①,应该是为了适应新的经济形势发展的需要作出的规划调整,为北魏洛阳城的建设奠定了基础。

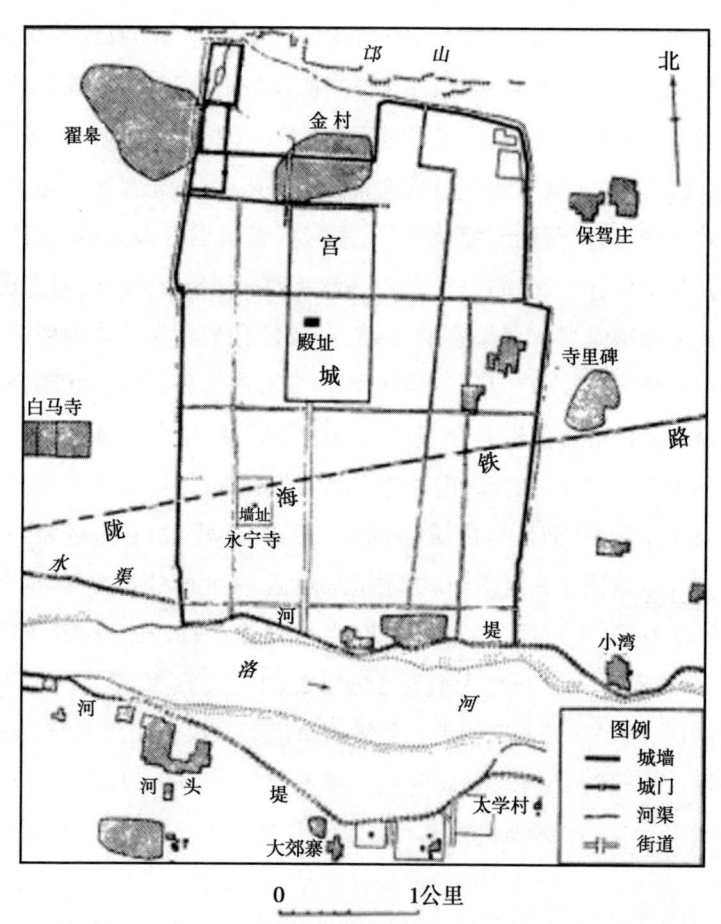

图 3-3-1 汉魏洛阳城平面实测图②

因为没有经历过改朝换代的战火,西晋洛阳城形制和布局基本沿袭曹魏之旧,只是又重修了太庙,修建了明堂、辟雍、灵台等,增修了 3 座城门,此外宫室

---

① 〔唐〕房玄龄:《晋书》卷三《帝纪第三》,中华书局 1974 年版,第 44 页。
② 中国科学院考古研究所洛阳工作队:《汉魏洛阳城初步勘察》,《考古》1973 年第 4 期。

园苑也有所扩大。时人用"重楼飞阁""堂皇壮丽""金碧辉煌"等描述洛阳宫殿,可以推见西晋建筑的恢宏壮丽。此时期洛阳商贸活动主要集中在东城区,洛阳共有3个市场,城东马市最为繁华。洛阳东郊的交通也有所改善,马市附近修筑有石桥,设置了旗亭这一管理市场的机构。武帝泰始十年(274),为了连接江淮繁华之区,政府试图大力开凿陕南山,掘河东注洛水,提高漕河运输能力。不过很多学者根据当时的生产力水平和该地区复杂的地理环境估计,此举动应该还只停留在商讨阶段,并未真正付诸实施。咸宁二年(276),城东修建太仓,并在东、西二市兴建常平仓,显示了洛阳仓储业的发达。

(2)北魏洛阳城

北魏迁洛,历经西晋"八王之乱"和十六国纷争,洛阳再次遭受摧残,《魏书·高帝纪》记载,孝文帝周巡晋宫旧址时曾发出"晋德不修,早倾宗祠,荒废至此,用伤朕怀"的感慨,可见当时洛阳之残破。北魏洛阳城是在魏晋残基上重建而成,布局有了很大程度的革新,规模宏大,是当时全国首屈一指的大都市。

太和十七年(493),孝文帝率军进驻洛阳,同时"诏征司空穆亮与尚书李冲、将作大匠董爵经始洛京"[①],开启了北魏洛京的营建,太和十九年(495),洛阳城基本建成。新城主要因袭曹魏之旧,所以形制保留了南北长、东西窄的特征,俗称"九六城"。宫室北移,以正殿太极殿为中心,往南通过铜驼街形成一条明确的南北中轴线,铜驼街两侧分布着宗庙、社稷和太尉府、司徒府等高级官署,更使得中轴线的地位突出。新城北为宫殿、中央官署和苑囿区,可以看出是全城政治中心之所在,而城南则有九寺七里,建设有官署、高官显贵宅邸和寺院,应为宗教活动和贵族显宦生活区。寺院林立是北魏佛教兴盛的重要表现,也是北魏洛阳城建设的显著特点之一。如此分布已经将内城占据殆尽,因此宣武帝时,又征民在洛阳城建起了320个里坊和外郭城墙,并营建了明堂、圜丘、太庙、太学和一些园林建筑,使洛阳成了一座集各种功能于一体的颇具规模的都城。按《洛阳伽蓝记》的记载"京师东西二十里,南北十五里"[②],其实说的只是洛北的城郭范围,洛南外郭进一步延伸,至南北五里,东西宽四里,总面积为320平方里,几乎是汉魏洛阳城面积的6倍,比南朝的建康城更是大上许多。郭城内

---

① 〔北齐〕魏收:《魏书》卷七下《帝纪第七下》,中华书局1974年版,第117页。
② 〔魏〕杨衒之撰,周祖谟校释:《洛阳伽蓝记校释》卷五《城北》,中华书局1963年版,第227页。

部划分有 320 坊,每坊 1 里,坊与坊之间以墙相隔,四面开门,形成封闭式结构,城内还设有"大市""小市"和"四通市"等工商业区,完全打破了《周礼·考工记》记载中"前朝后市"的传统。这种按照"择中"原则,将宫室集中在内城偏西处的一座宫城内,采取宫、城、郭三重城郭配置方式层层藩卫,显示"王者居天下之中"之赫赫声威的建筑方式,与宫城中以铜驼街为中轴线的主干道,东西两侧布局宗庙和官署,以宫城为先导,从而建立城市中心区的做法,可以认为是西周营国制度的继续,显示了华夏民族传统文明在征战扰攘年代对于社会发展和民族融合所发挥出的巨大作用。北魏洛阳城充分发挥了地理优势,北倚邙山,南临洛水,规模宏阔,布局严谨,展示了四方向往的大国气质,提高了北魏在全国的号召力,为此后隋唐时期的洛阳城建设树立了典范。

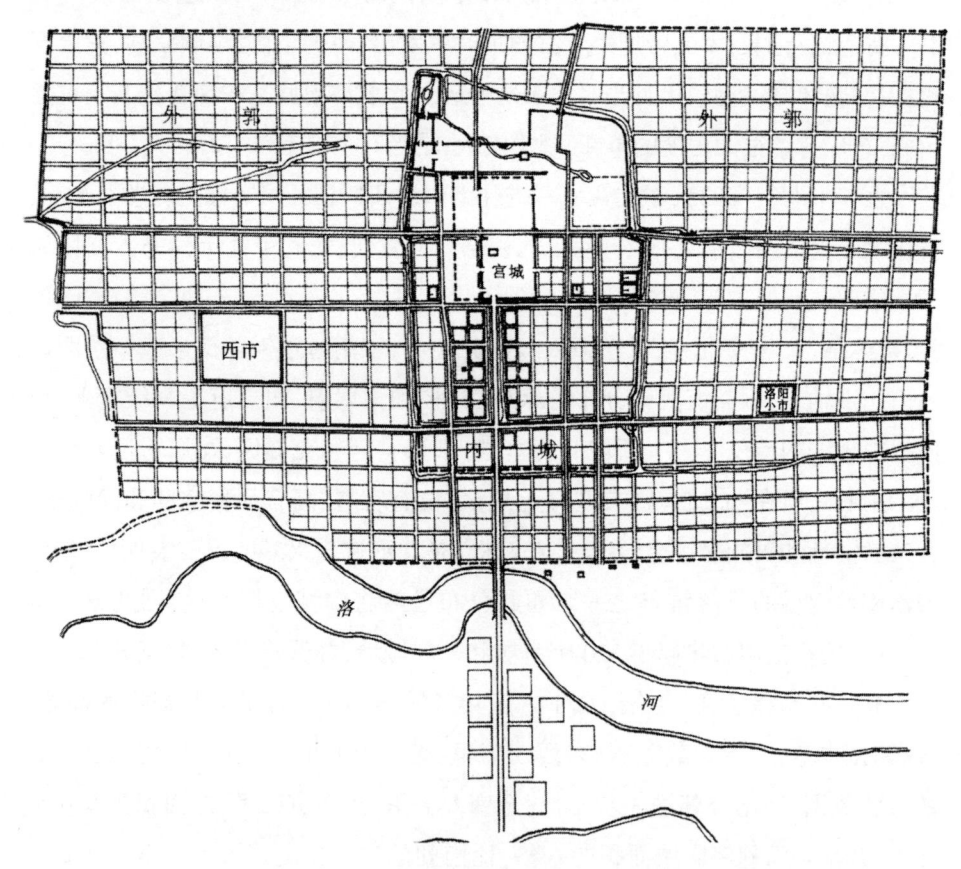

图 3-3-2　北魏洛阳外郭城设计复原图①

---

① 李久昌:《国家、空间与社会——古代洛阳都城空间演变研究》,三秦出版社 2007 年版,第 327 页。

2.其他城市

除洛阳在魏晋之后有所修复和重建外,一些重要的郡县城在北朝统治下也有适当的发展,不过大抵处于医治修复大动乱的创伤阶段,能够进一步发展的很少,这与当时的政治经济形势密不可分。圃田故城位于中牟县西 18 公里芦医庙乡蒋冲村与白沙乡古城村之间。圃田故城建于北周时期,城址基本呈正方形,东西长 1500 米,南北宽 1400 米,南门在刘家岗,北门在西古城,东门在韩庄西,西门在蒋冲村西。现存城西北角和东墙南段,残墙高约 7 米,宽 20 米左右,夯土层厚 10 厘米左右,夯层清晰。城外发现古墓群和灰坑,出土遗物有石器、陶器、铜器等。圃田,春秋时属郑国,历代典籍对圃田泽多有记载,据《太平寰宇记》载,北周武帝保定五年(565),移中牟县治于西 30 里的圃田城,后又改圃田城为圃田县,以界内有圃田泽得名。北朝时期,随着大运河航运能力的加强,沿线开封得到复兴。北周武帝建德五年(576),梁州改名为汴州,这是开封称汴的开始,与此同时县治改为州治,汴州成为北魏对南部各朝作战时在水运线上的八个重要仓库之一。随着政治、经济地位的提升,开封失落数百年的元气得以逐渐恢复。此外,北齐文宣帝天保六年(555)和十年(559)分别在开封建造了著名的建国寺(大相国寺)和独居寺(今铁塔一带),为后来东京佛教文化的勃兴打下了基础。

二、里市的设置

魏晋时期城市居民居住的"里"大概相当于今天的社区。北魏之前,宫殿区建设颇为分散,宫城面积颇大,关系到国计民生的市坊建筑自然相对缩小,而到魏晋时期,宫殿建筑日趋集中,故在全城中所占比例减小。曹魏邺城在设计时有意识地规划出居民区,不过还没有形成外城郭,其基本形态是否整齐划一不得而知。魏晋都于洛阳,城市建设因袭东汉之旧,局部有所调整,宫殿布局更为集中,洛阳城东侧形成了一定规模的外郭区,但是对于城市整体布局影响不大。市与里都是城市不可或缺的一部分,但是它们之间又是严格区别的,市门、市墙将市与里分离开来。《晋令》规定"坐卢肆者,皆不得宿肆上"①,也就是说商人不能留宿市内,商业区和居住区分别管理,不过根据"工商近市"的原则,商人应该住在"市"的附近。晋代手工业发达,但是小作坊仍多附于工商业者居住的闾里,"工肆之人"多分布在市周围,还未形成独立的民间手工业作坊区。河南各州郡县皆有市场,市场数量多少不一,中心城市洛阳有3市,"金市"即"大市"在城内南宫之北,"马市"在东城外,最为繁荣,"阳市"又称"南市""洛阳县市",在南城外。秦汉时期政府对于市场的管理已经相当规范,魏晋时期又进一步完善。皇帝是名义上的最高统治者,可以通过诏令形式对市场管理规则和交易范围进行规范,地方官员是市场的直接管理者,他们负责市场的运行并关注市场的繁荣,甚至官员的升黜都可能与市场经营有关。《三国志·杨俊传》就记载魏臣杨俊因为卷入王权继承而遭魏文帝所恨,"黄初三年,车驾至宛,以市不丰乐,发怒收俊",最后被迫自杀。市长是市场的直接管理人员,汉代诸郡国皆有市长,"汉代诸郡、国皆有市长。晋、宋已后皆因之",主要负责维持市场交易秩序并对商人征税。市场摆列也沿袭了前代的列肆制度,即销售同类商品的店肆各自成列,即使是小商小贩也要按照其售货品分类,不得混杂。

北魏孝文帝迁都洛阳后,参考南朝建康及一些北方城市的设计,重新规划了城市布局。洛阳城共320个里,内城外郭均有,每坊1里,四围筑墙,形成封闭式里制管理,"里开四门,门置里正二人,吏四人,门士八人"②,"虽有暂劳,奸盗永止"③,可见筑坊的目的主要是方便管理和防御。北魏洛阳城的管理非常严格,每里计有里正8人、吏16人、门士32人,共56人,这还只是里最基本的管理人员,设置这么多的官员,其一是为了加强对居民的管理和控制,其二是为了方便按户征税,保证政府财政收入。宣武帝末年,从河南尹甄琛所请,朝廷规定又将里正由流外四品晋升至勋品,统管京师治安的六部尉为正九品,"以羽林为游军,于诸坊巷司察盗贼。于是京邑清净"④,进一步加强了城市管控。里坊主要坐落于城市的东、西、南三个方位,北郭因地靠邙山,里坊很少。专门设置的用于交易的"市"也主要散布于东、西、南三个方向。如洛阳内城西阳门外四里御

---

① 〔宋〕李昉编纂:《太平御览》卷八二八《资产部八》,河北教育出版社1994年版,第705页。
② 〔魏〕杨衒之撰,周祖谟校释:《洛阳伽蓝记校释》卷五《城北》,中华书局1963年版,第228页。
③ 〔唐〕李延寿:《北史》卷一六《列传第四》,中华书局1974年版,第288页。
④ 〔北齐〕魏收:《魏书》卷六八《列传第五十六》,中华书局1974年版,第1023页。

道南,有大市,"周长八里",大约相当于4个里坊之地。东郭有两市,马市位于东垣北侧建春门外阳渠东、石桥南,小市位于内城东垣南侧青阳门外御道北,规模是两个里坊大小。南郭伊洛二水之间设置有四通市,因北洛水之上架有永桥,亦称"永桥市"。宫城南面有市的城市安排是北魏时期市场发展的需要,打破了周秦以来"前朝后市"的旧制,市场和里坊的交叉存在,相互依存,使得城市商业区与居住区关联更加紧密。

洛阳城内居民皆为里坊编户,居住地受到严格控制,不得随便迁徙。《洛阳伽蓝记》载:"景明初,伪齐建安王萧宝寅来降,封会稽公,为筑宅于归正里,后进爵为齐王,尚南阳长公主。宝寅耻与夷人同列。令公主启世宗,求入城内,世宗从之,赐宅于永安里。"[①]驸马迁居尚且如此之难,一般百姓可以想见,此外从"宝寅耻与夷人同列"也可以看出不同里坊的居民身份也有差别。太和十九年(495),北魏营建洛阳之初,中书侍郎韩显宗就曾上书建议里坊居民"分别士庶,不令杂居,伎作屠沽,各有攸处"[②],根据职业划定居地,以达到"宜申禁约,令贵贱有检,无得逾制,端广衢路,通利沟渠,使寺署有别,四民异居,永垂百世不刊之范,则天下幸甚矣"[③]的目的,文中所提到的"寺署有别,四民异居"可以概括里坊制度下城市内在精神的体现。从居民整体分布来说,西郭主要是皇室贵族、鲜卑系大官僚的居住区,内迁的皇室贵族也居住于此,街道宽广,郭门雄伟。东郭是汉族官僚和士庶的居住区,据考古发现,东郭的东西大街宽度普遍不如西郭,郭门门址也较狭窄,佛寺也是除个别较大外,其余均较小,表明东郭的地位逊于西郭。南郭分为洛河北岸和南岸两部分。北岸主要为礼制建筑区,为"三雍"、寺院等占据,基本"了无人家"。南岸主要是相对独立的四夷里区,用来安置四方归顺的居民。城中居民职业不得随意变换,如在列肆中经营的工商业者必须是向政府登记并取得市籍的居民,其他市民不得任意经营,违者将受到严惩。里坊户数多寡不一。《洛阳伽蓝记》载,慕义里住有万户,归正里有3000户,建阳里有2000户,《魏书》也说里坊居民,"京邑诸坊,大者或千户,五百户"[④]。不过也有只有几户居民的里坊。如内城永和里仅居住了太傅鲁尚书、

---

① 〔魏〕杨衒之撰,周祖谟校释:《洛阳伽蓝记校释》卷三《城南》,中华书局1963年版,第131页。
② 〔唐〕李延寿:《北史》卷四〇《列传第二十八》,中华书局1974年版,第1447页。
③ 〔北齐〕魏收:《魏书》卷六〇《列传第四十八》,中华书局1974年版,第904页。
④ 〔北齐〕魏收:《魏书》卷六八《列传第五十六》,中华书局1974年版,第1022页。

尚书右仆射、吏部尚书、廷尉、卫尉、凉州刺史权贵 6 家，再如西阳门内北延里的建中寺，原是宦官刘腾的住宅，"屋宇奢侈，梁栋逾制，一里之间，廊庑充溢。堂比宣光殿，门匹乾明门，博敞弘丽，诸王莫及也"①，也就是说刘腾一户可能就占据了一里之地。大致来说，"四民异居"的里坊配置可以细分为以下三个原则：一是官位相从。如内城延年里、永和里是达官显宦聚居区，永和里"皆高门华屋，斋馆敞丽。楸槐荫途，桐杨夹植。当世名为贵里"②。城西寿丘里，则为皇宗所居，民间号为王子坊。因为北魏洛阳城规划中是将里坊与官属结合在一起布置，因而城内的衣冠、凌阴、治粟等里成为中级官员聚居区，如治粟里位于太仓、导官二署西北，仓司官署居其内。外郭也有王公贵族居住，如城东东安里，豪宅林立，街道宽阔，有北魏亲王和重要大臣在此居住。二是族类相依。中国家庭自古有聚族而居的传统，魏晋南北朝时期虽历经战乱，但是这种习惯并不会轻易改变。《隋书·经籍志》载，"后魏迁洛，有八氏十姓，咸出帝族；又有三十六族，则诸国之从魏者；九十二姓，世为部落大人者，并为河南洛阳人"，也就是说北魏迁都洛阳后在组织上仍很大程度保留着旧日部落性质的编制，反映在里坊居住上也遵循了族类相依的原则。③ 此外，北魏时期前来归附的外夷也按照此原则，集中居住在了城南归正、归德、慕义、慕化四里。三是行业相聚。北魏时期，里坊之名多以居住者所从事的行业命名，伎乐、工商、士人分区居住，不相混杂。如大市周围有 10 个里，居住者大多为工商和卖艺之人。其东通商、达货二里，里内之人，尽皆工巧，屠贩为生，赀财巨万。市北慈孝、奉终二里，里内之人多卖送死人之具及诸棺椁。市南有调音、乐律二里，里内之人，丝竹讴歌，天下妙伎出焉。市西则有退酤、治觞二里，里内之人多酿酒为业。另有还有准财、金肆二里，主要是因商治富者居地。再如北郭上商里，原为殷顽民聚居地，孝文帝改为闻义里，迁都之初有许多王公卿大夫居此，但因为这段不太体面的历史，这些人大多迁出。因为这里多黄土，后来居民多以制造瓦器为业，京城瓦器便由此地供应，故而还出现了"洛城东北上商里，殷之顽民昔所止，今日百姓造瓮

---

① 〔魏〕杨衒之撰，周祖谟校释：《洛阳伽蓝记校释》卷一《城内》，中华书局 1963 年版，第 49 页。
② 〔魏〕杨衒之撰，周祖谟校释：《洛阳伽蓝记校释》卷一《城内》，中华书局 1963 年版，第 64 页。
③ 李久昌：《国家、空间与社会——古代洛阳都城空间演变研究》，三秦出版社 2007 年版，第 331 页。

子,人皆弃去住者耻"①的民谣。北魏洛阳城继承了前代城市居住区按里划分的原则,在此基础上又有了许多新的发展,呈现出许多新的特征,如外郭城扩建为大规模的里坊区,根据市场发展设立市肆,破除"前朝后市"的旧传统,形成布局规整、管理严格的里坊制度,这些都是北魏洛阳城的创举,对后来隋唐长安、洛阳的城市建设产生了直接的影响,具有承前启后的意义。

第四节 城市的文化与社会

魏晋南北朝时期社会的大分裂和多民族的大融合是两个显著的特征,在此背景下,中原地区和周边民族的文化因素渗透交织在一起,中华文化日趋厚重。

一、城市的文化发展

长期的战乱对文化事业发展造成了巨大破坏,学校教育时断时续,教育水平举足不前,与此同时,私学教育倒显得颇为耀眼。科学技术有了进一步发展,尤其是医学,在兵荒马乱、疫情肆虐的局势下,医学家们重任在肩,总结前人经验,探索未知领域,理论水平和诊疗技术均有突飞猛进的提高。哲学领域,随着儒学独尊地位的丧失,玄学兴盛,佛教与道教思想也广为传播,有神论与无神论的争辩甚嚣尘上,思想领域又出现了一次大规模的"百家争鸣"。

1.文化教育

魏晋南北朝时期,长期的战争使得学校废置无常,数量大量减少,学校教育总体呈衰落状态,但也正是在长期的战争中,大批知识分子为寻求政治庇护,纷纷施展才干为新兴政权服务,他们用孟子"以夏变夷"的理论武装自己,从而跨越地域让儒学对新生政权产生影响。在他们的努力下,中原政权对于儒学的重

---

① 〔魏〕杨衒之撰,周祖谟校释:《洛阳伽蓝记校释》卷五《城北》,中华书局1963年版,第182页。

视较之同时代南朝政权有过之而无不及,与之相对应的是儒学也是学校教育的重要内容。

立足中原的王朝在政权相对稳定后都会对中央官学给予充分重视。曹魏黄初五年(224),太学在洛阳正式恢复,学制沿袭汉代,略做改动,有教授《诗》《书》《礼》《易》《春秋》的"五经"博士 10 余人,后来又增加了《穀梁春秋》和王朗的《易传》供学生研习。正始年间(240~249),用古文、篆、隶三种字体重刻"五经"文字和曹丕的《典论》于石,立于太学讲堂前,史称"正始石经"或"三体石经",作为经书标准教材和考试依据。太学生员数量开始不过数百人,后来逐渐增加,曹魏末年达到 7000 人。因为太学生多为躲避兵役而前来读书,故而学业水平普遍不高。西晋初,太学有博士 19 人,学生经过整顿,人数裁汰过半,仅剩下 3000 人。太学仍是研习儒学之所,贾、马、郑、服、孔、王、何、颜、伊之徒章句传注众家之学,均立于学宫之前,后来郑玄所注群经不被采用,王肃及其父王朗的传注作品被加入。太学除传授经学外,还立文字博士教习弟子练习钟繇、胡昭书法,这是书法专科的开始,为后来学校分科的前身。咸宁四年(278),晋武帝创设国子学,置国子祭酒、博士各一人。惠帝元康三年(293)规定,五品官以上子弟许入国子学,太学则从此成为六品及以下官员子弟求学之所,这可以说是政治上推行九品中正制后士族特权在教育领域的延伸。国子学与太学分立,直接影响了以后的学校教育制度,国子学被视为后来国子监的滥觞。北魏时期,鲜卑贵族仰慕汉族文化,大力推进教育发展。迁都洛阳后,孝文帝和宣武帝屡次下诏营建太学、国子学和四门小学。正光三年(522)国子学招生,置 36 人,由三品以上及五品清官之子充选。太学和国子监学生均以研习儒家经典为主,政府召集诸博士儒生"比众经文字,以义类相从"编纂了 4 万多字的《众文经》,作为学习教材和考试依据。魏孝文帝曾任命河内常景为律学博士,此外国子学中还有算学和医学博士及助教,这对于隋唐专科学校的发展有着直接的影响。四门小学设于太学坊之四门,专门面向皇族子弟,反映了他们对汉化的需要。北齐遵循北魏的制度,在首都邺城设立国子学、太学、四门学作为中央官学。

统治者对于地方官学的建立亦非常重视。即使在兵荒马乱的建安八年(203),曹操就曾发布《修学令》,"丧乱已来,十有五年,后生者不见仁义礼让之风,吾甚伤之。其令郡国各修文学,县满五百户置校官,选其乡之俊造而教学之,庶几先王之道不废,而有以益于天下"①。曹丕即位后,延续了曹操的教育思想,"阐其业,兴复辟雍,州立课试,于是天下之士,复闻庠序之教,亲俎豆之礼焉"②。此时期诸郡(国)县均建有官学。如杨俊任南阳太守时就曾置办学校,令狐邵为弘农太守时,"郡无知经者,乃历问诸吏,有欲远行就师,辄假遣,令诣河东就乐详学经,粗明乃还,因设文学。由是弘农学业转兴"③。西晋时期,由于国家统一,社会相对安定,地方官学发展相对较快。北魏政府重视教育,此时期地方学校制度在郡国首次建立。北魏学校博士、助教、学生的名额根据郡的大小有所区别,一般大郡博士2人,助教4人,学生100人;次郡博士2人,助教2人,学生80人;中郡博士1人,助教2人,学生60人;下郡博士1人,助教1人,学生40人。对于博士的选择非常严格,不仅要博通经典,还要道德高尚,年龄要在40岁以上。学生则依照门第高低择选,豪门贵族享有优先权。北魏时期的河南已经逐渐形成州、郡、县、乡各级地方官学体系,州郡官学学生的考试,由地方最高行政官员州刺史或者郡太守亲自主持。

汉代私学发达,魏晋时期河南承其余绪。曹魏董遇、贾洪、邯郸淳、薛夏、隗禧、苏林、乐祥等人,"于任官之余,传授生徒,开通文化,厥功甚伟"④。杜夷"居汝颍之间,十载足不出门。年四十余,始还乡里,闭门教授,生徒千人"⑤。颍川长社人钟会,魏太傅钟繇幼子,出身名门,从小受到了来自母亲的良好教育,"年四岁授孝经,七岁诵论语,八岁诵诗,十岁诵尚书,十一诵易,十二诵春秋左氏传、国语,十三诵周礼、礼记,十四诵成侯易记,十五使入太学问四方奇文异训。谓会曰:'学猥则倦,倦则意怠;吾惧汝之意怠,故以渐训汝,今可以独学矣。'"⑥钟会所受到的家学也是私学的一种。北朝时期,在"北人学问,渊综广博"气氛熏染下,私学也较为发达。北魏河内常爽是一位著名的教育家,他生活于动乱时期,因为看到政府屡兴征伐,贵族子弟大多无暇求学,于是开馆授业,教授生徒700余人,使得北方教育事业得以重振。他还建立了一套完整的教学制度,

---

① 夏传才校注:《曹操集校注》,河北教育出版社2013年版,第82页。
② 〔晋〕陈寿撰,〔宋〕裴松之注:《三国志》卷二四《魏书二十四》,中华书局2000年版,第511页。
③ 〔晋〕陈寿撰,〔宋〕裴松之注:《三国志》卷一六《魏书十六》,中华书局2000年版,第387页。
④ 杨吉仁:《三国两晋学校教育与选士制度》,正中书局1968年版,第43页。
⑤ 〔唐〕房玄龄:《晋书》卷九一《列传第六十》,中华书局1974年版,第1570页。
⑥ 〔晋〕陈寿撰,〔宋〕裴松之注:《三国志》卷二八《魏书二十八》,中华书局2000年版,第584页。

赏罚分明,弟子们视其为严父。常爽从事教学 20 余年,学生众多,尚书左仆射元赞、平原太守司马真安、著作郎程灵虬等都是他的学生,名士崔浩、高允对其教育方式甚为叹服,高允还曾赞其:"文翁柔胜,先生刚克,立教虽殊,成人一也。"[①]其子常文通、孙常景,亦学识渊博,卓有才干,常氏一族被称为儒学世家。北魏顿丘卫国(今河南省清丰县西南)人董征,师从清河监伯阳习学《论语》《毛诗》《春秋》《周易》诸经,"后于博陵刘献之遍受诸经。数年之中,大义精练,讲授生徒"[②]。

魏晋南北朝时期童蒙读物有所发展,三国时期著名书法家、颍川长社(今河南省长葛市东)人钟繇编写的《千字文》,南朝济阳考城(今河南省商丘市民权县)人范岫编著的《字数》是当时较为流行的儿童学习识字、书写的教材。

2. 科学技术

魏晋南北朝时期的科学技术继承了前代成就,并在医学、地理学、天文学、数学等方面多有创新。

魏晋南北朝时期,长期的战乱、饥荒和疾疫时刻威胁着人民的生命,在此背景下医学得到了突飞猛进的发展,河南地区涌现了不少名垂杏林的大夫和医学家。王熙,字叔和,魏晋时期著名医学家,晋时曾担任太医令。他潜心研读历代名医论著,师古而不泥古,医术高明,博通经方,名噪洛阳。王熙一生对医学最大的贡献是编著了我国现存最早的脉学专著——《脉经》。脉学在我国起源很早,秦汉时期就有大夫常用"望、闻、问、切"的方法诊断疾病,但是还不为广大大夫重视,有些大夫因为脉理知识缺乏等原因还会造成诊断错误,为了解决这一问题,王熙在搜集扁鹊、仓公、张仲景、华佗等前辈名医的脉学论述的基础上,结合自己多年的临床体会和见解,编写成了《脉经》这部蜚声中外的医书。《脉经》共分 10 卷,98 篇,约 10 万字。在书中他改进了切脉方法,总结出 24 种脉象,并将脉象与症候、治疗相结合,对临床实践起到了积极有效的作用,后来此书又流传到了日本、朝鲜、中亚和欧洲等国家和地区,为世界医学的进步做出了贡献。不仅如此,魏晋时期许多医书都散落佚失或残缺不全,王熙四处搜集张仲景所著《伤寒杂病论》原本,并将之加以整理和修复,分为《伤寒论》(10 卷,22

---

① 〔宋〕司马光:《资治通鉴》卷一二三《宋纪五》,岳麓书社 1990 年版,第 591 页。
② 〔北齐〕魏收:《魏书》卷八四《列传儒林第七十二》,中华书局 1974 年版,第 1255 页。

篇)、《金匮要略》(6卷,25篇)两个部分,前者主要讲述急性传染病,后者包括内、外、妇科等杂病。除此之外,王熙还对养生学有精辟的论述,他主张起居饮食有可为,也有可不为,只有生活规律,饮食适量,才可以长命百岁、却病延年,这是中国关于饮食养生最早的系统论述。皇甫谧,字士安,幼名静,自号玄晏先生,安定郡朝那县(今甘肃省灵台县)人,长期居住在新安(今渑池县),西晋学者、医学家。皇甫谧出身贵族,中年以后因为抱病在床故而自读了大量医书,随着认识的深入,他发现针灸书籍深奥难懂并且纰漏百出,故而他潜心钻研,根据自身的体会,将《素问》、《针经》(即《灵枢》)、《明堂孔穴针灸治要》三部古代医书的精华融合在一起,合著成《黄帝针灸甲乙经》,又称《针灸甲乙经》或《甲乙经》。晋时的《甲乙经》共10卷,南北朝改为12卷。大致可分为两大部分:第一部分是基本理论、针灸基础知识,所涉及内容均经过详细审订;第二部分是针灸的临床运用,内含病例880余症,对针灸具体操作进行了详尽解说。《针灸甲乙经》是我国最早将针灸学理论与腧穴学相结合的著作,也是我国古代针灸学的集成和总结,为历代医学家、针灸学家所重视,具有很高的实用价值。这部书后来传到了日本,被《大宝律令》明确规定为学习中医的必读书目,目前国外还有英文译本和法文译本。针灸名家徐之才,出身于丹阳徐氏医学世家,博闻多识,医书高明,善于针灸。北魏孝昌二年(526),"至洛,敕居南馆,礼遇甚优"[1],多次入宫为皇帝、太后、后妃诊病,针药并用,声誉卓著。李修,平阳馆陶(今河北省馆陶县)人,出身医学世家,北魏时期"位中散令,以功赐爵下蔡子,迁给事中",常在禁中为皇室诊病,"修侍针药,治多有效",受到重用,还曾组织"诸学士及工书者百余人,在东宫撰诸药方百余卷,皆行于世"[2]。河内(今沁阳市)人马嗣明,北齐著名医家,"少明医术,博综经方,《甲乙》《素问》《明堂》《本草》莫不咸诵",医术非凡,"为人诊候,一年前知其生死","针灸孔穴,往往与《明堂》不同"[3],可能与黄帝明堂针灸派师承有别。此外,河南(今洛阳市)阴贞人、河内(今沁阳市)人张子信等亦是当时有名医家。

  地理学在我国古代是深受重视的一门科学,魏晋南北朝时期河南为我国地

---

[1] [唐]李延寿:《北史》卷九〇《列传第七十八》,中华书局1974年版,第2970页。
[2] [唐]李延寿:《北史》卷九〇《列传第七十八》,中华书局1974年版,第2968页。
[3] [唐]李百药:《北齐书》卷四九《列传第四十一》,中华书局1972年版,第470页。

理学发展做出了卓越贡献。裴秀出身于河东士族大家,泰始四年(268)担任司空后,认为《禹贡》中所涉及的山川地名,沿用久远,后世多有变易,许多已经混淆不清,于是甄别旧书,有疑问的地方缺而不论,古代有名而今废的地名作出注解,作成《禹贡地域图》。在该书序言中,他第一次明确提出我国古代地图绘制的理论,即著名的"制图六体",也就是绘制地图必须遵循的分率、准望、道里、高下、方邪、迂直六原则,对后世制图工作影响深远,具有划时代的意义,直到16世纪西方地图投影方法传入中国,中国的制图学才再一次革新。郦道元,涿州(今属河北省)人,长期在河南做官,是一位杰出的地理学家。郦道元勤奋好学,博览群书,他将书本的记载与自己长期的野外考察相结合,为西汉后期桑钦所编《水经》作注,编成举世闻名的《水经注》。《水经注》以水道为纲,详细记述各地河流的水文情况,并把水域的其他自然现象及历史地理变迁综合起来全面记述,开创了我国古代综合地理著作的一种新形式。《水经注》记述了全国1252条水道,总字数超过30余万字,远超过《水经》河流137条,总字数1.5万的记录,为自然科学和人文科学提供了丰富的研究资料,其中涉及的很多碑刻和书籍在后来的历史变迁中已经散佚,只能在郦道元的转录中略见一斑,其价值可谓弥足珍贵,郦道元对地理学的贡献和功绩,值得后人敬仰。

天文历法在魏晋南北朝时期也取得了一系列成就。曹魏立国之初,采用太史高堂隆和太史丞韩翊编定的《黄初历》。黄初历采用的朔望月长度为29.53059日,误差为0~4秒,代表了当时的最高水平。魏明帝时期,北方又推行了杨伟所编制的《景初历》,使用时间达250年之久。它的优点主要在日、月食的推算上,依照该历法可以定出日、月食交回迟速的差,如同现代所说的"时限",还可以推算日食亏始方位角和食分多少等,这是前代历法所没有的。西晋初,杜预发现通行历法不合晷度,经过细致计算,纠正了其中舛误,称《二元乾度历》,此后又经过刘子骏和李修等人的修订,历法的准确性提高。北魏正始四年(507),宣武帝颁行《景明历》,其后祖莹等人在参合其他历法的基础上又形成了《神龟历》,孝明帝时颁行天下。西晋太史令陈卓,汇集整理了甘氏、石氏和巫咸氏三家所著星图,求同存异,共归纳出283星官、1464颗恒星的全天星官系统,制成当时最为精密的圆形盖天式星图,对后世影响深远。

3.哲学宗教

魏晋南北朝时期随着儒学独尊地位的丧失,玄学清谈之风的盛行,佛教的广泛传播以及道教思想的形成,宗教神学和唯物主义无神论之间的争论甚嚣尘上,我国思想领域出现了有史以来的第二次"百家争鸣"。

魏晋南北朝时期是儒学由衰落走向分离的时期,曹魏时期的郑学和王学之间的争论是经学走向衰落的标志。郑学是以郑玄为代表的学术派别。郑玄于汉末入洛阳学习经学,后又拜关中马融为师,曾遍注《周易》《尚书》《毛诗》《论语》《孝经》《尚书大传》,博通今古文经,为汉魏鸿儒。郑氏以讲授《左传》为主,其学说盛行于全国,被作为太学学习内容和考试依据。另一个与之对立的学派是专讲马融之学的王肃。王肃"善贾、马之学,而不好郑氏,采会同异,为《尚书》《诗》《论语》"三礼"《左氏》解,及撰定父朗所作《易传》",他是名臣王朗之子,又是专擅魏政的司马昭的岳父。所以其诸经解得以"皆列于学官"①。为了在与郑学攻讦中夺得上风,王肃不惜伪造《孔子家语》《孔丛子》诸书,终为后世诟弊。魏晋时期还涌现出了不少有名望的学者,如弘农董遇,"善治《老子》,为《老子》作训注。又善《左氏传》,更为作朱墨别异。人有从学者,遇不肯教,而云'必当先读百遍'"②。陈留(今开封市东南)苏林,"博学,多通古今字指,凡诸书传文间危疑,林皆释之。建安中,为五官将文学,甚见礼待。黄初中,为博士给事中"③。颍川邯郸淳,"博学有才章,又善苍、雅、虫、篆、许氏字指……及黄初初,以淳为博士给事中"④。河东(今山西省夏县东北)乐祥,自小好学,曾经步行从南阳到许昌,"从谢该问左氏疑难诸埂,撰《左氏乐氏问七十二事》"⑤。西晋时期玄学兴起,但是经学亦未断绝,弘农董景道继承东汉学风之绪余,"明《春秋三传》《京氏易》《马氏尚书》《韩诗》,皆精究大义。'三礼'之义,专遵郑氏,著《礼通论》非驳诸儒,演广郑旨"⑥。开封(今属河南省)郑冲,"起自寒微,卓尔立操,清恬寡欲,耽玩经史,遂博究儒术及百家之言"⑦,曾为高贵乡公曹髦

---

① 〔清〕梁章钜撰,杨耀坤校订:《三国志旁证》,福建人民出版社 2000 年版,第 297 页。
② 〔晋〕陈寿撰,〔宋〕裴松之注:《三国志》卷一三《魏书十三》,中华书局 2000 年版,第 316 页。
③ 〔晋〕陈寿撰,〔宋〕裴松之注:《三国志》卷二一《魏书二十一》引《魏略》,中华书局 2000 年版,第 463 页。
④ 〔晋〕陈寿撰,〔宋〕裴松之注:《三国志》卷二一《魏书二十一》引《魏略》,中华书局 2000 年版,第 449 页。
⑤ 杨吉仁:《三国两晋学校教育与选士制度》,正中书局 1968 年版,第 43 页。
⑥ 〔唐〕房玄龄:《晋书》卷九一《列传第六十一》,中华书局 1974 年版,第 1571 页。
⑦ 〔唐〕房玄龄:《晋书》卷三三《列传第三》,中华书局 1974 年版,第 646 页。

讲授《尚书》,与孙邕、曹羲、荀顗、何晏共同收集《论语》各家注释,择其善者,记其姓名,不妥者辄加修改,称为《论语集解》。十六国时期纵然战乱频仍,民不聊生,但是北方儒学根脉并未折断。河南是北方儒学传播的中心之地,《北史·儒林传》评论说,"大抵南北所为章句好尚,互有不同……南人约简,得其英华;北人深芜,穷其枝叶",可以理解为北方儒宗承东汉训诂之学,根深叶茂,博大精深;南方儒学则浸润着玄学精神,阐发经义不拘泥于章句家法。《魏书》记载,北魏李业兴出使南梁时曾向梁武帝介绍自己,"少为书生,止习五典,素不玄学,何敢仰酬"①,虽然语句中不乏自谦之辞,但字里行间可以推断北魏及其之前的十六国时期北方儒学受玄学的影响应该远逊于南方,故而时人有"北人学问渊综广博","南人学问,深通简要"②的总结。北魏统治者倾心汉化,儒学在政治领域保持着正统的教化地位。河内温县(今河南省温县西南)常爽,"笃志好学,博闻强识,明习纬候,五经百家多所研综"③,著有《六经略注》行于世,时人号为"儒林先生"。洛阳元善,广泛涉猎五经,尤其通晓《左氏传》,曾任北周太子宫尹,为太子教授经书,后迁国子祭酒,曾在皇帝面前讲解《孝经》,鞭辟入里,讽谏得当,受到皇帝的称赞。

玄学兴起和形成于河洛地区,是魏晋时期的主要哲学思想。随着东汉大一统王朝的分崩离析,占统治地位的儒家经学呈现衰微之势,士大夫们开始以《老子》《庄子》和《易经》三部书为张本,探讨有无、本末等玄理,醉心于形而上的哲学辩论,谈论玄道,剖析妙理,时人称之为"三玄"或"玄学"。玄学最早兴起于魏齐王曹芳正始年间,何晏、王弼把"无"作为最高哲学范畴,他们"以无为本",认为万事只要顺应自然,笃守无为,便可超脱现实,"事而无事,由无以成",从而达到"治之极也"的境界。何晏、王弼均为贵族名士,追随者影从云集,遂成一代风气。何晏的著作为《老子道德论》《论语集解》,王弼的著作为《易注》《老子注》。西晋时期又出现了阮籍、嵇康、刘伶、山涛、向秀、王戎及阮咸等"清谈派",他们经常在洛阳和河内郡(治今武陟县西南)等地活动,后世人称为"竹林七贤"。阮籍,三国时期陈留(今属河南省)人,曾任步兵校尉,世称阮步兵。崇奉

---

① 〔清〕皮锡瑞:《皮锡瑞集》,岳麓书社 2012 年版,第 1174 页。
② 〔南朝宋〕刘义庆著,〔南朝梁〕刘孝标注,余嘉锡笺疏:《世说新语笺疏》,上海古籍出版社 1993 年版,第 216 页。
③ 〔北齐〕魏收:《魏书》卷八四《列传儒林第七十二》,中华书局 1974 年版,第 1848 页。

老庄之学,早年有济世之志,因对现实不满,政治上则采取谨慎避祸的态度,纵酒谈玄,尤好老庄,著有《通老论》《达庄论》《通易论》《乐论》和《大人先生传》。嵇康为曹魏宗室的女婿,官至中散大夫,世称"嵇中散",后来屡拒为官,隐居山林。嵇康为"竹林七贤"的精神领袖,主张"越名教而任自然""审贵贱而通物情",作《释私论》,指明"君子不以是非为念,但虚心率性而行,自然不能违"。他还继承了老庄的养生理论,所作《养生论》为中国首部养生学著作。刘伶是"竹林七贤"中社会地位最低的,他喜好老庄之学,追求自由逍遥、无为而治的生活,曾在建威将军王戎幕府下任参军,辞官不做,后朝廷屡次征召,均被拒绝。刘伶放情纵性,蔑视礼法,著有《酒德颂》和《北芒客舍》等,反映了其身处宇宙调和万物的心境。向秀,河内怀县(今河南省武陟县)人,喜好老庄,注释《庄子》,被赞为"妙析奇致,大畅玄风",余《秋水》《至乐》二篇注释未竟,郭象承其余绪,完成《庄子注》,另有《思旧赋》《难嵇叔夜养生论》等作品。除了以上提到的诸位玄学之士,西晋时期洛阳城中郭象、王衍、乐广、谢鲲等也先后继承了老庄思想,著书清谈,倡扬玄风。如郭象好老庄,能清言,常闲居,其所著《庄子注》有许多独到的见解。值得补充的是,与何晏、王弼"贵无论"相对的是裴頠的"崇有论"。裴頠,西晋哲学家,曾任散骑常侍、国子祭酒兼右军将军、尚书左仆射之职。他认为万有的整体是最根本的"道","无"不能生"有","有"为"自生","自生而必体有"。他还认为万物演化自有其规律。他的理论在当时具有很大的影响,著有《崇有论》一书。

曹魏时期,五斗米道在中原流传,曹操收服道教首领张鲁后,教中人物被吸收入曹魏集团中。此时期的原始宗教逐渐出现了分化;一派仍在民间秘密流传,以符水治病等组织群众发动起义,被统治者斥为妖教邪说,另一派则以炼丹修仙为务,成为统治者的御用宗教。① 北魏初期,道士寇谦之修习五斗米道,曾在嵩山石室栖居7年,此后寇谦之对道教进行改造,创立了北天师道。新道教剔除了可能被用于组织斗争的教义、仪式,专以礼度为首,而加之以服食闭练,以更好为统治阶层服务。寇谦之还托言太上老君授予天师之位,编成《云中音诵新科之诫》《天中三真太文录》等道经。始光初年(424),寇谦之带领弟子离开嵩山前往北魏都城平城(今山西省大同市)献书,受到朝廷的热情接待。40

---

① 朱大渭等著:《魏晋南北朝社会生活史》,中国社会科学出版社1998年版,第304、305页。

余名嵩山道士在平城起天师道场,宣扬道法。同年,太武帝还派谒者持玉帛牲劳祭祀嵩山。北魏统治者崇信道教,将其定位"国教",太武帝拓跋焘在位时,曾设道坛,接受道教符箓,此后北魏诸帝纷纷效仿,道教地位超过佛教。北魏迁都洛阳后,洛阳城外设立道坊,行拜祀之礼。北齐统治者崇佛抑道,"敕道士皆剃发为沙门","于是齐境皆无道士"[1]。此外,东晋著名道士许逊的祖籍也在河南。许逊(239~374),字敬之,汝南(今河南省许昌市)人,道教净明派始祖,被尊称为许真君,是道教四大天师之一。他认为以孝道为之准式,修炼为之方术,日积月累,便可"道气坚完,神人伏役,一瞬息间,可达玄理"[2],在当时颇具影响。著有《太上灵宝净明飞仙度人经法》《灵剑子》《石函记》等。

  魏晋南北朝时期,政权更迭频仍,政治昏乱,人民生活困苦,步履维艰,百姓在现实生活中找不到出路,便转而依托宗教寻找心灵上的慰藉,在这一背景下佛教发展异常迅速。三国时期,天竺(今印度)人昙诃迦罗在洛阳白马寺翻译《神祇戒心经》,并组织众僧受戒,严密、规范的度僧戒律制度在中国创立。此时期天竺(或作巨康)人康僧铠、安息僧人昙无谛等也均在洛阳翻译佛经,传播佛教。汉人南阳韩林、颖川(今许昌市东)皮业等向西域僧人学习佛经,初通佛法。还有不少汉人赴西域求法。如颖川(今许昌市)人朱士行是第一位登坛受戒的汉族僧人,也是第一位赴西域求法的僧人,在于阗,因事被阻不能东归,遂于西晋太康二年(281)派遣于阗弟子法饶等10人将正品梵书送回洛阳。西晋时期,河南聚集着一批名僧,如陈留(今开封市,一说林虑,即今林县)僧侣支遁,精通佛理,晋哀帝时应诏进京,居东安寺讲道,曾与名僧慧远等名士辩论玄理,为世人推崇。此外还有河南人帛法祖、刘元真、于法兰、支孝龙等人与西域名僧竺法护、竺法行、竺叔兰聚集洛阳研习佛理论,讲经不辍。南北朝时期高僧慧思(515~577),俗姓李,武津(今驻马店市上蔡县附近),世称南岳尊者、思大和尚或思禅师,是中国佛教天台宗的第三代祖师。自幼研习《法华》,曾梦普贤菩萨摩顶而去,因此头顶隆起肉髻。师从慧文禅师,得授观心之法,声誉远播。东魏北齐时,为避战乱,入光州(今潢川县)大苏山,讲授《大品般若经》,远来归附者日众。慧思注重禅法实践和义理推究,讲求定慧双修,其著作大多口授讲义,自

---

[1] 〔宋〕司马光:《资治通鉴》卷一六六《梁纪二十二》,岳麓书社1990年版,第147页。
[2] 〔清〕胡之玫编著,陈立立、邹付水整理:《净明宗教录》,江西人民出版社2009年版,第71页。

成体系,有《释论玄》《誓愿文》《随自意》《法华安乐行义》《大乘止观法门》等。北魏时期,佛教建立了一套组织系统,有道人统(后改为沙门统)、都维那、维那、寺主等佛教教职,管理寺院事务。此外政府还赋予僧尼免除役调等特权,使得寺院往往成为苦于赋役农民的避难所。北朝僧尼犯法还可以不受国家法律制裁,只接受寺院内律裁定,这些政策直接促使了僧尼数量快速增加。据统计,佛教在西晋时只有寺院180所,僧尼3700人;北魏太和元年(477),全境佛寺增加到6478所,僧尼增加到77258人;北齐境内寺院3万所,僧尼200万,北周境内共有寺院1万所,僧尼100万,也就是说北齐、北周合计有寺院4万所,而全境僧尼更是高达300万人。[1]

不但有神论发展前所未有,无神论方面也取得了不朽的成就。陈留(今属河南省)人阮瞻,"素执无鬼论,物莫能难,每自谓此理足可以辩正幽明"[2]。南阳舞阴(今泌阳县羊册镇古城)人范缜,是南北朝时期著名的唯物主义思想家、道家代表人物、杰出的无神论者。他继承和发扬了荀况、王充等人的唯物论思想,著有《神灭论》一书,是中国古代思想发展史上具有划时代意义的不朽作品。他还主张形神相即、"不得相异"的观点,认为"神即形也,形即神也,是以形存则神存,形谢则神灭"[3],形质死而不可复生,精俱灭而不再存在等。

二、城市的社会生活

民族融合是魏晋南北朝时期的一个关键词,北方少数民族南下,对中原社会产生了巨大影响,从生活起居到服饰装饰,再到建筑技术,中华文化处处体现了兼容并蓄、承前启后的特征。

1.生活起居

魏晋南北朝时期各族人民杂居在一起,使得中原社会生活起居发生了较大转变。自东汉以来,冠冕为帝王和高官所专用,冕与衮服相配,是皇帝及王公的

---

[1] 朱大渭等著:《魏晋南北朝社会生活史》,中国社会科学出版社1998年,第303页。
[2] 〔唐〕房玄龄:《晋书》卷四九《列传第十九》,中华书局1974年版,第902页。
[3] 〔南朝梁〕范缜:《神灭论》,《〈天论〉〈神灭论〉注释》,甘肃人民出版社1976年版,第52页。

重要礼服。帝王多带通天冠、远游冠,文官则带进贤冠、高山冠,武官也有武冠。平民百姓则戴帽,有从鲜卑传入中原的突骑帽,也有圆顶长檐的"风帽",北朝后期非常流行。魏晋时期中原文士非正式场合喜欢戴头巾(一名纶巾),因为苏轼在《念奴娇》中以"羽扇纶巾"描写诸葛亮玉树临风的形象,故而又名"诸葛巾"。服装有着严格的等级差别,群臣着五时朝服,衣料由朝廷供给,北魏孝文帝时一度在便于活动的裤褶服基础上改进朝服,孝明帝时再次改良,衣服趋向博大。魏晋名士有"晋末皆冠小而衣裳博大,风流相放"[①],"尚褒衣博带,大冠高履"[②]的服饰风尚。女子建安时期喜欢着长裙,上身短,下身长,西晋则上俭下丰,外着长衣压腰盖裙。小袖袄由北方鲜卑等游牧民族传入,成为妇女主要服饰之一,女性上装开始习尚窄袖、束腰、紧身。此时期男女脚上皆着履,男为方头,女为圆头,晋惠帝时期女履也改为方头。胡服中的足靴在中原非常流行,广受民众欢迎。饮食种类日渐丰富,不但北方少数民族喜欢的明火烧烤方式被中原士大夫接受,从北方、西北少数民族传入的酒、茶和酪浆也摆上统治阶层的饭桌,西晋潘岳《闲居赋》中有"灌园鬻蔬,供朝夕之膳;牧羊酤酪,俟弗腊之费"的记叙,可见北方少数民族饮食在中原十分流行。五代之前中国居所家具均较为低矮,汉末北方少数民族家具传入中原,胡帐、胡床、胡座等深受皇帝和王公大臣的喜爱。魏晋南北朝时这些高型坐具在中原颇受欢迎,宣告了中国历史上起居方式革命的开启。胡床大致相当于现代的折叠凳,由八根木棍组成,坐面为棕绳联结,轻便易携,《梁书·侯景传》谓"床上常设胡床及筌蹄,着靴垂脚坐",中原人民席地而坐的传统开始改变。此时期历史书籍和文学作品中关于胡床的记载随处可见,应用非常广泛。随着外来文化的影响,汉代粗浊质朴的铜器开始向挺拔秀丽、装饰华丽发展,金银器也不例外,不仅数量增多,而且精雕细琢,可见看出统治者的使用器物向着奢侈华贵方向发展。此时期的交通工具依旧沿袭前代的船和车,贵族出行会乘坐牛车、羊车、驴车和骡车,也会骑马。

2.城市建筑

魏晋南北朝时期,民族融合的加深和佛教的传入使得此时期的工程和建筑呈现出兼收并蓄、承上启下的特点。魏晋世家争尚奢华,园林建筑迅速兴起,西

---

① 〔唐〕房玄龄:《晋书》卷二七《五行上》,中华书局1974年版,第537页。
② 颜迈译注:《颜氏家训译注》,商务印书馆2016年版,第107页。

晋的桥道、沟渠、闸堰等工程建设,技术水平很高,是我国古代建筑的典范,北朝时期佛教建筑很多,建筑风格日趋成熟。

魏晋南北朝时期是我国古代园林建筑的重要转折期。曹魏皇家园林洛阳华林园内不仅有人工建造的湖泊和假山,而且松、柏、竹木于其上,捕山禽杂兽于其中,恢宏气派。私家园林也得到了发展。此时期文人雅士厌烦战争,士大夫标榜风流,于是园林建筑多崇尚自然风雅。如西晋石崇晚年在洛阳西北郊外修建了金谷园。他曾自著《金谷诗》描述:"余有别庐在金谷涧中,或高或下。有清泉茂林,众果、竹柏、药草之属。田四十顷,羊二百口,鸡猪鹅鸭之类莫不毕备。又有水碓鱼池土窟,其为娱目欢心之物备矣。"①金谷园把自然式风景浓缩于私家园林中,不仅可以寄情山林之乐,还可以作为吟咏作乐的场所。北魏迁都洛阳后,园林建造之风盛行,几乎每个贵族宅居之后都建有"后园",供人游憩。据《洛阳伽蓝记》记载:"当时四海晏清,八荒率职……于是帝族王侯,外戚公主,擅山海之富,居川林之饶。争修园宅,互相夸竞。崇门丰室,洞户连房,飞馆生风,重楼起雾。高台芳榭,家家而筑;花林曲池,园园而有,莫不桃李夏绿,竹柏冬青","入其后园,见沟渎蹇产,石蹬嶕峣,朱荷出池,绿萍浮水,飞梁跨阁,高树出云"②。北魏园林中,土山、钓台、曲沼、飞梁、重阁等应该是必备之物,"石蹬嶕峣"说明园中有假山,且叠石造山水平应该不低,"朱荷出池,绿萍浮水""桃李夏绿,竹柏冬青"可以管窥园林设计讲求意境,不仅池水中有绿植装饰,园中用于绿化的树木品种也不少,身居其中应该十分惬意。

佛教的传入带动了佛教建筑的发展,也为河南带来了印度、中亚一带的雕刻、绘画艺术,使得这里的建筑风格更加多样。河南最早的佛教建筑白马寺是在东汉官署鸿胪寺的基础上改建而成,其结构和布局兼具中国传统官署建筑"寺"和祭祀建筑"庙"的特征,此后出现了以塔为中心的寺院,北魏洛阳所建永宁寺就是其中的代表。永宁寺建于孝明帝熙平元年(516),是北魏内城唯一的一座佛寺。根据现代考古挖掘发现,永宁寺呈坐北朝南的长方形结构,周长1040米,四周有夯筑围墙,墙体根部宽1.2~1.4米,基本验证了《洛阳伽蓝记》中

---

① 李勋笺注:《纳兰词笺》,中国华侨出版社2012年版,第262页。
② 〔魏〕杨衒之撰,周祖谟校释:《洛阳伽蓝记校释》卷四《城西》,中华书局1963年版,第163、167页。

"寺院墙皆施短椽,以瓦覆之,若今宫墙也。四面各开一门,南门楼三重,通三道,去地二十丈,形制似今端门……东西两门亦皆如之,所可异者,唯楼两重。北门一道,上不施屋,似乌头门"的记载。寺院中间是一座9层木塔,塔北建有大佛殿,形似魏宫太极殿,殿内供有金佛。塔和佛殿的东西两侧有"僧房楼观一千余间,雕梁粉壁,青琐绮疏","殚土木之功,穷造形之巧",是当时规模最为宏大、建筑最奢华的皇家寺院。洛阳佛教寺院数目很多,西晋怀帝永嘉年间(307～313)城内已有佛教寺院42座,北魏时期最多时高达1367座,几乎城内每个里坊都有寺庙,甚至有几个到十几个之多,如建阳里内就有寺庙10座。佛塔是为埋葬舍利,供佛徒绕塔礼拜而作,具有圣墓性质。历史记载中最大的佛家木塔是北魏时期建造的永宁寺塔,位于永宁寺院中心,塔有9层,粗略估计有100余米。面阔九间,每面各有三门六窗,"拱门有四力士、四狮子,饰以金银,加之珠玉,庄严焕炳,世所未闻"①。根据考古探查,基座夯土筑成,四壁包砌青石的台基,长、宽均38.2米,高2.2米。顶面四边装置石雕螭首和栏杆,四面中部各有一斜坡道。木塔位于台基之上,塔体之内有一个自下而上的土坯砌体,包含木柱柱网形成的巨大土木混合结构的塔心实体。土坯砌体内放置有纵向或横向的木条,塔基四角内外皆有增柱,应进行过技术处理。永宁寺遗址中出土的遗物甚为丰富,有彩塑、壁画等,对于研究北魏晚期的艺术史具有重要的价值。② 登封嵩岳寺砖塔位于嵩阳书院西北4000米的山谷中,是中国现存最古老的密檐式砖砌佛塔建筑。嵩岳寺早先是北魏皇室的一座离宫,正光四年(523)改为佛寺,后来寺院被战火焚毁,只有寺塔得以幸存。嵩岳塔共有15层,高约41米,周长33.72米,厚壁2.45米,整体由塔基、塔身、密檐和塔刹几部分组成,塔外身呈十二边形,是全国古塔中的孤例。塔基为十二边形,塔身外廓柔和收分,呈抛物线形,密檐外叠内收约1米,塔刹也为砖筑,台座上置覆钵、宝珠、相轮、仰莲等,高约2米,呈螺旋形,保留了印度佛塔风格。密檐间距逐层往上缩短,与外轮廓的收分配合良好,使庞大塔身显得造形古朴、稳重、秀丽。该塔经历近1500年风雨依然巍然矗立,是我国建筑史上的一个奇迹。北魏时期,统治者不遗余力地推崇佛教,迁都洛阳后很快就开始在洛阳伊阙开凿龙门石窟。

---

① 〔魏〕杨衒之撰,周祖谟校释:《洛阳伽蓝记校释》卷一《城内》,中华书局1963年版,第23页。
② 段鹏琦:《汉魏洛阳故城》,文物出版社2009年版,第113—125页。

如今西山崖壁上的古阳洞、宾阳中洞、莲花洞、皇甫公窟、魏字洞、普泰洞、火烧洞、慈香窑、路洞等均为北魏时期开凿,石窟中规模最大的佛像由皇室或贵族、官僚出资修建,窟外还往往有木建筑加以保护。如今石窟中保存下来的雕刻与绘画都成为我国宝贵的文化艺术遗产,其中壁画、雕刻、前廊和窟檐等所表现的艺术形象是我们研究南北朝时期建筑发展的重要资料。

第四章 隋唐五代时期河南城市体系的重构和兴盛

隋唐时期是继秦汉之后中国历史上第二次大一统时期,经历了魏晋南北朝的国家大分裂和民族大融合,河南城市开始步入新的历史阶段。虽然战争对此时期的河南城市还是造成了一定的破坏,但是统一和稳定还是社会的主旋律,社会经济发展迅速,城市社会和文化在隋唐时期呈现出一番欣欣向荣的景象。

第一节　城市体系的重新调整和建立

秦朝建立的郡、县两级体制在魏晋南北朝时期因为受到战争的破坏而扭曲,随之而来的诸国并起、州郡滥设,使得"百室之邑,便立州名,三户之民,空张郡目"[1],城市管理混乱不堪。隋朝统一天下后,隋文帝对行政体制进行了大刀阔斧的改革,废除天下诸郡,省并州县,重新确立了州、县两级管理体系。隋炀帝时改州为郡,又经过进一步完善,中国的地方行政体系日益规范。唐代承继隋朝遗制,高祖武德元年(618)改郡为州,玄宗天宝元年(742)复改州为郡,到肃宗乾元元年(758),再改郡为州,其实州、郡并无实质差别,只是名称不同而已。唐代以州、县为基本行政机构,另外还增设了道,虽然道还算不上一级行政机构,但是因为其驻地通常设在区域中心城市,因此可以被视为高于州、郡的一级行政机构的开启。

---

[1] 〔唐〕李百药:《北齐书》卷四《帝纪第四》,中华书局1972年版,第63页。

一、隋朝的统一和州县体制的建立

　　581年,杨坚迫使周静帝下诏禅位,自立为帝,建国号隋,是为隋文帝。589年,隋文帝灭陈,从此结束了自晋末以来400年的封建割据和分裂局面,中国再次实现了统一。隋文帝在政治上是一位非常有作为的皇帝,在位期间,改革前朝秕政,清明政治,推行均田制度,创立科举制度,建立了一套比较完善的中央集权制度。南北朝后期,地方管理极为混乱,据统计,各国行政机构相加有州253个,郡698个,县1562个,官多民少,耗费巨繁。隋朝统一后,文帝面对全国"郡县倍多于古,或地无百里,数县并置,或户不满千,二郡分领"[①]的局面,按照"存要去闲,并小为大"的原则,废除诸郡,省并州县,重新确立了州、县两级行政管理体系,各级行政机构简化良多,且郡县治所一般设在比较重要的中心城市,中国的城市分布相应发生改变。隋炀帝大业二年(606)又将州改为郡,恢复了秦代郡县二级制,不过这并不是简单的复制。从郡县数目来说,秦代郡最多时不过40余个,隋炀帝时期已经增加到194个,是秦的近5倍;秦代县约1000个,隋炀帝时增加到1255个,增长了25%,此外还需补充的是,隋代的国土面积较之秦代大约增长了20%左右,也就是说县域的平均面积几乎没有变化,而在此背景下,郡的数量突飞猛进。另外,将秦、隋和清三代的州县数量作一比较(见表4-1-1),可以看到在县数量基本一致的前提下,秦代的州县数量比仅为1:20左右,隋代为1:6.47,清代为1:5.39,隋代的州县数量已经与清代极为接近,中间层次城市数量的增加应该是中国封建社会城市规模体系更加完善的表现,标志着隋代中央政府对于基层社会的管控已经相当成熟。

[①] 〔唐〕魏徵:《隋书》卷四六《列传第十一》,中华书局1973年版,第903页。

表 4-1-1　秦、隋、清时期郡(州)县数量对比

秦①			隋②			清③		
郡数(个)	县数(个)	郡县比	郡(州)数(个)	县数(个)	郡县比	州数(个)	县数(个)	州县比
48	1000余	约1:20	194	1255	1:6.47	246	1327	1:5.39

北朝时期河南境内州郡设置泛滥,有州40余,郡100余,县的数量更多。不仅有司州、南司州、豫州、北豫州、南豫州这样名称极为接近的州郡,甚至还出现了各地州郡名称相同的情况,比如以新蔡为郡名者8个,以汝南、襄城为郡名者各7个,还有9个郡使用双头郡名,另外河南还设置有10余个侨置州郡,州郡名称的杂乱无章给政府管理带来不少麻烦。北齐文宣帝时期曾下诏令精减数量,但收效甚微。隋文帝初年,河南道行台兵部尚书杨尚希上书朝廷,"自秦并天下,罢侯置守,汉、魏及晋,邦邑屡改。窃见当今郡县倍多于古,或地无百里,数县并置,或户不满千,二郡分领。具僚以众,资费日多,吏卒人倍,租调岁减。清干良才,百分无一,动须数万,如何可觅?所谓民少官多,十羊九牧",建议朝廷改弦更张,"存要去闲,并小为大"④,以节省不必要的开支。开皇三年(583),政府正式进行革新,罢郡为州,以州统县,恢复州(郡)县两级建制。大业三年(607),州又被改为郡,相应的州刺史改为郡刺史,待遇和级别较原来降一级。经过一番整顿,河南境内的州县接近1/3被裁撤,行政管理机构简化,存郡21个,县156个。具体情况如下:

河南郡,治河南县(今洛阳市),辖河南、洛阳、闵乡、桃林、陕县、熊耳、渑池、新安、偃师、巩县、宜阳、寿安、陆浑、伊阙、兴泰、缑氏、嵩阳、阳城等18县。

荥阳郡,治管城(今郑州市),辖管城、汜水、荥泽、原武、阳武、圃田、浚仪、酸枣、新郑、荥阳、开封等11县。

梁郡,治宋城(今商丘市睢阳区),辖宋城、雍丘、襄邑、宁陵、虞城、谷熟、陈留、下邑、考城、圉城、柘城等11县。

襄城郡,治承休(今汝州市东),辖承休、梁县、郏城、阳翟、汝源、汝南、鲁县、犨城等8县。

---

① 谭其骧:《简明中国历史地图集》,中国地图出版社1991年版,第17页。
② 宁越敏、张务栋、钱今昔:《中国城市发展史》,安徽科学技术出版社1994年版,第184页。
③ 徐春燕:《明清时期中原城镇发展研究》,社会科学文献出版社2017年版,第289页。
④ 〔唐〕魏徵:《隋书》卷四六《列传第十一》,中华书局1973年版,第836页。

颍川郡,治阳翟(今禹州市),辖颍川、襄城、汝坟、叶县、北舞、郾城、繁昌、临颍、尉氏、长葛、许昌、澋强、扶沟、鄢陵等14县。

汝南郡,治汝阳县(今汝南县),辖汝阳、城阳、真阳、新息、褒信、上蔡、平舆、新蔡、郎山、吴房、西平等11县。

淮阳郡,治宛丘(今周口市淮阳区),辖宛丘、西华、溵水、扶乐、太康、鹿邑、项城、南顿、鮦阳、郸县等10县。

弘农郡,治弘农(今灵宝市),辖弘农、卢氏、长泉、朱阳等4县。

淅阳郡,治南乡(今淅川县西南),辖南乡、内乡、丹水等3县。

南阳郡,治穰县(今邓州市),辖穰县、新野、南阳、课阳、顺阳、冠军、菊潭、新城等8县。

淯阳郡,治武川(今南召县东南),辖武川、向城、方城等3县。

淮安郡,治比阳(今泌阳县),辖比阳、平氏、真昌、显冈、临舞、慈丘、桐柏等7县。

东郡,治白马(今滑县东),辖白马、灵昌、卫南、濮阳、封丘、匡城、胙城、韦城、离狐等9县。

魏郡,治安阳(今安阳市),辖安阳、尧城、临淇、灵泉、林虑等5县。

汲郡,治卫县(今浚县),辖卫县、汲县、隋兴、黎阳、内黄、汤阴、临河、澶水等8县。

图 4-1-1 隋时期的河南地区图

河内郡,治河内(今沁阳市),辖河内、温县、济源、河阳、安昌、王屋、获嘉、新乡、修武、共城等 10 县。

弋阳郡,治光山,辖光山、乐安、定城、固始、期思等 5 县。

义阳郡,治义阳(今信阳市),辖义阳、钟山、罗山、淮源等 4 县。

上马县、湖阳县,属枣阳(今属湖北省)的春陵郡管辖。屯丘、观城、临黄等县,属武阳郡管辖。外黄县、济阳县,属济阴郡管辖。①

二、唐代的郡县制和区域中心城市的发展

唐代延续了隋朝的改革,改郡为州。河南毗邻唐代军政要地京兆府,位置极为重要。唐初,为了安置功臣,州郡设置数量较多,后来随着政局稳定,政府开始加以整顿。贞观元年(627),州郡"大加并省"②,至贞观十三年,约有 260 个州被撤销,其中属于河南地区的就有嵩州、熊州、鼎州、南韩州等 40 多个。为了管理的方便,太宗还根据"山河形便"的区划理念,在全国设置了 10 道,道在当时为中央分治区域,虽还称不上一级行政单位,但因为其驻地通常为区域中心城市,如长安、洛阳、汴州、魏州、扬州、苏州、成都、襄阳、广州等,故从城市等级发展考虑,可以认为此时已经开始出现了高于州郡的区域中心城市。在道制监察区体系下,今天的河南分属河南、河北、山南与淮南 4 道,辖治所在河南 20 个州,州下设置治所在河南的 132 个县(县治在今河南省境内的县),另有现属河南省的唐代濮州(州治不在今河南省)的濮阳县(今濮阳市南)、范县(今濮阳市东北旧城南),曹州(州治不在今河南省)的考城(今民权县东),亳州(州治不在今河南省)的鹿邑(今鹿邑县西)、真源(今鹿邑县东)、永城、酂县(今酂城市),魏州(州治不在今河南省)的内黄、临河(今浚县东北)、昌乐(今南乐县西北),颍州(州治不在今河南省)的沈丘(今沈丘县),共 143 县。

---

① 程有为、王天奖主编:《河南通史(第二卷)》,河南人民出版社 2005 年版,第 374—375 页。
② 〔宋〕司马光:《资治通鉴》卷一九二《唐纪八》,岳麓书社 1990 年版,第 507 页。

表 4-1-2　唐前期河南分道情况简表①

道名	所辖地区	治所	在今河南省境内的县数(个)	大致对应现代地名
河南	河南府(东都)	河南	20	洛阳市
	汝州	梁县	7	汝州市
	陕州	陕县	3	三门峡市西
	虢州	弘农	6	灵宝市
	滑州	白马	7	滑县东
	郑州	管城	7	郑州市
	许州	长社	9	许昌市
	陈州	宛丘	6	周口市淮阳区
	蔡州	汝阳	10	汝南县
	汴州	浚仪	6	开封市
	宋州	宋城	7	商丘市
河北	孟州	河阳	5	孟州市南
	怀州	河内	5	沁阳市
	相州	安阳	4	安阳市
	卫州	汲县	5	卫辉市
	澶州	顿丘	4	内黄县东南
山南	唐州	泌阳	7	泌阳县
	邓州	穰县	6	邓州市
淮南	光州	定城	5	潢川县
	申州	义阳	3	信阳市西北
小计	20 州、府		132	

① 马玉臣:《唐宋变革视野下的河南政区研究》,出自姜锡东主编:《宋史研究论丛》第 11 辑,河北大学出版社 2010 年版,第 35、36 页;程民生、程峰、马玉臣:《古代河南经济史(下)》,河南大学出版社 2012 年版,第 16、17 页。

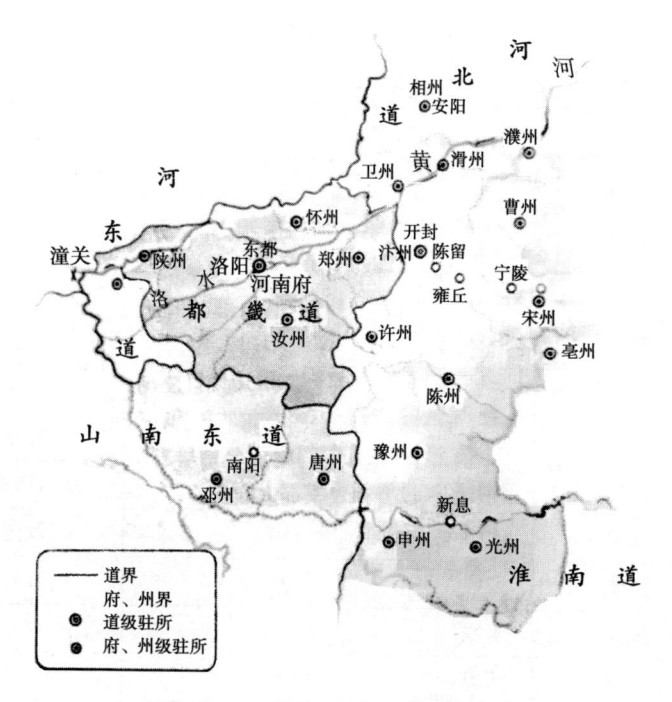

图 4-1-2 唐玄宗时期河南地区诸州[①]

开元元年(713),唐玄宗升陪都洛州为河南府,作为军卫区域,与州、郡同为一级。又根据需要分全国为 15 道,将以洛阳为中心的大片区域从河南道中划出,设立京畿道。此时期,今河南省区域分属京畿道、河南道、河北道、淮南道、山南东道,计 1 府 17 州 132 县。前期归属河北道的澶州、孟州被废,此外鹿邑、真源、鄣县、永城 4 县属设在谯县(今安徽省亳州市)的亳州(谯郡)管辖,濮阳、范县二县属于设在甄城(今属山东省)的濮州(濮阳郡)管辖,考城属于设在济阴(今山东省曹县)的曹州(济阴郡)管辖。顿丘、昌乐二县属于设在贵乡(今属河北省大名县)的魏州(魏郡)管辖。此时期,河南共有县 132 个。具体如下:

京畿道,辖 2 州 31 县。

洛州(河南府),治河南县,辖河南、洛阳、偃师、巩县、告城、缑氏、登封、陆浑、伊阙、伊阳、寿安、新安、福昌、渑池、长水、永宁、密县、河清、颍阳、河阳、氾水、河阴、温县、济源等 24 县。

汝州(临汝郡),治梁县,辖梁县、郏城、鲁山、叶县、襄城、龙光、临汝等

---

① 程有为、王天奖主编:《河南通史(第二卷)》,河南人民出版社 2005 年版,第 400 页。

7县。

河南道,辖9州63县。

　　陕州(陕郡),治陕县,辖今河南省境内陕县、峡石、灵宝等3县。

　　虢州(弘农郡),治弘农,辖弘农、阌乡、湖城、朱阳、玉城、卢氏等6县。

　　许州(颍川郡),治长社,辖长社、长葛、许昌、鄢陵、扶沟、临颍、舞阳、郾城等8县。

　　郑州(荥阳郡),治管城,辖管城、汜水、荥阳、荥泽、成皋、密县、圃田、阳武、新郑等9县。

　　汴州(陈留郡),治浚仪,辖浚仪、开封、尉氏、陈留、封丘、雍丘等6县。

　　蔡州(汝南郡),治汝阳,辖汝阳、郎山、遂平、郾城、上蔡、新蔡、褒信、新息、平舆、西平、真阳等11县。

　　滑州(灵昌郡),治白马,辖白马、卫南、韦城、匡城、胙城、酸枣、灵昌等7县。

　　陈州(淮阳郡),治宛丘,辖宛丘、太康、项城、溵水、南顿、西华等6县。

　　宋州(睢阳郡),治宋城,辖今河南省境内宋城、襄邑、宁陵、虞城、下邑、谷熟、柘城等7县。

河北道,辖3州16县。

　　怀州(河内郡),治河内县,辖河内、武德、武陟、修武、获嘉等5县。

　　相州(邺郡),治安阳,辖今河南省境内安阳、林虑、汤阴、内黄、临河、尧城等6县。

　　卫州(汲郡),治汲县,辖汲县、新乡、卫县、共城、黎阳等5县。

山南东道,辖2州14县。

　　邓州(南阳郡),治穰县,辖穰县、南阳、新野、向城、临湍、内乡、菊潭等7县。

　　唐州(淮安郡),治比阳,辖比阳、慈丘、桐柏、平氏、湖阳、方城、泌阳等7县。

淮南道,辖2州8县。

　　光州(弋阳郡),治定州,辖定城、光山、仙居、殷城、固始等5县。

　　申州(义阳郡),治义阳,辖义阳、钟山、罗山等3县。

表 4-1-3　唐玄宗时期河南境内府州县

道名	所辖地区	治所	大致对应现代地名	河南境内辖县(个)
京畿	河南府(东都)	河南	洛阳市	24
	汝州	梁县	汝州市	7
河南	陕州	陕县	三门峡市西	3
	虢州	弘农	灵宝市	6
	滑州	白马	滑县东	7
	郑州	管城	郑州市	9
	许州	长社	许昌市	8
	陈州	宛丘	周口市淮阳区	6
	蔡州	汝阳	汝南县	11
	汴州	浚仪	开封市	6
	宋州	宋城	商丘市	7
河北	怀州	河内	沁阳市	5
	相州	安阳	安阳市	6
	卫州	汲县	卫辉市	5
山南东	唐州	泌阳	泌阳县	7
	邓州	穰县	邓州市	7
淮南	光州	定城	潢川县	5
	申州	义阳	信阳市西北	3
小计	18 州、府			132

　　唐肃宗至德(756~758)之后，"中原用兵，刺史皆治军戎，遂有防御、团练、制置之名。要冲大郡，皆有节度之类；寇盗稍息，则易以观察之号"[1]，节度使和刺史手握军权，实力不断增强。"安史之乱"后，原来的道已名存实亡，为方镇取代，方镇长官多为武将出身，集军事、行政、财政于一身，小者统辖四五州，大者十余州，甚至有一节度使兼领二、三节度使区并兼民政、财政等事务的情况，道采访使职权被架空，节度使上升为实际上的地方最高行政长官。

---

[1] 〔清〕王鸣盛撰，黄曙辉点校:《十七史商榷》，上海古籍出版社 2013 年版，第 1104 页。

表 4-1-4 唐代后期河南境内藩镇简表

藩镇名称	治所	领(管)地	备注
东都畿汝防御观察使	河南府	领汝州,东都留守兼之	
河南三城节度使	孟州	领孟、怀2州	
宣武军节度使	汴州	管汴、宋、亳、颍4州	亳、颍2州治所不在今河南省
义成军节度使	滑州	管滑、郑、濮3州	濮州治所不在今河南省
忠武军节度使	许州	管许、陈、蔡3州	
陕州节度使	陕州	管陕、虢2州	
魏博节度使	魏州	管魏、贝、博、相、澶、卫6州	相、澶、卫3州属于今河南省
山南东道节度使	襄州	管襄、复、均、房、邓、唐、隋、郢等8州	元和中,淮、蔡用兵,析邓、唐2州别立一节度使。邓、唐2州属于今河南省
武昌军节度使	鄂州	管鄂、岳、黄、安、申、光等6州	申、光2州属于今河南省

由上表看,河南 20 州分领于 9 个藩镇,其中治所在今河南省境内的藩镇为 6 个,藩镇之下的州、县变化与唐朝前期大致保持一致。唐末的河南是中央政府和跋扈藩镇反复争夺的对象,尤其是运河沿岸的汴州地区直接关系到唐政府的生死存亡,控制这里的宣武节度使朱温是诸藩镇中实力最为强大的,最终成为李唐政权的掘墓人。值得说明的是,河南地区唐前期的道制体系划分与后期藩镇体系划分有着很大的不同,道制体系遵循的是"山河形变"区划理念,而藩镇体系划分全凭军事实力和武装斗争,此外道制体系下的区域是成片连接的,经济发展很容易形成共同体,而在藩镇割据之下统辖区域是支离破碎的,区域之间的交往经常会受到阻挠,经济协同进步无从谈起,这和战国时期诸侯争霸的局面有点类似,因此可以说区域体系划分性质的不同决定了地方经济发展模式的走向。

三、五代政权更迭和行政区划变动

所谓"五代",是指前后相继统治中国北方黄河流域的 5 个封建王朝,从朱梁建国到五代更迭,基本都是以河南为根据地而完成,五国之中除后唐国都设在洛阳外,后梁、后晋、后汉、后周国都基本都在汴州(今开封市)。

开平元年(907),朱温建立的后梁,是五代的第一个王朝,统辖区域包括今河南、山东两省的全部和陕西、山西、河北、宁夏、湖北、安徽、江苏等省的部分地区,共 78 州。后梁以开封府(今开封市)为政治中心,称东都,以洛阳为西都。开平三年(909)一度迁都洛阳,913 年,迁还开封,923 年为后唐所灭。后梁建国伊始,加强了对都城及其周边城市的建设,以拱卫京师。开平元年(907)四月,升汴州为开封府,升开封、浚仪为赤县,尉氏、封丘、雍丘、陈留为畿县。开平三年(909)二月,增扩开封府辖县,以滑州酸枣县(治今延津县西)、长垣县、中牟县、阳武县,宋州襄邑县,曹州戴邑县,许州扶沟县、鄢陵县,陈州太康县等 9 县一并归入开封府,升为畿县。此时的开封府属县已经由 6 个增加到 15 个,京府规模初具。不仅如此,周边地区也加强了军事防御力量。京师西潼关为关东通往关西的军事要地"以潼关隶陕州,复置河潼军使,命虢州刺史兼领之"[①],荥阳之虎牢关,北濒黄河,南依嵩岳,地势险要,后梁在此驻军守备,置虎牢关军使。宋州(今商丘市)是开封东面的门户,贞明六年(920),升为大都督府,关防加强。藩镇势力强大一直是统治者的心腹大患,为了加强中央集权,后梁一面壮大中央军队力量,一面削减藩镇势力,限制其发展。贞明元年(915),试图分割天雄军所属相、卫、澶 3 州入新置之昭德军,后因外敌入侵而作罢。此后,在怀州、魏博镇等地推行屯戍制度,派驻禁军入驻,以牵制方镇,形成"魏故大镇,多外兵"[②]的局面。开平三年(909),朝廷又利用魏博镇内乱,废除节度使"父子相继,亲党胶固"[③]的传统,皇帝直接任命军队统率,由此分裂 150 余年的魏博镇管

---

① 〔宋〕薛居正:《旧五代史》卷三《太祖纪三》,中华书局 1976 年版,第 36 页。
② 〔宋〕司马光:《资治通鉴》卷二六七《后梁纪二》,岳麓书社 1990 年版,第 581 页。
③ 〔宋〕司马光:《资治通鉴》卷二六五《唐纪八十一》,岳麓书社 1990 年版,第 556 页。

理权收归中央。此外,开平四年(910),朱温先后"敕天下镇使,官秩无高卑,位在邑令下","魏博管内刺史,比来州务,并委督邮(州级曹官),遂使曹官擅其威权,州牧同于闲冗,俾循通制,宜塞异端。并依河南诸州例,刺史得以专达"①,提高刺史、县令的权力,裁剪藩镇职能,整顿后梁吏治。

同光元年(923),李存勖在魏州称帝,国号唐,史称后唐,定都洛阳。后唐不仅消灭了河北三镇的割据势力,而且把河东地区和后梁的辖区连接在了一起,因此辖域较之后梁更为广大,包括今河南、山东、陕西、河北、北京、天津等省市及宁夏、甘肃、湖北、安徽和江苏等省的一部分地区,共计123州。后唐以洛阳为国都,设立四京,雍州为西京,并州(治今太原市南)为北都,魏州为邺都,与并州同为次府。河南地域行政区划虽有所变更,但地位始终举足轻重。天成二年(927),升河南府新安县为次赤。开封府降为汴州宣武军,后梁割隶开封府的9县,除阳武、匡城(治今长垣市)、扶沟、戴邑(治今民权县)外,其余均还本州,曹州也从汴州宣武军分离出去。长兴三年(932),重定诸道州府地望次第,以河南道为上,增8州大都督府为10州大都督府,以陕州为首。后唐延续后梁遏制藩镇势力的政策,不仅频繁调动各地节度使、留后和刺史,削弱高级文武官员同地方军队之间的联系,还派禁军入驻地方,形成禁军与藩镇互相制衡的局面。

后晋是河东节度使沙陀族人石敬瑭于936年勾结契丹贵族建立的傀儡政权。后晋建都洛阳,国号晋,史称后晋,辖域除了幽云十六州划割契丹,其余后唐领土几乎均在后晋统治之下。天福二年(937)七月,石敬瑭仿照北魏皇帝迁都洛阳的办法,"托以洛阳漕运有阙,东巡汴州"②,同年十月,以"汴州水陆要冲,山河形胜,乃万庚千箱之地,是四通八达之郊"的理由,正式升汴州为东京,"置开封府,仍升开封、浚仪两县为赤县,其余升为畿县"③。原都城洛阳下降为陪都,称西京。此外,河南的其他州域也有所变更,地位呈上升趋势。如天福三年(938),相州升为彰德军,管辖澶、卫二州,置节度观察使;天福六年(941),澶州升防御州,治所由顿丘(今浚县北)迁至德胜口,割濮州濮阳县属之,八月升

---

① 〔宋〕薛居正:《旧五代史》卷五《太祖纪五》,中华书局1976年版,第57、59页。
② 〔宋〕司马光:《资治通鉴》卷二八一《后晋纪二》,岳麓书社1990年版,第759页。
③ 〔宋〕薛居正:《旧五代史》卷七七《高祖纪三》,中华书局1976年版,第710页。

德清军,开运元年(944)八月,升为节镇,割濮州为属之;天福五年(940)七月,安州节度使降为防御使,治所申州改迁许州;天福六年(941)七月,陈州升为防御使,开运二年(945)十月,升为节镇;天福七年(942)九月,割均、房二州归属邓州;同年,泌州(又称唐州)升为团练使。后晋时期,藩镇领州数量明显减少,号称天下雄镇的魏博完全被朝廷掌控,藩镇分裂割据势力已经今非昔比。

后汉(947~950)是中国历史上最短命的王朝,由沙陀族人刘知远建立。后汉建都汴州,立国号汉,史称后汉,以洛阳为西京,其统治辖域小于后晋时期,包括今河南、山东、山西等省及河北、湖北、陕西、安徽、甘肃等省的一部分地区。后汉统治时期,河南兵连祸结,民不聊生,行政制度上几乎乏善可陈,加之统治者的异常残暴和贪渎并行,使本已萧条残破的河南陷入更加黑暗的泥潭。

后周(951~960)是五代时期中原地区的最后一个王朝,也是实力最为强大的,虽然其统治时间不足十年,但是在其统治下的北方地区完成了初步统一,中原社会经济秩序得以恢复,是承前启后、开启北宋城市繁华的重要时期。951年,邺城留守郭威称帝,建都汴州,国号周,史称后周。后周统治疆域大致为今河南、山东两省和山西、河北、陕西、甘肃、湖北、安徽和江苏省的一部分地区。后周建立后对行政制度进行了大刀阔斧的改革,如恢复唐代三省六部的职权;将地方重要属官任免权收归中央,规定地方官吏差定职役:"诸道节度副使、行军司马、两京少尹、留守判官并许差定当直,人力不得过十五人;诸府少尹、书记、支使、防御团练副使,不得过十人;节度推官、防御团练判官,不得过七人,逐处系账收管。此外如敢额外影占人户,其本官当行朝典";调整诸道州府县邑等级,"除畿赤外,其余三千户已上为望县,二千户已上为紧县,一千户已上为上县,五百户已上为中县,不满五百户为中下县"[①]。河南行政地位重要,后周二京,即东京开封和西京洛阳均在其境内,统辖22州府,与唐时基本一致。广顺二年(952),升陈、曹2州为节镇,加强京城内外的防御力量。

---

① 〔宋〕薛居正:《旧五代史》卷一一三《太祖纪四》,中华书局1976年版,第1471页。

表 4-1-5　五代时期河南军额①②

军号	理所	改易情况
宣武军	汴州	唐置,辖汴、宋、亳、颍 4 州,后梁以汴州为开封府,建为东都,后唐同光元年(923)十二月复为宣武军,天成元年(926)八月,增辖曹州,后晋天福三年(938)升汴州为东京,后汉、后周因之
宣义军(义成军)	滑州	唐置义成军,光启二年(886)四月改为宣义军,辖滑、郑、濮 3 州,后唐同光元年(923)十二月复为义成军
匡国军(忠武军)	许州	唐置忠武军(天祐二年五月,许州重为忠武军),辖许、陈、蔡 3 州,后梁开平二年(908)改为匡国军,后唐同光元年十二月复为忠武军,后晋天福五年(940)七月,增辖申州
镇国军(保义军)	陕州	唐置保义军,辖陕、虢 2 州,后梁开平二年(908)改为镇国军。后唐同光元年(923)十二月复为保义军
宣武军(归德军)	宋州	唐属宣武军节度使,后梁开平三年(909)五月徙置宣武军,辖亳、辉(单)、颍 3 州,后唐同光元年(923)十二月改为归德军。后晋天福四年(939)八月亳州为防御使额
威信军(彰信军)	曹州	故属宣武军节度,后晋天福二年(937)十月升为防御州,开运二年(945)九月升为威信军,后汉天福十二年(947)六月降为刺史,后周广顺二年(952)七月复升为彰信军,辖单州
镇安军	陈州	后晋天福六年(941)七月,升为防御使额,开运二年(945)十月升为镇安军,后汉天福十二年(947)六月降为刺史,后周初升为防御州,广顺二年(952)七月复为镇安军,辖颍州
天雄军	魏州	唐天祐元年(904)更名魏博曰天雄军,辖魏、博、贝、卫、相、澶 6 州,后梁开平元年(907)重申魏博曰天雄军
彰德军(昭德军)	相州	后梁贞明元年(915)三月割相州置昭德军,因军乱而止,入于晋,后唐复属天雄,后晋天福三年(938)十一月复升为彰德军,辖澶、卫 2 州
镇宁军	澶州	故属天雄军节度,后晋开运元年(944)升为镇宁军,辖濮州
河阳军	孟州	唐置,辖孟、怀 2 州,后梁因之

---

① 节度使本为军职,凡置军则设节度使。
② 程有为、王天奖主编:《河南通史(第二卷)》,河南人民出版社 2005 年版,第 553、554 页。

(续表)

军号	理所	改易情况
宣化军（威胜军、武胜军）	邓州	后梁开平三年(909)五月升为宣化府,辖泌〔唐〕、隋、复、郢4州,后唐同光元年(923)改为威胜军,后晋天福七年(942)九月,增辖均、房2州,唐州升为团练使额,后周广顺二年(952)改为武胜军
山南东道	襄州	原为山南东道,辖隋、郢、襄、复、均、房、邓、唐8州,元和中,析邓、唐2州另立一节度,后晋天福七年(942)降为防御州,所管房、均2州割隶邓州,后汉天福十二年(947)六月复为山南东道节度使
武昌军	鄂州	唐置,辖鄂、岳、蕲、黄、安、申、光7州,吴、南唐因之
安远军（宣威军）	安州	后梁置宣威军,后唐同光元年(923)改为安远军,后晋天福五年(940)七月降为防御州,以申州隶许州。后汉天福十二年(947)六月复置安远军,后周显德元年(954)十月又降为防御州

表 4-1-6　五代河南行政区划变动情况[①]

汴州	后梁开平元年(907)四月升为开封府,建为东都,开封、浚仪2县为赤县,余四县为畿县。开平三年(909)二月增酸枣、长垣、中牟、阳武、戴邑(原考城)、扶沟、鄢陵、襄邑、太康9县为畿县。后唐同光元年(923)十二月,复为汴州,酸枣、中牟、襄邑、鄢陵、太康5县还其故,戴邑复为考城。天成元年(926)九月,减扶沟。后晋天福二年(937)十月升为东京,恢复后梁时属县。长垣为匡城,戴邑为考城,雍丘为杞。后汉,杞复为雍丘
洛阳	后梁为西都。后唐为洛京。后晋、后汉、后周为西京
河南府	唐天祐二年(905)十一月,告成改为阳邑。后唐天成二年(927)三月升新安县为次赤
滑州	后梁开平三年(909)二月减酸枣、长垣。后唐同光元年(923)十二月复酸枣。后晋天福二年(937)十月减酸枣,天福五年(940)十一月减黎阳
郑州	后梁开平三年(909)二月减中牟、阳武。后唐同光元年(923)十二月复中牟。后晋天福二年(937)十月减中牟

---

① 程有为、王天奖主编:《河南通史(第二卷)》,河南人民出版社2005年版,第555、556页。

(续表)

宋州	后梁开平三年(909)减襄邑,贞明六年(920)五月,宋州升为大都督府。后唐同光元年(923)十二月复襄邑。后晋天福二年(937)十月减襄邑
曹州	后梁开平三年(909)二月减戴邑
陕州	唐天祐元年(904)四月升为兴唐府,陕县降为次赤,余为次畿。后唐长兴三年(932)四月,增改陕州为十大都督府之首
许州	后梁开平三年(909)二月减扶沟、鄢陵。后唐同光元年(923)十二月复鄢陵,同光二年(924)十二月,减叶、襄城,天成元年(926)九月复扶沟。后晋天福二年(937)十月复减扶沟、鄢陵
陈州	后梁开平三年(909)二月减太康。后唐同光元年(923)十二府复太康。后晋天福二年(937)十二月减太康
汝州	后唐同光二年(924)十二月复叶、襄城。后周显德三年(956)三月废临汝
唐州	唐天祐三年(906)六月,治所由比阳移泌阳。后周显德三年(956)三月废慈丘
邓州	后汉乾祐元年(948)正月,临湍改为临濑。后周显德三年(956)三月,废菊潭、向城
蔡州	唐天祐二年(905)十月,襄城为苞孚
大名府(魏州)	唐天祐三年(906)八月,增内黄、临河。后唐同光元年(923)四月为东京兴唐府,同光三年(925)三月改为邺都,长兴三年(932)四月增兴唐府为七府之首。后晋天福二年(937)九月改为广晋府,同年十月降居8府中的第2位,天福三年(938)十一月建为邺都。后汉乾祐元年(948)三月复名大名府。后周显德元年(954)正月罢邺都,大名府在京兆府之下
相州	唐天祐三年(906)八月,减内黄、临河
卫州	后晋天福五年(940)十一月增黎阳
澶州	后晋天福三年(938)十一月,治所由顿丘移于德胜口,增濮阳,天福六年(941)八月顿丘置德清军
濮州	后晋天福三年(938)十一月减濮阳

第二节　大运河的疏通与城市经济的进步

隋唐大一统政权的中心设立在北方,加之其间很长一段时间的社会稳定,北方人口增长迅速。隋炀帝开通大运河的初衷固然更多是处于中央政治、财政和军事的考量,但在客观上推动了隋唐时期的经济增长,也解决了南北地区人口与农业生产之间不协调的矛盾。隋唐大运河以东都洛阳为中心,首次将自然河流与前代各段运河连接成规模宏大的漕运体系,沟通了黄河中下游地区与长江三角洲和浙东平原等富庶地区的联系,此后一直到清代,大运河沿岸成为王朝经济不衰的新增长带,运河两岸的城市日渐繁荣,洛阳、陕州(今陕县)、汴州(今开封市)、宋州(今商丘市)、陈留(今开封市祥符区)、雍丘(今杞县)、永城等均得到了发展,河南草市也在这个时期兴起。

一、大运河疏通与政治中心东移

隋唐大运河北通涿郡(今北京市),南达余杭(今杭州市),沟通了海河、黄河、淮河、长江、钱塘江五大水系,是中国古代南北交通的大动脉,大运河河南段是整个隋唐大运河的龙头,占据着主体部分。早在隋代以前,河南境内的河运就已经非常发达。春秋战国时期,今荥阳境内就开凿有鸿沟。汉魏时期,阳渠、汴渠也相继疏浚。隋炀帝大业元年(605),朝廷"发河南诸郡男女百余万开通济渠,自西苑引谷、洛水达于河(黄河),自板渚引河通于淮",这就是通济渠,该渠全长1000多公里,贯通洛阳和扬州之间的水运,虽是将自然河和旧沟渠连接在一起,主体仍为阳渠和汴渠,但工程还是相当浩大。此后,这条渠枢纽天下、临制四海,舳舻相接、赡给公私,成为南北物流的主干线,对王朝经济影响深远。大业四年(608),隋炀帝又"诏发河北诸郡男女百余万开永济渠,引沁水,南达于河,北通涿郡"①,永济渠也是利用之前王朝开凿的白渠,以及沁水、清水、淇水等原有的河道疏浚而成,但是由于南段沁水多泥沙,加之清水流量有限,所以通航不足10年即被废弃,唐代改借丹河、清河、淇河之水承担运载任务,渠水起点随之北移到汲县(今卫辉市)一带。

大运河的开凿是统治者巩固政权的需要。《隋书》明确记载,隋炀帝大业四年(608),"将兴辽东之役,自洛口开渠,达于涿郡,以通运漕"②,也就是说永济渠开通的直接目的是为隋军北上攻打高丽作准备,通过漕运南方粮食和财赋可以直抵洛阳,然后为军需供应提供保障,隋、唐两代北上用兵均倚重于此,对于封建政权的稳固起到了举足轻重的作用。此外,与大运河的疏通大约同一时期,卫州的黎阳仓、巩义的洛口仓、洛阳的含嘉仓等大型粮仓相继建立,大运河将南方的粮食和其他重要物资运往东都洛阳以及沿线的国家战略仓储地,庞大的物资输入不仅为西安、洛阳等大都市的发展提供了强有力的物质基础,对于唐代贞观之治、开元盛世等鼎盛局面的形成以及维系有着极其重要的意义。

隋唐大运河沟通了南北水运交通,方便了江南财物顺利运往北方,据史书记载,大运河曾经达到过每年七八百万石的漕运能力,成为大一统帝国重要的生命线。但是值得一提的是,由于隋、唐两代的首都设在长安,无论是黄河中下游经济区还是东南的长江经济区,要和政治中心取得联系就必须利用黄河,也就是要通过三门峡,漕运当然也不例外,船只经过三门峡,西行需要依靠纤夫挽船,每日进不超过一二百艘,且船行速度极慢,通过崇山峻岭走完三门峡全程估计要百日之久。③ 所以将大批物资运往长安是非常艰难的任务,加之隋唐时期的政治稳定使得长安迅速成为国际大都市,人口数量急剧上升与土地粮食增量有限之间的矛盾不断加大,加之不定期暴发的自然灾害对于农业生产的破坏,使得历来号称富庶之地的关中人口超出了土地的承受能力,对外来粮食输入的依赖日益强烈,粮荒便成为统治者最棘手的问题。而在当时条件下,陆运运输量小、成本高,适应不了大规模物资转移的需要,而漕运正如前面所分析,运输时间长且有许多不确定的风险,保障不了长安粮食的供给,这些都对长安的中

---

① 〔唐〕魏徵:《隋书》卷三《帝纪第三》,中华书局1973年版,第70页。
② 〔唐〕魏徵:《隋书》卷六八《列传第三十三》,中华书局1973年版,第1072页。
③ 史念海:《河山集》,生活・读书・新知三联书店1963年版,第237页。

心地位造成了威胁。而与此相对应的,紧邻关中的洛阳西通长安,北达涿郡,东南通余杭,连接黄河、淮河、海河、长江、钱塘江五大水系的南北大运河系统的地位优势凸显,其经济地位甚至超过长安。隋唐洛阳城除城内建有含嘉仓城,贮存有大量粮食以外,附近更是修建了全国最大的粮仓——兴洛仓,其规模远过于长安的太仓,为洛阳城市的发展奠定了坚实的物质基础。唐太宗、唐高宗、唐玄宗在位时常常带领亲贵前往洛阳"就食"。682年,关中闹饥荒,唐高宗让太子留守长安,自己带领一众人等东行洛阳,由于出行仓促途中有随从饿死。中宗景龙三年(709),关中大灾,大臣一再请求迁都洛阳,中宗气愤地说:"岂有逐粮天子邪?"①此外,《资治通鉴》还记载,德宗贞元二年(786),朝廷供天子六宫之膳的太仓储粮不及十日。江淮米不至时,"禁军或自脱巾呼于道","上忧之甚,会韩滉运米三万斛至陕",德宗大喜过望,亲自奔走告太子"米已至陕,吾父子得生矣!"②皇室尚且如此,长安百姓可以想见。为了改善漕运条件,李唐王室也做过不少尝试。开元二十一年(733),在裴耀卿的主持下,"漕粮在三门峡东边集津仓由水转陆,到了三门峡西端盐仓再下船水运,于是陆运全程被缩短为9公里,运费大省,运量大增。于是3年内共送了700万石漕米,平均每年230万石左右。唐石远大于汉石,每年230万石不下于汉武帝的400万石运量。这已接近唐代漕运最高纪录"③。不过此法实行的时间不长,没几年就被放弃了。开元二十九年(741),唐王朝又计划"在黄河南岸另开挖一条新河,使漕舟避开黄河,由新河上行。这就是所谓开元新河。不幸此新河是引黄河水,泥沙过多,不到几年新河便淤塞不能通航了"④。由于找不到有效的解决办法,所以终唐之世,长安的粮食供应问题始终困扰着李唐王朝,这也就能理解唐朝不得不在洛阳设立东都,必要时皇帝携带百姓前往东都就食,高宗、武后、中宗、玄宗都先后在洛阳居住有40余年,其间武则天称帝时期更是常驻洛阳,将之称为神都。五代时期,除后唐外,后梁、后晋、后汉、后周均以开封为都城,称为"东都"或"东京",开封正式取代洛阳的地位,成为那个时代北方政治、经济、文化、军事的中心。经历了由秦到唐1000多年的历史发展,后梁立国开封,"使中国的政治中

---

① 〔宋〕司马光:《资治通鉴》卷二〇九《唐纪二十五》,岳麓书社1990年版,第753页。
② 〔宋〕司马光:《资治通鉴》卷二三二《唐纪四十八》,岳麓书社1990年版,第109页。
③ 赵冈:《中国城市发展史论集》,新星出版社2006年版,第134页。
④ 赵冈:《中国城市发展史论集》,新星出版社2006年版,第134页。

心从西部转向东部平原地区,具有重要的里程碑意义"①。

二、运河城市的兴起、发展和繁荣

隋唐大运河不仅促进了中国南北城市的大沟通、大交流,也造就了一大批运河城市的繁荣,此时期,河南运河沿线城市的兴起也带动了周边市镇的经济进步,草市也在这个时期出现,城市发展进入一个新的阶段。

1.洛阳

洛阳城是隋、唐两代的东都,也是丝绸之路的东方起点以及隋唐大运河的中心,以洛阳为中心的隋唐大运河,把陆上丝绸之路与东南方的海上丝绸之路以及北方的草原丝绸之路连接起来,从而使洛阳成为贯通海、陆、草三线的丝路枢纽,水陆交通的便利使得隋唐时期的洛阳不仅在政治地位上仅次于长安,其经济地位在北方地区更是首屈一指。隋代建国之初,饱受战争蹂躏的洛阳经济开始恢复,虽然此时期国内的经济中心已经由黄河流域南移至长江中下游、珠江流域及沿海一带,但是随着隋唐大运河雄伟工程的完工,"舟车之所会,流通江汴之漕,控引河淇之运,利俗阜财"②,作为南北漕运的中心,洛阳的地位急剧上升。大业二年(606),隋炀帝迁都洛阳并对洛阳进行大规模营建,昔日全国政治、经济中心的气象逐渐恢复。唐代洛阳经济继续发展,大运河穿城而过,江南各地运往关中的物资由此经过,城内"舟车并辏,水陆交冲,物产尤多"③,这些物资可以通过水运直达城内三市和含嘉仓。隋唐时期的洛阳城拥有规模庞大、人数众多的手工业机构和作坊,根据史料记载,此时期的洛阳手工业包括丝行、帛行、金银行、车行等上百种行业,商品种类繁多,内容丰富,不仅可供城内人口消费,还远销全国各地。洛阳市场也空前繁荣,隋代丰都市"内一百二十行,三千余肆,甍宇齐平,遥望如一,榆柳交阴,通渠相注,市四壁有四百余店。重楼延阁,互相临映,招致商旅,珍奇山积"④,唐代改名南市,商业水平更甚于前,有邸

---

① 吴宏亮:《中原文化大学生读本》,大象出版社 2014 年版,第 92 页。
② 《幸东都诏》,《全唐文新编(第 1 部)》,吉林文史出版社 1999 年版,第 354 页。
③ 《请车驾还洛表》,《全唐文新编(第 2 部)》,吉林文史出版社 1999 年版,第 2765 页。
④ [唐]杜宝撰,辛德勇辑校:《大业杂记辑校》,三秦出版社 2006 年版,第 15 页。

一百四十一区,资货六十六行,商贾辐辏,货贿山积。东北部的通远市,唐代改称北市,南临通济渠,郡国舟船,舳舻万计,为水陆交通及货物集散之地,天下舟船,集于桥东,常万余艘,填满河路,商贾贸易,车马填塞于市,热闹非凡。工商业的繁荣吸引着四方商贾前来贸易,唐代洛阳诗人元稹在《估客乐》中描写道,"求珠驾沧海,采玉上荆衡。北买党项马,西擒吐蕃鹦。炎洲布火浣,蜀地锦织成。越婢脂肉滑,奚僮眉眼明。通算衣食费,不计远近程"①,从中不但可以看出唐代的商人非常精明,对各地奇珍异宝了如指掌,也可以推测出在当时的洛阳市场上,珠宝、美玉、骏马、鹦鹉、炎布、蜀锦、越婢、奚僮等商品琳琅满目,应有尽有。此外,随着海上丝绸之路和草原丝绸之路的开辟和发展,中国内陆文化与地中海周边及中亚连接起来,北方少数民族与中原汉族文化在长期碰撞以后联系日益紧密,中华民族大家庭更加巩固和壮大。为了显示天国雄威,《隋书·裴矩传》载,大业六年(610),隋朝重臣裴矩曾以"蛮夷朝贡者多"为由劝说隋炀帝,召集四方艺人,在洛阳端门街陈列百戏,让洛阳文武百官和百姓身着盛装华服前来观看,时间持续月余。此外,在洛阳三市设置帷帐,邀请蕃民贸易,并由朝廷出资大摆酒席,款待蕃民,"醉饱而散,不取其直",令蕃民嗟叹不已,"谓中国为神仙"。唐代的洛阳是一座名副其实的国际大都市,城内居住着各国使节和商人。日本使团到洛阳朝贡,将这里的商品连同技术和文化一起带回国内,西域乌孙、龟兹、疏勒、大宛、莎车、于阗等国商人赶着骏马,装载着珍珠、玛瑙、香料等商品来到洛阳,贩卖获利之后再将中国的丝绸、瓷器、茶叶和铜器带回,销往各地,加强了中国同世界的商品流通和物资交流。唐代作家裴铏所著《传奇》之《昆仑奴》中还有昆仑磨勒卖药于洛阳市中的记载,文中提到的"昆仑奴"当为非洲的尼格罗人,黑色人种,从中可见洛阳与世界的交通广大。武则天时期,由于洛阳长期停驻的"慕义蕃胡"数量众多,专门在洛阳、永昌两县设立来庭县廨方便集中安置和管理。洛阳的许多市坊中,如修善坊、立德坊、会节坊等都有来自中亚、波斯的蕃胡聚居,他们还在洛阳建立寺庙等以为突厥、回鹘、中亚胡商等的聚会酬神之所。旅居洛阳的蕃客胡商还积极投入到洛阳的城市建设中,据说天枢铸造时筹集的百万亿捐款中就有他们的贡献。

---

① 谢永芳编著:《元稹诗全集》,崇文书局2016年版,第493页。

2. 开封

开封,隋唐时期称汴州,自战国开通鸿沟水系之后,便成为中原水运网的中心。隋代建国之初,这里作为东都洛阳的重要东方门户已经是非常富庶的都邑,开皇十五年(595)隋文帝驻开封时,曾"恶其殷盛,多有奸侠"[1]。大业元年(605),隋炀帝开通济渠,汴水与黄河和淮水相连,但是因为隋代对漕运并未充分利用,所以此时期位于汴河要冲的汴州的作用并未凸显。唐载初元年(690),开封境内开湛渠,引汴渠注入白沟。[2] 这使漕运又向东发展,可通曹、兖赋租,自是天下利于转输,汴州运河两岸商旅往返,船乘不绝,"自淮而南,邦国之所仰,百姓之所输,金谷财帛,岁时常调,舳舻相衔,千里不绝,越舲吴艚,官艘贾舶,闽讴楚语,风帆雨楫,联翩方载,钲鼓镗铪,人安以舒,国赋应节"[3],商业呈现一派繁荣景象。中唐以后,朝廷财赋主要依靠东南,汴渠成了唐朝的经济生命线,汴州的地位日益重要,"水陆辐辏,实曰膏腴",人庶浩繁,百货汇集,不仅是北方重要的商业都会,也是全国仅次于扬州的国际贸易中心。皮日休曾评价汴渠"北通涿郡之渔商,南运江都之转输,其为利也博哉"[4]。时人王建也说"水门向晚茶商闹,桥市通宵酒客行"[5],既记述了汴河之上茶叶运输的繁忙和酒店生意的兴旺,也反映了汴京商业活动的活跃。到了唐末,经过"安史之乱"和相继而来的藩镇割据及五代离乱,中原经济呈现衰退状态,史载杨行密据扬州时,曾派人"持茶万余斤如汴宋贸易",一次运茶万余斤,可见汴州的工商贸易此时还并未完全衰落。[6] 五代时期,后梁、后晋、后汉、后周四朝均以开封为都城,开封取代洛阳的地位,成为北方政治、经济、文化、军事的中心,周世宗在位时疏通前代被堵的汴水、五丈河的漕运,引汴水入蔡河,自此江淮、山东等地至开封,以及开封至陈、颍等州的漕运均畅通无阻,以开封为中心的水路交通系统基本统一。开封也从此进入新的发展阶段,"华夷辐辏,水陆会通,时向隆平,日增繁盛"[7]。

---

[1] 〔唐〕魏徵:《隋书》卷五六《列传第二十一》,中华书局1973年版,第927页。
[2] 〔清〕宋继郊编撰,王晟等点校:《东京志略》,河南大学出版社1999年版,第673页。
[3] 〔宋〕周邦彦:《周邦彦集》,江西人民出版社1983年版,第127页。
[4] 〔唐〕皮日休著,萧涤非整理:《皮子文薮》卷四《汴河铭》,中华书局1959年版,第44页。
[5] 尹占华校注:《王建诗集校注》卷六《寄汴州令狐相公》,巴蜀书社2006年版,第265页。
[6] 〔宋〕司马光:《资治通鉴》卷二五九《唐纪七十五》,岳麓书社1990年版,第486页。
[7] 〔清〕顾炎武:《历代宅京记》卷一六《开封》,中华书局1984年版,第225页。

3.其他运河城市

隋唐大运河的开通使得南北经济连为一体,城市之间的交往和联系日益频繁,河南运河城市成为南北商贸往来中不可或缺的一环,在此背景下,除洛阳和开封发展成为经济都会外,其他运河城市也得到了充分发展。隋代立国时间虽短,但是早在这个时期运河城市已有发展。隋末翟让起义之初,起义军将领李绩就对翟让说,"荥阳、梁郡(郡治在今河南省商丘市睢阳区),汴水所经,剽行舟、掠商旅,足以自资"①,由此可见荥阳和梁郡的漕运发达,当地经济发展要优于其他地区。唐初,运河城市的繁荣出现,宋(郡治在今河南省商丘市南)、郑(今郑州市)两郡,"地管御河,商旅往还,船乘不绝"②。唐代中期以后,运河两岸邸店林立,商贾云集,百业兴旺,货品丰富,城市经济呈现出一片欣欣向荣的景象。宋州地濒汴水,交通便利,与开封相距仅300里,独孤及在《唐故睢阳太守赠秘书监李公神道碑铭》中说"(宋州)淮河漕挽,刀布辐辏,万商射利,奸之所由聚也"③,可见商业非常发达,不仅如此,这里的丝织业也闻名全国,土产绢布质地优良,京城王公贵族所用多由此输入。大诗人杜甫在《遣怀》中描述宋州:"昔我游宋中,唯梁孝王都。名今亚陈留,剧则贝魏俱。邑中九万家,高栋照通衢。舟车半天下,主客多欢娱",此处"九万家"可能有所夸大,但宋州人口稠密,商贾众多,繁荣富饶是不容置疑的事实。运河沿岸涌现了不少手工业城市,李吉甫在《元和郡县图志》卷五记载,"开元中,河南贡白瓷,领登封、新安、巩县……三十县",能够选为宫廷御用之器,可见河南瓷器的工艺制作水平全国领先。随着漕河运输的发达,沿河两岸形成了最早的基于交通便利、地区商贸发展而形成的城市。如河阴县(在今荥阳市桃花峪村西北),"本汉荥阳地,开元二十二年,以地当汴河口,分汜水、荥泽、武陟三县地于输场东置,以便运漕"④,除了设置"输场",这里建立了大规模的粮食机构"河阴仓",另外河阴转运院是唐王朝在此地设立的转运管理机构。河阴在南北漕运中的作用非常重要,唐玄宗时期有"自江、淮漕者,皆输河阴仓"的赞誉,"安史之乱"后,"江南之运积扬州,

---

① 〔宋〕司马光:《资治通鉴》卷一八三《隋纪七》,岳麓书社1990年版,第379页。
② 〔后晋〕刘昫:《旧唐书》卷六七《列传第十七》,中华书局1975年版,第1674页。
③ 《唐故睢阳太守赠秘书监李公神道碑铭并序》,《全唐文新编(第2部)》,吉林文史出版社1999年版,第4477页。
④ 〔唐〕李吉甫:《元和郡县图志(上册)》卷六,中华书局1983年版,第136页。

汴河之运积河阴,河(指黄河)船之运积渭口,渭船之运入太仓。岁转粟百一十万石,无升斗溺者"①。唐代得到充分发展的运河城市还有郑州、陕州(陕县)、武陟、汲县、陈留、雍丘(今杞县)、临河(今濮阳县西)、内黄、黎阳(今浚县)等,它们都在河南城市史上留下了闪光的印记。此外,唐代在一些城市之外或农村地区出现了贩卖农、林、木等产品的草市,草市和中唐以后夜市的出现一样是河南城市发展的新亮点。草市是一种民间自然形成的非官置集市,大多分布在交通要道或水道两旁,是一种较为固定的商业贸易活动,多设有固定店铺。河南地区的草市大概在唐代中叶才发展起来,唐代诗人王建在《汴路即事》中有"草市迎江货,津桥税海商"②的诗句,说明汴州附近肯定有草市分布。《续通典》卷十五也有五代时期后唐政府敕令京都及诸道、州、府、县、镇坊界及关城草市内,应逐年买官曲酒户,便许自造曲,酤酒货卖的记载,可见此时河南草市的数量应该已经不少。此后,在一些贸易繁盛、人口集聚的村市,政府还会设置管理机构,或者将之提升为县。代宗大历七年(772)就曾于魏州顿邱县(今河南省清丰县西南)置澶州于顿邱县之观城店置观城县(今河南省清丰县南),以清丰店置清丰县,并割隶澶州。这里提到的观城店、清丰店应均为草市,可见草市的兴起已经成为城市化建设的新动力。

三、城市人口变化与河南城市化发展

经过长期的四分五裂之后,隋代的统一使人民可以过上安定和平的生活。据统计,隋建国之初(581)全国人口接近400万户,到隋炀帝大业二年(606),户数增加了一倍多,约有890万户,大业五年(609),又增长到900余万户,人口增速如此之快,当然不会完全是人口增殖而导致,更多程度上应该是隋初人们为躲避赋税劳役而刻意隐报少报的结果,随着政府降低赋税政策的推行,隐藏的人口由之浮出水面。河南是北方人口最为稠密的地区,根据《隋书》记载,大业五年(609),河南总户数为1862603,以每户5人计算,人口大概为1000万,约占

---

① 〔宋〕欧阳修、宋祁:《新唐书》卷五三《食货三》,中华书局1975年版,第1367页。
② 尹占华校注:《王建诗集校注》,巴蜀书社2006年版,第188页。

全国的 1/5。隋代疏通南北大运河,加强了各地物产的交流,更是很大程度上满足了北方城市发展对粮食的需求,这就为城市集中大量人口创造了条件。据《资治通鉴》记载,隋炀帝时巩义洛口仓共有 3000 窖,最多可容纳 2400 万石粮食,仓储量之大让现代人都很惊讶。此外,洛阳还有含嘉仓,仓储量也不会下于百万石,这样庞大的粮食储备为后来洛阳城市发展奠定了坚实的基础。加之隋炀帝非常重视洛阳的城市建设,"徙洛州郭内人及天下诸州富商大贾数万家以实之"[①],并命令"河北诸郡送工艺户陪东都,三千余家"[②],江南"部京户"六千家,充实洛阳,使得洛阳迅速发展成为北方地区仅次于首都长安的又一大都市。

隋末唐初的战争打乱了城市前行的脚步,人口或者死亡或者流徙,北方地区出现了"万户则城郭空虚,千里则烟火断绝"[③]的凄惨景象,社会经济一片萧条,河南是受灾最严重的地区,人口减损至少在一半以上。不过这次战乱延续的时间不长,与之前 400 年的巨大衰退相比,其对城市经济的破坏还算有限。至唐玄宗开元二十八年(740),河南总人口数达到 7473307 人,较之唐初有了极大的恢复,与隋代人口高峰时期的数字非常接近。宁越敏在其所著《中国城市发展史》中推测唐代城乡人口超过 10 万的大城市有 15 个,其中河南就有洛阳和汴州两个。虽然他对城市人口的估计应该较为保守,但也不难看出河南城市发展在全国占据着重要地位。唐代的洛阳经济恢复很快,因为是南北漕运的中心,河北、江淮之粮集聚于此,富如山积,"隋唐以降,关中之地若值天灾,农产品不足以供长安帝王宫卫及百官俸食之需时,则帝王往往移幸洛阳,俟关中农业丰收,然后复还长安"[④]。为了促进洛阳发展,武则天于天授二年(691)七月,"徙关内雍、同等七州户数十万以实洛阳"[⑤]。加上原有人口,还有不会统计入内的僧人、道士、流民、奴婢以及外地前来经商的人,唐代洛阳的人口数量超过了隋代。开封是河南第二大城市,人口也应不少,《旧唐书》有"河南,汴为雄郡,自江、淮达于河、洛,舟车辐辏,人庶浩繁"[⑥]的记载。唐玄宗时期的汴州有人口

---

① 〔唐〕魏徵:《隋书》卷二四《食货》,中华书局 1973 年版,第 479 页。
② 王利器校注:《盐铁论校注》,中华书局 1992 年版,第 178 页。
③ 〔后晋〕刘昫:《旧唐书》卷五三《列传第三》,中华书局 1975 年版,第 2214 页。
④ 陈寅恪:《隋唐制度渊源略论稿》,生活·读书·新知三联书店 2001 年版,第 162 页。
⑤ 〔后晋〕刘昫:《旧唐书》卷六《本纪第六》,中华书局 1975 年版,第 122 页。
⑥ 〔后晋〕刘昫:《旧唐书》卷一九○中《列传第一百四十》,中华书局 1975 年版,第 5037 页。

577507人,以20%比率计算,城市人口也应在10万以上,加之各种没有统计入内的人群,开封人口应该不下15万。前面提到杜甫在诗句赞誉宋州"邑中九万家",固然这个数字可能只是出于诗人的臆测,但宋州经济繁荣,人口密集却是不争的事实,城市人口数量应该仅次于洛阳和开封。此外,汝州、陕州以及经济发展不错的怀州(今河南省沁阳市)、陈留(今河南省开封市祥符区)、黎阳(今河南省浚县)、雍丘(今河南省杞县)等城市人口亦应不少。

在从"安史之乱"到北宋统一全国的220余年的岁月里,黄河流域城市又面临着一次巨大的衰退,长安、洛阳受损严重,从此丧失了作为国家政治中心的资格。在这场旷日持久的动荡中,洛阳人口损失严重。"安史之乱"使得这里以及周边千余里化为灰烬,唐肃宗上元二年(761),史朝义与张通儒在洛阳城中战数日,"死者数千人……时洛阳四面数百里,人相食,州县为墟"①。代宗即位(762)后,洛阳依旧干戈不止,"雍王率诸将讨贼洛阳……都城及汝、邓,环千里无居人"②,经历黄巢等农民起义之后,洛阳城"仅存坏垣","白骨蔽地,荆棘弥望,居民不满百户",再有其他军事集团"争据洛阳,迭相攻伐",洛阳"都城灰烬,满目荆榛……井邑穷民,不满百户"③。唐代偌大的东都竟然如此凄惨,战争之残忍可以想见。虽然五代之后梁以洛阳为西都,后唐一度将都城设于此,但是因为时间短暂,加之杀伐动荡不断,洛阳在唐中期的辉煌一去不返。相对于洛阳,汴州交通便利,漕运发达,城市发展呈现蒸蒸日上的势头,到五代末期,这里屋宇交连,街道狭窄,说明汴州人口非常可观。

第三节 城市的建设与发展

隋唐五代时期是城市建设"颇为活跃"④的一个阶段,以洛阳为代表的新建

---

① 〔后晋〕刘昫:《旧唐书》卷二○○上《列传第一百五十》,中华书局1975年版,第5382页。
② 〔宋〕欧阳修、宋祁:《新唐书》卷一三三《列传第五十八》,中华书局1975年版,第4546页。
③ 〔宋〕薛居正:《旧五代史》卷六三《列传十五》,中华书局1976年版,第838页。
④ 贺业钜:《中国古代城市规划史》,中国建筑工业出版社1996年版,第392页。

城市不仅规模宏阔，格局严谨，而且富于创新，后来邻国日本京都市完全仿照洛阳城修建，曾作为日本首都千余年。运河的开通以及商贸的发展为城市建设提供了新动力，沿河或者街道两岸设置栏店的做法打破了官市交易的束缚，直接导致了市坊制度的变革，五代时期临街设店已被政府承认为合法行为，也是在这一时期交通型商贸城市开始出现。

一、城市的规划建设

隋唐时期，洛阳作为东都建设格局与西安极为相似，其平面布局和建筑形制对后世影响深远。唐末战乱使得洛阳被夷为平地，虽然五代时期统治者曾力图恢复旧制，但是因为社会动荡，政权不稳，洛阳城已经没有了昔日的恢宏气势。伴随着封建王朝的生命供给线——漕运的重要性日渐突出，运河沿岸的开封的经济地位不断提升，开封逐渐取代洛阳的政治地位，成为五代时期四个王朝的首都，后周对于开封城的扩建和改建为北宋开封城市建设奠定了基础。

1. 洛阳城

隋唐洛阳城位于今洛阳老城城址，东距汉魏故城9公里，西距周王城2.5公里，"前直伊阙（指龙门），后据邙山，左瀍右涧，洛水贯其中，以象河汉"[1]，形势堪称险要。隋唐洛阳城为仿照汉代东西两京制度而来，作为陪都，洛阳在长安以东，便于控制当时经济发展已经逐渐超越北方的江淮地区。洛阳城建于隋炀帝时期，大业元年（605），尚书令杨素和大匠宇文恺负责规划和督建。洛阳城的规划设计基本与长安一致，规模宏阔，形制规整，建筑完善，只是就具体布局来说，洛阳城更不拘泥于方正对称，如宫城的设置，为了与伊阙龙门相对，被设于全城西北隅，城内道路宽度也适当缩小，因此洛阳城的建设更"富于变化，不及长安严谨，但亦井井有序"[2]。

洛阳城平面略呈长方形，分为郭城、皇城、宫城三重城垣，其中皇城和宫城是洛阳的政治活动区，外城为经济活动区，区域划分泾渭分明。根据考古测量，

---

[1] 〔清〕顾炎武：《历代宅京记》卷九《洛阳下》，中华书局1984年版，第156页。
[2] 贺业钜：《中国古代城市规划史》，中国建筑工业出版社1996年版，第393页。

外城南垣7290米,北垣6138米,东垣7312米,西垣6776米,总计约28公里,与《元河南志》所说东都"周回五十二里",大致相符。城墙全部以夯土筑成,四围辟有8门,位置互不对称。皇城和宫城建于外城西北之高亢地带,符合我国礼制中"以高位贵"的观念。皇城从东、南、西三面环套宫城,以宫城和皇城为核心,周围环绕有一系列小城:宫城以北有曜仪城,再北有圆壁城,两城前后重叠。宫城以外,皇城西北隅和东北隅各又一座隔城,非常对称,宫城以东有含嘉仓城和东城,南北排列,这是前代所未见的。宫城为皇室宫殿苑囿之所在。大致为正方形,东垣1270米,西垣1275米,北垣1400米,南垣中部凸起,长1710米。根据文献记载,宫城城垣辟有9门,南4、东1、西2、北2,其中南垣凸起正中应天门在宫城中轴线上,为宫城正门,以城门楼(紫薇观)为主体,两侧辅以垛楼,向外伸处阙楼,其间廊庑相连,雄伟壮观。宫城是全城的政治核心,与长安一样也建有含元殿,为皇帝举行大型朝贺活动之所,是全城的一座标志性建筑。含元殿北是魏贞观殿,次北是魏徽猷殿,再北是陶光园,三座大殿与应天门和皇城的端门都位于同一轴线上,向南穿越洛河,过定鼎街,出外城定鼎门,向北过陶光园,经玄武门、圆壁南门,出外城龙光门,从而构成洛阳全城规划的主轴线,含元殿无疑处于轴线中心的位置。含元殿东西两侧为官署建筑,皇帝日常朝见百官的宣政殿位于含元殿西侧,其他宫寝殿宇分散于含元殿东、西、北等处,不甚工整。皇城为官署所在地。平面呈长方形,但是因为宫城位居其中,所以确切地说是一座环城,南北长1670米,东西宽约2100米,城内东西、南北各四条街道,街道两旁建有左宗庙、右社稷及皇室府第和百官衙署。东城位在皇城以东,面积不大,南北长约700米,东西长约600米,建有尚书省和大理、太常、光禄等寺,少府、军器二监也在其内,同宫城、皇城一起构成全城的政治活动区域。含嘉仓城在东城以北,城内粮窖密集,排列整齐,井然有序,现已探出259座,可见城内粮食储备的丰富。郭城即外城,在城市最外围,功能以市为主,居住次之,兼涉手工业、地方行政、文教、中央官署、寺院等其他功能。外城被洛水横贯,分成南北两区,首次开创了"洛水贯都"的局面,东、南而来的物资通过漕运可以很便利地到达含嘉仓城和外郭各市。

唐末的战乱对洛阳宫城建筑的破坏相对较少,但是皇城和外城,"城邑残破,户不满百","仅存城垣",昔日辉煌已成过眼云烟。不过因为后梁、后唐、后晋仍旧以其为首都,时间共计长达19年,而后汉、后周也将其作为陪都(西京),

故而这里的城市建设并没有停止,可以说五代时期的洛阳虽然没有了隋唐的恢宏气势,但是依旧保留了帝都风韵。904年,张全义为河南尹时,"筑南、北二城"①,二城分两次建造,"初,光启末……乃于南市一方之地,筑垒自固,后筑嘉善坊为南城"②,应该面积不大,仅包括南市及嘉善坊之地。开平四年(910),朱温"车驾将入洛,奉诏重修五凤楼、朝元殿"③,洛阳宫城得到了进一步完善。张全义在洛阳期间进行了一系列城市建设和鼓励生产的举措,对于城市经济和社会的发展起到了积极作用,史书称,"数年,人物完盛,民甚赖之"④,肯定了他的功绩。其实张全义对于洛阳城的修复只是局部的、小规模的,天成四年(929),左补阙杨途奏:"窃见京城之内,尚有南州、北州,纵市井不可改移,城池即宜废毁。伏见都城旧墙多已摧塌,不可使浩穰神京旁通绿野,徘徊壁垒,俯近皇居,无复因循,急亟宜修葺。"⑤不足二十年,洛阳旧墙摧塌严重,城市破败不堪,为了改变这种局面,政府开始将张全义所筑城寨、城壕一一填平,试图按照唐代旧制修复洛阳,无奈国祚短暂,终未能如愿。庄宗时期增建长寿殿、临芳殿、长春殿和清暑楼,宫殿可称"宏邃",其中清暑楼规模甚大,"日役万人,所费巨万"⑥。此外,五代时期洛河及漕渠两岸的坊市因为河道的变动有所改变,但在总体上维持旧观。

2.开封

战国时期,魏国建都大梁,即今天的开封市,唐时因为大梁地跨汴河,改称汴州,后世称其为汴梁。隋唐时期,随着南北漕运的疏通,作为汴河要冲,水陆都会开封的商业、手工业日渐繁荣。唐建中二年(781),宣武节度使治所由商丘迁至汴州,节度使李勉深感汴州城隘,加以扩建,修筑罗城,即外城,规模相当大,城围20里155步,有城门10座。五代时期,除后唐外,其余后梁、后晋、后汉、后周均有建都于开封的历史。后梁开平元年(907),朱全忠(朱温)称帝于开封,升汴州为东都开封府。后梁以汴州衙城为皇城、宫城,称原州城为罗城,

---

① 〔宋〕欧阳修:《新五代史》卷四五《杂传第三十三》,中华书局1974年版,第490页。
② 〔清〕顾炎武:《历代宅京记》卷九《洛阳下》,中华书局1984年版,第160页。
③ 〔宋〕薛居正:《旧五代史》卷十四《列传四》,中华书局1976年版,第129页。
④ 〔宋〕欧阳修:《新五代史》卷四五《杂传第三十三》,中华书局1974年版,第490页。
⑤ 〔清〕顾炎武:《历代宅京记》卷九《洛阳下》,中华书局1984年版,第160页。
⑥ 〔宋〕司马光:《资治通鉴》卷二七三《后唐纪二》,岳麓社1990年版,第665页。

以附会都城体制。开封罗城南面三门,东、西、北三面各两门,城内街道坊市依唐代之旧制,并无重大改变。这是五代时期开封第一次作为都城,不过时间仅一年。后晋天福二年(937),晋高祖改汴州行阙为达宁宫,再次定都于此,次年十月,升汴州为东京,置开封府,这是开封在历史上首次称东京,洛阳改为西京。五代时期,连年征战,中原大地灾难深重,开封虽名为国都,实际上破坏多而建设少。一直到后周时期,周世宗柴荣励精图治,对东京城潜心经营,开封城市建设才初见起色。后周时期的开封城原有建设已显然不能满足城市发展的需要,后周广顺二年(952),朝廷曾动员5万民夫修补东京城,增筑城壕。但是城内过于拥塞,交通不便等问题并没有得到有效解决。显德二年(955),世宗又调集10余万民夫,规整坊市,扩展街道,使得"大梁城中民侵街衢为舍,通大车者盖寡,上命悉直而广之,广者至三十步。又迁坟墓于标外"①。四月,又下令州城外增筑罗城。诏书说:

> 东京华夷臻凑,水陆会通,时向隆平,日增繁盛,而都城因旧,制度未恢,诸卫军营或多窄狭,百司公署无处兴修。加以坊市之中,邸店有限,工商外至,亿兆无穷……而又屋宇交连,街衢湫隘,入夏有暑湿之苦,居常多烟火之忧。将便公私,须广都邑,宜令所司于京城四面别筑罗城。先立标帜,候冬末春初,农务闲时,即量近甸人夫,渐次修筑……今后凡有营葬及兴置宅灶并草市并须去标帜七里外,其标帜内,候官中擘画定街巷、军营、仓场、诸司公廨、院务了,即任百姓营造。

可见新城的罗城建设、城市布局及功能分区等均有详细规划。三年,又下诏:

> 开广都邑,展引街坊,虽然暂劳,久成大利……其京城内街道阔五十步者,许两边人户各于五步内取便种树掘井、修盖凉棚。其三十以下至三十五步者,各与三步。其次有差。②

这次下诏的目的主要是开展街边绿化,整顿市容。经过几年扩修和改建,开封城围增加到48里,城墙之土由汜水虎牢关运来,层土层夯,坚实耐用,固若金汤,市内建设井然有序,城内宫殿雄伟壮丽,官署营库分区清楚,道路街巷宽阔笔直,宫殿建筑也相当雄伟壮丽,成为后来北宋开封城建设的雏形。此外,显德

---

① 〔宋〕司马光:《资治通鉴》卷二九二《后周纪三》,岳麓书社1990年版,第905页。
② 〔清〕顾炎武:《历代宅京记》卷一六《开封》,中华书局1984年版,第225页。

四年(957),周世宗还下令开掘汴河支流,疏浚五丈河,使得齐鲁河流可以通过济水,经五丈河、汴河,直接到达东京。显德六年(959),又引汴水入蔡河,增加蔡河水量,以方便漕河运输。为了配合开封城成为新的政治中心,北周统治者借用了周公卜洛的模式,不仅利用更新历法,还利用日影数据的表达,将开封封岳台阐释成新的天下之中,这些都为北宋都汴奠定了理论基础。

二、市坊制度的变革

隋代及唐初是市坊制度建设的高峰期,城市经济活动集中在市中进行,坊则承担城市文教、行政、宗教、医药、居住等责任,但是进入唐代中期以后,随着商品经济的发展,城市中破坏市规坊制的行为日渐增多,昔日政府所订立的市坊规范渐同虚设。五代时期,战争对河南城市的破坏极为深重,洛阳、开封等城市的旧有市坊几乎破坏殆尽,市坊制度也随之瓦解。

1.隋唐洛阳城的市坊

隋唐时期,洛阳城的市坊均设在皇城以外的廓城内。隋时洛阳城的经济活动主要在东、南、北三市中进行,东市名丰都市,南市名大同市,北市名通远市。三市规模都很大。丰都市,"周八里,通门十二。其内一百二十行,三千余肆。甍宇齐平,遥望如一。榆柳交阴,通渠相注。市四壁有四百余店,重楼延阁,互相临映,招致商旅,珍奇山积"。此段文字中提到的行、肆、店,显然早已不是早期市中的那些简单、临时的摊位,而是有着统一规划的固定店铺,可见商业的繁华。通远市周围六里,濒临运河干流通济渠,停泊在这里的郡国舟船舻数以万计。三市被郭城中的里包围,里主要位于皇城东侧和南侧,计有103处,"坊各周四里,开四门,临大街,门并为重楼,饰以丹粉"[1],形制和规模大小基本与汉魏相同。

唐代的市坊分布与隋基本一致。因为洛水横贯,外郭城被自然地分为南、北两区,洛水南大于洛水北,洛水南也可以据定鼎门街划线,分为东、西两区,东

---

[1] 〔唐〕杜宝:《大业杂记》,《笔记小说大观·说郛》,江苏广陵古籍刻印书社1983年版,第873页。

区在三区中面积最大。三市分布于三区。南市,又称丰都市,位于常夏门东第二街之西、嘉善坊之北,是唐代最大的市场,盛唐前期南市据一坊半之地。有"邸一百四十一区,资货六十六行"[1],货贿山积。西市,隋代称大同市,位于西郭的西南角,周围四里,开四门。市内店铺林立,众商云集。北市,隋称通远市,位于北区正中,周围六里,其内郡国舟船、舳舻万计。由于面临通济渠,实际上是南北大运河的水运枢纽,"天下之舟船所集,常万余艘,填满河路,商旅贸易,车马填塞"[2],一时繁华无两。外郭城内纵横各 10 街,将全城分为 112 个相对独立的区域,四围建有城墙,坊的规模不完全一致,大概"每坊东西南北各广三百步,开十字街,四出趋门"[3],这里提到的坊除去位居其中的 3 市,洛阳城共计有 109 坊。此处的"坊"与隋代的"里"相同,都是由周代的"里"发展而来。与前代单纯用于居住不同,隋唐时期的里坊内涵更为丰富。正如《中国古代城市规划史》所描述的:

> 大抵洛南定鼎门东之乐和、正平及崇正三坊,可视为文教区。前二坊为国子监、国子学及孔庙所在,后一坊置有河南府学。河南府衙在宣范坊,河南县衙在宽政坊,洛阳县衙在洛北毓德坊,此三方应列为地方行政区。洛南定鼎门街东洛水旁直对皇城之尚善坊内有宗正寺、太史监及内仆局等,其南之安业坊有太仆寺典厩署等,洛北近东城之立德坊有都水监、吏院选院等,这些坊应列为中央官署区。洛南定鼎门街东尽修文坊一坊之地为宏道观,长夏门东南市附近尽延福一坊之地为福先寺,长夏门街西洛水旁道德坊有景龙女道士观居半坊,这几坊为寺观区。洛南定鼎门之宜人及静仁二坊为官府药园,自应划为药物种植区。其余诸坊,则多居住区。[4]

坊内功能大致分为文教区、行政区、中央官署区、寺观区、药物种植区以及居住区等。

居住区是坊的最重要功能,可以根据聚居人群身份分为不同类型,如贵族府邸主要分布在定鼎门街东西两侧,工商业者居住地及酒肆、旅店、车坊等多近

---

[1] 〔清〕徐松辑,高敏点校:《河南志》,中华书局 2012 年版,第 25 页。
[2] 〔唐〕杜宝:《大业杂记》,《笔记小说大观·说郛》,江苏广陵古籍刻印社 1983 年版,第 873 页。
[3] 〔清〕徐松撰,李健超增订:《增订唐两京城坊考》,三秦出版社 2006 年版,第 284 页。
[4] 贺业钜:《中国古代城市规划史》,中国建筑工业出版社 1996 年版,第 497 页。

市等。

唐前期的市是和封闭式的坊联系在一起的,市在时间上有着严格的管理,这在《唐六典》卷二〇"京都诸市条"中有着明确记载:

> 凡市以日午击鼓三百声而众以会,日入前七刻击钲三百声而众以散。

不仅洛阳如此,其他的州、县亦是如此,如《唐会要》卷八六《市》所载:

> 景龙元年十一月敕,诸非州县之所,不得置市。其市,当以午时击鼓二百下,而众大会,日入前七刻,击钲三百下散。其州县领务少处,不欲设钲鼓,听之。

此处的"击鼓二百下"疑为"击鼓三百下"之误。从这条记载中可知有些州县虽然不设钲鼓处,但是入市、闭市的时间也是有限制的。

唐代洛阳的市由市署管理,直隶太府寺,根据开元二十四年(736)编纂的《唐六典》记载,洛阳东、西二市同长安一样,设有专门的管理机构。每个市署有市令1人、市丞2人、录事1人、府3人、史7人、典事2人、掌固1人,共17人,除市令为从六品下、市丞为正八品下的流内官员,其余均为不入流的胥吏。市令的设置隋代已经开始,唐代新设市丞,民户4万以上,也就是达到上州水平的加设市丞。① 地方上的市场管理机构是市司,根据《唐六典》卷三〇诸条中记载:大都督府有市令1人、市丞1人、佐1人、史2人、帅3人、仓督2人、史4人,上州有市令1人、市丞1人、佐1人、史2人、仓督2人、史4人,上县有市令1人、佐1人、史1人、帅2人、仓督2人。以上提到的这些管理人员,只有大都督以下至上州的市令为从九品上流内官员,其余皆为胥吏,也就是说中州以下以至于下县的市司中无一个流内官员。隋唐时期,洛阳是全国最大的手工业作坊和商业市场,同一种类商品开始集中在市场的某一区域,"行"的出现适应了洛阳经济发展的需求。行是同类商贩组成的行会的简称,丰都市内120行,涵盖了当时大部分行业,各行设有"行头",除了负责规定度量衡标准、保护同行利益、防止商品伪滥、监督买卖合同的执行、防止同行业恶性的竞争,还负责协助市肆负责人对商品进行质检和定价、征收税务等,此外在组织货源,沟通官府对市场货物的需求等方面也起到了重要作用。

同"市"一样,政府对坊的控制也非常严格。坊内设有坊正,掌管开启坊门、

---

① 《唐六典》卷三〇"大都督府市令一人条下",日本广池学园事业部点校本1937年版,第523页。

维护治安、管理赋役以及处理坊内事务等。坊门晨启夜闭,启闭有时,以"街鼓"为号,禁止居民夜行。

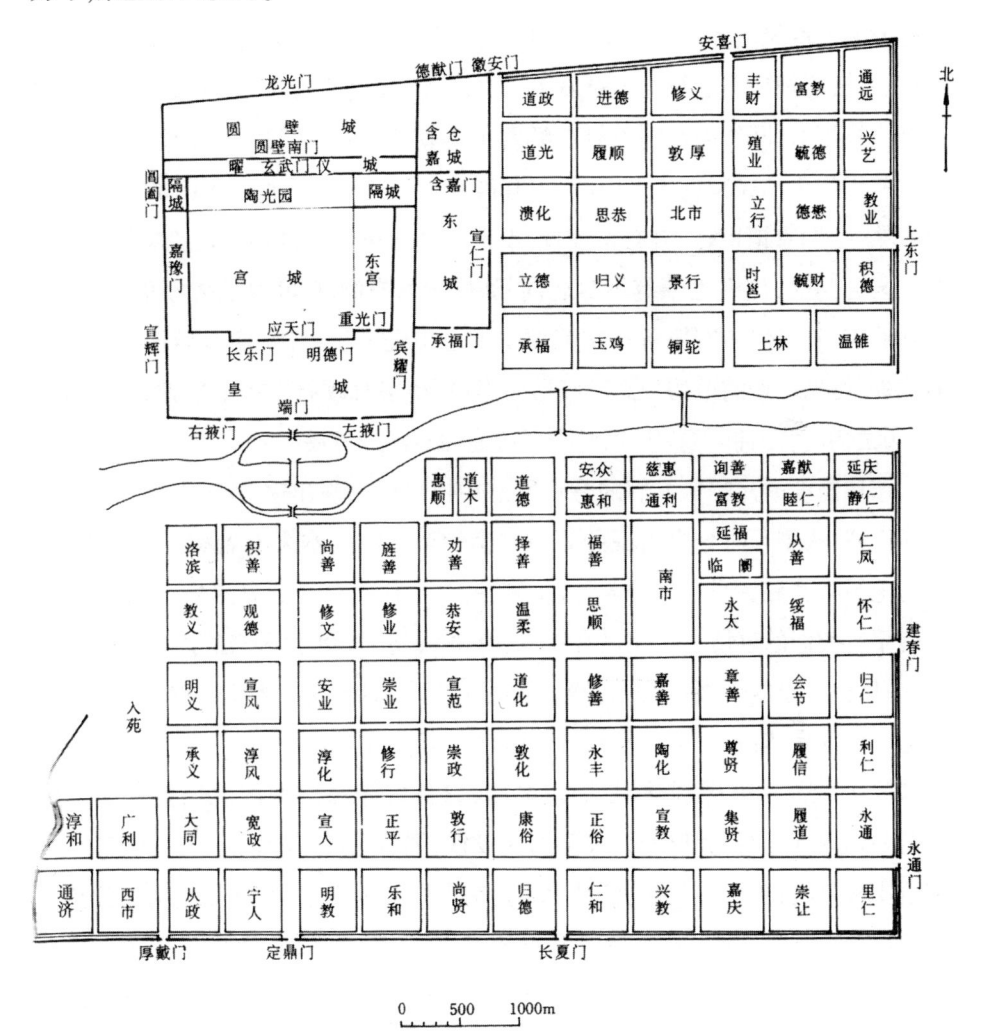

图 4-3-1 隋唐洛阳城市规划示意图①

2.市坊制度的逐渐破坏

隋唐时期市坊制度日渐完备,但与此同时,随着商业的繁荣发展,市坊体制开始走向衰落。隋文帝时,汴州因为殷盛而导致统治者不满,任命令狐熙为汴州刺史整顿市坊:

---

① 贺业钜:《中国古代城市规划史》,中国建筑工业出版社 1996 年版,第 499 页。

禁游食,抑工商,人有向街开门者杜之,船客停于郭外,星居者勒为聚落,侨人逐令归本,其有滞狱,并决遣之,令行禁止。上闻而嘉之。"①
可见此时期的统治者对于市坊管理是十分严格的。唐代中期以后,随着商业的发展,违反市规坊制的行为屡有发生。洛阳诸市内有不少商铺突破市坊禁锢在正铺之外更造偏铺,如武则天时李峤曾上奏朝廷,说:"坊为要冲,地当贵里,亩赁二三十贯……夺其近市之门闾,生其破家之怨谤。"②景龙元年(707)十一月,皇帝饬令"两京诸市行,自有正铺者,不得于铺前更造偏铺"③,但是未能有效遏制。与此同时,坊内也开有不少店铺,如修善坊有酒肆、车坊,清化坊和殖业坊有沽酒店,甚至河南府衙所在宣范坊附近也出现了棺材店,商业店铺能够与官府比邻,可见严格的市坊规定已经形同虚设,德宗时政府不得不松弛禁令,允许"坊市之内,置邸铺贩鬻"④,以此来适应商品经济的发展。

市坊制度的瓦解从人们的意识形态中也可以反映出来。《酉阳杂俎前集》卷四记载,武则天时令史出身的官员张衡,官居四品,本来有希望再度高升,却因为上街时,"路旁见蒸饼新熟,遂市其一,马上食之",遭御史弹劾,考核未通过而落甲。类似的事情玄宗朝也有一例,官员"(房)光庭尝送亲故之葬,出鼎门,际晚且饥,会鬻糕饼者,与同行数人食之。素不持钱,无以酬值。鬻者逼之,光庭命就我取直,鬻者不从。光庭曰:'与你官衔,我右台御史也,可随取值。'时人赏其放逸"⑤。这里提到鼎门,即定鼎门,官员房光庭出城门后,碰到"鬻糕饼者",不但毫无顾忌与其交易,甚至因为没钱,把自己的"工作证"——"官衔"抵押给小贩。两相对比,同样是市外交易,御史以形象不雅,有辱斯文为由弹劾张衡,阻其仕途,而对行为似乎更加出格的房光庭却未有只言片语的责备,时人反而夸赞其"放逸"。两件事情相隔不过几十年,从中可见人们对于市外交易的态度及看法已经大相径庭。

唐代后期,市坊启闭有时的规定也已经松弛。诗人白居易曾有《晓上天津桥闲望偶逢卢郎中张员外携酒同倾》一诗:

---

① 〔唐〕李延寿:《北史》卷六七《列传第五十五》,中华书局1974年版,第1556页。
② 《代公主让起新宅表》,《隋唐两京考》,武汉大学出版社2000年版,第305页。
③ 《定两京市诸行交易敕》,《全唐文新编(第1部)》,吉林文史出版社1999年版,第224页。
④ 〔宋〕王钦若:《册府元龟》卷一六〇《革弊第二》,凤凰出版社2006年版,第1779页。
⑤ 〔明〕冯梦龙评纂:《太平广记钞》卷二八《义气部》,团结出版社1996年版,第409页。

> 上阳宫里晓钟后,天津桥头残月前。空阔境疑非下界,飘摇身似在寥天。星河隐映初生日,楼阁葱茏半出烟。此处相逢倾一盏,始知地上有神仙。

诗文描述的是清晨晓钟过后,天上残月还未落尽,诗人在洛阳上阳宫外的天津桥闲游,偶遇卢郎中、张员外,并与之共饮的事情。从时间上看,诗人以及其他两个人能够在宵禁时间一同出现在坊外,可以推定此时期严格的夜禁政策已经荡然无存,而相应的,城市中人们的夜生活也必定丰富起来,这个时段人们还能在户外有酒喝,应该是夜市还未结束,也就是说洛阳的酒肆可能是通宵达旦营业的。

唐文宗大和五年(831),还曾有左右巡使抱怨居民不守规定,希望政府下令恢复市坊昔日定制。《唐会要》载:

> 伏准令式,及至德、长庆年中前后敕文,非三品以上,及坊内三绝,不合辄向街开门。各逐便宜,无所拘限。因循既久,约勒甚难。或鼓未动,即先开,或夜已深,犹未闭。致使街司巡检,人力难周,亦令闭塞,请准前后除准令式各合开外,一切禁断。

魏晋时期,爵位在侯以上,食邑万户的贵族可以出入不经里门,而直接向街道开门,其住宅称为"第",正如《初学记》所说:"宅亦曰第,言有甲乙之次第也。一曰:出不由里门,面大道者名曰第。爵虽列侯,食邑不满万户,不得作第。其舍在里中,皆不称第。"[①]唐代至德、长庆时期,规定比魏晋时期有所放宽,三品以上朝廷官员或在文学艺术上有突出成就的特殊人员都可以临街开门。但是到大和年间(827~835),坊内住户已经开始随意向街开门,"各逐便宜,无所拘限。因循既久,约勒甚难"[②],坊门的启闭时间也不按规定执行。面对以上提到的种种不合规制的行为,政府似乎视而不见,听之任之。商品经济的发展对传统的市坊制度形成了巨大冲击,市坊制度的土崩瓦解刻不容缓,封建政府已经没有阻挡之力。洛阳以外,其他城市的商贸活动也在逐渐摆脱城中官市的限制,或者沿城内大街两侧设置栏店,或者离开城市,沿着交通要道、运河和大河方向伸延,这些都是商品经济突破墙垣的重要表现。

---

① 〔唐〕徐坚:《初学记》卷二四《宅第八》,中华书局1962年版,第578、579页。
② 〔宋〕王溥:《唐会要》卷八六《街巷》,中华书局1985年版,第1576页。

唐末的战乱使得河南许多城池遭受破坏,洛阳再度成为一片废墟,市坊被破坏殆尽,市坊制度更无从谈起。唐光启三年(887),张全义曾试图重建洛阳"都城坊曲",于"南市一方之地筑垒自固,后更于市南又筑嘉善坊为南城",但旧制恢复已属妄谈。后唐同光三年(925),张全义所建悉数被拆,为了鼓励城市建设,政府"任诸色人"在城中寻空地"请射盖造","藩方侯伯、内外臣寮于京邑之中无安居之所,亦可请射,各自修营"①,统治者迫切想恢复洛阳城市的急切心情可以理解,但这样做的结果毋庸置疑就是完全破坏了隋唐时期洛阳城的市坊规划。流弊很快显现,人们或者占据土地不建房,或者恣意建房,侵占道路,妨碍交通,洛阳全城陷于杂乱无章的状态。同时期的汴州也是"邑居庞杂,号为难治"②,在这种状态下,封闭的市坊制度自然难以为继,城市管理成了老大难问题。后唐长兴二年(931)又不得不加以纠正,因此有人主张:

> 诸厢界内,多有人户侵占官街及坊曲内田地,盖造舍屋……自后相次诸色人陈状,委河南府堪逐。如实是闲田,不侵占官街,然后指挥擘画交付……京城应天街内有人户见盖造得屋宇外,此后并不得更有盖造。其诸坊巷道两旁常须通得牛车,如有小街巷,亦须通得车马来往,此外并不得辄有侵占。应诸街坊通车牛外,即日或有越众迥然出头,牵盖舍屋棚阁等,并须尽时毁拆,仍据樽截外,具留街道阔狭尺丈,一一分析申奏。此后或更敢侵占,不计多少,宜委地分官司量罪科断。

此建议的目的是保持大小街巷的平直通常。在重建过程中,政府还规定:

> 见定已有居人诸坊曲内有空闲田地,及种莳并菜园等,如是临街堪盖店处田地,每一间破明间七椽,其每间地价,宜委河南府估价收买。③

据此可知,当时坊内不仅可以种植菜园,还可以临街盖店,昔日严格的市坊制度已经荡然无存。

隋末唐初的开封,因为受政府的严格管理,市坊制度秩序井然,但到唐中期后,市坊开始走向松懈和解体。唐代中晚期王建在《寄汴州令狐相公》中写道:"水门向晚茶商闹,桥市通宵酒客行",可见此时期的开封商业已经突破了市坊

---

① 〔宋〕王溥:《五代会要》卷二六《街巷》,上海古籍出版社1978年版,第411页。
② 〔后晋〕刘昫:《旧唐书》卷一三一《列传第八十一》,中华书局1975年版,第3633页。
③ 〔宋〕王溥:《五代会要》卷二六《街巷》,上海古籍出版社1978年版,第411、412页。

的界限,不仅商铺交易地点不局限于"市",东、西水门和沿河桥头等任意方便之所均可,交易时间也可"通宵",不受市门启闭之限制。五代时期,政府允许商户在汴河上设立邸店,市场空间限制的解除对于商业来说固然是好事,但是因为缺乏统一规划,也给城市建设带来了许多隐患。五代时期,开封的市政建设如同当时的国家政治一样缺乏秩序,但是当权者却是锲而不舍,从没有放弃过努力。周世宗显德二年(955),鉴于"大梁城中民侵街衢为舍,通大车者盖寡"的问题,政府下令整饬,"悉命直而广之,广者至三十步。又迁坟墓于标外",统治者认为"近广京城,于存殁扰动诚多。怨谤之语,朕自当之,他日终为人利"①,可见政府是下了很大的气力和决心的,据说负责这项工作的官员王朴为强制实行,曾当街杖死一名工作"弛慢"又不服从命令的厢校。不过因为工程浩繁,这次工作只是进行了局部拆迁,略把街道拉直开阔而已。同年十月,政府再度出手整治,诏书中提道,东京"坊市之中,邸店有限,工商外至,络绎无穷",商品经济已经有了高度发展,为了与其相适应,城内"今后凡有营葬及兴置宅灶并草市并须去标帜七里外,其标帜内,候官中擘画定街巷、军营、仓场、诸司公廨、院务了,即任百姓兴造",这样的补救措施一定程度上弥补了唐末五代初期市政规划的不足。不过,开封"辇毂之下,谓之诰穰,万国骏奔,四方繁会。此地比为藩翰,近建京都,人物喧阗,闾巷狭隘。雨雪则有泥泞之患,风旱则多火烛之忧,每遇炎蒸,易生疫疾"②的问题,在当时并没有彻底解决。

第四节 城市的文化与社会

隋唐时期是我国秦汉之后封建社会发展的又一高峰,政治的统一、社会的稳定为城市文化的繁荣奠定了基础。河南位居隋唐王朝腹地,交通便利,人文丰厚,各种思想和流派在这里交流和碰撞,形成了独具特色的地域文化。唐中

---

① 〔宋〕司马光:《资治通鉴》卷二九二《后周纪三》,岳麓书社 1990 年版,第 905 页。
② 〔清〕顾炎武:《历代宅京记》卷一六《开封》,中华书局 1984 年版,第 222 页。

期以后,随着市坊制度的解体,以商人、手工业者为代表的市民阶层开始形成,虽然他们的力量在当时还不够强大,但是对于社会和文化还是产生了不可忽视的影响。

一、城市的文化发展

隋唐时期是我国文化大发展、大繁荣时期,学校教育已经从中央到地方形成了一套完整的体系,社会思想活跃,不但涌现了大批思想家、哲学家,佛教、道教理论也发展到一个新高度,科学技术领域同样取得了丰硕成果。

1.文化教育

隋唐时期,在中央政权的统一统治下,从中央到地方形成了一个较为完备的教育体系,河南文化教育空前繁荣。

隋代官学发展很快。除洛阳设有国子寺、太学、四门学外,其他州县也均设庠序之学,隋初一度出现了教育与学术共同昌盛的局面,《隋书·儒林传》描述说:"京邑达乎四方,皆启黉校。齐、鲁、赵、魏,学者尤多,负笈追师,不远千里,讲诵之声,道路不绝。中州儒雅之盛,自汉、魏以来,一时而已。"洛阳还设有书学、算学和律学专科学校,除律学由大理寺管辖外,其余官学均由国子寺管辖。开皇十三年(593),国子寺不再隶属太常,而成为独立的教育管理机构。隋炀帝即位后,对于教育也非常重视。大业三年(607),国子寺改称国子监,设祭酒 1 人,专门掌管教育,加置司业 1 人,丞 3 人,主簿、录事各 1 人,统领各官学,这是我国历史上专门教育行政部门和长官的设置之始,标志着中国古代教育事业又上了一个新台阶。此外,太医署内也招生纳徒,传授医术,培养医药人才。《隋书·百官志》中认为隋炀帝之时的教育"盛于开皇之初",但因为隋王朝国祚短暂,教育上所取得的成就有限,所以后人有"空有建学之名,而无弘道之实"[1]的评价,但也不可否认,隋代大力兴办官学,在我国教育发展史上起到了承前启后的作用。

唐代继承和发扬了隋代的学校设置和教育制度,官学教育有了跨越式发

---

[1] 〔唐〕魏徵:《隋书》卷七五《列传第四十》,中华书局 1973 年版,第 1148 页。

展。唐高祖时期,全国州、县、乡皆有学校,河南自不例外。太宗时期,官学教育不断完善,教学体系日臻完备。高宗龙朔二年(662),洛阳置国子监,有学生15人,入学资格限于三品以上官员子孙。国子学是最高学府,设博士5人,教授"五经",此外还有助教、直讲等辅助博士分经讲授。国子学外,洛阳设置的中央官学还有太学、四门学、弘文馆、崇文馆、广文馆、律学、书学、算学、卜筮、兽医学、医学、崇玄馆和律学等。太学也是国家最高级别的学府,有博士6人,助教6人,教授"五经",规模大于国子学,但学员为五品以上官员子孙,入学门槛和教师官职均低于国子学。四门学,设博士6人,助教6人,直讲4人,教授"五经",学员为七品以上官员子孙及庶人中有才学者,因为入学资格较宽,学生数量远多于国子学和太学。弘文馆是专门收藏、校雠和研习儒家经典的场所,武则天时以宰相兼领馆务,号馆主,给事中1人判馆事,学生30人。崇文馆与弘文馆同为"五经"学术研究基地,学士教授由宗室、宰相及散官一品、功臣身食封者担任。广文馆为专门培养投考进士科学生之所,有博士4人,助教2人,学生10人。除以上提到的经科学校以外,其他官学均属于专科性学校。律学设博士3人,助教1人,教习律令,兼习格式法例,有学生3人,直辖于大理寺。数学设博士2人,助教1人,教习书法,有学生3人。算学设博士2人,助教2人,学生80人,学习数学原理和运算。医学设在太医署下,采用医药博士带徒的办法传道授业。崇玄馆,设博士、助教各1人,学生百人,专门研习经典《老子》《庄子》《文子》《列子》,直辖于礼部。司天台还设有天文学、历数学和漏刻学等。此外,地方官学有州、县所置经学,由长史管辖,学生一般系下级官吏及庶民子弟。京都至博士1人,助教2人,学生80人,其他州、县博士、助教,多为1人,招生人数不一,诸州学生40至60人不等,京县学生50人,畿县学生40人,其他县学20至40人不等。地方上的府州医学专科学校自贞观三年(629)开始设立,京都医学设博士1人,助教1人,学生20人,其他州学,博士、助教,多为1人,学生10至15人不等。有些州县还设有崇玄学,教授学生习学《道德经》及《庄子》《列子》等。

隋唐时期的私学亦十分兴盛,是官学的有益补充。不少名士大儒,创立儒馆,从事著述和教学活动。隋末硕儒王通(548~618),大业时弃官于河、汾间(今豫、晋交界一带)开办私学,专心治学授徒。门下高徒云集,初唐许多政治家、学者如房玄龄、杜如晦、魏徵、陈叔达等,均为其弟子。唐代儒学大师李善及其子文学家李邕以《文选》为教材传道授业,"居汴、郑间讲授,诸生四远至,传其业,号'《文选》学'"①。唐代文宗、武宗、宣宗三朝宰相李德裕也曾于东都"伊阙南置平泉别墅,清流翠篠,树石幽奇,初未仕时,讲学其中"②,从事过私学教育。河南文化底蕴深厚,家学源远流长,许多名人显宦的成功与家庭教育密切相关,家学是私学的另外一种形式。唐代著名诗人元稹(779~831),洛阳人,其家族为北魏宗室拓跋部后裔,世代为官,父元宽曾为官,母郑氏亦出自书香门第,良好的早期教育使得他9岁能属文,15岁即考中进士。著名政治家姚崇(651~721),陕州硖石(今河南省陕县)人,先祖为南朝陈征东将军,父亲也曾任隋朝陕州知县、唐朝陕州刺史等官职,他能够有后来的成就,其家庭影响不可低估。白居易(772~846),河南新郑人,出生在一个"世敦儒业"的中小官僚家庭,祖父、父亲均曾为官,他自幼勤奋好学,刻苦努力,终于成为唐代最伟大的现实主义诗人。新野人庾俭,唐初任太史令之职,是一位著名的天文学家,先祖庾诜是南北朝时期的科学家,著有《帝历》等书,曾祖庾曼倩曾注《七曜历术》和一些数学书籍,祖父庾季才历任北周太史、开府仪同三司,入隋后仍掌太史之职,受诏撰写《灵台秘苑》《垂象志》等天文学著作,父庾质亦为太史令,五世相传,庾氏是我国古代最为著名的天文历算世家。

2. 科学技术

隋唐五代时期,河南在科学技术方面做出了卓越贡献,把我国科学技术的研究工作推上了一个新的高度。

隋代统一全国后,河南的陶瓷制造业得到了恢复。河南安阳发现的卜仁墓,为隋仁寿三年(603)的墓葬,出土有青瓷高足盘、青瓷碗、青瓷罐等,其形态简练浑朴,还保存有古代陶器或铜器的某些样式。色彩基本以单色釉为主,黄绿色釉应用也很普遍,瓷器装饰还是刻花和印花,没有发展到画花阶段,青瓷硬度胜于前代,这是瓷器制作技术提高的表现。此外,河南还是唐三彩的重要产地,洛阳的东窑以及巩县窑址都很出名。唐三彩是唐代首创的一种低温铝釉的彩釉陶器,以黄、绿、褐为基本釉色,以造型生动、色彩艳丽、种类丰富而著称,其中以蓝色釉为主的蓝三彩最为稀少和珍贵,又因为唐三彩最早、最多出土于洛

---

① 〔宋〕欧阳修、宋祁:《新唐书》卷二〇二《列传一百二十七》,中华书局1975年版,第5754页。
② 〔后晋〕刘昫:《旧唐书》卷一七四《列传第一百二十四》,中华书局1975年版,第4528页。

阳,亦有"洛阳唐三彩"之称。唐三彩初创于唐初,高宗、玄宗时达到极盛,"安史之乱"后逐渐衰落,其主要用作冥器,唐代盛行厚葬,官宦贵胄墓中多有陪葬,是一种身份地位的象征,此外还用作宗教用品以及建筑材料。唐以前,我国的陶瓷只有单色釉,最多就是双色釉并用,多色釉的出现是在唐朝,因此现代陶瓷史认为唐三彩的出现是我国陶瓷史上的一个划时代的里程碑。河南登封、新安、巩义等地都出产白瓷,西安大明宫遗址出土的唐代瓷器中就有巩县窑白瓷,能够进贡皇室使用可见当时河南的白瓷生产水平居于全国领先地位。五代时期,各地割据政权分立,官窑和民窑彼此竞争,有力地推进了我国制瓷技术的提高。其中,后周官窑柴窑烧制的雨过天青作品最为杰出,成为中国古代陶瓷发展史上的一大创举。雨过天青是釉色名,据说工匠烧制瓷器之前请示世宗柴荣式样,世宗批示"雨过天青云破除,这般颜色做将来",工匠据此烧制出来的一种新颖的釉色瓷器,后人将之称作"雨过青釉"或"天青釉"。当然,柴窑还烧制了其他釉色的产品,如青绿、豆青、虾青等,但因传世数量非常稀少,故而明代就有"柴值千金"之说,清代谷应泰在《博物要览》中更是给予了柴窑作品青如天、明如镜、薄如纸、声如磬的赞誉。

  唐代矿冶业发达,金属铸造技术的发展也很快。安乐公主曾为洛阳昭成佛寺造百宝香炉,"高三尺,开四门,绛桥勾栏,花草、飞禽、走兽,诸天妓乐,麒麟、鸾凤、白鹤、飞仙,丝来线去,鬼出神入,隐起钑镂,窈窕便娟。真珠、玛瑙、琉璃、琥珀、玻璃、珊瑚、砗磲、琬琰,一切宝贝,用钱三万",至于"府库之物,尽于是矣"[1],可见其铸造工艺复杂,精美细致。武周天册万岁元年(695),武曌(武则天)为铭记功德,下令用铜、铁铸成"天枢",立于端门之前。天枢用铜五十万余斤,铁三百三十余万斤制成,形制如柱,高105尺,直径12尺,8面,各宽5尺,下部用铁铸成山形底座,周长170尺。柱面还有精美装饰,"以铜为蟠龙麒麟萦绕之;上为腾云承露盘,径三丈,四龙人立捧火珠,高一丈"[2]。这样工艺复杂,设计巧妙且体形庞大的铸件,虽然为分部铸造后焊接而成,但是要将高35米、直径4米的高柱立起,然后把10米直径的腾云承露大盘和3.3米高的直立捧火珠安置在上面,也是需要高超的技艺和高水平的起重设备的。天枢的铸造世所罕见,

---

[1] 〔唐〕张鷟:《朝野金载》卷三,中华书局1979年版,第70页。
[2] 〔宋〕司马光:《资治通鉴》卷二〇五《唐纪二十一》,岳麓书社1990年版,第698页。

可谓是世界铸造业史上的一次创举。武曌时还铸成九鼎,其中豫州鼎最大,高一丈八尺,重六万余斤,鼎身还有豫州山川、物产的图案,雄浑壮美,显示了唐代成熟的铸造工艺,当时被称为"神功"。

唐代高僧玄奘(602~664),俗名陈祎,洛州缑氏(今河南省偃师市缑氏镇)人,早年熟读佛教经典,深研经学义理,贞观三年(629),西行天竺国求取佛学经典,归国后著有《大唐西域记》一书,是我国最古老的外国地理专著之一。《大唐西域记》共12卷,10余万字,记录了玄奘前后16年,途经110个国家和地区的伟大旅程,其中对于多个国家和地区的地理位置、历史沿革、风土人情、山川物产、气候宗教等的记载成为后世研究中亚、印度和巴基斯坦等历史地理的重要文献,被翻译成多国文字在全世界广泛传播。

傅仁均,唐代滑州白马(今河南省滑县)人,善历算、推步之术,奉高祖之命制定《戊寅历》并于武德二年(619)正式颁行,这是我国第一部由政府颁布的采用定朔法的历法,是我国历法史上的重大改革。唐代以前的历法均用平朔,采用正朔法更能够准确地利用太阳、月亮、地球之间的实际运行来定合朔的日期,因此较之平朔更为精密,但是由于连续出现的大月和小月的问题未能有效解决,所以麟德二年(665)又被李淳风所编《麟德历》取代。傅仁均的《戊寅历》以张胄玄《大业历》为范本,吸收了刘孝孙、刘焯等人的研究成果,又兼以自身的探索和思考而成,较之前代历法有了较大进步,北宋刘义叟称赞说:"其有所中,(李)淳风亦不能逾之。"[①]僧一行(683~727),唐代高僧,俗名张遂,魏州昌乐(今河南省南乐县)人,是我国著名的科学家。他多年隐居河南嵩山,潜心研究天文历算,其在科学技术领域的贡献主要表现在四个方面:其一,与梁令瓒合作铸成了铜制黄道游移,可以用来测定太阳、月亮以及星宿在天空中的位置,此后又在张衡"水运浑象"理论基础上设计制造了"水运浑天仪",不仅可以用来演示日、月、星辰的天象运动,还可以自动报时,比外国的自鸣钟早了600多年。其二,通过长期观察重新测定了150余颗恒星的位置及二十八宿距离北极的度数,从而推断出恒星移动的规律,历史上第一次提出了月亮比太阳离地球近的科学观点。其三,在全面研究我国历法的基础上,参考当时的天竺历并加以创新,于开元十五年(727)编制出闻名世界的《大衍历》,这是中国有史以来最为

---

① 〔宋〕欧阳修、宋祁:《新唐书》卷二五《志第十五》,中华书局1975年版,第536页。

精密的历法,一直沿用了 800 余年,为后代立法家编历提供了固定模式,被称为"唐历之冠"。唐时日本留学生吉备真备还将其带回了国内,在日本得到广泛应用,影响很大。其四,开元十三年(725),在一行的倡议下,唐政府派南宫说等人到全国 13 个地方进行大规模的日影测量,否定了汉代以来"南北地隔千里,影长差一寸"的理论,证实了日影长度差和南北距离差比例不固定的观点,客观上为浑天说理论提供了证据。此外对于地球子午线的测定在世界历史上还属首次。

    洛阳有僧房中磬子,日夜辄自鸣。僧以为怪,惧而成疾。求术士百方禁之,终不能已。曹绍夔素与僧善。夔来问疾,僧具以告。俄击斋钟,磬复作声。绍夔笑曰:"明日设盛馔,余当为除之。"僧虽不信绍夔言,冀或有效,乃力置馔以待。绍夔食讫,出怀中错鑢磬数处而去,其声遂绝。僧问所以,绍夔曰:"此磬与钟律合,故击彼应此。"僧大喜,其疾便愈。

上面这个故事摘自《刘宾客嘉话录》,此书为唐代京兆人韦绚追述长庆(唐穆宗年号,821~824)初年于夔州聆听刘禹锡之谈话而著。刘禹锡,河南人,自称"家本荥上,籍占洛阳"。这个故事说明,至少在唐代时人们已经了解了共鸣并且掌握了消除共鸣的科学方法。

3.哲学宗教

  隋唐五代时期,社会思想极为活跃,不但涌现出了韩愈、刘禹锡、徐文元等杰出的思想家,佛教理论水平也发展到了一个新的高度,此外在李唐政权的扶植下,道教也有了长足进步。

  韩愈(768~824),河阳(今河南省孟州市)人,唐代杰出的文学家、思想家、哲学家和政治家,"唐宋八大家"之一,代表性作品有《原道》《原性》等。韩愈是古文运动的倡导者,最先提出了古文的概念。他倡导先秦两汉时期质朴流畅的文章传统,称之为"古文",反对六朝以来专讲声律、辞藻、排偶而忽视内容的骈文,强调文章要文道合一,以道为主。在韩愈的带领下,唐后期文坛的古文写作之风极盛。韩愈还以儒家道统的捍卫者自居,大力倡导儒学,开宋明理学之先声。韩愈重新提出了以《大学》为纲领的理论体系,站在儒家的立场上宣扬"道统",认为"道统"是古代圣贤创立并传承下来的,自己是继孟子之后的第一个续传者。他说,"君者出令者也,臣者行君之令而致之民者也。民者出粟米麻丝,作器皿,通货财,以事其上者也"①,即君臣关系中君主有管理臣下的权力,臣子要对君主尽忠,百姓要顺从君主并为之服务,这是亘古不变的"道统"。在天人关系上,韩愈认为"天"是自然的气,由阴气和阳气组成,"天"和人的主观愿望是不一致的,人的活动如果与"天"背离,即破坏"阴阳之气","天"会降灾于人,这种理论颇具唯物主义倾向。韩愈在《原性》中还提出"性三品"之说,认为人性是与生俱来的,性的五德,即仁、义、礼、智、信,人人都有,但亦有差异。上品之性,以一德为主,通及其他四德,所表现出来的情符合道德规范,"就学而愈明";中品之性,"一不少有焉,其于四也混",需要接受教化,使之趋善;下品之性,"反于一而悖于四",不具备仁义,只能通过教育,使其"畏威而寡罪"。韩愈的性三品比过去的人性论更为详尽,将人的善恶之源归结为"性",而表现于情,因为人性有差别,提出了教化和用道德律令控制人性的必要性。此外,韩愈在《谏迎佛骨表》中对佛教进行了赤裸裸的抨击,认为佛教宣扬的灭情以见性的出世观点破坏了封建的伦理纲常,劝谏皇帝不要供奉佛骨并要求将其烧毁,以免让佛教误导天下人。不过韩愈虽然不信佛,但信天命与鬼神,所以韩愈并不是一个彻底的无神论者,但他的反佛文章极具深度和力量,在当时引起了极大轰动,客观上具有积极意义。

  刘禹锡(772~842),洛阳人,唐代中期诗人、文学家和哲学家,哲学著作有《天论》三篇。刘禹锡在哲学上的成就首先表现为他的天人关系说。刘禹锡继承了先秦以来的传统,肯定了世界的物质统一性,对有神论开展了批判。他认为"人"和"天"都是以物质作基础的,"形之粗者"可以看到,"行之微者"肉眼看不到,所有物只存在有常形和无常形两种状态。对于客观世界的认知,刘禹锡还引入了"理""数""势"三个概念。"理"即事物运动和发展的规律,"数"是事物存在及其运动规律的必然性,"势"是事物发展的客观趋势,三者都是不以人的意念为转移的客观存在。万事万物的运行规律人类可以利用,但是永远无法改变,这里面包含着人类无法掌控命运的思想,带有宿命论倾向。其次刘禹锡继承了荀子的唯物自然观,站在唯物主义的立场上,提出了"天与人交相胜,还相用"的观点,即自然界和人类社会各有独特的法则,"天之道在生植,其用在强弱;人之道在法制,其用在是非","天之所能者,生万物也""人之所能者,治

---

① 〔清〕姚鼐纂集,胡士明、李祚唐标校:《古文辞类纂》,上海古籍出版社2016年版,第8页。

万物也",两者既互相区别,也能够相互作用,相互取胜。只有做到"用天之利,立人之纪",建立历法和社会制度,才能趋利避害,为自身造福。最后,刘禹锡还利用"人能胜乎天者,法也"①揭示宗教产生的根源,认为"法大行",即人们掌握了客观规律之时,"人道明",赏罚得当,就不会产生祸福来自天命的思想,而如果"法大弛",即认识不到客观规律,就会是非不明,赏罚不定,从而导致人们对天命将信将疑,宗教由此产生。刘禹锡关于宗教起源的阐释,显然忽略了深刻的社会原因,还未触及问题的本质,以至于其唯物观并不彻底,但其用社会实践解释天命论产生根源的做法确是我国认识论发展的一个重要突破。

隋唐时期河南佛教盛行,不少高僧在此修行佛法,翻译佛经,随着人们对于佛教经典的理解不同,还逐渐形成了几个颇有影响的佛学宗派。智𫖮(538~597),俗姓陈,字德安,隋代华容(今湖北省公安县)人,祖籍颍川(今河南省许昌市),世称智者大师、天台大师。智𫖮青年时期追随慧思于光州大苏山修习禅法,隋开皇十一年(591),受晋王杨广之邀赴扬州为其授菩萨戒,并接受"智者"尊号。其死后,杨广在其所居之地浙江省台州市天台山下建寺。智𫖮弘扬教法,创五时、八教之说,宣扬一念三千,三谛圆融的观点,正式将止(坐禅)观(般若)并重作为佛家的最高修养原则,在佛教史上占有重要的地位。智𫖮社会影响力极大,生前造大寺35所,度僧4000余人,传业弟子32位,著作《法华经玄义》《法华经文句》《摩柯止观》《四教义》等。道信(580~651),俗姓司马,世居河内(治所在今沁阳市),后徙蕲州广济(今湖北省蕲春县)。14岁入佛门,师从僧璨学法9年,得付法授衣。隋大业十三年(617),领徒入吉州(今江西省吉安市)传法,后还蕲州双峰山传法30余年,学侣云集,唐太宗四诏不至,代宗赐谥号"大医禅师"。道信主张"心即佛","心净即佛土",认为只要坚持信念,使心安定,就能达到一种与佛同等的境界。强调坐禅摄心,"唯存摄念,长坐不卧,系念在前,多是因定发慧"。讲求发心自悟,"一切诸法,悉皆解脱。汝等各自护念,流化未来"。道信注重潜心苦修,其传法甚严,有"东山法门"之称。偃师人玄奘,除了对世界地理学做出了突出贡献,还是唐代著名的高僧,与鸠摩罗什、真谛并称为中国佛教三大翻译家,被世人尊称为"三藏法师"。贞观元年

---

① 《刘禹锡诗文选注》编辑组编:《刘禹锡诗文选注(修订本)》,陕西人民出版社1982年版,第62—79页。

(627),玄奘"冒越宪章,私往天竺",长途跋涉五万余里到达印度佛教中心那烂陀寺,在这里遍习大小乘学说。贞观十七年(643)载誉回国,贞观十九年(645)回到长安,带回佛祖舍利 150 粒、佛像 7 尊、经论 657 部。此后 20 余年的时间里,他几乎把全部的智慧和心血都奉献给了翻译事业,在长安和洛阳两地,玄奘和他的助手们共译出佛教经论 75 部,1335 卷,合计 1335 余万字,不仅数量多,而且质量远远超越前人,成为我国翻译史上的杰出典范。其中《大般若经》《心经》《解深密经》《瑜伽师地论》《成唯识论》等被作为习学佛法的经典译著。神秀(606~706),俗姓李,汴州尉氏人,禅宗北宗创始人。早年在蕲州双峰山东山寺师从弘忍禅师学禅,深受器重,认为"东山之法,尽在秀矣"。神秀在北方传授"渐悟"法门,从学者众多,其禅学法系被称为"北宗"。曾有偈:"身是菩提树,心如明镜台。时时勤拂拭,莫使有尘埃。"武则天时受诏洛阳讲学,死后,中宗赐谥"大通禅师"。怀素(624~697),俗姓范,祖籍南阳邓州,是律宗三派之一东塔派的创始人。怀素早年从玄奘学经论,后专攻戒律。道岸(654~717),俗姓唐,祖籍颍川(今许昌市),后迁光州(今光山县),唐代律宗大师。中宗时被召入京,历任白马寺、中兴寺、庄严寺、荐福寺、罔极寺等纲维总务。智周(668~723),唐代法相宗僧人,长期在濮阳报城寺传授教义。法华钧(848~925),俗姓阎,名行钧,阳武(今原阳县)人,是一位天台宗大师。唐僖宗广明元年(880),出任少林寺主持。此前因为经历了唐武宗灭佛,少林寺已经墙倒殿塌,佛事消寂,他担任主持后招募有缘人,修葺大殿,重塑雕像,恢复了寺院的正常秩序。行钧临坛弘法,讲经度人,"士庶写葵藿之敬,僧尼倾归仰之心"[①],是唐末少林寺十大高僧之一。圆寂后,寺僧为之在寺西建塔,至今犹存。房融,洛阳人,唐代佛经翻译家,精通梵文,通晓佛经。武则天时曾为相,后获罪流放岭南。传其流放途中,巧遇天竺名僧般刺、密谛,与之共译《大佛顶首楞严经》,简称《楞严经》,文字优美,蕴含深远,后来流传东方各国。实叉难陀(652~710),一作施乞叉难陀,于阗人,唐代著名佛经翻译家。武周证圣元年(695)至洛阳,在内廷大遍空寺同菩提流支、义净、法藏等人共同重译《华严经》,4 年后完成,被称为"新译华严经",共 80 卷。翌年,即久视元年(700),又奉武则天之命在颍川(今许昌市)三阳宫翻译《大乘入楞伽经》。他所翻译的这两部经书均被时人视为佛学要

[①] 《虚受》,《全唐文新编(第 5 部)》,吉林文史出版社 2000 年版,第 12633 页。

典。唐代还有不少国外高僧前来河南学习和弘扬佛法。如菩提流志,原名达摩流支,南天竺人。唐武则天长寿二年(693)到达洛阳,在佛授记寺翻译佛学著作。死后玄宗谥"开元一切遍知三藏"。宗叡,为日本佛教真言宗学者,入唐求法八大家之一。唐咸通三年(862)入唐,在唐5年,866年回国,住禅林寺。归国后,深受天皇倚重,所携回之经书、法器等纳入东寺经藏。

隋唐五代时期道教兴盛,其社会影响力仅次于佛教,尤其是在唐代,李唐皇室自称是道教始祖老子的后人,对道教格外关注,将之列为三教之首,地位在其他宗教之上,在此背景下,道教得到了广泛传播,河南自然也不例外,五代时期的皇帝除后梁外大多信奉道教,当时因为战乱也有许多有识之士遁隐山林将道教作为自己的思想归宿。成玄英,字子实,陕州(今三门峡市)人,唐初杰出的道教学者。贞观五年(631),唐太宗诏其入京师,赐号"西华法师"。成玄英精研老庄之学,致力于文理的注疏,有《老子道德经开题序诀义疏》《南华真经疏》。他在注疏中阐发"重玄"思想,是重玄学派的代表人物,在其倡导下,"重玄之学"成为唐初道教哲学的一大主流。他还继承了先秦两汉老庄学与魏晋玄学的思想成果,在中国哲学史上首次建立起了一个包含本体论、存在论、方法论、修养论、心性论、意义论的完整哲学体系,标志着道教发展进入到一个新阶段。此外,他还著有《周易流演》《度人经注疏》《庄子疏》等,多亡佚。刘道合,陈州宛丘人,唐代道士。初隐居嵩山,后来高宗为其在嵩山建太一观居之,深受高宗器重,所得财物,均施舍给百姓。《新唐书·隐逸传·刘道合》载:"咸亨中,为帝作丹,剂成而卒。帝后营宫,迁道合墓,开其棺,见骸坼若蝉蜕者。帝闻,恨曰:'为我合丹,而自服去。'然所余丹无它异。"叶法善(616~720),字道元,别字太素,祖籍南阳叶县,唐时道教宗师。据《旧唐书·叶法善传》记载,其祖上三代为道士,均受朝廷封赐立碑,这在我国道教史上绝无仅有。叶法善自幼习学道教精义,"研究周易,耽味老庄,河洛图纬,悉皆详览",并且"少传符箓,尤能厌劾鬼神"。高宗曾将其召至京师,赐其爵位,固辞不受,后在内道场传道。《新唐书》记载其"不喜浮屠法,常力诋毁,议者浅其好憎,然以术高,卒叵测之",可见其具有排佛思想。司马承祯(639~735),字子微,号白云子,道号道隐,河南温县(今温县西)人,道教上清派第十二代宗师。开元九年(721),玄宗召其入宫,校正《道德经》,深受礼遇。开元十五年(727),玄宗为其在王屋山建造阳台观以居住并在五岳各建真君祠一所。他还雅好书法,曾以三种字体书写《老子道德经》,刊于句文,刻为石经。羽化后,朝廷追赠其为银青光禄大夫,谥称"贞一先生"。司马承祯一生笔耕不辍,有著作《修身养气诀》《上清含象剑鉴图》《修真精义杂论》《服气精义论》《修真秘旨事目历》等近 20 种,收入《四库全书·道藏》内。

此外,唐时景教、祆教和摩尼教也在以洛阳为中心的河南地区传播,但是因为主要信徒为来华的西域人,所以社会影响有限。景教是基督教的支流,贞观年间由波斯传入,武则天时期,洛阳已经有景教寺院,当时称为波斯寺,位于修善坊。玄宗天宝四载(745)曾下诏:"其两京波斯寺,宜改为大秦寺,天下诸府郡置者,亦准此。"[1]武宗会昌五年(845)禁佛,景教受到打击。但据《大秦景教宣元至本经幢》记载,唐后期仍有一定数量的景教信徒在洛阳大秦寺景教僧侣的组织下经常举行宗教活动,可见并未完全禁绝。祆教是古代波斯人创立的宗教,又称祆道、火祆教。自南北朝时传入中国,在西域商人中颇为流行。张鹭《朝野佥载》卷三记载,"河南府立德坊及南市西坊皆有胡祆神庙。每岁商胡祈福,烹猪羊,琵琶鼓笛,酣歌醉舞。酹神之后,募一胡为祆主,看者施钱并与之。其祆主取一横刀。利同霜雪,吹毛不过,以刀刺腹,刃出于背,仍乱扰肠肚流血,食顷喷水咒之,平复如故",可见祆教在洛阳十分盛行,胡商在洛阳坊内建立祆祠,经常举办宗教活动。武宗时期禁传佛教和其他外来宗教时,废寺入官,但据《僧史略》载,五代时期后梁贞明六年(920),立母乙为天子,可见祆教仍有传播。摩尼教亦源于波斯,魏晋时期进入中国,唐代元和二年(807),在回鹘的支持下,摩尼教僧侣在河南府设立摩尼寺,从事传教活动。唐武宗时禁佛,摩尼教也受到沉重打击。

二、城市的社会生活

隋唐时期充分展现了中华民族兼容并蓄的风格,不但人们的衣食住行深受北方少数民族影响,城市建筑也因为吸收和融合了许多外来文化因素,建筑风貌更加绚丽多姿。

---

[1] 钱大群撰:《唐律疏义新注》,南京师范大学出版社 2007 年版,第 68 页。

1. 生活起居

隋唐时期,中原地区的服装主要分成两类:一类继承了北魏改革后的汉式服装,用作冕服、朝服和较为简化的公服;另一类则继承了北齐、北周改革后的圆领缺骻袍,用作常服。虽然两套服装风格迥异,来源不同,但是并行不悖。圆领缺骻袍是在旧式鲜卑外衣基础上经过改进的北朝服装,圆领,衣侧开衩,衩口直抵骻部,较之汉魏褒衣博带更为方便简单,此外北方民族的裤褶、半袖衫等逐渐为中原人民所喜爱,成为常服,男子还流行幞头和胡帽。幞头来源于鲜卑帽,因为有四条带子,又称"四脚",两带反系头上,两带系脑后垂之。姚汝能《安禄山事迹》卷下载:"天宝初,贵游士庶好衣胡服,为豹皮帽……钗衣之制度,衿袖窄小。"此外,沈括还总结说:"中国衣冠,自北齐以来,乃全用胡服。窄袖绯绿短衣,长勒靴,有蹀躞带,皆胡服也。窄袖利于驰射,短衣长勒皆便于涉草……带衣所垂蹀躞,盖欲佩带弓剑、帉帨、算囊、刀砺之类。自后虽去蹀躞,而犹存其环。环所以衔蹀躞,如马之秋根,即今之带銙也。天子必以十三环为节,唐武德、正观时犹尔。开元之后虽仍旧俗而稍褒博矣。"[①]对于外来服饰,隋唐政府也采取了兼收并蓄的态度,如波斯的团花被大胆地用在了唐人的服饰上,而僧人们穿着的"袈裟"则是正宗的印度风格。唐代社会风气开放,对于女子服饰也极为包容,此时期女性服装可以用多姿多彩来形容,不但盛行穿色彩艳丽的裙装,半掩粉胸的袒胸装也颇受欢迎。唐代女子们还喜欢戴羃䍦,这是一种由北方民族传入的胡帽,史载:"武德、贞观之代,宫人骑马者,依齐、隋旧制,多着羃䍦。虽发自戎夷,而全身障蔽,不欲途路窥之。王公之家,亦同此制。"[②]羃䍦后来发展成为帷帽,即网帷缩短,只垂至颈部,再后来又被卷檐虚帽所代替。此外,唐代女孩子还好着男装,这在墓室壁画或出土陶俑中经常见到。

唐代的饮食与现代没有太大区别,中原人民主要以麦、粟为主。饼在当时是极为普通的食物,无论是王公贵族还是平民百姓都以此充饥。《酉阳杂记》中提到的张衡"路旁见蒸饼新熟",此处的蒸饼从字面上看应该是上屉用热水蒸的,热食最好的食品,可能类似于今天的馒头。而《太平广记》中提到的房光庭所购买之"糕饼",可能更接近于现代的烧饼或点心。杜甫在《立春》中说"春日

[①] 胡道静:《梦溪笔谈校证》卷一,上海人民出版社 2016 年版,第 51 页。
[②] 〔后晋〕刘昫:《旧唐书》卷四五《志第二十五》,中华书局 1975 年版,第 1957 页。

春盘细生菜,忽忆两京全盛时",这里的两京指长安和洛阳,冯应京在《月令光义》卷五中说"唐人立春日,食春饼生菜,号春盘",也就是说唐人习惯立春日吃春饼。唐时日本还从中国学去了面条、馒头、粽子、饺子、馄饨和酱等的做法,这些应该都是当时中原人民的日常饮食。此外,受胡文化影响,桌、椅、胡床等高型坐具在中原广为流行,上至王公贵族,下到平民百姓,均在使用。随着城市经济的发达,饮食业也发展起来,洛阳城内的酒楼和茶肆都很多。唐代诗人白居易在《咏怀》中说"酒肆夜市归,僧房日高睡",记录了他住洛阳履道里时在酒肆彻夜不归的往事。王建在《寄汴州令狐相公》也曾用"水门向晚茶商闹,桥市通宵酒客行"来描述开封城中商业兴旺,酒肆茶舍通宵营业的情景。据《梦粱录》记载,后周"郭高祖游幸汴京(今开封),茶楼酒肆俱如此装饰",可见开封的茶楼酒肆数量不少,装饰也比较统一。此外,范质也有隐于民间,"一日坐封丘巷茶肆中……未几,周祖果以物色聘之,得公于民间,遂用焉"[①]的经历,说明茶肆当是三教九流人物荟萃之地,很容易被统治者发现和重用。

2.城市建筑

武则天时期,在洛阳乾元殿基址上于垂拱四年(688)建成明堂,初号"万象神宫",重建后又称"通天宫"。明堂是宫城的正殿,位于洛阳城中轴线上,武则天时期,曾在此宴飨群臣,发布诏令,举行祭天仪式及迎接各国使节,是当时最重要的礼制建筑。明堂按照天圆地方的规制修建,高294尺,东西南北各达300尺,为多边形,分为三层,上为圆盖,法二十四节气,圆顶上竖一丈高涂金铁凤,下有九条龙作托捧圆顶状,中层法十二时辰,下层法四时,中厅有上下贯通的巨木作为斗拱梁架依附主干。气势恢宏,巍峨壮观,其设计和施工复杂程度远超前代任何宫殿,可谓是唐代建筑的巅峰之作,可惜后被焚毁,但是其形制和理念为北京天坛"祈年殿"所延续,让我们今天可以结合史书记载将其大致还原。明堂修建后不久,武则天又命人修建其礼佛之所"天堂"。天堂位于明堂之北,比明堂还要大许多,内置高达30多米的大佛,据说大佛小指就能容数十人。建造耗资巨大,《资治通鉴·唐纪二十一》载:"堂始构,为风所摧,更构之。日役万人,采木江岭,数年之间,所费以万亿计,府库为之耗竭。"天堂总共有五层,在第三层的时候就可以俯视明堂,可以说是我国名副其实的古代木结构建筑的第一

---

① 〔宋〕释文莹:《玉壶清话》卷六,《全宋笔记(第1编)》,大象出版社2003年版,第137—144页。

高楼,显示了大唐王朝的雄厚国力以及万国中心的昂扬气势。

除了富丽堂皇的宫殿建筑,隋唐时期的宅门大院结构也更加宏大。唐高宗定都洛阳为东都后,"公卿贵戚,开馆列第于东都者,号千有余邸"①。唐代政府曾明文规定不许起楼房,监视他人住宅,也不可以建造高于坊墙的楼,窥视相邻的里坊,因此居民住宅建筑基本以一层为主,沿南北中轴线,采取"前堂后室"的布局。前院有大门一间,门内设影壁一座,主体建筑为三间正堂,为男主人招待客人之所,左右建有厢房。后院主体为三间寝室,为女眷居住待客之所,两侧带有东西耳房,有的后院后部设有厨房、马厩之类。房子采用悬山式建筑,富裕之家屋顶用瓦覆盖,贫穷之家覆以茅草。五品以上官员宅门外另设有一道土围墙,门前加设"乌头门",形如牌坊或棂星门,三品以上大员可建造面阔三间的悬山顶大门,进深三重的院落以及面阔五间的正堂。有钱人家的宅邸正堂会以文柏或文杏为梁柱,一些豪宅甚至壁涂红粉香泥。据说武则天外甥、官至宰相的宗楚客的洛阳宅第"皆是文柏为梁,沉香和红粉以泥壁,开门则香气蓬勃",太平公主见之也不由发出"看他行坐处,我等虚生浪死"②的感叹,其奢华可以想见。隋唐及其之后有钱人家纷纷在庭院中建造园林,经过唐末五代战乱,洛阳仍保存有数十座园林,可见盛唐时期园林之盛。白居易晚年曾购下较为偏僻的履道坊一处宅院作为退老之所,白宅为两进式院落,面积十亩,北院是白居易及其家人饮食起居之所,南院占地五亩,其《池上篇》说:"有水一池,有竹千竿。勿谓土狭,勿谓地偏,足以容膝,足以息肩。有堂有庭,有桥有船,有书有酒,有歌有弦。有叟在中,白须飘然,识分知足,外无求焉。"幽深静谧,自然质朴,凝聚了白居易闲适随意、超然度外的精神追求。宰相裴度在洛阳集贤里也有宅院,后人称之"湖园",《旧唐书·裴度传》载,"东都立第于集贤里,筑山穿池,竹木丛翠,有风亭水榭,梯桥架阁,岛屿回环,极都城之胜概",是东都赏花阅景的好去处,白居易等文人墨客经常在此诗文唱和,觥筹交错。牛僧孺的宅院位于归仁坊,面积较大,占据一坊之地,"北有牡丹芍药千株,中有竹百亩,南有桃李弥望"③,花果竹齐聚,颇具田园气息,是士大夫城内行酒作乐的绝佳之所,白居易曾以"玉管

---

① 〔宋〕李格非:《洛阳名园记》,《译注〈古文观止〉(修订本)》,百花洲文艺出版社1996年版,第656页。
② 〔明〕周嘉胄著,日月洲注:《香乘》,九洲出版社2015年版,第15页。
③ 〔宋〕邵博:《邵氏闻见后录》卷二五《归仁园》,中华书局1983年版,第196页。

清弦声旖旎,翠钗红袖坐参差。两家合奏洞房夜,八月连阴秋雨时。歌脸有情凝睇久,舞腰无力转裙迟。人间欢乐无过此,上界西方即不知"①来描绘在此宴乐歌舞的艳丽场面。不少达官贵人郊外还建别墅。如裴度就曾在定鼎门外的午桥建"绿野堂",引水其中,"春池八九曲,画舫两三艘。径滑苔黏屐,潭深水没篙。绿丝萦岸柳,红粉映楼桃","花木万株,中起凉台暑馆"②,轩台高敞,白居易等人经常来此游玩,裴度离开洛阳后,白居易还曾写下"最忆楼花千万朵,偏怜堤柳两三株"③的诗文纪念。牛僧孺在洛阳南郭建造一别墅,精心修葺,颇为精巧雅致。白居易曾在此游玩,写下"南庄胜处心常忆,借问轩车早晚游。美景难忘竹廊下,好风争奈柳桥头。冰消见水多于地,雪霁看山尽入楼。若待春深始同赏,莺残花落却堪愁"④的感受,能够让诗人时常记挂,久久不能忘怀,可见南庄之美。李德裕在洛阳南建造了"平泉庄",清流翠苏,树石奇幽,"卉木台榭,若造仙府。有虚槛,前引泉水,萦回疏凿,像巴峡洞庭十二峰九派,迄于海门,江山景物之状"⑤,内容丰富,曲水流觞,显示了唐代园林设计和建造技艺的高超和成熟。

  隋唐时期关中地狭人稠,为了满足都城粮食之需,河南建造了不少粮仓,其中以洛阳的含嘉仓规模最大,地位最为重要。据史料记载,天宝八载(749),全国粮食储存约 1260 万石,含嘉仓就有 580 多万石,大概占到了一半。根据考古挖掘发现,含嘉仓位于今洛阳市老城区北侧,面积约 42 万平方米,东西约 600 米,南北约 700 米,仓储区内粮窖呈东西排列,分布密集,数量达 400 个之多。粮窖均为口大底小的圆缸形,深度为 8 至 12 米,最大的窖藏可储粮 1 万余石,小的也能储粮数千石。含嘉仓窖底坚实,用火烧硬,然后铺有灰渣防潮,上面再铺设木板、草和铺席,窖壁上镶有木板。使用时分层堆放粮食,每层用草席隔开,装满后粮窖口会覆盖一层 40 至 60 厘米的谷糠,然后再盖上席子,用土密封。这种地窖式的储粮方法,具有低恒温和防潮、防腐、避火、避虫等优点,粮食保存

---

① 〔唐〕白居易:《与牛家妓乐雨夜合宴》,《白居易全集》,中国文史出版社,第 645 页。
② 〔后晋〕刘昫:《旧唐书》卷一七○《裴度传》,中华书局 1975 年版,第 4432 页。
③ 〔唐〕白居易著,丁如明、聂世美校点:《白居易全集》卷三三《令公南庄花柳正盛欲偷一赏先寄二篇》,上海古籍出版社 1999 年版,第 513 页。
④ 〔唐〕白居易著,丁如明、聂世美校点:《白居易全集》卷三四《早春忆游思黯南庄因寄长句》,上海古籍出版社 1999 年版,第 523 页。
⑤ 〔宋〕李昉等编:《太平广记》卷四○五《宝六(钱、奇物附)》,团结出版社 1994 年版,第 1935 页。

时间至少在 5 年以上,甚至可以达到 9 年。考古学家还在窖内发现了 10 余块铭砖,上面刻有储粮时间、品种、数量、官员姓名等内容。含嘉仓整体规模巨大,设计结构合理,储存方法科学,管理体制完善,显示了中国古代仓储建造技术的高超和管理体制的成熟。

隋唐以后,多用砖石为建塔材料,出现了砖石仿木结构的楼阁式塔。河南省登封市法王寺塔是中国最早的佛寺之一,据明代万历时期登封知县傅梅所著《嵩书》记载,该塔建于隋文帝仁寿二年(602),塔内奉养大佛舍利,因此又名"舍利塔"。该塔全部用青砖、黄泥垒砌而成,砌法多采用不岔分法,为典型的密檐式砖塔结构。塔身 15 层,高约 35 米,塔身下部略瘦长,无基座,面宽约 7 米,上部层层密檐外叠,叠出最宽者约 90 厘米,各层密檐高度和宽度向上逐渐收缩,使得塔身廓线整体呈梭形。佛塔坐南朝北,南面有圆券门,可直通塔心室,各层四面均有一小圆券门,平面为方形。塔体厚 2.13 米,内部空心结构,由底层可直视塔顶,外部敷有一层白灰保护。唐代最具代表性的佛塔是嵩山净藏禅师塔。该塔位于登封市嵩山会善寺山门西侧,唐天宝五载(746),净藏禅师殁于会善寺,弟子遂建造了此墓塔,这是现存砖塔中最古老的八角形塔。净藏禅师塔基座和塔身均由灰砖砌筑,整体如一座小型殿堂,平面呈八角形,单层重檐,通高约 10 米,基座上部有须弥座,束腰部分各面均有壶门式装饰,塔身各转角处砌出五面倚柱,柱头承托额枋、斗拱。正南面辟出拱门,塔心室内亦为八角形,顶作穹隆式。在塔身的东、西两面雕砌出假门,其上砌出仿木结构的阑额,额上雕出人字形斗。塔身背面嵌置铭石一方,记述净藏禅师的生平。其余四面嵌饰门窗。塔身上部为叠涩出檐。塔顶置须弥座和仰莲等组成刹座,塔刹以火焰宝珠等装饰,雕刻精美。

隋唐时期的石窟艺术有了新发展。洛阳龙门石窟开凿于北魏,但大部分石窟完成是在唐代。石窟群中最大的摩崖佛龛是唐代雕凿的奉先寺,又称九龛洞。佛龛南北宽 36 米,东西深 41 米,利用石壁雕刻 1 佛、2 弟子、2 菩萨、2 天王、2 力士等巨像 9 尊。主佛卢舍那像通高 17.14 米,头高 4 米,耳长 1.9 米,居中趺坐,头略前倾,丰颐秀目,形神兼俱,雕饰奇伟,冠于当世,堪称我国美术史上的奇观。卢舍那佛旁边的雕塑也多在 10 米以上,形成众星捧月的艺术效果。龙门石窟内还有不少外国僧徒的杰作,如龙门西山的新罗佛龛为睿宗时天竺僧侣所凿。龙门石窟佛像实物留存不多,但雕刻细致,技艺高超,是研究古代宗教和建筑的宝贵资料。巩义石窟是继洛阳龙门石窟后北魏开凿的又一石窟,唐初改称"十方净土寺"。其中位于石窟最东的第五窟为千佛龛,为唐乾封年间(666~668)开凿。石壁较低,龛高1.5米,宽2.12米,龛额为拱形。内有排列整齐的小佛龛999尊,加上中间坐佛,正好满千。此外,浚县浮丘山千佛寺石窟、陕县温塘摩崖造像、博爱石佛滩摩崖造像均为唐代开凿。

第五章 宋金时期河南城市的勃兴与繁荣

960年,北周大将赵匡胤发动"陈桥政变",从此中原大地开启了赵宋王朝的统治时期。北宋领土虽然只及隋唐的一半,但是其城市经济文化发达程度远远超越前代。作为全国政治经济中心,河南城市获得了充分发展,不仅开封成为当时全国乃至全世界最为繁华的大都市,洛阳等次大城市人口也迅速增加,城市布局逐步突破传统的封闭式结构,社会风貌和生活有了前所未有的变化。1127年,金军攻破汴京,北宋灭亡,偏安江南一隅的南宋王朝随之建立,与统治北方的金政权形成南北对峙局面,河南地处金与南宋交界地带,长期战争扰攘及自然灾害使得这里遭受严重破坏,只是在金王朝统一北方之后,中原城市才有所恢复。

第一节 两宋时期河南的行政建制

北宋时期,河南参照犬牙相入的原则被分为八大块,州县的行政划分与唐代相似,政治中心东移,开封府成为京师所在,与之相对应的,开封府周边州县地位也有所提升。全国县的数量总体较之前代减少,但是河南所属县在全国的比重并未因此降低。1127年,开封为金人攻占,北宋灭亡。1141年,南宋与金达成和议,两国以东起淮水、西至大散关一线为界,以北属金,以南属宋。河南州的数量微增,而县的数量持续减少。

一、北宋时期

宋朝立国之初,对地方实行州、县二级管理。鉴于唐末五代藩镇割据之患,"藩臣擅有财赋,不归王府"①之弊,宋太祖仿照唐代道制设置路,各路置转运使总管本路租税、财赋,每年所入民租和管榷等财赋,除留归地方支用外,其余全部解送京师,从这个意义上说,路具有财政区的性质,直辖于中央。路虽是仿道设置,但是较之唐代道的监察功能,还多了司法、财政、军政,后来又增添了学政等职责,因此管辖范围比"道"更为广泛,已经可以被称为"一级或半级行政区"②。宋初地方政区制度初建,特别是因在各地进行统一战争,转运使主管军需粮饷,路作为监理财政的临时区划,变更无常,其名称也经常改动。如太平兴国四年(979)共有21路,七年(982)为19路,端拱二年(989)为17路,后三年又改为16路。直到太宗淳化五年(994),宋太宗正式诏令"边防、盗贼、刑讼、金谷、按廉之任,皆委于转运使。又节次以天下土地形势,俾之分路而治矣。继增转运使判官,以京官为之。于是,转运使于一路之事,无所不总也"③。至道三年(997),宋太宗正式将全国划分为15路,宋仁宗初年析分为18路,宋神宗年间又析分为23路,即京东东路、京东西路、京西南路、京西北路、河北东路、河北西路、永兴军路、秦凤路、河东路、淮南东路、淮南西路、两浙路、江南东路、江南西路、荆湖南路、荆湖北路、成都府路、梓州路、利州路、夔州路、福建路、广南东路、广南西路。宋徽宗时,复置京畿路等,先后有24路或26路。

若以宋徽宗时为准,宋朝把全国划分为24路,其中京畿路、京西北路、京西南路包括了河南的主要地区。此外,京东西路的西部,河北东路、河北西路的南部,永兴军路的东部,淮南西路的北部均涉及河南的周边地区。据《宋史·地理志》,在河南境内的行政区划及州治如下页表所示:

---

① 《清朝文献通考》卷六一《职官考十五》,商务印书馆1936年版,第556页。
② 马玉臣:《唐宋变革视野下的河南政区研究》,姜锡东主编:《宋史研究论丛》第11辑,河北大学出版社2010年版,第43页。
③ 《清朝文献通考》卷六一《职官考十五》,商务印书馆1936年版,第556页。

表 5-1-1 北宋路制之下行政区划及州治表

路名	府州军	辖县数	州治所	现在地名
京畿路	开封府	16	开封县	开封市
京东西路	应天府	5	宋城县	商丘市南
	拱州	2	襄邑县	睢县
河北西路	相州	3	安阳县	安阳市
	浚州	2	卫县	淇县东
	卫州	4	汲县	卫辉市
	怀州	3	河内县	沁阳市
河北东路	开德府	7	濮阳	濮阳市南
永兴军路	陕州	4	陕县	陕县西南
	虢州	4	虢略县	灵宝市
京西北路	河南府	16	洛阳	洛阳市东
	滑州	3	白马县	滑县东
	孟州	6	河阳县	孟州市东
	郑州	5	管城县	郑州市
	汝州	5	梁县	汝州市
	颍昌府	7	长社县	许昌市
	淮宁府	5	宛丘县	周口市淮阳区
	蔡州	10	汝阳县	汝南县
	信阳军	2	信阳县	信阳市
京西南路	邓州	5	穰县	邓州市
	唐州	5	泌阳县	唐河县
	光州	4	定城县	潢川县
小计	22	123		

二、宋金对峙时期

1127年,金军攻破汴京,北宋灭亡,同年南宋王朝建立,偏安江南一隅,形成了金、宋对峙的局面。此时期的今河南地域大部分归金朝南京路统辖,因为南京路位在黄河以南,所以又称河南。① 金建国初期,不断地发动侵略战争,攻城略地,所到之处城市遭到严重破坏,有的甚至是毁灭性的,如北宋汴京在金兵的蹂躏下遭遇浩劫,此后十年,这里仍然百业凋敝,一片萧条。南宋建炎二年(1128),金军放火焚烧洛阳城,千古名都遭遇历史上第六次大毁灭。金人在中原地区站稳脚跟后,沿袭北宋行政体制,在地方上实行路、州(府)、县三级行政管理,设有5京19路。"路"是金代地方最高一级的行政区,相当于现在的省,有都总管府,以及都转运司、按察、盐使等三司的监司官,五京府有五京留守,而后与府尹所掌的府合一。路、府成平行机构,下辖州、县二级。金朝的州分为三类:节度州设节度使,防御州设防御使,刺史州设刺史。县以县令掌治,分成七等。河南大部分地区属于南京路,黄河以北之地则属大名府路、河北西路、河东南路,京兆府路辖豫西少部分地区,开封在完颜亮迁都燕京后改为南京。贞祐二年(1214),金宣宗在蒙古人咄咄逼人的进攻下迁都南京开封府,在这里维持了20年的统治。金朝采行五京制,共有中都大兴府、上京会宁府、南京开封府、北京大定府、东京辽阳府和西京大同府。金朝的行政区域采用路、州、县三级管理,设有5京19路。在河南境内路、州(府)、县的设置情况大致如下:

南京路。开封府:开封(今开封市)、祥符(今开封市祥符区)、阳武(今原阳县)、通许、泰康(今太康县)、中牟(今中牟县东)、杞县、鄢陵、尉氏、扶沟、陈留(今开封市东南)、延津(今延津县西)、长垣(今长垣市东)、封丘。睢州:襄邑(今睢县)、考城(今民权县西南)、柘城(今柘城县北)。归德府:宋城(今商丘市梁园区)、宁陵(今宁陵县南)、下邑(今夏邑县)、虞城(今虞城县北)、谷熟(今商丘市梁园区东南)。陕州:陕县(今三门峡市西)、灵宝(今灵宝市北)、湖城(今灵宝市西)、阌乡(今灵宝市西北)。邓州:穰城(今邓州市)、南阳(今南阳市卧龙区)、内乡(今西峡县)。唐州:泌阳(今唐河县)、比阳(今泌阳县)、湖阳(今唐河县南)、桐柏、方城。河南府:洛阳(今洛阳市)、渑池、登封(今登封市)、孟津(今偃师市北)、芝田(今巩义市南)、新安、偃师(今偃师市东南)、宜阳、巩县(今巩义市东北)。嵩州:伊阳(今嵩县)、永宁(今洛宁县)、福昌(今洛宁县东北)、长水(今洛宁县西)。汝州:梁县(今汝州市)、郏城(今郏县)、鲁山、宝丰、襄城、叶县(今叶县南)。许州:长社(今许昌市魏都区)、邸城、长葛(今长葛市东北)、临颍、舞阳。亳州:鹿邑(今鹿邑县西)、卫

---

① 程民生、程峰、马玉臣:《古代河南经济史(下)》,河南大学出版社2012年版,第216页。

真(今鹿邑县)、永城、酂县(今永城市西)。陈州:宛丘(今周口市淮阳区)、项城(今沈丘县)、南顿(今项城市西)、商水(今周口市南)、西华。蔡州:汝阳(今汝南县)、遂平、上蔡、西平、确山、平舆、新息(今息县)、真阳(今正阳县)、褒信(今新蔡县南)、新蔡。郑州:管城(今郑州市管城回族区)、荥阳(今荥阳市)、密县(今新密市)、河阴(今郑州市西北)、原武(今原阳县西)、汜水(今荥阳市西北)、荥泽(今郑州市西北)。

河东南路。孟州:河阳(今孟州市)、王屋(今济源市西)、济源(今济源市)、温县。怀州:河内(今沁阳市)、武陟(今武陟县西南)、修武。

河北西路。相州:安阳(今安阳市)、林虑(今林州市)、汤阴。卫州:汲县(今卫辉市)、新乡(今新乡市)、河平(今辉县市)、获嘉。浚州:黎阳(今浚县)、卫县(今淇县东)。

大名府路。滑州:白马(今滑县东)、内黄、胙城(今长垣市西)。开州:濮阳(今濮阳市)、清丰。大名府:南乐。

表5-1-2 金代河南境内行政区划

路名	府州军	辖县数	治所	现在地名
南京路	开封府	15	开封	开封市
	睢州	3	睢县	睢县
	归德府	6	宋城	商丘市南
	陕州	4	陕县	三门峡市西
	邓州	3	穰县	邓州市
	唐州	4	泌阳	唐河县
	裕州	3	方城	方城县
	河南府	9	洛阳	洛阳市
	嵩州	4	伊阳	汝阳县
	汝州	4	梁县	汝州市
	许州	5	长社	许昌市
	钧州	2	阳翟	禹州市
	陈州	5	宛丘	周口市淮阳区
	蔡州		汝阳	汝南县
	息州	4	新息	息县
	郑州	7	管城	郑州市管城回族区

(续表)

路名	府州军	辖县数	治所	现在地名
河北西路	彰德府	5	安阳	安阳市
	浚州	2	黎阳	浚县
	卫州	4	汲县	卫辉市
	滑州	2	白马	滑县东
大名府路	开州	4	濮阳	濮阳市
河东南路	怀州	4	河内	沁阳市
	孟州	4	河阳	孟州市
京兆府路	虢州	3	虢略	灵宝市
南宋荆湖北路	信阳军	2	信阳	信阳市
南宋淮南西路	光州	3	定城	潢川县

河南在当时共分2国7路,境内设二级行政区划26个,辖117县。加之现属河南的大名府路大名府南乐、濮州范县(今范县东)、南京路亳州鹿邑(今鹿邑县西)、卫真(今鹿邑县)、永城5县,实有122县,比北宋时125县减少了3县。

表5-1-3　隋唐北宋时期河南州县数比较

	隋代(隋炀帝时期)		唐代(玄宗时期)		北宋		金	
	郡	县	州	县	州、府	县	州、府	县
河南	21	153	20	132	22	123	26	114

第二节　宋金时期的城市经济发展

宋代是我国城市经济取得重大发展的时期,农业生产技术的提高使得粮食和经济作物产量激增,商业性农产品进一步增加。在农业发展的带动下,手工业也日益兴盛,随着社会生产力的不断提高,城市商业愈加繁荣。北宋时期,河南城市经济呈现出一派欣欣向荣的景象,不仅城市人口增速很快,镇市也得到了长足发展。在以城市为中心,城市、镇、草市共同构成的多层次网络状商业贸易的不断发展之下,宋代的区域市场日渐活跃。宋金战争期间,河南地区一度战争扰攘,百业凋敝,金人统一北方后,随着社会秩序的相对安定,城市经济有所恢复和发展。

一、北宋城市的发展动力

宋代立国之后,鉴于中唐以后禁军骄纵、藩镇跋扈导致国力内耗、政权分裂等问题,宋太祖采取了守内虚外的政策,将全国的兵、财大权收归中央,加强封建集权,由此避免了前代军阀割据再现的可能,也为元、明、清三代国家一统奠定了政治基础。五代长期的战乱对农业生产破坏极大,北宋建国之初,宋太宗从减免租税入手,大力召集流民,鼓励垦荒。京西南路地旷人稀,政府迁徙太原民众于此,后又"尽趋其(北汉)人民分布河、洛之间"①,"徙僧道士及高赀者于西京"②,缓解劳动力不足问题。豫东地区土地瘠薄,为了提高农业生产效率,政府大力兴建水利工程,"汴流涨潦以溉西部,瘠土皆为良田"③,"引汳水灌畿内瘠卤,成淤田四十万顷以给京师",使得开封府"取得淤田土,视之如细面然"④。据统计,宋代全国平均亩产量大概是 2 石,河南的亩产量大概在全国处于中上等水平。⑤ 粮食增产带来了人口的增加,据经济史学家估测,宋徽宗时期全国人口数量已经破亿。人口的增加又进一步推进了生产的发展,社会稳定,经济发展,城市人口也自然随之增多。农业的进步为手工业、商业和城市的发展奠定了坚实的基础。北宋漕运发达,源源不断的粮食从南方经汴水和蔡河运抵汴京,进一步保障了北方城市的粮食供应。此外,北宋时期"日益专业化的种种农业区域(和农业系统),不仅引起农产品和工业品之间的交换,而且也引起各种农产品之间的交换"⑥,农业的发展使得商品性农业更为普及,经济性作物得到

---

① 〔宋〕李焘:《续资治通鉴长编》卷二〇"太平兴国四年",中华书局 1985 年版,第 442 页。
② 〔宋〕李焘:《续资治通鉴长编》卷二〇"太平兴国四年",中华书局 1985 年版,第 452 页。
③ 〔元〕脱脱等撰:《宋史》卷三五五《列传第一百一十四》,中华书局 1977 年版,第 8898 页。
④ 〔宋〕黄震:《黄氏日钞》卷九《书侯水监行状》,文渊阁《四库全书》本。
⑤ 程民生、程峰、马玉臣:《古代河南经济史(下)》,河南大学出版社 2012 年版,第 131 页。
⑥ 《列宁全集(第三卷)》,人民出版社 1984 年版,第 18—19 页。

了广泛种植,形成了蚕桑、棉花、茶果、花卉、蔬菜、药材以及林木等经济作物种植区,极大地提高了农副产品的商品化程度。煤的大量使用也加速了宋朝城市化的进程。北宋是世界上最大的产煤国,此时期的开封居民已经普遍使用煤火。宋朝的冶炼技术发达,美国史学家墨菲在《亚洲史》一书中曾写道"中国在11世纪生产的铁、钢和金属制品,可能比欧洲直到18世纪中叶生产的还多"①。金国占领淮河以北后,成为当时第一产煤大国。农业、工业的进步,人口的增加,城市的扩大等都刺激了商业的繁荣。北宋时期,大地主对土地的垄断非常严重,据统计,11世纪时,全国77.5%的耕地被控制在人口仅占14%的大地主手里,这直接促使了大量失地农民向城市的工商业及服务业等领域拥入,促进了非农经济和城市化发展。

二、市民阶层的兴起和城市化

北宋时期的社会环境较为宽松,长期的稳定和生产技术的进步促进了城市人口的增加,在这样的背景下市民阶层开始兴起。作为一个独立的社会群体,市民阶层并不单纯指居住在城市里的居民,也不仅仅是城市里的工商业经营者,而是以工商业人员为主体的,包括行商、坐贾、流动商贩在内的商业经营者、服务业经营者、手工业经营者及商业性文化人员等,此外具有商业理念和市民意识的部分官吏、士人、地主和农民也在此列。② 北宋之前,城市与乡村人口流动性较弱,城内不同身份的人各有居处,不具备形成一个整体的、有文化认同的、跨越职业身份的群体结构的环境,市民的含义仅仅是城市的手工业、商业从业者,但是到北宋时期,经济的发展已经使得士、农、工、商四业皆本的观念深入人心,在此背景下,退出以门阀制度搭建起来的政治舞台的大批没落王公贵族和文人士子开始进入市民阶层,并在思想观念方面与之趋同,与此同时,隋唐时期建立起来的不论出身、任人唯才的科举制度也有利于不同家庭出身的士子与市民在文化心态上取得一致。北宋天禧三年(1019)政府对户籍制度进行改革,

---

① [美]罗兹·墨菲著,黄磷译:《亚洲史》,世界图书出版公司2011年版,第169页。
② 俞为洁、郑绩、陈刚:《浙江历史人文读本〈岁时年景〉》,浙江古籍出版社2013年版,第152页。

其中最重要的一项就是将城市居民和乡村居民分开列户,这在我国历史上尚属首次。城市居民称为坊郭户,与现代意义上的"市民"非常接近。"市民"以有无资产划分户口,有者称为坊郭主户,无者称为坊郭客户,主户有坊场、邸店等恒产,可视为城市工商业者,客户没有恒产,是依靠出卖劳力或手艺谋生的工商从业者。据《文献通考》记载,北宋熙宁十年(1077)以前,全国府州军监的商税收入约占每年全国赋税总量的六分之一,可见此时期市民群体经济实力之强大。东京汴梁是我国历史上最早形成市民阶层的城市,据统计,北宋时汴京已有6400多家资本较多的中型工商业主,另有八九千家小商小贩。[1] 由于市民群体的壮大,汴京行业分工更细,据说可达160行,为了保护各行业市民的利益,各行均有"行会",所谓"东京城内凡市民之属皆有组织",连妓院也有"院行",乞丐有"丐帮",进入行会者称"行户",由"行老"负责主持日常事务,以维护行户利益,维护市场秩序,保障竞争公平,"行老"还兼有推广政府法令的职责。

与前代相比,宋金时期河南地区州县数量的变化并不大,但是因为经历过五代战乱和宋金对抗,城市发展颇为坎坷。开封作为全国首都,人口吸附能力巨大,是北宋当之无愧的人口最为稠密的城市。宋初,太宗就曾说,"东京养甲兵数十万,居人百万家"[2],此后人口还在不断增加,神宗时都水监丞侯叔献言,"京师帝居,天下辐辏,人物之众,车甲之饶,不知几百万数。夫以数百万之众,而仰给于东南千里之外,此未为策之得也"[3],"昔汴都数百万家,尽仰石炭,无一然(燃)薪者"[4],这里的"数百万"应该指的是开封的实住人口,与官方统计的户口数据差距较大。熙宁年间(1068~1077),王安石曾称东京有"二十万户百姓"[5],应该为概指,不是具体数目。吴松弟考察认为,史书中提及的真宗天禧五年(1021)开封新旧城厢,10厢120坊,共计97750户是较为可靠数据,但这也只是城内户口,城外还不清楚。如果按照城内120坊,平均每坊815户,城外14坊,户数约为11210户,两者合计,真宗时东京城约有11万户。崇宁二年(1103),东京主户又增加到了大概13.7万户,人口不会少于百万。当然这还只

---

[1] 鲍震培:《中国俗文学史论》,南开大学出版社2015年版,第220页。
[2] 〔元〕脱脱等撰:《宋史》卷九三《志第四十六》,中华书局1977年版,第1558页。
[3] 〔清〕徐松辑:《宋会要辑稿》,中华书局1957年影印本。
[4] 〔宋〕庄季裕:《鸡肋编》,《宋元笔记小说大观》,上海古籍出版社2007年版,第4529页。
[5] 〔元〕脱脱等撰:《宋史》卷三二七《列传第八十六》,中华书局1977年版,第8464页。

是纳入户籍的人口,其他如驻军、皇宫人口、僧尼道士以及大量流动人口均不在统计之列。[1] 周宝珠等学者认为北宋东京人口最多时达150万,甚至可能更多。而此时被欧洲人称为"世界上最大城市"的大马士革人口不过50万,伦敦、巴黎等城市人口只有10万左右,从这鲜明的对比中可以想见当年开封的人口稠密和市井繁华。[2] 北宋末年直至灭亡,大量人口跟随宋王室南下,此后开封人口骤减,但是总量应该仍在百万以上。金天会五年(1127),汴京城中遭受灾疫,"饥疫者几乎达半数",天兴元年(1232)五月,又遇到大疫,"凡五、十日,诸门出柩九十余万",穷苦百姓不能入葬者尚不计入其列,自此开封人口开始跌入谷底。[3] 北宋时期的洛阳是河南第二大城市,其人口之多在时人的诗词中有所体现。司马光说,"洛阳春日最繁华,红绿阴中十万家"[4]。赵鼎臣也赋诗说,"壮哉洛阳都","城中十万家,古来豪侠窟"[5]。如果以一家为5口人计算,洛阳的城市人口应该在50万左右。当然这只是虚数,缺少确切的史料印证,但是北宋时期的洛阳人口在10万以上是毋庸置疑的。开封和洛阳城市人口众多,这无疑会极大提升河南的城市化率。而宋代又是我国古代社会人口率最高的一个时代,时人有"通都大邑,不耕而食者十居七八"[6]的记述,另据学者的研究显示,北宋的城市率应该在12%以上,最高时可达到20%,而清代中叶(嘉庆年间)的城市化率仅为7%。根据《宋史·地理志》统计,宋徽宗时,全国共有17273818户[7],河南占6.48%,比率从天宝时期的12.8%下降了6个多百分点,共计1119343户,依据城市率12%~20%计算,则河南城市户口数为134321~223868户,以户均人口数9[8]推算,此时期河南城市人口总量在1208891至2014818之间,又因为河南有开封这座超级大都市,所以城市人口总量应该会更高一些。

---

[1] 吴松弟:《中国人口史(第三卷)》,复旦大学出版社2005年版,第573—574页。
[2] 周宝珠:《宋代东京研究》,河南大学出版社1992年版,第343—346页。
[3] 开封市地方志编纂委员会编:《开封市志(第一册)》,中州古籍出版社1996年版,第396页。
[4] 〔宋〕司马光:《看花四绝句》,《司马温公集编年笺注》,巴蜀书社2009年版,第400页。
[5] 〔宋〕赵鼎臣:《乙未寒食前一日陪姚季一吴和甫登崇德寺阁赋诗以驾言出游以写我忧为韵分得我出二字其二》,《竹隐畸士集》,文渊阁《四库全书》本。
[6] 〔宋〕张商英:《护法论》,《全宋文(第五十册)》,巴蜀书社1994年版,第594页。
[7] 程民生、程峰、马玉臣:《古代河南经济史(下)》,河南大学出版社2012年版,第209页。
[8] 程民生:《宋代家庭人口数量初探》,《浙江学刊》2000年第2期。

三、不同等级的城市发展

北宋时期,河南城市迎来了一次史无前例的大发展,开封是当之无愧的世界大都会,商丘、洛阳作为区域中心城市繁荣发展,其他州、县城市经济也有了不同程度的进步,伴随着社会物质财富的丰厚以及商品经济的活跃,新的城市类型——市镇开始大量出现,进一步丰富了中国城市体系的类型。

1.京城开封

开封地处中原腹地,地势平坦空旷,虽然属于四面无山塞可守的"四战之地",但是历史源远流长,五代时期已经成为屋宇交连、衢街狭隘的商业都市,隋唐大运河通航以来,作为大运河与黄河的交汇处,这里更是水陆便利、四通八达。太宗至道元年(995)参知政事张洎曾说:"今天下甲卒数十万众,战马数十万匹,并萃京师,悉集七亡国之士民于辇下,比汉、唐京邑,民庶十倍。甸服时有水旱,不至艰歉者,有惠民、金水、五丈、汴水等四渠,派引脉分,咸会天邑,舳舻相接,赡给公私,所以无匮乏。唯汴水横亘中国,首承大河,漕引江、湖,利尽南海,半天下之财赋,并山泽之百货,悉由此路而进。"[①]由此可知北宋王朝选择以此为首都是充分考虑到了开封优越的地理环境和强大的漕河运输能力。

东京开封"四水贯都",是开放式运河都城的典型代表。由于政府对户籍的管理较为宽松,各种阶层人群不断拥入其中,他们中既有数量庞大的皇亲国戚、文武大臣和依靠租佃生活的大小地主以及他们的家眷及奴仆,还有数十万计拥有产业经营大小商铺的商贾,手工业作坊、各种服务型行业的坊郭主户,除此之外,外地商贾、文人学子、僧侣道士、艺人等也为数不少,随着市民社会的兴起,北宋时期还出现了一个新的社会阶层,就是由流氓、无赖和游民组成的寄生者阶层。

北宋初年曾设东、西两市,市坊崩溃后,市场沿街而设,商店、旅馆、酒楼等应有尽有,居民和商户活动自由,整个东京城成为一座开放的大市场。运河两

---

① 〔宋〕脱脱等撰:《宋史》卷九三《志第四十六》,中华书局1977年版,第1560页。

岸行栈店铺林立,人流涌动,"刀布辐辏,万商射利",御道上也是商贩遍布,"徙坊市邸肆,对列御道,百货骈布,竞以彩幄镂牓为饰"①。皇宫外成了闹市区,"东华门外,市井最盛,盖禁中买卖在此,凡饮食、时新花果、鱼虾鳖蟹、鹑兔脯腊、金玉珍玩衣着,无非天下之奇"②,甚至"河桥上多是开铺贩鬻"③,妨碍人马车乘往来,以至于朝廷不得不下诏清除。其他街道如州桥南街、东西街,相国寺内万姓交易,大内东南潘楼东去十字街等也是十分繁荣,"大抵诸酒肆瓦市,不以风雨寒暑,白昼通夜,骈阗如此"④,马行街排列了近10里的药行,"夹道药肆,盖多国医,咸巨富"⑤,马行街东、西两巷则集中了很多手工业作坊,"大小货行,皆工作伎巧所居"⑥。商铺极为密集,据说"在京诸色行户,总六千四百有奇"⑦,加上坐贾,人数更多,"当时开封以经商为业的有2万多户,其中640家资本雄厚的商户,分别属于160行,囊括米、盐、茶等各类商品贸易。号称'正店'的大酒楼有170家,兼具饮食与商品贸易的多种功能,作为商人验看商品质量、商定商品价格、签订契约的场所"⑧。许多商贾财力雄厚,"京城资产,百万者至多,十万而上,比比皆是"⑨。随着商品经济的发展,民间金融市场也日趋成熟,全国各地到处都出现了高利贷场所,东京自然不会例外,已经形成了以"库户""钱民"为中心的高利贷网络。如"大桶张氏者,以财雄长京师。凡富人以钱委人,权其子而取其半,谓之行钱,富人视行钱如部曲也,或过行钱之家,其人特设位置酒,妇人出劝,主人反立侍,富人逊谢,强令坐,再三,乃敢就宾位"。大桶张氏是典型的钱民(钱人、钱主、库户),他将富人的货币作为行人(行钱)放贷出去,从而获得更多的"子钱",高利贷网络的形成是时人借贷超越前代的重要标志。张氏赀财雄厚,"多赂宗室为婚","以庇门户","至有三十余县主"⑩,是钱民中

---

① 〔宋〕李焘:《续资治通鉴长编》卷六八"大中祥符元年",中华书局1985年版,第1524页。
② 〔宋〕孟元老:《东京梦华录》卷一《大内》,中州古籍出版社2010年版,第31页。
③ 〔清〕徐松辑:《宋会要辑稿》,中华书局1957年影印本。
④ 〔宋〕孟元老:《东京梦华录》卷二《酒楼》,中州古籍出版社2010年版,第48页。
⑤ 〔宋〕蔡绦:《铁围山丛谈》卷四,中华书局1983年版,第70页。
⑥ 〔宋〕孟元老:《东京梦华录》卷二《酒楼》,中州古籍出版社2010年版,第48页。
⑦ 〔宋〕李焘:《续资治通鉴长编》卷三五九"元丰八年",中华书局1985年版,第8592页。
⑧ 樊树志:《国史十六讲》,中华书局2006年版,第143页。
⑨ 〔宋〕李焘:《续资治通鉴长编》卷八五"大中祥符八年",中华书局1985年版,第1956页。
⑩ 〔宋〕王明清:《投辖录·玉条脱》,《宋元笔记小说大观》,上海古籍出版社2007年版,第3867页。

的佼佼者。

市场经济的繁荣使得东京成为全国经济中心,宋末文学家孟元老说"八荒争凑,万国咸通。集四海之珍奇,皆归市易;会寰区之异味,悉在庖厨。花光满路,何限春游;箫鼓喧空,几家夜宴"①,是对东京城繁荣盛况的生动描述。来自各国各地的货物在开封市场上自由销售,有于阗国的珊瑚、翡翠、象牙,也有日本国的扇子,此外东南亚、阿拉伯地区的香料等也是应有尽有。据史料记载,当时西夏对赵宋王朝称藩日久,"岁遣人至京师贸易,出入民间如家"②,回鹘商人还曾因为在民间从事高利贷业务遭到政府禁绝,但后来又被皇帝敕令解除。由以上内容可以看出,北宋时期的东京城是一座开放的国际大都会。

此外,北宋时期的开封因为集聚人口基数过大,还造成了土地寸土寸金、房价居高不下的后果,用时人的话来说就是:"重城之中,双阙之下,尺地寸土,与金同价,非勋戚世家,居无隙地。"③北宋前期,东京房价已经不便宜,中期以后房价更是空前飙涨,徽宗时曾有转运使说"一第无虑数十万缗,稍增雄丽,非百万不可"④,也就是说在东京置办一处豪宅所费至少得几十万贯,如果要求再高些,花费就得百万贯。即使普通民居也不便宜,大概在万贯上下。这是什么概念呢?据《宋会要辑稿》记载,徽宗时朝廷雇人抄写书籍,每人每月能挣 3500 文,也就相当于 3 贯多一点⑤,也就是说像这样的一个文书要买套宅院居住,至少需要不吃不喝奋斗 200 年以上。朝廷高级官员对于高房价同样吃不消,名扬海内的大诗人苏辙因为在京师没有住房,用"恨无二顷田,伴公老蓬荜"⑥的诗句表达愁绪,文学家欧阳修虽然担任朝廷要职多年,也为居高不下的房价哀叹:"嗟我来京师,庇身无弊庐。闲坊僦古屋,卑陋杂里闾。"⑦对于官员买房问题,

---

① 〔宋〕孟元老:《东京梦华录》,中州古籍出版社 2010 年版,第 19 页。
② 〔宋〕苏舜钦:《苏学士文集》卷一六《推诚保德功臣正奉大夫守太子少傅致仕上柱国开国公食邑三千三百户食实封八百户赐紫金鱼袋赠太子太保韩公行状》,上海商务印书馆 1936 年版。
③ 〔宋〕王禹偁:《小畜集》卷一六《李氏园亭记》,四部丛刊本。
④ 〔元〕脱脱等撰:《宋史》卷一七九《志第一百三十二》,中华书局 1977 年版,第 2923 页。
⑤ 〔清〕徐松辑:《宋会要辑稿》,中华书局 1957 年影印本。
⑥ 〔宋〕苏辙:《送张公安道南都留台》,《栾城集》,商务印书馆 1930 年版,第 40 页。
⑦ 〔宋〕欧阳修:《答梅圣俞大雨见寄》,《欧阳修全集》,中国文史出版社 1999 年版,第 41 页。

朱熹曾做过调查,结论是"且如祖宗朝,百官都无屋住,虽宰执亦是赁屋"①。据说东京有大半房屋是用于租赁的,上至高官显贵,下至市井细民,租住房屋者比比皆是,这无疑促进了房屋租赁业的发展。不过即使租房,也让一些家底薄、薪俸低的官员叫苦不迭,有个叫章伯镇的京官就说"任京有两般日月:望月初,请料钱,觉日月长;到月终,供房钱,觉日月短"②,可谓道出开封无房户的心声。

2. 路级中心城市

开封之下,区域性中心城市也得到了较快发展。宋代在州、县城市之上增加了路作为一级监察机构,虽然在当时还称不上完全的一级行政机构,但是因为其后期权力不断增大,因此也有不少学者将其直接视为一级行政区。与此同时,由于历史原因,加之地理山川的影响,路的区划不仅具有行政意义,往往也会形成对内具有明显共性、对外相对独立的经济文化区域,以转运使、安抚使治所为代表的路治城市一般都是本区域的中心城市。另外,由于我国前代城市的形成多出于政治或军事因素,因地理因素形成的区域中心城市无疑是经济进步的表现。一般来说,区域性中心城市由若干个地方城市联合形成,在商品贸易范围上比单个地方城市更为广阔,因为城市发展深受地方农业、手工业等影响,故而每个区域市场的特点均有不同,可以说区域性中心城市的产生是商品经济发展、城乡联系加强、水陆交通便利共同促成的结果。宋代区域性中心城市的形成在时人的文学作品中也能得到印证,文人笔下描述的一批居民"十万家"的城市,多半为路治城市。

(1)洛阳

五代时期,洛阳大体上一直保持着非陪都即首都的状态,许多官僚在此安家,城市持续发展。北宋建立后,洛阳被立为西京,虽然只是陪都,但是它是除国都之外最大的文化、经济中心,同时还是京西北路路治所在,政治与经济上的特殊地位毋庸置疑。宋初时,洛阳"居民甚多"③,辖河南和洛阳两县,其中河南县管辖54坊,洛阳县管辖43坊,共计97坊,北宋中期,洛阳所辖增至120坊,其

---

① 〔宋〕黎靖德编,杨绳其、周娴君校点:《朱子语类》,岳麓书社1997年版,第2759页。
② 〔宋〕江休复:《江邻几杂志》,《宋元笔记小说大观》,上海古籍出版社2007年版,第570页。
③ 〔清〕徐松辑:《宋会要辑稿》,中华书局1957年影印本。

中河南县 88 坊，洛阳县 32 坊，坊数量的增加无疑从侧面反映了北宋前中期城市人口的增长。

洛阳的居民人口结构与首都汴梁不同。五代时期这里的政治、文化、经济影响力都很高，许多官僚大家在此定居。宋代建立后，为了充实洛阳人口，许多富户在政府的鼓励下迁居这里。因为洛阳距离东京不远，且相比人口稠密、地价昂贵、寸土寸金的东京，洛阳"水南地里阔远"[1]，更适合居住，不少退休官吏、士人、外戚愿意承续五代之风，举家来此定居，这些因素都使得洛阳"衣冠将相占籍繁多"[2]。对此，元《河南志》中有着较为详细的记载，如从善坊有故相赵普园地，以东为周司空苏禹珪宅，另外还有杨凝式宅、宰相魏仁浦宅；睦仁坊有张齐贤、温仲舒、李迪宅；归仁坊有丁度园，唐宰相牛僧孺园；惠和坊有节度使兼侍中石守信宅；思训坊有枢密使同中书门下平章事王晦叔宅园，还有尹洙、刘元瑜等宅；福善坊有御史中丞李及宅，尚书右丞赵安仁宅，太子太傅致仕赵镇宅，太子少师致仕任布宅，龙图阁直学士刘烨宅，龙图阁直学士郭稹宅；延福坊有寇莱公宅，太子太保吕端宅；敦教坊有吏部侍郎吴育宅；履道坊有端明殿学士李淑宅；集贤坊有太师致仕卢钧宅；尊贤坊有观文殿学士张观园；永泰坊有尚书工部侍郎张去华宅，直史馆乐史宅，直集贤院李建中宅，观文殿学士张观宅，太子太师致仕吕蒙正宅；会节坊有故相张齐贤宅；乐成坊有礼部侍郎吴育宅，驸马都尉王承衍宅；安远坊有李道谦宅，魏王符彦卿水磨；等等，数不胜数。也正是官僚和皇亲国戚众多这个特点，使得洛阳的上层社会几乎形成了一股可与北宋朝廷相抗衡的势力。王溥、王晏、王彦超、韩令坤等一批将相人物的父亲也居住在洛阳，"与守礼朝夕往来，惟意所为。洛阳人多畏避之"，号称"十阿父"[3]。另有不少皇室贵戚，仗着朝中有人护持，骄纵跋扈，视国家法令为儿戏。此外，作为"衣冠渊薮"、权贵麋集之地，洛阳消费型城市的特点当属必然，城市人口总量应该仅次于东京开封。

（2）商丘

商丘，隋时称宋州，唐玄宗时改称睢阳郡，一直是中原经济文化较为发达的

---

[1] 〔清〕徐松辑：《宋会要辑稿》，中华书局 1957 年影印本。
[2] 〔清〕徐松辑：《宋会要辑稿》，中华书局 1957 年影印本。
[3] 〔宋〕欧阳修：《新五代史》卷二〇《周家人传第八》，中华书局 1974 年版，第 111 页。

区域之一。后周时,赵匡胤因为拥立郭威建国受到重用,显德六年(959),拜为归德军节度使(治所在宋州)、检校太尉,掌管殿前禁军。次年,赵匡胤发动陈桥兵变,登基为帝。商丘可以说是赵宋王朝的龙起之地,也是大宋王朝国号的起因地。宋真宗景德三年(1006),改宋州为应天府,真宗大中祥符七年(1014)升应天府为南京,与西京洛阳、北京大名同为北宋王朝的三大陪都,同时这里还是京东东路的路治所在,是豫东地区重要的中心城市。

商丘地理位置重要,"南控江淮,北临河济,彭城居其左,汴梁连其右,形胜联络,足以保障东南,襟喉关陕,为大河南北之要道焉"。北宋定都开封,商丘即为其东南门户,近可屏幕淮徐,远可南通吴越,"舟车之所会,自古争在中原,未有不以睢阳为腰膂之地者"①。可以说,宋代的商丘应该是一座可以和洛阳比肩的大城市。关于这里的人口虽然没有明确的记载,但是《宋会要辑稿》多次描绘这里商旅辐辏、经济繁荣的景象,实为"一方之都会"②。熙宁五年(1072),日本僧人成寻自台州启程北行,经扬州沿运河前往五台山参佛,这年十月初五晚,其所乘船只到达应天府,成寻在日记中写道:"终日曳船,酉一点,过七十四里,至南京大桥南,停船宿","大桥上并店家灯炉,大千万也。伎乐之声,遥闻之","六日天晴,辰时,曳船,从桥下过。店家买卖,不可记尽。经二里,至次大桥外,停船。梢公宿积干姜取上市头了,五十石许上了"。③这段记述,真实地再现了当时运河两岸的繁忙以及夜生活的精彩。当时商丘的城市人口可能不逊于洛阳。据《元丰九域志》记载,宋神宗期间洛阳所在的京西北路主户数量为331094,商丘所在的京东西路为451038,后者比前者要多。此外,《宋史·地理志》记载,崇宁年间(1102~1106),应天府户79741、口157404,同时期的河南府户127767、口233280。就其辖域来说,洛阳府辖16县,应天府辖6县,可以推断作为应天府府城的商丘城市人口应该非常集中。程民生先生根据《元丰九域志》曾对各地地主富户进行过统计,具体如表5-2-1所示:

---

① (乾隆)《归德府志》卷一《地理略下》,中州古籍出版社1994年版,第383页。
② 〔清〕徐松辑:《宋会要辑稿》,中华书局1957年影印本。
③ [日]成寻著,王丽萍校点:《新校参天台五台山记》卷三,上海古籍出版社2009年版,第263—264页。

表 5-2-1　宋神宗时期北方各地富户数量表[1]

地区	主户	富户	总户数中富户及所占比‰	排序
开封府界	183770	4694	25.54	1
河北东路	473818	615	1.29	9
河北西路	417858	854	2.043	6
秦凤等路	354172	642	1.81	7
永兴军路	626412	1546	2.46	3
河东路	465408	366	0.79	10
京东东路	404092	718	1.78	8
京东西路	451038	922	2.044	5
京西南路	147871	599	4.05	2
京西北路	331094	716	2.16	4

京东西路和京西北路均属于富户集中的区域，富户比重都在千分之二以上，比值极为接近，这也从一定程度上说明商丘的城市化率应该不低于洛阳，如果洛阳人口在 10 万以上，商丘估计会与之十分接近。

3.一般府、州、县城市

区域中心城市之下就是一般的州、县城市，此类城市数量较多。据漆侠先生统计，北宋共 1350 座有行政官署的城，其中约有 150 座城市人口过万，除去首都和区域中心城市，一般州、县城市约有 130 座。[2] 也就是说一般州、县城市人口基本在万人以下，人口过万的城市数量不超过百分之十。城市人口质量也即城市的富裕程度往往会从侧面反映出这个城市的人口数量，如许州（今许昌市），宋人常常将之与洛阳并称，"许、洛两都，轩裳之盛，士大夫之渊薮也"[3]，孟州"河阳、济源，多名族显宦"，郑州临近开封，也是"多士大夫"[4]，以上提到的这几座城市，城市人口总量都不少。北宋及其以后，随着工商业的发展，在运河沿岸和其他水陆要冲地区出现了许多重要城市，如陕州（今陕县）、河阴（今荥阳市北）、卫州（今卫辉市）、陈州（今周口市淮阳区）、阳翟（今禹州市）、汝州（今属汝

---

[1] 程民生、程峰、马玉臣:《古代河南经济史（下）》，河南大学出版社 2012 年版，第 210 页。
[2] 漆侠:《宋代经济史（下册）》，上海人民出版社 1987 年版，第 932、933 页。
[3] 〔宋〕张邦基撰，孔凡礼点校:《墨庄漫录》，中华书局 2002 年版，第 112 页。
[4] 〔宋〕毕仲游:《西台集》卷一六《丞相文简公行状》，中州古籍出版社 2005 年版，第 256 页。

州市)、蔡州(今汝南县)、唐州(今唐河县)以及南阳等,经济繁荣,人口自然也就较为稠密。

4. 宋代镇市的兴起

宋代河南镇市有了突飞猛进的发展。镇的设置始于北魏,主要用于军事要冲的设险防御,为边地军事系统中的低级驻军单位,也称军镇。唐代"安史之乱"后,随着节度使权力的不断扩大,由节度使统辖的镇也大量出现,其目的是形成与中央相抗衡的藩镇系统,以架空或分割县级治所的行政和财政权力。北宋初期,为了加强中央集权,政府对镇的权限做了一番改革和整顿,镇的军事性质逐步为商业中心所取代,并且开始向地方行政系统转换。与之前城市的设立多取决于军事、政治等因素不同,宋代的镇市是经济发展的产物,作为沟通城乡之间商品贸易流通的重要纽带,镇市的繁荣是中心城市辐射力向纵深延伸的体现。高承曾在《事物纪原》卷一中提到,"民聚不成县而有税者,则为镇",税指酒税或商税,这表明设镇的标准与税收大小和人口规模紧密相关。《元丰九域志》记载,北宋时期全国有镇1871个,河南175个,占总量的9.35%;全国镇与户之比为1:8855,河南为1:7031,可见在户数相等的情况下,河南镇的密度大大高于全国平均值,这说明宋代河南的经济水平在全国居于前列。河南的镇多数分布在城市周围,大城市尤多,如河南境内3京,东京(今开封市)31镇,西京(今洛阳市)22镇、南京(今商丘市)13镇,共计66镇,占全省总量的38.4%。另外,交通要道上的镇也较多,如南阳县四通八达,周边有6镇;汴河水运发达,商旅众多,沿岸陈留县7镇,宁陵县3镇;蔡河航运能力逊于汴河,沿岸镇市设置相对较少,宛丘县2镇,项城县2镇;黄河水流不稳,河床泥沙淤积,不适合商旅通行,沿岸镇市设置更少,澶州5县有镇4个,相州4县有镇2个,滑州3县有镇3个,而孟州6县竟无一镇。

宋代的草市数量远远高于镇。草市,又称"市"或"坊场",主要有附郭市和农村周期性市场两种。附郭市根据功能和空间形态又可以分为两类,一种在城内,是城市商业中心所在,除了开放日期比较频繁的草市,还有定期举行的庙会,如开封"相国寺每月五次开放,万姓交易"[①],"都城相国寺最据冲会,每月朔、望、三、八日即开,伎巧百工列肆,罔有不集,四方珍异之物悉萃其间,因号相

[①] 〔宋〕孟元老:《东京梦华录》卷三《相国寺内万姓交易》,中州古籍出版社2010年版,第58页。

国寺为'破赃所'"①；另一种在城郊，是城外商贸中心或过往货物中转地。开封有"十二市之环城"，"大抵都城左近，皆是园圃；百里之内，并无闲地"②的记载，城郊草市数量有12座之多且围绕城市而设，显然是城市商业足够发达以后商业辐射范围向外扩展的结果。村镇中也有不少定期举行的草市，是广大农民和乡村手工业者进行交换的最直接的场所，农民的生活必需品以及农村生产的农、副及手工业品都是墟落村市上的重要商品。随着商品经济的发展，无论是附郭市还是农村周期性市场都空前活跃。宋代汴京的市极为繁华热闹，"潘楼东去十字街，谓之土市子，又谓之竹竿市"③，虽然是专门性市场，但客商云集，店铺众多。大相国寺，"每月五次开放，万姓交易"，"占定两廊，皆诸寺师姑卖绣作、领抹、花朵、珠翠、头面、生色销金花样、幞头、帽子、特髻冠子、绦线之类"④，这是定期举行的庙会性质的市，商品种类繁多，所谓"集四海之珍奇，皆归市易"⑤。宋州（今商丘市）交通便利，商品贸易频繁，城外五里汴河两岸，有东、西二桥，商贾毕集，居民繁庶，形成了热闹的河市，此外宋城、宋集、坞墙等处也都是重要码头，人流众多。许多地区的村市也很发达，通过村市，乡民可以用其所有的粮米、柴草、布帛之类换取盐、茶、农具等生活用品，对于解决生产、生活需求大有裨益，因此苏轼有"籴米买束薪，百物资之市"⑥的诗句，可见宋代的集市交易在当时当地百姓经济生活中已经占有重要的地位。此外，宋代殿中侍御史孙升曾言，"货殖百物，产于山泽田野，售之于城郭，而聚于仓库，而流通之以钱……城郭乡村之民交相生养，城郭财有余则百货有所售，乡村力有余则百货无所乏"，"城郭之人，日夜经营不息，流通财货，以售百物，以养乡村"，⑦可见时人对镇市与城市之间互为依存、互通有无的关系已有深刻认识。

不过虽然草市同镇一样都不能随意开设，必须经过转运使的许可，但二者又不尽相同，镇是宋代的基层行政单位，而草市不是，当草市逐渐扩大，人口或

---

① 〔宋〕王得臣：《麈史》卷下，上海古籍出版社1986年版，第88页。
② 〔宋〕孟元老：《东京梦华录》卷六《收灯都人出城探春》，中州古籍出版社2010年版，第118页。
③ 〔宋〕孟元老：《东京梦华录》卷二《潘楼东街巷》，中州古籍出版社2010年版，第46页。
④ 〔宋〕孟元老：《东京梦华录》卷三《相国寺内万姓交易》，中州古籍出版社2010年版，第58页。
⑤ 〔宋〕孟元老：《东京梦华录》，中州古籍出版社2010年版，第19页。
⑥ 〔宋〕苏轼撰，〔明〕王如锡编，吴文清、张志斌校点：《东坡养生集》，福建科学技术出版社2013年版，第11页。
⑦ 〔宋〕李焘：《续资治通鉴长编》卷三九四"元祐二年"，中华书局1985年版，第9612页。

税收达到一定程度,也可以升级为镇。虽然宋代的镇还不是完全意义上的城市,但是已经具备了若干城市的特征,如很多的镇设有商税税务用来征收商税。加藤繁在《唐宋时代的草市及其发展》中通过统计发现,宋政府最基层的税收机构——场务在镇上的设置仅次于城市,如熙宁十年(1077)开封府界共41个商税税务,其中县上置21个,镇上置17个,只有3个置于还没有成为镇市的聚落。政府在镇中设有监官监察,虽然监官权力颇受限制,"婚田词讼,并不得受理,辄擅置牢狱者重置典宪"[①],但还是反映了镇由商业中心向行政城市转变的趋势。有些地区镇的商税税额甚至超过了县,如河南府的商税税务12个设在府治和县治城市,10个设在镇,其中白波、三乡两镇的商税额仅次于渑池县和密县,比其他各县都要高。少数镇还设有镇官,有兵卒驻守,承担相应的维护治安和征收税赋的权力。因此,虽然就人口来说许多镇的居民依旧以务农为主,镇还算不上是真正意义上的地方行政机构,但是它们显然也已不是普通的农村聚落,似乎将之视为农村商业中心向城市过渡的一种形态更为允当。

在州、府、县城之外,全省还出现了30余个镇市,如陕州的三门镇、汝州的临汝镇、许州的驼口镇、蔡州的蔡口镇、孟州的清化镇等,它们都是在城郊的草市和农村集市的基础上兴建起来的,一般较之州、府、县规模小,布局也不太严整,主要以经济职能为主,是本地区的手工业或者商业中心。不少镇市除了有固定地点交易商品,还有定期的集市交易,同农村经济联系密切。镇市的大量出现,不仅表明中原地区的商品经济发展到了一定水平,也标志着中原城市建设进入到一个新的阶段。

四、金代城市的曲折发展

北宋中期,政府为了缓和外部环境,于景德元年(1004),同辽国签订了"澶渊之盟",边境的安定一度促进了北方城市经济的发展,但是到北宋晚期这种和平的状态逐步被打破,迅速崛起的金国大军南下,并于靖康二年(1127)攻破汴梁,北宋宣布灭亡。宋金对战时期,中原城市饱受战争蹂躏,有些城市甚至遭遇

---

① 〔清〕徐松辑:《宋会要辑稿》,中华书局1957年影印本。

灭顶之灾,如昔日繁花似锦的汴京,经济萧条,百业凋敝,金政权建立10余年后仍然没有恢复。翌年,金军又纵火焚烧洛阳,千古名都化为废墟。之后,金军挥师南渡,沿途城市悉数被毁,战火几乎蔓延河南全省,《鸡肋编》中就有"建炎元年秋,余自穰下(今河南省南阳市)由许昌以趋宋城,几千里无复鸡犬"①的记述。周边的河北、河东、山东等地区也同样遭遇浩劫,"初,敌纵兵四掠,东及沂(治今山东省临沂市)、密,西至曹、濮、兖(治今山东省兖州市)、郓(治今山东省东平县),南至陈、蔡(治今河南省汝南县)、汝、颍(治今河南省许昌市),北至河朔(指宋代黄河以北地区),皆被其害。杀人如刈麻,臭闻数百里。淮、泗之间,亦荡然矣"②。宋金之间的这次战争仅就波及范围和破坏程度而言,已经远远超过了唐末五代时期。河南无疑是重灾区,人口损失严重,除了战争伤亡,还有大量人口迁徙。为了躲避战争,北宋皇室、官僚、士大夫纷纷南迁,平民百姓也挈妇将雏跟随,由此拉开了两宋期间华北汉族向南方移民的大幕。如建炎元年(1127)十一月,张遇率领北方流民渡过长江,进入池州(治今安徽省池州市贵池区),十二月,西京(今河南省洛阳市)留守孙昭远引余兵南迁。建炎三年(1129)正月,金军进入淮南,二月初,高宗下令"听士民从便避兵"③。三月,阁门祗候张余自陕府(今河南省三门峡市西)弃城引兵南撤,进入和州(治今安徽省和县);六月,河北人耿坚率所部义军迁入淮南,东京留守杜充引开封军队迁入南方;七月,东京副留守郭仲苟也因缺少粮食率余兵赴行在(今江苏省南京市),开封居民万余人随行,"自此京师人来者遂绝矣"④。建炎四年(1130)八月,光州(治今河南省潢川县)守将刘绍先所部迁至江西九江,同年,知蔡州程昌寓率全城百姓和军兵自河南迁入鼎州(治今湖南省常德市),北方人口锐减,城市萧条。当然,相对于先前几个时期,本次城市衰败的时间较短。当金兵撤退,南方政治局面趋向稳定之后,城市又出现了新的发展势头,处在金朝统治下的北方也有所恢复。各大城市和要冲之地设置有"市"以方便民众贸易及政府收取租税。不过金朝统治者女真族是一个在短短几十年内就迅速由原始社会末期过渡到封建社会的民族,其社会生产关系与此时北方的生产力水平不能互相

---

① 〔宋〕庄绰:《鸡肋编》,中华书局1983年版,第18页。
② 〔宋〕李心传:《建炎以来系年要录》卷四,文渊阁《四库全书》本。
③ 〔元〕脱脱等撰:《宋史》卷二五《本纪第二十五》,中华书局1977年版,第307页。
④ 〔宋〕李心传:《建炎以来系年要录》卷二六,文渊阁《四库全书》本。

匹配,虽然统治阶层也推行了一系列鼓励耕种和减轻赋税的措施,使得中原地区的水陆运输和手工业、商业都有了一定程度的恢复。如相州人烟稠密,境内秦楼街,店铺林立,市场繁华。陈州经过防御使粘葛奴申的极力发展,经济大有起色,"聚流亡数十万口,米一斛直白金四两,市肆喧哄,如汴之圜阓,京城危困之民,望而归者不绝,遂指以为东南生路"①。同宋代一样,金代同一行业的人组成"行",入行者称"行人",设行头或引领,一般为资金雄厚的工商业者担任管理行内事务。但是大多数城市经济依旧停滞,北方地区的衰败之象并未完全改变。南宋时期,江南、岭南地区开始成为新的经济中心,繁荣的区域中心城市开始在全国扩散开来。乾道六年(1170),范成大出使金朝路经开封时曾感慨:"新城(即外城郭)内大抵皆墟,至有犁为田处。旧城(即里城)内市肆,皆苟活而已。"②由此可见金代开封城的恢复并不顺利。南宋绍熙五年(1194),黄河侵淮,淤塞了汴河,沿岸的一些城市和洛阳、开封等相应衰落下来。自此长达661年,淮河流域的水系发生了重大变化,黄淮区域生产力受到重创,城市发展缓慢。大体上说,北宋时期河南城市经济发展迅速,而金、南宋时期,城市衰退、恢复和发展并存,是城市发展史上起伏较大的一个阶段。

第三节 城市的建设和市坊制度的改革

北宋的统一为中原城市建设提供了便利条件,开封作为首都城市建设有了空前发展,以其为核心的各经济区中心城相结合的都会网络体系开始建立。③ 北宋建立伊始,承续前代城市管理经验,一度恢复旧的市坊制度,但是商品经济的空前发展使得市坊遭遇到巨大冲击,城市规划格局也发生了一次跨时代的变革。

---

① 〔元〕脱脱等撰:《金史》卷一一九《列传第五十七》,中华书局1975年版,第1733页。
② 开封市地方志办公室编:《开封市志·综合册》,北京燕山出版社2004年版,第371页。
③ 贺业钜:《中国古代城市规划史》,中国建筑工业出版社1996年版,第523页。

一、宋代的城市规划

宋代是中国城市建设史上重大的转折时期,唐代及其之前封闭的里坊制被淘汰,取而代之的是开放的街市制。国都开封,在五代基础上进行了一系列改建和扩建,城市规划更加注重解决城市发展中遇到的实际问题,如增建新城,扩大城市用地,扩宽道路,改善城市交通,疏浚运河,保障城市供应等。此外,还制定了许多关于城市防火、绿化、卫生的规章措施,有助于城市环境和安全的保证。其他城市也因地制宜有了相应变化。宋代的城市规划和建设适应了当时经济、社会的发展要求,为后世城市发展奠定了良好基础。

1. 开封

北宋时期的东京城位于今开封城及其附近郊区所在地,是在后周汴州城基础上扩建而成。共分为三重,即罗城、里城和宫城。最外面的一重叫罗城,又称新城,宋太祖在位时已着手修建,经历真宗、神宗的续建,周长50里,徽宗再次修整郭城,形制更为整齐,是当时世界上最大的城市,"其高际天,坚壮雄伟"[①]。罗城外围修有城壕,称护龙河,阔十余丈,里外遍植杨柳,禁止行人往来。罗城城门南3、北4、西3、东2,共计12个,其中正南门南薰门、里城正南门朱雀门以及宫城正南门宣德门构成全城的中轴线,位于中轴线上的道路称御街。御街长达十余里,宽二百步。外城水网纵横,河道两边密布着仓库、邸店、寺观、民宅等,人口集中,商贾辐辏。里城,又名旧城或阙城,为唐代所筑,周长大概21里,城门南3、北3、东2、西2,共计10个。里城是东京最为繁华的去处,除了衙署和寺观区,就是商业区,其中宫城东华门外的市场繁荣,宫中购置货物都是在此。宫城亦名皇城、大内,位于里城北部中央,接近正方形,周长5里,设有城门7座。宫城大致分为3个区:宣德门至宣佑门之间为前区,以正殿大庆殿为主,是朝廷举行重大庆典之所。宣佑门至迎阳门为中区,以崇政、垂拱殿为主,是皇帝平时处理政务和起居之所。迎阳门以北的后苑为后区,以崇圣殿、太清楼为主,是皇帝宴游之处。皇城修建之初,太祖曾下令,"凡诸门与殿,须相望,

---

[①] 〔宋〕周密:《癸辛杂识》别集上《汴梁杂事》,上海古籍出版社2012年版,第123页。

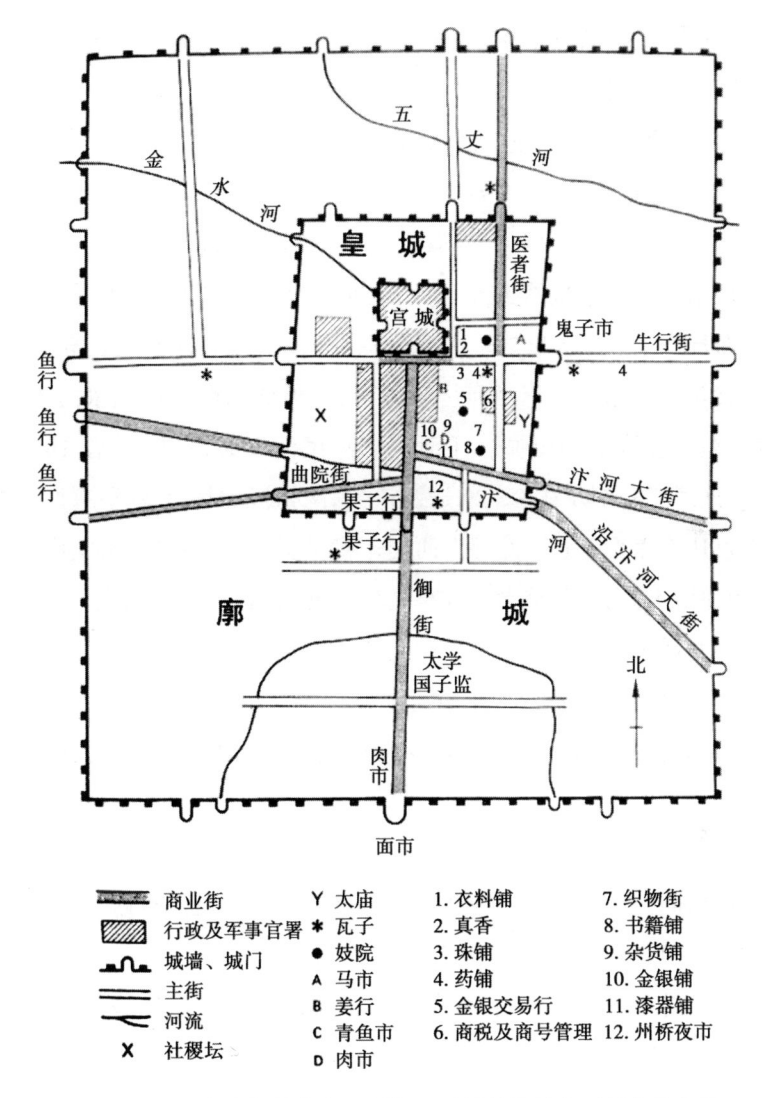

图 5-3-1　北宋末年的东京(开封)三重城结构及主要行市分布①

无得辄差"②,因此宫中诸殿基本均呈直线排列,前后左右互相照应。宫中还有龙图阁、天章阁、宝文阁、显谟阁、徽猷阁等,是收藏宋朝历代皇帝手稿之所。北宋朝廷"中枢"(中书门下、政事堂、都堂)和最高军事机关枢密院及一些机要机构设于皇城西南。东京的建筑虽然形制仿洛阳,但建筑风格一改大唐的雄浑,转而变得纤巧秀丽、注重装饰。宫城正门宣德楼穷极土木之工,"宣德楼列五

---

① 薛凤旋:《中国城市及其文明的演变》,世界图书出版公司 2015 年版,第 189 页。
② 〔宋〕叶梦得:《石林燕语》卷一,上海古籍出版社 2012 年版,第 10 页。

门,门皆金钉朱漆,壁皆砖石间瓮,镌镂龙凤飞云之状,莫非雕甍画栋,峻桷层榱,覆以琉璃瓦,曲尺朵楼,朱栏彩槛。下列两阙亭相对,悉用朱红杈子"①。北宋亡国后,仅从明堂柱子盘龙上刮下的金屑就有 40 多斤,可见装饰之奢华。此外,罗城四围设有不少草市,许多平民的居所也在此,后来还有不少官员因为城中已无空地而造房屋于新城外,随着人口的增加与工商业的发展,逐渐形成了开封城外新市区。东京虽然无险可凭,但是水陆交通便利,四河贯城的格局对东京城市布局产生了重大影响。四河分别是惠民河(又称蔡河)、五丈河(又称广济渠)、汴河及金水河。惠民河位于城南,由外郭西南垣广利水门入城,折而南流,绕至东南普济水门出城。汴河位于惠民河以北,自西向东,横贯城之中部,是东京连通三陪都及江南的水运要道,东南物资均赖此运抵京师,仅漕运粮食每年就可达五六百万石。此河自西向东横贯里、外两重城。五丈河位于汴河之北,此河通济水,京东路粮食由齐鲁之地入五丈河,自新曹门进入京师。金水河由东京城西通过水门进入皇城,不但解决了皇城内苑和部分民众的用水问题,也起到了美化环境、保障东北漕运的作用。这四渠共同组成了以东京为中心的水路运输网络,对东京的生产和生活产生了巨大影响,特别是汴河,被称为东京的生命线。

2.洛阳

北宋以洛阳为西京,多次对其城郭、坊市、街衢、河道进行修治,大体上保持了五代时期的旧观。西京有宫城、皇城和京城(外郭城)三重。宫城,周长 9 里 300 步,坐落在京城之西北,有门 6 个,南 3、东 1、西 1、北 1,宫城东西有夹城,各 3 里余。宋开宝八年(975)曾有过大规模修葺,之后"宫室壮丽",以太极殿(旧名明堂)为正殿,此外还有天兴、武德、文明、垂拱、天福、思政、延春、广寿、明德、天和、崇徽等殿,共 9990 余区,比开封宫城建筑还多。北宋中期,由于宫阙长久失修,"岁月摧圮",河南知府张奎奉命再度修葺。但是后来因为皇帝很少驾临,朝廷无心修理,宫阙长久失修,殿宇群体规模日益缩小。北宋末年,徽宗一度对宫城进行修缮,城垣扩大到 16 里。夹城内和宫城北皆左右禁军住所。洛阳皇城坐落于京城西北,周长 18 里 258 步,较之唐代 13 里 250 步的规模要大一些,

---

① [宋]孟元老:《东京梦华录》卷一《大内》,中州古籍出版社 2010 年版,第 30 页。

四周共有8门，具体为南3、东1、西3、北1。皇城"内皆诸司处之"①，主要分布有尚书省、御史台、太庙和郊社等衙署机构。洛阳外郭城，也称罗城或京城，宋初沿用五代旧城。仁宗景祐元年（1034），西京洛河之南，"居民甚多，并无城池"②，政府命知府李若谷逐渐修筑了较为完整的城垣。修复后的城围共52里96步，现代测量长度为27.52公里，较之五代时期"五十二里"稍有增加，城门南3、东3、西1、北2，总计9个。此外，考古学家曾在外郭城西发现了两座宋代砖瓦窑、三处作坊工作面，以及各种砖瓦建筑材料和范模等，瓦片上有"内西王福官工工""内西蒋兴官工工""内西刘贵官工工"等，据此推断可能是北宋官营窑厂之所在。

二、坊市制度的崩溃与城市商业的空前发展

晚唐时期，随着商品经济的繁荣，试图突破旧市制约束的现象屡有发生，五代因为政权更换频仍，对于市坊的管理也偏于松散，宋初为了维护旧的城市管理制度，一度强化传统的集中制和封闭式的市坊传统。但至北宋中叶，由于城市经济的迅速发展，市场领域得到了扩展，自古相沿的坊市界限逐渐被打破，居民区与市场合而为一的城市制度开始形成，居民和商户的活动更为自由。

$$府州——县\begin{cases}厢——坊（城内）\\乡（镇）——保（乡下）\end{cases}$$

图5-3-2 北宋时期城乡行政等级示意图

东京城其实早在后周时代已经没有坊市制度，尽管宋初政府力图恢复市坊，但也并没有完全严格推行，如北宋建立时许多地区有早市、夜市，有些夜市营业到三更才打烊，早市五更又开张，到太祖乾德三年（965）四月十三日，政府干脆诏令"京城夜市至三鼓以来，不得禁止"③，取消了对于传统市场的时间限制。太宗时期，东京景阳门大街已经出现了坐商侵街现象，此后御街两侧御廊

---

① 〔元〕脱脱等撰：《宋史》卷八五《志第三十八》，中华书局1977年版，第1418页。
② 〔清〕徐松辑：《宋会要辑稿》，中华书局1957年影印本。
③ 〔清〕徐松辑：《宋会要辑稿》，中华书局1957年影印本。

也渐允许"市人买卖于其间"①,还出现了以"勾栏"为中心的"瓦子",可见北宋政府对于商铺营业地点的管制非常宽松。与隋唐坊市制如影相伴的街鼓传统在北宋时期并未推行全国,至仁宗中期彻底废除。市坊制被废除的直接原因是其已经不能适应经济发展和市民生活的需要。以食品消耗来说,开封居住着大量不事农业生产的人口,粮食消费量巨大,每年通过漕运从南方输入的就达数百万石,需要运河昼夜不息地运输才能解决。肉类的消耗也很惊人,据记载,"民间所宰猪,须从此(南薰门)入京(城)。每日至晚,每群万数"②,其他消耗品也不会是一个小数字。在商业贸易极其繁盛的背景下,打破市、坊界限制是历史的必然。《东京梦华录》和《清明上河图》上的开封,市井繁荣,商铺随意开设,甚至还有许多小贩走街串巷地叫卖,这在唐代是不可想象的。可以说,宋代的"市"性质虽然没有变化,依旧是商品交易的处所,但是概念有了全新的阐释,不再是城市独立的集中区域,而是变成覆盖全城的商业网络,这种庞大的贸易分布网的形成是商品经济发展到一定程度的表现。城市商业活动时间也空前自由,"茶坊每五更点灯,博易买卖衣服、图画、花环、领抹之类,至晓即散,谓之'鬼市子'"③。同业商户会较为集中在某些特定的街巷,成为行或市,如"南门大街以东,南则唐家金银铺、温州漆器什物铺"④,"东去乃潘楼街,街南曰鹰店,只下贩鹰鹘客,余皆真珠匹帛,香药铺席。南通一巷,谓之'界身'",并是"金银彩帛交易之所"⑤,显然这些都是专业性市场,而"东华门外,市井最盛,盖禁中买卖在此,凡饮食、时新花果、鱼虾鳖蟹、鹑兔脯腊、金玉珍玩衣着,无非天下之奇"⑥,可见这是一个规模较大的综合性市场。专业性市场和综合性市场相辅相成,互为补充,显示了开封商业的勃勃生机。宋代开封的行业分类日趋细化,饮食服务业发展迅速,《东京梦华录》记载,"一直南去,过州桥,两边皆居民。街东车家炭、张家酒店,次则王楼山洞梅花包子、李家香铺、曹婆婆肉饼、李四分

---

① 〔宋〕孟元老:《东京梦华录》卷二《御街》,中州古籍出版社 2010 年版,第 37 页。
② 〔宋〕孟元老:《东京梦华录》卷二《朱雀门外街巷》,中州古籍出版社 2010 年版,第 40 页。
③ 〔宋〕孟元老:《东京梦华录》卷二《潘楼东街巷》,中州古籍出版社 2010 年版,第 46 页。
④ 〔宋〕孟元老:《东京梦华录》卷二《宣德楼前省府宫宇》,中州古籍出版社 2010 年版,第 38 页。
⑤ 〔宋〕孟元老:《东京梦华录》卷二《东角楼街巷》,中州古籍出版社 2010 年版,第 44 页。
⑥ 〔宋〕孟元老:《东京梦华录》卷一《大内》,中州古籍出版社 2010 年版,第 31 页。

茶"①,大酒楼与小店铺交相辉映,融为一体,让居民有了更多选择。宋代的开放型的新城市格局的建立标志着中国城市格局从封闭古典型向开放性近代化型转化,从此城市的面貌发生了很大变化。

随着集中市制的解体,封闭坊制也面临着崩溃,虽然坊的名称没有消失,但是含义已经发生了巨大改变,不再是住宅的代名词,而是与牌坊或街、巷意义相同。大约到10世纪末至11世纪初,坊市制正式被坊厢制取代。其后,厢制的建立标志着中国古代城市管理体制有了深刻变化。所谓厢制,即按地段、街道实行管理。过去的坊墙已被突破,厢代替坊成为真正的管理单位,以街道地段为单位的城市行政管理取代小区式封闭性强制管理是我国城市管理的一个巨大进步。北宋至道元年(995),开封城内设立了左第一厢、城东厢等8厢,从此基层厢代替了过去的坊,成为附郭县直属的基层政权,每个基层厢下属有2至20多个坊。熙宁三年(1070),开封城内东、西两部分,划分为两个区,称为"左厢"和"右厢",办公处称为左、右厢公事所,地位相当于县,主要职责为狱讼刑法。此后,附郭县只治理郊区,厢统治城内市区(有时城外市区也归厢统治)直属于州府,这种城乡分治的制度后来在开封以外的地区陆续推广,遍及全国。厢制的建立给城市管理带来很大的冲击,开封是最早实行厢制的城市之一,其管理层次为:开封城内4厢46坊,外城4厢75坊,城外9厢13坊,合计17厢134坊,每厢都设有厢使。据《宋会要》载,"每五百户以上置所由三人,街子二人,行官士人;厢典一名,内都所由于军巡差虞候充,其余并招所由",以上提到的所由、都所由、街子、行官、书手、厢典皆厢吏,在厢吏之上还设有厢官,但仅限于京城。此外,禁军巡检司还设有厢巡使,负责各厢的治安和纠察不法之事。此外,从坊的分布可知,里城内人口重心在东半部,坊的数量占70%以上,外城恰好相反,人口重心在西部,坊的数量几乎是东部的3倍,比南、北部也多出不少。城外坊的分布以东、西郊最多,南、北郊较少。人口分布不匀称,主要是因为里城西部多为政府机关所在地,像尚书省、御史台、开封府等都在御道以西,居民自然多集中在东部。坊厢内店肆林立,商业街联厢穿坊,城区繁华还延伸至四周郊区,称为"关厢"。方志和文献对于宋代城市人口并无统一的称呼,有的称为"城厢户""在城五隅户",有的称为"城内户""在城户",有的称为"郡城

---

① 〔宋〕孟元老:《东京梦华录》卷二《宣德楼前省府宫宇》,中州古籍出版社2010年版,第38页。

中户""城郭户"等。可以说,由坊市制过渡到坊厢制适应了商业发展的需要,对社会经济的进步起到了巨大的推动作用,昭示了我国城市发展又跨越到了一个新的阶段,而城厢和附郭的出现,则是城乡分离的开始,从此以后"城市渐渐和其所处的农村地区出现分歧。它们创新了中国城市,在性质、功能、土地利用和空间结构上开拓了新的境界"[1],在我国城市发展史上具有深刻的意义。

宋初,洛阳恢复旧唐坊制,建有93坊,至中期增加到120坊。这些坊的形成"自唐末五代,鞠为荆棘,后以约旧地列坊云"[2],即大体上按照唐代的街巷划分。但是洛阳城面积广大,短时间内并不可能建好,直到皇祐二年(1050),张奎知河南府事,感到"坊久无榜","命布列之","按唐街陌,分榜诸坊"[3],从坊市的设计建造,到坊的榜额制定,其间经历了约90年,而在这个过程中隋唐的坊似乎消失不见了。隋代的丰都市,唐代改为南市,五代时期曾一度成为临时的河南府治驻地,宋代成为居住区。隋代的通远市,南临洛水,唐代改为坊,宋代称时泰坊。宋代洛阳也有北市坊,虽保有唐时北市之名,但实际为应天苑廨院。从有坊名而不见市,可以看出此时的洛阳商业应该已经摆脱了原来的坊市分离制,而嬗变成新的坊市合一的制度了。

第四节 城市的文化与社会

宋金时期,尤其是北宋,河南文化先进、科技发达,许多彪炳史册的文学家、思想家、科学家、作家和诗人,或出生于斯、成长于斯,或者长期在这里创作和生活,他们的思想和理论深受中原文化熏陶,有着浓浓的中原印记。此外,市坊制度的彻底破坏、商品经济的不断进步以及市民阶层的日益壮大,使人们的生活起居和娱乐方式发生了巨大改变。

---

[1] 薛凤旋:《中国城市及其文明的演变》,世界图书出版公司2015年版,第201页。
[2] 〔清〕徐松辑,高敏点校:《河南志》,中华书局2012年版,第3页。
[3] 〔元〕脱脱等撰:《宋史》卷三二四《列传第八十三》,中华书局1977年版,第8427页。

一、城市的文化发展

宋金时期,河南文化事业繁荣,不但从中央到州县的学校教育体系更加完善,而且专科教育、私学教育也得到了进一步发展,科学技术处于全国领先地位,医药、天文、数学、建筑、印刷都取得了不俗成就。为宗教哲学的发展创造了更为宽松的环境,民间多神崇拜的特点业已形成。

1.文化教育

宋代政府重视图书的收集和存放,早在宋初统一全国过程中就遣使收集书籍。据《宋朝事实类苑》卷三十一记载,两浙的吴越国归顺后政府曾命人整理其图书"悉送馆阁"。此处的馆阁指史馆、昭文馆、集贤院三馆以及秘阁四处。三馆建成于太宗太平兴国三年(978),端拱元年(988)又于崇文苑中堂增建秘阁,四者合称崇文院,掌管修史、藏书、教书等事务,内设藏书8万余卷,"编校官八员,杂雠四馆书,给吏百人,悉以黄纸为大册写之"[1],对推动宋代的文化事业发展做出了极大贡献,《文献通考》有"自熙宁以来,搜访补缉,至宣和盛矣"[2]的称赞。此外,位于开封宫城后苑的太清楼是皇室重要书画收藏之所。景德四年(1007),收藏有太宗御制及墨迹石本934卷、轴,书籍33725卷。徽宗时期又将所得新书缮写一份存于该楼,以防水火散亡。私人藏书也非常流行,贵族士大夫往往以书多为荣,张邦基在《墨庄漫录》卷五中就曾有"京都盛时,贵人及贤宗室往往聚书,多者至万卷"的记述。宗室赵绰"藏书七万卷",数量与三馆相差无几。宋仁宗大将刘平之子刘季孙酷爱读书,"家无一钱,但有书三万轴,画数百幅耳"[3]。家住春明坊的宋氏为藏书世家,宋绶不但继承了外祖父杨徽之的毕生收集,还将太傅毕世安家的书籍一并收入,藏书至2万余册,其子宋敏求也酷爱书籍,多方搜求,家中藏书增至3万余卷。宋氏藏书数量丰富,善本颇多,其家

---

[1] [宋]沈括著,侯真平校点:《梦溪笔谈》卷一《馆阁藏书》,岳麓书社2000年版,第6页。

[2] [明]李濂撰,周宝珠、程民生点校:《汴京遗迹志》卷三《官署二》,中华书局1999年版,第41页。

[3] [宋]苏轼著,白石点校:《东坡题跋》卷三《记刘景文诗》,浙江人民美术出版社2016年版,第108页。

还珍藏了宋初至宋神宗熙宁年间的全部报状,誉满京师,更难能可贵的是,宋氏图书不吝外借,不少读书人为方便借阅选择在近处租房居住,以至于春明坊的房屋租金要高出他处一倍左右。可惜其藏书在元符年间(1098~1100)被一场大火焚烧尽毁,史称"文献一劫"。洛阳文人会聚,藏书也甚多。赵安仁"尤嗜读书,所得禄赐,多以购书。虽至显宠,简俭若平素。时阅典籍,手自雠校"①。司马光数十年如一日地坚持读书,在洛阳的独乐园藏书上万卷,且其家族对书籍爱护有加,到其子侄辈书籍仍崭新如故。此外,应天府学者王洙家也藏书甚丰,据说"虽秘府之盛,无以逾之",其中仅号称"镇库书"的善本就有 5000 余册。②有宋一代,中原藏书家风起云涌,数量众多,是河南文化事业繁荣昌盛的重要表现。

宋代的学校教育基本沿袭唐代,分为官学和私学两大类,而官学又形成以国子监、太学为核心的中央官学和以州、县学为主体的地方官学两大系统。东京国子监于建隆三年(962)"始聚生徒讲学",主要招收七品官员以上子弟,外乡举人只要通过考核也可进入读书,较之唐代制度宽松了不少。宋初国子监设判监事 2 人,总管监事,直讲 8 人,讲授经术,此外有丞簿和专管刻书之责的书库官和监门官各 1 人。不过国子监的学生并不多,到开宝八年(975)也仅 70 人。元丰以后,改设祭酒 1 人,分掌各项事务。国子学下辖三馆,分别为广文、太学、律学。专业各有不同,广文接受即将参加进士科考试的学子读书备考,太学教授经传,律学教授法律。庆历四年(1044),太学单独建校,聘用名师,扩大规模,招收八品以下官员子弟及庶民中俊秀者,后来逐渐取代国子监地位成为国家的最高学府。嘉祐元年(1056),太学只有太学生三四百人,但是在社会上的影响却非常大,据说教育家胡瑗讲《易经》,旁听者可达千人,学者孙复讲《春秋》,"来者莫知其数",房舍都无法容纳。后来太学不断增建,神宗元丰年间时,有太学生 2400 人,徽宗崇宁年间又增加到 3800 人,是宋代太学最为鼎盛的一段时期。仁宗庆历三年(1043),政府还一度设立招收对象为八品官员以下及庶民子弟的四门学,不久停办。此外,宋代中央官学还设有若干专科学校,主要有:

---

① 〔宋〕脱脱等撰:《宋史》卷二八七《列传第四十六》,中华书局 1977 年版,第 7861、7862 页。
② 〔宋〕徐度:《却扫编》卷下,上海古籍出版社 2012 年版。

律学。宋初本为国子学三馆之一,掌授法律。熙宁六年(1073)析出,置教授4名,分断案及律令两科,习古今刑书、新颁条令等。学员为朝廷命官或举人,因为宋廷鼓励太学生兼习律学,使律学的规模不断扩大。

算学。徽宗崇宁三年(1104)建立,学习数学及天文历法,招收命官或庶人200名,大观四年(1110)并入太史局。

画学和书学。宋太宗雍熙三年(986)设立翰林书画院,允许少数有一定绘画基础的"画学生"供职,徽宗崇宁三年(1104),在翰林图画院之下又设立画学和书学,这是中国乃至世界最早的国立绘画、书法专业学校。画学除习绘画外,还要练习《说文》《尔雅》《方言》《释名》四种书。学生分"士流"和"杂流"两种,"士流"需兼选习一大经一小经,"杂流"则诵小经或读律。书学学员习练篆、隶、草三体字,还要兼习《说文》《尔雅》《论语》《孟子》,自愿修习大经。

医学。宋初设立,隶属太常寺,神宗熙宁九年(1076)置提举判局专管,徽宗崇宁、大观年间改隶国子监,后又改隶太医局。分为方脉、针、疡三科,方脉科以《素问》《难经》《脉经》为大经,以《巢氏病源》《龙树论》《千金翼》为小经;针、疡二科以《脉经》为教材,另外还有三部针灸经。

武学。仁宗庆历三年(1043)立,旋废,此中习学兵书的学员改隶国子监。神宗熙宁五年(1072)复建,招收下级武官、门荫子弟和庶民百姓等百人,习学诸家兵法、弓矢骑射等。

道学。徽宗政和二年(1112)设立,宣和二年(1120)取消,时间较为短暂。除学习经典道教著作外,还兼习部分儒家经典。

宫学和宗学。初创于元丰六年(1083),废置无常,大体来说,宫学为太祖、太宗及其弟后代学习之所,宗学为皇族远房子弟学习之所。学习内容有大学和小学两个层次,徽宗大观以后比照太学也有考试和升级,但是要求甚松,文理稍通即为合格。①

宋代地方官学有州(府军监)学和县学两级。宋初官学不多,太宗至道二年(996),赐嵩山书院额及印本九经书疏,这是最早见到的政府对地方学校的扶植。宋真宗咸平四年(1001),诏诸路郡县有学校聚徒讲诵之所,赐九经书一部,由此可以推断此时设有学校的郡县数量还应非常有限。直到宋仁宗明道、景祐

---

① 〔清〕徐松辑:《宋会要辑稿》,中华书局1957年影印本。

年间(1032~1037),"累诏州郡立学,赐田给书,学校相继而兴"①,政府划拨学田保障学校的经费来源,在此强有力的支撑下,地方官学蓬勃兴起。仁宗庆历四年(1044),政府下令鼓励各诸州、府设立学校,招收学员200人,同时也允许设置县学。崇宁元年(1102),所有州、县一律置学,三年(1104),明确规定"增县学弟子员,大县五十人,中县四十人,小县三十人"②,各学教官称教授,州学2人,县学1人。为了便于管理,崇宁二年(1103),政府专门在各路设置提举学事司负责地方学政,每年前往所辖州县巡视,考察教师优劣及学生成绩,教学内容以"经术衍义训导诸生,掌其课式之事,而纠正不为规者"③为核心,基本与隋唐一致。熙宁四年(1071),王安石在太学实施"三舍法",试图用学校教育来取代科举取士。生员分为外舍、内舍、上舍三等,外舍2000人,内舍300人,上舍100人。上舍生可以兼任学政、学录之职,学行卓著者还可升为中书,直接做官,等同于科举及第。其他人也可以根据学业成绩,得到相应的职位和待遇,减少了科举考试的程序。哲宗元符二年(1099),"三舍法"在全国各地推行,县学生可以凭借优异成绩直升州学,州学生也可直升太学。这种新的教育方式使得学生在学校的表现与仕途直接挂钩,强化了学校职能,有助于促进学校教学和考试的规范化,成为朝廷选官任官的重要组成部分。

河南教育发达,私学发展也很快。私学包括私塾、义塾、家塾、小学和书院等。宋代很多隐士和乡绅热衷于民间教育事业,如洛阳隐士种放,"以请习为业,从学者众,得束脩以养母"④。开封酸枣人王昭素"少笃学不仕,有志行,为乡里所称,常聚徒教授以自给。李穆与弟肃及李恽皆常师事焉"⑤。洛阳邵伯温"乐道苦贫,教小学京师,居州西"⑥。宋代知识分子备受世人尊重,因此不少父母也望子求学。《宋史·许骧传》记载,许骧之父"(许唐)尝拥商赀于汴洛间,见进士缀行,而出窃叹曰:'生子当令如此。'因不复行商,卜居睢阳。娶李氏女

---

① 〔清〕徐松辑:《宋会要辑稿》,中华书局1957年影印本。
② 〔清〕毕沅:《续资治通鉴》卷八八《宋纪八十八》,中华书局1957年版,第2263页。
③ 〔明〕宋濂:《送张编修赴南阳教授序》,《明代教育论著选》,人民教育出版社1990年版,第1—2页。
④ 〔元〕脱脱等撰:《宋史》卷四五七《列传第二百一十六》,中华书局1977年版,第10414页。
⑤ 〔元〕脱脱等撰:《宋史》卷四三一《列传第一百九十》,中华书局1977年版,第10005页。
⑥ 〔宋〕邵伯温:《邵氏闻见录》卷一八,中华书局1983年版,第193页。

生骧,风骨秀异。唐曰:'成吾志矣。'郡人戚同文,以经术聚徒,唐携骧诣之。且曰:'唐顷者不辞,父母死,有余恨,今拜先生,即吾父矣。又自念不学,思教子以兴宗绪。此子虽幼,愿先生成之'"。士大夫之家非常重视家学传承。洛阳尹师鲁"居家未尝不以古圣贤之道诲其子弟,故(其子)处厚不独天性超绝,以承父之教,熏炙渐渍,而至于大成焉"①。大儒邵伯温也是家学深厚,广闻博览,"人闻父教,出则事司马光等"②。宋金时期的私学活跃还体现在书院的兴起和繁荣上。书院之名肇始于唐,宋代开始兴盛,是官学的重要补充,宋代我国有应天、嵩阳、岳麓、白鹿洞四大书院,其中前两大书院均位于河南省境。应天书院前身是五代后晋时杨悫所创办之睢阳书院,后来为他的学生戚同文接管,称睢阳学舍。戚同文去世后,学校一度停办,后来当地富户曹诚捐资300万金,在学舍原址建学舍150间,捐书1500余卷,聘戚同文之孙戚舜宾为主院,"博延生徒,讲习甚盛"③,真宗赐额"应天府书院",书院开始具有了官办性质。在著名学者晏殊、范仲淹等的大力支持下,应天书院逐渐发展为宋代最具影响力之一的书院,元代赵孟頫《义学记》中说:"宋初时天下有四大书院,应天书院为首。"嵩阳书院始建于后周,原名太乙书院,宋太宗至道二年(996),赐"太室书院"匾额和九经,仁宗景祐二年(1035),重新整修,赐名"嵩阳书院"并学田100亩以为经费。嵩阳书院自建立以来一直都是硕学大儒讲授经典的重要场所,著名理学家程颐、程颢,大学者范仲淹等均曾在此讲学,司马光巨著《资治通鉴》的一部分也是在这里完成。此外,河南的著名书院还有登封颍谷书院(在今登封市)、邓州花洲书院(在今邓州市)、许州西湖书院(在今许昌市)、卫州百泉书院(在今辉县市)、汝州明道书院(在今宝丰县)、和乐书院(在今伊川县)等,显示了宋代河南书院教育的发达。

2. 科学技术

宋金时期科学技术非常发达,医学、天文学、建筑、数学、印刷等均取得了不俗成就。

医学。苏颂(1020~1101),字子容,出身闽南望族,曾长期在东京开封任

---

① 〔宋〕韩琦撰,李之亮、徐正英笺注:《安阳集编年笺注(下)》,巴蜀书社2000年版,第1502页。
② 〔元〕脱脱等撰:《宋史》卷四三三《列传第一百九十二》,中华书局1977年版,第12851页。
③ 〔宋〕李焘:《续资治通鉴长编》卷七一"大中祥二年",中华书局1985年版,第325页。

职,是北宋中期著名的药物学家。苏颂入集贤院校理时期,与同时代的药物学家掌禹锡、林亿等编辑补注了《嘉祐补注本草》一书,校正出版了《急备千金方》和《神农本草》,在此基础上,独力编著了《本草图经》二十一卷。《本草图经》完成于嘉祐六年(1061),是我国历史上第一部官修并版刻的药物学图经,该书集此前本草类医药学典籍之大成,保存了嘉祐年间全国本草普查的丰硕成果,并根据药物标本实物绘制图谱,配有详尽的文字说明,对宋代以后的本草学发展产生了深远的影响,对今天进行中药材的考证仍有重要的参考价值。英国著名科技史学家李约瑟曾称赞苏颂是"一位突出的重视科学规律的学者","是中国古代和中世纪最伟大的博物学家和科学家之一",其所编著的《本草图经》"是附有木刻标本说明图的药物史上的杰作之一。在欧洲,把野外可能采集到的动植物加以如此精确地木刻并印刷出来,这是直到15世纪才出现的大事"[①]。刘翰,今山东省宁津县人,北宋初年名医,出身于中医世家。赵匡胤登基后命太常寺考核翰林医官技艺,刘翰位列优级。开宝六年(973),宋太祖诏令刘翰与其他医官重订《本草》,编纂成《开宝重定本草》21卷,包含《神农本经》《名医录》《唐本草》中的药物850余种,这是宋代第一部官修药典,也是中国乃至世界上第一部板刻印刷的药物学书籍,为保存古本草文献做出了重大贡献。另有针灸学家王唯一,又名王惟德,曾任太医局翰林医官、殿中省尚药奉御。天圣四年(1026)编成《铜人腧穴针灸图经》,对经络、穴位做了详细考察,后来由政府颁行。天圣七年(1029)设计并主持铸造了两具针灸铜人,铜人的躯体、脏腑可合可分,体表刻有针灸穴位名,用于教学和考试,在国内外深有影响。河阳(今孟州市)人孙兆,出身于医学世家,其父孙用和为尚药奉御,孙兆医术闻名朝野,官至殿中丞,曾与其弟孙奇及林亿、高保衡等共同修补医书,细加稽考,完成《外台秘要》《重广补注黄帝内经素问》等,此外还著有《伤寒方》《伤寒脉诀》等医学著作。

天文学。苏颂除了是位杰出的医药学家,在天文学及天文机械制造方面也卓有成就。与其他科学家一起发明的借助水力运转的水运仪象台,设立于东京开封,集观测天象的浑仪、演示天象的浑象、计量时间的漏刻和报告时刻的机械装置于一体,是中国古代杰出的天文仪器和世界上最古老的天文钟,体现了我

[①] 《李约瑟博士等关于苏颂的来信》,《中国宋代科学家苏颂》,吉林文史出版社1986年版,第158页。

国古代劳动人民的伟大智慧。后来苏颂又将仪象台的设计和部件加以描述、绘图和说明,著成《新仪象法要》三卷,这是我国现存最早的关于水力运转天文仪器的专著,也是世界上最早且保存最为完整的机械图纸,反映了中国11世纪天文学机械制造的成就,是一部具有世界意义的古代科技著作。沈括(1031~1095),字存中,号梦溪丈人,浙江杭州钱塘县人,北宋著名科学家,曾长期在东京开封任职。治平二年(1065),在京师校勘馆阁书籍期间,对浑天仪做了很大改进,取消了浑天仪上的月道环,放大了窥管口径,使其更加方便实用。他还对古代测定时刻的仪器漏壶进行了改革,把曲筒铜漏管改成直颈玉嘴并将之移到壶体下部,如此水流更为通畅,壶嘴也更为坚固耐用。此外,沈括主张采用三个候影表来观测影差,以克服蒙气差对精度的影响,为此制成测量日影的新式圭表,提高了圭表测影的技术水平。熙宁五年(1072),沈括任提举司天监期间,发现《大衍历》已经落后于实际天象,遂主张修订旧历,《奉元历》于熙宁七年(1074)颁行,改动了闰月和朔日的设置,其准确程度得到了晷影长度的验证,并且在四方各族和异域推行。

建筑学。李诫(1035~1110),字明仲,郑州管城县(今河南省新郑市)人,北宋著名建筑学家,曾主持开封府廨、太庙及钦慈太后佛寺等大型建筑的修建,其所著《营造法式》是中国第一本详细论述建筑工程做法的著作。《营造法式》成书于北宋元符三年(1100),是中国古代最完善的土木建筑工程著作之一。该书共三十四卷,分释名、制度、功限、料例和图样等五部分,书中收集了历代工匠相沿、经久通行的做法以及诸多建筑设计、施工管理的规范,条理清晰,纲目细致,体例完善,阐述精确,反映了当时中国土木建筑工程的高超水平,是我们了解宋代建筑的一把钥匙。

数学。秦九韶,字道古,祖籍鲁郡(今河南省范县),南宋著名数学家,其著作《数学九章》被誉为跨时代的数学巨著。该书内容丰富,共九章十八卷,上至天文、星象、历律、测候,下至河道、水利、建筑、运输,各种几何图形和体积,钱谷、赋役、市场、牙厘的计算和互易,应有尽有,代表了中世纪数学发展的主流和最高水平,特别是大衍求一术、任意次方程、一次方程组解法、三斜求积术等的数值解法,在世界数学史上占有崇高的地位。此外,沈括在熙宁五年(1072)主持汴河的疏浚工程期间,用"分层筑堰测量法"测出了河南开封上善门到泗州淮口的直线距离在420公里之内,水平高差为63.3米,这是我国最早的关于水平高程测量方法和结果的记录。

随着雕版印刷的成熟及后来活字印刷的发明,宋代河南官刻、私刻和坊刻业日趋发达。开封是宋代四大印刷中心之一,北宋时期中央机构如国子监、秘书监、崇文院、司天监、德寿殿等均刻书,不以营利为目的,较为重视书籍的校对和刊刻,因此质量很高。官刻书籍范围很广,除经史典籍外,子书、医书、总集、类书等都有大规模校勘和刻印。"靖康之乱"后,开封的藏书和监本书版全部为金人所占,成为金朝印刷业发展的基础。私刻书又被称为家刻本或家塾本,因为是时人出资刻本,财力有限,所以一般印数不多,但是校勘仔细,刻印精致,后人有"镂版书籍……而刊行大备,要自宋始,其中监中官刻与士大夫家塾付梓者,校雠镌镂,讲究日精"的评价。如宋初穆修为了恢复韩柳散文传统,"乃自镂板鬻于相国寺"①。其后私家刻本越来越多,经史子集,汉赋唐诗,乃至刚刚出炉的名家大作都会被私人刻印,并能在开封书肆中买到,质量上乘,印刷精美,"大抵椠刻风行,精雕细刻,于官刻本外,俨若附庸之国矣"②,广受文人学士的追捧。开封城内还出现了许多家印书作坊,书写、刻板、印刷及校雠流水线完整,加上售卖的店铺,形成一条龙操作,这就是坊刻。坊刻以营利为目的,讲求"速售牟利",生产经营灵活,市场敏锐度高,虽然"雕镂不如官刻之精,校勘不如家塾之审",但能够及时满足顾客需求,因而印刷速度快,销售利润高。王安石变法期间不少反对变法的文人学士的文集诗词,以及后来宋金战争期间民间堪布流传的议论时弊品评朝政的书籍文章大多是坊间刻本,可见坊刻在北宋的流行。

3.哲学宗教

两宋时期,儒、释、道三教已经从宗教内容的相互补充发展到哲学理论的彼此融合,不少文人学者往来于三教之间,从中寻找精神寄托,南宋时期孝宗《三教论》说,"三教本不相远","以佛修身,以道养生,以儒治世可也",说明三教合一的思潮对宋代社会产生了深刻影响,同时三教调和也为佛、道的发展提供了更为宽松的发展环境,民间供奉神像往往收罗三教神仙,多神崇拜已经成为中国民间信仰的重要特点。

哲学。有宋一代,河南涌现了许多颇具影响的哲学家。邵雍(1012~

---

① 〔宋〕朱弁:《曲洧旧闻》,《宋元笔记小说大观》,上海古籍出版社2007年版,第2985页。
② 叶德辉:《书林清话 书林余话》,岳麓书社1999年版,第71页。

1077),字尧夫,号安乐先生,谥"康节",共城(今辉县市)人,长期定居洛阳。北宋著名理学家,理学象数学派创始人。少年时代喜欢读书游历,他根据《周易》的太极、动静、阴阳和六十四卦之义,结合道教的先天图和孟子"万物皆备于我"的思想,运用符号、卦象和数字关系推演出复杂的宇宙变化的理论,建立起庞大的先天象数学体系。其著作有《皇极经世》《观物内外篇》《八卦先天图》《渔樵问答》《伊川击壤集》等。邵伯温(1055~1134),字子文,邵雍之子,邵雍象数学理论的继承者。他还倡导儒学的穷理尽性精神以及信奉佛教的生死轮回学说,可以说是道、儒、佛思想兼而有之。著有《易辩惑》《河南集》《邵氏闻见录》《皇极系述》《观物内外篇解》等。张载(1020~1077),字子厚,祖籍大梁(今开封市),后来侨居凤翔郿县,因其弟子多在关中,后人称其学派为"关学"。张载认为宇宙的本体是气,世间万物都是由气聚合而来,"太虚不能无气,气不能不聚而为万物,万物不能不散而为太虚"①。这种关于物质统一性和永恒性的思想是我国古代朴素唯物主义的最高成果。在认识理论上,张载提出"闻见之知"和"德性之知"的概念,这是人类认知的两个过程,即通过感性认识上升为理性认识,透过表象认识到事物的实质,正所谓"世人之心,止于见闻之狭。圣人尽性,不易见闻梏其心。见闻之知,乃物交而知,非德性所知。德性所知,不萌于见闻"②,这是我国古代认识论的一大进步。北宋的"二程"对中国哲学的影响也是极为深远,"二程"指程颐和程颢,虽然他们的学术思想有所不同,但是基本内容并无二致,因而通常以"二程"并称,又因为他们长期在洛阳讲学,故而其学说被称为洛学,洛学是宋明理学的基础。程颢(1032~1085),字伯淳,学者称明道先生,世称"大程"。程颐(1033~1107),字正叔,世称"小程"。"二程"的政治思想以仁政观为核心,主张行天道,施仁政。认为世界总的根源是天道,亦称天理,天理是万事万物的最高准则,也是君臣之道等政治生活必须遵循的最高准则。仁是王道的根本,治天下者只有遵循天理、施行仁政才能达到与天地万物合一的境界,这就是"天人合一"。"二程"以重民思想为仁政的出发点,提出了重民保民思想,认为"为政之道,以顺民心为本,以安而不忧为本"③。"二程"重

---

① 〔宋〕张载著,章锡琛点校:《正蒙》,《张载集》,中华书局1978年版,第3页。
② 〔宋〕张载著,章锡琛点校:《正蒙》,《张载集》,中华书局1978年版,第24页。
③ 〔宋〕程颢:《河南程氏文集》卷五,元至治三年(1323)谭善心刻明修本。

视君道,认为君道应以使人心悦服为本,"人君欲附天下,当显明其道,诚意以待物,恕己以及人,发政施仁,使四海蒙其惠泽可也"①。"二程"还认为,人才关系到国家的兴衰存亡,"天下之治,由得贤也;天下之不治,由失贤也"②。"二程"把仁义放在首位,将义与利统一起来,提出"仁义未尝不利"的结论,使得义利观成为其仁政观的有机组成部分。"二程"以"理"或"道"作为哲学的最高范畴,认为"理"是宇宙万物的本体,是独立于心的客观存在,"万事皆出于理","理"是超越于具体事务的精神性实体,"理无形也,故假象以显文","理"也是天地万物的自然规律,"万物皆只是一个天理",认识"天理",才能处理万事万物。"天理"也是封建统治阶级的伦理纲常,"父子君臣,天下之定理,无所逃于天地之间",也就是说,"为君尽君道,为臣尽臣道,过此则无理","二程"宣扬天理,提出"存天理,灭人欲"的伦理观点,在此"理"又成为封建伦理的本体抽象,"礼者,理也",认为礼善欲恶,人的欲望应该可克制,以保持"天理",凡是不符合礼的言行,则为人欲,须去除,否则就是逆天理,"天下物皆可以照理,有物必有则,一物须有一理",并认为"性即理也",由于气禀不同,因而人性有善有恶。"无人欲即皆天理"。因此教人"存天理、灭人欲"。进而提出了"饿死事极小,失节事极大"的禁欲主义道德学说。"二程"认识论的核心是"格物致知",其目的就是要通过正心、诚意、修身的功夫,达到治国平天下的目标,同时提升认识水平,达到"天人合一"。在执行关系上,"二程"倡导"知先行后",知和行相辅相成,不可分离,知不必依赖于行,但是行则必得先知,强调认知的重要性。"二程"的思想和著作皆被后人收入《二程全书》中。谢良佐(1050~1103),字显道,上蔡人,世称上蔡先生或谢上蔡,谥号"文肃",师从程颢、程颐学习洛学,与游酢、吕大临、杨时号称程门四先生。谢良佐是上蔡心学的奠基人,湖湘学派的鼻祖,对于程朱理学的发扬光大起到了重要作用。他承袭"二程""天下只有一个理"的观念,认为"理一而已,一处理穷,触处皆通"③,认为只有以"礼"约束自己的欲望,"格物穷理"才能达到"与天为一"的目标。此外,他用禅学解释《论语》,强调扫除人欲,使天理复明,恢复本真之心,才能感受心与天地同流,体与神明为

---

① 〔清〕涂宗瀛辑:《河南程氏粹言》卷二,清六安涂氏求我斋刊本。
② 〔宋〕程颢、程颐:《二程集》卷五《上仁宗皇帝书》,中华书局1981年版,第513页。
③ 〔清〕黄宗羲:《宋元学案》卷八《上蔡学案》,商务印书馆1934年版,第130页。

一,从而体味《论语》微旨。著有《论语说》《上蔡语录》。宋代河南学术发达,影响较大的哲学家还有吕希哲、朱光庭、李吁、刘绚、尹焞等,他们或者生于斯长于斯,或者长期在这里学习生活和工作,其学术成果与思想均是中原文化的珍贵财富。

佛教。宋朝建立后,宋太祖崇佛但有节制。他首先废止了后周大肆拆毁佛寺的活动,然后又对破坏佛道戒律的行为进行了整顿。乾德年间,太祖还派遣僧人行勤等157人去印度求取佛法,开宝年间,又派使臣张从信往益州(今成都市)雕刻《大藏经》。宋太宗虽然崇尚释教,但对之有着清醒认识,认为"浮屠氏之教有裨政治"[①],允许各地广建佛寺,太平兴国五年(980),宣召僧人法天入译经院翻译佛经,并诏令所译经书刊版摹印,广为流传,《大藏经》付梓前太宗亲为作序,置于卷首。宋真宗、仁宗时期时有译经问世,虽多为小部,但仍促进了佛教发展,即使宋真宗沉溺道教,但也没有因此废佛,还亲自撰写《释佛伦》并为佛经作序,只有在宋徽宗宣和元年(1119)政府曾有过废佛入道、改寺院为道观的行为,但次年即恢复佛教,因此总体上来说宋代的佛教发展还是较为平顺的。宋代的佛教理论开始迎合统治者巩固政权的需要,欧阳修《归田录》卷一载:

> 太祖皇帝初幸相国寺,至佛像前烧香,问当拜与不拜,僧录赞宁奏曰:"不拜。"问其何故,对曰:"见在佛不拜过去佛。"赞宁者,颇知书,有口辩,其语虽类俳优,然适会上意,故微笑而颔之,遂以为定制。至今行幸焚香,皆不拜也。议者以为得礼。[②]

可见此时的佛教已经摒弃其"无君无父"的理念,将君权提升到了与"佛"同等的高度,乃至对之俯首称臣。在宗教礼仪上已经承认中国本土的以孝为核心的一套礼教传统,承认儒道及民间信仰是具有同等的价值功能。如禅宗名僧契嵩曾于皇祐年间(1051年前后)在东京城闵贤寺修行,并向仁宗呈递《上皇帝书》,阐述其佛教理论和思想。他认为,儒家在于治世,佛家在于修心,儒家和佛教都是圣人之道,一者治世,一者治出世。佛教的"五戒"即儒家的"五常",并提出"孝为戒先"的命题,说佛教之孝重在理,儒家之孝重在行,两者不可分割,故而契嵩又获得了"一代孝僧"的称誉。因为佛、儒之间的理论互相融合,士大夫与

---

① 〔宋〕李焘:《续资治通鉴长编》卷二四"太平兴国八年",中华书局1985年版,第554页。
② 〔宋〕欧阳修:《归田录》卷一,中华书局1981年版,第1页。

僧侣交游也非常普遍,甚至不少文人学士也成了不出家受戒的佛门弟子,如黄庭坚、富弼、苏辙、苏轼、胡安国等人。宋代的佛教对于域外也多有影响,如元丰末年(1085)高丽佛学家义天曾入汴京觉严寺从有严学习佛法,带回佛教书籍数卷。日本的僧人奝然、寂昭、成寻等人也来到中原,其中奝然还接受了宋帝赠送的新刻大藏经印本,又模造旃檀佛像携归,带回宋代新译和著述的印本。

道教。宋代是道教发展的一个转折期。五代时期社会混乱,不少仕宦的儒生和官僚将黄老思想作为安身立命的精神支柱,迨至北宋初年,太祖对宗教采取宽容态度,因而道教在社会上传播仍然相当广泛。太宗登基前就和道士往来密切,继承皇位后更是封赏道士张守真为崇元大师,并斥巨资为其在终南山上建造"上清太平宫",国家凡有重大政治军事活动或者水旱灾情,太宗都会派人前往太清宫致祭,可见此时期道教已经成为皇朝统治的信仰工具。张守真在宣扬君权神授的宗教神话的过程中,也将自己信奉的道教教义贯穿其中,他说:"道、释、儒典并垂于世,未审崇奉何者,即得获其福。""《太上道德经》,大无不包,小无不纳,修身炼行,治家治国。世人若悟其旨归,达其妙用,造决于是,信奉而行,岂惟增福,谅无所不至矣。释氏之《四十二章经》,制心治性,去贪远祸,垂兹训戒,证以善恶,亦一贯于道矣。奉之求福,固亦无涯。至于周公、孔子,皆列仙品,而五经六籍,治世之法,治民之术,尽在此矣。世虽讽诵,多不依从。若口诵而心随,心随而事应,仁义言行,礼智之道,常存于怀,岂惟正其人事,长生久视之道,亦何远矣。"[①]从中不难看出张守真对于三教并行持赞成态度,认为道教与儒家在仁义礼智信上并没有根本的区别,它们都有利于人们修身炼行,治国理家,显示出浓厚的三教调和思想。宋初,还出现了一位极有影响力的道教学者——陈抟。陈抟(871~989),字图南,号扶摇子,赐号"白云先生""希夷先生",祖籍亳州真源县(今鹿邑县)。陈抟承袭了《易经》的象数学传统,开启了嵩明"河图洛书之学",为宋明理学的开山鼻祖。他的《先天图》为其象学的代表作,主要是乾坤坎离的图式,认为万物一体,万数万物都遵循"一大理法"而存在,其学说后来被邵雍等人继承,《易龙图》是其从《周易》中的数理和"河图""洛书"的符号规律推演而来,在中国道教史和科技史上具有重要意义。陈抟思

[①] 〔宋〕王钦若:《翊圣保德真君传》,《道藏》,文物出版社、上海书店、天津古籍出版社1988年版,第654页。

想以道教为本,融合儒释,会通三教,是宋初三教合一思想的代表人物。宋辽"澶渊之盟"后,宋真宗皇帝为了利用神灵向信奉天帝的辽朝表明自己的权力受命于天,同时也想借此"镇服四海,夸示夷狄",于是大力推崇道教。此时期,道教九天司命天神赵玄朗被赵宋皇族视为始祖,尊称为圣祖,道教教祖李耳也被尊奉为太上老君混元皇帝,享受帝王祭祀。真宗下令各州县择地建设天庆观,后来还要求在天庆观的显著位置增建圣祖殿,官员上任离职都必须拜谒,在皇权的荫护下,道教宫观相继修建,祭祀活动日益频繁,道教得到空前发展。宋徽宗时期,崇奉道教的行为愈加狂热。政和七年(1117),在徽宗的授意下,道箓院册封徽宗为"教主道君皇帝",从而把道教变成了国教。为了扶植道教,排挤佛教,大观元年(1107),徽宗御批"道士序位令在僧上,女冠(女道士)在尼上"[1],也就是政府公开承认道教地位在佛教之上,后来更是于宣和元年(1119)诏令僧人改称德士,女尼改称女德,寺院改称宫观或观,主持改称知宫观事,相关的机构僧录司也改为德士司,左右街道路院改名道德院,连佛教供奉的神像都要改着道装,并规定"释教修设水陆及祈禳道场,辄将道教神位相参者,僧尼以违制论"[2]。为了提高道士地位,政和四年(1114),徽宗"置道阶,凡二十六等",将道士品级纳入国家官僚体制。另外还诏令僧徒为道,政府发送度牒、紫衣等作为鼓励。在道士大蒙圣眷顾之下,"一为道官,恩数遂与士大夫无异"[3],因此逐利之徒趋之若鹜,道士规模一度达到2万以上,可谓史无前例的庞大,而此时的东京无疑是道教的中心。不过时间不长,随着金人南侵的加速,徽宗对道教态度逐渐发生改变,宣和七年(1125),"罢道观","道箓院道官品等一切指挥,并依元丰法"[4],此后道教由盛转衰,辉煌不再。由于五代时期社会战乱,一些不愿仕宦的儒生和官僚们往往以黄老思想作为安身立命的思想精神支柱,因而北宋初年,黄老道家思想在社会上的传播还相当广泛,不仅出现了苏澄隐、陈抟、魏野、柴通玄、种放、贺兰栖等一批著名的隐士和道士,而且宋太宗及其宰臣吕端、吕蒙正、李琪、李昉等也是黄老道家思想的信奉者。为了安定社会,巩固政权,皇

---

[1] 〔清〕黄以周等辑注:《续资治通鉴长编拾补》卷二七"大观元年",中华书局2004年版,第906页。
[2] 〔清〕毕沅:《续资治通鉴》卷九一《宋纪九十一》,中华书局1957年版。
[3] 〔宋〕佚名:《靖康要录》卷五"靖康元年四月二十五日",文渊阁《四库全书》本。
[4] 〔清〕黄以周等辑注:《续资治通鉴长编拾补》,中华书局2004年版,第1564页。

室在社会上极力推崇黄老之道,把黄老思想既作为政治思想,又作为宗教思想。

犹太人可能在汉唐时期就已经进入中国,宋代有相当数量的犹太人定居开封。开封市博物馆收藏的一通明代弘治二年(1489)所立《重建清真寺碑记》载:"道教相传,授受有自来矣。出自天竺,奉命而来。有俺、艾、高、穆、赵、金、周、张、石、黄、李、聂、金、张、左、白等十七姓,进贡西洋布于宋。帝曰:'归我中夏,遵守祖风,留遗汴梁。'"由以上记录可知,宋代一支犹太人自天竺进入东京,后来在此定居,随着人口的上升,他们分解为17个家族。犹太人善于经商,进入中原后也应该大多从事商品交易。犹太人集中居住,他们将保存的自己的宗教称为"一赐乐业教","一赐乐业"是希伯来文,即"以色列"的古音译。金世宗大定三年(1163),开封的犹太人在开封府修建起了一座犹太会堂。开封犹太人基本保持了犹太教的信仰、教义和教戒,每逢犹太教节日,犹太人会聚在一起礼拜、祈祷,有正常的宗教生活,他们对汉文化也非常尊重,每年还会去孔庙祭祀。《重建清真寺碑记》有"其儒教与本教,虽大同小异,然其立心制行,亦不过敬天道,尊祖宗,重君臣,孝父母,和妻子,序尊卑,交朋友,而不外于五伦矣。噫嘻,人徒知清真寺礼拜敬道,殊不知道之大原出于天,而古今相传不可诬也"[1]的记录,可见犹太民族已经完全融入了中华民族大家庭中。

二、城市的社会生活

随着经济的发展和市民阶层的壮大,宋金时期的官署、居民区和市场已经混杂在一起,人们生活起居愈加便利,娱乐方式也日渐多样,市民文化对后世影响深远。

1.生活起居

后周显德七年(960)赵匡胤发动"陈桥兵变"时,"黄袍加太祖身"[2],此后"黄袍加身"成为夺取帝位的代名词,黄、红是皇帝的专用色。官员服装分为官服和便服两类。官服沿用唐制,以"方心曲领"为特征,搭配平翅乌纱帽,根据级

---

[1] (弘治二年)《重建清真寺碑记》,《中国天主教传教史概论》,商务印书馆2015年版,第34页。
[2] 〔宋〕李焘:《续资治通鉴长编》卷一"建隆元年",中华书局1985年版。

别分为紫(深紫)、绯(大红)、绿、青四色,服紫、绯官服者腰间佩"鱼袋",内装金、银、铜制成的鱼以区别官品。高官可以穿低级服色,但低官不得服高于本级的服色,此外,品官在朝服、时服、祭服等衣着上还有更多琐碎的品级区分。便服沿用唐代款式,身着小袖圆领皂罗衫,脚穿便鞋,头戴软翅幞头。北宋初,庶人只服白色,因此无官职之人常被称作"白衣"或"白丁",太平兴国七年(982)后又增加了皂(黑)色,白、皂成为庶人、不入品官吏专用服色。后来庶人喜服接近黑色的紫色,太宗至道元年(995),政府"以市俗所好,冒法者众"为由"除其禁"①,听之任之。进士、国子监学生、州县学学生常以白细布做成襕衫,"圆领大袖,下施横襕为裳,腰间有辟积"②。此外,根据《清明上河图》的描绘,我们还可以看到北宋时期不同行业的人衣着样式有所区别,普通百姓一般头戴巾或斗笠,上穿袄或衫,下着裙或裤,具体卖药、卜卦之人也各有其职业服装。宋代对于服色的禁令只限于男丁,妇女和小儿不在其列,《庆元条法事类·服饰器物》说他们甚至可以"纯以红、黄为衣",不受任何限制。宋初服饰尚俭,为了做出表率,皇帝还特地将宫中妇女金银首饰当众烧毁。女性服饰追求"唯务洁净,不可异众"的标准,样式讲究清雅内敛,小领口,裙摆紧收掩足,女子外出还要佩戴盖头、帷帽以遮掩,与唐代女性的华丽开放大相径庭。而且世人对女性审美也发生了极大改变,唐代的丰腴、雍容、健康之美,此时被女性的文弱、清秀、柳腰、纤足所取代。

　　河南人食粮以粟、麦为主,随着稻米在河南的广泛种植,食用大米已经成为人们的日常。据《宋会要辑稿·御厨》记载,宫中食用面与米的比例是 2∶1,可见北宋王族对于大米的接受和喜爱。据《东京梦华录》记载,汴梁城内面食店鳞次栉比,销售种类可达 800 余种,像玉楼山洞梅花包子店、曹婆婆肉饼店、鹿家包子店、张家油饼店、郑家胡饼店、万家馒头店、孙好手馒头店等都极受欢迎,就连宫廷内有需要也会在市场上购买。包子和馒头有了明确的区分,有馅儿的称为包子,没馅儿的称为馒头。据宋人《燕翼诒谋录》记载,大中祥符八年(1015)仁宗出生,其父真宗很高兴,于是"宫中出包子以赐臣下",这种包子身价不菲,中间以金玉珠宝作馅儿,可见包子在当时应该有着吉祥的寓意。宋人喜欢吃包

---

① 〔清〕徐松辑:《宋会要辑稿》,中华书局 1957 年影印本。
② 〔元〕脱脱等撰:《宋史》卷一五三《志第一百六》,中华书局 1977 年版,第 2392 页。

子,据说权臣蔡京府中就雇有专门为其做包子的厨子。宋人也习惯吃肉,有身份的人主要食用羊肉,民间消费则以猪肉为多,皇宫里的羊肉多来自关中的榷场贸易,此外其他肉制品,如兔、獾、狐、鸽、鹌、鱼、虾也供应不暇,开封新郑门、西水门、万胜门每天有生鱼数千担入市,淮南以船运至城中的虾也有不少。河南造酒业发达,名居全国首位。宋代城市民间能够造酒出卖的大店称正店,依靠正店批发然后零售取利的称脚店,北宋末年仅开封一城就有正店72家,脚店数千户,数量惊人。据《文献通考》记载,熙宁十年(1077),全国商税额1170万贯,河南商税额126万贯,占全国的10.8%;全国酒税额1370万贯,河南酒税额180万贯,占全国的13.1%。酒税超过商税,说明酒在人们的经济生活中占有重要地位,而河南酒税所占比重超过商税,进一步说明河南酒酿业的发达以及民众对酒的喜爱,当然这从河南脚店数量过万也可以看出端倪。宋代饮茶之风盛行,河南本地信阳茶、浅山薄侧茶、东首茶都非常有名,加之从各地运往京师的茶叶,使得此时期市场茶叶供给充足,吴自牧在《梦粱录》中有"人家每日不可阙者,柴、米、油、盐、酱、醋、茶"的记载,可见茶叶在上层社会的倡导下已经进入寻常百姓家,成为人们生活的日常消费品之一。河南几乎大小城市都有茶馆,有些繁华的地方还出现了脱离酒楼以饮茶娱乐为主的茶肆。汴京茶馆尤其多,朱雀门大街、潘楼东街巷、马行街等繁华街市都是茶肆林立。茶楼营业的时间很长,有的可以从早到晚,昼夜不息。朱雀门大街"以南东西两教坊,余皆居民或茶坊"[1]。有的茶馆装修豪华,专门接待达官贵人,旧曹门街的北山子茶坊"内有仙洞、仙桥,仕女往往夜游,吃茶于彼"[2],有的小店设计精巧雅致,受到文人墨客的青睐,"樊楼畔有一小茶肆,甚潇洒清洁,皆一品器皿,椅桌皆济楚,故卖茶极盛"[3],有的"接管调弦于茶坊酒肆",有的茶肆"楼上专安着妓女,名曰'花茶坊'"[4],有的"每五更点灯,博易买卖衣服、图画、花环、抹领之类,至晓即散,谓之'鬼市'"[5],满足了不同层次消费者的需求。

北宋打破了原来的市坊分离的制度,官署、居民区和市场已经混为一体,主

---

[1] 〔宋〕孟元老:《东京梦华录》卷二《朱雀门外街巷》,中州古籍出版社2010年版,第40页。
[2] 〔宋〕孟元老:《东京梦华录》卷二《潘楼东街巷》,中州古籍出版社2010年版,第46页。
[3] 《摭青杂记·茶肆高风》,《中国古代民间故事长编》,浙江大学出版社2012年版,第309页。
[4] 〔宋〕吴自牧:《梦粱录》卷一六《茶肆》,浙江人民出版社1980年版,第14页。
[5] 〔宋〕孟元老:《东京梦华录》卷二《潘楼东街巷》,中州古籍出版社2010年版,第46页。

要街道店铺林立,市井喧嚣,街边建筑以悬山顶居多,但出山不远,房舍密连,结构简单,这应该与商业用地紧张、寸土寸金有关。而较为偏僻一点的街道拐角处多用歇山十字脊屋顶,造型完整。宋人建宅喜欢选在向阳处,坐北朝南为最佳。贵族官僚的宅院多为前堂后室布局,住宅外部建立乌头门具有独立的门屋,住宅采用多进院落,四合院形式居多,门屋和穿廊以及厅堂形成一条中轴线,两侧建有耳房或偏院,宅中建有楼阁,楼阁上使用平座,屋顶形式多是悬山式,装饰有屋脊兽和走兽。住宅中厅堂、卧室、大门、二门、廊屋、照壁、浴室、厨房、厕所等一应俱全,不少贵族士大夫家中还设有道室、佛堂、神祠或家庙。平民住宅较为简单,一般住瓦屋者家境较为富裕,所住大多采用长方形四合院布局,基本有"一"字形、"工"字形、曲尺形和"丁"字形多种,以"工"字形为多,屋顶多以歇山式或悬山式为主,有梁架、栏杆、椵楯、悬鱼、引檐、出厦、惹草等细部构建,朴素灵活,不拘一格。一般劳动者和部分僧侣道士等住草房,房梁由梁、檩、椽组成,顶部覆以稻草、麦秆、芦苇等,条件简陋。

2. 城市娱乐

随着市民阶层的逐渐壮大,市民的娱乐生活也日渐丰富。宋代市民最主要的娱乐场所和娱乐方式是瓦舍和勾栏。瓦舍,也称瓦子、瓦肆,是宋代城市中兴起的以娱乐为主要内容的、固定的商业性游艺区。吴自牧《梦粱录·瓦舍》中说:"瓦舍者,谓其'来时瓦合,去时瓦解'之义,易聚易散也……城内外创立瓦舍,招集妓乐,以为军卒暇日娱戏之地。"勾栏位于瓦舍之中,是用栏杆或帘幕隔成的特定区域,内有戏台、戏房(后台)、神楼、腰棚(看席)等,为艺人演出的固定场所,相当于现代的戏院。演出时间很长,"不以风雨寒暑,诸棚看人,日日如是",有的甚至可以通宵达旦,全年不歇。有的瓦舍很大,拥有数十座勾栏,如《东京梦华录》载,"街南桑家瓦子……其中大小勾栏五十余座。内中瓦子莲花棚、牡丹棚。里瓦子夜叉棚、象棚最大,可容数千人"[1],演出节目精彩纷呈,有小唱、嘌唱、杂剧、诸宫调、叫果子、说浑话、影戏、舞旋、神鬼、讲史、弄虫蚁、杂扮等数十种,为后来民间音乐、说唱艺术的发展奠定了基础。除了"百戏伎艺","瓦中多有货药、卖卦、喝故衣、探搏、饮食、剃剪、纸画、令取"之类的消遣娱乐活动,

---

[1] 〔宋〕孟元老:《东京梦华录》卷二《东角楼街巷》,中州古籍出版社2010年版,第44页。

市民可以在瓦舍"终日居此,不觉抵暮"①,可见其活动之丰富。其实艺人不止在勾栏演出,遇到重大节日,城市的很多地方都有娱乐表演和体育竞技,春节期间尤为热闹。如上元灯节,东京御街两侧歌舞表演和体育竞技鳞次栉比,人流壮观,其他"万千街巷,尽皆繁盛浩闹",连街坊巷口处,也设小影戏棚子,供附近的人欣赏,从中不难体味我国的古代市民文化正在蓬勃发展。宋代蹴鞠被视为世界上最早的足球,蹴鞠比赛是一项全民参与的竞技活动,两队成员上场进行踢球比赛,胜利者有一定的奖励,失败者也有相应的惩罚,已经有了一套赛事规则。社会上还活跃着一群专门靠蹴鞠为生的踢球艺人,将很多杂技技巧融入踢球技术中。南宋时期,踢球艺人们还专门成立了自己的团体"齐云社",负责蹴鞠活动的比赛事宜和宣传活动,是我国最早的体育运动行业协会。随着市井文化的发展,通俗民间文学话本得到了空前发展。话本是宋代兴起的白话小说,文字浅显易懂,多以历史故事和社会生活为题材,为市民阶层所喜爱,对后代文学艺术影响巨大。此外,北宋俗词在文学领域的兴起为中国诗词发展注入了新的文学精神。所谓俗词,是与雅词相对应的。李昌集指出:"厘定俗词的三个标准:一是把秦楼楚馆如实地引入词作,多把妓女作为词的主角,词中充溢着一股市井气息;二是不着意比兴之意,将男女心境真切、直率地表露;三是运用世俗的语言词汇。"②俗词滋生于城市经济的土壤之中,多用白描手法,直抒胸臆,雅俗共赏,既宣扬了平民意志,也丰富了我国文学宝库。

---

① 〔宋〕孟元老:《东京梦华录》卷二《东角楼街巷》,中州古籍出版社 2010 年版,第 44 页。
② 李昌集:《北宋文人俗词论》,《文化遗产》1987 年第 3 期。

第六章 元明时期河南城镇体系的完善与持续发展

元代是历史上由少数民族建立的第一个统一的中央集权制国家。蒙古部落处于我国北部草原地带,大约在 11 世纪末 12 世纪初不断壮大之后,开始西征南下,先后灭掉西夏、金、南宋等政权,重新统一全国。自 1260 年忽必烈即汗位,建元"中统",1264 年,忽必烈夺得蒙古汗国的最高统治权,大量任用汉人,基本上采用汉制汉法,至 1368 年灭亡,统治中原地区百余年。元代疆域广阔,对外关系空前发展,中外经济文化交流更加扩大,国内商业繁荣,商业发达的城市很多,河南开封就是其中之一。以大都为代表的城市规划建设对全国城市规划建设起到示范作用。城市社会生活和文化教育都打上了少数民族的烙印。至元八年(1368)八月初,徐达率军进入大都,结束了元朝的统治。新生的明政权,在继承元代开创的行省制基础上,改革地方行政区划制度,恢复发展社会经济。到明中叶,商品经济空前发展,市镇迅速崛起,进一步推动了商品经济的繁荣。以省会开封为代表的城市规划建设对全省城镇的规划建设起到引领作用。城镇社会生活既有传统的延续,也有商品经济引起的奢华,文化教育在继承前代的基础上继续向前发展,地域文化特色也日渐显著。

第一节 时代变迁与城镇体系的完善

元朝统治者为对其统治下的辽阔疆域实施有效管辖,在地方上开创性地设置了行中书省,简称"行省",作为地方最高行政区划。行省之下设路、府、州、县,各级行政区划的治所构成地方城市的等级体系。元代的河南尚未作为独立的省份,隶属于中书省和河南江北行省管辖,而河南江北行省的治所在今河南省的开封市,到明代,河南才作为独立的省份,治所仍旧在开封。

一、元代政区的层级与城镇体系的格局

　　元政权建立后,在开创地方最高行政区划行省的同时,因袭前代郡县之制而有所损益。地方行政建制有两部分组成:一是代表朝廷监临各地的行省,二是管理官民系统的路、府、州、县。前者是"州牧"之类的高级督政的演化,后者是秦汉时期"郡县之制"的损益。路、府、州、县的关系,一般来说,大致路领州、县,中书省和河南江北行省有的路既领有府,也领有州,甚至还领有县,而府只领州和领县,州只领县。路、府、州也有不直接辖县的,府与州又有不隶于路而隶于省的,即所谓直隶府、直隶州。与前代不同的是,元代高级行政区多数地区表现为行中书省和宣慰使司两级,而管官民系统的路、府、州、县,由秦汉的郡、县两级变为三级或者四级。不过,在不同地区的行政建置中,行政层级的表现不尽相同。

　　元代的行省就名称和在前代朝廷中的行政职能而言,可以追溯到魏晋隋唐的行尚书台。然而,元代的行省受金行尚书省和蒙古国燕京、别失八里、阿母河等三断事官的影响最大。真正意义上的行省建置是在元代新的历史条件下逐步发展起来的,成为我们今天省级行政区划的前身。元代设有10个行省,即岭北、辽阳、河南、陕西、四川、甘肃、云南、江浙、江西、湖广,河南行省是其中之一。河南行省可以追溯到至元五年(1268)用兵襄阳之际设立的河南行省,其主要职能是经营屯田,为战事准备粮饷。后因辖区扩大,改设河南江北行省,简称河南行省,驻地在开封。然而,元代的河南行省管辖范围很大,包括今河南省黄河以南的地区、江苏省和安徽省长江以北地区以及湖北省长江以北的大部分地区,与今天河南省管辖范围大致吻合的有汴梁路、河南府路、南阳府、汝宁府、归德府,还有今河南省黄河以北地区属于元代中枢省管辖的彰德路、卫辉路、怀庆路。每路(府)下辖若干不等的府(州)、州、县,其中少数州县不属于今河南的管辖范围。其具体沿革情况如下:

　　汴梁路(治所在今河南省开封市),元初名为南京路,领有归德府、延州、许州、裕州、唐州、陈州、亳州、邓州、汝州、颍州、徐州、邳州、嵩州、宿州、申州、郑

州、钧州、睢州、蔡州、息州等府州。至元八年(1271),归德府升格为散府,割亳州、徐州、邳州、宿州隶属之。后又升申州为南阳府(散府),割裕州、唐州、汝州、邓州、嵩州、卢氏、襄阳等州县隶属之。至元九年(1272),延州废罢,原领延津、阳武二县改属南京路。南京路所统减少为蔡州、息州、郑州、钧州、许州、陈州、睢州、颍州 8 州。元政权建立后,沿用金南京旧制,置巡警院,至元十四年(1277)改为录事司,至元二十五年(1288)二月,改南京路为汴梁路。至元二十八年(1291),设河南江北行省,治于汴梁路。至元三十年(1293),升蔡州为汝宁府,隶属于行省,割息州、颍州归其管辖。至此,汴梁路辖区大体稳定下来,即包括一录事司,开封、祥符等 17 县,郑州、许州、陈州、钧州、睢州 5 州,这 5 州领 21 县。其中汴梁路领开封(今开封市)、祥符(今开封市)、中牟(今中牟县东)、原武(今原阳县西)、鄢陵、荥泽(今荥阳市东北)、封丘、扶沟、阳武(今原阳县)、杞县、延津、兰阳(今兰考县北)、通许、尉氏、太康、洧川(今长葛市东)、陈留(今开封市东南)17 县。郑州领管城(今郑州市管城回族区)、荥阳、汜水(今荥阳市西北)、河阴(今荥阳市北)4 县;许州领长社(今许昌市)、长葛(今长葛市东北)、郾城、襄城、临颍 5 县;陈州领宛丘(今周口市淮阳区)、项城(今沈丘县)、西华、商水(今商水县南)、南顿(今项城市西)5 县;钧州领阳翟(今禹州市)、新郑(今新郑市)、密县(今新密市)3 县;睢州领襄邑(今睢县)、考城(今民权县西南)、仪封(今兰考县东北)、柘城(今柘城县北)4 县。

河南府路(治所在今河南省洛阳市)。元初为河南府,以周之王城为治所。原领洛阳、偃师、永宁、宜阳、登封、巩县、孟津、渑池、新安 9 县,后来割渑池归入陕州。这样,河南府路管领一录事司,洛阳、宜阳、永宁(今洛宁县)、登封、巩县(今巩义市东北)、孟津(今偃师市北)、新安、偃师(今偃师市东南)8 县,陕州 1 州。陕州辖陕县(今三门峡市西)、灵宝(今灵宝市北)、阌乡(今灵宝市西)、渑池 4 县。

南阳府(治所在今河南省南阳市)。至元八年(1271)二月,把金代设置的申州升格为南阳府,割唐、邓、裕、嵩、汝 5 州归其管辖。至元二十五年(1288)南阳府一度改属汴梁路,后直隶河南行省。至此,南阳府领南阳(今南阳市卧龙区)、镇平 2 县和邓州、唐州、裕州、嵩州(今嵩县)、汝州 5 州,这 5 州共领 11 县。其中邓州领穰县(今邓州市)、内乡、新野 3 县,唐州仅领泌阳(今唐河县)1 县,嵩州领卢氏 1 县,汝州领梁县(今汝州市)、鲁山、郏县 3 县,裕州领方城、叶县、舞阳 3 县。

汝宁府（治所在今河南省汝南县）。汝宁府由唐宋的蔡州改名而来，蔡州长期是汴梁路的属州。元代初年，领上蔡、西平、确山、遂平、平舆 5 县。至元七年（1270），省遂平、平舆而复立汝阳县。至元三十年（1293），建立不久的河南江北行省平章伯颜上奏朝廷蔡州距离汴梁较远，管理不便，请求升为府，得到朝廷准予。于是升为汝宁府，直隶河南行省，又将息州、颍州、信阳、光州 4 州划属其管辖。重新设置遂平县①。于是，汝宁府领汝阳（今汝南县）、上蔡、西平、确山、遂平 5 县和颍州、息州、光州、信阳 4 州，这 4 州共领 10 县。其中颍州管辖太和、沈丘、颍上 3 县，而太和、颍上属于今安徽省，息州管辖新蔡、真阳（今正阳县）2 县，光州管辖定城（今潢川县）、固始、光山 3 县，信阳州管辖罗山、信阳（今信阳市狮河区）2 县。

归德府（治所在今河南省商丘市南）。归德府及其州县于蒙哥汗二年（1252）设立，由经略当地多年的范阳人张子良任总管。元初近 10 年间，归德府所属民户大多是张子良在战乱中招集抚定的，与张子良保持着私人隶属关系。直到至元七年（1270）张子良调任大名路总管，"元管户"才正式改属州县有司②。归德府旧领宋城、宁陵、下邑、虞城、谷熟、砀山等 6 县，至元二年（1265），将位于黄河以北的虞城、砀山二县，割属济宁府。又省并谷熟入睢阳，省并鄢县入永州，降永州为永城县。这样，归德府的属县就减少为睢阳、永城、下邑、宁陵 4 个。至元八年（1271），划宿州、亳州、徐州、邳州隶属归德府。史称："归德为郡，南控江淮，北临大河，境大沃壤，方数千里。"③河南行省建立后，归德府一直是隶属河南行省的散府。归德府领有 4 县和 4 州，分别是睢阳（今商丘市睢阳区南）、永城（今永城市）、下邑（今夏邑县）、宁陵 4 县，徐州、宿州、邳州、亳州 4 州，这 4 州共领 8 县。其中徐州、宿州、邳州的领县分属于今安徽省、江苏省，只有亳州所领 3 县中的鹿邑县属于今河南省辖县。

彰德路（治所在今河南省安阳市）。元代彰德路行政辖区前后变动很大，主要是汉世侯占领地盘和"画境之制"以及蒙古诸王勋贵封户所在地等因素共同

---

① 《元史》卷二一《本纪第二十一》，中华书局 1976 年版，第 457 页。
② 《元史》卷一五二《列传第三十九》，中华书局 1976 年版，第 3595 页。
③ 〔元〕苏天爵著，陈高华、孟繁清点校：《滋溪文稿》卷二《归德府新修谯门记》，中华书局 1997 年版，第 17 页。

作用的结果。成吉思汗十五年,也就是金兴定四年(1220),东平世侯严实籍彰德、大名等处30万户归附蒙古。因此,彰德路的一部分被置于严实统辖之下,其余部分仍隶属世侯史天泽管辖的真定路,彰德路始隶东平。窝阔台汗四年(1232),王廷设立彰德总帅府,管辖相、卫、辉3州。自彰德府始隶东平到彰德总帅府成立,这是世侯史天泽与严实趁金室播迁汴京而实际占用相、卫、辉诸州所致。"画境之治"实施以后,彰德府自严实地盘内割出。蒙哥汗二年(1252),卫、辉二州从彰德总帅府割出,以彰德为散府,复属真定路。彰德府自严实地盘内割出和以散府复属真定路,这主要是王廷依金代路州划属旧制及丙申分封所做的调整。至元二年(1265),设立彰德总管府,管辖怀、孟、卫、辉4州和本府安阳等5县,辖地空前扩大。至元六年(1269)十二月,元廷分彰德、怀孟、卫辉为3路,各立总管府,彰德最终独立为一路,这一举措主要是照顾诸王封君封户自成一路的政策导向所致。彰德路领1录事司、3县、1州。3县,即安阳县、汤阴县、临漳县(今属河北省);1州,即林州,原林虑县,蒙哥汗二年升为林州。至元二年复为县,又并入辅岩。不久复设林州。又割辅岩入安阳。此后,林州及以下州隶属于彰德路。

卫辉路(治所在今河南省卫辉市)。卫辉路行政辖区在元政权建立前后变动很大。窝阔台汗四年(1232),王廷设立彰德总帅府,管辖相州、卫州和辉州。蒙哥汗二年(1252),卫州、辉州从彰德总帅府割出,与散府彰德一并隶属真定路,为史天泽真定路总管府下属11州之一。此时卫州所辖五城一度是汉世侯史天泽的封邑[1]。所谓"卫州五城",即汲县、新乡、获嘉、胙城、苏门(后升辉州)5县。王公儒《卫辉路庙学兴建记》说,"逮至元三祀,朝廷赐皇侄玉龙答失大王卫州5城为分土,立总管府,列河朔一路"[2]。由此看来,卫辉路的分置及确立,是由蒙哥幼子玉龙答失受封卫州五城所致。或许是武宗至大三年(1310)玉龙答失之子完泽还因卫州食邑受封卫王[3]的缘故。卫辉路领1录事司、4县和2州。4县即汲县(今卫辉市)、胙城(今延津县西北)、新乡(今新乡市)、获嘉。2州即辉州(今辉县市)和淇州(今淇县)。

---

[1] 《元史》卷一五五《列传第四十二》,中华书局1976年版,第3660页。
[2] 《卫辉府志》卷四五,乾隆五十三年(1788)刻本。
[3] 《元史》卷一〇八《表第三》,中华书局1976年版,第2741页。

怀庆路(治所在今河南省沁阳市)。怀庆路的建置也是依据蒙古诸王勋贵中原食邑封户所在地独立一路的政策所致。窝阔台汗四年(1232)改为行怀孟州事。蒙哥汗六年(1256),皇弟忽必烈受封怀孟州为沐汤邑。翌年,置怀孟总管府。至元二年(1265),以怀孟隶属彰德路。至元六年(1269),怀孟重新自为一路。元初复为怀州。延祐六年(1319),因仁宗爱育黎拔力八答即位前与答己太后出居怀孟路,特改名怀庆路。怀庆路领3县和1州。3县即河内县(今沁阳市)、修武县、武陟县。1州即孟州,领河阳(今孟州市)、济源、温县3县。

此外,属于今河南管辖县而在元代属于其他行省所属的路管辖,如大名路辖县濮阳、长垣(今长垣市东)、清丰、南乐、内黄以及滑州辖县白马(今滑县)、滑州和浚州(今浚县),济宁路辖县虞城。为进一步清楚地展现元代河南境内行政区划情况,根据《元史·地理志》以及其他文献,就河南境内的行政区划情况列表如下所示:

表6-1-1　元代路府制之下行政区划及治所表

路名	州	辖县数	治所	现在地名
汴梁路	汴梁路	17	开封	开封市
	郑州	4	管城	郑州市
	许州	5	长社	许昌市
	陈州	5	宛丘	周口市淮阳区
	钧州	3	阳翟	禹州市
	睢州	4	襄邑	睢县
河南府路	河南府路	8	洛阳	洛阳市
	陕州	4	陕县	三门峡市西
南阳府	南阳府	2	南阳	南阳市
	邓州	3	穰县	邓州市
	唐州	1	泌阳	唐河县
	嵩州	1	嵩州	嵩县
	汝州	3	汝阳	汝南县
	裕州	3	方城	方城县

(续表)

路名	州	辖县数	治所	现在地名
汝宁府	汝宁府	5	汝阳	汝南县
	颍州	1	颍上	安徽省颍上县
	息州	2	息州	息县
	光州	3	定城	潢川县
	信阳州	2	罗山	罗山县
归德府	归德府	4	睢阳	商丘市睢阳区
	亳州	1	谯县	安徽省亳州市
彰德路	彰德路	3	安阳	安阳市
	林州	1	林州	林县
卫辉路	卫辉路	4	汲县	卫辉市
	辉州	1	辉州	辉县市
	淇州	1	淇州	淇县
怀庆路	怀庆路	3	河内	沁阳市
	孟州	3	河阳	孟州市
大名路	大名路	5	大名(今属河北省)	大名县
	滑州	3	白马	滑县
济宁路	济宁路	1	巨野(今属山东省)	巨野县
小计		106		

表 6-1-1 中所列的 106 县都是今河南省管辖的县,这 106 县的治所城市是河南的基层城市,所列的 10 个路(府)级行政区划有 8 个属于今河南省境内,相应的路级治所城市也有 8 个,路(府)下辖的州级行政区划有 20 个,相应的州级治所城市也有 20 个。如此,元代的河南城市基本格局是省、路(府)、州、县四级,这四级城市在促进河南政治、经济、文化等方面的发展发挥着不同的带动作用。然而,元代是游牧民族建立的政权,由于游牧民族的生活特性,与其所统治的汉地农耕生活的差异,造成民族矛盾不断激化,仅统治中国百余年。在这短暂的百余年,元政权致力于城镇建设和发展的力量是很有限的,但是元朝建立起来的城镇体系为明清两代所继承和发展,尤其是在地方上开创了省会城市,成为地方区域发展的中心城市。

二、明代行政区划的调整与城镇体系的重构

元代建立起来的地方行政区与城镇体系在元末战乱中遭到破坏。在元末红巾军大起义的基础上建立的明政权,面临着百废待兴的局面,与恢复发展地方经济同样重要的是重建地方行政区划,重构地方城镇体系,才能够推动社会有序稳定发展。

1. 地方行政区划

明代地方行政区划在总结汉、唐、宋得失的基础上,承袭元代的行省制,经过不断调整改进,构建起了适合明代政治经济发展的地方行政区划。明初地方行政区划基本上沿袭元代的行省制,省制之下改革了元代路、府、州、县多层级的复杂的隶属关系,被简化为省、府(州)、县(州)三级。首先,明代的省级行政区划经历了行省、分省、行省到承宣布政使司的演变过程。行省是沿袭元代的行省制,分省则是元末朱元璋政权将已攻占的元代面积较大的行省分割开来设置的,洪武二年(1369),河南分省改为河南行省后,从此再无分省之称。洪武九年(1376)六月,行省改为承宣布政使司,省级行政区划的名称才得以最后确定。朱元璋在《承宣布政使诰》中言"朕有天下,更行省为承宣布政使司,所以承者,朕命也;宣者,代言之;布者,张陈之也;所以政者,军民休戚、国之利病;所以使者,必去民之恶,而导民之善"①,以布政使司来实现下达政令、管理民众的目的。明初对省级政区的改革首先是将元代的行省管辖范围划小,而布政使司的数目却比元代的行省多。这个变化主要发生在元代中枢省和河南江北、江西、江浙四行省,都是在明军占领之初,就被分成两个或三个布政使司,之后管辖地域在整个明朝变化都不大,这说明元朝末年行省管辖范围过大而带来的弊病已被朱元璋政权充分认识到了。尽管到洪武九年(1376)六月行省才改为承宣布政使司,但是在洪武元年(1368)前后,省、府(州)、县(州)三级政区的层级已经确定下来,洪武二年(1369)以后明朝所统辖的区域均以此划分为政区层级。

与承宣布政使司相匹配的省级政区都指挥使司,加之按察司,统称"三司",

---

① 《明太祖文集》卷四《承宣布政使诰》,台湾商务印书馆1986年版,第39页。

分掌地方行政、军事、监察之权。洪武三年至四年(1370~1371)各地设置都卫,都司(洪武八年改都司、行都司)、卫、所的基本统辖关系也已形成。洪武十三年(1380)正月确立以五军都督府统领各都司、行都司后,由朱元璋建置的明代政区的两个基本系统——布政使司系统和都司卫所系统均已稳定。明代布政使司与同名都指挥使司同治一城。在有府、州、县设置之地,都司、行都司仅负责其相应卫所的军事活动及人口管理,在无府、州、县的实土都司、行都司或实土卫所地,都司、行都司、卫所也行驶民政管理权,这类非正式政区主要存在于边疆地带,突出其军事防御功能。河南地处中原,境内之地都纳入府、州、县的管辖之下,河南布政使司与都指挥使司也同治一城开封,在府、州、县,都司卫所仅负责其相应卫所军事活动及人口管理,没有民政管理的权力。

三司中以布政使司及下辖的府(州)、县(州)为明代正式的地方行政区划,就是通常所说的"两京十三省"。明代布政使司数量少,变化小。自宣德三年(1428)至明亡(1644)的长达200多年时间里,不但布政使司名称、数量没变,而且各布政使司的辖区也变动极小,府(州)、县(州)的变动也不大。明代的布政使司虽然是在元代行省的基础上发展演变而来的,但是明初政府根据自然地理大势与历史上政区的边界,重新划分省界,使省界及幅员更符合统治需要,且使大多数省级政区的边界被清朝所沿用,奠定了清代乃至近代中国省级政区的边界基础。到明代后期,统治者面临内忧外患的局面,原本临时设置的总督、巡抚变成了长期设置,有固定的管辖区域,有治军和理民的双重职权,总督、巡抚辖区成为三司之外的另一高层政区。然而,终明一代,督抚辖区未成为正式政区,但它起着行政区划的作用。到清代,它才成为正式的政区。

2.河南境内的行政区划与城市体系的重构

河南是明代的十三布政使司之一,与元代不同的是已经作为独立省份而存在。洪武元年(1368)五月在开封设置中书分省,又称河南分省,洪武二年(1369)四月开始设河南行省,洪武九年(1376)六月改为河南承宣布政使司。河南的省级行政区划经历了分省、行省与布政使司的演变,最初只拥有元代河南江北行省的西北部,经过明朝初年的调整,到洪武十三年(1380)以后,河南的管辖区域除磁州外,基本与今河南省管辖范围大致吻合。明代河南府级行政区划也进行了适当调整。洪武元年(1368),大军占领河南后,设置开封、河南、汝宁、南阳、怀庆、卫辉、彰德7府和信阳直隶州,其后范围时有扩大、时有缩小。到洪武十三年(1380),河南各府的政区格局基本确定,共置 7 个行政府。嘉靖二十四年(1545),开封府归德州升为府。此后,河南布政使司下辖开封、河南、汝宁、南阳、怀庆、卫辉、彰德、归德 8 府,汝州 1 直隶州,共拥有 93 县。在河南境内府州县的设置情况大致如下:

开封府(治所在今河南省开封市)是省治所在地,是由元代的河南江北行省汴梁路演变而来的,洪武元年(1368)五月"改汴梁路为开封府"①,是明代河南布政使司变化最大的政区。洪武初年的开封府是由元代汴梁路和归德府合并而成的。此后,开封府所辖州县时有调整,直到嘉靖二十四年(1545)六月,归德州升为归德府,原州下属县除亳县于洪武六年(1373)改属颍州外,其余 5 县隶于归德府,睢州及其所属的考城、柘城 2 县也改隶归德府,开封府所辖州县基本稳定下来。万历三年(1575)开封府下辖的钧州因避万历皇帝朱翊钧的名讳而改禹州,自此至明末开封府的州县再未发生过变化,有直辖县 17 个,分别为祥符县(治所今开封市)、陈留、杞县、通许、太康、尉氏、洧川、鄢陵、扶沟、中牟、阳武、原武、封丘、延津、兰阳、仪封、新郑;州 4 个,分别为陈州、许州、禹州、郑州,其中陈州领商水、西华、项城、沈丘 4 县,许州领长葛、郾城、襄城、临颍 4 县,禹州领密县(治所在今河南省新密市城关镇)1 县,郑州领荥阳、荥泽、河阴、汜水 4 县。

河南府(治所在今河南省洛阳市)是在洪武元年(1368)由元代的河南府路改的,除陕州附郭的陕县被废和渑池县改隶于河南府外,其他州县情况与元末同。洪武二年(1369)四月"改南阳府嵩州为嵩县,隶河南府"②,洪武三年(1370)三月"割南阳府之卢氏县隶陕州"③,万历初改隶于河南府。此后,河南府下辖州县基本无变化,直辖州 1、县 11,州辖县 2,直辖州县分别为陕州和洛阳、偃师、巩县、孟津、宜阳、永宁、新安、渑池、登封、嵩县、卢氏 11 县,陕州领灵宝、阌乡 2 县。

归德府(治所在今河南省商丘市)是由开封府归德州升为府的。明初改元代的归德府为开封府归德州,洪武元年(1368)五月"改归德府为州,隶开封

---

① 《明太祖实录》卷三二,台湾"中央研究院"历史语言研究所 1962 年版,第 562 页。
② 《明太祖实录》卷四一,台湾"中央研究院"历史语言研究所 1962 年版,第 818 页。
③ 《明太祖实录》卷五〇,台湾"中央研究院"历史语言研究所 1962 年版,第 979 页。

府"①。嘉靖二十四年(1545)六月升为归德府。明代的归德府直辖1州6县,分别为睢州(今商丘市)和商丘、鄢陵、鹿邑、夏邑、永城、虞城6县,其中睢州下辖考城(今兰考县、民权县交界地带)、柘城2县。

汝宁府(治所在今河南省汝南县)是在洪武元年(1368)设置的,位于河南行省东南部,与中都临濠府为邻,州县变化较为复杂。汝宁府始设时,因战乱人口逃亡,汝阳、上蔡、新蔡、沈丘4县被废,光州附郭的定城县也被废,信阳州改为直隶州,至洪武元年年底,汝宁府直辖颍州、光州、息州3州,直辖西平、确山、遂平3县。颍州辖颍上(今属安徽省)、太和(今属安徽省)2县,光州辖光山、固始2县,息州辖真阳1县。汝宁府辖区在洪武四年(1371)变化最大,这一年朱元璋立中都,汝宁府下辖的颍州、光州、息州及3州的属县除息州真阳县被废入汝阳外,全部改归中都临濠府,汝宁府下辖县加上当年复置的汝阳、上蔡、新蔡以及原有的西平、确山、遂平共计6个直辖县。洪武七年至十三年(1374~1380)间,光州、信阳州所属州县及由息州改置的息县陆续又改隶汝宁府。到洪武十三年(1380)年底,汝宁府有8个直管县(西平、确山、遂平、汝阳、上蔡、新蔡、信阳、罗山)和1州(光州),其中光州下辖光山、固始、息县3县。成化十一年(1475),信阳县又升为汝宁府信阳州,罗山、确山改属信阳州,同年新置光州商城县。弘治二年(1489),确山县改隶汝宁府直管县。弘治十八年(1505),复置真阳县,直隶汝宁府。此后,汝宁府所辖州县没有变化,领有7个直管县和2州,其中2州共辖5县。汝宁府的7个直管县分别是汝阳、真阳、上蔡、新蔡、西平、确山、遂平,2州分别是信阳州、光州,其中信阳州领有罗山1县,光州领光山、固始、息县、商城4县。

南阳府(治所在今河南省南阳市)沿袭元旧制,但所属州县较元代少,尤其是南阳府下辖的嵩州于洪武二年(1369)改隶河南府,辖县卢氏于洪武三年(1370)改隶河南府陕州,使南阳府的北界南缩。还有邓州附郭穰县、裕州附郭方城、汝州附郭梁县、唐州附郭泌阳在洪武二年、三年相继废除。可以说,南阳府所属州县在洪武三年至十四年(1370~1381),处于设废变化中。自此至成化五年(1469),南阳府的州县没有发生变化,府直辖县有南阳县、镇平县、唐县、泌阳县、邓州下辖内乡县、新野县,裕州下辖舞阳县、叶县,汝州下辖鲁山县、郏县。

---

① 《明太祖实录》卷三二,台湾"中央研究院"历史语言研究所1962年版,第563页。

成化六年(1470),增设邓州淅川县,成化十一年(1475)新置汝州宝丰县。成化十二年(1476),汝州改为直隶州,其辖鲁山、郏县、宝丰3县随之划出,南阳府的西北边界缩小,同年,南阳府下新置桐柏、南召2县。此后至明末,南阳府州县再无变化,领南阳、镇平、唐县、泌阳、桐柏、南召6个直管县和邓州、裕州2州,其中邓州领内乡、新野、淅川3县,裕州领舞阳、叶县2县。

怀庆府(治所在今河南省沁阳市)于洪武元年(1368)十一月改元代中书省怀庆路为怀庆府,隶属于河南分省。济源县于洪武元年(1368)十一月后随孟州改隶怀庆府,洪武十年(1377)五月"改怀庆府之孟州为孟县,以温、济源二县隶怀庆府"①。自此以后,怀庆府下辖河内、济源、修武、武陟、孟县、温县6个直管县。

卫辉府(治所在今河南省卫辉市)于洪武元年(1368)元月"改卫辉路为府,以获嘉隶之"②,十月属河南分省。洪武十年(1377)五月"河南卫辉府胙城县并入汲县,获嘉县入新乡县"③,洪武十三年(1380)十一月胙城、获嘉复置。此后,卫辉府下辖汲县、胙城、新乡、获嘉、淇县、辉县6个直管县。

彰德府(治所在今河南省安阳市)于洪武元年(1368)闰七月改元代中书省彰德路为府,十月属河南分省,彰德路下原有的安阳、临漳(今属河北省)、汤阴3县和林州皆归于彰德府。洪武二年(1369)林州降为县,同时广平路磁州(今属河北省)及所属武安(今属河北省)、涉县(今属河北省)2县改隶彰德府。此后,彰德府共领4县1州,分别为安阳、汤阴、林县、临漳(今属河北省)4个直管县,磁州领涉县、武安2县。

汝州直隶州(治所在今河南省汝州市)在元末为南阳府汝州,领梁县(附郭)、鲁山、郏县3县。洪武元年(1368)仍旧设南阳府汝州,梁县废。成化十一年(1475)四月析置宝丰县。成化十二年(1476)九月改汝州为直隶州,十二月设置伊阳县,自此,汝州领鲁山、郏县、宝丰、伊阳4县。

此外,属于今河南省管辖的濮阳市、南乐、清丰、内黄、浚县、滑县、长垣7市县在明代属今河北省管辖,范县、台前2县在明代属今山东省管辖。为进一步

---

① 《明太祖实录》卷一一二,台湾"中央研究院"历史语言研究所1962年版,第1853页。
② 《明太祖实录》卷三四,台湾"中央研究院"历史语言研究所1962年版,第622页。
③ 《明太祖实录》卷一一二,台湾"中央研究院"历史语言研究所1962年版,第1853页。

清楚地展现明代河南境内行政区划情况,根据《明史·地理志》以及其他文献,就河南境内的行政区划情况列表如下所示:

表 6-1-2 明代府、州、县行政区划及治所表

府(州)名	县(州)	辖县数	治所	现在地名
开封府	府直管县	17	开封	开封市
	陈州	4	陈州	周口市淮阳区
	许州	4	许昌	许昌市
	禹州	1	禹州	禹州市
	郑州	4	郑州	郑州市
河南府	府直管县	11	洛阳	洛阳市
	陕州	2	陕州	三门峡市西
归德府	府直管县	6	商丘	商丘市
	睢州	2	睢州	睢县
汝宁府	府直管县	7	汝阳	汝南县
	光州	4	光州	潢川县
	信阳州	1	信阳州	信阳市
南阳府	府直管县	6	南阳	南阳市
	邓州	3	邓州	邓州市
	裕州	2	裕州	方城县
怀庆府	府直管县	6	河内	沁阳市
卫辉府	府直管县	6	汲县	卫辉市
彰德府	府直管县	3	安阳	安阳市
汝州直隶州		4	汝州	汝州市
大名府	府直管县	7		
东昌府	府直管县	2		
小计		102		

表 6-1-2 中所列的 102 县都是今河南省管辖的县,这 102 县的治所城市是河南的基层城市,所列的 11 个府(州)级行政区划有 9 个属于今河南省境内,相应的府级治所城市也有 9 个,府下辖的县(州)级行政区划有 102 个,相应的县(州)级治所城市也有 102 个。如此,明代的河南城市基本格局是省、府(州)、县

(州)三级,这三级城市在促进河南政治、经济、文化等方面的发展发挥着不同的带动作用。

第二节 不同城镇经济的发展

元明两代都是统一王朝,恢复发展社会经济的政策法令易于实施,农业生产得到快速发展,经济作物种植不断得到推广。还有自中唐以来,全国经济重心南移,南方经济发达程度明显超出北方,元明都定都北京,为使南粮北运,两朝都非常重视贯通南北的大运河。经济作物广泛种植,促进了农产品商品化,推动了城镇工商业发展,商品经济空前繁荣,这为河南城镇经济发展提供了良好的外部环境。

一、城镇经济发展的动力

元明仍然是以传统的农耕经济支撑国计民生,恢复发展农业生产是城镇经济发展的基础和保证。元明两代建国之初,都采取了一系列恢复发展农业生产的政策法令和措施,尤其是明代,恢复发展农业经济的措施有力,到明中后期,农业产品商品化程度很高,推动了城市经济的发展和繁荣,也推动了市镇的迅速崛起。

1. 商品经济的空前发展

元政权建立之初,不重视农耕经济,把统治区域的大片土地圈起来放牧牛羊,违背了中原地区生产生活方式,不断引起人民的反抗,社会经济发展处于倒退状态。元世祖接受大臣耶律楚材的建议,恢复发展农业生产,增加国家财政收入。尤其在元初期攻打南宋的战役中,地处中原的河南是元政权的军事基地和后勤保证,其经济地位更加重要,"将有事于宋,必先事于河南。河南既治,本根既固,藩墙不穴,资粮铠马,扉足而汉淮可图也"①。从中可以看出河南经济在元政权统一全国的过程中是多么重要。首先,为稳定河南局势,元统治者任命汉世侯史天泽为河南经略,治理河南。史天泽到任后,选贤任能,除奸察弊,轻徭薄赋,发展商业,置仓储粮以供军饷,整顿吏治,宣扬教化。经过一两年的治理,河南社会得以安定,农业经济很快就得到恢复,"期年报政,帑有余资,庾有余粟,四鄙不警,民于野,风雨时顺,岁乃大穰"②。其次,大力开展屯田。河南是元末战乱的主战场,遭受的破坏最为严重,大片土地荒芜。为恢复生产,元代在河南设置了很多屯田机构。元世祖至元二年(1265),下诏孟州以东、黄河以北、南到八柳树(今新乡市西南)等处,凡荒闲土地,令阿术、阿剌罕等所领士卒,立屯耕种,"并摘各万户所管汉军屯田"。至元六年(1269),以进攻襄樊军饷不足,调发南京(今开封市)、河南(今洛阳市)、归德(今商丘市南)诸路编民2万余户,于唐(今唐河县)、邓、申(今南阳市)、裕(今方城县)等处立屯,后来改立南阳屯田总管府。不久复罢,改归地方有司,有户6041,有田10662顷。③ 常设机构如汴梁等路管民总管府,"掌各屯佃户差发子粒",真阳、新蔡、息州、汝宁、陈州、汴梁、郑州等地设提领所,辖有汝阳五里冈,许州郾城县、青龙冈、临颍屯、襄城屯,陈州项城、商水屯,汝阳金乡屯、烟亭屯、颖丰堰,遂平横山屯,上蔡浮召屯。④ 对战后开垦荒地、恢复发展农业生产起到了重要作用。元政权统一全国后,河南屯田仍有很大发展,"其规模为全国之冠"⑤。还有在中原地区推行的其他优惠政策。如窝阔台政权时,统治者已经认识到"中原之地,财用所出,宜存恤其民",因此禁止在中原州县擅自役使百姓⑥,以便于专心务农,提供赋税。在税和役之间,统治者在河南选择了税。元仁宗时,汴梁路总管塔海建议清查土地,减轻赋税,"每亩只科其半",这项措施实施的结果是汴梁路共减22万余

---

① 〔元〕郝经撰,秦雪清点校:《郝文忠公陵川文集》卷二〇《瑞麦颂》,山西人民出版社2006年版,第300页。
② 〔元〕郝经撰,秦雪清点校:《郝文忠公陵川文集》卷二〇《瑞麦颂》,山西人民出版社2006年版,第300页。
③ 《元史》卷一〇〇《志第四十八》,中华书局1976年版,第2566页。
④ 《元史》卷八九《志第三十九》,中华书局1976年版,第2260页。
⑤ 陈高华、史卫民:《中国经济通史·元代经济卷》,经济日报出版社2007年版,第150页。
⑥ 《元史》卷一四六《列传第三十三》,中华书局1976年版,第3457页。

石。到泰定帝泰定年间(1324~1327)和元文宗天历初,"又尽革虚增之数,民始获安"①。赋税的减轻,调动了农民的生产积极性,农业生产常年获得丰收。农业生产的发展促进了商品经济的发展。如豫北的彰德路在蒙古国时期,即从兵火中迅速恢复,"披荆榛,拾瓦砾,抚疮痍,集市肆。不四三年,既庶而富四境邻邑,政治莫能及"②。卫辉路"地当冲要,泉甘水温","民情颇事商贾,地饶俗淳"③。卫辉路的中心汲县地处南北交流的通道,是重要的商品集散中心,"居天地中,实通都邑,百物伙繁,合散于此"④,因交通优势,商业发达。然而,到了元朝后期,统治集团日益腐败,加上水旱灾害及瘟疫,至正四年(1344),河南境内发生大饥荒,社会经济遭受重大挫折。至元十一年(1351)元末农民战争终于在河南行省中心汴梁路爆发,河南再次成为战乱的主战场。到朱元璋政权占领河南,河南成为独立的省份,开始了新一轮的经济恢复与发展。

在明初恢复和发展经济的一系列措施中,除有与前代共同的减免赋役、垦荒、屯田等外,统治者非常重视经济作物的种植和扩大,以及田赋劳役货币化,使很多农产品商品化程度大大提高,促进了商品经济的发展,为城镇发展奠定了物质基础。有明一代,国家赋税可以用钱、钞、金、银等折纳。自正统元年(1436)实行的"金花银"到万历九年(1581)在全国普遍实行的"一条鞭法",不断简化了赋役,包括人头税在内的烦琐税目施行一律征银,基本取消力役,规定除苏、松、杭、嘉、湖等供应宫廷使用的漕粮外,其余的田赋一般改收折色银,扩大了田赋征收中的货币比重。正如成化七年(1471)湖广按察佥事尚褫所说:"顷来凡遇征输,动辄折收银两。然乡里小民何由得银?不免临时辗转易换,以免逋责。"⑤何乔远《闽书》载:"输赋之金,必负米出易。"⑥由此可见,农业生产已经与市场联系起来,而且他们的家庭副业同样如此。如徐光启所说松江等地的情况,"壤地广袤,不过百里而遥;农亩之人,非能有加于他郡邑也。所有供百万之赋,三百年而尚存视息者,全赖此一机一杼而已。非独松也,苏、杭、常、镇之

---

① 《元史》卷九三《志第四十二》,中华书局1976年版,第2353页。
② 程民生、程峰、马玉臣:《古代河南经济史(下)》,河南大学出版社2012年版,第247页。
③ 程民生、程峰、马玉臣:《古代河南经济史(下)》,河南大学出版社2012年版,第248页。
④ 〔元〕王恽:《秋涧先生大全集》卷六一《故云中高君墓碣》,四部丛刊本。
⑤ 《明宪宗实录》卷九三,台湾"中央研究院"历史语言研究所1962年版,第1785页。
⑥ 〔明〕何乔远:《闽书》卷三八《风俗志》,崇祯四年(1631)刻本。

币帛枲纻,嘉、湖之丝纩,皆恃此女红末业,以上供赋税,下给俯仰,若求诸田之收,则必不可办"①。简言之,田赋货币化把农业生产和家庭副业生产都卷入了商品市场。

商品经济的发展促使农民向着经济效益好的产业转化。经济作物的种植首推棉花。自宋元间棉花逐渐传入中国后,棉布渐成人们喜爱的衣用原料。棉布成为大众化的衣用原料后,棉花的需求量急剧上升,种植棉花比种植粮食更有利可图,推动了棉花的广泛种植。正如明宪宗成化末年的大学士邱浚所言:棉花"至我朝其种乃遍布于天下,地无南北皆宜之,人无贫富皆赖之。其利视丝、枲盖百倍焉。臣故表出之,使天下后世知卉服之利,始盛于今代"②。河南植棉地区遍及全境九府几十个县,如兰阳县《木棉歌》云:"比岁多种木棉花。"③河南许多农民种植棉花,除供应本地棉织业外,还有剩余,就运往棉纺织业发达的南方,"北土广树艺而昧于织,而南土精织纴而寡于艺,故棉则方舟而鬻于南,布则方舟而鬻诸北"④。这就出现了北棉南运、南布北运的情况。河南也是当时重要的产棉区,正如钟化民所说"棉花尽归商贩"⑤,就是说河南棉花已经作为商品,悉数进入了市场流通流域。加之全国多个各具特色的区域经济的形成,加速了各地区之间的物资交流。正如明人宋应星所言:"幸生圣明极盛之世,滇南车马,纵贯辽阳;岭檄宦商,衡游蓟北。"⑥从中可以看出,当时贯通南北的交通已经形成,处于中间地带的河南是东西南北长途贩运的必经之地,其交通更为便利。

2.四通八达交通网络的形成

河南处于贯通东西南北的中间地带,随着商品经济的发展、区域经济特色的形成,商人的活动范围愈加广泛,将各地极具地方特色的物资运到各地进行交换以谋取雄厚的利润,便成为商人首要的选择。在此背景下,商路的开辟可谓正逢其时。明朝中后期,随着商品经济的日趋活跃,各地商帮不断涌现。商

---

① 〔明〕徐光启撰,石声汉校注:《农政全书校注》卷三五《木棉》,上海古籍出版社1979年版,第969页。
② 〔明〕邱浚:《大学衍义补》卷二二《贡赋有常》,京华出版社1999年版,第204页。
③ (嘉靖)《兰阳县志》卷二《田赋志·木棉歌》,天一阁藏明代方志选刊本。
④ 〔清〕姚之骃:《元明事类钞》卷二四引《木棉谱序》,文渊阁《四库全书》本。
⑤ 〔清〕俞森:《荒政丛书》卷五《钟忠惠公赈豫纪略》,文渊阁《四库全书》本。
⑥ 〔明〕宋应星:《天工开物·序》,商务印书馆1933年版,第1页。

人为追逐商品利润最大化,经常跋山涉水、走南闯北运输物资,销售货物,无疑对各地水陆路线最为熟悉。隆庆以后,陆续有商人将自己的行商路线和旅途见闻汇集成册,还有的特地在书中绘制路引和图记以为商业指南。随着这些书籍的推广,原来仅为少数人偶尔利用的道路,逐渐成为固定的交通线路。地处中原的河南,形成了四通八达的交通网络。

明代中后期的河南交通仍是陆路和水陆。在陆路交通方面,贯通河南南北的大的纵向线路有自北京南下经汴城至湖广方向、自北京南下经南阳府至贵州云南方向和自北京至陕西四川方向。自北京南下经汴城至湖广方向的线路自北京出发,过河北邯郸继续南下进入河南境内,分别经过磁州滏阳驿、丰乐镇,彰德府邺城驿、柳河铺,汤阴县宜沟驿、宜沟镇,淇县淇门镇,卫辉府卫源驿、沙门,延津县廪延驿、济益、金铃口、丁店,到达汴城。从汴城继续南下经开封府祥符县大梁驿、朱仙镇、尉氏县、鄢陵县、许州、林渔、桃城、砖桥、上蔡县、汝宁府、郭家店、张五店、真阳县、接官亭、寨河、罗山县、泼皮河进入湖北汉口境内。自北京南下经南阳府至贵州云南方向的线路自北京出发,南下至卫辉府,经过新乡县渡黄河,到达荥泽县、郑州、新郑县、石固店、襄城县、叶县、保安驿、裕州、博望驿、南阳府、林水驿、新野县,此后出河南至湖北襄阳府,继续南下到达云贵两省。自北京至陕西四川的线路自北京出发,经邯郸入河南境内,经彰德府、汤阴县、淇县、斩胫河、比干墓、卫辉府、新乡县、获嘉县、修武县、武陟县、清化镇,渡丹河、沁河,进入怀庆府,过孟县、紫金山,渡黄河,再经孟津县、北邙山、山脚、河南府、旧洛阳城、孝水、磁涧、甘罗墓、钓台、新安县、王乔洞、青龙山、义昌驿、渑池县、硖石驿、陕州、灵宝县、阌乡县,经潼关,进入陕西省境,再南下四川省。小的纵向线路更多,有河南城市通向省外城市的线路,也有省外城市通向河南城市的线路。如自省会城市汴梁南下至湖北刘家隔路,此线路自开封府出发,经朱仙镇、尉氏县、许州、临颖县、郾城县、西平县、遂平县、确山县、明港巡司、傅阳店、信阳州、红罗驿、谈家窝、徐家店,出省至湖北应山县,再至刘家隔镇。自汴梁经正阳至芜湖县陆路,此线路自汴梁出发,经柏木子岗、关头、高庙、通许县、马头、崔桥、营儿、碎米口、苗家集、观音堂、陈州、瓦罐集、新店、南顿集、怀方店、新安集、纸店、税子铺、界沟,出河南进入安徽太和县境,再经正阳至芜湖县。自安徽颍州经归德府至临清的线路,自颍州出发北上至亳州,然后进入河南卢家庙、坞厢、阎家集、归德府、邓宾口、河崖、傅家集、土山,进入山东曹县,再至临清。临清经开州至汴城的线路,自临清出发,经临清、冠县、开州,进入河南境内,经南乐县、清丰县、阌州、安乐铺、山木村、老岸、丁兰、长垣县、流光、陈桥、时何村,至汴城。

贯通河南东西的横向大线路有自南京经汴城至陕西四川二省、自扬州府至陕西西安府路、自南京经汝宁府至武当山和自南京至河南山西二省路。其中自南京经汴城至陕西四川二省的线路,自南京至汴城大梁驿、圃田驿、郑州管城驿、索亭驿、成皋驿、洛口驿、首阳驿、河南府周南驿,进入陕西函谷关。自扬州府至陕西西安府的线路,自扬州府出发,经泗州、灵璧县、南宿州,向西进入河南归德府境内,经永城县、夏邑县、虞城县、宁陵县、葵丘驿、杞县、陈留县、汴梁城、中牟县、郑州、荥阳县、泗水县、洛口驿、首阳驿、河南府、磁涧、新安县、青龙山、义昌驿、渑池县、金银山、硖石驿、陕州、灵宝县、阌乡县,出河南入陕西潼关。自南京经汝宁府至武当山的线路,自南京出发,经寿州、正阳、颍州,进入河南境内,经过瓦店、姜寨、木轩李家店、杨埠司、冯家店、苏家店、方家集、汝宁府、韩庄、确山县、信阳州、川山店、平山关、赵庄、茂家嘴、高店、马谷田、泌阳县、显灵店、大河屯、黄家店、唐县、张家店、余家店、田九店、冈头、黄庄、鸡滩、邓州、半茶店、武家店、李大人坟、党子口,出河南进入湖北均州。自南京至河南山西二省的线路,自应天府出发,西行至河南永城县太丘驿,再经会亭驿、石留固驿、归德府商丘驿、宁城驿、葵丘驿、雍丘驿、莘城驿、开封府(祥符县)大梁驿、圃田驿、管城驿、广武驿、覃怀驿、武德城、万善驿、星轺驿、太行驿、乔村驿、长平县、漳泽驿、余吾驿、襧亭驿、沁阳驿,出河南,入山西省境。小的横向线路有徐州西至汴城、扬州府至南顿、巢县经汴城至临清州陆、颍州经陈州至襄城县。其中徐州西至汴城的线路,自徐州出发,经过萧县西行,在韩家道口进入河南境内,经师家道口、贺家集、马牧、丁家道口、归德府、睢州、榆箱铺、杞县、韩冈、陈留县、扬州门,到达开封府。扬州府至南顿的线路,自扬州府出发,经安徽寿州、颍上、颍州、太和驿,进入河南境内,经旧县集、新站,到达南顿(今项城市西郊)。巢县经汴城至临清州的线路,自巢县(今属安徽省巢湖市)出发,经庐州府、颍上县、太和县、界沟,进入河南境内,再经纸店、槐方集、鱼台、陈州、五里口、碎米店、崔桥、通许县、关头、柏木紫冈、汴城、翟家道口、俞家店、延津县、塔尔铺、沙门关、卫辉府、顿方铺、淇县、高村铺、宜沟、汤阴县、柳河铺、彰德府,出河南,陆路至临清。自颍州至大名,响马贼甚恶,出没不时,难防。卫辉、彰德有坑墙,稍可避。

颍州经陈州至襄城县的线路,自颍州出发,经太和县、界沟,进入河南境内,经纸店、新安集、怀方集、鲁台、洪塘、穆家集、陈州、柳林、清河驿、西华县、小窑、诸葛寺、南头铺、陈村、黑龙潭、郾城县、新店、北舞渡、乐冈、襄城县。此外,还有更多的省内陆路交通路线,与之贯通全国的东西南北交通线路构成了四通八达的陆路交通网络。

在水路交通方面,因中国地势西高东低,河流都是自西向东流的。河南只有黄河自西向东贯穿全境,但因泥沙较多且经常泛滥,绝大部分水域不适合航运。因此河南尽管河流众多,但是境内水路航线运程均不长。据《天下水陆路程》(崇祯刊本)和《天下路程图引》整理的水运线路,有淮安经河南至汴城水路、淮安府经北河至陕西潼关水路、南京经大江至陕西西安府水路、颍州(今安徽省阜阳市)经前河至汴城水路、颍州至襄城县钧州水路。其中淮安经河南至汴城水路,此水路由淮安府走水路过颍州(今安徽省阜阳市)至界首进入河南境内,经颍水过纸店、王坝溜、槐方集、富坝口、新站、牛家埠、颍息坡、周家店、李方店、西华县、龙石关、李家桥,至朱仙镇起车,陆路行40里到达开封。淮安府经北河至陕西潼关水路,此水路由徐州水陆至韩家口进入河南,经过黄河到达汴城。因为黄河变迁不定,起车的地方时有变动。大致在黄家楼、王家楼或孙家湾等处起车,然后陆行400里到达河南府,之后或陆行,或通过小船将货物运抵集津,再至潼关。南京由大江至陕西西安府水路,此水路自南京通过水路到达襄阳府,然后在党子口进入河南境内,走丹水,过淅川,到达荆子关口,随后进入陕西境内。此路艰险,需要在汉口和小江口换船。颍州(今安徽省阜阳市)由前河至汴城水路,此水路自颍州出发,经田家集、龙湾塘、杨桥、沈丘、新县、直沟、丁村集、南顿、尹七埠口、周家口、李方店、西华县、李家潭、朱仙镇,然后陆路到达汴城。颍州至襄城县钧州水路,此水路自颍州出发,经周家口、赵老人埠口、邓城、龙盛沟、小窑、郾城县、新店、北舞渡、壑掩、衡梁渡、慈竹、襄城县、神垕镇,最后到达钧州。

因为河南没有一条贯通全省的水运线路,加之水运路程短但成本低廉,陆路运输路程长但成本相对较高的特点,商人在运输货物时会根据运输地点的远近和货物的轻重有所选择,更多时候是采取水路与陆路并行。无论陆路还是水路交通,都给河南城镇发展带来空前机遇。河南贯通东西南北,是商旅南来北往、东去西来的必经之地,是各族人民频繁活动和密切交往的场所,便利的交通位置对城镇的发展产生了深远的影响。明人张翰就曾指出："京师以南,河南当天下之中,开封其都会也。北下卫、彰达京圻,东沿汴泗转江汉。车马之交,达于四方,商贾乐聚。地饶漆绨枲纻织犷锡蜡皮张。昔周建都于此,土地平广,人民富庶,其俗纤俭习事,故东贾齐鲁,南贾梁楚,皆周人也。彰德控赵魏,走晋冀,亦当河洛之分。而南阳下蕲黄,入襄郧,又与淮泗相表里。若民物殷阜,汝宁为优,而水陆道里为便矣。"由此不难看出发达的交通环境使得中原地区在商品四面八方的流通过程中起到了重要作用。明朝后期出版了《天下路程图引》、《天下水陆路程》(崇祯刊本)等系列交通指南用书,通过这些记载,我们清楚知道当时中原地区的交通多以省会开封为交会点,然后向四方延展,不但使处于交通沿线的旧有城镇得到发展,并且崛起了一批新兴城镇,使河南城镇发展史具有里程碑意义。

二、不同等级城镇经济的发展概况

随着商品经济的空前发展和四通八达交通网络的形成,地处中原的河南也迎来了新一轮城市发展的机遇。人口数量是城市发展规模的一个重要指标,以此可以判断城市发展所处的等级。开封作为河南的省会城市,是河南政治、经济、文化的中心,聚集了众多的人口,是河南最大的城市,同时其他府(州)、县(州)级城市人口都有不同程度的发展,市镇迅速崛起。

1.省会开封

开封在元明两代都是省会城市,政治优势带来了发展经济的优势,以开封为交会点形成的四通八达的交通网络,给开封经济的发展带来了空前机遇。元代时,意大利人马可·波罗游历至开封城时,惊叹其发达的经济:"有丝甚饶,以织极美金锦及种种绸绢。是为一富足之州,由时一切谷粮皆贱。境内有野味甚多,且有虎。有富裕大商贾包办其买卖商货之税额,君主获有收入甚巨。"[①]虽然开封在元末战乱中遭受巨大破坏,明政权建立后仍定开封为河南省会,其经济恢复发展比较快,到明朝中后期发展成为河南省最大的商业城市,也是全国商

---

① 冯承钧译,党宝海新注:《马可波罗行纪》,河北人民出版社1999年版,第505页。

业比较发达的城市之一。在明王朝统治的 200 余年间,开封城人口聚集,经济繁荣,特别是到后期,各地乡绅富户以及周边的流动人口为躲避农民战争大量拥入城内,直接推动了开封城人口激增到了百万之多。① 当然除去明末因为避难而逃进城中的人口,开封城在大部分时间人口不足百万。根据当时开封推官黄澍的说法,"汴梁百姓,周王宫眷而外,臣七月初旬,以点保甲为名,实在人丁三十七万八千有零"②,这应是开封城内平民的数量,如果加上王府官员、各级官吏、士兵以及仆从人员等,人口数量应该更大。比照同时期其他的大城市:扬州 40 万以上、临清 90 万以上、南昌 100 万左右、赣州 50 万以上、济南 100 万以上,开封人口也应在 50~100 万之间。居住在开封城的人,以身份地位以及职业可分为六部分:一是皇亲国戚。开封为周王的封地,各种身份和等级的皇亲国戚以及为其服务的文武官员和仆从杂役是一个庞大的群体。二是文武官员及书吏衙役。开封是河南省会、开封府治所在,以祥符县为附郭,三级衙署会聚一城,文武官员和书吏衙役当不在少数。三是勋贵和士绅。许多退休的朝廷勋贵和当地士绅家族纷纷在城内定居,成为开封人口的重要组成。四是宗教人士。开封城里有许多道观和寺院,僧人、道士等宗教人士亦为数众多。五是文人雅士。开封是中原文化中心,会聚在这里谋取功名的莘莘学子和寻求出路的文人雅士应有不少。六是商人及技艺人。开封城内店铺林立、市井繁荣,各个行业为不同阶层服务的工商界人士、手工业者、杂耍艺人等也是数量可观。

明朝中后期的开封城,聚集着众多人口,经济发展迅速,商业繁华,城内布满了大大小小的街巷胡同,"为街者六十有九,为巷者五十有六,而胡同则四十有二",总计有 167 条。其中徐府街尤为繁华,"此市有天下商客,堆积杂货等物,每日拥塞不断"③,成为名副其实的商业中心街区。到明朝末期,随着商品市场的发展,城内外的店铺数不胜数,仅《如梦录》中提到的有名称的店铺就达 150 余个,经营范围涉及城中市民日常生活所需各种行业。在省会开封城的带

---

① 刘益安在《汴围湿襟录校注》(中州书画社 1982 年版)中对原书"民存十一"作了考订,认为"诸本作'概得一万户,每户曰十丁口,统计得百万余户',显误。古今本(按即《古今说部丛书·壬集》本)作'统计得百万余,无户字,据古今本删。然古今本亦作'士民概得一万余户','一'当为'十'之误,据下文改"。
② 〔清〕傅泽洪:《行水金鉴》卷四五《河水》,商务印书馆 1936 年版,第 657 页。
③ 孔宪易校注:《如梦录》,中州古籍出版社 1984 年版,第 28 页。

动下,其他府县级城市以及市集经济都较前有很大发展。

2.府城洛阳

洛阳在明代为河南府府城,为豫西重镇,是河南第二大城市。经过元末的连年战乱,百姓或死或迁,洛阳所在的河南府路,辖9县,户9520,人口只有65751人[1],洛阳人口总数也不超过1万,在经济凋敝、人口稀少的状态下,洛阳非农业城市人口数量也就几千人,相当于一个稍大点的县城规模。明初政府为改变豫北地旷人稀、劳动力不足的状况,积极鼓励各方移民迁入。洪武二十四年(1381)洛阳县编户达到87里,共计9570户,比元时河南府所辖9县的户数还多。同样以每户6人计算,此时期洛阳人口为57420人。考虑到洛阳总人口大概是开封的一半,城市人口比重远小于开封,以城市人口占总人口的10%~30%计算,洛阳城市人口大概在5742~17226人之间。此外,刘士岭在研究明初洛阳人口时,曾将其与江西抚州比较,认为抚州"无论是城市的地位、经济水平还是建置规模,都与明初的洛阳相当。但元末战争中,河南的人口损失远大于江西,因此明初洛阳的城市人口也必定少于抚州",由此推断洛阳的人口可能在1万人左右。同开封一样,在山西移民和人口增殖双重作用下,洛阳人口增长非常迅速。永乐十年(1412)发展到83124人,成化十八年(1483)为85124人[2]。曹树基曾对河南人口增长问题进行过系统研究,认为明代河南北方地区的人口自然增长率为7.6‰,按照这一比率,则自成化十八年(1483)到崇祯三年(1630)[3]的147年时间里,扣除其中20年的人口停滞期,共有127年有效稳定增长时间,那么崇祯三年的洛阳人口应为224355人。因为洛阳是伊王、福王的封邑和河南府、洛阳县的治所,豫西地区的政治、经济、文化中心,城市人口比重应该大于一般的府、州、县城市,如果以10%~30%城市人口比率计算,则洛阳城内大约有22436~67307人。考虑到明代地方志中记录的人口数字往往较实际偏少,且成化《河南总志》分府县记载的户口中刨除了军户数量,因此洛阳非农业人口数应该更多,大概在3万~8万之间,中间值为5.5万左右。

洛阳商业发展虽然没法与开封比,但是其发展不容置疑,这可以从关林捐

---

[1] 《元史》卷五八《志第十》,中华书局1976年版,第1403页。
[2] 《河南总志》卷七《河南府》,国家图书馆1985年影抄本。
[3] 进入明朝末年,华北地区自然灾害和战争接连不断,导致人口进入负增长时代,故笔者选取崇祯三年为人口增长终止年份。

建者姓名的碑刻内容上得到证实。如万历《江西商人河南善人施助大典碑记》就载,万历二十四年(1596)江西承宣布政使同南昌府南昌县人在河南等处游商,遇洛阳城南奉敕修建汉武安王崇封义烈老爷正殿。社首杨同、熊正梁等众人共议喜舍梁柱,布施银七十两,各姓随于后,祈保各家人巷平安、吉祥如意。后面提到的江西商人姓名达到130人,捐助银两不等,可见当时在洛阳经营的外籍商人之多。

3.其他府县城市

府县城市人口总体趋势也是增长的。明代早期的城市,曹树基曾以洪武二十六年(1393)作为标准时间点,认为此时期河南全省人口可以达到316.4万人,考虑到河南城市化水平略低于湖广,以7%比率计算,城市人口大约在22万左右,只是北宋开封城人口的1/15。如果除掉开封、洛阳两大城市,河南普通城镇人口大概刚能达到目前通行的城镇人口应在2000人以上的标准。[①] 应该说,曹树基的研究还非常粗略,只是对洪武二十六年河南城镇发展情况的大致描述,加上目前学界对于他所设定的316.4万人口存在诸多争议[②],这也直接影响了结果的可信度。但是他用比较的方法推定出城市人口比率,对于研究明代不同等级的城市发展还是非常有借鉴意义的。笔者以成化《河南总志》所记录的洪武二十四年(1391)和成化十八年(1482)的河南州县人口为基础,对这两个时期城市人口数量变化进行考察,以此透视河南府县级城市的发展。

洪武二十四年(1391)河南总人口为2782670人,采用曹树基城市人口占总人口的7%比率计算,则城市人口在19.5万左右,除去开封、洛阳两大城市,河南普通州县的人口应该在1500人左右。根据成化《河南总志》记载,洪武二十四年,城市人口在4000~7999人之间稍大点的州县仅有汝州、钧州和固始县3个,人口在2000~3999人之间的州县有19个。大多数的城镇人口在2000人以下,其中人口在1000~1999人之间的州县数量比重最大,有44个,1000人以下的州县数量有32个。有些县城因为人口过少,已经称不上一个真正的城市,如柘城县城市人口167人,新蔡县176人,考城县188人,镇平县206人,阼城县213

[①] 曹树基:《中国人口史(第四卷)》,复旦大学出版社2005年版,第366页。
[②] 刘士岭:《大河南北,斯民厥土:历史时期的河南人口与土地(1368—1953)》,2009年博士学位论文,第96页。

人,延津县 230 人,泌阳县 309 人,宁陵县 336 人。

成化十八年(1482),河南三司总人口为 4809791 人,虽然此时期城市有了一定发展,但是考虑到全省人口增加除了人口的自然增殖,还有相当一部分是来自晋南、荆襄等地的移民,这些移民进入的多是地广人稀的地区,或山区,或洪水过后的平原,职业一般以务农为主,因此对河南城市人口比重变化应该不会有太大影响。笔者依旧按照 7% 的标准计算,如此则城市人口在 33.7 万上下,除去洛阳和开封两大城市,河南普通州县城市人口应该在 2500 人左右。河南布政使司分府、州、县所统计的户口数量总和为 4765075[①] 人,按照上面的统计方法,则军籍人口数为 44716 人,军籍人口和非军籍人口之比为 44761∶4765075 或 0.0094∶1,即每 1000 名非军籍人口对应 9.4 名军籍人口,这个比率大大小于洪武时期,至于原因可能是卫所归属变动造成,如归德卫、汝宁卫改属中军都督府直接管辖,也可能由卫所建置发生变化直接导致。按照这个新的比率,将成化十八年(1482)的分州、县人口进行修订,2000 人以上的城市大大增加,其中 2000~3999 人的城市有 45 个,4000~7999 人的城市有 14 个。此时期仍有 1000 人以下的城市,不过数量已经减少到 10 个。此外还出现了一个人口过万的城市,这就是怀庆府的河内县。河内县是怀庆府府治所在,"南控虎牢之险,北倚太行之固;沁河东流,沇水西带,表里山河,雄跨晋卫,舟车都会,号称陆海"[②],地理位置重要,交通发达,灌溉便利,土地肥沃,人口密集,城市也相对发达。洪武二十四年(1391)怀庆府 6 县,有 3 县人口在 1000~1999 人,3 县人口在 2000~3000 人,城市人均人口在全省位居前列,到成化十八年(1482),怀庆府有 5 县人口在 4000~7000 人,府治所在河内县,人口更是达到了 8172 人,在全省州县城市中排名第 3,仅次于开封、洛阳。

明末,河南人口的数字不见于记载,因此学者有诸多估计。曹树基认为:从洪武二十六年(1393)到成化十八年(1482),河南南部(汝州、南阳和汝宁三府州)的在籍人口从 45 万增加至 125 万,人口年平均增长率为 16.5‰,北部人口从 229 万增加到 458 万,人口年平均增长率为 7.6‰,排除流民入籍的情况,应以河

---

① 开封府 1749749 人,归德府 296953 人,彰德府 320096 人,卫辉府 202618 人,怀庆府 435300 人,河南府 738227 人,汝州 252734 人,南阳府 322023 人,汝宁府 447375 人,总计 4765075 人。

② 〔清〕顾祖禹:《读史方舆纪要》卷四九《怀庆府》,中华书局 2005 年版,第 2094 页。

南北部地区的7.8‰为准。据此估算从成化十八年(1482)到崇祯三年(1630),河南籍人口从583万增加536万,加上100万军人及其家属,崇祯三年的人口大约为1219万。① 对此,刘士岭提出了不同意见。他以太康县人口增长为例,认为洪武二十四年(1391)至成化十八年(1482)以及永乐十年(1412)到景泰三年(1452)这两个时段人口性别比相对稳定、社会环境相对安定,这两个时段的人口年增长率5.6‰和6.2‰可以作为明代中后期人口自然增长率的重要参考值,故而以成化十八年(1482)人口数4809791为基数,推算出崇祯三年(1630)的总人口在10991713~12006171之间,中间数字为11498942。② 作者认为刘士岭以固定样本为参考值对全省人口进行推算,固然有其局限性,但是较之曹树基的宏观粗略推论数字应该更为客观一些。对于此时期的城市人口依旧采用7%的比率计算,遂得出崇祯三年(1630)的城市人口数量分级:1000人以下的州县已经消失,1000~2000人之间的州县城市数量也急剧缩小,只剩下9个。大部分的州县城市规模在2000~15999人之间,其中又以8000~15999人的城市数量最多,4000~7999人的城市其次,2000~3999人的城市再次。此外还出现了5个人口在16000~31999人之间的较大规模城市,它们是怀庆府的河内县、彰德府的安阳县、河南府的永宁县、开封府的杞县和钧州。需要说明的是,我们进行的只是一个粗略的人口统计,还有一些城市,因为战争、自然灾害、赋役等原因,人口非但没有增加,反而有所减少,如阌县"明初生齿颇繁,正德以后渐不及初"③,鄢陵县正德年间因为经历刘六、刘七起义,全县"屠戮男女几万,减国初之数十八"④,兰阳县屡受黄河泛滥的困扰,"人民昔少今加少"⑤。此外,真阳和封丘两县成化时没有设置,只存嘉靖时期的人口记录,没有统计入内。⑥

明末,河南108个州县城市,按照行政等级可以分为省级城市、府级城市(府、直隶州)和县级城市(散州、县)三个等级。祥符县(今开封市)是河南最大

---

① 〔清〕曹树基:《中国人口史(第四卷)》,复旦大学出版社2005年版,第273页。
② 刘士岭:《大河南北,斯民厥土:历史时期的河南人口与土地(1368—1953)》,2009年博士学位论文,第103—106页。
③ (顺治)《阌县乡志》卷二《田赋·户口》,顺治十六年(1659)增刻本。
④ (嘉靖)《鄢陵县志》卷三《田赋志·户口》,天一阁藏明代地方志选刊本。
⑤ (嘉靖)《兰阳县志》卷二《田赋志》,嘉靖二十五年(1546)刻本。
⑥ 刘士岭:《大河南北,斯民厥土:历史时期的河南人口与土地(1368—1953)》,2009年博士学位论文,第100页。

的城市,人口在 50～100 万之间,中间数为 75 万。府级城市人口均在 2000 人以上,城市人口规模集中在 4000～7999 人、8000～15999 人和 16000～31999 人三个阶段,因为受到洛阳这一特殊城市的影响,府级城市的平均人口规模达到了 15791 人,如果不考虑洛阳,其余 7 个府级城市的平均人口规模是 10190 人。县级城市中人口规模集中分布在 2000～3999 人、4000～7999 人、8000～15999 人三个阶段,平均人口规模是 6641 人。从三个等级的平均规模看,省级城市人口远远高于府、县两级,而府级城市的规模也高出县级城市很多,这从一定程度上说明城市行政等级与人口规模之间确实存在着一定的联系,但是行政等级并不能决定城市的人口规模。虽然人口规模最小的 1000～1999 人的城市均为县级城市,但是有 37 座人口在 8000 人以上的县级城市规模大于 4 座人口在 8000 人以下的府级城市,而还有 1 座人口在 2000～3999 人的府级城市,其规模远远小于大部分的县级城市。县级城市人口规模超越府级城市的现象比比皆是,如归德府永城县"户口、田赋甲于旁邑"[①],卫辉府新乡县"生齿日繁,较之六邑而新乡为有盛焉"[②],南阳府所辖州县中,泌阳县、邓州、叶县、新野县、裕州、舞阳县、唐县 7 县都比府城所在地南阳县人口多,只有桐柏县、镇平县、淅川县、内乡县、南召县 5 县比府城人口少。

　　一般来说,城市行政等级越高,人口规模越大,但也有例外,行政级别高而人口规模小的情况也存在,只是这种情况很少。因此,肯定城市规模与行政等级在明代仍然存在着相当大的联系,但影响城市规模的因素还有诸如经济发展、地理位置等,行政等级只是其中很重要的一项。

三、市镇的迅速崛起

　　明代中后期县级以下市镇的发展非常迅速。比如偃师县,据《元丰九域志》记载,宋时偃师只辖有缑氏一镇,而明成化时这里已有 4 个规模比较大的集市了。嘉靖《永城县志》也载:"按《旧志》止有东关、西关、酂阳、太丘、胡家庄、苗

---

① (嘉靖)《永城县志》卷三《食货》,天一阁藏明代地方志选刊本。
② (正德)《新乡县志》卷二《户口》,天一阁藏明代地方志选刊本。

村桥六集,今增共四十五集。集有东关集、西关集、北关集,以上在坊乡;费桥集、白马桥集、薛疃桥集、柏山集、东十八里集、胡家庄集、铁佛寺集、黄家集、苗村桥集、睢城集、械村集、丁家集、秦家集、汗道口集、窦家集、李梁集,以上在甫城乡;尼台店集、龙冈集、白庙集、酇县城集、王家集、张家集、裴家桥集、书案店集、马头寺集、扎捕集、麻冢集、柘村集、双桥集、找子营集,以上在酇县乡;山城集、胡父家桥集、何家集,以上在砀山乡;火烧店、薛家湖集、保安集、买头集、太丘集、西十八里集、酇阳集、马牧集,以上在保安乡。"①据史料记载,明朝正统十三年(1448),永城县训导陈聪修补县志,4年之后,也就是景泰三年(1452),永城教谕周叔刚,训导贡瑞重新撰写县志。因为目前这两本县志均已失传,所以只能估计出文中所提到的"旧志"应该是其中之一。嘉靖年间的县志修于1548年,距前两本县志的修著时间大概间隔100来年,这百年中,永城市集由6处增加到45处,可以看出商业市镇发展速度之快。郾城县,永乐初年有集市8处,嘉靖三十年(1551)增加到11处②。尉氏县宣德十年(1435)新立14处集市,成化年间增加1处,嘉靖年间又增加2处③。虽然关于明代河南集市变迁的史料很少,但是从一些零星记录里,我们还是能够清楚看出,河南集市在明代前期和中期处于迅速恢复发展期,前期重于恢复,中期则重在发展,尤其是嘉靖时期,很多州县的市集数量基本确定。此外,巡检司本是政府设于关津要道,用于盘查过路行人,以缉拿奸细、截获脱逃军人及囚犯,打击走私,维护正常商旅往来的基层组织,到了后来也有不少具有了市镇性质,如"六安、罗田、固始、商城四县接界之所,军民杂居,今改巡司,其于镇河通舟楫,货物交集,一巨市也"④,丁家道口位于虞城县境内,为河防要地,正统十年(1445)设巡检司,经济繁荣,"舳舻星□,贾货云集,亦兹土之名区也"⑤。

对于明代前期的市镇数量统计,因为史料记载阙如,我们已经无从下手。而对于明代中后期市镇的数量,由于方志保存不完全,且记载参差不一,我们只能大约估计出数目。需要说明的是河南省的府城均设于县城,如河南省治在祥

---

① (嘉靖)《永城县志》卷一《坊里》,天一阁藏明代地方志选刊本。
② (嘉靖)《郾城县志》卷五《坊乡集镇附》,天一阁藏明代地方志选刊续编本。
③ (嘉靖)《尉氏县志》卷一《风土志·市集》,嘉靖二十七年(1548)刻本。
④ (嘉靖)《商城县志》卷二《建置志》之《市集》,天一阁藏明代地方志选刊续编本。
⑤ (嘉靖)《归德志》卷一《村镇》,天一阁藏明代地方志选刊续编本。

符县,南阳府治在南阳县,归德府治在商丘县,因此我们在对河南市镇的统计中,只需要计算州、县市镇的拥有量即可。通过对现存州志、县志中关于市镇的记载,并结合其他史籍资料,如祥符县,参考了《如梦录》中"外有四镇,东埽头、西瓦子坡、北金垣镇、南朱仙镇"的记载,而修武县,参考了《豫变纪略》中对于清化镇的记载,从而得出河南73个州、县,共有集镇702个,其分布状况如表6-2-1所示。

表6-2-1 明代中后期河南集镇数目统计表(单位:个)

府、直隶州	州县	集镇	平均
开封府	20	186	9.3
归德府	4	107	26.8
怀庆府	5	6	1.2
卫辉府	3	25	8.3
彰德府	6	29	4.8
南阳府	8	84	10.5
汝宁府	9	136	15.1
河南府	13	65	5
汝州	5	64	10.8
合计	73	702	9.6

资料来源:《如梦录》,(嘉靖)《通许县志》,(嘉靖)《太康县志》,(嘉靖)《尉氏县志》,(嘉靖)《鄢陵志》,(嘉靖)《阳武县志》,(嘉靖)《兰阳县志》,(嘉靖)《仪封县志》,(嘉靖)《沈丘县志》,(嘉靖)《许州志》,(嘉靖)《襄城县志》,(嘉靖)《归德志》,(嘉靖)《夏邑县志》,(正德)《新乡县志》,(嘉靖)《辉县志》,(嘉靖)《彰德府志》,(嘉靖)《光山县志》,(嘉靖)《固始县志》,(嘉靖)《商城县志》,(弘治)《偃师县志》,正德《汝州志》,(嘉靖)《鲁山县志》,(嘉靖)《邓州志》,(嘉靖)《永城县志》,(万历)《罗山县志》,(万历)《武陟县志》。

通过对明代中后期现存州志、县志中关于市镇的记载以及其他史籍资料,统计出河南73个州、县共有集镇702个。我们按照已有的州、县集镇的平均值,对于缺少州、县的集镇数据进行估算,由此得出明代中后期河南全省共有集镇1039个左右,在府、州、县的分布情况如表6-2-2所示。不过,这个估值距离实际数量会有一定的误差,如果按照误差率5%推算,此时期集镇数大概在987~1091之间,相对明代前期,市镇迅速增加是不言而喻的,这进一步推动了明代中后期商品经济的发展。

表 6-2-2 明代中后期河南城镇数量估算(单位:个)

府、直隶州	州、县	集镇	合计
开封府	34	320.6	354.6
归德府	9	155.1	164.1
怀庆府	6	15.6	21.6
河南府	14	74.6	88.6
卫辉府	6	53.8	59.8
彰德府	7	38.6	45.6
南阳府	13	132.1	145.1
汝宁府	14	184.1	198.1
汝州	5	64	69
合计	108	1038.5	1146.5

四、商品经营范围的丰富

商品经济的空前发展和四通八达的交通网络的形成,长途贩运业的发展,省、府、州、县城市的发展,以及商业市镇的迅速崛起,促进了市场的繁荣发展,商品种类齐全,应有尽有,基本上能够满足不同层次的消费者需求。省城开封是全省最大的商品市场,其繁华程度不亚于两京,正如《如梦录》所言,明末的开封市场,商业繁华,"满城街市,不可计数,势若两京"。这里以开封市场为例,透视明朝中后期河南城镇商品经营种类之多、范围之广。

商品经营范围如《如梦录》所记载,行业门类有上百个,除了较为熟悉的丝店、机房、染房、磨坊、成衣、木厂、剪刀、皮局、棺材店、门锁、打铜铺、倾销铺、毡店、铁器打制、农器、瓷器、弓箭、眼药、海鲜店、蔬菜店、袜店、花店、扇店、粉店、针店、诊所、当铺、轿店、饭店、算卦、说书、相面、蜡烛、纱帽店、竹货店、羊肉面店、翻刻经书店、古董店、胭脂店、干果鲜货店、皂靴店、烟火店、铜镜店、醋作房、杂货、文具店、孝帽店、红纸店、轴丈店、打银铺、生熟药材店、柬帖铺等,还有我们少见于其他史料记载的货卖故衣(二手衣物)、冒名假充的店铺、土街角短工市以及专办上京城请封、报名、干王册封等事宜的走京字家、柘城王宗举、走京李家。

表 6-2-3　明代开封商业行业、店铺示例[①]

行业分类	数量	店铺名称
金融业	六七十家	倾销铺、大倾销铺、关家倾销铺、倾番丝银铺、当铺、钱铺、钱桌、皮金铺、打金铺、打飞金铺、羊皮金铺、打银铺
绸缎布匹	二十余家	缎店、余芳缎店、余大缎店、余深缎店、余济缎店、余鸿缎店、潞绸店、布店、白布店、梭布店
衣帽服饰	七八十家	巾帽店、官帽店、纱帽店、孝帽店、鞋帽店、皂靴店、南鞋店、绱鞋铺、程家鞋铺、陈汉章南鞋铺、成兵快鞋店、估衣店、袜店、成衣铺、裁缝店、剪裁铺、带字铺、手巾铺、汗巾铺、网巾葛巾
妇女用品	近百家	梳子店、箆子铺、茜红樱伞铺、临清首柏店、扇铺、香料店、丝线、带字、胭脂、针店、铜锡簪扣店
日用杂品	六七十家	杂货铺、山货店、南货店、京货店、南京杂货、广福店、香店、纸马铺、纸扎铺、蜡烛店、瓷器店、雨伞铺、青铜镜铺、鞍辔店、锁店、箱匣、铁货铺、竹货铺、绳铺、漆店
文化用品	二三十家	纸店、红纸店、京文纸店、古连纸店、画铺、书铺、柬帖铺、笔铺、刻字、揭裱书画、翻刻经书、造玉牒册、刊竺版、手卷铺、轴丈店、古董铺、珍宝店、刷字、代书铺
皮毛制品	十余家	毡货店、绒线铺、西绒货店、皮店、羊毛店、皮袄、羊皮
木材木器	十余家	木厂、杉板厂、木器店、寿木店、棺材铺、柳条笸箩等铺
粮食业	十余家	六陈店、大米行、杂粮坊子、江米店
粮食加工	二十余家	磨房、油房、油店、醋作坊、醋店、烧酒坊、面房、粉店
副食品	四五十家	糖店、响糖铺、六安芽茶、茶叶店、南酒店、南果店、干果店、梨店、姜店、木耳店、杂菜、干鲜蔬店、海菜店、干菜店、羊油、干鱼店、鸡鸭鹅店、猪肉架、大盐店、碱店
餐饮	六七十家	酒店、酒楼、酒馆、酒肆、冷酒、饭铺、面铺、羊肉面店、切面店、素面店、烧饼店、粽子铺、茶馆
旅店运输	五六十家	客店、过客店、旅店、骡马大店、材料铺、轿铺

---

① 许檀:《明清时期的开封商业》,《中国史研究》2006 年第 1 期。

(续表)

行业分类	数量	店铺名称
医药	二三十家	接骨李家、接骨庞家、外科陈野庵、艾文所药局、张宏济药室、名医罗家、豆疹、眼科、跌打损伤、修牙、眼药艾家、生熟药铺、药材铺、西药材店
手工业	百余家	结帽匠(工正所)、条儿匠、机房、丝店、棉线店、碾布店、染房、漂白粉店、织负版(丧服)、皮局、熟皮作坊、毡货作坊、打锡铺、铜匠铺、铁匠铺、打铁钳、木匠铺、纸扎匠、织竹帘、竹匠、塌子匠、绳匠、绳包、定戥、作风匣、方斗、剪刀、门锁、箍桶、整理琵琶弦子、铸造生铣器、枪刀兵器店、农器、鞭镫
其他	数十家	说书、挽鼓、算卦、谈命馆、设火丧举、吹鼓手铺、淫店、妓女、广东人事
合计	七八百家	

从表 6-2-3 可以看出,商业经营形式多种多样,以店铺经营为主,辅以摊位贸易、沿街叫卖、庙会、早市等形式,极大地方便了消费者。店铺主要位于街市、街道两旁,是消费者集中的去处。许多街市发展成为商业街,街道两旁店铺鳞次栉比,"挨门逐户,生意不断"。有的甚至发展成为连锁店,如售卖绫罗绸缎的余氏家族,开有余芳缎店、余大缎店、余深缎店、余济缎店、余鸿缎店。摊位贸易相对比较固定,主要以小吃类为主。如"察院东大旗杆照壁前,卖大米粥、粽子、油粉、铜货摊子"。三关庙"宫前俱糊金银、打绒线、卖纸马、吃食,大小生意不断"。沿街叫卖基本上都是小本买卖。沿街卖货的人员又称货郎,做的都是小本生意。如五门"各口有货郎,卖白布、花素、生缣、青蓝布、小机包葛绒羯、毡毯、各色夏布、棉绸、山缣。又有惊闺、洗镜、定剪、磨刀、补锅、定盘、定碗、定秤、张罗、劈柴、铡草、鞔鞋、栓扎鞍架、扯络鞭子"。庙会有固定时间,人气也是最旺的。如东岳庙"每年三月廿八日,圣诞之辰,五日前,会起,进香、做醮、拥塞满门。所卖各样货物,遍地皆是。棚搭满院,酒饭耍货,诸般都备;香火燎天,人烟盖地"。城隍庙"每逢朔望日大会,各处进香拥挤盈门。照壁前,卖牛马尾、网巾、唐巾等货;牌坊下,卖描金彩漆、卷胎、拔丝等盒、帽匠、盔洗旧帽、安鞭爪,兼补破坏"。早市贸易也是商业经营的一种形式,也是有固定时间限制。如西厢"五更时鲜菜成堆,拥挤不动,俱有贩者来卖,等下交易"。批发贸易,如鼓楼西

市,"有天下客商,堆积杂货等物,每日拥塞不断","自县角往南……所有郑州、辉县、光州、固始等处各色大米,俱归入行内,其斗大如杂粮斗","自税课司往南,是六陈杂粮,堆囤如山,官斗五十四只"。

城镇经济不仅有商业,还应该包括手工业、交通运输等行业。开封城内手工业者众多。《如梦录》提到了众多的开封商业店铺,其中从事手工业的就有结帽匠、条儿匠、机房、丝店、棉线店、碾布店、染房、漂白粉房、织负版(丧服)、皮局、熟皮作坊、毡货作坊、打锡铺、打铁钳、木匠铺、纸扎匠、织竹帘、竹匠、塌子匠、绳匠、绳包、定戬、作风匣、方斗、剪刀、门锁、箍桶、整理琵琶弦子、铸造生铣器、枪刀兵器店、农器、鞭镫等百余家店铺,这还只能算是开封手工业的一个大概,兴盛时手工业门类和从业者应该更多。从事旅店运输业的商户也有不少,《如梦录》中提到的客店、过客店、旅店、骡马大店、材料铺、轿铺,粗略统计为五六十家。他们中有普通的旅店,有过客店,有餐饮附带住宿的旅店,还有柘城小店、临清店,等等。开封四通八达的交通运输网络,从开封市场上丰富的货源也可看出。京城、临清、南京、泰安、济宁、兖州各处客商贩卖不断,市场上充斥了山西潞绸、六安芽茶、临清首帕、吉阳夏布、南京大轿、四川黄杨木梳、福建荔枝木梳,还有京、杭、青、扬等处运来的粗细暑扇、僧帽、头篦、葛巾、白蜡等货,米行里也有来自郑州、辉县、光州、固始等处各色大米,甚至市场上还有人公开出售广东人事等的书册,各地商品琳琅满目,汇聚中州。此外值得一提的是,白天开封城内还有大量从城外拥入的农民和手工业者从事与人们日常生活相关的货物买卖,比如"西厢挨门俱是生意。五更时鲜菜成堆,拥挤不动,具有贩卖者来买,灯下交易。城门开时,塞门而进,分街货卖"。除了保障城内粮食青菜等供应不断,其他的生活用品,如柴草、灰、煤、石炭、木炭、白布、花素、生缣、青蓝布、毡毯等也有出售,此外,五更进入城中的还有从事洗镜、定剪、磨刀、补锅、定盘、定碗、定秤、张罗劈柴、铡草、鞯鞋、拴扎鞍架、扯络鞭子等行业的手工业者,以及居住在城外或四方云游而来的占课、相面、女先弹唱、僧道游食、笔墨书客、游学者,也由"五门所进"。

总体来说,虽然开封商业、手工业场所星罗棋布于大街小巷,但是基于当时开封的人口结构特征,城市商业、手工业中有非常可观的一部分是为周王府以及其他官僚贵族服务的,学者们将明代的开封称为消费型城市,这种消费型特征直到入清以后才随着人口结构的改变而发生转变。

第三节 城镇的规划建设和空间拓展

元明两代都是统一的多民族中央集权制的国家,为城镇建设奠定了坚实的政治基础,加之商品经济不断向前发展,为城镇建设的空间拓展提供了张力。在北宋晚年改革市场规划体制及制度的基础,深化城镇专业分工,开拓新类型的城镇规划,提高区域规划水平,以促进商品经济进一步繁荣发展。

一、城镇规划建设

元明两代在城镇规划建设上取得了里程碑的意义,尤其是明代城墙开始加砖,一改千年的土城历史,使城墙更加坚固耐用。还有元明北京城市的规划建设在吸收唐宋市坊分离的基础上做了进一步调整和补充,对提高当时各类城镇的规划建设起到了示范作用。然而,地方城镇规划建设受制于多种因素,主要是城镇行政级别、城镇人口以及经济发展等。

明代的开封城是河南省会,是开封府及其附郭祥符县的治所所在,也是周王府城所在地,其城市规划建设对府、州、县城市规划建设起着先导和引领作用。明代开封城的总体布局,可分为土城(宋外城)、砖城(里城)、紫禁城,颇像明代南京城的外城、内城与皇城之制。作为当时开封首道屏障的土城,基于北宋东京外城,"周四十八里二百二十三步,仅余基址,有门不修,以土填塞,备防河患"。其主要作用在于防水,但在明末李自成围攻开封城时,却为明代官兵破坏。明末人白愚在其《汴围湿襟录》中记载,"(明官兵)恐民暗逃,将土地周围峻削,路口把守闭塞,镇以棘,畜以犬,昼夜严防",且"铲土城至尽,下掘深沟,以防我兵"。近年的考古发掘,此土城的位置与范围已被探出,经过实测,它呈南北稍短、东西略长的长方形,东墙 7660 米,西墙 7590 米,南墙 6990 米,北墙 6940 米,周长 29180 米,与史载的"周四十八里二百二十三步"基本吻合。

守卫明开封城的第二道屏障为"砖城"。它是在洪武元年(1368)朱元璋定开封为北京时,诏令在宋代东京里城的基础上修建而成,周长20里190步,高三丈五尺,广二丈一尺,外以青砖包砌,故曰"砖城"。据《如梦录》记载,城"高五丈,敌楼五座,俱有箭炮眼,三方四正,十六邪。大城楼五座,角楼四座,星楼二十四座,俱按二十八宿布置,样铺十座,窝铺五十四座……"如此规模宏大、设施齐备的城垣,其防御功能不言而喻。这道砖城亦毁于明末洪水,清康熙元年(1662)重修,道光二十一年(1841)又重修,即为今日矗立地表的开封城墙。近年的文物勘探资料已证实,今开封城墙即在明代砖城的基础上修建而成,大南门、曹门、宋门、北门、西门等五门的位置亦未变动。这道砖城之内,以周王府前的东西大街(曹门至西门)为标志,将开封城分割为南、北两部分,以北主要是周王府宫殿区,以南为居民、商业区。周王府正南大街直通南门,大体上成为开封城的中轴线。这条中轴线上有一重要建筑——州桥。其位置据《如梦录》记载,"州桥下即汴河,其桥脚北过县角,南至小纸坊街口,又名天汉桥"。

作为明代开封城核心的周王府,位于城中偏北处,它始建于洪武十一年(1378)正月。其规模与布局,《如梦录》中有详尽记载:"周府本宋时建都宫阙旧基,坐北朝南,正对南薰门,即宋之正阳门也。北有大门五间三开,即宋之大宋门也。"周王府外围有萧墙,周长9里13步,高二丈许,上覆琉璃瓦。萧墙四面共辟4门,正南门曰午门,东曰东华门,北曰后宰门,西曰西华门。诸门"极大宏敞,碧瓦朱门,九钉九带",异常雄伟。进午门东西两侧分别建有宗庙、地坛,符合中国古代都城布局中的"左祖右社"之制。再往北为紫禁城,亦称王城,系在朱棣被封为周王后的洪武十二年(1379),朱元璋命将军冯胜修建,"周围三里三百九步五寸,东西一百五十丈二寸五分,南北一百九十七丈二寸五分"。城高五丈,外围以城壕。城壁四门,与萧墙四门相对。其中的正南门——端礼门,"三瓮三开,金钉朱户,红花涂墙,立砖铺地"。城内建有银安殿、存信殿、配殿、寝殿、白虎殿等。宫殿后矗立一座煤山,山上松柏成林,山下绿水流淌,"奇石异花,重峦叠障,揽之不尽",具有皇家园林之派。在朱元璋分封的诸王中,秦晋二府营建最早。为了统一诸王府的规模,洪武十一年(1378)七月,"工部奏,诸王宫城纵广未有定制,请以晋府为准。周围三里三百九步五寸,东西一百五十丈二寸五分,南北一百九十七丈二寸五分。制曰:'可'",从而规定了王府占地的大小。从上文记载看,周王府、紫禁城符合此标准,但近年的勘探结果表明,其周长为 5 里左右,事实上已超标准了,若再加上其四周的萧墙,超得就更多了。这种"僭越"现象,似可作为当时周王府势力强大的一种反映。

明代开封城,不仅是周王府的府治所在地,还有省、府、县三级官署衙门和省、府、县学校,以及聚集了金融、布匹、衣帽、日用、文化、皮毛、木材、粮食、餐饮、旅店、医药等数百家商业店铺及数十家手工业作坊。此外,开封城内还有为数颇多的寺院庵观与礼拜寺、天主堂等。

洛阳是河南府治所城市兼县治所城市,其城市建设和布局是府县治所城市的一个缩影。据《元河南志·宋城阙古迹》载,"金初仍宋制,正大初以河南为中京,改河南为金昌府。筑城,东据瀍水,南接东城之南郭,西亦因东城之西郭,北缩于旧(城)一里",洛阳城市面积仅为唐时的 1/20 左右。明代的洛阳城建筑规模较元有所扩大,关林的修建即是证明。明代洛阳不仅是河南府和洛阳县的治所,还是伊王、福王的封邑。关林的兴修得益于"洛阳王疏请创建殿宇"[①],这里的洛阳王指的是伊王。此后王府的家眷、官员以及亲随多次出资出力支持关林的营建。如万历二十四年(1596)《新建官邸冢庙施财信女碑记》中就提到万安王王妃李氏、四府朱门魏氏、七府夫人张氏、方城王九府夫人王氏,西鄂王五府淑人谢氏、夫人王门张氏,刘门潘氏等。《洛阳汝州善人施财碑记》提到方城王府刘景和、韩守节、李大京、何守金、刘光显、李大伦等,虽然具体身份未予说明,但肯定是王府的官员或差役。福王就藩后也曾热心关林营建,《洛阳城南关圣帝冢君庙义社碑记》载,该社即由随同福王赴洛的人员组成。参与关林营建的还有府、县官员。如《关圣陵节府诸公构亭留鹿碑》中就提到了河南知府诸公"充扩旧址","捐俸构亭于应门外"。《汉室孤忠碑》提到立碑人是河南承宣布政使司易登瀛,参与其事的还有分守河南道书吏以及分巡河南书吏等数人。此外,卫所官兵和州县民众的捐助也有很多,在现在存留的碑刻中,我们可以看到,他们的名字是混杂在名单中一并提起的,可以推测明中期以后军户和民户之间已经没有了森严界限。我们只在碑刻中看到过几个具有生员身份的人物,推想在全民捐建关林的过程中,士绅是肯定参与的,其他的诸如商人、手工业者等之所以在名单中难以寻觅踪影,是因为他们混杂在兵民中没有具体标明身份,关林标明捐助者姓名的碑刻内容基本上都是极为简单的。捐建关林的还有

---

① (万历二十五年)《创塑神像壁记》,现藏洛阳关林。

许多商人,其中不少来自外省。如万历《江西商人河南善人施助大殿碑记》就载,"大明江西承宣布政史同南昌府、南昌县人在河南等处游商,遇洛阳城南奉敕修建汉武安王崇封义烈老爷正殿。社首杨同、熊正梁等众人等共议喜舍梁柱,布施银七十两,各姓随于后,祈保各家人巷平安,吉祥如意",后面提到的江西商人达到130人,捐助银两不等,可见关林修建的规模和影响力之大。

二、城镇商业空间的发展

明代河南城镇商业交易空间随着商品经济的发展在不断扩大,从省、府、州、县城市向农村延伸。省城开封的商业交易范围在《如梦录》这一笔记小说中记述得很清楚。该书"街市纪""关厢纪""小市纪"三个部分详细记录了开封的市井分布和商业繁华,其商品交易地点从城内到城门各口再到城外。城内大街小巷,"满城街市,不可计数"。城门各口小市聚集,另有"占课、相面、算卦瞎子、女先弹唱、僧道游食、笔墨书客、游学,述之不尽"。城外关厢"排门挨户,不亚城内","西厢挨门,俱是生意"。

商业经营规模大可以从许多方面表现出来。早在宋代开封的店铺已经不同于唐代的坊市经营,而是根据人们的需要,比较分散而合理地分布于大街小巷,面向大街开放,同时涌现了许多繁华的商业街,如鼓楼西市,会集天下客商,货物堆积如山,每日拥塞不断。镇平王府南,各色生意,接连不断,"三街六市,热闹第一"。仁义胡同、弓箭胡同,"临门大小生意,拥挤不动"。有些街区还形成了某种商品的专业市场,如后宰门"东、西萧蔷居民,多业熬盐",孝严寺前"俱是粗作房,各样酱菜发行",三官庙左近"方园人家,俱做布袜、防线、结壳儿、扭狄髻",封丘王府角"酒饭各样生意,排门皆是",张家胡同西口往南通是生熟药铺,五胜角大街路西"俱是做妆奁、床帐、桌椅、木器等物"的店铺。大街小巷固定摊位和流动商贩的数量不计其数,仅书中提到的部分商铺数量就可达七八百家,其中有具体商户名称的超过50余家。此外,还出现了大宗货物的市场和商铺。像上面提到的税课司南的六陈杂"堆囤如山,官斗五十四只",书中还提到余姓绸缎店有余芳缎店、余大缎店、余深缎店、余济缎店、余鸿缎店5家,可能是连锁店。

河南府治所洛阳是河南的第二大城市,但发展远落后于开封。明代洛阳城的规模只恢复到隋唐时的五分之一,与当时省内比较繁荣的县城相埒,手工业只有家庭丝织业、棉纺织业、制酒业,城内酒馆多于商肆。经过明末战争,城市被毁。县城经济在原来的基础上有了很大发展,主要表现在经济由市内向关厢即郊区发展,一些城市的商业街就在关厢。新乡县东门外迎恩关集原有民居不满百数,正德元年(1506)以后,"民之乐居就业者众,有两门以固,东西有墙垣,以周四围,居民商贾既庶而富,其感召有自矣"①。内乡县城外原本只北关有厢房,东西关皆无人居,南关唯一二家居之,成化十五年(1479),"以附籍流民在乡保者已近便各置田庐,惟在城一保,僦居逐末,恒产既无,恒心难保……又于东西二门,令各乡有力人民兑买近便地,亦盖厢房,以为宿泊交易之所。自是四门皆成关厢,居民商货,既庶而富,前此未有也"。到成化二十一年(1485)前,四厢皆有民居,北关自不必说,东关厢已有房145间,西关厢811间,南关厢142间,②繁庶前所未有。明末清初,武安县"最多商贾,厢房村墟罔不居货"③,从中可以看出,县城商业空间在不断拓展和扩大。

架起县城以上经济与乡村经济的桥梁——集镇,其主要功能是为了满足农村消费者的基本需求,这种类型的集镇属于传统型集镇,其交易空间很有限。所谓"市廛有地,交易有期"④,明代河南集市主要有间日集(又名隔日集)、10日4集、3日1集、5日1集、7日1集、10日1集、半月1集等。因为农民购买物品主要是为满足生产需要和日常消费,成交量低,所以相邻的集市往往把集期错开,如辉县有"赵固街集、褚丘街集、峪河街集、吴村街集、鲁家庄街集、沙塈街集、高村街集,以上或双日、单日轮流"⑤,通许县市镇有邸阁、炼城、李佐、小城、吴召、坚冈、五道人店、润店、朱砂冈、穄子冈10处,"为市各奇、偶不等"⑥,以给小商贩"每月遇日赶集"⑦提供机会,也拓展了集市的空间,给亦农亦商的农民带来便利。大部分的州县集市还处于为农民提供简单交易场所的阶段,所谓

---

① (正德)《新乡县志》卷一《街市》,天一阁藏明代地方志选刊本。
② (成化)《内乡县志》卷二《食货略·关厢》,成化二十一年(1593)刻本。
③ 〔清〕顾炎武:《天下郡国利病书》,《彰德府志》,四部丛刊本。
④ (乾隆)《富平县志》卷二《建置志》,乾隆四十三年(1778)刻本。
⑤ (嘉靖)《辉县志》卷二《街市集场》,天一阁藏明代地方志选刊本。
⑥ (嘉靖)《通许县志》卷之上《市镇》,天一阁藏明代地方志选刊本。
⑦ (嘉靖)《尉氏县志》卷一《风土类·民业》,嘉靖二十七年(1548)刻本。

"日中而市",还不成规模。

与传统型集镇相对应的是一批新型市镇的兴起。这些新型市镇都位于水陆交通发达的地区。如明代中期贾鲁河疏浚后,"自正阳至朱仙镇舟楫通行,略无阻滞"①,为周边城镇发展带来了契机。朱仙镇距离省城开封45里,位于贾鲁河畔,凭借得天独厚的地缘优势,吸引南北客商云集,发展成为中原地区最大的货物中转地。商水县周家店(今周口市),地处"燕、赵、江、楚之冲,秦、晋、淮、泗之道",明初还只是沙河南北岸的一个渡口,成化年间,贾鲁河与沙、颍二河汇流,舟楫可以直通朱仙镇,于是来此定居的商民日渐增多,成为北方"水陆交汇之乡,财货堆积之薮"。同样,因为地理优势迅速兴起的镇市还有归德州丁家道口集,位于州北30里,紧靠黄河南岸,正统时期已是"舳舻星□,贾货云集,亦兹土之名区也"②。商城县金家寨市,"六安、罗田、固始、商城四县接界之所,军民杂居,今改巡司,其于镇河通舟楫,货物交集,一巨市也"③。新乡县乐水关,在卫河南岸,"以水陆通便,故商贾蚁附,物货山集,目今最为繁庶",当地居民亦多从事商业活动,"乐居就业者日众"④。邓州急滩店"州东四十里,有集,西邻湍河,为襄陕之冲,商至货聚"⑤等。豫南唐河县源潭镇,位于唐河、毗河、泌阳河三水交汇处,深潭联串,商船云集,贸易兴盛。豫北内黄县田氏镇,西近卫河,商旅颇集。

这些新型市镇的发展非常迅速,其规模也普遍大于传统集市,这主要体现在三个方面:一是不分集期,交易已经成为常态。如淅川荆紫关"程宽埠口店,州西一百二十里,在丹江之东,近为州县之隅,远界三省之间,舟车四通,商贾交至,日为常市,税归淅川"⑥。周家口居民明初时每逢双日在永宁集交易,永乐时期,随着子午街的开辟,单日设集进行交易,成化以后,"来周家口定居的商民日益增多,并在沿河三岸形成了河南、河西、河北三个市区。万历年间,三个市场连接在一起,商务兴盛,相继开设了陆陈、茶麻、杂货、中药等行店"⑦,已经发展

---

① 〔明〕沈德符:《万历野获编(上)》,文化艺术出版社1998年版,第349页。
② (嘉靖)《归德志》卷一《村镇》,天一阁藏明代地方志选刊。
③ (嘉靖)《商城县志》卷二《建置志》,天一阁藏明代地方志选刊。
④ (正德)《新乡县志》卷一《关厢》,天一阁藏明代地方志选刊。
⑤ (嘉靖)《邓州志》卷八《舆地志·镇店》,天一阁藏明代地方志选刊。
⑥ (嘉靖)《邓州志》卷八《舆地志·镇店》,天一阁藏明代地方志选刊。
⑦ 王兴亚:《明清河南集市庙会会馆》,中州古籍出版社1998年版,第42页。

为常市。二是发展超越了层级。传统的农村集市是典型的层级式商业网的一环,是低于府、州、县城市的最低级的农村市场,而新型市镇则不再单纯为农民消费而贸易,它的交易面更广、交易量更大,参与者涉及外地长途贩运者,而且数量众多,这在传统市镇中是没有的。如河内县清化镇(今博爱县),明代已经发展成为豫北重镇,商贸繁华程度超过府城,镇内居住着大量外地客商,据隆庆五年(1571)《创建金龙四大王神祠记》记载,当年参与大王庙营建的人员约有472人,外地客商高达351人,占全部捐资人数的74.4%。淅川县荆紫关,"西接秦川,南通鄂渚",是江西、湖广、陕西等地商人买卖购棐的会集之所,南北客商数目众多。项城县南顿镇是豫东南一个大型水运码头,境内财货堆积充盈,外地富商大贾往来如织。三是居民数量具有了相当规模。清化镇,"居民数万家"[①],规模比一般的州县城市还要大。邓州穰东镇,"街市居民千余家,商贾辐辏,为邓首镇"[②],人口应该在5000人以上。

第四节 城镇的社会生活与文化发展

元明时期,都城迁移到北京,河南失去了历史上地处政治中心的优势,加之经济重心的南移,在社会生活和思想文化方面,固守传统的东西相对多些,外来的新风尚、新思想、新文化渗透得比较慢。然而,一个时代有一个时代的生活方式和思想文化特点,河南作为全国的一个内地省份,距离都城也不远,在保持地域特色生活方式的同时,随着商品经济的空前发展,生活方式也悄然变化。思想文化上,宋代的河南是理学渊薮,受宋代理学影响深远,理学成就斐然。其他文化教育、科学技术等也有长足发展。

---

① 〔清〕郑廉著,王兴亚点校:《豫变纪略》卷二,浙江古籍出版社1984年版,第29页。
② (嘉靖)《邓州志》卷八《舆地志》,天一阁藏明代地方志选刊。

一、社会生活

元代是少数民族蒙古族建立的政权,蒙古族是一个游牧民族,其生活习性与从事农耕定居生活的汉人差异非常大。但是蒙古人入主中原地区后,与汉民族杂居生活,其生活方式受中原汉人影响,中原汉人的生活方式同时也受蒙古人影响。明代前期固守传统的生活方式,中后期随着商品经济的发展,生活起居由俭朴走向奢华。

1.元代的生活起居

元代的河南社会生活因蒙古族和回族等其他少数民族入主中原,与汉民族长期生活在一起,通过互相交往,在生活习俗上互相吸收、互相借鉴,在服饰、婚姻、丧葬等方面都发生了变化。

服饰是民族生活习俗的重要表征之一。蒙古人早期狩猎,多穿由皮革制成的短衣。元代建国后,庶事草创,冠服车舆,都从旧俗。元世祖忽必烈统一天下后,"参酌古今,随时损益,兼存国制,用备仪文"[1]。上自天子,下至庶人,都有具体规定。仁宗时,士民靡丽之风甚盛,尊卑上下界限混淆,于是命中书省规定服色等第,上得兼下,下不得僭上,违者治罪。但"蒙古人不在禁限,及见当怯薛诸色人等,亦不在禁限"[2]。这一规定体现了民族不平等。衣服上的"兼存国制"是指质孙。质孙是元朝特有的衣服,只在内廷大宴时穿,若是大宴数日,每天都得更换不同颜色的质孙。大臣的朝服皆是大袖、盘领、右衽。"一品二品用犀玉带大团花紫罗袍,三品至五品用金带紫罗袍,六品七品用绯袍"[3]。官民都带帽子,有的帽檐是圆的,有的帽檐前圆后方,有的帽檐像兜鍪。衣服贵的用浑金线为纳石失(金锦),或者腰线绣通神襕。元代平民百姓的衣着也有规定:不允许穿赭黄色衣服,只能穿丝绸绫罗、毛毳,帽笠不允许用金玉作装饰,靴子不许裁置花样。中原汉人聚居区流行的服装有"上盖、布袍、团衫、唐裙、腰裙、背

---

[1] 《元史》卷七八《志第二十八》,中华书局1976年版,第1930页。
[2] 《元史》卷七八《志第二十八》,中华书局1976年版,第1942页。
[3] 〔元〕叶子奇:《草木集》卷三下《杂制篇》,《明代笔记小说大观》,上海古籍出版社2005年版。

子、汗塌、裹肚等"①。上盖一般是指男子在比较庄重场合穿的衣服,可以是袄,也可以是袍子。唐裙、腰裙是妇女所穿的服式。唐裙与蒙古人所着袍服不同,是汉族地区传统的妇女装束,裙裾飘飘,舞袖低垂,穿起来别有一番风情,特别引人注意。裙腰又称腰裙,是汉族妇女穿的短裙。团衫是妇女的礼服。褙褡是无袖短衣,又称搭背、搭膊。汗塌是内衣。女子戴头巾,称包髻,首饰有钗、钿、耳、环、梳等。男子戴的头巾有唐巾、抹额(又称抹头、包头)。妇女普遍缠足,以脚小为美,所穿之鞋称弓鞋。总之,元代在河南这块热土上,生活着以汉族为主体的蒙古族、回族等少数民族,各民族的服饰在保持自己民族风格的同时,也相互影响。

婚姻习俗也是社会生活的重要表征之一,受国家法律制度的约束。生活在中原地区的蒙古人,仍沿袭本民族的婚姻习俗。元世祖至元年间规定:"诸色人同类自相婚姻者,各从本俗法;递相婚姻者以男为主;蒙古人不在此限。"②这就是说政府尊重各民族的婚姻习俗,每个民族的人若自相婚姻,可按照本民族婚姻习惯进行,不同民族之间通婚,按照男方婚姻习俗进行,但是蒙古族女子嫁给外族人,依照蒙古人的习俗,不受男方为主之限。由此可见,元朝的民族不平等在婚姻上也有反映。元代蒙古人的婚姻分为抢亲、议婚两种。所谓抢亲,不管女方是否同意,只要抢来即可成为夫妻,这种风俗多在蒙古国时期。元代建立后,这种风俗明显减少。所谓议婚,是指父亲可代替儿子向女方求婚,女方父母得照例推辞数次,到正式同意后,即饮许亲酒。蒙古语把许亲酒叫"布浑察儿",同时还要有许婚宴席。聘礼一般用马匹。元代蒙古人之间婚姻也讲究门当户对,贫民不能与贵族通婚。元代蒙古人实行一夫多妻制,一个男子可娶数个妻子,但限于财产状况,平民一般只娶一妻。蒙古族妇女珍视贞节,严禁已婚女子通奸。蒙古人还实行收寄婚制,也就是父亲死后儿子可以娶后母为妻子,兄死弟则收其妻。平民取后母的情况不多见,娶寡嫂者却很多。这主要是因为嫂子不外嫁,侄子辈由叔伯抚养,不会受虐待,且未婚幼弟若娶寡嫂,会省去很多彩礼,是两全其美的事情。中原地区汉人的婚姻仍沿袭原有的习惯,从提亲到结婚要经历议婚、纳采、纳币、亲迎、新妇拜见舅姑(公婆)、三日之后新妇拜祭祠

---

① 史卫民:《元代社会生活史》,中国社会科学出版社1996年版,第111页。
② 《大元通制条格》卷三《户令·婚姻礼制》,法律出版社2000年版,第38页。

堂、新婚往见妻子父母。结婚是人生大事,但沉重的彩礼使百姓不堪重负,"近年聘财无法,奢靡日增,至有倾资破产,不能成礼,甚则争讼不已,以致嫁娶失时"①。做媒的人也以各种理由索要男女钱财,造成社会混乱,至元八年(1271)对各阶层人的聘礼做出了具体规定,庶人之家聘礼比官员少得多。此外,元政权对一些特殊婚姻也有规定:禁止驱口(奴隶)与良人结婚,违者治罪。乐人身份递减,不能与其他人通婚,只能于乐人内部结婚。中原汉人受蒙古人收继婚制的影响,允许弟娶嫂,兄娶弟媳,但到了至元十二年(1275)时,这类婚姻已被废止,违者杖刑。

节日娱乐体现着统治者对传统文化的重视程度。元代统治者沿袭汉民族的节假日娱乐传统习俗,对其做出了具体规定。元代节假日有明确规定,凡京府州县官员,"若遇天寿(皇帝生日)、冬至,各给假二日;元正、寒食,各三日;七月十五日、十月一日、立春、重午、立秋、重九、每旬,各给假一日"。元正、寒食、立春、重午、立秋、重九等都不是蒙古人固有的节日,而是中原地区汉人非常重要的节日,由此可见蒙古人沿袭了汉人的节日习俗,特别是元统治者在这一天放假,说明对汉族节日是尊重的。元代的假日与现在的礼拜天是不同的,每月3次例假,即每月的"初十日、二十日、三十日,每月三次放假有来"②。节日按其重要程度分作三日、二日、一日,这些节日有 16 天之多,再加上每月给假 3 天,一年的假期就很可观了,官民有专门的时间休息娱乐。元政权特别重视一年一度的春节,即现在的农历正月初一。春节是元代一年中最隆重的节日,也称元旦,放假 3 天。元旦庆贺始于汉代,以后历代沿袭,每逢元旦,举行朝贺大礼,元朝继承了这一传统,每逢此日,百官脱掉公服,与人互相道贺,同时各向对方馈赠手帕。士庶之家彼此往返迎送,敦睦情谊,蒙古人也很重视春节,称春节为白节。蒙古人尚白,认为白色象征纯洁吉祥,因此称岁首月为白月。大年初一这天,居住在中原地区的蒙古人都要穿上白色衣服,以表示吉祥如意。门外摆上供桌,供桌上摆放供品,面对日出方向磕头拜天,接下来给家里供的神祇上香叩头。互相拜过年后,一家人按辈分、年龄入座饮茶、敬酒,同平常饮酒不同,由该家主人用小酒杯从长至幼向所有的人敬酒,然后到亲友家拜年。节日饮食特

---

① 《大元通制条格》卷三《户令·婚姻礼制》,法律出版社 2000 年版,第 38 页。
② 《大元通制条格》卷二二《假宁·给假》,法律出版社 2000 年版,第 279 页。

别丰盛,还要燃放鞭炮。此外,正月十五的上元节观灯、清明前一日或两日的寒食节祭祖扫墓、五月五日的重午节(端午节)吃粽子赛龙舟、八月十五的中秋节赏月吃月饼等节日风俗,元朝统治者都非常重视。元代还重视祭天,以祭天为国俗,"元兴朔漠,代有拜天之礼,衣冠尚质,祭器尚纯,帝后亲之,宗戚助祭"[①]。

2. 明代的生活起居

明代经过百年社会经济的恢复与发展,商品经济空前繁荣,河南经济也逐步走向繁荣,以商品经济为基础产生的各种思想观念对谨遵程朱的传统伦理道德和价值观、社会生活方式及人情世风都产生了强烈的冲击,尤其表现在社会生活的渐趋多样化上。

服饰不仅是一种文化的外在表现,它也反映了一定时期社会等级之间的差别。明代中央政权对各级地方官和百姓的服饰都有极严格的限制,洪武三年(1370)规定"官员器服不得有黄色为饰,及彩画古帝王后妃圣贤人物故事,日用龙凤狮子麒麟犀象之形,如旧有进,限百日内毁之",普通百姓不许用黄色,不得僭用金绣、锦绮、红丝、绫罗,只许绸绢素纱,首饰钗镯不许用金玉、珠翠,"止用银"。对于服饰的面料、款式、色泽和饰物最讲究者莫过于妇女,明代规定"士庶妻首饰用银镀金,耳环用金珠,钏镯用银,服浅色圆衫,严禁用金绣、袍衫,止紫绿桃红及诸浅淡颜色,不许用大红、鸦青、黄色,不许僭用宝石首饰"。明初制度森严,因此河南人"贵贱之别,望而知之"。单调的青、白、黑等颜色,整齐划一,反映了严酷的封建政治统治与文化专制。明中期以后,随着商品经济的发展,人们的思想观念发生了很大变化,服饰由蔽体取暖转向求新求美、体现个性方向发展,前期淳朴风俗也逐渐被一股追求艳丽华贵、慕尚新奇风潮所取代,服饰因禁忌的打破而显得五彩缤纷、争奇斗艳。如南阳府,明初"小民急公好义,狱论衰止,诚为美俗。而迨及隆万,四方之人附籍者众,渐有好游惰、习奢侈者矣……风俗失旧,人心不古"。特别是商品交流的日趋频繁,商人又把南方最新潮的服饰带到北方,南方服饰成为达官显贵效仿的对象。

有明一代河南人的饮食也发生了很大变化,明代的饮食根据不同社会等级,从粗茶淡饭到品种较多,进而到丰盛再到奢侈浮华。由于河南是元末战争的主战场,经济破坏严重。明初中央致力于恢复生产,极力倡导节俭。明王朝

---

① 《元史》卷七二《志第二十三》,中华书局1976年版,第1781页。

就规定,官员家中的饮用器具统一制定,普通百姓"酒注用锡,酒盏用银,余用磁漆"。官员们和百姓饮食无不节俭,如西平人衡岳在洪武末年任潮州同知,他"布衣蔬食,不异寒士"。著名学者何景明享誉文坛,他描述自己的衣食说"一饭一蔬一褐一葛……古人好生,非祭不宰鸡鸭。此外皆长物也"。明代中后期,河南一些城乡的饮食和宴会变得日益奢华。万历年间,河南"姻家馈遗宴会之际,竞为靡丽,使中产之家四顾,徘徊而不能克举"。城乡的豪门大族、商贾名流,炮凤烹龙,山珍海味,可谓"富家一席酒,穷汉半年粮"。嘉靖年间浚县一位绅士卢柟"好酒任侠",四方慕名者络绎不绝,"座上客常满,尊中酒不空"。据描写,卢公子饮酒时,"脱巾卸服,跣足蓬头,按摩的按摩,歌唱的歌唱,叫取犀觥斟酒,连饮数觥,胸襟顿豁,开怀畅饮,不觉大醉"。各级官吏学士擢升、亲谢、贺岁、往来,动辄则大操酒席,珍肴满桌,歌舞吹弹,纷华关陈。饮食华彩,如一股风潮,政府强令而不能止。如河南人吕坤长期在山西、河南、陕西任职和生活,谙熟饮食宴会之频繁越礼、丰盛奢靡的事实,曾提出公费招待标准。

  婚丧嫁娶是古代社会生活的重要组成部分。明代河南的婚礼制度严格承袭古代"六礼"之制,"六礼"被视为权威的婚礼程序。《明史·礼志九》以御制形式规定了品官和庶民的婚娶仪式,即纳采、问名、纳吉、纳徵、请期、亲迎等"六礼"形式。河南风俗以朴素节俭淳厚为主,百姓重礼义、轻财货,体现俭朴而隆重的特点。男子通常十五六岁、女子十三四岁就可以婚配。明代的丧礼也多因循古礼,丧事用品袭衣、含饭、铭旌、绛帛和殓衣俱依品级有差而先有小殓、入殓之日,由熟人亲友至家中,包括姻、世、年、寅、乡均须到齐,择日开吊。每逢七日必有仪式,"五七"谓"复",意回煞日,孝子服孝三年,实则父二十七月,母二十一月。孝子装扮是"披麻戴孝",谓"齐衰"或"麻冠"。北方土质松软,可以深埋,故土葬盛行。明代中期以后,婚丧嫁娶制度在全省各地都有不同程度的由俭入奢趋向,尤其是在经济发达的地区和收入较高的家庭出现了越礼僭制、奢侈浪费的现象,并有蔓延之势。如嘉靖年间的郑州,婚丧人家完全背弃了古训祖制,"有丧之家,僧道兼用,倡优杂进,虽婚姻嫁娶,亦所甘心"。内黄县原来是"邻有丧,舂不相里;有殡,不巷歌。今各处愚民有遭父母、兄长之丧,殓葬之期,宰牲延款吊祭姻朋,甚至歌唱以恣欢,乘丧以嫁娶者,伤风败俗,莫此之甚"。明王朝的一些官员试图改变这种颓废的势头,但亦无法遏止。

二、文化教育

元代文化比较开放,戏曲成就特别突出,元代的教育以官学为主,辅以书院等其他教育形式,人才选拔通过科举考试,选择德才兼备的人充实到各级官僚队伍中。明代河南地方志的纂修空前兴盛,藩王在推动河南文化发展中做出了突出贡献。河南教育以府、州、县官学为主,辅以社学、书院等教育形式,科举考试仍是选拔官员的主要形式。

1.元代的文化教育

元代戏剧发展达到鼎盛。河南的杂剧成就特别突出,涌现出李好古、郑廷玉、赵敬夫、赵天锡等作家,以及王恽、姚燧、许有壬、朱德润等诗文作家,他们创作的剧本诗文都是当时社会生活的反映,推动了城镇文化的发展。

元代城镇教育有官学、书院等机构,官学有路、府、州、县四级,但并不普及。据统计,"今河南境内元代的儒学,有路学5所、府学3所、州学20所、县学110所,总计学校为128所,在全国学校2440余所中占5.28%"[1],由此可以看出河南官学教育的发展状况。路学配教授、教谕、学正、学录各1人;在散府中,上州与中州配教授1人,下州配学正1人;县学配教谕1人。除以上学校外,地方上还设有蒙古文字学校、医学学校、阴阳学学校。蒙古文字学校的招生对象是路府州官员子弟及民间子弟,教材是蒙古文《通鉴节要》。各级政府拨地充作学田,为教师提供薪俸和学生廪给。学生通过翰林考试后,可充当"学官译史"。诸路医学主要学习《素问》《难经》及张仲景的医学著作,诸路阴阳学学生主要学习天文、术数、阴阳等。元朝政府在诸路设医学和阴阳学,是战争、对外贸易、农业生产上的需要。元代的私学是官学的补充。私学因袭宋、金的传统,内容和形式如出一辙。元政府非常重视书院,规定凡"先儒过化之地,名贤经行之所,与好事之家出钱粟赡学者,并立为书院"[2],即是说,凡名儒耆宿讲学之地以及对教育热爱,出钱粟办学之地,皆可设立书院。书院设山长1人,山长与州县

---

[1] 李春祥、侯福禄主编:《河南考试史》,中州古籍出版社1993年版,第242页。
[2] 《元史》卷八一《志第三十一》,中华书局1976年版,第2032页。

学正、学录、教谕都是由礼部任命的,这说明书院同州县学享受一样的待遇。元代承袭前代书院继续兴办的有商丘睢阳书院、辉州百泉书院、洛阳嵩阳书院、邓州花洲书院、伊川书院,陆续新建有永城浍滨书院、登封颍谷书院、洛宁洛西书院、南阳诸葛亮书院、陈留志伊书院、禹州儒林书院、光山涑水书院、开州崇义书院等。① 这些书院促进了元代教育的发展。

元代继承隋唐开创的科举考试制度,规定每三年举行一次,分为乡试、会试、御试三道。会试、御试都在京师举行,乡试在行省举行。元代规定,凡参加乡试的举子,"本贯官司于诸色户内推举,年及二十五以上,乡党称其孝悌,朋友服起信义,经明行修之士,结罪保举,以礼敦遣,贡诸路府。其或徇私滥举,并应举而不举者,监察御史、肃政廉访司体察究治"。也就是说,参加乡试的人必须是学业突出、忠孝信悌之人,以保证考试的质量,使成绩优异者能够脱颖而出。乡试举行时间在八月份,八月二十日试第一场,二十三日试第二场,二十六日试第三场。因蒙古人、色目人享有诸多政治特权,在考试科目上与汉人、南人不同。乡试每省有几个考点,今天的河南省在元代分属于中书省和河南行省管辖,黄河以北的县分属彰德路、大名路、卫辉路、怀庆路,这四路考生去真定路(今河北省正定县)参加考试。濮州所辖的范县、济宁路所辖的虞城两县考生去东平府(今山东省东平县)参加考试,黄河以南的考生才去河南江北行省考试。乡试结束后,选合格者300人参加京师举行的会试,这300人中,蒙古人、色目人、汉人、南人各75人,这75人再分配给各乡试地区。75名蒙古人考生中分配给真定路5人、河南行省5人,75名色目人考生中分给真定路5人、河南行省5人,75名汉人考生中分给真定路11人、河南行省9人,75名南人考生中分配河南行省7人。从表面上看,蒙古人、色目人、汉人、南人考生平均分配,都是75人,但汉人、南人的考生远比蒙古人、色目人多得多,实际机遇是不平等的,由此可以看出,元代的科举考试也带有明显的民族歧视色彩。

2.明代的文化教育

明代非常重视地方志的编纂工作,因此地方志纂修和研究获得突飞猛进的发展。史志能"移风易俗,镜往证今,酌时而审"②,是一种重要典籍。河南在嘉

---

① 李春祥、侯福禄主编:《河南考试史》,中州古籍出版社1993年版,第242页。
② (嘉靖)《河南通志》序,嘉靖三十四年(1555)刻本。

靖和万历年间,出现了修志高潮。有学者考证,明代河南共修志 261 种,其中亡佚 175 中,尚存 86 种。现存志书中有《河南通志》2 部,府志 21 种,县志 63 种。① 其中嘉靖时河南布政使邹守愚与开封学者李濂、朱睦㮮等修纂的省志《河南通志》价值颇高,于嘉靖三十四年(1555)刊行。该志书对此前志书有重大突破,记述黄河变迁并且配有插图,开地方志"河防志"之先河。开封学者李濂除与朱睦㮮等合纂的《河南通志》外,还有多部研究古都开封的专著,如《祥符文献志》《祥符乡贤志》《汴京遗迹志》等。

分封河南的藩王在推动河南地方文化发展中做出了突出贡献。朱橚世子朱有燉(1379~1439),谥"宪王"。他"博学善书",遭世隆平,奉藩多暇,留心翰墨。他的作品集称为《诚斋乐府》,传奇若干种,流传内府,"至今中原弦索多用之"②,是明初著名的诗人和杂剧家。朱有燉一生共创作杂剧 31 种,如《张天师明断辰钩月》《关云长义勇辞金》《洛阳风月牡丹仙》等,都存有宣德年间刻本。他在散曲方面也有大量的作品传世,在民间广为流传。明代曲选《雍熙乐府》收录了他的大部分作品,传世者共有 31 种。他的词曲在很多地方打破了元代杂剧的规律,易于传唱,在北方流行非常广泛。明正德时李梦阳在他的诗作《汴中元宵》里就反映了朱有燉作品的流行程度,"中山孺子倚新妆,赵女燕姬总擅场,齐唱宪王新乐府,金梁桥外月如霜"③。朱橚一后裔朱睦㮮(1518~1587)才识出众,于万历五年(1577)被封为周藩宗正,领宗学。以三、六、九日午前讲《易》《诗》《书》,午后讲《春秋》《礼记》,寒暑不辍。朱睦㮮潜心著述,撰有《五经稽》《授经图传》《韵谱》,史学作品有《明帝世表》《周国世系表》《建文逊国褒忠录》等,志书作品有《河南通志》《开封郡志》《中州文献志》《中州人物志》《中州烈女传》等 20 多种。④

明代非常重视各级学校教育,开国皇帝朱元璋认为:"治国以教化为先,教经以学校为本。"明代洪武二年(1369),朱元璋即下令在全国各地广泛建立府、州、县学。明代府学设教授,州学设学正,县学设教谕,各 1 名,并佐以训导。训导每府学设 4 人,州学设 3 人,县学设 2 人。国家统一规定学校人数,府学 40

---

① 申畅编著:《河南方志研究》,中州古籍出版社 1991 年版,第 11 页。
② 〔清〕王昶辑:《明词综》卷一《周宪王》,辽宁教育出版社 1997 年版。
③ 〔清〕王昶辑:《明词综》卷一《周宪王》,辽宁教育出版社 1997 年版。
④ 《明史》卷一一六《列传第四》,中华书局 1974 年版,第 3569 页。

人,州学30人,县学20人。学校有廪生、增广生、附学生三类学生,而附学生没有定额。三类学生在学校期间的级别与晋升途径是:"凡初入学者,止谓之附学,而廪膳、增广,以岁科两试等第高者补充之,非廪者久次者,不得充岁贡也。"① 明代府、州、县地方学校的学习内容是"四书""五经""六义"。生员专修一经,又以礼、乐、射、御、书、数设科分教,此为科考之科目。学生学习与作文的格式俱为八股文。明代规定每年府、州、县学在岁考中获前一等、二等的生员(亦称秀才),才能参加科举考试。这种使官办学校与科举密切结合的做法,为明代首创。明代的科举考试三年一次,分乡试、会试、殿试三级。生员试之直省为乡试,中试者曰举人,次年以举人试之京师,曰会试,中试者,天子试之于殿中,谓之廷试。然后由礼部拟定,由皇帝批准定官。乡试为国家统一组织的省级考试。乡试三年一次,于子、午、卯、酉年秋八月举行,故又称"秋闱",通常八月初九日第一场、十二日第二场、十五日第三场。乡试录取数额由礼部以国家需要而定,前后变化极大。洪武三年(1370)额定河南40人,但"多才或不才者,不拘数额",实际上多少不定。仁宗洪熙年间始有定额,正统年间,南北直隶定100名,河南50名。弘治年间因河南人焦芳入阁,一时权倾朝野,河南省的乡试名额得以增至95名。焦芳事败后,河南名额又复旧额。虽然一省乡试名额确定,而省内录取则不再分地区、职业、年龄,录取标准只按成绩。所以河南各府、州、县中试数额有很大差距。据王兴亚先生统计,有明一代,河南各县中举最多者为祥符县(今开封市)625人(包括府城在内),其次为洛阳县471人(包括河南府城),最少的县为桐柏县和南召县,两县分别仅有2人和3人。会试在乡试举行的第二年春天的二月九日至十五日,故又称"春闱"或"礼闱"。明朝首次会试在洪武四年(1371),到崇祯十六年(1743),共88次。洪武四年首次会试,就试者189人,共录取120人,河南仅录取5人。河南人在全国科举考试中,在北宋以前一直处于领先的地位。但在南宋以后,随着全国经济重心的南移,北方人在科举考试中所占的地位逐渐下降,以至于到明初在朝中做官的北方人已经明显减少。洪武、永乐两朝虽然没有出现过南、北分官的现象,但已经出现了科举考试的案件。到仁宗初年,首分南、北榜,后宣宗时又分成南、北、中三榜。河南属北榜,名额大大低于南榜,这也客观反映了当时人才的情况。后虽略有

---

① 《明史》卷六九《志第四十五》,中华书局1974年版,第1687页。

增减,但河南取士略低于南方已是不争的事实。就状元人数而言,唐朝河南共有状元 18 位,北宋 16 位,而明代仅有 2 位。为配合武学及选拔优秀的武略人才,明政府于天顺八年(1464)"始设武举",但直到成化十四年(1478),才制定了武举的详细考试制度,规定武举如文科之制,分乡试、会试和殿试,参加者既可以是卫所军官舍余,也可以是普通的民家子弟。考试内容除基本文化知识考核外,重点考试武力与技艺。据王兴亚统计,河南人自正统七年(1442)参加武进士考试,到崇祯十三年(1640),共考取 68 人。就其分布来看,祥符县 5 人,河南卫 4 人,宣武卫、洛阳县、商丘县、鹿邑县各 3 人,陈州卫、怀庆卫、归德卫等各 1 人。其中考取第一名者为嘉靖甲寅科河南卫人陈彦,考取第二名的有 2 人,分别是商丘人卢应亮和夏邑人罗素明。

明代除府、州、县学外,还有社学。明初天下既定,出身贫寒的朱元璋颇重视教育,洪武八年(1375),由政府统一规定延师以教民间子弟,倡立社学。社学具有半官方的性质,故其存在和发展受到政局和官员自身因素的影响。因此,社学在全省各地的分布有很大的差别。据有些学者不完全统计,有明一代,全省各府、州、县均立有社学,共有 327 所,其中办学最多的是禹州,共有 59 所。另外,全省设立社学 10 所以上的有偃师、获嘉、裕州、尉氏、伊阳、新乡、鲁山、许州、临颍、原武、阳武、邓州等。如邓州的内乡县,社学有"拾五所,在城及各保";许州的社学也较多,"州前一所,城内四坊各一所,十三镇计十三所"。有的县仅部分乡保有社学,襄城县社学的前后各一所,其他部分 7 镇各一所,长葛、临颍、郾城 3 县除县城有社学外,仅在部分乡保设有少数的社学。有的县也仅有一所,如淅川县社学仅城西街的一所。有些县一所也没有,现有的社学就废不振,如嘉靖年间濮阳的旧社学"在北街,弘治年间知州王莹立,一在西街,今废。乡外尽废"。实际上,许多县的社学兴废无常,一些县到嘉靖时尚没有社学,如据嘉靖《夏邑县志》记载,该县"社学旧址在县东,岁久鞠为闲牧……即今改建阴阳医学地也,乃社学尚滋缺焉,余惧逸居无教……"知县郑相始改建了社学。社学以学习《百家姓》《千字文》为主,并兼及《御制大诰》等典章制度和古礼制,如冠、婚、丧、祭等,同时也会学习一些经、史、历、算之类的知识。为了达到教学目的,督促学生学习,各级地方官员制定了相应的管理制度。如奖惩制度,"童生文理通、说书明、写字佳、歌诗善者,为一等,除童生量给笔墨外,其师赏大纸一百页;中等者,平常相待,仍行帖以示鼓励;下等,社师怠惰废业、文理不通、管教不严者,革去馆谷,将童生并于一等"。社学又是封建统治阶级宣讲统治思想的场所,所以还要进行品德操行的考核。社学童生成绩优异而品行端正者可以递补县级儒学,成为生员,进行正规的科举考试辅导。一些县的社学也颇有成效,如新乡知县储珊"每月朔望无不考核,生徒乐业,多成就者"。社学的数量虽然比儒学和书院的数量都要大得多,分布和参加学习的人员也较广泛,承载着基层教育的重任,在社会教育的时间和内容方面都有很大的局限性,连续性也不强,但它却在普及识字教育、启迪童心和安定社会等方面起到了一定作用。

书院教育也是明代河南教育的重要组成部分,在河南有着悠久的历史。宋代知名的四大书院中河南有其二,即嵩阳书院和应天书院。书院作为一种教育形式,在元代已经取得了官学的地位,一改宋代私人讲学的性质,成为国家传播统治思想和文化的一种重要工具。朱元璋建国后肯定了书院这种教育形式。但由于国家首重科举考试,故书院教育不被重视。后由于科举考试日趋腐败,府、州、县官学日见衰落,随着国家经济的不断好转,各地书院也在各级官员的主持下陆续恢复与重建,同时还新建了一批书院,建书院之风再次兴起。明代书院的发展可谓一波三折,共有三次毁禁书院的事,第一次在嘉靖十六年(1537)至嘉靖十七年(1538),吏部尚书许赞上书请毁书院;第二次在万历初年张居正当国时;第三次在魏忠贤乱政时,以毁书院与东林党展开党争。他们的理由大多是"聚生徒""倡邪学""广收无赖",河南书院亦无幸免。明代河南较著名的书院有嵩阳书院、应天书院、大梁书院、洛中书院等。明中期以后河南各地陆续新建了一批书院。九朝古都洛阳自正德到嘉靖年间,当时邑儒温格孟、薛友谅等共同创建了同文书院、伊川书院、洛西书院和洛中书院等,其中以洛中书院列众书院之首。宪宗成化年间,提学吴伯通檄修伊川书院和洛西书院,并新建了伊洛书院。明代许州襄城县的紫云书院建于成化四年(1468),襄城人户部尚书李敏因丁忧回乡期间,见紫云山山清水秀、风景宜人,便在山中建屋二楹,读书讲学。此后,他又利用在家中养病的时间讲学。由于他学识渊博,官职显赫,故学者慕名而来者络绎不绝。李敏立条规,重修身,传授程朱理学,一时为天下学者仰慕。其他各地书院或由知县或由知州、知府等出面组织设立,但也会随着官员的离去而终结,留下的建筑房室改做他用。隆庆六年(1572),由内黄县知县黄克念创建的黄池书院后就改做了公署。登封县还有峨岭口处的少室书院,是正德年间郡守沈文华改寺院为书院,万历年间知县余梅在城西南街创建的存古书院,这两个书院存在时间都不长即废除,遗物改为他用。故大部分的书院随着明朝的灭亡而消失。据有关学者不完全统计,河南省自有明一代共设书院达75所。

三、科学技术

元明两代在科学技术方面都取得了一定成就。元代在天文学方面成就比较突出,明代分封河南的藩王对河南科技文化的发展做出了很大贡献。

元代的科技文化发展也很快,位于河南登封市告成镇的观星台,是我国现存最早的天文建筑,也是世界上重要的天文遗迹之一。1961年,观星台被国务院定为全国重点文物保护单位。告成镇古称阳城,相传这里早在周代就是测影场所之一。据文献记载,自明清以来都称告成镇这座观测建筑物为观星台。"观星台的基本结构,一是由回旋踏道簇拥着的巍峨台身,一是由台身北壁凹槽内向北平铺的石圭……石圭与直壁、横梁是一组观测日影的仪器"[①]。这种观测日影的设备,是用以测量正午时太阳影子长度的圭表,是为了改进历法。因此,《授时历》的颁行与观星台密不可分。元朝在全国设置天文观测所27个,阳城就是其中一个。

明代分封在河南的藩王对河南科技文化的发展做出了很大贡献。洪武十一年(1378),分封省会开封的朱元璋第五子朱橚(1361~1425),在开封城居住生活近半个世纪,他在医学、植物学方面成就非凡,流传后世的有《普济方》《救荒本草》《元宫词》和《植物名实图考》等。明代的开封各种灾害频繁出现,特别是黄河水患使人民饱受生活的艰难困苦。朱橚本人生活其中,深有体会,他出于"林林总总之民,不幸罹于旱涝,五谷不熟,则可以疗饥,恐不得已而求食者,不惑甘苦于荼荠,取昌阳弃呜啄,因得以裨五谷之却,则岂不为救荒之一"的目的,编写了著名的《救荒本草》。[②]《救荒本草》是我国最早以植物群为基础的河南植物志,书中新增的376种植物,突破了前人对植物的描述、分类、加工以及生态环境方面的研究。他对剧毒植物采取的吸附分离技术具有极高的科学价

---

① 张家泰:《登封观星台和元初天文观测的成就》,《考古》1976年第2期。
② 〔明〕朱橚:《救荒本草·卞同序》,中华书局1959年影印本。

值,因此《救荒本草》被美国著名的科技史专家萨顿誉为"中世纪最卓越的本草书"[1]。生活于怀庆府河内县的朱载堉(1536~1611)淡泊名利,上书7次辞去王位继承权,终生从事科学研究。他一生主要的科学研究领域是在乐律学、天文学、数学、计量学、历学和舞蹈学等方面。他是世界上首个运用数学的等比级数划分音律的人,创造了"十二平均律"。此法被广泛运用于控键盘乐器和竖琴等乐器,直到1636年欧洲才有法国科学家提出相同的理论。朱载堉把明初以来通行的《大统历》与《授时历》加以比较,发现其误差甚大,便吸取前人许衡、郭守敬等人成果,结合万历前后百年天象实践,以万历九年(1581)为元,制定新历,编定《圣寿万年历》。朱载堉的主要著作有《乐律全书》《切韵指南》《律吕正论》《律吕质疑辩惑》《律历融通》《嘉量算经》《万年历备考》《圣寿万年历》等。[2]

四、哲学宗教

元朝是少数民族蒙古族建立的政权,与中国古代很多大一统王朝不同的是,在文化领域的专制色彩并不浓,其文化政策表现出较强的开放性,尤其是在信仰方面,元朝对各种宗教采取兼容并蓄的态度,因此佛教、道教、伊斯兰教、基督教等在该朝代都得到发展。

元代理学发展成绩斐然,河南出现了几个理学大家,其中成就最大的是姚枢与许衡,他们为推动蒙汉文化交流以及元朝的社会稳定,做出了不可磨灭的贡献。

佛教受到元统治者的重视。元朝统治者注意保护佛寺及其寺内财产不容侵犯,且和尚不当差、不纳税,现存鹤壁市的一通元代碑文记载:浚州(今浚县)的金山嘉祐禅寺、法云寺的住持,以及柔监寺、喜监寺等和尚,要求使臣不得住在寺院房舍之内,也不许带走或索取铺马和食物供应,地税商税不能征收,属于寺院的水土、园林、碾磨、店铺、席解、典库、浴堂,不拣什么物件,他的不论是谁,休夺扯要者,休使气力者。这通碑文是以皇帝圣旨的形式下发,因为前边标有成吉思汗皇帝、月可台皇帝(太宗窝阔台)、薛禅皇帝(世祖忽必烈)、完者都皇

---

[1] 《李约瑟文集》,辽宁科学技术出版社1986年版,第781页。
[2] 《怀庆府志》卷七《人物》,康熙三十四年(1695)刊本。

帝(成宗铁穆耳)、曲律皇帝(武宗海山)字样,立碑时间为"鼠儿年二月二十八日大都里有时分与来",鼠儿年是仁宗皇庆元年(1312),这时武宗刚刚崩逝,仁宗嗣位不到一年时间,因此碑文里写到武宗皇帝为止。元代统治者为发展道教,在中央和地方都设有专门管理道教的机构。地方上各郡设道官1人,官阶五品,道观则设主掌。道观必须由政府任命,一般由道士充任。道教诞生地鹿邑县,有三通元政权保护道教的碑文,最早的是元宪宗七年(1257)《海都台子令旨碑》,此碑嵌于鹿邑县太清宫山门前的围墙内,碑是由青石制成的,保存完整,但字迹已漫漶而模糊不清。伊斯兰教在元代发展很快。汉文称伊斯兰教徒为回回人,他们长期居住在中原地区,习惯了这里的生活,以中原为家,"居中土也,服食中土也,而惟其国俗是泥也"①。元代继续优待犹太教,明弘治二年(1489)开封的《重建清真寺记碑》载:"元至元十六年己卯,五思达重建古刹清真寺,坐落于土市字街东南,四至三十五丈。"

明代河南哲学思想的发展与全国整个大的学术氛围是息息相关的,同时它还带有明显的地域特色。明代前期占统治地位的哲学思想是程朱理学。朱元璋建国后,一方面重视经济的恢复与发展,另一方面确立传统的儒家思想为治国理政的指导思想。作为儒家思想进一步深化的程朱理学,被明王朝确立为统治思想,在思想领域里不遗余力地推行。河南是程朱理学的产生地,对河南思想界影响非常大,产生了一大批理学思想的狂热追随者,如孟化鲤、刘淳、曹端、崔铣、何瑭等著名理学家。同时,还出现了一批开明务实的哲学家,如高拱、王廷相等著名人物。

随着程朱理学地位的确立,三纲五常伦理教条普遍推广,进家入户,从中央的国子学到地方府州县学,从私家书院到乡村里社,"家孔孟而户程朱",把全国整个思想界推进"非朱氏之言不尊"的时代。程朱理学束缚着人们的思想,整个思想界死气沉沉、万马齐喑。思想界对理学奉行不悖,对圣人之言不敢有丝毫怀疑。然而,在理学统治甚严的思想界,一些有主见的河南学者愈来愈发现理学的消极作用。他们立足现实,独立思考,从客观真实的现实中探索治国理政的思想方略,阐发了朴素的唯物主义思想。他们坚持自己的立场观点,反对唯心的理学思想。这些思想家在做官期间,从实际出发,务实为民,把理论与实际

---

① 《哈只哈心碑》,《至正集》卷三五,宣统刻本。

结合起来,给人以清新之感,他们是高拱、王廷相、吕坤等。

五、城市娱乐

明代的娱乐文化产生于民众肥沃的土壤里,河南有多种娱乐形式,如书法、绘画和棋类、杂耍、口技、武技等,众多的娱乐项目受到不同阶层人士的喜欢。勋臣贵戚官绅由于有雄厚的经济后盾和封建特权,保证他们拥有丰厚的藏书、广大的庄园,可以蓄养文人、戏曲班子和武精艺高之人,可以出资赞助文化艺术活动。河南各地的庙会是极负盛名的,是民间盛大的日子。庙会不仅是商品集散之地,更重要的是,庙会上所表演的各种文艺节目也汇集了民间精华。嘉靖时期的河南庙会已经是初具规模,遍及各地。省城开封有著名的东岳庙会,《如梦录》记载:"每年三月二十八日,圣诞之辰,五日前,会起,进香,做醮,拥塞满门。所卖各种货物,遍地皆是,棚搭满院,酒饭耍货,诸般都备;香火燎天,人烟盖地。"开州(今濮阳市)每年九月十二日的城隍庙会,"四方商贾毕至,城中摆集。凡绸缎布及服饰器用之类,无不具备。乡村男女皆入市,凡一岁之需,皆于时置办"。豫东夏邑县的庙会是正月初七的火星庙会、三月二十七日的东岳庙会、四月八日的佛会、五月十三日的关王庙会等,方圆几十里乃至上百里的富商大贾和平民百姓拥向集会,去领略多姿多彩的民间艺术。

明末,河南官商与平民都有自己的娱乐方式,但其共同特点是由俭入奢。省城开封就专门设有娱乐场所,如书场等。也有一些官方认可的妓院,"其中多有出奇美色妓女,善诙谐、谈谑、抚操丝弦、撇画、手谈、鼓板、讴歌、蹴圆、舞旋、酒令、猜枚,无不精通,每日王孙公子、文人墨士,坐轿乘马,买俏追欢,月无虚日"。普通百姓也时有铺张浪费,李绿园在他的小说《歧路灯》里就描述了许多平民的超前消费。

总之,明正德以前河南的社会风尚因受经济水平偏低的影响,大致还保持了淳朴的特色。明代中期以后,随着商品经济的发展和社会的动荡,一部分经济水平较高、交通发达的城镇和地区出现了一股追求艳丽、慕尚新奇的风潮,越礼僭制,一倡群效,风俗和风气都有显著的变化,但中原地区社会风尚的主流是没有被动摇的。

第七章 清代河南城镇的发展分化

清代是中国历史上最后一个封建王朝,在政治、经济、文化等方面都承袭明代制度,少有创新。鸦片战争前,河南城镇在全国商品经济空前发展的影响下,迎来了辉煌的发展期。在世界资本主义迅速发展的大背景下,帝国主义列强用坚船利炮敲开了中国的大门,中国的政治、经济、社会、文化等都发生了巨变,河南城镇也经历一场深刻的变革,向近代化迈进。

第一节 明清易代与城镇体系的重建

明清易代,河南城镇遭到破坏。清政权因袭了前代以地方行政区划为基础的城镇格局,建立起省、府、县三级城镇体系。由于商品经济的空前发展,处于水陆交通便利之处的市镇得到迅猛发展,出现了闻名全国的商业城镇,丰富了城镇体系的内容。

一、城镇体系的重建

明清交替之际,中原地区再次经历了大规模的战乱、瘟疫、灾荒的摧残,其中河南遭受的摧残最为严重。自崇祯八年(1635)正月,明末农民军十三家七十二营的首领群聚河南荥阳商讨作战方略后,特别是李自成农民军于崇祯十三年(1640)来到河南,河南随之成为明末清初的主战场,加之河南连年的旱灾、蝗灾、水灾及瘟疫,大片土地荒芜,赤地千里,饥民随从李自成农民军的达到数万人,从南到北,从西到东,到处都闪耀着农民军与明末官兵以及新生政权清兵的刀光剑影。中原地区大量人口或战死,或逃亡,或奔走他乡,城乡为之萧条。顺治初年,大江以北"积荒之地,无如河南最甚……满目榛荒,人丁稀少"①。战争最主要的目的是攻城略地,城镇是主攻对象,遭受的破坏最为严重,其表现之一是人口大量减少,"大河以南,南阳、河(南)二府,汝州一州,臣马首所瞻,荒残遮径,荒莱满眼。据各属详情,有一城不满数十家,有一邑不过仅百家者"②。以致"中州五郡八十余城尽为瓦砾",城市发展受沉重打击。河南府治所城市洛阳于崇祯十四年(1641)遭到李自成农民军的围攻,"士民被戮数十万",其辖县嵩县也在次年遭到李自成农民军的屠戮,"破嵩城,土寇盘踞掳杀最惨,城市蒿莱可没人";卢氏县"城无市肆,野无村落,民如晨星"。伊阳县在崇祯末年,"城无长吏,村绝烟火,市断人迹,为寇兵往来充斥者五六年"。原来经济发展水平较高的开封府因明末黄河决口淹城,造成府在"泥沙中,诸邑咸荆棘未剪"。开封府治所在的祥符县更是"兵残河决,地土全荒","村芜野棘,篝火探刃者遍河南北"③,其辖县鄢陵也是"城市之间,无虑白骨如莽",密县在清初,"城郭丘墟,居民四散,城无爨烟。知县崔养重冒险莅任,劝民进城,覆草为庐,寥寥数十家而已"④。禹州"汉世以阳翟领郡,历代号为富裕。自明季兵燹,一空如洗,清兴安辑,依然萧条"。汝宁府的新蔡县"荒烟蔓草,庐舍星散,人民远离"。归德府的鹿邑县"空巷荒凉,不忍见闻者"。黄河以北的卫辉府获嘉县"自寇蹯兵残,重以奇荒天疫,户口萧条,十耗其九"。直到康熙中期南阳一些地方仍然是"阡陌荒芜","定鼎以来,生聚未繁"⑤。明末清初的河南城镇就是面临这样的破败局面。然而,地处中原的河南也是最早纳入清王朝统治范围并付诸实施管理的省份。清王朝于崇祯十七年(1644)四月进驻北京,七月份开始直接向河南选派官员,以苏弘祖为河南布政使参政,兼按察使司佥事,分巡河北道。申朝纪为河南布政使司参政,分守河北道。同时,派出内国史院学士罗绣锦为都察御院右副

① 《垦荒宜宽民力疏》,《皇清奏议》卷四,《续修四库全书》,上海古籍出版社2002年版。
② 叶志如:《顺治六年整饬盐务课税题本》,《历史档案》1984年第1期。
③ 《祥符县志》卷二《田土》,顺治十八年(1661)刻本;《开封府志》卷二二《名宦》,康熙间刊本。
④ 《密县志》卷二,顺治十六年(1659)刊本。
⑤ 《邓州志》卷一〇《赋役志》,顺治十六年(1659)刻本。

都御史巡抚河南①。八月初,任命都察院参政祖可法为右都督,充任河南卫辉府总兵官,侍郎金玉和为都督佥事,充任河南怀庆府副将,郑廷櫆为河南布政使司参议,叶廷秀为河南道监察御史。八月十九日,"遣河南、山东、山西督抚道府等官赴任,摄政和硕睿亲王谕以体国爱民,各给银两有差"②。稍后,清朝在河南的卫辉府、怀庆府设置镇守总兵、副将、参将、游击、守备、千总和把总等官员,部署兵力5000人,开始了对豫北的统治和管理。此时,豫西仍然在大顺军的控制之下,而河南大部分地方都有心仪明朝的故明将士,三大政权力量在河南都有体现,力图统一中国的清王朝与另两股势力在中原大地的激烈决战在所难免。经过怀庆之役,清政权消除了李自成大军这个在河南最强劲的对手,稳定了清王朝在河南的统治。经过睢州之变,清政权消除了南明政权在河南组织的对抗力量。顺治二年(1645)三月底,清军多铎率大军入归德府后,向清廷报告了河南的整体形势:"所过州县,尽皆投顺。兵科凌骊,叛逃南中,复为御史出巡河南,适在归德,亦已擒获。南阳伪副将李好献札投诚,随给札升为总兵官。河南、开封、归德三辅属州县,亦委官管理。内院中书赵文蔚升为河南兵备道,王永亦升为清军总兵官,高第留镇河南,孔希贵留镇归德,惟开封府尚未留兵驻防,许定国及投诚贼首刘芳兴等俱随营南征。河南地方初定。"③从中可以看出,清政权在能够控制的地方沿袭了明代的地方行政区划。其实,清代地方行政区伴随着清政权的建立在沿袭明代旧制的基础上,在开始的新政权下的地方行政区,根据需要和形势变化,做出了必要的调整和改革。地方政区按其级别从高到低依次分为省、道、府(与之平行的有直隶州、直隶厅)、县(与县同级的散州或称属州、散厅)四级。

　　清代省级行政建置继承元代行省制,沿袭明代。行省之名始于元代,明代改为布政使司,清代又恢复行省之名。清代以行省为地方高层政区的正式名称,且从法律层面规定地方高层政区名称为"省",习惯上称"直省",或称"行省"。清代的河南省仍以开封为省城,驻地在今河南省开封市区。开封城在明末遭到黄河水灌城,顺治年间全部衙署移至城外所属州县,康熙元年修复,各衙

---

① 《清世祖实录》卷六,(台湾)华文书局1969年版,第72页。
② 《清世祖实录》卷七,(台湾)华文书局1969年版,第8页。
③ 《清世祖实录》卷一五,(台湾)华文书局1969年版,第134页。

门又移至省会开封城。

省下有道,道设道员。道有"守道"与"巡道"之分,大致由布政使的辅佐官参政、参议,驻守在一定地方,称为"守道"①。由按察司的辅佐官副使、佥事,分巡某一地方,称为"巡道"②。守道、巡道员本来和明代一样,是一种临时性的差使,本身没有品级,完全看他所带的是什么衔,如带参政衔是从三品,带参议衔是从四品,带副使是正四品,带佥事是正五品。而乾隆十八年(1753),取消参政、参议、副使、佥事诸衔,道员一律定为正四品,于是道员就不是差使而是实官了,逐渐演变成为分辖三、四府州,是省与府之间的地方长官,所在机构也演化成为省与府之间的地方行政机构。清朝前期,河南各道多有变动,时设时裁,如黄河以北的彰德、卫辉、怀庆三府就是如此。雍正五年(1727),河南巡抚田文镜上奏朝廷,以"河北三府共辖二十三县,幅员甚广,与直隶、山东、山西三省接壤。虽系内地,但臣与两司各道俱驻扎河南,中隔黄河,鞭长莫及,一切仓库钱粮与夫吏治民生,全赖知府督率,而知府无道员会同统辖,则勤惰得意自由。且河北大堤延袤数百余里,河道驻扎省城,一至汛涨发,南北奔驰,呼应不及",建议"必得一大员兼辖料理,方与地方有益。应请复设守道一员,统辖三府,稽查吏治并负责巡防,仍照管河道之例,加以兵备职衔"③。这一建议得到清廷准允,遂设河北守巡道,"兼理河务,驻扎怀庆府武陟县"④。乾隆以后,道作为一级行政机构,就正式固定下来。河南除河北道外,还有河南开归陈许郑诸道,兼理河务,驻省城。河南河陕汝道,兼理水利、驿传,驻陕州(今三门峡市陕州区)。南汝光道,兼理水利,驻信阳州。

道下有府(州)、县(州)。州级行政区划分为直隶州、散州两种,直隶州与府同级,但无附郭县,直属于省。散州隶于府,与县同级。清代独有的厅制行政区划,一般设在边远地区,分直隶厅、属(散)厅两种。直隶厅与府同级,隶于省,属(散)厅隶于府。县是有县、散州两种形式,散州与县同隶于府,只是散州辖区

---

① 《钦定大清会典则例》卷三《官制》,文渊阁《四库全书》本。
② 《钦定大清会典则例》卷三《官制》,文渊阁《四库全书》本。
③ 〔清〕田文镜撰,张民服点校:《抚豫宣化录》卷二《恭请复设河北道员以资政治事》,中州古籍出版社1995年,第69页。
④ (雍正)《河南通志》卷三五《职官六》,同治八年(1869)重补本。

较县略大,官职设置与直隶州同,但级别基本同县①。这样,由省—道—府—县组建的统治机构中,道治所与省治所、或府治所、或县治所同城,对城镇体系没有太大影响。如河南的四道中,河北道驻扎怀庆府武陟县。河南开归陈许郑诸道,驻省城;河南河陕汝道,驻陕州;南汝光道,驻信阳州。因此,在具体阐述河南省行政区划建置时就省却了道级行政区划。

二、河南行政区划和城镇数量的变化

河南省行政区划建置在沿袭明代的基础上,根据形势发展和国家政治需要,时有调整,总的趋势是与府同级的直隶州增加了,县的数量相应减少了,但数量变化可以说都不大,而最大的变化是一些县所归属的省份发生了变化。清初河南行政建置与明代同,仍为 8 府 1 州,即开封府、彰德府、卫辉府、怀庆府、河南府、归德府、汝宁府、南阳府 8 府,汝州 1 直隶州,如图 7-1-1 所示,这 8 府 1 州共辖 107 州县。

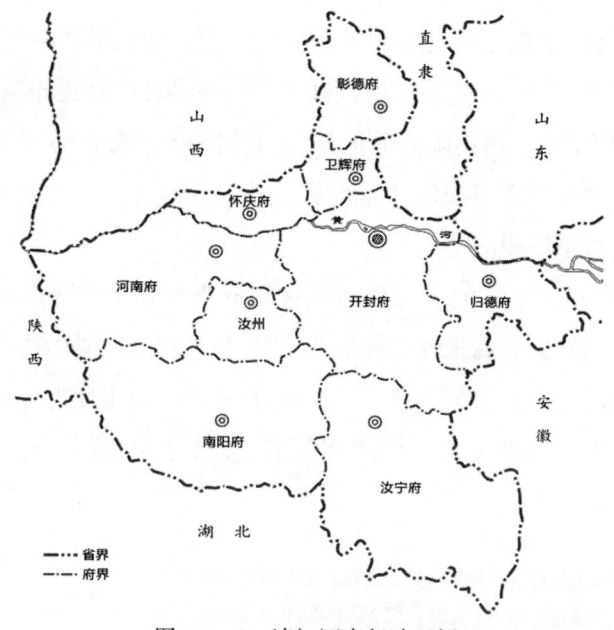

图 7-1-1 清初河南行政区划

---

① (雍正)《河南通志》卷三、卷四,同治八年(1869)重补本。

第七章 清代河南城镇的发展分化

清代的河南地方政区在明代 8 府 1 州基本格局下,有些微调,但对城镇格局影响都不大,城镇大的格局仍保持省城、府城、县城这种体系。顺治二年(1645)十月,清廷命安庐等处巡抚刘应宾"兼管光山、固始"[1],旋由安徽巡抚兼辖。[2] 最晚至顺治三年(1646)六月,光山、固始已归河南管辖。[3] 顺治十六年(1659)十一月,清廷将南阳府南召县归并于南阳县。[4] 雍正二年(1724),为了促进地方经济发展,开封府下辖的陈州、许州、禹州、郑州和汝宁府下辖的光州及河南府下辖的陕州皆升为直隶州,与府同级,直接归省管辖,于是出现了 8 府、6 直隶州的局面。雍正十二年(1734),政府根据直隶州的实际发展情况,又进行了相应调整,将发展较快的陈州、许州升级为府,陕州、光州仍保持直隶州,而禹州、郑州则降为散州,与县同级,此时河南出现了 10 府、3 直隶州。乾隆年间,许州被降为直隶州,此时河南变成了 9 府、4 直隶州,这一格局持续到光绪三十年(1904)郑州重新被升为直隶州,河南变成了 9 府、5 直隶州的格局,这一格局维持到清廷退出历史舞台。河南直隶厅的设立较晚,光绪三十一年(1905),因为淅川界连楚、陕,教堂林立,事务繁复,为了加强管理,故而此处由道辖厅升格为省辖厅。县这一基层行政单位就总量来说变化不大,顺治年间 107 个,乾隆年间减少到 104 个,咸丰年间减少到 103 个,光绪年间减少到 101 个。这种情况的出现主要有三方面原因:一是行政级别的变动。清末的二级行政单位较之清初增加了 6 个,分别是 4 个散州升为直隶州,一个散州升为府,一个散厅升为直隶厅,行政级别的升格是造成县级行政单位数量减少最主要的原因。二是经济不发达、人丁不足被省并的情况,如雍正四年(1726),卫辉府胙城县省却,辖域并入延津县。三是行政区划的改变。雍正三年(1725),为解决河南彰德府磁州与直隶省邯郸、永年诸县用水问题,将磁州改属直隶省广平府,另将原属直隶省广平府的浚县、滑县、内黄改属河南省,如此变动不仅使得河南行政区划发生变动,也对河南省县级单位的数量产生了影响,现就清代河南各时段行政建置变化列表,如表 7-1-1 所示:

---

[1] 《明清史料》丙编(第 2 本),商务印书馆 1936 年版,第 104 页。
[2] 《明清史料》丙编(第 7 本),商务印书馆 1936 年版,第 620 页。
[3] 《明清史料》丙编(第 6 本),商务印书馆 1936 年版,第 559 页。
[4] 《清世祖实录》卷一三〇,(台湾)华文书局 1969 年版,第 1006 页。

表 7-1-1　清代河南各时段行政建置数目统计表(单位:个)

时间	府	直隶州	直隶厅	散州	散厅	县
顺治十八年(1661)	8	1	0	11	0	96
雍正十三年(1735)	10	3	0	6	0	100
乾隆六十年(1795)	9	4	0	6	1	97
嘉庆二十五年(1820)	9	4	0	6	1	97
道光三十年(1850)	9	4	0	6	2	96
咸丰十一年(1861)	9	4	0	6	1	96
同治十三年(1874)	9	4	0	6	1	96
光绪三十四年(1908)	9	5	1	5	0	96
宣统三年(1911)	9	5	1	5	0	96

由表 7-1-1 可以看出,有清一代河南府、县行政单位总的趋势比较稳定。这说明我国自秦代以来就采用的郡县制已经日益完善,具有了根深蒂固的稳定性,虽然城市化水平会随着经济的变动而发生改变,但是中央政权对地方行政区划建置及其治所城市的管理只会在微观上作出相应调整,在宏观上基本保持大局稳定。

清代河南省区域建置在保持稳定的基础上,根据政治形势的变化以及统治需要,时有调整。清初基本承袭明制,在顺治朝、康熙朝有微调,在雍正朝做了较大的调整,主要是增设了一些直隶州,在乾隆、嘉庆年间调整到 9 府 4 直隶州的格局维持到光绪三十年(1904)郑州重新被升为直隶州,河南变成了 9 府 5 直隶州的格局,到光绪三十一年(1905)四月,伴随着淅川厅升为直隶厅,河南领 8 府、6 直隶州、1 直隶厅、101 县(州),这种格局持续到清末。具体设置如下:

开封府(治今河南省开封市城区)于顺治二年(1645)因袭明代的开封府,领 4 州 30 县,为省会所在地。雍正二年(1724)八月,开封府所属的陈州、许州、禹州、郑州 4 州升为直隶州,4 州属县一并脱离开封府管辖,且原开封府直管县新郑改属禹州直隶州,与开封府同属省管辖。光绪三十一年(1905),开封府所属州县有调整,郑州升为直隶州及宣统元年(1909)避讳溥仪皇帝改兰仪县为兰封县,开封府所属州县至清末未发生变化。开封府领 1 州 11 县,1 州为禹州,11 县为祥符、陈留、杞县、通许、尉氏、洧川、鄢陵、中牟、兰阳、密县、新郑。

陈州直隶州(治今河南省周口市淮阳区),清初因袭明代,开封府陈州领商水、西华、项城、沈丘4县。雍正二年(1724)八月陈州升为直隶州,脱离开封府,与开封府同级,改属省管辖,领商水、西华、项城、沈丘4县。雍正十二年(1734)八月,陈州升为府,置附郭淮宁县,增领扶沟、太康2县。此后的陈州府领淮宁、商水、西华、项城、沈丘、扶沟、太康7县。至清末不变。

归德府(治今河南省商丘市市区),于顺治二年(1645)因袭明末归德府领的1州8县。雍正末,考城、柘城2县改属归德府。乾隆四十九年(1784)考城县改属于卫辉府[1]。光绪元年(1875),考城县又改属归德府[2]。此后的归德府领1州8县,1州为睢州,8县为商丘、宁陵、鹿邑、夏邑、永城、虞城、考城、柘城。至清末未变。

彰德府(治今河南省安阳市市区),于顺治二年(1645)因袭明末的彰德府,领1州6县。雍正三年(1725)六月,直隶大名府属县内黄改属彰德府[3]。次年,四月,磁州改属直隶广平府[4],而磁州所领的武安、涉县直属彰德府管辖。此后的彰德府领7县,即安阳、汤阴、临漳(今属河北省)、临县、武安(今属河北省)、涉县(今属河北省)、内黄。至清末未变。

卫辉府(治今河南省卫辉市市区),于顺治二年(1645)因袭明末卫辉府领的6县。雍正二年(1724)八月,开封府延津县改属卫辉府[5]。雍正三年(1725)六月,直隶省大名府的浚县、滑县改属卫辉府[6]。雍正五年(1727)闰三月,裁撤胙城县,地并入延津县。乾隆四十九年(1784)开封府封丘县、归德府考城县改属卫辉府[7]。光绪元年(1875),考城县又改属归德府。此后的卫辉府领汲县、新乡、获嘉、淇县、辉县、延津、浚县、滑县、封丘9县。

怀庆府(治今河南省沁阳市市区),于顺治二年(1645)因袭明末怀庆府领的6县。雍正二年(1724)八月开封府原武县改属怀庆府[8],乾隆四十九年

---

[1] (嘉庆)《钦定大清会典事例》卷一二八,《续修四库全书》,上海古籍出版社2002年版。
[2] (嘉庆)《钦定大清会典事例》卷一五二,《续修四库全书》,上海古籍出版社2002年版。
[3] 《清世宗实录》卷三三,(台湾)华文书局1969年版,第508页。
[4] 《清世宗实录》卷四三,(台湾)华文书局1969年版,第673页。
[5] 《清世宗实录》卷二三,(台湾)华文书局1969年版,第373页。
[6] 《清世宗实录》卷三三,(台湾)华文书局1969年版,第508页。
[7] (嘉庆)《钦定大清会典事例》卷一二八;乾隆"四十九年,开封府属之封丘县,归德府属之考城县,改隶卫辉府。阳武县改隶怀庆府。"《续修四库全书》,上海古籍出版社2002年版。
[8] 《清世宗实录》卷二三,(台湾)华文书局1969年版,第373页。

(1784),开封府阳武县改属怀庆府①。此后的怀庆府领河内、济源、孟县、温县、修武、武陟、阳武、原武8县。至清末未变。

河南府(治今河南省洛阳市市区),于顺治二年(1645)因袭明末河南府及所领的1州13县。雍正八年(1724)二月,陕州升为直隶州,领灵宝、阌乡(今属灵宝市)②,与河南府平级,同属省管辖。雍正十二年(1734)八月,卢氏县改属陕州直隶州③。此后的河南府领洛阳、偃师、巩县、孟津、登封、宜阳、新安、渑池、嵩县、永宁10县。至清末未变。

南阳府(治今南阳市市区),于顺治二年(1645)因袭明末南阳府及所领的2州11县。顺治十六年(1659)十一月,裁撤南召县并入南阳县。雍正十二年(1734)六月复置南召县。雍正末,邓州、裕州2州不领县。道光十二年(1832)六月,改淅川县为淅川厅④。光绪三十一年(1905)四月,升淅川厅为直隶厅。此后的南阳府领2州1厅10县,2州为邓州、裕州,10县为南阳、镇平、唐县、泌阳、桐柏、南召、内乡、新野、舞阳、叶县。至清末未变。

汝宁府(治今河南省汝南县),于顺治二年(1645)因袭明末汝宁府及所领的2州12县。雍正元年(1723),真阳县改为正阳县。雍正二年(1724)八月,光州升为直隶州,光山、固始、商城、息县4县往属⑤。此后汝宁府领1州8县,1州为信阳州,8县为汝阳、真阳、上蔡、新蔡、西平、确山、遂平、罗山。至清末未变。

许州直隶州(治今河南省许昌市市区),于清初因袭明末开封府下辖的许州及所领的4县。雍正二年(1724)八月,许州升为直隶州,仍领临颍、襄城、郾城、长葛4县。雍正十二年(1734)八月,升为许州府,置附郭石梁县,增领禹州、新郑、密县,领1州7县。乾隆六年(1741)十二月,降为直隶州,裁撤附郭石梁县,禹州、新郑、密县又改属开封府。此后的许州直隶州仍领临颍、襄城、郾城、长葛4县⑥。

陕州直隶州(治今河南省陕县老城),于清初因袭明末河南府陕州及所领的

---

① (嘉庆)《钦定大清会典事例》卷一二八,《续修四库全书》,上海古籍出版社2002年版。
② 《清世宗实录》卷一四六,(台湾)华文书局1969年版,第373页。
③ 《清世宗实录》卷一四六,(台湾)华文书局1969年版,第821页。
④ 《清宣宗实录》卷二一四,(台湾)华文书局1969年版,第176页。
⑤ 《清世宗实录》卷二三,(台湾)华文书局1969年版,第373页。
⑥ 《清世宗实录》卷一五七,(台湾)华文书局1969年版,第1242页。

2县。雍正二年(1724)八月升为直隶州,仍领灵宝、阌乡(今属灵宝市)2县。雍正十二年(1734)八月,河南府直属卢氏县归属陕州直隶州。此后的陕州直隶州领灵宝、阌乡、卢氏3县。

光州直隶州(治今河南省潢川县),于清初因袭明末汝宁府光州及所领的光山、固始、商城、息县4县。雍正二年(1724)八月升为直隶州,仍领光山、固始、商城、息县4县。

汝州直隶州(治所今河南省汝州市),于清初因袭明末汝州直隶州及所领的鲁山、郏县、宝丰、宜阳4县,终清一代没有变化。

郑州直隶州(治今河南省郑州市市区),于清初因袭明末开封府郑州及所领的荥阳、荥泽、河阴、汜水4县。雍正二年(1724)八月升为直隶州,仍领4县。雍正十二年(1734)八月与所领4县又改属开封府[1]。乾隆二十九年(1764)十二月,河阴县因县境狭小、地僻事简而并入荥泽县[2]。光绪三十一年(1905)十一月,随着京汉铁路、开洛铁路的兴建与开通,郑州成为交通枢纽之地,再次升为直隶州。此后的郑州直隶州领荥阳、荥泽、汜水3县。

淅川直隶厅(治所今淅川县老城),在顺治初年为南阳府邓州属县淅川县[3],雍正末年属于南阳府。道光十二年(1832)六月改为抚民厅[4]。光绪三十一年(1905)四月升为直隶厅[5]。

清初河南行政区划随着清政权在河南的确立而承袭明代河南既定府县,使府县治所城市的政治地位得以迅速确立,加之清政权采取一系列恢复发展社会经济的措施,府县治所城市很快从明末战乱破坏中复苏过来。随着商品经济的发展,河南地理优势逐渐突显出来。明朝中后期兴起的商业市镇到清代中期普遍发展起来,且涌现出了闻名全国的商业市镇,如道口镇、朱仙镇、赊旗镇、荆紫关、穰东镇、周家口镇等,浚县丁栾镇、禹州神垕镇、许州五女店镇等手工业市镇也有所发展,均促进了当地的经济繁荣。至清末,铁路建设改变了交通格局,京

---

[1] 《清世宗实录》卷一四六,(台湾)华文书局1969年版,第821页。
[2] 《清高宗实录》卷七二四,(台湾)华文书局1969年版,第1069页。
[3] (康熙)《清会典》卷一九《户部·州县二》,《近代中国史料丛刊》,(台湾)文海出版社1998年版。
[4] 《清宣宗实录》卷二一四,(台湾)华文书局1969年版,第176页。
[5] 《清德宗实录》卷五四四,(台湾)华文书局1969年版,第233页。

汉、陇海铁路在河南交会,郑州、新乡、许昌、汲县、商丘、驻马店等城市乘势而兴,获得迅速发展。焦作因地下丰富的煤炭资源,成为新兴的矿业城市。

第二节 城镇经济发展的动力与新趋势

明清易代,河南城乡经济都遭受了最为严重的摧残。清政权因时制宜,采取一系列恢复发展生产的有效措施,使社会生产得到迅速恢复,为城镇经济发展奠定了物质基础。清代商业交通在明代基础上继续向四方边远地区延伸,全国经济联系进一步加强,河南城镇经济也得到发展,并且河南大地上不仅有本地商人,更多的是来自全国各地的商帮及其建立的会馆,对中原经济发展产生了重大影响,河南出现了一批商业繁盛的全国名镇。鸦片战争后,河南城镇出现了洋人的面孔,也带来了洋货,商品经济进一步发展,民族资本主义新经济呱呱坠地,显示出它弱小的生命力。

一、城镇经济发展的基础和动力

清代的河南仍是以传统的农业生产为国计民生的基础,农业生产也是城镇经济发展的基础。然而,明末清初的战乱仍然以地处中原的河南为主战场,河南城乡经济都遭受了最为严重的摧残。省会开封在明代是全国最繁华的都市之一,但是明崇祯十五年(1642)黄河特大水患使开封遭遇了灭顶之灾,城内"悉为潦水泥沙,官民不能栖止",芦苇杂草遍地丛生,偶尔还有野狼狐狸出没,昔日繁华的都市,此时变得与荒郊野外无异,"无风三尺土,微雨一街泥",尽显破落荒凉。其他地方如西华县,经过明末战乱的洗历,民"半残于寇,半残于兵,半残于水旱疾疫,民之存者不过百之一,野之耕者不过百之一"①。商水县明代人口

---

① (乾隆)《陈州府志》卷二六《艺文志三》,《西华量地纪略》,乾隆十二年(1747)刻本。

将及6万,经过明末"寇蝗为灾,瘟疫频加,有一里而无一户者,有一户而无一丁者"①的惨状。在此背景下,清政权因时制宜,采取一系列恢复发展生产的有效措施,使社会生产得到迅速恢复,商品经济进一步繁荣,到乾隆朝达到鼎盛。

1. 商品经济的持续发展

人是农业生产恢复与发展的先决条件。明末战乱使河南人丁减员相当严重。清代政府大力鼓励生产,移民垦殖,且所垦土地由州县官给以"印信执照","永准为业"。凡农民垦荒,一般可以免税三年,个别的还可以免税五年或六年。到康熙时更是放宽垦荒起科年限,最长有宽至十年的。再加之"盛世滋生人丁,永不加赋"的政策以及摊丁入亩带来的大量隐蔽人口浮出水面,河南人口到雍正二年(1724)就激增为1284.29万人,直到鸦片战争爆发前河南人口是持续增长的,见表7-2-1。人口持续增长也意味着人口的恢复以及经济的发展。

表7-2-1 清代河南人口数量表

时间	人口数量(单位:万人)
顺治十八年(1661)	91.86
康熙二十四年(1685)	143
雍正二年(1724)	1284.29
乾隆二十七年(1762)	1639.86
乾隆四十八年(1783)	2055.25
嘉庆十五年(1810)	2303.70

河南人口持续增长的主要原因是清初政府采取休养生息的政策,加之河南经济恢复起步较早,所以"生齿日繁,而土著者少,附籍者众,百谷异种,各树其土之所殖,而物产亦为之小变"②。从中可以看出河南吸纳了不少外来人口,这些外来人口不但使河南人口增长,而且还带来了不少新的农业品种和新的耕作方式,农业生产能力提高,农产品结构发生了不同程度的改变。玉米和红薯是明朝中后期从国外引进并在清代得到推广的品种,虽然它们的商品性不强,但是因为对自然环境要求不高,山地丘陵都可以种植,并且产量高,逐步转化为中原地区重要的粮食作物。玉米、红薯的普遍种植有力地促进了其他农产品商品

---

① (顺治)《商水县志》卷四《户口志》,顺治十六年(1659)刻本。
② 〔清〕董学礼、〔清〕宋名立:《裕州志·地理志·土产》,乾隆五年(1740)补刊本。

化的发展。

粮食商品化程度进一步提高,经济作物种植面积扩大。清代河南小麦产量在全国首屈一指,有"豫省麦为秋,麦收天下足"[1]之誉。史载,雍正时河南的小麦可以大量供应周边省份。如雍正十年(1732)麦熟,外地客商云集河南,"四方辐辏,商贩群集,甫得收获之时,即络绎贩运他往……他省客商来豫籴麦者,路则车运,水则船装,往来如织,不绝于道"[2],由此可见这时河南的小麦商品化程度极高。经济作物如棉花、烟草、花生和传统的红花、蓝靛等,在全省各地得到广泛种植。如杞县"农民于一谷之外,喜种棉花、蓝淀、芝麻三种,两税全资之"[3]。康熙《兰阳县志》载"中州土宜棉花,自有此种,赋税易完,用度易辨,诚为至宝"[4]。杞县农民"于五谷外"最喜种植的棉花成为"杞邑之宝"[5]之一,民所恃以缴纳赋税者"独仰木棉"[6]。宁陵县"地沙瘠,宜木棉"[7],内黄县土产"独木棉最夥"[8],偃师也如此,居民"以种植棉花为急务,收花之利,与五谷等"[9]。太康县更是"康邑多种木棉,甚利赖之"[10]。农民"农以木棉为主","钱粮从无拖欠"[11]。河南府植棉业不断扩大,其原因主要是"收花之利与五谷等"[12],种植有方者,"收花之利倍于二麦,民食资焉","巩民资生之策,强半以棉花为主,多则贸易他乡,少则自行纺织,上纳供租,下完婚嫁,胥于是乎赖焉"[13]。有的地方种植棉花利倍于稻粮,如延津县地宜植棉,"地利颇厚,较稻麦获利几倍……棉花大有收成","新年后必有客至,穷民稍可舒眉也"[14]。有的地方人们仅凭种棉花

---

[1] 清高宗《御制诗集》卷一八《河南收麦志慰》,文渊阁《四库全书》本。
[2] 《世宗宪皇帝朱批谕旨》卷一二六,文渊阁《四库全书》本。
[3] (乾隆)《杞县志》卷八《物产》,乾隆五十三年(1788)刊本。
[4] (康熙)《兰阳县志》卷一《土产志·木棉部》,康熙三十四年(1695)本,第19页。
[5] (乾隆)《杞县志》卷八《物产》,乾隆五十三年(1788)刊本。
[6] 〔明〕陈卜:《过庵遗稿》卷五《与白尧山太守》,三怡堂丛书本。
[7] (光绪)《归德府志》卷一〇《地理下·形势》,光绪十九年(1893)刻本。
[8] (光绪)《内黄县志》卷四《物产》,光绪十七年(1891)刻本。
[9] (乾隆)《偃师县志》卷五《风俗》,乾隆五十三年(1788)刻本。
[10] (道光)《太康县志》卷三《风俗》《物产》,道光八年(1828)刊本。
[11] (道光)《太康县志》卷三《风俗》,道光八年(1828)刊本。
[12] (乾隆)《偃师县志》卷五《风俗》,乾隆五十三年(1788)刊本。
[13] 《巩县志》卷七《物产》,乾隆五十四年(1789)刊本。
[14] 《延津县志》卷九,康熙四十一年(1702)刊本。

"食用俱足矣"①。可见河南棉花已经成为人们重要的经济来源,可以满足人们生活的基本需要。河南棉花大量贩卖南北各省,据道光年间游历中国的德国人李希霍芬记载,河南棉花"主要是输往陕西和甘肃,输往山西和湖北的数量较小"②。除棉花普遍种植外,其他经济作物的栽种也受到统治者的重视和鼓励。雍正皇帝就大力提倡说:"桑叶可以饲蚕,枣栗可以佐食,柏桐可以资用,即榛木苦杂,亦足以供炊爨……于生计咸有裨益。"③尹会一抚豫期间就规劝全省百姓广植经济林木,并且把地方官的政绩与之挂钩,规定"如乡者保长,有能于一年之内劝民种桑五百株,梨枣一千株者,据实册报告印官,给以花红;三年内能每年添种如前数者,给匾奖励……地方官有能令民种成桑树五千株、枣梨一万株者,核实报册,即记功一次。多者照数悉递"④。河南农业生产的恢复与发展,给经济作物的广泛种植提供了便利。而经济作物的广泛种植促进了手工业的发展。河南棉纺织业、丝织业、制瓷业等手工业得到了发展。清初政府实施的恢复与发展农业生产的政策法令,尤其是摊丁入亩政策使赋役完全货币化,不仅促进了农业生产的快速恢复与发展,而且进一步推动农产品、手工业品及劳动力等商品化程度的提高,加强了全国各地经济联系和河南商品市场的活跃。

2.全国经济联系的加强与河南商品市场的活跃

清代商业交通在明代基础上继续向四方延伸,从当时全国每一个繁荣的市镇都有遥远外省商品的事实可以推测,此时期商业交通网络可以说延伸到边远地区,即东起上海、宁波,西至察木多、玉树,南起北海、海口,北至恰克图、库伦,东北至乌苏里江口,西北至伊犁、塔城,商人的足迹遍布全国各地。清代长途贩运贸易有了更大发展,据资料统计显示,明万历年间钞关收入约40余万两白银,而乾隆六十年(1795)则增至846万两,增长20倍还多,一方面反映了清代长途贩运的商品流通量有了较大增长,另一方面反映了清代商业交通有了更大发展。

(1)全国经济联系的加强

全国各地都有通往河南的水陆交通。就全国而言,大的水运线路有贯通南

---

① 《孟津县志》卷二《地理志·物产》,康熙四十八年(1709)刊本。
② [德]李希霍芬:《旅华日记》卷上,转引自李文治:《中国近代农业史资料》第一辑,生活·读书·新知三联书店1957年版,第425页。
③ 赵之恒等主编:《大清十朝圣训》卷二五,北京燕山出版社1998年版,第1031页。
④ [清]尹会一撰:《健余先生抚豫条教》卷一,畿辅丛书本。

北的大运河,起自北京,南达杭州,长达 1794 公里,连接了海河、黄河、淮河、长江和钱塘江五大水系,对南北物流产生了重要影响和作用。有"黄金水道"之称的长江航运在历史上就是我国东西交通的大动脉,航程范围包括四川、湖广、江西、南直隶等地区。支流通航范围有陕南、贵州、河南等地区。长江水道对于东西物资交流起到了举足轻重的作用,湖广的大米,长江中下游的淮盐,湖北的棉,四川的木材、药材,长江三角洲的丝织品、布匹、瓷器、蔗糖、纸张等,都通过长江水运转售内地。还有贯通东西的国际交通大动脉,即由江浙地区西行到达新疆及中亚的陆路运输通道。这条路线由江浙地区出发,经扬州、泗州、永城至汴梁,然后西行经郑州、洛阳、西安,沿丝绸之路到达新疆及中亚。这是明清东西方向最长的一条陆路交通要道,通过它,中国东南和中原地区所产的茶叶、蔗糖、纸张、布匹、丝织品、瓷器、药材以及各种手工业品通过商队运抵嘉峪关以外和中亚地区,而中亚及中国西北所产毛皮、玉石、药材等也通过此路东运至内地和沿海地区。

(2)河南商品市场的活跃

地处中原的河南,商业交通网络遍布全国,正如乾隆初期的河南巡抚尹会一所说:"河南地据天中,四方商贾络绎不绝,凡水陆可通之地,无不车载船装,往来贩运。"[①]在此背景下,河南大大小小的商品市场也非常活跃。清代的开封仍是河南省会,也是河南最大的城市,商业继续发展,根据城中店铺经营范围可以分作 25 类,各地特色商品在开封市场上都能见到。除了店铺经营,城内还有许多挑担或推车沿街叫卖的小商贩。据《祥符县志》记载:"有摇小鼓两旁自击,卖簪珥女笄胭脂胡粉之属者,有鳞砌铁叶进退有声,磨镜洗剪刀者;有摇郎当卖彩线绣金者,有小旗招占携中箱卖零星缯帛者,有阁阁拆声执杓卖油者,有拍小铜钹卖豆末者,有驱辘辘小车卖蒸羊者,有煮豆人酒肆,撒豆胡床以求卖者,有挑卖团圆饼、薄夜、牢丸、毕罗、寒具、萧家馄饨、康家庾家粽子如古人食品之妙者;有肩挑卖各种瓜果菜者,有入夜击小钲卖饧者;有悬便面于担易新者,有求残金笺扇等器熔出金者;有买肆中柜底土及掏市沟刷街泥以搜钱银屑者;又有

---

① 〔清〕尹会一撰,张受长编:《尹少宰奏议》卷五《再议禁曲疏》,台湾"商务印书馆"1966 年版,第 44 页。

攒花于筐璨然锦色卖与人种植者,往来梭织,莫可殚纪。"①汝阳县是当时汝南府府治所在地,水路交通发达,"通淮河,稍集商旅,聚南货,觉文物",成为豫南地区货物的集散地,南北商人汇聚,商业贸易活跃。鄢陵县"贾区毗邻,田多荒秽,子弟出入裘马纷华"。辉县城内集市非常频繁,除了北街、南街、东关街、西关街、南关街,还有专门的炭市、柴市等,可见商业之繁华。另外豫西南的裕州,"地居天下之中,路当南北之要,市杂百货邸具,五民笙歌沸天,寰门朴地,如是者已百余年矣"②。城内专门设有马市、驴牛市、板市、米市、盐市、布花市灯,贸易活动十分活跃。随着经济的发展和商品贸易的推动,河南还出现了一批商业重镇。如朱仙镇,"商贾辐辏,户口殷实,清嘉道以前,商业之盛甲于全省"③。周家口至明万历时,各种农副产品、药材、南北杂货店等门面纷纷开张,成为豫东南"水路交汇之乡,材货堆积之薮"。开州的古定镇,则因"商贾鳞集"而有"小濮州"之称。河内县清化镇"居秦晋之交,商贾辐辏,厘市棋列,实此邦一大都会"④。

更为重要的是南北物资的交流不仅丰富了河南市场,也给沿线城镇带来了千载难逢的机遇。周家口是凭借交通运输优势兴起的商业城镇,这里是河南与江南商货的转运贸易中心,从这里输出的商品主要是陈州、开封等府所产农副产品,而输入则以江南所产绸布、杂货为主。因为南北货物交流数量庞大,乾隆时期,这里"人烟聚杂……三面夹河,舟车辐辏,樯桅树密,水陆交会之乡,财货堆积之薮",成为"豫省一大都会"⑤。同样因为交通兴隆的还有赊店,其为南北9省商品集散地,镇内商品包括粮食、药材、白酒、生漆、桐油、茶叶、木材、布匹、食盐等来自大河南北。诸多商号货物吞吐量惊人,据史料记载,花布行50多家,每天可成交棉花5万余公斤,土布7000余匹。八大粮行日交易小麦、高粱、玉米、绿豆10余万公斤,仅"通盛行"一家,每天都要动用大车400辆、小车20多辆、骡马40多匹、挑担人夫1000多人。镇上500多家商行经营百货,21家骡马店朝夕待客,48家"过载行"日夜装卸不停,镇上有9家染坊,最大的一家日

---

① (光绪)《祥符县志》卷九《建制志·市集》,光绪二十四年(1898)刊本。
② 《裕州修城碑记》,《古今图书集成》卷四六一,巴蜀书社1986年版。
③ 邓亦兵:《清代的朱仙镇和周家口》,《中州学刊》1988年第2期。
④ 杜英魁、杜英举:《我所知道的杜盛兴麝香庄》,《博爱文史资料》(第五辑),博爱县印刷厂1990年版,第32—34页。
⑤ (乾隆)《商城县志》卷一《舆地·集市镇店》,乾隆年间刻本。

染青蓝布300多匹。因为商业繁华,当地还有"金汉口,银赊店","拉不完的北舞渡,载不完的赊旗店"的俗语。以上提到的诸镇,只是河南商业发展的一个缩影,是省内外物资交流的重要管道,正是通过它们,河南本土商品得以在外地打开市场,外地商品也是通过它们能够在中原市场占据一席之地,它们的繁华既是物资交流极大丰富的成果,同时也为中原经济发展做出了莫大的贡献。就经济发展来说,总体上河南各地市场此时期都得到了不同程度的提升,这不仅表现在市镇集市数量日益增多,市场分工越来越细,还表现在人们消费水平不断提高,市场商品化程度日益加深上。如同治《叶县志》就提到本县"商之为用,从前贸迁于市者,只有盐铁之需,其俗俭朴,如衣服则棉布,蚕线取之女红,饮食则市圃蔬菜问诸集镇。今俗有佩服着文绣,宴会烹海味者,以故晋魏商贩操赢猾集,力穑所获,半归市廛。"[①]嵩县知县康基渊也说,"考三代时,民有常业,其粟米布帛鱼肉蔬菜,莫非力所自致,用钱极少。至李悝平粜法,计民一岁用钱只一千以上已为多矣,三代尚不及此。今则百货轻重之值皆以钱定,嵩人率耕读两途,士享其租所入,农食其田所出,无他生业也",从而发出"然以输贡赋则需钱,以供宾客修六礼则需钱,一切日用蔬菜柴盐之属,岁需钱十之五六。钱何来?惟粜粟耳"[②]的感慨。

二、不同等级的城镇发展

在清初河南农业生产恢复与发展的基础上,伴随着赋役完全货币化,农产品以及手工业产品商品化程度的进一步提高,还有四通八达的交通网络,全国各地经济联系进一步加强,河南商品市场进一步活跃,中原城镇经济也得到进一步发展。河南城镇的商贸发展上自省城开封下至各级市镇,都得到了迅速发展。

1. 省城开封

商品经济的发展促进了城市的繁荣,省城开封与府城洛阳、怀庆、安阳、南阳等以及所辖县城城市人口增加,供需旺盛,商业区内店铺林立,专业经营店铺

---

① (同治)《叶县志》卷一《风俗》,同治十年(1871)刻本。
② (乾隆)《嵩县志》卷一五《食货》,乾隆三十二年(1767)刻本。

比比皆是,南来北往的商人熙熙攘攘,达官贵人与市井百姓穿梭其间。

省城开封仍然是河南最重要、最繁华的城市。清初的开封城经过明末黄河水灌城后,曾一度极其荒凉与萧条。可以说清代开封城市经济是在一片废墟上恢复发展起来的,虽然发展相当迅速,但是重建的开封已经不再是全国性的大都市,直到康熙年间,才有"市廛辐辏处,唯汴桥隅、大隅首、贡院前、关王庙、渔市口、火神庙、寺角隅、鼓楼隅为最盛"①的状况,其他地方仍未从荒废与萧条中恢复起来。经过百余年的发展,到乾隆时开封才又现繁荣。明代最繁华的徐府街集市此时日益扩大,山陕甘会馆即建在此街上,外地商人在这里经营如鱼得水。清代开封城市最引人注目的发展成就是城内修建了许多会馆。清初的开封虽然经济凋敝,百废待兴,但是活跃在各地的商帮发现了这里的商机。随着天南海北客商的到来,商人们自发建立的用来祭祀神灵、联络乡谊、筹划行情、聚会议事、同业交易之处所的会馆便如雨后春笋般在开封大地上出现。据统计,清代开封的会馆有数十座。除上面提到的山陕甘会馆外,光绪二十四年(1898)的《祥符县城图》上还标注有其他同乡会馆,分别是山西会馆、山东会馆、安徽会馆、江苏会馆、江西会馆、两湖会馆、五圣会馆、八旗会馆、直奉会馆、冀宁会馆,同业会馆有盐梅会馆、炉食会馆。《汴城筹防备览》中还记载有湖广馆。此外开封城内还有福建会馆(即天后宫)、怀庆会馆(即覃怀祠)等。开封城郊形成了一批专业性的市场,如"有以市名者,曰猪儿市、曰西关牛马市、曰西关杂粮市、曰南门杂粮市、曰宋门棉花市、曰曹门花线市"。市廛辐辏之处,有汴桥隅、大隅首、贡院前、关王庙、渔市口、火神庙、寺角隅、鼓楼隅,分布着布帛、巾帕、冠带、珠翠、履袜、药、聚头扇、笔、古书画、箱柜、香、纸、旧衣、裘褐、陶器、弓矢、闺装等商铺。清代的开封市场与明代相比,专门为上层统治阶级服务的奢侈品比重明显下降,而为民生所需的粮食、日用品等比重有所提高。有学者曾将《如梦录》与乾隆、光绪两个时段所修《祥符县志》中涉及明清两代商业店铺的种类及其分布做了比较,进而认为"明代数量众多的倾销银铺已杳无踪迹,布帛店也有明显变化,专为王公贵族消费的高档商品减少,为普通百姓消费的民生日用品成为开封商业的主体。从商业分布看,明代集中在繁华商业区——

---

① 〔清〕陈梦雷:《古今图书集成·方舆汇编·职方典》卷三七三《开封府部》,巴蜀书社1986年版。

大小山货店街、钟楼、鼓楼、大隅首、城隍庙街的店铺,清代逐渐散布于城内各街。商业布局的分散化趋势,从另一个侧面反映出开封商业的主要功能已从满足王公贵族、外来客商的需要为主,向满足一般居民日常消费为主转化"[1]。但是需要说明的是,清代各种商业门类非常齐全,比如铸造金银器皿、首饰的金银铺子仍然存在,可能只是规模、数量和影响力不如前代,因而失见于方志记载。清代中期问世的小说《歧路灯》中提到开封本地有打造银片子的铺面,但是"打造的死相"不如"北京正经金银首饰头面",本地珠翠质量也不高,"正经滚圆珠翠,唯京里铺子有",就连衣服绸缎,开封城里的"人家都见俗了",得派人"向南京置买几套衣服"[2],这些现象也从侧面反映出清代开封在全国城市中地位已经衰落,其商业和工业水平已经与北京、南京等城市有很大差距,不能满足本地王公贵族和富商豪绅的需要,需要到北京、南京等大城市购置。

2. 府城洛阳

洛阳是清代河南府治所兼洛阳县治所,是豫西一大都会。经过明末战争的洗礼,城市再次遭到严重破坏。随着清初农业经济的恢复发展,以及清代交通网络的发展与区域交流的频繁,洛阳经济有了较大的发展,最繁华的商业区分布在城南门和东门大街,其中仅马市街就有商业店铺数百家,铁锅巷还有定期集市,非常热闹。康熙年间已有山陕商人在老城南关马市街瀍河旁边建立山陕会馆。乾隆九年(1744)又有山西商人来到老城关瀍河西岸建立泽潞会馆。此时洛阳城内经营山西潞绸的绸商有22家、布店12家、铁货商4家、杂货商7家,还有油坊商、药材商等数家。茶叶主要来自安徽的六安,夏布由江西运入,药材主要来自河南禹州以及山西、陕西等地区。河南府辖县宜阳的谷物、卢氏的木材、永宁的竹子由洛水运入洛阳城内销售。高档消费品几乎全部由山陕商人从外地运入,本地生产的棉布、粗瓷等多属于生活用品。据《河南府志》记载,清初洛阳县只有牙税银3两,至乾隆时新增税钱208两,盈余税钱1038两,且新增当铺14座,共纳税钱70两。[3] 百余年间商业税额增加了数百倍,从中可以看到洛阳城市经济发展在清代取得的成就。洛阳商业大概兴起于康熙年间,到乾隆年

---

[1] 许檀:《明清时期的开封商业》,《中国史研究》2006年第1期。
[2] 〔清〕李绿园:《歧路灯》,中州书画社1980年版,第260页。
[3] (同治)《河南府志》卷四《疆域志》,同治六年(1867)本。

间达到鼎盛。洛阳既是河南府的商业中心,也是陕甘地区通过中原,与南北各省商品流通的重要城市。早在清初就有客商前来洛阳经营贸易,至嘉道年间,洛阳城中外地行商坐贾汇聚一堂,这些客商中以秦、晋商人最多,而在秦、晋商人中又以山西潞泽府商人最强。据山陕会馆所存的《捐款碑》记载,嘉道年间参与集资修建会馆的秦、晋商号高达652家,而潞泽会馆所存的乾隆二十一年(1756)《关帝庙新建碑》记载,当时在洛阳经营的山西潞泽府商号达到225家,这应该只是坐贾的数量。因此许檀先生结合其他资料分析认为,"嘉道年间汇聚于洛阳的山陕两省行商、坐贾当有千家,如果加上其他省份的商人,位数更重"①,从这一数据可以看出,清代洛阳仍然是中原地区的一个重要城市,但是其地位已经和唐宋时期及其以前不可同日而语了。

3.其他府州县

其他府州县经济也显著发展。府州县治所是各级行政机构所在地,都是商业活动的集中地区。府州县城内群集着官僚队伍和大量的富豪绅士,这些人是纯粹的消费者,并且是高档奢侈品的主要消费对象。封建社会早期的长途贩运是以城市为最终落脚点的,是"为寄居于城市的'食租衣税'者的豪华生活、奢侈消费服务的"②。据统计,清代经济较繁荣的府州县城约占全省的一半。豫西北的怀庆府商品经济较全省其他地区发达,主要因为这里有着便利的交通和丰富的土地资源,拥有沁水、卫河、小丹河道和直通陕西、北京的水陆交通,加之这里自然资源丰富和各种经济作物广泛种植,河内、孟县、修武、阳武、济源、温县6县的棉花、棉布、药材、陶瓷器、铁器、粮食、杂货等商品繁荣了该地区的城镇经济,其中孟县、温县主要是靠布市兴盛起来的。乾隆年间的孟县,"历来孟县布宽长,俱系官为核定,以故山陕驰名,商贩不绝"③,温县也因为棉布遐迩闻名而繁荣了该县城经济,每日收购布匹非常多,车马辐辏,市场兴盛。清代前期怀庆府产生了河南省内最大的商人群体即怀帮,此时的府城比以往任何一个朝代都更加繁荣昌盛。豫北的彰德府及其辖县因与直隶、山陕毗邻,距离国内最大的城市北京较近,商业也较为发达。安阳、武安、林县、汤阴、内黄县城在乾嘉年间

---

① 许檀:《清代中叶的洛阳商业——以山陕会馆碑刻资料为中心的考察》,《天津师范大学学报(社会科学版)》2003年第4期。
② 刘秀生:《清代商品经济与商业资本》,中国商业出版社1993年版,第43页。
③ 《孟县志》卷四《田赋·物产》,乾隆五十五年(1790)刊本。

繁荣一时。府境虽然多属于山区,但是丰富的山区特产繁荣了本地经济。山区多种柿核枣桃等果树,宜种菽谷木棉,百姓又擅长牧羊,故市场交易也是非常红火的。如林县,"凡县境南北一百八十里,东西九十里,正中曰县城。南关为上市,北关为中市,东关为下市……其民业杂,其地有贸易之利","县属集市凡十有一,在城曰三大关,南关为大,北关次之,东关又次之"①。豫中的禹州因药材名扬四方,各地商贾云集此地,促进了禹州城经济的繁荣发展。豫南的光州、光山县城"四方寓贾逐末者多",城内市场喧哗之声,从早到晚不息,财货充斥。固始东关码头边栈房密布,商货山积,行商交易日破万金,米船如蚂蚁,百货萃集,有"小汉口"之称。豫西的渑池、汝州都曾繁荣一时。更为重要的是,有的县城还出现了专门的贸易集会。如鄢陵县四月二十日"西关有农器会",六月二十三日有"夏布会"②。有的县城还组织商品交易大会,专门从事商品批发。河南汜水县"四、十两月药材大会,北货南货俱集,为全省交易的中心点"③。

三、商业市镇的进一步发展

随着商品经济的发展,城市和农村的商贸互动无论在范围还是在规模上都不断提升,府州县城的商业贸易已经无法满足人们的消费欲望和需求。明代中后期在水陆交通要道处发展起来的市镇,在明末战乱中被破坏,在清初经济恢复发展的基础上,随着全国经济联系的加强以及四通八达的交通网络的深入发展,河南市镇得到了恢复,并且获得迅猛发展。据徐春燕《明清时期中原城镇发展研究》统计:"清代前期河南集镇 1963 个,中期 2531 个,清后期 3552 个。"④从中可以看出清代河南市镇发展呈不断增长之势,清朝中后期市镇数量增长大大超过前期,这直接反映了河南商品贸易繁荣,并且有些市镇,其经济繁荣程度不逊于府县城,甚至超过了府州县城,如开封府朱仙镇,其经济发展超过开封城,成为清代全国四大商业名镇之一。

---

① 《林县志》卷五《风土记》,黄华书院刊乾隆十七年(1752)本。
② (道光)《鄢陵县志》卷六《风俗》,道光二十一年(1841)刻本。
③ (民国)《汜水县志》卷七《实业志·商业》,民国十七年(1928)重修本。
④ 徐春燕:《明清时期中原城镇发展研究》,社会科学文献出版社 2017 年版,第 182 页。

清代的水陆交通在明代基础上向四方边远地区延伸。交通发达与否是地域之间交往深度与广度的重要标志。地处中原的河南,位于四通八达的交通网络上,伴随着清代全国经济联系的加强和全国长途贩运的兴盛,河南商业城镇蓬勃兴起。这些商业城镇的兴起都和交通密切关联在一起,尤其是影响大、辐射力强、规模大的城镇往往都处于交通枢纽之地,诸如全国四大名镇之一的朱仙镇(另三镇为汉口、佛山和景德镇)、周家口、清化镇、荆紫关镇等能够发展成为全省乃至全国的商业名镇,都与其便利的水陆交通密切关联,此后这些商业名镇的衰落也与其交通密切相关。

1.朱仙镇

朱仙镇位于开封西南 45 公里,宋时是作为京城南去的重要驿站,在明代之前名声大振的主要原因是南宋名将岳飞带兵在此和金兵展开了一场战争。金代朱仙镇发展为镇市,其商业与一般市镇无太大差异。明代万历之前的朱仙镇仍是一个发展落后、与外界交往不多的村镇,这在明代文人李梦阳笔下有描述,"万古关河泪,孤村日暮笳"中所谓的"孤村"即指朱仙镇。明代嘉靖九年(1530)疏浚贾鲁河,此水道经过荥阳县、朱仙镇、尉氏县、扶沟县、西华县,至周家口与沙颍河汇流,东南进入安徽境内,在颍州府正阳镇流入淮河,是沟通河南与江淮的通航水道。直到万历三十三年(1605),随着贾鲁河的通航,自正阳至朱仙镇,"舟楫通航,略无阻滞"。贾鲁河连通着京杭大运河,江淮物资经常由长江入淮,溯贾鲁河,至黄河流域以及华北各地,隆庆年间的商书《天下水陆路程》中也提到这条水路。崇祯年间郑州士绅阴化阳在《贾鲁河水利记》中也写到:河水自荥阳至双桥村,"洋洋然向板桥,过朱仙、正阳以达于淮……板桥以下河身阔大,无泛滥之患,有舟楫之利"。贾鲁河纵贯朱仙镇南北,将其分为东、西两部分,河面宽度约 6 丈,"河身宽大,无泛滥之患,有舟楫之利",河运的便利将外地商人和货物带到了港口两岸。朱仙镇除发达的水运环境外,还有四通八达的陆路交通。朱仙镇地处平原,南关大街有连接尉氏、许昌、汉口的驿道,北关大街有贯通开封的大道,经汴城能够直达京师,此大道是江北通往京师最便捷的道路。加之朱仙镇又毗邻省会开封,可以说优越的地理位置和交通环境对其境内经济的繁荣发展起到了非常重要的作用。

清代的朱仙镇在贾鲁河商贸运输带动下继续发展,到康熙中期已经成为开封府"商贾贸易最盛"之所,时人有"万家繁生聚,一水隔西东","闾阎栉比,清波极目,舟楫充盈。北控陈桥,南通尉氏,仿佛当年古汴京"的盛赞。雍正至乾隆年间又进一步发展为"居民稠密,商贾辐辏"的大都会。《祥符县志》有"朱仙镇,天下四大名镇之一也。食货富于南而输于北,由广东佛山镇至湖广汉口镇,则不止广东一路矣;由湖广汉口镇至那朱仙镇,则又不止湖广一路矣。朱仙镇最为繁华,江西景德镇则窑器居多耳"的记载,可以说是其影响大、辐射范围广的最好写照。据《岳飞与朱仙镇》记载,朱仙镇商业街市以贾鲁河为界分为东西两镇,"东镇之重要市街曰顺河街、曰杂货街、曰曲米街、曰油篓街,街俱南北行;曰晓先街、曰炮房街,街俱东西行"。其中杂货街多是来自南北各地的杂货,曲米街多是米麦商铺,炮房街多是爆竹作坊,油篓街多是油业行店,顺河街、晓先街则为普通商号,其中以杂货街为最盛。"西镇之重要街市南北行者曰顺河街、曰西大街、曰保元街;东西行者曰估衣街、曰京货街。京货街多苏广时货,估衣街多估衣店及当铺,顺河街、西大街、保元街则为普通商店"。清代前期东镇远比西镇繁盛,中期以后黄河屡屡决口,因东镇地势较低,商铺逐渐西迁,多集中在西大街、估衣街、京货街等处,西镇商业繁华达到鼎盛。此外,根据山陕会馆现存碑刻的记载,该会馆在康熙、雍正、乾隆年间的多次扩修和重建,从商人或商号捐银数额可以清楚地看到朱仙镇商业的快速增长之势(见表7-2-2)。

表7-2-2 清代朱仙镇山陕会馆重修、扩建统计表

时间	修建建筑	参与商人商号	集资银两	来源
康熙三十二年 (1693)	山门、戏台	400余	259两	《新建山门戏台碑记》
康熙末年	妆金大殿、闪屏、前后门、过厅	170余	190.7两	《关□□宫重修碑记》
雍正十一年 (1733)	新建牌楼	340余	860两	《山西平阳府冀城县众商创建牌楼碑记》
乾隆三十三年 (1768)	重建会馆	上千家	9780余两	《重修关帝庙碑记》《本庙全图》
乾隆四十年 (1775)	戏楼	山西大板烟业商号17家	2380两	《移修舞楼碑记》

由表7-2-2可以看出,康熙年间参与会馆修建的商人或商号超过570家,捐银共计449.7两,大概每个商人或商号平均捐银不超过1两。雍正年间参与

商人或商号在 340 家以上，捐银共计 860 两以上，每个商人或商号平均捐银 2.5 两左右。乾隆年间参与会馆修建的商人或商号达到上千家，捐银总量超过 12160 两，每个商人或商号平均捐银大概 12 两，大约是雍正年间的 5 倍，是康熙年间的 12 倍还多。通过这三组数字的对比，可以清楚地看到朱仙镇商业自清代初期到中期的快速增长之势，无论是商人、商号的数量还是总体的商业经营规模，都有了大幅度的提升。在朱仙镇经营的商人来自全国各地，从朱仙镇现有山陕会馆可知，外地商人以山西、陕西人最多，且资本实力雄厚。此外，清代在朱仙镇经营的回族商人将明代的清真寺进行整修，增修了东寺、西寺、南寺、中心寺和两个女寺共 6 座清真寺，数量之多在中原地区是唯一的，这充分证明了朱仙镇是回族商人集聚之地。此外，从朱仙镇山陕会馆碑刻的记述中得知，河南的粮食、烟草、服饰、杂货、典当等构成该镇商业的主要内容。其中经过朱仙镇运输的货物，除煤为河南所产外，大多由外地输入，茶叶、桐油、麻等来自南方，铁货来自山西。朱仙镇既是全国较大的水陆码头，也是河南最重要的商贸城镇。

在商业贸易带动下，朱仙镇的皮房、毡帽作坊、羊毛各号、丝茧行、门神作坊、炮行等手工业有一定的发展，其中以皮毛业和版画业影响最大。乾隆三十三年（1768）参加会馆建设的就有皮毛业商号，有羊毛字号 31 家、皮房 251 家、毡帽作坊 8 家。从事皮毛行业的商人主要是来自于西北的回民，他们在全国都有专业性集散地，如山东的济宁，陕西的王阁村、羌白镇，甘肃的兰州和宁夏的石嘴山。河南也有不少，朱仙镇、周口、孟县等地都有大量从事皮毛业的回商聚集，开封的皮渠、家庙街，孟县的桑坡都有回民聚居的熟皮作坊。皮毛业向为陕西商人所擅长，赊旗、洛阳的毛商业均为陕西人经营，朱仙镇估计也是如此。朱仙镇的木版年画兴起于明代，发扬光大于清代，与天津杨柳青、苏州桃花坞、绵竹年画等并称为全国四大木版年画。朱仙镇木板年画以红纸门神最为有名，民国时有"红纸门神尤为镇中特产……往昔盛时业此者三百余家，出品盛销于邻近各省，大有独占市场之势"的记载。乾隆时是木版年画业的兴盛期，参与捐资的门神作坊虽然只有 14 家捐银 100 两，但还有众工匠捐银 60 两，共计为 160 两，而当时朱仙镇的 251 家皮房，数量虽然相当于门神作坊的 17 倍还多，但捐银仅有 147 两，较之门神作坊还少 13 两，由此可见单个门神作坊的规模、产量和营业额远超毛皮业。此外，从门神作坊众工匠捐银数额竟然能达到手工作坊的 3/5 的情况可以推测出当年木版年画业的工匠不仅人数众多，而且收入水平相对较高。总之,朱仙镇在清代初期还是一个有商号数百家的中等规模市镇,到乾隆时已发展成为商户上千家的巨镇,商业达到鼎盛,与汉口、佛山、景德镇并称为全国四大名镇。朱仙镇商业发达,其手工业也因为商业的繁荣而发展,毛皮制造业和木版年画业在城镇经济发展中有着举足轻重的地位。

2. 周家口

距离朱仙镇南约205里的周家口,位于贾鲁河与沙颍河交汇处。前文已述贾鲁河经过朱仙镇,在周家口与沙河汇流,经过周家口后继续向东南,流经沈丘县进入安徽太和境,"迳界首集、税子铺、旧县集、和阳驿,出阜阳界牌集,至颍上八里垛达于淮",再经由运河而达江浙。周家口作为颍、沙与贾鲁三河交汇处,三河将周家口城区分为三部分,势若武汉,因此周家口素有"小武汉"之称。有学者在考证朱仙镇和周家口的商业情况后,形象地说"贾鲁河像一条扁担,一头挑起朱仙镇,另一头挑着周家口"。根据明代隆庆年间黄汴编著的《天下水陆路程》记载,从淮安到开封的水路,贾鲁河是最后一段路程,以周家口为起点,朱仙镇为终点,中间经西华县城,自周家口至西华县45里,西华县至朱仙镇160里,简言之,由周家口到朱仙镇的距离是205里。贾鲁河的疏浚通航为这两座城镇的兴起提供了契机,朱仙镇的兴起和繁荣发展前文已述。周家口在明代以前还是一片荒郊野渡,是个名不见经传的地方。周家口最早出现在明代隆庆四年(1570)黄汴所著的《明一统路程图记》里。在贾鲁河疏浚后,便利的水运给周家口带来了大量的商人和物资,使其迅速崛起。翰林学士熊廷弼于万历二十六年(1598)路过此地时,挥笔写下了"万家灯火俻江浦,千帆云集似汉皋"的诗句,从中也可推测明代中后期的周家口已经颇具规模。但是熊廷弼时的周家口无论是从人口密集度还是从商业繁荣度看,都无法与清代的周家口相提并论。

清代的周家口迎来了繁荣发展的黄金期。可以说明代中后期的周家口尚处于起步阶段,这从顺治年间编写的《商水县志》中可以得到印证。明代的周家口仅有子午街一道,"居民不过百家",即使到了清初,其繁华与对岸的永宁集相比也是逊色不少。永宁集位于沙河北岸,明初时成集,清顺治时这里居民"依砦结庐","东西五里,南北二里,商贾辐辏,称巨镇云"。康熙时商水县设"二十四地方"中有"永兴集市",这意味着政府在永兴集市单独设有税收点并进行管理,而周家口却没有,只是将后者列在"乡村集镇"条的"新兴"集市中。但是到雍正时,周家口的发展应该是超过了永宁集,成为商贾辐辏的大镇,这从雍正十一年(1733)陈州知州董起盛在申请将陈州改升为府的奏折中能够得到印证。董起盛在陈述陈州升格的理由时特意提到了周家口,"陈州幅员辽阔,绵亘数百里,界连八邑,犬牙交错,河通淮泗,路达江楚。更有所属周家口一带地方,水陆交冲,五方杂处。一切刑名钱谷,稽查保甲,各处验勘,类难悉举,事本繁多"。次年,陈州即升为府,朝廷还下令将管粮州判和军捕同知署移驻周家口,由此可见周家口在陈州的地位非同一般,已经受到了朝廷的高度重视。此后不久,周家口就与永宁集连成了一体。乾隆《商水县志》载:"(周家口)旧在沙河南岸,仅有子午街一道,居民数家。国朝治平百年以来,人烟聚杂,街道纵横延及淮宁境,连接永宁集,周围十余里,三面夹河,舟车辐辏,烟火万家,樯桅树密,水陆交会之乡,财货堆积之薮。北连燕赵,南接楚越,西连秦晋,东达淮扬,豫省一大都会也。"周家口盛极一时的繁荣跃然纸上,至乾隆时发展到鼎盛,街道纵横,居民稠密,商贾辐辏,成为"豫省一大都会"。周家口的商业繁盛还可以从众多的商业会馆得到见证。清代周家口客商合资修建的同乡会馆有晋陕商人建立的两座会馆(又称关帝庙),徽商建立的安徽会馆(又称江南会馆),江右商人建立的江西会馆(又称万寿宫),湖广商人建立的湖广会馆(又称禹王宫),闽商建立的福建会馆(又称天后宫),怀商建立的覃怀会馆(四圣会馆)等。行业会馆有粮商建立的陆陈会馆(又称平王庙),油业商人建立的油业会馆(又称大王庙),毡坊业商人和手工业者联合建立的府君庙,木泥业商人和手工业者联合建立的鲁班庙,铜器制造业商人和手工业者联合建立的老君庙,酿酒业商人和手工业者联合建立的酒仙庙,机坊业商人和手工业者联合建立的机神庙,印染业商人和手工业者联合建立的缸神庙,纸作业商人和手工业者联合建立的葛仙庙,丝织业商人和手工业者联合建立的嫘祖庙,皮革业、制鞋业商人和手工业者联合建立的孙膑庙等。目前这些会馆大多已消失,至今仍基本完好保留下来的只有沙河北岸的山陕会馆一座,现为周口市博物馆。众多的与商业相关的会馆和庙宇的建立,是周家口商业繁荣的印证,尤其是沙河北岸山陕会馆建筑的高大宏伟、巍峨壮观以及会馆内砖雕、石雕的精工细琢,技艺精湛更可以让我们直接领略周家口商人当年的奢华与大气。不仅如此,山陕会馆内留存下来的碑刻资料也为我们认知清代周家口商业发展提供了实物证据。周口山陕会馆始建于康熙三十二年(1693),至咸丰二年(1852)完工,耗时150余年,其间经历过十余次重建和扩修,到光绪三年(1877),还经历过一次整修。结合乾隆四十八年(1783)

《重修关圣庙诸神殿香亭钟鼓楼并照壁僧室戏房及油画诸殿铺砌庙院碑记》、道光二年(1822)《山陕会馆春秋阁院创修牌坊两廊看楼客庭工作等房铺砌甬路院落碑》、道光十八年(1838)《重修关帝庙》、光绪三年(1877)《山陕会馆碑记》等碑刻,山陕会馆从康熙三十二年(1693)至光绪三年(1877)的185年中,建立、添建、重修、修缮、整葺几乎没有停止过,这些施工费用肯定不是一个小数目,仅嘉庆五年至七年修建春秋阁和歌舞台就耗资银20000两;嘉庆末年至道光初年的增修费银20000两,道光十六年至十八年的重修工程,又开支26000余两。从会馆的施工以及由此引发的巨额开支,可以想见当时在周家口经营的山陕商帮雄厚的经济实力。会馆的维护和重建经费应该除了商人的捐赠之外,还有着其他数额不菲的稳定收入,这从道光二年(1822)《山陕会馆春秋阁院创修牌坊两廊看楼客庭工作等房铺砌甬道院落布施抽厘积银钱碑》中可以得到部分印证。碑文写道:"斯举也,共计费银二万两有奇。所从来者有二:一则出之于吾乡之铺户也,开设有地而子母常权,承帝之庥,当思酬帝之德。于嘉庆十四年挨行募化,量本金之大小为捐数之重轻,统计得银一万六千二百两。一则出之于吾乡之行商也,来往不时而戁迁有术,既为山陕之人,应预山陕之事。于嘉庆十四年仍循往例千钱抽一,至道光元年共得银一万二千九百两。"这块碑文详细记录了从嘉庆十四年(1809)到道光元年(1821)共计13年的抽厘结果,行商按照"千钱抽一"的比例抽取,共得银12900两,坐商抽取比例不详,但因为其对会馆的依赖度比行商高,估计抽取比例也会更高一些,共计得银16200两。二者相加共计得银29100两,而嘉靖至道光年间的这次修建费银"二万两有奇",以此计算下来,会馆还应有不到10000两的剩余,这笔资金应该是作为会馆的平时维护和此后的重修、整修之用。此外,从碑文提到的"仍循往例"也可以推断,抽取厘金的行为在以前就已经开始,但是具体时间可以追溯到什么时候有待确定。总之,周家口的兴起和发展与朱仙镇有着许多相似之处,如都处在水运便利的贾鲁河上,都属于物资转运型城镇,客商来源和经营范围也有着很大的一致性。同时两座城市也有着很大的不同,朱仙镇在最兴旺时,繁华超过省会开封,经济辐射可达到大半个河南,这点周家口只能望其项背。此外更加不同的是,因为朱仙镇受黄河水患影响深重,在乾隆以后就逐渐走向衰落,而周家口繁荣的时间比朱仙镇长得多,也可以说正因为朱仙镇过早地衰落从某种程度上成就了周家口,使得周家口成为继朱仙镇之后河南境内淮安—开封水路上最重要的货运码头,其商业繁荣几乎历经整个清朝。

3.清化镇

清化镇位于河南西北部,是明清时期河南著名的商业名镇之一。其兴起和繁荣发展与朱仙镇、周家口有相似之处,优越的地理位置和便利的水陆交通使其成为南北物资交流中商品集散地和物资交流中心;与朱仙镇、周家口也有不同之处,清化镇有丰富的物产资源以及传统的手工业生产,是其发展繁荣的物质基础。

清化镇位于太行山南麓,地势北高南低,"北阻太行,南环沁水,尤为河北隩区","为三晋咽喉,乃财货堆积之乡,凡商之自南而北者莫不居停于此",地理位置重要,交通条件优越。清化镇陆路交通干道主要有两条:一条由北京出发,经邯郸入河南境内,经彰德、卫辉两府,入清化镇境。在清化镇由陆运转河运,经丹河、沁河,到达怀庆府,然后继续西行,可达陕西、四川、宁夏等地,是北京与西北地区联系的必经之路。另一条道路是晋豫之间著名的经济走廊。怀庆府与山西省毗邻,怀庆府有一条平坦的大道穿过清化镇,然后沿此路一直北上,穿越太行山脉,可以到达山西省东南端的泽州县。光绪八年(1882)《义桥碑记》中提到的"晋商必由之路"即指此。清化镇的水路也非常便利,小丹河在清化镇流过,小丹河西北与沁水、丹河相连,在清化镇南折而东行,在新乡与卫河交汇,然后通过卫河航运直达山东临清和天津。小丹河曾是隋唐大运河永济渠的组成部分,是沟通海河流域和黄河流域的桥梁纽带。到明清时期,为了满足运送粮食到北京的漕运需求,中央政府加强了小丹河的用水管理,定下了诸如"每岁三月初塞入河渠,使水归小丹河入卫济漕"的限制,小丹河完全成为政府的运粮河。此外,怀庆府毗邻山西南部,号称太行八陉之一的太行陉是怀庆府与山西联系的重要通道,颇受晋地重商风气的影响。晋商是明代中后期兴起的在全国有着深远影响的商帮,有"平阳、潞、泽豪商大贾甲天下,非数十万不称富"的美誉。晋商通过沁水、丹河可以顺利南下,清化镇是晋商进入豫省的第一站。两地不仅来往便利,明朝政府还曾几次从山西移民到怀庆府。《明史·食货志·户口》就曾记载,太祖时期"迁山西泽、潞民于河北",使得怀庆府等地区"田野垦辟,户与税增十倍余"。此外,还有不少晋南人民因为生计问题而自发转移到怀庆府。实际上清化镇本地最著名的几户大商家,如坞庄的"杜兴盛"、东刘村的"协盛全"、寨昌的"王泰顺"均是山西移民的后代建立的。可见晋南与清化镇，无论在地缘上还是在血统上都有着紧密的联系。两地人员和物资交流也非常频繁。泽潞诸县矿产丰富，"其输中州者,惟铁与煤,日不绝于途"。还有清化镇所在的怀庆府处于黄河中游与下游分界地带，明清时期严重的黄河水患对此地农业生产影响很小。怀庆府自然条件优越，水源充足，"土地膏腴"，除了种植有传统的粮食作物，还盛产多种经济作物。药材是河内最著名的经济作物，"地黄,河内者佳"，"山药,河内最著"，"地黄、山药,百种之饶,利益滋甚,陇亩之间殆半禾黍"，明代河内地黄还一度作为贡品，供皇室贵族享用。太行山南麓产竹，"清化竹"最为驰名，产品远销省内外。其他经济作物还有桑、枣、棉花等，以桑、棉等发展起来的丝织业、棉织业等手工业产品商品化程度很高。此外，陶瓷制造业、煤矿开采业等也发展起来，这些都为清化镇商业繁荣奠定了雄厚的经济基础。明代的清化镇就已经发展成为"居民数万家"的商业名镇。

　　清代的清化镇因为优越的地理位置和便利的水陆交通，商贸运输继续发展。清化镇固有的资源优势也是助推清化镇商贸发展的重要力量。清化镇盛产的粮食、药材、竹器、丝绸等物产，成为当地市场上销售的主要商品。怀庆府是河南省粮食的重要产地，而清化镇又"为各乡粮食聚集之所"，是南北粮食运输的中转市场，如山东临清州"地产麦谷不敷用,犹取资于商贩,从卫河泛舟车下者豫省为多"，商人常年穿梭两地，年运粮"不下数百万石"。怀药是清化镇又一独居特色的商品。清化药商不仅人数众多，资金丰裕，而且历史悠久。明代小镇上就设有不少的药材行栈堂店，经营怀药和其他中草药。清代初期，成群结队的清化商人推着独轮车，或者北上河北安国参加祁州药会，或者南下湖北广陵、汉口，输送药材，怀药影响日益扩大。清代嘉庆年间，清化镇上设有春和堂、张太和、和生葛、老源堂、保和堂等诸多行医售药的店铺。怀庆府最著名的两个大药号协盛全和杜盛兴，其总店就设在这里。协盛全最初只从事药材收购生意，后来进行药材加工以获取更大的利润空间。在其具备一定的实力后，不断扩大经营范围，到嘉庆时期，协盛全已经成为拥有100余家分号，销售遍及大河南北的业界翘楚。杜盛兴以经营药材起家，怀药是其主营业务，清朝末年，杜盛兴的销售网络已经遍布全国，还一度将怀药运输至香港，然后转运海外。清化镇所产丝绸称"清化绢"，在全国久负盛名。镇西北二里之七方村，家家户户缫丝织绸，产品集中在豫北和山西境内销售，有"七方丝绸赛苏杭"的美名。雍正元年(1723)《重修金龙四大王老爷庙金妆圣像碑》记载，参加此次捐资的商号和个人有203家,其中新盛绸缎店、信义绸缎店、弘泰绸缎店三家捐银最多,由此可见绸缎商人在当地有着相当的实力和影响。道光时的"清化绢"依然作为土产载入县志。清化镇竹园很多,年产竹子可达1000多万斤,德泰祥、祥泰永等都是专门生产和经营竹器的店铺。商人们将竹子贩运省内各地,或被捆束成筏,由水路运至山西、山东、天津等地。民国《临清县志》就有"竹由河南清化束筏运至"的记载。清化镇作为南北货物转运集散地,大量外地物品流入本地市场。同治《鄢陵县志》有"铁器自河内镇来"的记载,光绪《东平州志》也说"铁货陆运来自山西,水运来自怀庆,岁售约数万斤",由这些记录中可以看出清化镇是国内规模很大的铁货集散市场。清化最大的商户王泰顺家族就是以经营铁货起家。其营销范围不局限于河南境内,向南跨过了淮河和长江,在江苏徐州、安徽蚌埠、湖北武汉等地都开设了分店。向北以黄河流域和辽东半岛为主,在河北、京津、辽宁等地设立了分号,特别是辽东半岛,泰顺号几乎垄断了那里的铁制品市场。清化镇自明代以来外地商人远远超过本地商人,以晋商最多,在城镇经济发展中起着主导作用,这种情况一直维持到清末。据明代隆庆五年(1571)《创建金龙四大王神祠记》记载,当年参与大王庙营建的人员大致有472名,外地客商351人,其中包括晋商348人,占外地客人数的99%以上,占全部捐资总数的73.7%,可以说晋商垄断了大部分的清化商业市场。据清康熙四十一年(1702)《清化镇大王庙竖立旗杆碑》记载,参加捐资的客商数量为29人,而本地籍商人仅有3名。虽然这两组数字不能完全体现清化镇外地商人与本地商人的对比,但是外地商人数量多于本地,且实力较本地商人强是不争的事实。道光二年(1822),商人们决议复修大王庙,《重修大王庙碑》记载了这一过程。此次重修共收到捐银270两,因为碑记对商人的籍贯和商号归属地没有详细记载,因此我们无法对本地和外地商人的商号作一对比,但是捐资最多的洋河铁货众商、周口扶圣会和七方虔心会,他们均为怀庆府之外的商业行会组织,由此可见外地商人实力之雄厚。

清化镇商贸的繁荣发展带动了当地手工业的发展。清化镇盛产竹子,带动了当地制竹手工业的发展,镇上有不少专门生产和经营竹器的店铺,当地至今还流传有"许良竹椅泗沟篦,牛磨门帘南道篮,辛庄簸箩中道耙,下水磨竹筷、冯竹园筐,清化竹货名远扬"的民谣,可见当年竹货业的兴盛。清化镇的烟草到清代就已经大量种植,烟草加工业也随之兴起,到清代末年烟草生产进入繁荣期。

著名的生产烟草的商号有运来合、百顺泉、百兴源、明盛公、方盛长、恒一德、鸿太昌、常泰源、郭兆丰等,此外,像杜盛兴这样的大商家也兼营水烟。炮扇制造需要的硫黄和竹子都是本地所产。"清化鞭炮"源自宋代,到1915年,镇上鞭炮就发展到30多家,工人1100余人。"清化纸扇"大概在清代兴起,许多炮庄,如胡玉顺、高宝兴、毕玉盛、魏同兴、韩长盛、赵公兴等炮庄兼营纸扇,所谓"冬做鞭炮春节销,春做纸扇夏季卖,一年四季有活干"。产品远销河北、山西、北京和天津等地。清化镇的陶瓷制造也有一定水平。明时清化窑规模已不小,可以和桃花店窑、钧州窑媲美。后来随着柏山缸烧制规模的不断扩大,缸器遂取代了陶瓷制品而成为清化民窑的支柱产业,产品在北方地区销路很广。清化采掘业发展也很快。明清时期怀庆府环太行山一带煤窑星罗棋布,河内县"煤多合伙挖井采取,行销山东、直隶、山西等省","以济民用,所获之利,与地产相仿",乾隆《汲县志》也有该地之煤"运自怀庆清化镇地方胜于近邑"的记载。"煤竭之窑,产有铜核",铜核可以提炼硫黄,乾隆二十八年(1763),河南巡抚叶存仁曾奏请朝廷对河内等地方的硫黄矿进行开采,《河内县志》也提到"硫黄其用最大,赋本开采不专领于知县,盖知县有刑名钱谷之责,而黄厂必用弹压,不能舍本而取末,故以本府经历督之便于事"的记载,可见硫黄矿的开采政府管控极严。

  清代河南的一些市镇成为南北东西货物转运的市场,在促进全省乃至全国商品交流过程中发挥着重要作用。民国《鄢陵县志》曾记载本地货物"铁器自河南清化镇来,铁器自南阳赊旗店来,杂货自淮宁周家口来"[①],这里提到的清化镇、赊旗店、周家口就是当时中原地区重要的货物转运市场。清化镇因为地处山西、河南交界,因此它的发展要早些,但是赊旗店在明初还是个名不见经传的乡村,位于"洧水以东,唐泌之间","莫知所由起,或曰元分旗屯田军主氏佘而伪也",大概在明末清初因为"地濒赭水,北走汴洛,南船北马,总集货物尤多秦晋盐茶大贾",成为南北重要的水旱码头。周家口在明初还只是一个渡口,后来因为茶路的开通,一跃成为连接南北的重要交通干道。与之相似的还有南阳石桥镇、内黄的楚旺镇、林县的合涧市、洛阳的韩城镇等,境内都是商贾云集,是中原重要的货物转运市场,在当地经济发展中都起到了重要作用。诸如清化镇、赊旗店、周家口等名镇前面已详述,其他市镇不一一赘述,仅举一些典型个案。如

---

① (民国)《鄢陵县志》卷五《风俗》,民国二十五年(1936)铅印本。

南阳石桥镇,位在赊旗以北,因为交通原因,成为南阳北部的重要商镇,"县北诸镇,莫大于石桥。宋南阳六镇之一……北道三鸦,通汝洛;南循洱淯,乘涨之郡,瞬息可至。毂毂水陆,号为繁富……民习舟楫,帆樯出入……舟楫往来,更为频繁"①。北舞渡镇是位于周口与赊店两大商镇之间的水陆过载码头,既是本地粮油等农副产品的集散地,也是南方杂货的转运贸易中心。清代中叶,北舞渡鼎盛时期,镇内行商坐贾可达四五百家。豫北三府的粮食集中在内黄的楚旺镇,在这里沿卫河下临清,销往山东、直隶、天津等地。有"京师所赖者山东、河南之麦"②,临清"地产麦谷不敷用,犹取资于商贩,从卫河泛舟东下者豫省为多"③的记载。河南与山西相邻,晋南的平阳、汾州、蒲州和解州等地,"人稠地狭,本地所出之粟,不足供居民之用,必仰给于河南、陕西二省"④。豫北彰德府林县,"为县属杂粮所聚"⑤之处,主要向山西运销粮食。洛阳的韩城镇"西进"的方向是陕西。豫西、陕西每遇岁歉,都需"河南府属及陕州属运米接济","自康熙四十二年以后,节经著有成例"⑥。商贩长行的小路,由河南"自陕州硖石驿,东至汝州",中经洛阳韩城镇,"为山陕江楚商贾要道,行旅络绎","他省客商来豫籴麦者,陆则车运,水则船装,往来如织,不绝于道"⑦。

当时省内还有一些著名大镇,如渑池千秋镇、唐县探源镇、内乡马山口镇、光山泼陂河镇、长葛石固镇、禹州神垕镇、嵩县田湖镇、许州五女店镇和繁城镇、信阳五里店镇、归德府刘口集、淇县淇门镇、汲县卫源镇、内黄楚旺镇、孟县白坡镇、滑县道口镇,都在当地经济发展中起到重要作用。泼陂河镇"南北两街,商旅辏集,居民颇众"⑧。内乡马山口镇地处豫西南,地产多种中药材,是全国四大中药材集散地之一,北通京津,南连湖广,东达汉口,西去秦晋,川、陕、甘、冀、皖、浙、桂、湘和京津地区的药商皆常年来此采购,有"旱码头"之称。

---

① (光绪)《南阳县志》卷三《建置》,光绪三十年(1904)刻本。
② 《清圣祖实录》卷二六八,(台湾)华文书局 1969 年版,第 634 页。
③ (乾隆)《临清直隶州志》卷二《市衢》,乾隆五十年(1785)刻本。
④ 孙铸编:《孙文定公(嘉淦)奏疏》卷三《请开籴禁疏》,沈云龙主编:《近代中国史料丛刊》第五十五辑,(台湾)文海出版社 1966 年版。
⑤ (乾隆)《林县志》卷五《集场记》,乾隆十七年(1752)刻本。
⑥ 〔清〕陈宏谋:《培远堂偶存稿》卷二六《酌拨西同等府米石谕》,临桂陈氏培远堂刻本。
⑦ 邓亦兵:《清代前期商品流通研究》,天津古籍出版社 2009 年版,第 100 页。
⑧ 《光山县志》卷一一《市集》,乾隆五十一年(1786)刊本。

鸦片战争前,河南大地上有本地商人,更多的是来自全国各地的商帮,他们对中原经济发展产生了重大影响。自明代中期以后,随着商品经济的繁荣发展,地域商帮和大商人资本开始兴起,特别是晋、徽、陕、粤、闽、浙、赣等地商人陆续以群体力量出现在商业舞台上,豫商也不例外地成为当时社会经济发展不可或缺的一部分。除了豫商,"河南地据天中,四方商贾络绎不绝,凡水陆可通之处,无不车载船装,往来贩运"①,外地商人纷纷进驻河南,他们在此建立了诸多会馆,为我们了解明清时期河南城市商业文化提供了珍贵的实物资料。

清代的商业名镇诸如开封府的朱仙镇、陈州府的周家口、怀庆府的清化镇等市镇的空前繁荣,很大程度依靠水运交通发达的程度提升了城镇经济的发展水平,而相对来说城镇自身的产业发展却非常不充分,它的一个具体表现就是很多交通枢纽城镇的商业经济资本被操纵在外地商人手中,而一旦交通优势不在,随着外地商人的纷纷散去,这些因为交通而带来的城市繁荣就会成为昙花一现。客观而言,虽然明清时期中原城镇发展取得了一定成就,但是城镇在发展广度、深度与专业分工的细化度上,与江南还有沿海城市相比还有很大的差距,城镇发展在动力方面还存在着巨大的滞后性。也可以认为中原城镇发展还存在着巨大的被动性,它的前进往往是被外力推动的,这些外力可以是政治因素,也可以是交通因素,而当这些外力减弱或消失时,很多繁华一时的城镇就会一蹶不振。

四、城镇经济发展的新趋势

自道光二十年(1840)的鸦片战争至宣统三年(1911)辛亥革命推翻清政府的70年间,中国一直处于战乱中,经历了鸦片战争、中法战争、八国联军入侵中国,中国人民为反抗资本主义国家的入侵,发动了太平天国农民战争、义和团运动以及辛亥革命。在反对资本主义国家侵略中国的战争中,清政府的一些有识之士看到了西方资本主义国家坚船利炮的先进性,提出"师夷长技以制夷"的主

---

① 〔清〕尹会一撰,张受长编:《尹少宰奏议》卷五《再议禁曲疏》,台湾"商务印书馆"1966年版,第44页。

张,发起向西方先进国家学习的运动。这一时期,中国的政治经济文化都发生了翻天覆地的变化,尤其是支撑中国数千年发展的传统小农经济在外来经济的冲击下,发生着深刻的变革。进入20世纪初,河南经济最具时代特色的是商品经济的发展和新生的经济力量——民族资本主义的诞生。

1.商品经济的深入发展

随着外国资本主义势力逐步深入,河南大小城镇都有"洋人"的影子,出现了"华洋公司",商品化生产程度进一步提高,社会经济步入近代化。作为这种变化的第一步,正如马克思所说的,促使"哪些主要以本人需要为目的,把多余生产物转化为商品的一切旧生产形态"渐渐破坏和解体,逐步使商品生产普遍化。河南虽然地处内陆,但是到19世纪末,在多种因素影响下,农业、手工业的商品性生产和城乡商品经济有了较大的发展。进入20世纪后,伴随着铁路的修建,与国内国际市场联系更加紧密。而商品经济的浪潮进一步冲击着"耕稼社会",使其走向市场经济。西平县"自光绪末叶铁路告成,运输便利,于是,本邑土产如芝麻、黄豆、小麦及牛羊皮等类,多为外来客商所采购,而洪河舟楫,东通汝、蔡,亦未懋迁之一助"①。豫东、豫东南和豫西南的油料和成油,也突破了以往地方初、中级市场的小天地,因"铁路既通,贩行甚远",除汉口商人入豫贩运"络绎不绝"外,经周家口一地每年出口芝麻油总值就达银100万两以上。豫北盛产棉花的安阳,所产的棉花早先销售市场主要在黄河以北各县,远运也不过开封、许昌。铁路修通后,北运天津,南运汉口,东去青岛、上海。一些无关紧要的商货,如社旗镇的烧酒,也随着铁路的联通而旺销外省,1907年销往两湖、两江、两广者年总值银40余万两。郑州、新郑、汜水、巩义、偃师一带所产红枣、柿饼等干果,以前不过运销道口、周家口等地,此时也远运南北各省,"各处囤货,售运一空,莫不利市三倍"②,1906年郑州一地外运红枣和棉花总值银300多万两,开封于1902年出现首家花生行,次年就发展到3家,宣统初增至7家。1910年湖广总督瑞澂记述河南货物入鄂者,"铁道既通,交易繁盛百倍"。小麦和杂粮作为外埠粮食加工厂原料而被采运出境者与日俱增,尤其铁路线上的州县,如安阳、卫辉等地,"京汉路轨交通后,运出粮食日多一日",以致1910年省

---

① (民国)《西平县志》卷三六,民国二十三年(1934)北平文华斋刻本。
② 《河南官报》,总第77期。

内粮价"较前数年增至一倍有余"①。豫南的大米,据1906年报道,也因"洋商贩卖者多,价值陡涨",每石(75公斤)涨幅亦近一倍②。价格的上涨进一步促进了粮食生产的商品化。驻马店一地,1904年有粮行13家,到1911年增至70余家,转运粮食的商家有50户,另有面行9家、油行6家。长葛县城,在咸丰末年至光绪初年,新增粮行3家,到清末民初,新设粮行13家。粮行的成倍增加,从侧面反映出粮食生产商品化程度在不断提高。至于全省每年出境商货增长到底有多大,总值到底有多少,因资料欠缺而无法确知,但从运销河南商货最多的汉口出口值变化情况可以看出,1904年总值银为700万两,1910年增至1700万两,所增的1000万两主要来自河南,是豫鄂"交易繁盛百倍"的结果。所销大豆,早先都来自湖南,此时基本为河南大豆所取代。加之洋货输入日增,河南城乡经济与国内、国际市场的联系日益紧密,市场格局大为改观。这对河南传统的自然经济,包括农业、手工业和各种副业都有很大冲击,促使其向近代经济转型。就农业而言,越来越多的农民减少粮食种植而种植经济作物,商品化程度越来越高。据1913年日本人的调查,称临颍以下京汉铁路沿线河南各县每年共产大豆200万包(每包约70公斤),10余万包留供本地做种子和食用,其余的近190万包均销汉口、上海、镇江等通商口岸,小部分运销省内各地区,其中外销汉口一埠的就有120万~130万包。豫东中牟、陈留一带"老于农者"计算,每亩花生平均年产值相当于种植粮食的10余倍,因此弃粮而改种花生者"日益加重"③。在西平一带,因芝麻等油料日广,收益颇丰,"小民贪锥刀之利,往往逐末忘本,粮食各项因以播种渐稀"④。信阳一带因国内外市场苎麻"颇畅销",各处农家"种家颇多"⑤。尤其棉花,1911年官方出版物报道,安阳(其西北诸乡,70%~80%土地植棉)、邓县、洛阳、通许、商水、孟县等地,年产值均达银700万两,还有不少州县年产值也达银二三百万两,这意味着又有更多的良田改种经济作物。这种着眼于市场、着眼于交换价值(区别于以前为供应家人衣食而着眼于使用价值)的生产的发展,不断销蚀着传统的自然经济,并加速其解体。

---

① 《河南官报》,总第54期。
② 天津《大公报》,1906年3月9日。
③ 《支那省别全志·河南省》,第617—618页;开封《河南实业报》,1913年3月5日。
④ 《河南官报》,总第10期。
⑤ 《河南官报》,总第86期。

随着晚清京(芦)汉和汴洛(后称陇海)铁路的全线通车,河南门户洞开,于是各类"洋人""洋商"和"洋教士""持照来豫游历者,络绎于道"①。他们不顾中外条约的规定,先是在铁路沿线,进而在四周各城镇开设洋行、商铺、货栈,大事扩展其经济侵略。如英美烟公司天津代理商刘耀庭,于1909年在彰德设"德聚成"商号;汉口代理商蒋国清,于1907年来信阳、光州等地设置英美烟公司货栈。这些外国商行、公司和买办商人的所作所为,可从盐城人士的记述中略见一斑。京(芦)汉铁路一通至漯河,即有多家"洋行""洋行货栈""华洋公司"来此开张,他们"不来县(衙)请验照票,亦未奉有行知,辄挂贴招牌,任意开设,买卖土货、洋货,并代客包运货物,承揽车船,人众势强,动辄滋事,欺压商民,垄断罔利,习以为常。其他如窝娼聚赌,酗酒打架,及与铁路、邮政争殴肇衅等事,不一而足。迨至控官传讯,直称地方官不能管理,洋行不服传唤。即漯河向章,筑城、修路、巡警、支更各项有益公事,亦不曾与本地行铺一律摊捐。种种悖谬,不可枚举"②。这些"华洋公司"在各城镇物色土著商铺或培植代理商号,替他们推销洋货。1908年报纸曾报道说:河南过去闭塞,"现在铁路四达,民智日辟,凡捆载而运出于各处者,皆原质精华之物,为制造近利赖,其灌输而来者,多适人嗜好之物,非日用所必须"③。尤其"适人嗜好"的洋货,灌输更多。1905年官方出版物在一篇"论说"中描述"豫省现状"称:"洋货山积,土货寥落,除花纱、呢羽、火油、色布大宗不计外,即日用零星,如针线、纽扣、铁钉、纸张之类,亦复充斥罗列。无论大小市镇,触目无法外货。"④可见外货灌输的势头确实是很猛的。

2.民族资本主义新经济的诞生

河南的民族资本主义新经济晚于南方省区,南方省区在19世纪70年代降生的民族资本主义新经济,至20世纪初才在河南这个内陆省份降生。河南当局于1903年设置商务农工总局和矿物总局,官方出版物也数次载文,阐述河南振兴工艺实业的重要性,"如纺纱、织布、丝业、火油各厂,当鸠集公司,集股开办,其余木机、手制各工艺,如毛巾、花毯、地毯、牛羊毛毯、地席、草帽、漆具、木

---

① 〔清〕朱寿朋:《光绪朝东华录》,中华书局1958年,第4315页。
② 《郾城县志》卷三〇,民国二十三年(1934)刊本。
③ 上海《时报》,1908年6月11日。
④ 《河南官报》,总第71期。

器、洋铁器具之属,各州县宜一律创设"①。之后,又让各县筹设实业学坛和工艺厂、习艺所,组建公司,从事纺纱、磨面、纺麻、卷烟等业,并颁发《实业社会章程》,表示统治当局关心民族资本主义工商业和农牧业的发展。

河南民族资本主义新经济最早诞生在煤矿开采业,这是因为河南煤矿资源丰富,煤质又好,且分布很广,开采时间也较长,是本省资本主义因素最集中的一个产业,1902年6月英国福特公司在河南修武县老牛河附近下白作村开办的泽胜煤矿,一定程度上也推动了河南城乡有志之士致力于近代工矿业的创办。河南民族资本主义首家企业应是光绪二十八年(1902)禹州知州曹广权创办的禹州三峰煤矿,资本银5.4万两,"以土法开采,用机器抽水"②。且曹广权是一位有维新思想的浙籍官员,首去日本留学,是接触西方资本主义思想较早的官员,革新意识比较强,到河南任官后,开启了河南民族资本主义经济的先河。此后,河南近代矿企业不断增加,截止到1911年,其大体情况如表7-2-3所示。

表7-2-3 河南晚清矿业(均为商办)表

矿名	开办时间	预期资本(单位:万元)	创办人	备考
禹州三峰煤矿公司	1902年	5.4	曹广权 王棼林	
安阳六河沟煤矿	1903年	银20万两	马吉森 谭士祯	初称"官煤矿",1907年改为公司,开始土法生产,1910年后"用新法开采"
密县煤矿	1906年前		郝镜棠	称"机器煤窑"
修武凭心煤矿	1906年	23.8	靳法惠	1907年入官股20万两
汤阴崔沟煤矿	1906年		叶怀古	1907年购来机器
武安信诚煤矿	1907年	3.2	马吉森	武安现属河北
宜阳广益煤矿	1910年		胡圣之 樊明庶	
汤阴宝善煤矿	1911年	4.5	马强甫	

---

① 《河南官报》,总第6期。
② 王锡彤:《燕豫萍踪》,民国刊本。

由表 7-2-3 可以看出,继禹州三峰煤矿之后,有安阳六河沟煤矿、修武凭心煤矿、密县煤矿、汤阴崔沟煤矿、武安信诚煤矿、宜阳广益煤矿、汤阴宝善煤矿,民族资本主义矿业在豫北豫西兴起,这跟光绪二十四年(1898)三月清廷同意英国福特公司"专办怀庆左右黄河以北诸山各矿"之权,抵制英国资本攫夺豫北矿藏有很大关系。

民族资本主义经济在煤矿开采业诞生后,不断向其他行业蔓延,如铁矿业、瓷业、面粉业、机器制造业等行业。如修武一带"本地绅富"在凤凰岭筹建中州铁矿,集股 2 万元作为开办经费,之后又招 40 万元,"期为富国之基础"[①]。豫南绅商组建豫南矿务华宝公司,计划集资 50 万两,开采信阳、禹州等地的铁矿、煤矿。光山留学归来的陈世状,"刻意经营"销路日广的火柴业,"集股甚多"[②],在新店设立公司,禀请注册立案。候补知县王应元、道员徐积勋等、绅商王德茂和柯淇元等,有的自行筹款,有的招股集资数万元或数十万元,计划在开封开办"电灯官局""豫华电灯公司""光豫合资(电灯)有限公司",这些"振兴实业"活动不断出现,截止到 1912 年,其大体情况如表 7-2-4 所示。

表 7-2-4 河南晚清工业表(**除注明者外,余均为商办**)

厂名	开办时间	预期资本(单位:万元)	创办人	备考
禹州钧窑瓷厂	1904 年	6.9	孙延林	内有官股
道口继兴面粉公司	1904 年	5	唐玉田	
郑州京汉路机器厂	1904 年			官办
修武京汉铁路工厂	1904 年			官办,后改"道清铁路汽机厂"
开封耀华火柴厂	1905 年	2		
安阳广益纱场	1905 年	70	马吉森等	1909 年开工,有纱锭 29000 枚
清化(榨油)实业公司	1906 年	2.8	程祖福	

---

① 汉口《中西报》,光绪三十三年(1907)十一月二日;上海《时报》,1907 年 7 月 2 日。
② 《汉口日报》,光绪三十四年(1908)五月十五日。

(续表)

厂名	开办时间	预期资本（单位:万元）	创办人	备考
周家口启新榨油厂	1907年	1.4	丁殿邦 顾若愚	1910年投产,不到一年即停
开封普临电灯公司	1910年	25	魏步云 杜光俊	
驻马店元丰蛋厂	宣统年间（1909~1911）		阮文中	
安阳元丰蛋业公司	同上		同上	
许昌元丰蛋厂	同上		同上	
安阳中兴电灯公司	同上		刘冠瀛	
巩县裕中瓷业公司	同上		刘欣恂	
新乡豫兴蛋厂	同上		赵忠发	不及三年停

由表7-2-4可以看出,当时省内兴办的民族工商业涉及纺织（棉、丝）、面粉、火柴、陶瓷、水电、榨油等多个行业,出现了一股前所未有的兴办近代厂矿、发展民族资本主义经济的热潮。

总之,河南民族资本主义新经济在河南这块古老的大地上破土而出,并艰难地成长。从参与创办近代工矿企业人员的身份看,主要是官僚地主转化来的,前文已提及的马吉森、程祖福、徐积勋均为道员,谭士祯、王应元等为知州知县（非实任官员）,表明这种新经济与封建经济关系特别密切,封建小农经济的根深蒂固很难使这种新经济发展壮大。从数量看,河南民族资本主义经济显得非常弱小。据统计,全国在1861~1894年间,有清政府官办的军工企业19个,其中在河南的只有1893年才创办的河南机器局一个。民族资本经营的近代工矿企业133家（包括官办煤矿）,河南却是空白。进入20世纪初的10余年,近代民族工矿业虽然出现表7-2-3中的诸家,但其资本总额不过200万元,后来有所增加,也不过二百二三十万元,而郑州一地1906年所产红枣总值就是300多万元,相当于全省近代工矿业资本总额的150%,反衬出近代民族资本主义经济在国民经济中所占的比重实在很小。河南民族资本主义成长缓慢的最主要的原因是河南商品经济发展和自然经济解体程度,都明显落后于沿海沿江省份,城乡封建势力和习俗异常顽固,还有西方资本主义国家的侵略和遏制,致使河南民族资本主义经济幼苗的成长土壤十分贫瘠。

第三节 城镇的建设和管理

清代是少数民族满族建立的统一中央集权制国家,在城镇建设规划上具有少数民族特色,省府县治所城市都建有满城,驻防八旗兵。加之当时商品经济不断发展,为城镇建设的空间拓展提供了张力,会馆建筑别具特色,进一步促进了城镇商品经济的繁荣发展。

一、城镇规划建设

清代的城镇建设在不同时期建设重点不同,其主要表现在清初城墙的修建以及省城开封的重建和县衙的建设。康乾盛世时城镇会馆的建设,是清代城镇建设的主要特色。

清初沿袭了朱明王朝修建城墙的传统,自建立伊始内忧外患接连不断,因此对修筑城墙的热情应该是超越前代。顺治时全国共修筑的城池有420座,康熙年间又迅速上升到683座,此后的王朝都没有停止过修建。即使国泰民安,修城还是官员必须承担的职责,雍正《河南通志》记载:"本朝临制区夏,四海无鸡鸣犬吠之警,而庙堂尤切切焉,饬守土诸吏崇墉、浚隍、修堰、筑坝,俾民白首不见兵革之事与溃决之患,兹惟仁哉,志《城池》。"[1]自雍正以后,只有少数城垣有所变化,主要是遭遇黄河水患的城市,城墙多毁于水患,如考城、商丘等靠近黄河两岸的城镇。

清代河南的省会仍在开封。而明代崇祯十五年(1642)遭遇特大洪水,给开

---

[1] (雍正)《河南通志》卷九《城池》,同治八年(1869)重补本。

封带来了灭顶之灾,昔日繁华的街坊市巷悉数被淹,"旧所有者百不存一"。清代初年的开封城内仍是一片黄沙,苇蒿遍地,狐兔出没,满目荒废,明代开封城的繁华早已荡然无存,本来高大的内城砖墙也因为城外泥沙淤埋堆积而变得很低,军事城防作用遭到削弱。王沄在《漫游纪略》中在描写清初黄河水退后开封的情形时说:开封文庙全被泥沙淤没,只有屋脊上的鸱吻露出地面少许,相国寺被泥沙淤埋后,屋檐只有人的胸口那么高,巨大的释迦牟尼像,也只露出一个肩头。鉴于这种情况,原驻开封的河南省署、开封府和祥符县的衙署,在开封附近的各县暂驻。如当时的河南巡抚和布政使司衙门驻杞县,提学道衙门驻辉县,开封府先驻封丘后移至延津,祥符县衙先驻陈桥镇后移至扫头集等。当时,甚至还有人提出了放弃开封,将省会迁到许昌或其他地方的建议,但终因开封城的历史地位比较重要以及人们"夷门自古帝王州"的思想根深蒂固而未被清政府采纳。经过清初统治者对开封城垣的重建和整修,被洪水淤没后破败的城墙和城市面貌焕然一新,原移驻外州县的省署、开封府和祥符县各官衙陆续搬回开封城,因水患而逃往外地的居民也先后返回城里,开封城市从荒废和萧条中复苏起来。然而,在明代开封原址上重建起来的开封城,已不是原来意义上的开封城,元气丧失殆尽。

和明代的开封城相比,清代开封城的格局发生了一系列的变化。第一个显著变化是满城在开封城中的建置,改变了这座城市的传统格局。就开封满城而言,它的出现,使开封城延续了近千年的"外城、内城(里城)、皇城(王府)"的城市格局至此演变成了"土城(即历史上的外城,已被淤没殆尽)、开封城墙(即历史上的内城、里城)、满城(开封驻防城)"的格局。造成开封历史上城市格局变化的原因,虽然大多是因为政治原因所引起的,但综观开封城的发展与演变轨迹,清代的满城已无法与五代、北宋、金代的皇宫相提并论,甚至与明代的周王府亦不能同日而语。明代统治者对于开封的政治地位依然非常重视,宗藩周王府就建立在北宋皇宫的旧址之上,占据着开封中心的位置,客观上延续了中国古代都城"宫城居中""中轴对称"的格局,体现了"居中不偏,不正不威"的儒家思想,但是清代取消了封藩制度,开封的政治功能严重削弱。开封只是作为河南的首府而存在,之后在开封建造的满洲城,由于已不再是城市政治中心及人们心目中的中心,甚至连全国性大城市也不是,在城市设计上不再按照帝都的规格建设。因此选址的位置也已经开始偏离了全城的中轴线。

清代开封城的第二个显著变化是湖泊水面的大面积增多。清初的开封虽然经过了一番重建,但直至康熙年间,"市廛辐辏处,惟汴桥隅、大隅首、贡院前、关王庙、渔市口、火神庙、寺角隅、鼓楼隅为最盛",其他地方仍未从荒废和萧条中复苏起来。明朝末年的那次特大洪水,使开封城中原用于泄水的干河涯淤塞,再加上开封城城外高、城内低的特点,因此城内的积水几十年未能排出。到了乾隆四年(1739),巡抚雅尔图奏请朝廷批准,先开挖了干河涯,后来又挖掘了惠济河,才逐渐将城内的积水导入涡河,排出城外。但是,在城内的低洼之处,仍然留下了几个大水坑。后来,人们还纷纷在原来的王府所在地、官宦之家的旧址上挖土寻宝,捡砖修建房屋,久而久之,这些地方的积水越来越深,便逐渐形成了湖泊,如周王府被淹后,原址出现了龙亭坑,还有徐府坑、包府坑、马府坑等,因此清代开封城的实际面积比明代缩小了不少。

清代开封城与明代开封城相比第三个显著的变化是由王府多发展成会馆多。朱明王朝实行封藩制度,被封开封的周王子孙枝繁叶茂,因此明代的开封城可谓王府遍地,正如《如梦录·街市纪第六》中所记:"大街小巷,王府、乡绅牌坊,鱼鳞相次。满城街市,不可计数,势若两京。"当时又有"天下藩封数汴中"之说。明末洪水灌城之后,诸王府均被淤埋于地下,王室成员亦各自远走他乡。清初的开封城内泥沙遍地,满目凄凉。开封的工商业经过了近百年的恢复,到乾隆年间才又逐渐开始走向了复兴之路,市区也渐渐涌现出了各类作坊和店铺。而事实上此时的开封城在经济萧条、百废待兴的背后却隐藏着巨大的商机,一些独具慧眼、卓有远见的客商纷纷于此时来到开封寻觅商机,兴商立业。随着外地客商的不断增多,作为同乡会性质的会馆在开封城中开始出现。如山西客商在顺治、乾隆年间在开封建立了山西会馆(后到了道光年间,陕西旅汴商人又与山西商人联合建立山陕会馆。后再到光绪年间,又有甘肃旅汴商贾加入,遂复易名为山陕甘会馆)。之后,外地商人在开封建立的会馆如雨后春笋般的越来越多,如在清光绪二十四年(1898)的《祥符县城图》上标注的就有山西会馆、山东会馆、炉食会馆、江苏会馆、两湖会馆、盐梅会馆、安徽会馆、江西会馆、五圣会馆、八旗会馆等10处,而另在《汴城筹防备览》记载的还有江苏乡祠、湖广会馆等,由此可见清代开封城中的会馆之多。

当时,县级城市建设成就突出,以当前我国唯一保存最完整的清代内乡县衙为例,来看清代县级城市建设取得的卓然成就。内乡县衙始建于元代,由于明末李自成农民军七次攻打内乡县,县衙遭到焚毁。现存大部分建筑是清代建的。在县衙最完整时,县衙自身的建筑连同东侧的财神庙、土地祠、戏楼等建筑,总计有房屋300余间,占地多达24000多平方米,目前保留下来的共有180余间,有大堂、二堂、三堂、宣化牌、仪门、月台、重光门、琴治门、琴治堂、迎宾厅等。县衙南北长约240米,东西宽约150米,有房屋90余间。中轴线上有照壁、大门、仪门、大堂、寅恭门、二堂、内宅门和三堂。两侧为东官廨、西官廨、东厢房、本厢房、承发司吏、招稿房、书简房、东关宅和西关宅等。府衙多采取木式建筑,大门两侧有清代碑刻四通,古朴典雅,威严肃穆。此外,还有保留至今的南阳县衙,它是元、明、清三代的县衙建筑,是封建县衙的历史标本,其庭院式组建布局、南北交融的建筑特点和极其丰富的历史内涵,是研究古代县衙建置与官制,以及清代官式建筑的重要材料,对建筑学史和古代封建地方官署的构建及政治体系的研究都有重大的参考价值。

　　清代河南城镇建设的一大成就是很多城镇都建有会馆。商业会馆的历史肇始于明代。河南地区商业会馆的出现相对较晚,第一座会馆应该是建立于清代初期。康熙年间"汴城始得逐渐复兴。当时商业,以农产品、布匹及日用货品充市为主,大多操在山西客商之手。山西旅汴的客商,遂集资于今老会馆街(龙亭东侧)建起一处山西旅汴同乡会馆,简称'山西会馆'"[1],这里提及的会馆是后来开封山陕甘会馆的前身,它应该是河南境内最早建立的一家商业会馆。同时期建立的会馆还有康熙十四年(1675)建立的朱仙镇关帝庙[2]。关羽是山西蒲州人,死后受封关帝,被百姓奉为神灵,明清时期晋商走南闯北,四处经营,在各地广建关帝庙,因为这些关帝庙不仅供奉神灵还常常作为商业聚会的场所,故而在地方上关帝庙和山西会馆就是指的同一个地方。也就是说开封的山西会馆和朱仙镇的关帝庙都主要由山西商人建立,当然不排除其他地区,如陕西等地商人的参与,这足以说明清初山西商人在河南商业势力就已经非常强大了。根据资料统计,清代河南商业会馆不下百处,其中八成以上为外省商人所建,这当中山、陕商人建立的会馆又占据了绝大部分。从分布看,各地会馆星罗棋布。从彰德府林县到商城余集,从陕州灵宝再到归德永城,由北到南,由西到

---

[1]　王瑞安:《山陕甘会馆》,中州古籍出版社1992年版,第4—5页。
[2]　《祥符县志》卷一二《祠祀志》,光绪二十四年(1898)本。

东,处处可以寻觅会馆的踪影。从规模看,不少会馆建筑规模宏伟,耗资巨大。开封山陕会馆壮观煊赫一时自不必说,洛阳关帝庙也是"状貌巍峨,极翠飞鸟芽之奇观,穷丹楹刻桷之伟望,捐金输粟,取次成功"[1]。周口山陕会馆的修建历时150余年,每次重修、扩建动辄上万两白银。赊旗山陕会馆的春秋楼更是"雕梁彩绘,金碧辉煌"[2],极尽奢华,尤其是省城开封的山陕会馆、南阳社旗的山陕会馆等。这些会馆建筑是清代河南城镇发展史的一个重要里程碑。

省会开封城的山陕会馆建在明代徐达府旧址上。据史料记载,由于这两省商人实力雄厚,规模宏大,这座会馆在建立初期就已经名扬海内。"接檐香亭五间,旁构两庑。前起歌楼,外设大门。庙貌赫奕,规模闳敞。繁逢圣诞,山陕商民奉祭惟谨"[3]。此后这座会馆又经历过几次扩建和重建,嘉庆年间"公仝议处,各行抽取厘头,以为百岁添设重修之费","谨遵前议,每进钱一千,抽取一文,银数亦然,请交老会首收存,以为每岁修葺之用"的修缮制度为其至道光年间修建成一座气势恢宏的商业建筑,提供了充足的资金保障。

能与开封山陕甘会馆媲美的当数社旗镇山陕会馆。该会馆始建于乾隆二十七年(1762),历经嘉庆、道光、咸丰、同治和光绪六朝总计137年。会馆的主体建筑坐北朝南,中轴线上自南向北有琉璃照壁、悬鉴楼、石牌坊、大拜殿、春秋楼,整个建筑前后分三进院落,两侧衬有木旗杆、铁旗杆、药王殿、马王殿、道房院等各种建筑达139间,是我国建筑艺术的瑰宝和经典之作。如铁旗杆北面是三屋的悬鉴楼(又名八卦楼),它兴建于嘉庆元年(1796),历时25年建成。高30米,进深20米,阔17米,为三重檐歇山式楼阁建筑,是会馆的戏楼。该楼由四个大方柱凌空擎起,柱基四面精雕麒麟、狮子、牛马、人物故事等图案。戏台正方是"既和且平",两侧是两副对联,一副是"幻即是真,世态人情描写得淋漓尽致;今亦犹昔,新闻旧事扮演来毫发无差",第二副是"还将旧事从新演,聊借俳优作古人"。会馆的雕刻艺术价值颇高,院内东西两侧有古雕的文武狮子,南面的石牌坊雕有金龙玉柱以及历朝名人故事、诗文与图画,雕刻极其考究。石

---

[1] (乾隆)《关帝庙新建碑》,现存于洛阳关帝庙。
[2] 河南省古代建筑保护研究所、社旗县文化局:《社旗山陕会馆》,文物出版社1999年版,第24页。
[3] 《山陕会馆晋蒲双厘头记》,《明清山西碑刻资料选(续二)》,山西经济出版社2009年版,第421页。

房的北面是大拜殿，也就是正殿，又是会馆的中心建筑，它由大殿与拜殿组成，整体是重楼广式楼堂建筑，殿高34米，东西宽23米，进深45米。殿内外，雕梁画栋，美轮美奂。殿内设有暖阁，供奉关公牌位，四周图饰精妙，大殿屋檐饰有彩色木雕《西游记》和《封神榜》的图像，两侧是两座"十八学士朝瀛州"和"渔樵耕读"的石雕。在大殿的东西两侧分别是药王庙和马王殿，奉祀药王孙思邈和马王爷，其雕刻细腻，用色考究，集皇宫建筑、庙宇建筑、商馆建筑、园林建筑诸项艺术之大成，既有宫殿的雍容华贵，又有庙宇的静穆雄伟，也有园林的恬淡宁静，是中国古代建筑的结晶。对于赊旗山陕会馆的壮丽辉煌，文人墨客不惜笔墨予以盛赞，春秋楼"第见洛洛巩固，迥出霄汉，金碧辉煌，光映日星。试置身其上，凭照宇内，皆在远眺旷览中。而翘首南向，又若可俯视焉。巍巍乎极登岳之峻，初不知身向碧云也"①，会馆前的铁旗杆打造是在工程收尾之时，"独赢三千余金。庙之壮丽不可有加，又不可折空金入私。因铸铁旗杆二株重五万余斤，树于大门之左右"②，商人出手之阔绰让现代人读到这段文字都不由得叹为观止。赊旗山陕会馆可谓河南乃至中外建筑史的一颗璀璨明珠。

周家口山陕会馆在众多的会馆中也是规模宏大的一个。它始建于康熙三十二年(1693)，至咸丰二年(1852)完工，耗时150余年，其间经历过十余次重建和扩修，到光绪三年(1877)，还经历过一次整修。此会馆建筑雄伟，气势恢宏，占地达20亩。主要建筑有钟鼓楼、马亭、旗杆、大殿、二殿、大拜殿、老君殿、药王殿、财神殿、河伯殿、酒神殿和炎帝殿以及戏楼、大戏楼、堂戏楼、花戏楼、春秋阁等，另附有山门、照楼、香亭碑等建筑形式，其中铁旗杆一对，各20余米高，重3万余斤，杆上四条铁龙气势雄浑，绕柱而居，一副翻江倒海的气势。周家口会馆主要建筑建于不同的年代，具体情况如表7-3-1所示。

---

① 《南阳赊旗镇山陕会馆春秋楼》，《社旗山陕会馆商业文化初探》(豫内资)，第45页。
② 《南阳赊旗镇山陕会馆铁旗杆记》，《明清山西碑刻资料选(续二)》，山西经济出版社2009年版，第423页。

表 7-3-1　周家口山陕会馆建筑年表①

年代建筑与修缮
康熙三十二年(1693)会馆创建。
康熙五十二年(1713)添建河伯、炎帝二殿。
康熙五十六年(1717)建药王殿、东廊房。
康熙六十一年(1722)建财神殿、西廊房、禅房僧舍。
雍正九年(1731)重修大殿,添建香亭。
雍正十三年(1735)建舞楼、山门。
乾隆八年(1743)建老君殿。
乾隆十五年(1750)建钟、鼓二楼。
乾隆三十年(1765)建马王殿、酒神殿、瘟神殿、石牌坊、马亭、戏房。
乾隆四十六年至四十八年(1781~1783)重修香亭、钟鼓楼、药王殿、瘟神殿及马亭、戏房,彩绘诸殿、两廊,铺砌内外庙院。
嘉庆五年至七年(1800~1802)建春秋阁、歌舞台。
嘉庆二十年至道光二年(1815~1822)立牌坊2座,建廊房14间、客庭10间、看楼10间、作坊20间,并修院墙、砌甬道、施彩绘。
道光十六年至十八年(1836~1838)重修殿宇、香亭、石舫,"崇其基址,高其栋宇"。
道光三十年至咸丰元年(1850~1851)建后院飨亭,修葺前后殿廊楼阁。
咸丰二年(1852)全部落成。
光绪三年(1877)重加修整,焕然一新。

由表 7-3-1 可以看出,周家口山陕会馆建设有三个高峰期:第一个是乾隆三十年(1765)建马王殿、酒神殿、瘟神殿、石牌坊、马亭、戏房;第二个是乾隆四十六年至四十八年(1781~1783)重修香亭、钟鼓楼、药王殿、瘟神殿及马亭、戏房,彩绘诸殿、两廊,铺砌内外庙院;第三个是嘉庆二十年至道光二年(1815~1822)立牌坊 2 座,建廊房 14 间、客庭 10 间、看楼 10 间、作坊 20 间,并修院墙、砌甬道、施彩绘。目前,周家口山陕会馆尚存有大殿、二殿、戏楼、春秋楼等建筑,这些建筑是当年周家口经济发展繁盛的真实写照,记载了当年周家口商品经济繁荣的辉煌。

---

① 许檀:《清代河南的商业重镇周口——明清时期河南商业城镇的个案考察》,《中国史研究》2003 年第 1 期。

上述商业会馆建筑是清代河南城镇会馆建筑的缩影，其他各地城镇新建、重建、扩建的会馆比比皆是，其数目之多，花费之巨，建筑之备，装修之奢，可与江南发达地区比肩。如开封新建的外省会馆还有浙江会馆、福建会馆、广东会馆等以及覃怀、汜水等河南省内商人建立的会馆。可以说，商业会馆建筑是清代河南城镇建设的主要特色，在河南城镇建筑史上留下了浓墨重彩的一笔。

二、城镇市场管理

随着各类市场的繁荣，出现了少数人欺行霸市，扰乱市场秩序，造成市场混乱，不利于市场的发展。当时官府采取措施打击欺行霸市的行为，严格审批牙行制度。巡抚田文镜抚豫期间，曾除去强加于商户头上的陈规陋习，不允许苛扰商民。他说："行商坐贾将本求利，其风餐露宿，受怕担惊，最宜怜恤。"他要求各衙门所用物品，不得向各商户索要，要求按照市场价格去购买，违者"许被害牙行店户执照赴辕喊禀，官则飞参，役拿杖毙，乡保地方枷责不贷"，并在全省公布。许多县为保护本地区的主要商品，也对市场进行统一管理。如孟县以其棉布饮誉全国，乾隆五十五年(1790)，县令颁布《严禁短窄布匹以便商民事》，对全县的棉布从长度到宽度，以及重量都做了具体规定。规定："近因无帖小贩截买民间，自用短窄布匹，遂有无知机户或止图省便而窄小；或首尾宽密而中间稀窄，百姓混骗商贾。"该县令认为，孟县地狭人稠，通商即以便民，只有加强管理，才能"生民养病"。为此，他规定："嗣后机户总以裁尺宽一尺一寸，长三丈六尺为准，方许赴集出卖，其价随时长落，悉听行头秉公评定成交，或商民两不情愿，仍从其便，不许欺商病民，把行布市。"此外，商人也开始规范本行业自身的行为。如在商业繁荣的赊旗镇，于雍正二年(1724)同行商贾就戥称问题达成统一规定，《同行商贾公议戥称规矩》："年来人烟稠多，开张买载者二十余家。其间即有改换戥称，大小不一，独网其利，内弊难除。是以合行商贾，会现集头等，齐集关帝庙，公议称足十六两——依天平为则，庶乎较准，公平无私，俱各遵依。"同时规定，如果哪一商户有欺诈行为，一经发现，"罚戏三台"，再严重者，交给官府惩治。

市镇的发展受到中央政府的关注，为保证市镇正常的经济运行，政府派驻行政机构和官员对其进行全面管理。常见的机构是巡检司署、府同知(简称同知)、府通判(简称通判)、州同知(简称州同)、州通判(简称州判)、县丞、县主簿等衙署,其官员的品秩分别为巡检从九品、同知正五品、通判正六品、州同从六品、州判从七品、县丞正八品、主簿正九品。同知、通判是府佐官,职责"或理事,或理饷、督粮、监兑,或清军,或总捕,或驿,或茶,或马,或营田,或水利,或抚边、抚彝、抚番、抚瑶、抚黎"。州同、州判是州佐官,县丞、主簿是县佐官,其"所管或粮,或捕,或水利","其杂职内之巡检,皆分防管捕,或兼管水利"。这些机构和官员的驻地,"凡府、州、县之佐贰,或同城,或分防"①。佐官通常是"因事而设"。派驻的方式,有的是将原有的机构改变设置地点,即文献中称"改驻""移驻"。由于那些市镇大小不同,经济繁荣程度也不一样,因此,政府派驻市镇官员品秩也不相同。当时,全国四大名镇的汉口镇、朱仙镇、佛山镇、景德镇都是同知驻镇,这是派驻市镇的最高等级官员。河南陈州知州董起盛于雍正十一年(1733)在申请将陈州改升为府的奏折中,陈述陈州升格的理由时特意提到了周家口:"陈州幅员辽阔,绵亘数百里,界连八邑,犬牙交错,河通淮泗,路达江楚。更有所属周家口一带地方,水陆交冲,五方杂处。一切刑名钱谷,稽查保甲,各处验勘,类难悉举,事本繁多。"②次年,陈州即升为府,朝廷还下令将管粮州判及军捕同知署移驻周家口,由此可见周家口在陈州的地位非同一般,已经受到了朝廷的充分重视。稍小的市镇,派驻的官员级别较低。大多数地方是巡检驻镇。官员的职责有时也因市镇的情况而定。一般政府在批准巡抚奏请派驻机构的公文中,都具体说明派驻官员的管辖职权范围。到乾隆年间,其通判的职责变成"巡缉奸匪,兼管税务"③。清化镇是明清时期河南著名的商业城镇之一,位于河南省西北部。明代政府在这里设置巡检司,清代康熙五十八年(1719),议准河南清化镇河捕通判"专管河务,为管河通判"④。清代乾隆年间,丹、沁河决口,怀庆府又于乾隆二十九年(1764)将通判署移驻此地。通判是掌管粮运、督捕、水利、理事诸务的实权官员,地位在县级政府之上,从中能够判断

---

① 《钦定大清会典》卷四《吏部》,光绪二十五年(1899)重修本。
② (乾隆)《陈州府志》卷一《沿革·附陈州改府原由》,乾隆十二年(1747)刻本。
③ 《乾隆四十六年九月十四日河南巡抚富勒浑奏折》,《宫中档乾隆朝奏折》,台北"故宫博物院"1982年版,第61页。
④ 《钦定大清会典事例》卷二六《吏部·官制》,光绪二十五年(1899)原刻影印本。

清化镇的政治地位在上升。政治地位的提升一般与经济地位有着密切关系。变更官员等级的市镇,多是经济发展较快的市镇。有一些驿站,政府命"驿丞兼巡检职衔",或者反之,令巡检、县丞兼管驿务,这类驿站实际属于市镇,如河南汤阴宜沟驿、渑池硖石驿等。还有一些驿站的驿丞,虽然没有兼巡检职衔,但驿站驻地也是商品交易区,这类地方实际上也是市镇。驿铺驻地本来就是市镇,如河南确山县的驻马店、竹沟镇等处即是如此①。从政府派出行政机构和官员对市镇进行管理看,是市镇商品经济发展到了一定高度,市场行政管理的进一拓展。

第四节　城镇的社会生活与文化发展

作为中华文明发祥地的河南,中原文明一直影响着周边地区。清政权进入中原后,吸收汉民族先进的生活方式和优秀的文化传统,满汉融合成一家。加之以商品经济为基础产生的各种思潮和观念对旧有的传统伦理道德和价值观、社会生活方式及人情世风都产生了强烈的冲击,还有鸦片战争后西方文化的传入,使地处内陆的河南民风民俗在悄无声息中发生了改变。

一、社会生活

服饰体现着传统社会的等级差别。清代的河南人因社会地位与家境的不同,在服饰上便有差别。富裕家庭的男子多穿大襟长袍,袍分棉、夹、单三种,样式一致,都是右衽竖领,扣子用布盘成,下摆至脚踝骨处,两侧在膝盖处开衩;老年人外套马褂;妇女穿丝绸旗袍或风云扇裙子,内穿红绿裤子。农民则穿对襟布扣短袄,外罩坎肩;妇女所着袄褂稍长,或对襟,或大襟右开,一般都有镶边,

---

① （乾隆）《确山县志》卷一《建置·镇店》,乾隆十一年(1746)刻本。

衣服大襟处绘有图案，男女均着上腰大裆裤子。农民的衣料多是家庭自织棉布，自己染色，富裕之家则多用绫罗绸缎作衣料。冬季寒冷，无论贫富都戴帽子，南阳的士绅之家戴帽顶，俗称"帽壳"，帽顶缀有红色或黑色的疙瘩，贫民多戴绒帽。洛阳的富有之家戴"瓜皮帽"，此帽用六块三角形细布缝制，帽顶缀有红色珠玉；一般农家戴的"瓜壳帽"，则用粗布缝制。老百姓穿的鞋袜，一般情况下，男子穿手工布鞋，女子穿辣椒样绣花鞋。男子穿袜多是白色，女子着袜多是青色。清代河南男女的发型与其他地方一样，男子留长发，梳一长辫垂于脑后；女子婚前蓄长发，编为一根长辫，额前有刘海，婚后将头发挽成发髻，盘于头顶，插了簪子，此外还有金钗、耳环、步摇等头饰，以金、银、玉等制成。

清代官民服装及全身佩戴的各种饰物经历了从严格控制到奢侈浮华的发展阶段。清初朝廷对皇室成员、官民的服饰在色泽、质地、款式、数量等方面均有详细规定，不得僭制越礼。特别是清人入关后结束了华夏传统的衣裳冠冕之制，男人剃发梳辫，着马褂长衫。女子则采取满族上下连裳的旗袍，外罩马甲。由于服饰制式严谨，"贵贱之别，望而知之"。还有清初经济水平较低，百姓生活淳厚节俭，服饰消费仅是蔽体御寒。随着商品经济的发展，出现了一股追求艳丽华贵、慕尚新奇之风。此时，社会各阶层僭用玉带、蟒、龙等违禁饰物和着奇装异服的行为比比皆是，有禁难止。如汲县，顺康年间（1644~1722）衣冠"尚甚朴素"，但到乾隆年间（1736~1795）城市百姓渐尚华丽。

清代河南的婚姻形式有娃娃婚、指腹婚、童养媳、招赘婚、鬼婚（也称冥婚）等。婚嫁礼仪均沿袭"六礼"，即纳采（说亲）、问名（合八字）、纳吉（定亲）、下聘、送好、迎娶。洛宁县旧俗，女方收到男方送来的"好"后，回礼时要送一块发酵好的面团，以保佑未来女婿升官发财。经过"六礼"程序，择定婚期后，男方要向女方送礼，女方也要回赠，并将已置办好的妆奁送往男家。婚前一天，栾川、嵩县一带的新郎身着崭新袍服，头戴礼帽，在唢呐伴奏下拜坟谒祖，夜晚则在家演习礼仪。新娘在娘家祖先牌位前烧纸告辞，表示即将到夫婿家开始新生活。多数地区还有"暖房"风俗，即新郎的嫂嫂要去新房叠被铺床，铺床时还有"撒床"仪式，多在新婚之夜进行，撒床一般是四样物品：核桃、枣、花生、带籽棉花。撒床时唱"撒床歌"：

  一对新人迎进房，新人请我来撒床，
  叫秋菊和海棠，端来瓜果我撒床。

一把撒到床里边,生个儿子做武官。

一把撒到床外边,生个儿子中状元。

一把撒到床当中,生个儿子坐朝廷。

一把麸,一把盐,大的引着小的玩。

一把核桃,一把枣,小的跟着大的跑。

迎娶之日,花轿上有一"压轿童",轿前有人沿途燃放爆竹,紧跟的是两个灯笼、两个火把、两支三眼铳以及鸣道锣、彩旗、唢呐等,一直把轿抬到女方家门口。已经在家迎候的新娘着礼服,以红盖头遮面,端坐椅子上,由亲属抬入轿内。抵男方家后,男方家一人持一烧红的犁铧,上浇以酒,在轿周围正转三圈,倒转三圈,意为除秽避邪。有些地区还要唱"吉利歌"。如偃师的唱词是:"嘟嘟嘟,喳喳喳,我拿草把你夹铧。花轿到门前,四季保平安。花轿落下地,二人来吉利。"然后新郎出迎,向轿作揖,由两名女傧相挽新娘至天地桌前,拜天地,拜高堂,夫妻对拜,送入洞房,结婚仪式便宣告完成。到乾隆年间(1736~1795),官庶人家的婚礼有向着奢侈浮华方向发展的趋势。

清代河南各地区的丧葬习俗大同小异,多是土葬。南阳的丧葬有讣告、设灵、选墓、卜吉、辞灵、报庙、入殓、送城、出殡、行葬、安神等程序。讣告即报丧,死者门口竖白纸柳枝幡旗,并以白纸帖或口头告知亲友,死者子女要披麻戴孝,鞋上缝一块白布。晚上死者亲属到土地庙焚香烧纸叩拜,次日早晨在本村通往城隍庙的十字路口,用草木灰撒一"方城",表示死者要去城隍庙报到。设灵是为死者设立灵堂,两边有挽联。子女要日夜守灵,以便亲友前来祭吊。入殓则是移尸入棺。选墓、卜吉是请风水先生选择一个适宜埋葬的位置,择吉日下葬。辞灵、出殡是安葬的前日晚,向灵柩举行告别仪式,俗称"辞灵"。送殡时以纸人纸马为前导,吹奏哀乐者随其后,然后是死者的长子手扶灵车缓缓行进,最后是亲属乘坐的送殡车。到墓地后,还有"摔脑盆"、鸣炮奏乐等仪式。行葬、安神是按选定的方位下棺,拢成土丘状,或用砖砌后再作坟冢。葬毕返家后,将死者灵牌放入中堂,供儿孙祭拜。洛阳一带丧葬仪式有浴尸更衣、报丧奔丧、大殓入棺、出殡安葬、除丧守孝等六个程序。除浴尸更衣和南阳略有区别外,其他做法相同。到乾隆年间(1736~1795),官庶人家的丧礼也有向着奢侈浮华方向发展的趋势。河南巡抚尹会一曾颁布条例,禁止闹丧。但是由于统治者自身的骄奢淫逸,他们对地主、官员和百姓的制约等于一纸空文。

饮食习惯主要由当地的物产决定。由于河南地处中原,农作物以小麦、玉米、红薯、高粱、豆类为主,稻谷甚少。清代农作物产量甚低,比如麦子,一般情况下亩产仅百斤,除去田赋地租,已所剩无几,因此百姓多吃杂粮,遇到荒年,还要以草根树皮充饥。日常饮食以馍和面条为主,再伴以自家腌制的萝卜丝、酸菜、韭菜花等。少数富有之家才吃鸡鸭鱼肉。不同地区有不同的风味小吃,如西华县逍遥镇胡辣汤、临颍县繁城镇锅盔馍等。洛阳的面食种类繁多,比如洛阳不翻、新安县烫面角、炒面、浆面条、刘秀羹、不翻汤、孟津刘水粉汤、尚记牛肉汤、洛阳海参、洛阳高家驴肉等,从清代一直流传到现在。南阳的馍类有蒸馍、油馍、菜合、煎饼、火烧、锅贴、油旋等,物美价廉,味爽可口。随着商品经济的发展,饮食风尚由俭入奢,奢侈豪华渐成风尚。在中规中矩的河南,勤俭节约一直是人们的传统美德,在顺治朝和康熙初年人们生活比较俭朴,康熙末年以后,随着人们实际购买力的增强,在社会民众的从众与攀比心理的影响下,部分富裕之家的饮食生活出现奢华猎奇的现象,且在普通百姓中很快蔓延开来。

节日习俗沿袭前代。河南清代传统节日甚多,内容丰富多彩,表达了百姓期盼五谷丰登、祈求祖先庇佑、诸事顺遂的美好愿望。虽然其中有落后和迷信的成分,但大部分内容是健康的。清代河南的传统节日有春节、灯节、二月二、清明节、端午节、六月六、七月七、中秋节、十月一、腊八节、腊月二十三、除夕等,其中以春节、灯节、中秋节为重,尤其是春节是诸节日中最重要的节日。春节于每年的正月初一开始。初一这天全家穿上最好的衣服,祭祀祖宗,燃放鞭炮,吃一年中最好的饭菜,然后到近门亲邻家里拜年。南阳一带认为初五为过年的最后一天,豫东商丘一带则认为春节是自正月初一至十五的元宵节,在豫东北甚至有"有心拜年,寒食不晚"的说法,寒食节一般是清明节前一天,可见春节时间之长以及在百姓心中的地位。灯节是每年的正月十五,也称上元节、元宵节。这天晚上人们要吃元宵、赏灯。商丘和南阳等地凡新婚者,岳父母要把女婿一家请来度节,称"躲灯"。洛阳老城的新媳妇要在正月十七返回婆婆家,在正月十九"添仓",即把粮食装入麦囤内。二月二龙抬头,此时气温开始转暖,天空有了雷声。南阳地区家家蒸"捂狼眼馍"、炒黄豆吃,认为"吃后不被狼吃、虫咬"[①]。清明节是祭祖之日,即上坟扫墓。端午节是每年的五月五日,也称端阳

[①] 《南阳地区志》,河南人民出版社1994年版,第538页。

节,是为纪念大诗人屈原而设。六月六是人们于此日请已出嫁的女儿回家,南阳一带女方家母亲及姑姨为新出嫁女儿送扇子。七月七为牛郎会织女之日。中秋节是每年的八月十五,全家团圆,吃月饼、赏月。十月一俗称鬼节,人们多在此日祭奠亡灵。腊八节是每年的腊月初八日,人们在这一天喝腊八粥,开始置办年货,有"吃罢腊八饭,就把年货办"之说。腊月二十三俗称"小年下",人们于此日祭灶王爷,祈求他"上天言好事,下界保平安"。除夕就是每年的最后一天。家家年货已备齐,门上对联已贴就,庭院也已打扫干净,晚上阖家吃饺子,放鞭炮,围坐火炉旁饮酒说话,谓之"守岁"。此外,洛阳地区的节日还有酒祖日、金牛节、三月三、祭药王、望夏节、青苗节、重阳节、豆豆节等。

  清代的河南城镇主要是宅院式住房。宅院式建筑有四合院、三合院、半个院等形式。典型的四合院是按南北轴线对称布置房屋的,以上房(主房)、东西配房(厢房)、南房组成民居中最正规的形式,也是中原民居的最高档次,多为官宦之家居住。平民家的四合院则比较简易。河南城镇中最常见的四合院,即院内正房5间或3间,两边厢房各3间,南墙正中间设大门、影壁。此种房俗称三阁斗院或三条腿院。贫穷人家,除一座正房外,只一边有厢。布局为一横一路,俗称半个院。当然,更贫穷的人家也有只住一间茅草房或搭个棚子居住的。富贵之家建房时雕梁画栋,飞檐斗拱,施以彩绘,显得富丽堂皇,贫穷之家是望尘莫及的。[①]

二、思想文化

  清王朝实行文化专制政策,禁锢人们的思想,造成思想文化的守旧落后。地处中原的河南,在思想文化上更为抱残守缺,不仅远远落后于江南,而且落后于周围省份。"竭而无余华"的理学在河南仍成为学者奉行不悖的真理,在思想界占据主体地位,这里成为全国的理学中心,涌现出诸如孙奇逢、汤斌、耿介、张伯行等一批著名的理学家。

  伴随全国学术风潮的演变,河南一部分学者在考据学、经世之学领域也有

[①] 耿瑞玲:《民间居住》,海燕出版社1997年版,第82、35、27页。

一定的贡献。如康熙年间的武陟人雒论辞去县官,在家终日纂辑,穷经致用,专于天文学和象数之学。其代表作有《周易析义详解》《经史指南析义》等作品。还有康熙年间的襄城人耿埰博通经史,擅长训诂之学,其代表作有《学庸艺语》《四书读注提耳》等。到乾嘉之际,此类学者更多,而且成就远远超过康、雍两朝。然而,他们的学术思想既不能撼动理学一统天下的局面,也不能与其他省份的成就相提并论。

鸦片战争后,思想文化方面的最大变化是外国传教士可以到中国内地自由传教,河南也不例外。天主教于1844年成立了河南教区,于1882年成立了卫辉教区,1907年新建的豫西教区,特派意大利籍教士贾师谊,总理河南(洛阳)府及陕、汝两州教务(总堂设在襄城)。由上可以看出,基督教在河南发展比较缓慢,主要原因是"本省民性反对甚烈"①。义和团运动后,基督教在河南发展较快,"将其传教中心移至平汉路彰、卫两府,广购教产,大兴土木,其势乃张"②。除19世纪末叶已在河南建堂传教的4个教派外,英国、美国、加拿大、德国等国的其他教派也纷纷来到河南建立教堂,由义和团运动前的12个教堂,到1910年增至44个,包括长期因人民反对无法设堂传教的省城开封,也于1902年后建立起耶稣教堂。而这些洋教士干涉地方行政、欺压城乡人民,由此也引起了城乡人民的愤慨。他们的活动在河南这块古老的土地上四处延伸,无疑给各阶级和各阶层的文化习俗也带来了深刻的影响。

清代中州学者在方志学方面的建树还是比较突出的。河南地方志的编写工作受到自中央至地方各级政权高度重视。早在顺治十五年(1658),时任河南巡抚的贾汉复即组织了大规模的全省修史活动,他说:"中州夙称文献名邦,高贤辈出,其于典故载籍必所素重,昨据该司呈送通省府州县志书,仅四十六种,其余各属咸称兵燹之后,荡然无存……各府州县凡无志者,速宜刚罗旧章。"③康熙二十九年(1690),巡抚阎兴邦再次通令全省各府州县修史,并成立全省修史领导机构,由继任巡抚顾汧执行修志④。清代关内十朝皇帝时期河南均有方志编写,其中以康熙朝编写最多,仅现存的就高达96种,占河南清代志书现存的

---

① 《河南省志》卷六,民国十四年(1925)抄本。
② 河南《民国日报》,1932年1月25日。
③ (顺治)《汜水县志》卷首,顺治十六年(1659)刊本。
④ 《商城县志》卷一《院檄》,康熙二十九年(1690)刊本。

四分之一强。就总量而言,清代的方志要比明代多一倍,几乎每一府州县都有志书,而且许多县都有两部以上。清代的志书在内容、体例与质量上也好于明代,尤其是省志的编写在清代各朝都比较受重视。顺治十七年(1660)刊出了巡抚贾汉复、沈荃修纂的第一部《河南通志》50卷本,康熙三十四年(1695)刊出了巡抚顾汧、学者张沐修纂的第二部《河南通志》50卷本,雍正十三年(1735)刊出巡抚田文镜、邹升恒与学者孙灏、夏兆丰共同修纂的第三部《河南通志》,乾隆三十二年(1767)刊出了巡抚阿思哈、嵩贵修纂的《河南通志》84卷本。各府州县镇也结合自己的情况要求编写地方史志,在河南9府、10州、1厅和98县中,总计府志30种,州志37种,厅志3种,县志278种。[①] 为后世学者研究清代河南的政治、经济、社会生活、自然科学和社会科学,提供了大量有价值的史料,也是一笔宝贵的文化财富。在编写志书的同时,河南也涌现出一大批修史专家,最为杰出的当数顺治年间的理学大师孙奇逢,一生著述颇多,其代表作有《中州人物志》《新乡县志》等。耿介凭借《河南通志》《嵩阳书院志》和《耿氏家乘》等书受到人们的敬仰。

三、学校教育

　　清代河南教育继续传统的学校教育,仍以官学为主,辅以社学、义学、书院等教育形式,科举考试仍是选拔人才的重要形式,直至清末科举考试废除为止。鸦片战争后,西学渐入,中国仿效欧美资本主义教育制度而创办近代学校。河南多是在官学的教学课程上增添"洋学",只是留存纸面上。不过由于风气所趋,体制所关,河南确实开办了一些新式学堂,陆续增开"新学",按照规制设置了一些新东西,供师生使用。

　　清代的教育仍以府州县的官学为主,设有专门学务机构负责。省级由提督学政一人掌管,以进士出身的侍郎、京堂、翰林官、詹事、科、道及部署等官充任,各带原衔之品秩,三年简任。学政除掌管全省的学校教学外,还管理全省士风与文风,以及全省的岁、科二试。三年内,巡回至各府州,于各府、州、县各设考

---

① 张文彬主编:《简明河南史》,中州古籍出版社1996年版,第319页。

棚,各知府、知州同为提调,以次按临考试。国家为学校设专职教官,各府设府学教授一人,秩七品。教授通常是由各州县的教谕和训导升任。河南有9府,故亦有9位府学教授,州(直隶州与散州)设学正,县级设教谕和训导,全省教谕共有96名,又可分经制教谕28名、复设教谕68名,全省共有训导104名,以佐学政、州正、教授、教谕。但并不是每一个县都设有训导,一些小县仅设教谕一人,如伊阳县于乾隆十六年(1751)奉旨裁除训导,其职责由教谕担任。有的县也可能不止一名训导。如康熙二十九年(1690),商城县有三名训导,分别为太康人牛龙文、夏邑人彭贞维,还有本邑候选训导周建宗。他们职掌所辖地区的学生教育之事。知县有时也到县学去授课,如内黄县令张仲诚笃信儒学,"朔望,集诸生会讲明伦堂,俾自奋于学"。而一些乡镇亦设有专职教官,如在河南唯一的散厅淅川厅,以及兰仪县仪封乡、荥泽县河阴乡等地,均复设教授。由于教授与训导均为专职人员,他们均住在学校内,上课的地点一般在署内的明伦堂。学校乃明伦育才之所。"朝廷建立学校,选取生员,免其丁粮,厚以廪膳,设学院、学道、学官以教之,各衙门官以礼相待,全要养成贤才,以供朝廷之用"。为了达到这一目的,各府州县在学校教育的内容和各种制度礼仪上进行周密的安排,在学习内容上,仍是传统的"四书""五经"之经典,通常各学校均有自己的图书馆——尊经阁,收藏儒学典籍和国家颁行的各种律则。州县学均要定期举行各种礼仪仪式,且均备有礼祭器。学校还专门设有乐舞生、歌生等,在国家规定的日期举行有关活动。其间的仪式、内容和器具均有统一规定。教授、训导和教谕是国家正式官员,俸禄由国家统一发放。在学的文武廪生的日常生活费用俱由国家统一支付,一部分学校从学田收入中支出。据《大清会典》记载,"学田之设,原以供春秋享祀,及赡给贫困",其来源"有旧置者,有劝给者,历年多寡不一"。据康熙二十四年(1685)统计,河南共有学田160顷另62亩,共收租银868两余,平均每县应在一顷以上。学田收入使用的方法是,学官或地方官核实学生的家庭生活水平情况,然后将学生分成极贫、次贫等不同等级,再根据其学习成绩,"定其殿最",给以银或米补助。康熙末年,各地已经不同程度地出现了侵占学田的现象,朝廷严格规定不许"豪强隐占"。乾隆五十六年(1791)又重申教官要确实调查学生的情况,给予资助,防止有"混冒等弊"。

清代继续沿用前代的科举考试选官入仕制度。科举考试前后需经过四个程序:童生考试(县、州、院试)、乡试、会试、殿试。考期、考官、场规、命题大致如明代。童生考试是对全县的私塾、社学、义学和书院等初级学校的学生进行的入学考试。童生要成为秀才而进入县儒学,需要经过县试、府试和院试三关,分别由本县知县、知府和省学政主持。童生经过层层选拔,最后根据院试结果决定是否录取为生员。凡中试者,均称生员或庠生,俗称秀才。生员之数初无定额,顺治四年(1647)后,根据教育水平、丁口之数和交纳赋税情况定取生员之数,大县、中县、小县县学名额分别是 40、30、20 名。顺治十五年(1658),更改为大府 20 名,大州县 15 名,小州县 4 至 5 名,如彰德府是一个大府,额定为 20 人。康熙九年(1670)大府州县仍旧,中小州县分别是 12 名、7 至 8 名。虽然增广生员和附学生员也有名额限制,但绝大部分府县的这两类学生都是 20 名。此后,各县稍有变化。如乾隆时期的孟县属于中等县,"定额廪膳生员二十名,增广生员、附学生员无定额,岁科两考人数各十五名"。各县的武生数额大致与文生相同,中试亦有定额。生员考试是各级官学对所辖廪膳生、增广生和附学生组织入学复试、月考和岁试等,不合格者将失去参加乡试资格。岁试是生员考试中最重要的形式,由省学政巡回组织各府、州、县学轮次进行。凡各官学的生员、增附生、廪生等皆需应考,其目的一是检查学习效果,二是选送合格生员参加乡试。乡试内容因循明朝,但也多有变动。清制规定,"承明制用八股文。取四子书及易、书、诗、春秋、礼记五经命题,谓之制义",其中,"四书"文对考生能否录取具有决定性的作用。以康熙二十九年(1690)庚午科河南乡试的试题为例,第一场"四书"以及《易》《书》《诗》《春秋》《礼记》,第二场论、表、判语五条,第三场策五道,等等。上述考题,均要严格按照规定格式作文,形式古板。八股取士之法,成为各级学校教育的指挥棒,不仅不可能考出学生的真才实学,而且"使士子深潜于四书五经之书",禁锢了思想,摧残了文化,贻害无穷。殿试是全国最高等级的考试。会试先于殿试进行,三年一试,在京师举行,由礼部主持。乡试中试者首先进行会试,以各省实际应试人数、省人口总数及赋税等因素确定各省录取人数。会试中试者即称"贡士",再行参加殿试,经御批后分三甲张榜公布。乾隆朝以前,中试名额根据国家需要而定,前后变化很大,从每次不超过 10 人,到每年最多的 85 名(顺治三年丙戌科 85 人),但至乾、嘉、道年间,河南会试中试名额基本上是 12 至 14 名。各府州县的中试名额差距更大。状元人数,河南列全国倒数第二位,有清一代也仅出过一人,是嘉庆二十二年(1817)殿试时名列魁首的固始人吴其濬。清朝统治者认为:"豫省士风器量谨厚有余,而才具明通不足。"之所以如此,根本原因还在于经济落后,文化教育也相对滞后。据统计,自顺治三年(1646)开科取士以后,至道光三十年(1850)82科,全国共录取进士1945名。截至道光二十年(1840),就全省分布而言,开封在全省录取最高为78人。与明代相比,全省各县的录取比例也发生了很大的变化,如河内县由明代31人增加至60人,夏邑县由15人增至33人,郑州由16人增至24人,柘城县由4人增至19人。也有一些地方呈现下降趋势,如洛阳由明代的129人降至47人,禹州由36人降为7人,杞县由54人降为24人,陈州由21人降为5人,鄢陵县由18人降为7人,安阳县由44人降为21人,确山县由8人降为1人。这种变化也反映了各地教育水平与经济变化状况。清承明制,在恢复了文官科举取士的同时,武举也得以进行,并对武学的教育内容及武举的考试要求及录取做出了规定,基本内容并没有明显的变化,只不过清王朝以少数民族入主中原,害怕百姓掌握过多的武学与军事技术,不利于其稳定统治,故在武学的教育与人才的选拔上并不尽心。武乡试的录取人数为兵部所定。河南额定人数较多,康熙二十六年(1687)定武乡试录取名额为文科乡试录取名额之半,河南为47名,居全国各省的第6位。清代河南武举人考取进士,历科不等,从顺治三年(1646)至雍正二年(1724)有历史记载的河南武进士共149人。考中武进士的府州县分布非常广泛,除商丘19人,祥符县和杞县分别为13人和12人外,其他地区人数都不多,仅1人到3人①。

清代的社学与义学是为不能进入官学读书的人提供的教育形式,这两种教学形式在城镇和乡村都有。顺治九年(1652)礼部议准,"凡近乡子弟十二岁以上令入学……各省府州县多设立,教孤寒生童……秀异者"②。府州县教谕代表知府、知州、知县对所辖社学进行定期督导。雍正元年(1723),世宗再次强调各州县大乡巨堡设社学一区,发展村镇教育。虽然国家倡导民间办学,河南各城乡区都有义学或社学等教育形式,但以城镇更为普遍,社学的官办成分稍大。而义学主要是以民间的捐建为主,属政府倡导下私学性质,又称义塾。它往往由知府或知县率先捐助,后号召当地士绅商贾捐助而设立。因此有一些县有专门的义学田来保证其经费支出,康熙年间的巩县有义学田三处,第一处42亩,

---

① 李春祥、侯福禄主编:《河南考试史》,中州古籍出版社1993年版,第352页。
② 《清史稿》卷一〇六《选举·学校》,中华书局1976年版,第3119页。

坐落在罨子峪沟口；第二处 40 亩，坐落在县西南七里堡；第三处 32 亩，土地在康熙四十三年(1704)时塌入黄河。但学田不仅数量极少，而且根本无法保证学校的基本开支。在承平的年代里，各县的知县或教授或训导，都有可能出面组织一个义学，成为河南各地民办教育开办的主要形式。各府州县设置社学和义学的数量与教学效果上有很大差异，这与地方官重视程度有很大的关系。有学者曾作过粗略的统计，清代全省的社学共有 700 所，鹿邑县每一个乡都有社学，确山县全县共有 120 余所，办学 20 所以上的县有郾城、许州、嵩县、辉县、睢州、宁陵、祥符等县。宜阳县的义学共有 42 所，另外，舞阳、禹州、灵宝、西华、信阳、太康等县的义学也都在 20 所以上。如道光初年的禹州全境共设义学 36 所，每里均有一至三所义学。有些穷僻州县，由于地方官重视，设学也较多，如嵩县义学的数量在省内名列前茅。据《嵩县城乡学记序》和《各乡社学记》载，从乾隆四年(1739)到道光二十一年(1841)，该县根据村落的疏密和人口的多寡，在各地城乡共设义学 35 所。

书院作为一种地方教育在清代继续保留。书院的设立也是为弥补官学教育之不足，但其主要教育对象是成年人，"各省书院之设，辅学校所不及，初于省会设之，世祖颁给帑金，风励天下。厥后府州县次第建立，延聘经明行修之士为之长，秀异多出其中"[1]。而清王朝对待书院的态度前后有很大的变化。顺治元年(1644)至雍正十年(1732)，清王朝因担心各地汉族人借组建书院之名散布不利于统治的言论，"不许别创书院，群聚结党"[2]。这一时段河南没有新建书院，但是由于前朝书院活动及作用在知识分子中留下的深刻印象，政府的限制不可能完全禁止已有书院的活动。雍正十一年(1733)，政府命"建立书院，择一省文行兼优之士，读书其中，使其朝夕讲诵"，允许各省、府、州、县创办书院，并规定了统一的书院学规，把书院教育纳入全国教育体系之中。书院虽带有私人性质，但实际上已经彻底沦为政府科举考试和政治统治的工具，"儒学寝衰，教官不举其职，所赖以造士者独在书院，其裨益育才，非浅鲜也"[3]。河南历史上虽有许多知名的书院，但是在雍正朝以前，并没有形成大规模的创办书院的局面，直

---

[1] 《清史稿》卷一〇六《选举·学校》，中华书局 1976 年版，第 3119 页。
[2] 《古今图书集成》卷一七《经济汇编之选举典·学校部》，巴蜀书社 1986 年版。
[3] 《清史稿》卷一〇六《选举·学校》，中华书局 1976 年版，第 3119 页。

到乾隆年间。书院有的在旧有书院基础上重建而成,但大多数书院是由知府、知州或知县,抑或由当地著名学者,或当地在外任职的官员告老还乡后,凭借自己的声望倡导捐资或拨款所建,几乎遍及河南各地。其中,最有名气的还是百泉书院、嵩阳书院、大梁书院、二程书院、紫云书院等。

辉县的百泉书院是清初河南影响最大的书院,得益于理学大师孙奇逢主讲其中。虽然当时书院条件简陋,但是吸引了全省乃至外省一大批学者在此就学,理学大师汤斌、宋荦、吕履恒、张沐、耿介、冉觐祖、李灼然、窦克勤,数学家杜知耕和李之铉都曾学习于此,后来他们在全省甚至于全国各地的书院建设和教学中发挥了重要的作用。登封县的嵩阳书院是宋时全国四大书院之一,清初已经破落不堪。康熙初年,知县叶封筑堂围墙,重建书院。同时期,学者耿介在此"日孜孜以讲学为事","士习蒸蒸丕变",故学风大盛[①]。耿介曾在朝廷任少詹事,入上书房,辅导皇太子,后任大名府兵备副使,因无心于官场,遂告老还乡。为扩建书院,发展学校教育,他把自己的200亩田产全部捐给嵩阳书院,又垦荒130亩,收入全部捐给书院。在他的影响之下,省学政吴子云、林尧英,巡抚鹿祐,知府王楫,知县张壎、王又旦、张圣诰、杨世达、施奕簪、薛国瑞,附生王鹤等共捐田1570亩。耿介前后主持书院教育30年。书院有了丰厚的收入,办学经费充足,学术活动也日益增多。耿介聘请了不少名家大儒来此讲学。像睢州儒学大师汤斌、上蔡学者张仲诚,以及窦克勤、李来章、张度正等都曾来此讲学论道。四方学者纷至沓来。书院一时名声大振,在全省内外都有较高的声誉,人称耿介为"嵩阳先生",可与昔日之白鹿书院相比。乾隆时期以后,登封多任知县都对书院表示了极大的重视,乾隆四年(1739),知县施奕簪入地123亩以为岁修之费,许多房舍得以重修。乾隆皇帝还颁赐给书院"五经"、《康熙字典》《朱子全书》和《性理精义》等典籍。嵩阳书院培养了一大批学者,许多学生后来步入仕途。登封县另有颍阳书院,在清代乾隆八年(1743)迁至南街宝林寺内,改为义学。省城开封的大梁书院在清代颇具盛名。康熙十二年(1673)巡抚佟凤彩在城内重建,沿用古名。其规模宏大,一时称为盛举。在它的兴盛时期,省内许多著名学者至此讲学,如张沐主讲时,"两河之士,翕然宗之"。乾隆时,

---

① 〔清〕李元度:《国朝先正事略》卷二九《名儒·耿逸庵先生事略》,光绪十二年(1886)小春上院重校本。

著名学者余集(1738~1823)任山长,李海观、周之琦和常茂徕曾学习于此。道光十六年(1836)钱仪吉受巡抚桂良的诚请主讲于大梁书院,钱仪吉是经学大师阮元的弟子,他讲学期间,主讲经史、小学、天文、地理等,开创一代新的学风,培养了如宋继郊和蒋湘南等知名学者,近百年一直是河南省的最高学府。书院在道光二十一年(1841)时因黄河决口而消失。作为省城的开封,是河南各种学术思想汇集之所,也是儒学思想最盛行的地方,书院作为传授程朱理学思想和封建伦理的场所,备受统治者关注。于康熙二十八年(1689)重修的游梁书院得到省巡抚顾汧的特别重视,康熙三十三年(1694),他邀请当时河南知名学者张沐主讲书院,开展学术活动。张沐在此期间做的很重要的一件事就是组织编修了《河南通志》。嵩县的伊川二程书院在清康熙年间得到翻修,于乾隆二十二年(1757)并入县城的乐道书院。河南府官员重视对二程书院的修整。乾隆年间,府官在书院内设立官学,增建校舍,划拨土地,设立义学,书院学术一时大兴。总计清前期四朝,河南府内共兴修或复建书院20余所。总之,在全国和河南省经济发展和社会稳定的"康乾盛世",河南省九府和大部分州县均有书院设置,建书院繁盛一时。以后各朝由于吏治渐趋腐败,州县官吏也都不大热心于此,所以新建书院不多。书院教育的存在和发展受地方官员的影响很大,这一点与作为官学的府州县学有很大的不同。这是因为:第一,书院的建设者基本上都是当地的最高行政长官,许多书院甚至是以官员的姓氏命名。这类书院中有一些随着官员的离职而停止活动。第二,缺乏稳定的资金来源,影响其存在和发展。第三,书院大部分由官员兴建,他们所聘山长的优劣,对书院影响很大,不少书院的教学效果是值得怀疑的。但也有不少的书院很有成绩,如南阳书院、琴台书院、嵩阳书院等,对地方教育产生了积极影响,也为繁荣当地文化作出了巨大的贡献。田文镜抚豫期间,曾高度评价书院教育说:"教化行而后士习始端,士习始端而后民风始厚送。以士为四民之首,举凡一言一行皆为民所效法也。"[①]

私塾是广大城乡少年儿童依赖的主要教育。各类私塾在省境星罗棋布,一县多至数百、上千所,构成当时主要的基础教育。私塾教育就教学程度而言,可分蒙馆和经馆两种。前者主要诵习《百家姓》《千字文》等,为初级的识字教育;

---

① 〔清〕田文镜撰,张民服点校:《抚豫宣化录》卷三上《饬查书院以崇义学以广风教事》,中州古籍出版社1995年版,第111页。

后者在识字教育之外,重在诵习"四书""五经",进而按照科举要求,研习八股文和吟诗作对,个别官僚家庭的教学,还教授各种古代典籍和史书,甚至琴棋书画。就办学形式而言,可分为专馆和散馆。前者在殷富家庭开设,或由多家联办,礼聘塾师来家,教授子弟,亦有于祠堂庙宇等公共场所设学者;后者为塾师自办,招收附近生徒来其家中就读。比较而言,蒙馆和专馆最多。每馆一塾师,多为科举考试上不得志的童生或落魄秀才,他们生活大多贫困,且"馆谷甚微",学生人数至数人或数十人不等,多为本村或本族子弟。学习年限不固定,有的学生一直学到考中秀才为止。

总的来说,清代学校教学内容贫乏,主要研习八股文的撰写技巧,为学生应试以致入仕准备"敲门砖"。这样就严重地阻碍了学术文化的发展,使许多青年才俊都成为只懂八股而无实学的"禄蠹"。通过这些学校达到灌输封建思想与伦理道德、维护封建秩序的目的。

鸦片战争后,西学渐入,中国仿效欧美资本主义教育制度而创办近代学校。与科举制度并行的新式学堂在洋务运动的昭示下建立。清廷于光绪二十七年(1901)即谕令各省于省城筹设大学堂,各府、厅、直隶州筹设中学堂,州县筹设小学堂。光绪二十九年(1903)颁发《钦定学堂章程》,规定各类学堂等级和规制。河南巡抚锡良遂于光绪三十年(1904)秋,把开封一处旧武官衙门改建为河南大学堂(后改称为高等学堂),当年招生开学,并令各府州县也按朝廷规定开办学堂。光绪三十一年(1905),清廷下令废除延续一千多年的科举考试,广兴各类学堂。河南当局也在省城设置学务公所,推广学务,办师范学堂,培养师资。新设的提学使复颁发的劝谕学告示,要求各府州县地方官去除"敷衍"积习,城乡绅耆也"各尽天职",共同筹办学堂。于是,全省各级各类新式学堂也开办渐广,传统的封建教育逐步被近代半殖民地半封建的教育所取代。这里需要指出的是,从当时官方公布的河南兴学数字来看,成绩不小,堪与南北多数省份相颉颃,但此中虚饰的成分很大,在这些"官方"成绩的背后,存在着诸多令人扼腕的弊病,较为突出的有:第一,泥旧拒新。尽管新办的学校不仅不要学生缴纳学费,而且还有颇为优厚的膏火津贴和出身奖励,但城乡青年仍然不愿报名就读,认为"读洋学"就等于"从洋",而且有碍求取功名。全省最高学府——河南高等学堂,只好在各县乡试落榜之士中勉强选出 80 多人,"迫令就学",有不尊者罪其父兄。府、县的各等学校也同样备受冷遇,竟至"物议沸腾,怨声载道",

有入堂习"洋学"者,"人竟不之齿"。以后几年,情况虽不无改变,在省会和外县(如尉氏)也出现了若干公立、私立中小学校,但较之外省仍瞠乎其后。第二,虚冒少实。地方士子固然不愿弃旧从新,各级官员和地方守旧士绅更是多方摧抑新机。当时州官县官多是科举出身,常年忙于搜刮,多项"新政","于学务率视为不急之务",敷衍、挨延、委卸,成了此辈的通病。禀报的办学成绩,半属子虚。洛阳高等小学堂至1908年,名额不过30名,缺额即有11人。这一方面是由于城乡封建守旧势力顽固地据守其原有的教育阵地和文化壁垒,不愿"从洋";另一方面也由于晚清吏治异常腐败,各府州县管理任期短促,交替频繁,即使"兴学",也以此作为敛财中饱的一种途径。即令照官府虚报的办学成绩来说,据1909年省府的官报所概括,"豫省自奉诏兴学,各厅州县亦筹款艰难,殊少进步,中学固属寥寥无几,即高等小学,多者三四处,少者一二处,学堂学生较之科举时代只应小试者,实不及三分之一"。全省用于办学的经费,据1909年报告,"不惟不敢与南、北省较,即较之山东等省,亦仅及十分之一"。至于留学生,更远少于南方许多省份和相邻的直隶、山东等省。第三,表新质旧。课程设置和教学内容上,"重国粹,薄西学"。本来,清廷"癸卯学制"就明确规定,学堂必须以"忠君、尊孔"为准则,都必须特重读经,恪遵孔孟儒学。河南当局在办学之初,即以"本省风气之开,较诸省稍迟"为由,提出应"体察地方风俗,揣度省会情形,要宜自订课程,不当借资外省"。因此态度特别保守,在有关文告中再三强调,学堂必须"保国粹","明人伦","重国(孔)教",而且在监督、总教习和一般教习的选用上也努力体现。如果拿作为全省观瞻所系的河南高等学堂来说,始办时即特选山东理学家孙葆田为总教习。孙葆田是个"泥古而不通今,尊中而不重西,且痛斥西学"的腐儒,将《孝经》和《小学集注》分发给学生,要求他们"人通一经"。直到1907年,此种守旧现象才有所改变,但封建尾巴仍未完全切除。各府州县的学堂类似情形者更多,不少学堂与旧式书院、学塾没有太大区别,教师是旧塾师或举、贡、监、生。从开设的课程来看,有的设置国文、图画、算学、书法、修身、博物、舆地、历史、体操等课,虽说"新学"不多,但还算是差强人意的,有些学堂,像洛阳和偃师两县的小学堂,只有读经、讲经、算学、修身、体操等课。每月逢农历三、八,还要作义论札记。总的来说,符合清廷所颁学制的学校为数不多,添置的各种"洋学"课程大都存在于纸面上,不过有几节体育、唱歌、算术,或加点自然科学常识,以此与旧式学塾略显差异而已。1905年科举制度废除后,河南一些学堂在课程的设置上有所改进,逐渐具有近代学校的雏形,但封建陈迹存留之多,与旧式学塾长期大量存在一样,在南北各省中仍然是相当突出的。不过风气所趋,体制所关,确实开办的学堂除了陆续增开"新学"外,也不能不按照规制设置图书馆、阅报所、操场等,购置一些新书和报刊让师生参阅。

四、科学技术

伴随着农业、手工业、商品经济的发展和中西文化交流的增多,河南一些知识分子在其部分科技研究领域也取得了一定的成就,并且产生了几位著名的科学家。在数学领域里,成绩表现较为突出的有柘城人杜知耕和李子金、睢州人孔兴泰等。在植物学研究领域里,成绩突出的有固始人吴其濬,他的著作《植物名实图考》具有里程碑式意义。此外,河南的部分学者在医学、建筑学等方面也有比较突出的成就。

河南部分学者非常开明地接受了西方先进的科学技术,这在数学方面表现较为突出。归德府柘城人杜知耕,在整理明末徐光启的数学译注《几何原本》的基础上,提出了自己独到的见解,并增加了十题新论,著成《几何论约》7卷。杜知耕的另一部数学专著《数学钥》,运用西方学者数学研究方法,以"古九章为目",认为数学研究离不开图形,而图形离不开手指,他发明了用甲乙两字代替手指作图。清代著名数学家梅文鼎称赞其书为"图注九章"[1]。杜知耕的两部数学专著都收录在《四库全书》里,可见其在当时社会中的影响之大。同时期的柘城人李子金,其著作《隐山鄙事》创造性地发展了某些几何学原理。稍后的睢州人孔兴泰,在他的著作《大测精义》里提出了求半弧正弦法,其步骤和方法跟清代著名数学家梅文鼎的正弦简法有殊途同归之妙。

在植物学方面,固始人吴其濬成就卓著,他所编著的《植物名实图考》和《植物名实图考长编》在植物分类学、药材形态学、药物治疗学等方面都有创造性的贡献。《植物名实图考》是我国第一部以植物命名的植物学专著,是收录植物最

---

[1] 《清代畴人传》卷三六,(台湾)明文书局1985年版,第50页。

多的区域地方植物志,把我国传统植物学研究发展到新高峰,并开启了近代植物学的先河。吴其濬是一位注重实践与理论相结合的学者,他在家乡植物园——东墅,"植桃八百,种柳三千","编槿校尉篱,种菜数亩",东墅植物园是他研究植物的重要基地。更为重要的是他给后人留下科学的研究方法和务实态度。德国学者毕施奈德早在1870年出版的《中国植物学文献评论》一书中就认为,《植物名实图考》中的"刻绘尤极精审"。"其精确程度往往可资以鉴定科或目甚至物种",并说"欧美学者研究中国植物必须一读《植物名实图考》"。其后的日本学者、美国学者都对该书做出了高度评价。此外,他所编写的《滇南矿厂图略》在我国矿业工具和矿业开采等方面的研究也占有重要地位。

医学方面,影响较大的有夏邑人杨璿,他结合一生从医实践,著有《伤寒瘟疫条辨》一书。他认为瘟病得自天地之间"杂气",有别于伤寒。他擅长于清热解毒、升清降浊、攻下逐秽、辛凉宣泄,在当地颇有名气,并对后来的医家理论与实践产生较大影响。商水人王广运,为人治病,不收酬谢,尤乐于为穷人救治。他精通医理,著有《张仲景伤寒注解》《十三经络针灸秘法》等。固始人王云锦著有《伤寒论》。博学多才的汝阳人张全仁医术颇为精通,他著有两部传世之作,一是《经验良方》,二是《痘疹备览》。

第八章 民国时期河南城镇的近代转型

民国时期的中国虽然仍是半殖民地半封建社会,处在封建势力和帝国主义势力的统治包围之下,自然经济依然占着主导地位,但是实际上社会生活已逐渐近代化,西方资本主义国家的政治、经济、城市规划和建设理念以及思想文化等因素都潜移默化地影响着中国社会的方方面面。地处内陆的河南也不同程度地受到西方资本主义国家的影响,是中国内陆城镇发展的一个缩影。

第一节 大变革时代的城镇发展

民国时期社会处于动荡不安、政权更迭的状态,主要处在北洋政府和南京国民政府的控制之下。北洋政府对中华民国临时政府时期的混乱政区进行了必要调整,实行省、道、县三级制,南京国民政府实行省、县二级制。以行政区划为基础的城镇主要沿袭清代,变化不大。民国时期城镇发展的最大成就是新型政区城市的产生和发展,近代河南郑州市就是这种新型城市的产物。

一、政权更迭对地方行政区划的影响

推翻了清政府后,辛亥革命期间,革命党人就计划对占领区进行行政区划的调整。但还没有对全国统一的行政区划进行改革,政权就被北洋军阀袁

世凯窃取。北洋政府在承袭清末行政区划的基础上有所创新,引进了西方市制建置,成为新兴市政区的城市雏形。南京国民政府取代北洋政府后,在行政区划上有比较大的改制,实施省、县二级制,并把北洋政府时期引进的西方市制建置推广开来,陆续建立了广州市、南京市等,郑州市也是在这个时期建立的。

1.辛亥革命与中华民国临时政府时期的混乱政区

清宣统三年八月十九日(1911年10月10日),武昌起义爆发,各省响应,史称"辛亥革命"。辛亥革命推翻了清王朝统治,结束了中国两千多年的帝制,建立起资产阶级共和国式的政权——中华民国。中华民国时期,因政权性质与中央政府所在地的不同,可以划分为中华民国军政府与南京临时政府、北京政府、南京政府三个时期。而每一时期,除中央政权外,往往还存在一些地方性政权。

中华民国军政府与南京临时政府时期是指自1911年10月10日辛亥革命爆发至1912年4月6日南京临时政府参议院议决迁都北京,中华民国临时政府宣告结束。因中华民国军政府与南京临时政府仅存5个多月的时间,地方秩序尚未恢复,还来不及对控制区域内的地方行政机构与区划进行统一改革,只是采取一些必要或临时性的措施。辛亥革命爆发后,先后响应起义的南方各省,依据《中国同盟会革命方略》的规定,一般都是推举"都督"统率起义,都督府(军政府)成为一地的军事、行政组织。各省在省会成立全省性的军政府,作为一省的最高军事、行政、财政组织。个别省份设有两个独立的军政府。由于起义部队是在各地自发行动的,起义成功后大多自行设立军政府。因此,在一些省的特殊地区也设有独立的军政府,他们并不受本省军政府的领导。军政分府的都督,或是当地起义部队首领,或由省军政府任命。而在光复的各县,一般设有县级军政府或民政机构。因此,辛亥革命时期,光复各省大多形成省、府县两级或省、重要地区(军政分府)、府县三级行政机构并存的局面。光复的各省政区改革的另一个共同特点是沿袭清末以来的政区发展趋势,裁并各省同城州县,撤销府的附郭首县。此外,由于光复各省尚未成立全国性的政权,新的制度由各省自行制定,侧重点有所不同。民国元年(1912)是承前启后的一年,就全国范围来看,也是极为混乱的一年。1月中旬,置南京府,为中华民国首都。南京临时政府的实际辖区包括江苏、浙江、福建、安徽、江西、湖南、湖北、广东、广西、四川、云南、贵州、陕西、山西等14省区。而山东、河南、甘肃、新疆以及东三省等地区,虽然也建立过军政府,但均属临时性的地方革命政权,就全省范围而言,这些省仍属于清政府控制区域。由上可见,河南省仍在清政府控制的区域内,中华民国军政府与南京临时政府对地方行政区划进行的必要或临时调整对河南影响不大。

2. 北京政府时期的省、道、县三级制

北京政府时期是指自民国元年(1912)3月10日袁世凯在北京正式就任中华民国大总统至民国十七年(1928)6月初国民革命攻占北京,北洋政府宣告结束。民国元年(1912)3月10日,袁世凯在北京就任中华民国临时大总统,中华民国定都北京,称北京政府。因北京政府的中央政权相继为北洋军阀各派系所操纵,故俗称北洋政府或北洋军阀政府。在北京政府直接控制的北方地区,受到辛亥革命的冲击较少,保留了清代的省、府、县三级制,作为监察机构的道也继续存在。上任伊始的袁世凯,没有马上对全国政区混乱的局面进行大的整顿和改革,仅对直接控制地区的官制作一些调整。3月17日,袁世凯发布临时大总统令,改东三省等地区的总督为都督,"东南各省长官均称都督,现在全国统一职官尚未确定,自应先行改归一律,以一观听。所有东三省总督改为东三省都督。直隶总督改为直隶都督,陕甘总督改为甘肃都督,自河南、山东、吉林、黑龙江、新疆等巡抚亦均改称都督。惟官名虽更,职权仍旧,所有各省文武属官照旧供职,官制、营制概不更动,其应行之政务、应司之职掌,仍当继续进行"①。河南也在其中,清代以降以巡抚作为省级最高官员的官制至此结束,代之以都督作为省级最高官员的官制。当时也有人提出关于行政区划改革的建议,民国元年(1912)2月26日,章太炎向当选临时大总统的袁世凯建议"废省存道,废府存县,县隶于道,道隶于部。其各省督抚、都督等改为军官,不与民事,隶陆军部"②。其目的是试图改清朝的地方三级制为二级制,缩小行政区,划分军、民二政,以加强中央集权。章太炎这个提议正好符合袁世凯削减南方各省都督权力的愿望,很快得到袁世凯的认可。自民国元年(1912)3月起,袁世凯即制定北

---

① 《临时大总统改东三省等地区总督为都督令》,《中华民国史档案资料汇编(第三辑·政治)》,江苏古籍出版社1991年版,第78页。
② 《大公报》1912年2月26日,人民出版社1982年影印本,第189页。

京临时筹备处,法制股股长汪荣宝根据章太炎的提议精神,制定新的外官草案。4月初,汪荣宝拟订的外官制草案得到袁世凯批准,"探其大纲,系仍照现制,各省分设都督总统军政、保卫疆界,以民政长作为地方行政长官,其外交、理财、教育、司法、工商、农林等政各设一使,照省地情形,分别支配。裁道、府、厅、州,一律改为县治云"①。因外官制草案遭到参议院大多数议员和多数省份的都督反对而未能通过参议院审议。5月份后,内务部针对采取何种行政区划进行数次讨论,并取得共识:全国行政要得到统一,必须以整理区域为根本,而整理区域的基础是调查。于是内务部于民国元年(1912)10月16日通知各省调查各地行政区划,并在11月14日将调查表发往各省,"令其按照填注,务期区域之经过、历史及现实状况,详晰记载,俾收整齐划一之效"②。民国二年(1913)1月8日,袁世凯因《外官制》等案难以议决公布为理由,不经参议院通过,擅自公布了《划一现行各省地方行政官厅组织令》《划一现行各道地方行政官厅组织令》《划一现行各县地方行政官厅组织令》(简称《划一令》)等法令,并通令全国:"按照政府计划,以民国二年三月以前为县,一律办齐。"③这三个《划一令》是我国近代首批全国性整理政区和行政机构的法令。这三个《划一令》的颁布与民国三年(1914)5月公布的《省官制》《道官制》《县官制》,构成北洋政府时期的省、道、县三级制框架;保存清代的省、县;废除清代无直辖地的府,"本令施行后,凡各道所属府之无直辖地方者应即裁撤";将道从清代以监察职能为主的机构,转变为完全的行政机构,成为介于省、县之间的二级政区,实行省、道、县三级制;将有直辖地的府、直隶州、直隶厅和州、厅均改置为县。由于北京政府时期各省的政权多由军阀掌握,道的设立无疑削弱了各地军阀的权力,并未起到真正的行政区划作用,因为每省只划分三四道或四五道,且各道驻所由内务部在道区内选定适当的县,在地方城镇布局中不具有实际意义。

北京政府时期的县级行政区划在因袭历代县的建置基础上进行调整,其调整的依据是《划一现行各县地方行政官厅组织令》。《划一现行各县地方行政官厅组织令》规定县的行政长官为县知事,行政机关一律称县知事公署,"其现设

---

① 《临时外官制草案之批准》,《时报》1912年4月19日。转引自胡绳武、金冲及:《辛亥革命史稿(第四卷)》,上海人民出版社1991年版,第437页。
② 《临时政府内务行政纪要》,民国二年(1913)影印本。
③ 《政府公报》1913年1月9日,第243号,第141页。

巡道各省份所属知事,除受监督于该省行政长官外,仍直接受该道长官之监督"。该令正式将清代直接管辖地方的府、直隶厅、直隶州改置为县,其余各散州、散厅均改称县,"其由有直辖地方之府,或直隶厅州,或厅州,改称为县者,各以原管地方为其管辖区域"①。

3.南京国民政府时期的省、县二级制

南京政府包括成立于民国十六年(1927)4月18日的中华民国国民政府与成立于民国三十七年(1948)5月的中华民国总统府两个时期。中华民国国民政府的前身是广州国民政府、武汉国民政府,因这些政权均以国民党为政治核心,所以又被统称为国民党政府。国民党政府自民国十四年(1925)7月开国,民国三十八年(1949)9月覆灭,前后共约24年,以其首都更迁,划分为广州国民政府、武汉国民政府、南京国民政府暨总统府三个时期。民国十四年(1925)7月1日国民政府宣告在广州改组成立,至民国十五年(1926)12月5日国民政府停止在广州办公,迁都武汉,这一时期的国民政府称为广州国民政府。民国十六年(1927)1月1日国民政府明令定都武汉,至民国十六年4月18日以蒋介石为首的南京政府举行成立大会,与武汉国民政府对立的南京政府成立。民国十七年(1928)6月,国民军进驻北京,南京政府改北京为北平。至此,南京政府完全取代北京政府。到这年12月29日,张学良宣布东北易帜,标志着北洋军阀统治的全部结束。南京政府为有效地控制地方,对其控制区域内的行政区划进行了卓有成效的调整。河南属于南京政府控制的范围,其行政区划在调整和改革之列。

民国十六年(1927)4月成立的南京政府,依据民国十三年(1924)1月20日在中国国民党第一次全国代表大会上公布的孙中山手拟《中华民国建国大纲》,着手行政区划的调整和改革。根据孙中山在《中华民国建国大纲》中提出的"县为自治单位,省立于中央与县之间,以收联络之效"精神,为了便于对基层政权的控制,南京政府废除北京政府时期的道级行政建置,实行省辖县的省、县二级行政区划制度,作为南京国民政府时期的主要地方行政体制。县以下的基层行政组织有区、乡(保甲)等。萌芽于北京政府时期的城市型政区在这个时期得到普及,是中国近代政区体制改革过程中的一项重要变革。市由直隶于中央政府

---

① 《政府公报》1913年1月9日,第243号,第151页。

的直辖市和隶属省政府的普通市组成。

南京国民政府对北京政府省级行政区划既有继承也有革新,尤其是对北京政府在边缘地区建立的几个特别区域以及城市型政区进行省级建置。民国七年(1928)6月,因北京不是首都所在地而裁京兆地方,原辖20县并入直隶省,且改名河北省。南京政府时期的省界调整也涉及河南,主要原因是为了加强对地方的政治控制,于民国二十二年(1933)4月至5月间,南京国民政府在皖、鄂、豫3省交界处新置利煌、礼山、经扶3县,并调整了省界。

南京国民政府的县级行政区,主要由县、省辖市、设治局、直辖市的区组成。县是我国基层行政区域,也是一切行政的起点,其区域大小、交通便利与否对治理区域的设置极为重要。自南京国民政府成立后,对县级行政区划进行一些改革和调整,从增设、裁并、新置和更名等方面入手,形成了具有南京国民政府的县制特色。增设的县主要针对黑龙江、新疆、青海、云南、河北、宁夏、贵州、甘肃、绥远、广东、广西、江西、安徽、湖北、湖南等边远省份以及经济落后的省份,不涉及河南。裁并的县主要针对区域过大、人口过剩、财赋不足、建设不易等情况,酌予划归邻近各县,以河南、云南、贵州3省居多。更换新名的县因"欠雅训"或有伤民族感情,或与邻国以及省县同名或同音易混,或因置市以及其他等原因更换新名的,这种情况在边区及内地诸省均有。民国十八年(1929)7月河南省置博爱县,主要原因是该地偏于沁阳县的东北隅,面积辽阔,地方富庶,但是民情强悍,难以治理,因此析沁阳县丹江以东、沁河以北地置博爱县。民国二十一年(1932)4月析安徽省的霍山、霍丘、六安等县及河南省的商城、固始等县设置立煌县。民国二十年(1931)3月国民政府行政院公布《县行政区域整理办法大纲》规定在整理县界时,因"土地辽阔,施政不易,应将其划分两县或并入他县一部以便治理",可以"割数县之一部设县治或旧治取消,与他县归并另成新县"[①]。此后,河南省与其他省一样,据此调整县的设置。

总之,县这种基层行政区划自秦始皇实行郡县制以来,在我国已经延续两千多年,不同历史时期都对县进行一些调整和改革,民国时期的县也是如此。河南省在民国元年(1912)下辖89县,在1913年至1926年下辖108县,在1927年至1928年下辖110县,在1933年至1949年9月下辖111县。民国时期各省

[①] 蔡鸿源主编:《民国法规集成》第39册,黄山书社1999年版,第130页。

新置的县是由清代府、州、厅和民国设置局改置的县,河南也是如此。河南的县在民国时期变化情况如表 8-1-1 所示。

表 8-1-1　民国时期河南省县置更废变动

	新置县	由府、厅、州改置县	新旧县更名	废除县
民国时期河南省	1912 年河阴,1927 年博爱、自由、平等,1929 年民治、民权,1933 年经扶	1913 年开封、归德、陈州、彰德、卫辉、怀庆、南阳、汝宁等府,淅川厅,禹州、睢州、许州、郑州、陕州、汝州、信阳、邓州、裕州、光州等州	1913 年祥符改名开封、淮宁改名淮阳、河内改名沁阳,1927 年沘县改名唐河,1931 年荥泽、河阴二县合并改名光武,1932 年自由改名伊川	1931 年民治、河阴、平等

民国时期的县也有等级划分。北京政府时期县已经划分为若干等级。南京国民政府成立之初,各省辖县等级划分极不一致,有分为一、二、三等的,有分为甲、乙、丙、丁、戊 5 等的。为改变这种混乱局面,民国十九年(1930)7 月 7 日,南京国民政府公布的《县组织法》第四条规定:"各县县政府按区域大小、事务繁简、户口及财赋多寡分为三等,由省政府编定,咨内政部呈行政院请国民政府核准公布之一。"[①]为此,各省重行厘定县等。河南省与其他省份一样,于民国二十三年(1934)就省辖县分为三等,到民国末年分为五等,具体情况如表 8-1-2 所示。

---

① 蔡鸿源主编:《民国法规集成》第 39 册,黄山书社 1999 年版,第 69 页。

表 8-1-2　民国二十三年(1934)和民国末年河南省辖县等级

河南省	等级	数量	县别
民国二十三年	一等	18	开封、杞县、禹县、商丘、太康、许昌、郑县、安阳、新乡、延津、滑县、洛阳、陕县、临汝、信阳、南阳、汝南、潢川
	二等	34	尉氏、永城、睢县、淮阳、西华、扶沟、襄城、郾城、汲县、武陟、林县、武安、辉县、浚县、沁阳、博爱、济源、嵩县、灵宝、卢氏、唐河、泌阳、邓县、内乡、方城、舞阳、叶县、西平、遂平、确山、光山、固始、息县、商城
	三等	57	陈留、通许、洧川、鄢陵、中牟、兰封、密县、新郑、宁陵、鹿邑、夏邑、虞城、民权、考城、柘城、商水、项城、沈丘、临颍、长葛、荥阳、广武、氾水、汤阴、临漳、内黄、涉县、获嘉、淇县、封丘、原武、修武、孟县、温县、阳武、偃师、巩县、孟津、宜阳、登封、洛宁、新安、渑池、阌乡、鲁山、郏县、宝丰、伊阳、伊川、南召、镇平、桐柏、新野、正阳、上蔡、新蔡、淅川
	未定	1	经扶
民国末年	一等	14	开封、杞县、禹县、商丘、永城、淮阳、太康、许昌、安阳、滑县、济阳、信阳、南阳、汝南
	二等	16	鹿邑、襄城、郾城、郏县、新乡、陕县、灵宝、临汝、唐河、邓县、内乡、方城、舞阳、叶县、潢川、固始
	三等	29	鄢陵、密县、睢县、西华、汲县、武陟、林县、武安、辉县、浚县、沁阳、博爱、济源、巩县、洛宁、嵩县、卢氏、鲁山、镇平、泌阳、上蔡、新蔡、西平、确山、罗山、光山、息县、商城、淅川
	四等	25	陈留、通许、尉氏、新郑、夏邑、柘城、项城、沈丘、扶沟、临颍、汤阴、临漳、内黄、获嘉、修武、孟县、温县、偃师、阌乡、郏县、宝丰、伊川、新野、正阳、遂平
	五等	27	洧川、中牟、兰封、宁陵、虞城、民权、考城、商水、长葛、荥阳、广武、氾水、涉县、淇县、延津、封丘、原武、阳武、孟津、宜阳、登封、新安、渑池、伊阳、南召、桐柏、经扶

在县、省辖市、设治局、直辖市的区构成的县级行政区划中,河南省没有设置设治局,也没有与省级平行的直辖市所属区。有两个与县平级的省辖市,即开封、郑州。这是根据民国十七年(1928)7月国民政府公布的《市组织法》第一条规定,市政府隶于省政府,不入县政范围。第二条规定,凡人口满 20 万以上

之都市,得依所属省政府之呈请暨国民政府之特许建市。开封、郑州两市就是在这种背景下建立起来的。

二、河南行政区划

行政区划是城镇形成的基础,各级行政治所是形成各级城镇的基础,是形成城镇体系的基础。一般而言,省会城市是全省最大的城市,是一省的政治、经济、文化中心,县城是行政区划建制下的基层城镇,也是处于中国金字塔式的城镇体系底层,数量最多。

1.北京政府时期

河南省省级行政机关名称及最高长官之称依据全国统一法令而时有调整。《划一现行各省地方行政官厅组织令》规定:"地方行政编织法及地方各官制未公布以前,民国之国家行政区域,除蒙古、西藏、青海地方别有规定外,其他各省地方划一现行行政长官之名称,已设民政长省份为该省行政长官;未设民政长省份,以都督兼任民政长为该省行政长官。"①据此,河南属于未设民政长的省份之一,其民政长由都督兼任。之后,河南省级行政机关名称及最高长官的名称,根据国家法令时有调整。民国三年(1914)5月,根据《省官制》,改民政长为巡按使,省级行政机关称巡按使公署。民国五年(1916)7月,继袁世凯为北京政府的大总统后,黎元洪下令改巡按使公署为省公署,改巡按使为省长。

河南省道级行政机关名称、最高长官之称以及下辖道的数量,依据全国统一法令以及地方社会需要而时有调整。《划一现行各道地方行政官厅组织令》规定:"现设巡道各省份,该道官名均改为观察使,由该省行政长官呈国务院总理请简任","各道观察使之管辖区域,仍以该道原管之区域为准","已裁巡道省份,如该省行政长官认为地方有必要情形,得就该省原设巡道地方,依以上各条之例,酌设观察使","各道观察使依现行法规之例,办理该道行政事务及该省行政长官委任之事务,仍受监督于该省行政长官。"②据此,道的行政长官为观察

---

① 《政府公报》1913年1月9日,第243号,第144页。
② 《政府公报》1913年1月9日,第243号,第144页。

使,由各省民政长官提名,报经国务总理同意后呈请大总统简任。民国三年(1914),袁世凯为加强对地方控制,于公布的《道官制》改观察使为道尹。道长官公署初名观察使公署,民国三年(1914)改名道尹公署。除首道驻守省城外,其他道辖区及道尹驻地时有变化,各道驻所由内务部在道区内选定适当的县,迁移时须经核准。民国三年(1914)8月,河南省河北道由武陟县移驻汲县。民国元年(1912)初,河南省仍保留有清代设置的开归陈许郑道、彰卫怀道、河陕汝道等3道。3月,裁开归陈许郑道、彰卫怀道。至民国二年(1913),裁河陕汝道。民国元年(1912),将商丘等县改为归德等府①,这说明河南省是撤销各府首县,并保留府名并有直辖地。

袁世凯为加强对地方的控制,于民国三年(1914)6月1日公布《各省所属道区域表》,于6月29日公布《各省所属各道道尹驻在地表》②,道制由此在全国各省实行,各道的名称、道尹驻地及等级、辖县多少,均由各省自行制定后报内务部。河南省定开封县为省会,设开封、河北、河洛、汝阳4道,管辖108个县。各道所辖分别为:

开封道(豫东道)。辖38县:开封县、陈留县、杞县、通许县、尉氏县、洧川县、鄢陵县、中牟县、兰封县、禹县、新郑县、商丘县、宁陵县、鹿邑县、永城县、虞城县、睢县、考城县、柘城县、商水县、西华县、沈丘县、太康县、扶沟县、许昌县、临颍县、襄城县、郾城县、长葛县、郑县、荥阳县、河阴县、荥泽县、汜水县、淮阳县、项城县、密县、夏邑县。

河北道(豫北道)。辖24县:汲县、武陟县、安阳县、汤阴县、临漳县、林县、内黄县、武安县、涉县、新乡县、获嘉县、淇县、辉县、延津县、浚县、滑县、封丘县、沁阳县、济源县、原武县、修武县、孟县、温县、阳武县。

河洛道(豫西道)。辖19县:洛阳县、陕县、偃师县、巩县、孟津县、宜阳县、登封县、洛宁县、新安县、渑池县、嵩县、灵宝县、阌乡县、卢氏县、临汝县、鲁山县、郏县、宝丰县、伊阳县。

汝阳道(豫南道)。辖27县:信阳县、南阳县、南召县、镇平县、唐河县、淅川县、泌阳县、桐柏县、邓县、内乡县、新野县、方城县、舞阳县、叶县、汝南县、正阳

---

① 《政府公报》1912年10月3日,第156号,第165页。
② 《政府公报》1914年7月2日,第774号,第801页。

县、上蔡县、新蔡县、西平县、遂平县、确山县、罗山县、潢川县、光山县、固始县、息县、商城县。

民国四年(1915)6月,河南省拟实行县佐治,其依据是民国三年(1914)8月公布的《县佐官制》。《县佐官制》规定:凡一县的辖境过广,且县公署权力难以周及者,县知事阐明情况,由省长阐释理由,咨陈内务部,呈经大总统核定,设立县佐。县佐由省长委任,承知县之命,掌理巡檄,弹压及其他勘实、捕蝗、催课、堤防水利,以及县知事委任的其他各项事务。县佐为县政之佐理,其所辖区域名曰分县,仍是县的一部分,非别成一级。县佐以设于该县辖境之要津地方为县,不得与县知事同城。① 县佐并非普遍设立,一省之内也不是每县都置,每个县县佐数量也不相等,有数县同设一个县佐的,也有一县设两三个县佐的。河南省是允许置县佐的13个省份之一,有40多个县置有县佐,绝大多数县都是一县置一县佐;有两县同设一个县佐,如淮阳县、商水县县佐驻周家口(今周口市周口镇);有数县同设一个县佐,如淮阳、项城、沈丘3县县佐驻槐店集(今沈丘县槐店镇)、潢川、固始、商城3县县佐驻江家集(今潢川县东南江集);也有个别县设两个县佐的,如安阳县县佐分别驻水冶(今安阳市西水冶镇)、回隆镇(今河北省魏县西南回隆镇)。南京政府成立后,于民国十九年(1930)2月举行的国民党中央第207次政治会议,通过训政时期完成县治实施方案,有废除道尹和县佐的决定。嗣后河南率行裁撤县佐。

2.南京国民政府时期

民国二十五年(1936)2月,"为便利行政并整理冀豫两省区域"和河北、河南两省政府的请求,内政部奉准将河北省的长垣、濮阳、东明3县划归河南省,将河南省的武安、涉县2县划归河北省②。南京国民政府统治期间,根据形势需要,不断调整行政区划,实行省县二级制,在不打破省县两级地方行政制度的基础上,临时设立行政督察专员,"以辅助省政府及各厅处督察该区域内各县市地方行政"③。但是行政督察区驻在县政府内,对地方城镇格局没有太大的影响。南京政府在地方行政区划既有继承也有创新,为河南城镇近代化奠定了基础。

---

① 《政府公报》1914年8月9日,第912号,第112页。
② 《近六十年全国郡县增建志要》,东亚印书局1936年版,第97页。
③ 《中华民国史档案资料汇编(第五辑·政治)》,凤凰出版社1997年版,第100页。

河南省省会城市仍在开封,于民国十六年(1927)6月,国民党郑州会议议决建立河南省政府,隶属武汉国民政府,冯玉祥在开封通电就任河南省主席。9月,武汉国民政府与南京国民政府统一。此后,河南省政府归属南京国民政府。民国二十六年(1937)抗日战争全面爆发后,河南沦陷。次年2月,南京国民政府下令改组河南省政府。民国三十七年(1948)10月24日,省城开封县解放。抗战沦陷后,河南省政府不断迁徙,于民国二十七年(1938)6月迁至镇平县,于民国二十八年(1939)再迁至洛阳县。民国三十一年(1942)4月迁鲁山县,5月后又先后迁内乡县丹水镇(今河南省西峡县东南丹水)、卢氏县朱阳关(今河南省卢氏县东南朱阳关)等地。抗日战争胜利后迁回开封县。

南京政府统治期间,也基本沿袭了北京政府时期河南省县级行政区划,略有变动。河南省的县级行政区划既有新置县,也有部分县的合并。民国二十四年(1935)11月,国民政府核准划卢氏、嵩县、内乡3县交界地置栾川县①。民国二十四年(1935)12月,国民政府核准河南省政府提出的将开封、陈留两县合并为陈留县,汜水、广武、荥阳3县合并为成皋县②。开封城区为省会地方,人口、收入符合当时设市的条件,于民国二十五年(1936)1月设开封市③。民国二十五年(1936)2月,国民政府下令允准原武、阳武2县并为博浪县,宝丰、郏县2县并为辅城县,洧川、长葛2县并为宛陵县,考城、兰封2县并为东仁县,宁陵、睢县2县并为葵丘县,新安、渑池2县并为铁门县,将孟津县分别析入洛阳、偃师、铁门3县,主要原因是"面积狭小,财赋支绌,不足以发展县政"④。而同年5月,河南省政府向国民政府请求暂缓实施,得到允准。至民国末年,全省辖县111个。

此时期河南省采用省县两级制的行政区划管理,合并民治县、平等县、广武县、博浪县4县,增设郑州市、开封市两个省辖市。河南于民国十六年(1927)撤销道级行政区划,以"行政督察区"取而代之,依据民国二十一年(1932)的《行政督察专员暂行条例》,就全省划分为14个行政督察区,作为省的派出机构,共辖106个县。

---

① 《国民政府公报》1935年12月2日,第1910号,第5页。
② 《国民政府公报》1935年12月4日,第1912号,第6页。
③ 《国民政府公报》1936年1月17日,第1947号,第10页。
④ 《国民政府公报》1936年2月19日,第1975号,第12页。

第一区驻杞县,辖9县:杞县、开封、陈留、兰封、考城、通许、尉氏、洧川、中牟。

第二区驻商丘县,辖8县:商丘、宁陵、民权、永城、夏邑、虞城、睢县、柘城。

第三区驻淮阳县,辖8县:淮阳、沈丘、太康、项城、商水、西华、鹿邑、扶沟。

第四区驻郑县,辖8县:郑县、广武、荥阳、氾水、密县、新郑、长葛、禹县。

第五区驻许昌县,辖9县:许昌、临颍、襄城、鄢陵、郾城、郏县、临汝、鲁山、宝丰。

第六区驻南阳县,辖8县:南阳、方城、新野、桐柏、唐河、泌阳、南召、舞阳。

第七区驻内乡县,辖4县:内乡、淅川、邓县、镇平。

第八区驻汝南县,辖7县:汝南、上蔡、新蔡、西平、遂平、正阳、确山。

第九区驻潢川县,辖7县:潢川、光山、固始、息县、商城、信阳、罗山。

第十区驻洛阳县,辖8县:洛阳、巩县、偃师、孟津、登封、宜阳、伊川、嵩县。

第十一区驻陕县,辖6县:陕县、灵宝、阌乡、卢氏、新安、渑池。

第十二区驻安阳县,辖7县:安阳、林县、临漳、汤阴、武安、涉县、内黄。

第十三区驻新乡县,辖9县:新乡、汲县、滑县、浚县、淇县、阳武、延津、封丘、辉县。

第十四区驻沁阳县,辖8县:沁阳、博爱、修武、温县、孟县、济源、原武、获嘉。

民国二十五年(1936)6月,河南调整为11个行政督察区,共辖112个县。

第一区驻郑县,辖13县:郑县、开封、中牟、尉氏、通许、密县、新郑、禹县、洧川、长葛、广武、荥阳、氾水。

第二区驻商丘县,辖12县:商丘、陈留、杞县、民权、柘城、永城、夏邑、虞城、宁陵、睢县、兰封、考城。

第三区驻安阳县,辖11县:安阳、汤阴、林县、临漳、武安、涉县、内黄、汲县、滑县、浚县、淇县。

第四区驻新乡县,辖14县:新乡、沁阳、博爱、修武、武陟、温县、孟县、济源、获嘉、封丘、延津、辉县、原武、阳武。

第五区驻许昌县,辖9县:许昌、临颍、襄城、鄢陵、郾城、郏县、临汝、鲁山、宝丰。

第六区驻南阳县,辖13县:南阳、方城、新野、唐河、泌阳、内乡、淅川、邓县、镇平、桐柏、南召、舞阳、叶县。

第七区驻淮阳县,辖8县:淮阳、沈丘、太康、项城、商水、西华、鹿邑、扶沟。

第八区驻汝南县,辖7县:汝南、上蔡、新蔡、西平、遂平、正阳、确山。

第九区驻潢川县,辖9县:潢川、光山、固始、商城、息县、信阳、罗山、经扶、立煌(1933年4月划归安徽省)。

第十区驻洛阳县,辖9县:洛阳、巩县、偃师、孟津、登封、宜阳、伊川、嵩县、伊阳。

第十一区驻陕县,辖7县:陕县、灵宝、阌乡、卢氏、新安、渑池、洛宁。

民国二十七年(1938)8月至11月,河南省由11个区增设至13个区。民国三十一年(1942)5月,第13区被裁撤。

第一区驻郑县,辖11县:郑县、中牟、尉氏、密县、新郑、禹县、洧川、长葛、广武、荥阳、汜水。

第二区驻商丘县,辖6县:商丘、柘城、永城、夏邑、虞城、宁陵。

第三区驻安阳县,辖11县:安阳、汤阴、林县、临漳、武安、涉县、汲县、滑县、浚县、内黄、淇县。

第四区驻新乡县,辖14县:新乡、沁阳、博爱、修武、武陟、温县、孟县、济源、获嘉、封丘、延津、辉县、原武、阳武。

第五区驻许昌县,辖9县:许昌、临颍、襄城、鄢陵、郾城、郏县、临汝、鲁山、宝丰。

第六区驻南阳县,辖13县:南阳、方城、新野、唐河、泌阳、内乡、淅川、邓县、镇平、桐柏、南召、舞阳、叶县。

第七区驻淮阳县,辖7县:淮阳、沈丘、太康、项城、商水、西华、扶沟。

第八区驻汝南县,辖7县:汝南、上蔡、新蔡、西平、遂平、正阳、确山。

第九区驻潢川县,辖8县:潢川、光山、固始、商城、息县、信阳、罗山、经扶。

第十区驻洛阳县,辖9县:洛阳、巩县、偃师、孟津、登封、宜阳、伊川、嵩县、伊阳。

第十一区驻陕县,辖7县:陕县、灵宝、阌乡、卢氏、新安、渑池、洛宁。

第十二区驻通许县,辖9县:通许、开封、陈留、杞县、民权、睢县、兰封、考城、鹿邑。[①]

民国时期,战乱灾荒不断,河南城镇发展缓慢。由于开封和郑州地理位置优越,城市有所发展。中华民国成立后,将郑州改为郑县。1922年,郑州被定为对外开放商埠,郑州车站成为商业中心区。1928年置郑州市,3年后撤销,仍为郑县,为第一行政督察区专署驻地。当时郑州已经成为国内农副产品的重要集散地,城市商业非常繁荣。省会开封作为全省政治、经济、文化中心,加上铁路的便利条件,吸引了不少外地客商,相国寺市场更以繁华著称。

第二节 城镇经济的发展与民族资本主义的产生

民国时期随着中国与世界资本主义国家市场经济联系的进一步加强,民族资本主义经济得以发展,铁路运输不断延伸,公路修筑和汽车运输业迅速发展。特别是随着各条铁路的先后通车,使得传统的商路发生很大的改变,导致一些旧商业集镇的衰落和新商业集镇的兴起。

一、新式交通体系的形成

新式交通体系在民国的不同时段的发展是有主次之分的。清末至1926年是新式交通体系的形成时期,并且以发展铁路为主;自1927至1949年中华人民共和国成立前的这一时段,河南铁路线路变化不大,而河南公路修筑较多,汽车运输发展较快。

1.清末至1926年新式交通体系的形成

清末至国民党统治建立前的这一时段,也就是在20世纪前20多年间,河南交通运输业发生了翻天覆地的变化,从传统运输体系向着新式交通体系转

---

① 林万成:《20世纪前半期河南行政区划与沦陷区域研究》,《新乡学院学报》2014年第7期。

变,出现了铁路和火车、公路和汽车等新式交通,逐渐形成以陆运为主、水运为辅的运输体系,加快了河南近代化步伐。

铁路和火车于清末来到了中原大地,为铁路沿线城镇经济的发展奠定了新的基础,同时在铁路沿线上也兴起了一些新的城镇。晚清光绪三十二年(1906)自南向北贯穿河南全境的京(芦)汉铁路全线通车,光绪三十四年(1908)贯通河南东西的汴洛铁路通车,还有光绪三十三年(1907)豫北的道清铁路全线通车(含后筑的新乡接站支线)。这三条铁路线为民国时期河南城镇经济的发展提供源泉和内在动力。公路的修筑和汽车运输业的发展是民国时期河南交通运输上的主要成就。汽车公路修筑于1912至1920年之间。但在此之前,省内已有汽车行驶。据《安阳市交通志》载,1912年的安阳街头已见有小汽车[①],当是省内最早的一辆汽车。在省会开封,1915年北京政府内务部召集的河务会议决定将黄河干支流重要堤坝划归国道和省道,由中枢和地方协同修治汽车路。1920年5月河南省当局制定计划,利用原有堤坝,修筑汽车路国道,于沿河地方筹办汽车运输。这是河南官方筹办公路交通运输之肇始。同年秋,中国华洋义赈会和美国红十字会等国际慈善机构,用以工代赈方式,在沁阳城关修筑马路,另又利用旧驿道修筑焦作经沁阳至济源的石子路面道路。这是河南最早的汽车路。河南又利用济源沿沁河、黄河至兰封河口的河堤,改筑成公路,于1921年首次行驶商办长途汽车,开始在河南交通史上书写公路和汽车运输的新篇章。为此,1923年河南省实业厅设置汽车路督办筹备处,规划和组建省境各地汽车路的修筑。至1927年全省通行的汽车路线主要有:商丘至亳县、漯河至亳县、开封至周口、驻马店至南阳、信阳至固始、陕县至潼关、清化至济源、济源至黄河铁桥及安阳至内黄县楚旺镇等路,总长1300公里,绝大多数是原有大路平整拓展而成,铺筑低级路面的只有商亳和清济两路。伴随着公路的修筑通车,客运和货运也缓慢推进中。1921年河南绅商胡汝麟、袁世斌等开办开(封)周(口)、漯(河)周(口)汽车公司,载客营运。次年又有郭平、郑敏斋等集资15万元,创办清济黄校长途汽车公司,有汽车8辆,客货各半,在清化至沁阳、济源至黄河铁桥和校蔚营到清华间营运。1924年归德商家将各家汽车43辆,联建为归亳汽车公司,行驶归德至亳州之间。1925年南阳商会集资创办利康汽车公

---

① 《安阳市交通志》,人民交通出版社1990年版,第6页。

司,有福特牌汽车7辆,每辆载重750公斤,座位8个,经营南阳至许昌、南阳至湖北老河口客运、货运,但次年5月即告倒闭。另外,还有兰(封)济(源)汽车公司、太(康)禹(县)汽车公司、宏丰汽车公司(行驶开封至杞县)、长(水)洛(阳)汽车公司,均先后于1924年前开办。由于各公司的营运线路都很短,运量、载客也很少,运费又高,所以汽车运输在整个交通运输业中还只是一个小配角,但从诸多汽车公司的创办来看,已开始形成潮流,全省铁路和火车、公路和汽车也从无到有,对促进交通近代化不无小补。

随着各条铁路的先后通车,使得传统的商路发生很大的改变,导致一些旧商业集镇的衰落和新商业集镇的兴起。如旧时全国四大镇之一的朱仙镇,既因贾鲁河淤塞货运大受影响,更因"铁路建设,此镇失其效用,日就衰微","街市今为一片瓦砾,满目荒凉"①,较之清代不啻天壤。豫西南的赊旗镇,以往汇集南船北马,"繁盛殷富,甲于各地","今则为京汉铁路所夺,商业衰微"②。豫东南的周家口,自铁路大通,商货多改为蚌埠、郑州、归德、许州、郾城、驻马店等处,致使该镇"连年生意冷落异常"③。其他不临铁路的城镇,情况想也类似。与这些城镇相反,诸多铁路行经的城镇,即成为各种商货的集散地,获得较快的发展。最突出的是京汉线上的驻马店。火车未通前,不过是一个小的村镇,火车通后,"遂变荒墟为繁市",与郾城、信阳一起成了豫南三个主要商业城镇。漯河"昔以通周家口已号殷盛,自京汉铁路通行,舟车之所辐辏,商贾于此萃焉,视昔且倍蓰过之,固为一都会矣"④。许昌京汉铁路所经,"促商业之猛进,局面日益开展,实力日益雄厚"⑤。盛产煤的巩县,过去只能行销汴、洛等地,铁路既通,"东抵山东,北达直隶,巩民之沾其润者不其多欤"⑥。渑池"城内商业,较未通铁路前发达一倍"⑦……其他铁路所经城镇少有例外。这样,随着铁路和公路的修筑和通车,旧式的车船骡马逐渐被火车、汽车等近代交通工具取代,往昔以"官道"和主要河流为网络的交通旧割据也被以铁路为骨架的新格局所取代。这是一种历

---

① 《河南省志》卷二、卷七,民国七年(1918)刊本。
② 《河南省志》卷一二,民国七年(1918)刊本。
③ 《商水县志》卷一二,民国七年(1918)刊本。
④ 《郾城县志》卷四,民国二十三年(1934)刊本。
⑤ 《许昌县志》卷七,民国十二年(1923)宝兰斋石印本。
⑥ 《巩县志》卷七,民国二十六年(1937)开封泾用图书馆刊本。
⑦ 《大中华河南省地理志》,民国九年(1920)中华印刷局铅印本,第248页。

史性的变化,不仅有力地促进了河南省商品经济的发展,而且在政治、经济、文化和社会生活诸方面都带来了十分深广的影响。

2. 1927年至1949年的交通运输

新式交通体系形成于复杂的国际国内背景下,中国尚处于半殖民地半封建社会的性质仍然没有改变,内忧外患都制约着刚刚起步的新式交通体系的发展,使其发展极其缓慢,甚至有时还遭到战争的破坏。

自1927至1949年中华人民共和国成立前的这一时期,河南铁路线路变化不大,只是客运、货运运输量有所增加。1919年增加到400万人以上。后因连年战乱相对减少,1931年后才持续上升,到1936年达到450万人以上。是年,平汉、陇海(连云港至西安)两线合计发送旅客710多万人。货物发送量以1936年为最高,平汉、陇海两线合计达914万吨。抗战期间,货物发送量明显减少,到1946年,两线货物发送量仅310万吨[①]。

抗日战争爆发前,河南公路修筑较多,汽车运输发展较快。1927年9月,河南省政府成立省道办事处,掌管全省公路建设和管理有关事宜。同年,省政府制定修治全省道路规划大纲,计划了以省会开封为中心的纵横干路和黄河南堤干路,改变了以前枝枝节节、各段自修、互不连接的混乱局面。纵干路有南北干线、东南干线、西南干线三条,都是以开封为起点站,南北干线北连封丘、安阳,南通扶沟、罗山,抵湖北宣化店,长525公里;东南干线北连阳武、新乡东,南通杞县、夏邑入安徽,长311公里;西南干线经尉氏、许昌、南阳、新野入湖北,长440公里。横干路有南部干线、中部干线、黄河南堤干线三条。南部干线自固始起,东通江苏浦口,西连潢川、信阳、南阳,达荆紫关,长550公里;中部干线起自永城,东通安徽宿州,西连亳州、周口、临汝、洛阳抵潼关,长690公里;黄河南堤干线起自郑州,北至京水,沿大堤东连黑岗口到考城入山东,长235公里。当时已修成并通车的,共2741公里,大部分在平原和丘陵地带,以后才逐步向山区延伸。随着全省公路实业的发展,1929年6月省道办事处撤销,成立河南省公路局,办理全省道路修筑、保护及汽车营业管理事宜。此后,省境的公路建设和公路运输渐趋正规。同年10月,南京国民政府铁道部公布了12条国道干线,其中贯通河南的有2条。1927年省政府制定的修治全省道路计划大纲也对县

---

① 《河南省志·铁路交通志》,河南人民出版社1991年版,第110、124页。

道做了具体规定,1931年部分实施。到1935年,共建成县道153条,长6372公里;正在施工的尚有89条,长1601公里。此等县道均由各县自行筹款,派夫修筑,道路标准更低,多数不能维持正常通车。随着公路修筑的拓展和里程不断增长,公路事业管理不断提高,汽车数量增加,汽车营运业也有较大发展。1930年省公路局设长途汽车营运部,负责全省汽车运输事宜,拟定招商承办长途汽车章程,并自制汽车参加营运,有省内线路和省际线路,以客运为主,兼有少量货运,初步形成以省会开封为中心的公路交通网。但公路事业仍然停留在初期阶段,诸如道路质量低劣,运行能力差,汽车数量少等[①]。

　　抗日战争爆发后,豫北、豫东很快沦陷,公路多遭到破坏,汽车也因战争而被征用。1938年黄河花园口大堤被炸开,中牟、西华、淮阳等十多县的公路交通设施毁坏无遗。在公路的修筑上,1939年省政府迁洛阳后,开辟洛阳到陕西潼关、南阳至湖北老河口的省级线路,洛阳成为国统区交通中心。战争期间,只有伏牛山区的鲁山、卢氏等地新修公路百余里,在卢氏、栾川、嵩县、南召新修或改善人马行道近600公里。战争期间,铁路运输基本上停止,汽车运输比较发达。以洛阳为中心,东经洛河至界首,西经灵宝至潼关,与陕西、四川大后方相连,南经叶县、南阳至老河口,与鄂北、陕南相通,开办了洛阳至潼关、洛阳至界首、洛阳至老河口、南阳至许昌、信阳至潢川等6条线路。1940年陕西省开办的华阴至河南阌底镇驿运线,1942年向东延伸至大营,全程172公里,首尾衔接铁路,营运发达。次年2月,与陕西联办西安经河南西坪至南阳的货物联运。此时,全省公路通车里程不过1200公里,其中只一半线路铺有路面,汽车也减耗甚多,省营的公路局只有汽车42辆,但完好者只有17辆,25辆均损坏待修。因洛阳、南阳先后失守,残存的公路营运线路更屈指可数,汽车已都迁避陕西、甘肃等省,国统区的公路交通完全停止。抗日战争胜利后,省公路局迁往开封,着手恢复全省公路运输,同时也新修一些线路。到1946年年底,有新、旧洛潼路等20条线路,总长2701公里,通车1491公里。县道也多有恢复,总长7989公里。省公路局的汽车增加到73辆。直到人民解放战争取得伟大胜利,河南的公路交通才得以恢复发展。

[①] 《河南省志·公路交通志》,河南人民出版社1993年版,第2页。

二、民族资本主义经济的发展

民国初年,河南民族资本主义有较大的发展,一个重要原因是各主要帝国主义国家都忙着准备第一次世界大战(1914年爆发),长期作为侵华主角、压抑中国民族资本主义发展的欧美帝国主义各国一时无暇东顾,无论在对华商品输出和资本输出上都有所收缩,而求购于中国的货物则较前增加,从而给中国民族资本主义的发展提供了前所未有的机遇。除此之外还有一个重要的因素,那就是辛亥革命的推动。大总统袁世凯在清末就热衷于发展北洋集团的各项"实业",登上民国总统宝座后,也赞成发展资本主义工商业。担任农商总长的著名民族资本家张謇大力提倡"棉铁主义",制定和颁布了不少有利于发展民族资本主义的政策。各省工商界人士更因清朝的覆亡和民国的建立感到振奋,认为"所谓产业革命者,今也其时矣"[①]。

在河南,晚清时期禁阻开办面粉厂、自来水厂的统治当局随同消失,用"有碍风水"等借口阻碍开办近代采矿业的封建豪绅也受到冲击,减少了对民族资本主义发展的阻力,因此对所谓"产业革命"的期望也空前浓烈。诸如"共和之后,最宜实业""振兴实业、开辟利源"等言词,常见于民国初年省内报刊,并且有些文章乐观地推断,今后中国资本主义工商业当能步欧美和日本之后。城乡人民空前高涨的爱国热情本是一种精神力量,此时也转化为兴办实业、振兴邦国的物质力量。"洋货充斥,利被人夺","亟宜抵制,借挽利权",成了包括民族工商业者在内的社会人士的共同要求,许多企业组建的"缘起"和"章程"中都特别强调这一点,不少筹建的企业以"兴华""维华""兴豫""富豫"之类命名,人们干脆把自织土布通称为"爱国布"。所有这些,都给民国初年河南民族资本主义的发展增添了新的动力。

民国实行服制改革,无论官府公职人员和社会上学、商、工各界,特别是成倍增加的军队,都要缝制符合新服制和新时尚的新衣,社会对纺织品的需求很大。加之纺织业投资小,效益大,而且河南是种植棉花的大省,能就地取材加

[①] 《中国近代工业史资料(第2辑)》,中华书局1962年版,第862页。

工,于是在开封、商城、商丘、汲县、内黄、洛阳、灵宝、宝丰、沘原(唐河)、泌阳、新野、西平、罗山、潢川等县,均有相当数量的"爱国布"之类纺织品应市。这些工厂虽然没有使用蒸汽、电力等,但已经应用飞轮、齿轮、杠杆等机械原理,将开口、投梭、打纬、送经、卷布等工序联为一个整体,已属于机器生产范围,所织之布亦为机制布(木制拉梭机织造改良土布)。

河南地处中原,贯通东西、南北的汴洛—洛潼、道清、京汉铁路都经过河南境内,且汴洛—洛潼铁路陆续向东、西延伸,交通便利,本省和邻近省区各类工厂又开办日多,原先向中国倾销"洋煤"的帝国主义国家因忙于世界大战反而向中国采购煤,由此造成市场不断扩大,给河南近代采煤业的发展提供了客观条件。仅安阳一地,据1913年的报道,"大小公司呈部立案者有十余处",地方人士且特组"矿物联合会"以"研究种种进行之手续,共谋利益"①。其他储煤各县,如安阳的小寺湾、铜冶村、三泉寺和益安煤矿,汤阴的新记、华昌煤矿,密县的坤安煤矿,荥阳的豫利煤矿,渑池的豫庆煤矿,宜阳的广仁煤矿,陕县的孟村煤矿,禹县的济众煤矿,修武的豫泰、明德、中州(1914年为"中原")煤矿,新安的邱沟煤矿,汲县的陈召煤矿等,都先后创办,其中规模较大的有修武的中原煤矿(资本300万元)、禹县的济众煤矿(资本60万元)、新安的邱沟煤矿(资本25万元)。从官府征收的矿税收数来看,1915年全省总计2万多元,到1918年增加5倍以上。

除纺织业、采矿业外,还有蛋品厂、面粉厂、火柴厂等,以蛋品厂最多,因为欧洲各国忙于大战,需要向中国采购大量蛋品以充军饷,因而产蛋很多的河南,就有了发展蛋品厂的机遇。比较有名的蛋品厂有开封的元丰蛋厂和大昌蛋厂,新乡的祥盛魁、裕丰、中本、祥太、德昌、三和成、顺化、隆聚、慎康、福义、恒裕成等蛋厂,周家口的祥盛魁蛋厂,获嘉的泰和蛋厂和漯河蛋厂、道口蛋厂先后创办,大都为土炉生产,此时成为河南蛋厂开办最多的时期。出产最多的开封旺月(春季)每月运出蛋粉66万公斤左右,大都经汉口、上海出口欧洲。次之是商丘,郑州、新乡又次之。开"面业改良之先声"的,是开封的"实业家"李某、靳某、柯某,他们均在1912年冬,分别筹款赴沪购办机器,筹办"承丰""永丰"等面粉厂。次年,"大企业家"刘伯荪等集股10万元,在新乡筹办恒耀磨面公司。

---

① 开封《河南实业日报》,1913年10月4日。

1915年有安阳面粉公司，1916年有郑州德丰面粉公司，1918年有开封天丰面粉公司，新乡通丰面粉公司（有日资在内）、安阳德聚兴和德亨两面粉公司，接踵而起，其中"天丰"资本20万元、"通丰"资本50万元，为规模较大者。火柴业发展也比较迅速。1913年刘炳章在开封创办大中火柴厂，资本2万元，后增至12万元。这年光山出现了迅烈火柴厂。1914年任秀生在许昌创办富豫火柴公司，资本10万元；1919年魏治鲁等在新乡创办新华火柴厂，资本6万元；商水商会创办同昌火柴公司，资本1万元。随着书报印发日多的社会需要，造纸业也得到发展。1913年伍振嵩等在开封、杜光华等在安阳、张某在汲县、胡某在密县分头建造纸厂。此外，1912年在开封开办的豫记机器厂，主要制造磨面机、棉油机、轧花机等，还有卫国造胰（皂）厂、大生造胰厂、德丰厚皮件厂、洛阳的照临电灯公司等，也在此期间先后创办。

据申报馆《最近五十年》记，河南至1919年，有注册公司34个，注册工厂14个（面粉厂3个，榨油厂2个，瓷器厂1个，棉纺染织厂2个，电厂1个，火柴厂4个，制蛋厂1个），资本总额为263万余元。这个统计不全。参考其他资料，全省在1912~1919年间开办的各种工厂资本总额在500万元上下。加上同一时期创办的煤矿资本总额450万元左右，合计新开的民族工矿业资本总额当近1000万元，较之清末的200多万元，增加4倍左右。尽管这些厂矿规模都不大，机器和动力使用都很少（许多实为手工工场），反映出河南民族资本主义新经济的力量仍十分弱小，但其发展态势却是明显可见的。

三、城镇商业发展

20世纪初的河南城镇发生很大变化，随着新式交通体系的建立特别是铁路的修筑和开通，城镇商品经济有较大发展，特别是位于京汉、陇海铁路交会处的郑州，从一个不起眼的县城迅速崛起并发展成为中原的商业大都市。同时，在铁路沿线发展起一批新兴的中小商业城镇。

有人说郑州是"火车拉来的城市"，这种说法可以说一点都不夸张。在铁路通车之前,郑州是一座"人口不过2万"①的破落县城,1906年与1909年,平汉铁路和汴洛铁路(陇海铁路的前身)相继筑成并在郑州交会,郑州一跃而成为重要的交通枢纽。通过平汉铁路北可达北京至天津;通过陇海铁路向西至观音堂(后至西安等地),向东经徐州北上联通济南、青岛、天津,南下至浦口,由徐州继续东行即达大埔出海,居于中原交通运输网络的核心位置。郑州"居豫省之中,交通四达,商旅云集,成为货物转运上重要之区,一切工商业亦随之发达"②。在铁路的联动作用下,郑州逐步发展成为中原地区粮食、棉花、烟草等农产品和工业品的转运中心,河南省内及周边诸省的很多商品均以此为集散地。1920年前后的调查结果显示,"郑州的发展,是最近十几年的事情,即铁路开通以来,河南、陕西、甘肃、山西西南部的物资以此为自然的集散中心地,客商频繁往来,遂形成今日的隆盛局面"③。优越的交通区位条件,给封闭、衰落的郑州带来了发展的契机和驱动力,从而推动了郑州城市工商业的发展。

铁路运输的快捷大大缩短了内陆与通商口岸间的时空,与此同时,郑州也在各通商口岸对内地特别是西部地区进行经济辐射的过渡链上,起到一定的带动和桥梁作用。随着陇海铁路向东延至徐州、海州,与津浦铁路相连接,往西延展至西安、宝鸡,郑州的交通地位愈发重要,遂"成为交通中心,各地商人、传教士接踵而至,各地的货物大都以此为集散地"④。郑州居于东西南北交通的要冲,交通枢纽地位确立了此类城市外向发展的功能定位——商品贸易。

郑州处在交通网络的结点上,大规模的贸易活动初步建立了近代郑州的外向型经济。1918~1922年的调查显示,当时郑州的商业颇为繁盛。仅就洋货丝绸铺而言,年销售额2万元以上者达21家,其货源主要来自各大通商口岸,货物的绝大部分通过铁路输入;煤炭经销店除福中公司代办处之外,还有福豫公司、协丰煤厂、协玉煤厂等,均设在火车站附近,每年大约销售五六万吨,客户主要是铁路附属工厂及铁路沿线的企业,部分民用;郑州的粮行大约有10余家,

---

① 郑州市地方史志编纂委员会:《郑州市志(第三册)》,中州古籍出版社1997年版,第3页。
② 陇海铁路车务处商务课:《陇海全线调查》,郑州:陇海铁路车务处商务课1933年版,第160页。
③ 日本青岛守备军民政部铁道部:《河南省郑州事情》,青岛守备军民政部铁道部1922年版,第7页。
④ 张学厚:《郑州棉花业的兴衰》,《河南文史资料(第三十七辑)》,《河南文史资料》编辑部1991年发行,第43—44页。

如庆泰恒、新和恒、玉顺东、王义聚、同义昌、信美成、振兴合、义合、天兴恒、复兴成、宝盛隆等，主要经营粮食的批发和零售。铁路开通，吸引各地商民进驻，郑州商业愈发繁荣。交通的便捷，亦吸引不少日商来郑从事棉花、牛皮、杂货等买卖，1918年交易额为60万~70万元，1919年则达300万元以上。仅仅两三年时间，日本人开设的店铺达13家以上，主要有武林、三井、日信、铃木、大仓、安部、义信、三宜等洋行及高田商会等。日商还在福寿街开办了专门从事桐木买卖的公司。此外，英美等国商人亦借铁路交通之利，在郑州兴办实业，主要有从事煤炭贩卖的英国福中公司，从事石油销售的美国美孚公司、英国亚细亚公司，以及从事烟草买卖的英国英美卷烟公司等。

铁路兴修带来的区位优势使郑州的商业日趋发达，特别是郑州被开辟为商埠以后，商业机构日益完善，各大银行和商店的入驻，使商埠区的雏形基本形成。当时河南"全省百余县，开封省会及郑州商埠与商水县周口镇各有总商会一处，其余各县以设一分会者居多"[1]。可见郑州商埠的繁荣和地位的重要。并设立"郑州商埠督办公署"负责旧城以西商业区的市政建设。

郑州商业贸易，"以棉业为最巨，因陕州、灵宝以及关中泾阳、渭南、朝邑等棉花悉运郑州，集中成交后打成机包再行输出"[2]，然后"分别转运到上海、天津、青岛等沿海大城市"[3]，棉业是郑州城市商业最为重要的组成部分。所以"棉商云集郑州，沿海各大城市如上海、青岛、济南等地的大纺织厂，均派人来郑州坐地收购，上海的申新纱厂，日本的三井、日信、吉田等各大银行都是当时购棉大客商"[4]。在铁路修筑之前，郑州并没有棉花这个行业，农业中植棉亦很少。20世纪初，铁路网络的初成推动了河南省棉花种植的区域化和专业化，从水运到铁路运输的转变产生了足以使河南省经济面貌完全改观的经济力量，郑州则成长为中原地区重要的棉花中级市场。郑州的棉花交易额，1919年为35万担[5]，1923年约30万余包（每包约重180斤），1924年为50万余包，1927年约

---

[1] 刘景向总纂：《河南新志》卷五《实业·商业》，中州古籍出版社1990年版，第271页。
[2] 陇海铁路车务处商务课：《陇海全线调查》，郑州：陇海铁路车务处商务课1933年版，第160页。
[3] 张学厚：《郑州棉花业的兴衰》，《河南文史资料（第三十七辑）》，《河南文史资料》编辑部1991年发行，第43—44页。
[4] 张学厚：《郑州棉花业的兴衰》，《河南文史资料（第三十七辑）》，《河南文史资料》编辑部1991年发行，第2页。
[5] 1担=100斤，按人力打包每包约180斤计算，大约为20万包。

20万余包,1929年10万余包,1930年因战争和灾害减为约5万余包①。1931年至1935年,郑州的商业交易持续增长,仅棉花一项,全年交易额就约为4000万元左右,棉花交易中心位于火车站前数百米处的饮马池。棉业在郑州城市商业中占有主导地位,可谓是近代郑州经济的"引擎",带动了城市商业的整体发展。加之郑州棉业同行公会的建置,郑州的棉业组织进一步完备。从整体上来说,商业发展的根本动力源于工业化,工业化的推进刺激了对原材料的需求,而以铁路为中心的近代交通网络成为联系原料生产市场与消费市场的桥梁,是不可或缺的传输环节。商品贸易需求的扩大,加之郑州的交通要冲地位,为这座新兴的交通功能型城市带来了诸多商机。铁路交通与城市聚集经济效应的复合作用,促进了郑州商业的发展,带动了其商品贸易的繁荣。

除郑州外,在铁路线上发展起一批新兴的中小商业城镇。如郾城的漯河,"自京汉路通行,舟车之所辐辏,商贾于此萃焉,视昔且倍蓰过之,因为都会矣"②;确山的驻马店,铁路通后,"遂变荒圩为繁市"③;许昌,"商业日行起色"④;渑池,"城内商业较未通铁路之前发达一倍"⑤;其他许多城镇,商业也因铁路而日趋繁荣。在此过程中,社会风气也逐渐改变。民国时期信阳人士有一段记述颇具代表性:"铁路既通,风气稍开矣,而士习近功利,务苟得,先贤谨朴力学之风日熄,次则藉商贾弋暴富,次在以劳力糊口;其服农者,往往辍耕太息,以入不敌出为苦,羡商贾若弗及。"⑥从士夫到农民,都以追逐"功利"、图取"暴富"为目标,这种观念和心态变化,正是传统旧式城镇演变为近代商业城镇的反映。

---

① 冯次行:《中国棉业论》,上海北新书局1929年版,第127页。
② 《郾城县志》卷四,民国二十三年(1934)刊本。
③ 《河南省志》卷三,民国七年(1918)刊本。
④ 《许昌县志》卷六,民国十二年(1923)宝兰斋石印本。
⑤ 《大中华河南省地理志》,民国九年(1920)中华印刷局铅印本,第248页。
⑥ 《信阳县志采访稿·风俗》,稿本。

第三节 城镇的规划建设和市政管理

民国时期,西方文化对中国的城市建设和布局也有一定的影响,开启了中国近现代城市建设的新时期。这一时期的城市建设和布局有两种规划形式,一是少数城市在中国政府和管理技术人员主导下的自主式规划,二是大多数城市在外国占领者和技术人员主导下进行的输入式规划。① 河南的城市建设规划当属前者。地处内陆的河南,仍是民国时期战乱的主战场,城市建设和布局多是根据政治经济形势需要进行的,以由近代铁路发展起来的郑州和曾作为民国政府临时首都的洛阳为例,从中可以透视河南城市建设和布局的主导思想。

一、城镇规划建设

民国时期社会动荡不安,城镇建设多是根据当政者的政治经济需要以及城市所处地理位置、交通条件等进行的,因此能够进行大规模建设和布局的城市不多,地处内陆的河南更少。由于郑州处于京汉、陇海两大铁路交会处,洛阳曾作为国民政府的临时首都,所以这两座城市的建设和布局发生了较大变化,是这一时期河南城镇建设和布局的典型。

1. 郑州城市建设和布局

民国时期的郑州经历了两次城市规划和建设,第一次是 1927 年制定的《郑埠设计图》和 1928 年制定的《郑州新市区建设草案》,这次规划使城市建设和布局初步形成。后因抗日战争爆发,处于铁路枢纽的郑州成为敌我双方反复争夺的地区,日军侵略郑州期间,多次派军用飞机轰炸郑州的商业中心区,使城市遭到巨大破坏。日本投降后,郑州于 1947 年编制了《郑州市初步建设计划纲要》,

---

① 汪德华:《中国城市规划史纲》,东南大学出版社 2005 年版,第 107—108 页。

这是郑州进行的第二次城市规划和建设。

郑州在铁路开通之前,附近缺乏可供通航的水道,且远离经济和政治中心,直到19世纪末郑州的前身郑县,当时城市面积仅为2.23平方公里,人口约2万人,既无近代工业,商业也相当落后,仍然保持着中国封建传统社会的城市格局。到民国时期,京汉、陇海两大铁路在郑州交会,这种交通枢纽的作用很快影响了郑州城市格局的变化,促使城市中心区的转移和城市范围的扩大,使得传统的紧密的城市向郊区发展,成片的工业区和工业住宅开始出现。① 城市的发展迅速突破传统城墙范围,新建的火车站位于旧城西,这样火车站和联系旧城的西门之间很快形成一片新市区和很不规则的道路系统,是郑州商业街区的雏形。

郑州在民国时期的第一次城市规划和建设的目的是建立商业城市。1920年河南省议会通过决议开辟郑州为商埠,1922年北洋政府内阁会议正式通过开辟郑州为商埠的决议。② 1928年国民政府决定设立郑州市,这是郑州近代以来第一次设市。与此同时,郑州的城市规划与建设也提上议事日程。1927年编制的《郑埠设计图》,对京汉铁路以东与旧城区之间的商埠区进行规划;1928年制定的《郑州新市区建设草案》,对京汉铁路以西地区进行规划。这两次规划的地区分别位于郑州京广铁路东西,实际上商埠区与新市区都是由铁路带来的区位变化而形成的城市扩展,是城市统一整体的组成部分。从规划面积来看,1927年商埠区的规划面积为10.5平方公里,规划范围大致东起现在的经五路,西到京汉铁路,南至陇海铁路,北至现在的农业路,规划的中心区位在郑埠公园位置,也就是现在的人民公园附近。而1928年新市区的规划面积则更大,为35平方公里。③ 大致位置就相当于现在的东起京广路,西至华山路,南起黄岗寺以南,北至建设路之间的区域。而同时存在的面积仅为2.23平方公里的郑县旧城区没有被纳入此次规划的范围内。由上可见,郑州这次城市规划的面积总和是旧城区面积的20倍,城市规划建设用地面积之大反映出规划者对郑州未来迅速发展壮大的预见。1927年的《郑埠设计图》中规划区主要是生活居住用地,

---

① 许学强、周一星、宁越敏:《城市地理学》,高等教育出版社1997年版,第59—60页。
② 《郑州市二七区志》,中州古籍出版社1994年版,第126页。
③ 《郑州市新市区建设计划草案》,《郑州市政月刊》1928年第3期。

工业用地很少。而且在规划中十分注意市政公用设施用地,城市公共用地很多,城市分区也就是城市用地功能布局。中国传统城市因为大多以行政中心为主,更多的是考虑礼制问题。而到近代随着国外城市规划理论的传入和中国某些城市所承担功能的增多,城市规划中的城市功能分区日益明确。同样,郑州在铁路枢纽区位的影响下,城市各方面功能日益增强,所以郑州这次城市规划的建设用地有 40 处,其中生活居住用地和公用事业用地占 35 处,并且规划的工厂中的自来水厂、瓦斯厂和电灯公司 3 处完全是为城市生活服务的,是现代城市所必需的,只有豫丰纱厂和陇海车务处是具有近代企业性质的工厂,并且当时已经存在。所以说这次规划主要着眼于郑州城市的市政建设以及居民生活的改善,目的是为郑州的商业发展提供必备的基础设施条件。1927 年的商埠规划以郑埠公园为中心,集中了市政所、工务局、电话局、警察局、邮政局、商务会等,形成了行政区。行政区其实都是商埠区的行政机构,是为商埠区服务的。行政区的北部,地域广阔,商埠区所规划的 12 所学校,有一半集中在这里,特别是在商埠区所规划的唯一一所大学,也拟建在这里,因此在行政区北部其实形成了一片文教区。而旧城区和火车站之间的地区已经形成了繁华的商业区,规划对此并没有作太多的调整,所以这里仍是商业活动的中心。1928 年的《郑州新市区规划草案》中用地功能分区更加明确,划分出了各种用地分区界线。与商埠区规划不同的是,新市区的规划主要以行政用地的规划为主,明显是围绕行政区进行的,体现了这一区域作为未来郑州市行政用地的设想。新市区的规划以大片园林为中心,有笔直的园林大道通向四个方向。另外一个特点是商埠区的规划和新市区的规划都十分重视商业区的布局。商埠区的规划显而易见是以发展商业为主,对于当时已经形成的以德化街为中心的商业区几乎没有调整。而在新市区的规划中,商业区的布局面积很大,内部的道路规划也最为密集,可见对商业的重视。根据 1927 年的《郑埠设计图》,在火车站和旧城之间的商埠区内,其东西向道路规划皆是以郑埠公园为中心呈圈层的弧形,自上而下规划了九条弧形道路,即太康路、解放路、西关大街等;南北向干道有两条,一条是由长春路向北延伸而成的,另一条是由铭功路向北延伸而成的。这两条南北干道贯通整个商埠区,其中又以铭功路向北延伸而成的干道最为重要,许多放射道路以此路为起点,形成了商埠区道路的脊椎,类似鱼骨状。围绕此路规划了行政中心和两个中心广场,并以此路形成的放射式道路和其他方格网状道路共同构成了商埠区的道路系统。另外,商埠区道路规划的特点是以京汉铁路为参照物,形成了与铁路平行的和垂直的方格网道路系统。而新市区规划的道路系统更加明确地表现出了方格网道路和放射道路结合的特点。这种规划特色和城市扩展特点是近代城市发展的一个模式。

郑州第二次城市规划和建设发生在抗日战争结束后,目的是城市的恢复和发展。抗日战争期间社会动荡,作为铁路枢纽的郑州遭到了巨大破坏。国民政府为了阻挡日军进攻,多次拆毁平汉铁路,商贸阻隔,人民流离失所。据郑州各界救济难民委员会的报告称:自平汉铁路拆毁后,铁路员工失业者达 2000 余人。豫丰纱厂停业后,失业工人达 3000 余人,亟待救济。[①] 国民政府甚至炸开郑州黄河花园口大堤,更造成了空前的灾难。正如《郑州市复兴规划指导委员会初步建设计划纲要》中所描述的,抗战期间"豫自割入战区,郑州顿成为军事上重要据点,敌我必争之地,市内建筑,迭经炮火,损坏甚剧,满目疮痍,不堪言状","抗战之时,被毁于炮火者,约计百分之二十。以铁路车站附近地带受害最烈"[②]。1945 年抗日战争结束后,国民党又挑起了内战,社会生产生活难以开展。为安定社会,稳定人心,1946 年郑州市成立了"复兴规划指导委员会",负责对战后郑州城市发展的规划,1947 年编制了《郑州市复兴规划指导委员会初步建设计划纲要》。这次规划的城市分区是在确定城市范围的基础上进行的,规划的市区范围以当时郑县城区的范围为基础,向外扩展"东至飞机场,西至碧沙岗十里铺,南至五里铺,北至海棠寺"[③]。对于市区内的土地利用,这次规划十分重视市内绿地的改善,规定把市中心所有隙地保留,作为城市绿地之用,并且随着城市向外扩展,有计划将郊区农业地带引入市区,从而增加城市绿地,改善环境。这种注重城市绿化的做法与现在的城市规划理论相近,十分值得思考和借鉴。规划的城市分区除了确定铁路以西为工业区,铁路以东的区域基本上按照城市当时的发展状况,没有调整。"行政区在市区东部,住宅区则分布于市区东南北三面,大致与实际情形不甚出入"[④]。商业区仍然集中在火车站附近的德化街、大同路一带;行政区仍然划定在以前商业区以东,即原来旧城区的衙门集

---

① 郑州市地方史志编纂委员会:《郑州市志(第一册)》,中州古籍出版社 1997 年版,第 82 页。
② 《郑州市复兴规划指导委员会初步建设计划纲要》,《郑州日报》1947 年 6 月 23 日。
③ 《郑州市复兴规划指导委员会初步建设计划纲要》,《郑州日报》1947 年 6 月 27 日。
④ 《郑州市复兴规划指导委员会初步建设计划纲要》,《郑州日报》1947 年 6 月 28 日。

中所在地;居住区则分布在市区的东北南三面。对于住宅建设,此次规划在承认战后郑州出现"房荒"的现实情况外,积极提倡营建平民住宅,并以优惠政策鼓励房地产商建设经济适用的住宅,"奖助企业家、银行、公司,大量兴建经济适用房,例为减收土地税一次,并给予奖助金之发给,年补贴金之发给,建筑费之贷款等",并且明确规定了"住宅地带须绝对与工业地带隔离,然亦不宜集中于市中心区"。[1] 当时已经注意到住宅区、工业区和市中心区三者的关系,确保了市民生活秩序和居住环境。这次规划的城市道路分为四等:干路、路、街和里巷,并规定了不同道路的宽度和每边人行道的宽度以及道路与道路之间地段的限制宽度,同时还规定了道路转角和道路相交的广场等内容。[2] 规划的干路有5条,东西向2条,南北向3条;次级路规划了14条。所规划的道路中只有第一东西干路是连接铁路以西工业区和铁路以东地区的道路,其余都集中在铁路以东,特别是集中在商业区,并且这些道路大多在当时已经形成。这也说明此次规划主要在于恢复战前的城市面貌和稳定社会,并不是在经济繁荣、城市迅速扩展的前提下做的前瞻性规划。对于公共设施,规划中列出了许多近代城市所必需的建筑。对人民会场、公园、运动场、图书馆、博物馆、菜市场、公共厕所、公共水井、上下水道以及警察局所等都进行了规划和布置,特别是对公共水井的规定十分具体。这些说明此次规划对改善城市环境具有一定的认识和关注。在具体实施程序的安排上,此次规划的实施分为前后两期。第一期工作主要进行最基本的建设和最为急迫的任务,如完成土地登记和整理、划定道路系统、整修重要道路、建立示范平民住宅、整修水井、疏浚金水河、增建公共厕所等,而第二期建设任务则是在第一期建设完成的基础上进一步完善城市的公共建设,如建设菜市场、人民会场、公园、图书馆和博物馆等。这样分期进行有利于集中解决城市发展所面临的首要问题,从而使城市的建设逐渐步入正轨。总体上看,此次规划已经从整体上考虑了城市的发展,考虑了铁路对城市分割的影响,注重保留绿地,注意改善城市环境,特别是注意疏散城市中心区人口,注意中心区、居住区和工业区之间不应该相互干扰的关系,这些是应肯定的。但此次规划分区略显简单,以保持现状为主,没有更好地引导城市进一步发展。

---

[1] 《郑州市复兴规划指导委员会初步建设计划纲要》,《郑州日报》1947年6月28日。
[2] 《郑州市复兴规划指导委员会初步建设计划纲要》,《郑州日报》1947年6月28日。

郑州市在民国期间所作的两次城市规划和建设的背景完全不同,1928年的规划是在郑州开辟为商埠,后又被设立为市,在其经济繁荣、社会政治稳定、商业得到一定的发展、城市迅速向外拓展的前提下进行的。而1947年的规划则是在经济萧条、社会动荡、城市衰败的状况下进行的,规划的目的则是在原有的基础上修修补补,为了通过规划稳定社会。所以从规划的规模上来看,第一次规划的范围要比旧城区大许多倍,显示出城市发展的魄力。由于1928年的规划是对商埠区、新市区分别进行的,商埠区以火车站和旧城之间的繁华商业街区为中心,而新市区则着眼于铁路以西作为新市区的建设,是对城市不同部分的分区规划。而1947年的规划则整体考虑了城市在铁路东西的布局,并已预见到郑州的工业将来"势必发达",因此专门把铁路以西的地段规划为工业区。更为重要的是两次规划所确定的城市分区和发展方向与新中国成立后的规划在许多方面是一致的,可以说它们在某种程度上已经确立了郑州以后城市的分区框架和发展方向。即便由于多种原因没有付诸实施,也对后来的城市规划和城市建设有十分重要的借鉴作用,毕竟它们是近代以来在郑州城市规划史上迈出的第一步。

2.洛阳城市规划和建设

民国时期洛阳在沿袭明清老城区的基础上有所发展,形成了西工新区。南京国民政府还曾于1932年短时间迁都洛阳,定洛阳为行都,一定程度上促进了洛阳的城市建设。但是由于政局纷扰,战争不断,洛阳城并没有实现真正的大发展。

洛阳西工新区规划建设于民国初期,大致完成于吴佩孚驻兵洛阳期间(1920~1923)。[①] 袁世凯窃取辛亥革命胜利果实,成为中华民国大总统后,于民国三年(1914)在洛阳老城以西修建新式兵营,即在东起五门屯、西至灵官庙、南抵下池、北到金谷园的区域内建设兵营,营房砖木结构,于1916年初具规模,专门用来训练新式陆军。以后又建成了营市街(即现西工小街)和公馆街(即现市政府家属院),共有1300余间房子。公馆街是官长的住址,营市街则是为兵营服务的商业区。整个工程共耗资白银170万两。工兵营建成后,该地区成为各

---

① 郭文轩:《洛阳西工史话》,《河南文史资料(第十辑)》;《西工史话》,《西工文史资料(第一辑)》;史镭:《西工兵营始末》,《西工文史资料(第五辑)》等相关文献资料。

派军阀交替占据的要地。1920年爆发直皖战争,皖系战败,直系军阀吴佩孚于当年9月率军进驻西工兵营,西工就成了直系军阀的巢穴和军事中心。吴佩孚为了实现他武力统一中国的目的,一到洛阳即对西工进行大规模的扩建,将兵营占地由原来的4000余亩扩大到8000余亩,营房由原来的5000余间扩建到1.2万余间,并扩建了营市街东面的公馆街,房院增加到百余所。吴佩孚又在下池村北崖修筑窑洞1000余孔,为幼年学兵的宿舍。在营房前后修建石灰掺石子路面的三合土马路,直通城内和金谷园火车站。营房内外种植柳、槐、榆等树木4万余株。那时,西工兵营共有13座营房80余幢官兵宿舍,驻扎着吴佩孚的陆军第三师、军官讲习所、讲武堂、铁甲兵团、飞行队、爆破队、骑兵团、炮兵团和直鲁豫巡阅使公署。除上述营房和住宅之外,吴佩孚时期还在洛阳城市建设方面做了以下方面的工作:一是飞机场和无线电台的建设。1920年9月,吴佩孚开始在西工兵营区以北,铁路以南的金谷园附近修建了面积约200多万平方米的飞机场,在飞机场东北方还修建临时机库一座。1924年,吴佩孚从法国购进4架飞机,开始在洛阳上空进行飞行训练。次年,吴佩孚还开办洛阳—西安、洛阳—郑州的民用航空业务,这是洛阳也是河南最早的民用航线。以此为基础,后来冯玉祥的国民军和南京国民政府均曾在西工开办航运事业。1923年,吴佩孚还把上海真如的国际无线电台迁到西工,地点在金谷园以东的飞机场内。二是洛阳电厂的建设。1920年前,洛阳仍没有通电,街道及商户门前,夜晚多用棉油、煤油和蜡烛灯笼照明。后来,官府、富户门前则用汽灯照明。1920年,在吴佩孚的支持下,洛阳"临照电灯公司"建电厂一座,发电供火车站、政府机关及部分商店照明,街道也开始安装路灯。三是洛河大桥的修建。此外,吴佩孚还对洛阳市内的街道进行了整治,开辟了从西工兵营到洛阳火车站(今洛阳市东站)的汽车客运线路,有车1辆,随车售票、定点停车,这是洛阳最早的公共汽车客运线路。吴佩孚又以洛阳为中心,初步建立了中原公路网。洛阳市以东的郑(州)洛(阳)公路,以西的洛(阳)潼(关)公路也修建于这一时期。[①] 1930年,蒋、冯、阎爆发中原大战。蒋介石的中央军占据了洛阳,驻兵西工兵营。

洛阳作为南京国民政府的临时首都,其城市规划和建设受到当政者的高度

[①] 黄利江、李新社、郑贞富:《吴佩孚与洛阳》,《吴佩孚研究:第三届吴佩孚生平与思想学术研讨会论文集》,北京图书馆出版社2007年版,第151页。

重视。1932年1月28日晚,日军进攻上海中国守军,"一·二八"事变爆发。自1932年1月29日国民政府宣布迁都洛阳至1932年12月1日国民政府迁回南京,洛阳作为临时都城历时10个月。在这短短的10个月内,国民政府做出了很多关于洛阳城建设的相关事宜。1932年3月5日,国民政府在洛阳召开的国民党四届二中全会上通过了以洛阳为行都的决议。1932年5月30日,国民党中央在洛阳召开会议,通过了《中央还都南京之后繁荣行都之计划》,决定成立行都建设委员会,一是筹建洛阳电厂,二是设立中央军校洛阳分校①,三是设立中原社会教育馆,四是修建伊洛河大桥。② 这是统筹行都洛阳建设的开始。对洛阳"以切实之计划,作永久之建设",提出洛阳城市建设几个重点项目,包括筹建中央军官学校分校、中原社会教育馆、国立中原博物馆和修建洛阳大桥等。1933年春,国民政府开始着手利用西工兵营创办中央军校洛阳分校,专办军官训练事宜。为了便利西工军民业余生活,调剂精神生活,祝绍周命人在西工东营市街南侧,还修建一座和平公园。叠山凿池,建亭修路,栽花植树,占地约5000平方米,仅用了三个月时间即告完成。在西工建设中除了开辟有和平公园,还先后修建有和平路、和平桥,创建和平新村、和平小学等。1935年建立"洛阳航空分校",把原在"杭州航校"的大部分飞机移置西工机场,同时扩建大型飞机库多座。抗战爆发后,西工又陆续建起"第三航空工厂"和"航空总站",金谷园机场成为国民政府时期重要的航空基地。令人遗憾的是,20世纪40年代,金谷园机场因战乱逐渐荒废,后来被农田和厂房所占用,现在已经很难找到相关的踪迹。西工兵营在20世纪20年代吴佩孚时期已经初具规模,这一时期祝绍周又重新大加整修。整个营房占地3000多亩,四周筑有土围墙,各营房的建筑是:青砖到底,起脊瓦顶,明柱走廊,条石台阶,雄伟坚固,布局严谨适宜,实为当时的第一流工程。整个洛阳西工,经过祝绍周的重新修整,美化环境,俨然成为一个大花园。③ 1934年4月开工兴建的洛阳电厂,由国民党中央军校洛阳分校(后改名一分校)在洛阳西工西小屯村口(位于今洛阳市唐宫西路康乐食品厂内)筹建,又名西小屯电厂。中央军校洛阳分校呈请军政部拨款25万元。洛阳

---

① 1924年孙中山创建中国国民党陆军军官学校,即黄埔军校;1927年军校迁到武昌;"四·一二"反革命政变后,蒋介石改建为"中央陆军军官学校"。
② 李振刚、郑贞富:《洛阳通史》,中州古籍出版社2001年版,第318页。
③ 孟恒昌:《我所知道的洛阳军分校》,《洛阳文史资料(第五辑)》,第53—55页。

电厂于1935年3月竣工,5月开始发电。该厂占地26937平方米,建筑面积3000余平方米,装机容量500千瓦,主要为该校生活教育和老城主要街道及西工兵营提供照明用电,这是当时河南屈指可数的现代化工厂之一。1936年动工修筑伊、洛两座大桥。横跨伊河修建的桥称中正桥,在洛阳城南14公里,地处伊阙。横跨洛河修建的桥称林森桥,在位于周公庙南一里许的洛河上,在隋、唐桥遗址下游7米处(现新洛阳桥下游)。遗憾的是,民国三十三年(1944)日军进犯洛阳,为阻止日军向洛阳城区推进,国民党驻洛部队将中正桥和林森桥分别炸毁,至今残桥遗迹尚存。[①] 国民政府对于行都洛阳的经营随着抗战的全面爆发以及随后国民政府的全面溃败而宣告终结。如上所述,尽管国民政府迁洛以来,曾对行都洛阳有过一定规模的城市建设,但从长时段来看,总体上破坏大于建设。据民国时期《洛阳县志》记载:民国二十八年(1939)12月,"抗战日久,敌势内逼,当道为国防计,为疏散计,令第一战区司令长官通令各县,城墙土基一律铲平"。洛阳城墙于次年4月铲平后,就原墙基础修成环城马路。民国三十二年(1943),城壕挖深,并作防御工事。民国三十三年(1944)5月,日本侵略军西进,洛阳告急,第一战区司令部命工兵十三团将伊河中正桥、洛河林森桥、瀍河大石桥及涧河桥先后炸毁,日本侵略军的烧杀、抢掠,使洛阳这座历史名城遭到极其严重的破坏,百业凋零,民不聊生。

洛阳在民国时期因其战略地位特殊,先后被袁世凯、冯玉祥、吴佩孚和蒋介石等所重视,尤其是在吴佩孚和国民政府迁洛后形成了两次较有规模的发展时期,奠定了今天洛阳西工区的基础,但均因政局不稳和战乱不断而受挫。

二、市政管理的引进与应用

自秦始皇在全国范围内实行郡县制以来,我国一直是地域行政区的划分方式,以郡县治所为基础构成的城镇内主要是官衙机构和官学教育机构,居住的群体主要是官僚、富商以及少数其他人员。以农为主的中国传统社会,农村是

[①] 《洛阳"林森桥"的修建》,《洛阳文史资料(第十五辑)》,第98页;《洛阳市交通志》,河南人民出版社1986年版,第166—167页。

社会的主体,"叶落归根""告老还乡"等都是对中国人浓厚的乡土意识的真实写照。当世界资本主义迅猛发展之时,中国依然徘徊在传统社会,致使中国城市丧失了快速发展的机遇。鸦片战争改写了中国城镇发展的方向,西方资本主义国家的城镇规划发展理念传入中国,新的城镇发展理念也渗透到内陆城镇,河南也不例外。市镇管理理念在郑州以及洛阳等城市规划和建设中都得到了体现,河南城镇进入了近代化发展的轨道。

1.中国近代城镇的演进与市政概念产生

在中国漫长的封建社会中,一直实行城乡合一的地方行政体制,城乡之间没有多大的差别。而在近代城市的发展过程中,"许多城市的结构、功能、性质等均发生了变化,并且出现了大量不同于传统封建城市的问题。因此,城市管理的改进也是大势所趋"[1]。1909 年清政府颁布《城镇乡地方自治章程》规定:"城乡行政分设,府、厅、州、县治城厢为城,即今日之所谓市;城厢以外的市、镇、村、庄、屯、集等,人口满五万以上的为镇,人口不满五万的为乡;该章程赋予各城之市权,计有学务、卫生、道路工程、农工商务、公共营业、财政及其他。"该章程对中国城市建制的设置产生了重要影响,"是中国历史上第一次用法律形式确认城镇为基础的行政建制"[2]。虽然这个章程没有实施,但却由此引起了各省实力派热衷于"地方自治"的浪潮,相继仿效西方各国的市行政建制,制定了一些所谓的"市乡"制度。城市在国家行政上的地位与影响开始通过法律正式体现出来,但还有许多地方相当模糊,如市、镇行政混淆。这时市政的主要特点是市为一种区域的自治团体,也可以说是旧中国市政的初创阶段。

有市就有市政,那么,市政的含义是什么,它包含哪些内容?对此问题的解释,不同时期、不同的人在理论和实践上的意见和主张不同。20 世纪二三十年代对市政的解释大致有以下三种:第一种是从举办市政的主旨、目的来阐释,认为市政就是为市民谋利益。"就是解决全市市民衣食住行的问题,'市政'二字极易解释,个人的事为'事',公众的事为'政','市政'二字,即全市民众公众之事"[3]。当时南京市市长魏道明说:"办理市政应积极地为市民谋利益","牢记

---

[1] 罗玲:《近代南京城市建设研究》,南京大学出版社 1999 年版,第 52 页。
[2] 王佃利、张莉萍、任德成主编:《现代市政学》,中国人民大学出版社 2004 年版,第 9 页。
[3] 夏光宇:《怎样去建设首都市政》,《市政公报》1928 年第 12 期。

着实现市民的利益,才是办理市政的主旨"①。第二种是从市政的性质、管理范围的角度来表述,认为市政"是自治团体所办的事务"②。即关于一市市民财产的保护、卫生的讲究、教育的设施、道德的维持、贫穷的救济、交通的设置。在市政范围内所办的事全为使一般市民生活求安适、求快乐、求进步。"有为地方自治性质者,有为中央或省(或州或邦)政府行为也"③。第三种从市政与市民关系来表述界定,认为"市政就是全市市民公众的事,也就是全市市民个人的事。所以全市民众,都应该负起责任来办理市政。市政办理的好,则全市民众的衣食住行问题,都可以得到相应的解决"④。而现在我们所说的市政是指城市的公共权力机关为了解决各种问题,有效地管理城市公共事务,实现城市公共利益而进行的各种形式的公共政策的制定、执行、监督、评估的过程,以及城市公民、利益群体等对公共政策的各种影响活动。⑤ 应该说,20世纪二三十年代,虽然规定市政为城市自治团体所办,但由于中国城市缺少自治制度和独立、自治意识,城市并没有完全意义上的自治权。因此,这一时期的"政"是在政府的监督下,即主要从事城市规划、建设和管理方面的事情。

2.河南城镇规划建设中的市政管理

新型的城市政区自辛亥革命后开始萌芽,到北洋政府统治时期破土而出。1921年北洋政府公布了《市自治制》及其施行细则,以法律的形式确认市为"自治团体",并将市分为"特别市"和"普通市"两种。1928年7月,南京国民政府公布了《特别市组织法》和《普通市组织法》,规定:特别市的设置需要经过国民政府批准,直属于中央,条件是首都以及人口在100万以上;并根据一些条件,在全国设立了北平、天津、哈尔滨、上海、南京、青岛、汉口与广州8个特别市,以及苏州、杭州、长沙等7个普通市。郑州市属于这7个普通市之一。同样伴随着这种新型城市的出现,各种形式的管理机构也随之出现,仍以郑州市、洛阳市为例,透视民国时期市政管理的新理念。

郑州市在1927年的《郑埠设计图》中已经十分注意市政公用设施用地的规

---

① 《办理市政的主旨》,《首都市政公报》1930年第59、60期。
② 臧启芳:《市政和促进市政之方法》,《东方杂志》第二十二卷第十一号,1926年,第15页。
③ 董修甲:《市政学纲要》,商务印书馆1927年版,第11页。
④ 夏光宇:《怎样去建设首都市政》,《市政公报》1928年第12期。
⑤ 王佃利、张莉萍、任德成主编:《现代市政学》,中国人民大学出版社2004年版,第5页。

划。1927年的《郑埠设计图》中规划的主要是生活居住用地,工业用地很少,规划图中已标示出的城市公共用地很多。中国传统城市建设大多以行政中心为主,更多地考虑礼制问题。而到近代,随着国外城市规划理念的传入和中国某些城市所承担功能的增多,城市规划中的城市功能分区才日益明确。郑州在铁路枢纽区位的影响下,城市各方面功能日益增强,所以郑州的第一次城市规划对城市用地功能分区的规划也有较为明确的意向。当时在1927年的《郑埠设计图》中明确标示出来的建设用地有40处,其中生活居住用地和公用事业用地占35处,并且规划的工厂中自来水厂、瓦斯厂和电灯公司完全是为城市生活服务的,是现代城市所必需的。所以可以说这次规划主要着眼于郑州城市的市政建设以及居民生活的改善,目的是为郑州的商业发展提供必备的基础设施条件。1928年的《郑州新市区规划草案》中用地功能分区更加明确,与商埠区规划不同的是,新市区的规划主要以行政用地的规划为主,明显是围绕行政区进行的,体现了这一区域作为未来郑州市行政用地的设想。新市区的规划以大片园林为中心,有笔直的园林大道通向四个方向。根据1927年编制的《郑埠设计图》和1928年制定的《郑州新市区建设草案》,郑州在这次城市规划中,由于铁路和城墙的分割,城市其实被分成了旧城区、商埠和新市区三部分,但三者之间是互相联系、彼此依存的关系。从规划的思想上来说,这两次规划的指导思想基本上是一致的。两者都以园林绿地为中心,行政机构围绕中心园林布局,且以园林为中心形成发散性的道路系统。1947年编制的《郑州市复兴规划指导委员会初步建设计划纲要》的指导思想是疏散城市中心区人口,保留空地,增加绿地,改善市民生活条件和增进城市环境。规划的主要内容有四部分,市区概况、计划要点、计划项目和实施程序。市区概况和计划要点主要是介绍和总结了当时郑州在战后的情况和面临的主要问题,如住宅紧缺、交通拥挤、供排水恶劣、绿地较少等,认为"今后本市建设应以疏散为原则",将密集地区的人口(如火车站一带)疏散到外围地区,市中心的空地应加以保留作为绿地。规划目的达到"一、图谋市民生活之方便与安全,二、促进市民之健康,三、提高市民之文化,四、增进市民工作之效率,五、增进城市环境之美观"[①]。并且对沿街道路的建筑高度和式样也有明确规定,"其高度层数应为一致,其表面材料应以坚固耐久为

---

① 《郑州市复兴规划指导委员会初步建设计划纲要》,《郑州日报》1947年6月24日。

主，其装饰与粉刷须互相调和，不得标新立异"①。

洛阳在民国时期的城市规划和建设过程中也非常重视市政管理。国民政府除在洛阳进行上述较大的工程外，还做了诸多其他相关基础建设工作，主要包括修路开渠、栽花植树、引水通电等。当时开辟的和平公园、洛京公园，均有专人管理，经不断栽花种草，有花木万余株，开花时节，百花争艳，为古都洛阳增添了亮丽的风景。在修路过程中，已注意到道路的绿化工作。如在洛潼公路两旁由第四农林局负责营造洛阳境一段，以插植柳杆的方法，自洛阳西关至洛宜交界之延秋，计长四十五华里，每二丈植树一株，两旁列植，每里须植树一百八十株，除延秋以东，间有少数树木可以利用外，其余全无树木，共计植树五千数百株。② 中央军校洛阳分校在祝绍周的领导下，对洛阳尤其是西工市政进行了大规模的整修，大大改善了城市的面貌。由于经费有限，学校只能根据实际情况，发挥人力优势，利用每期学员、学兵初进学之一周及节假日，举行全校官兵义务劳动，先修整西工校内外之公路，西通西营市街，东至洛阳城公路之交叉部，路面中间铺以煤渣，两侧铺设青砖人行道，路面平整美观。同时，他还要求学员"每员每次必为地方植树一株，前后月余，共为村民植树一万八千余株……其他引水引电修路开渠，凡可为人民利赖者，无不尽量设法办理"。经过市政的整饬，"洛阳城内，从前雨天泥泞，晴天扬尘之街道，现已平坦清洁，遍异昔时，尤注意造林，在龙门山、香山等处，植树数万株，昔日荒山，居生机勃勃"③。1932年在洛阳召开的二中全会，议决由交通部负责行都电话安装，不久在东车站建立了洛阳电报电话局。鉴于"洛阳城市，东接郑州，西达陕省，北通孟津，南图五乡，为交通之中枢，商业之重心，考诸史册，为九朝都会，证诸今日，为行都所在，政治文化，执西北之牛耳，惟以物质方面，稍微欠缺，而尤以电信交通为甚"，计划于最短期间与最经济方法，完成通话。整个过程，仅用了三个来月，即已初具规模。④

---

① 《郑州市复兴规划指导委员会初步建设计划纲要》，《郑州日报》1947年6月25日。
② 《龙门山及洛潼间春季树木之栽植》，《政治成绩统计》1936年第3期，第5页。
③ 钮永建：《建设中之洛阳行都：二十三年五月七日在国府纪念周演讲》，《中央周报》1934年第310期。
④ 郁秉坚：《行都电话筹备经过》，《电信杂志》1934年第1卷创刊号，第125—137页。

第四节　城镇的社会生活与文化发展

民国时期的河南城镇的社会生活与思想文化教育因受西方的影响,既保留有传统风格在内,也有西方社会生活的影子,无论衣着还是饮食居住等,都不同程度地受到西方社会风尚的影响。新型文化传播媒体,诸如报纸、期刊等在中国诞生并发展起来;新型教育体系逐步形成,各种类型的教育机构和设施齐备。但是中国传统的文化教育根深蒂固,新型文化教育发展极其缓慢。一些留学西方的先进人士带回西方人的生活观念和生活方式,无疑会影响到生活在传统观念下的人们,但这种影响仅是极少数人,绝大多数人还保持着传统的生活习惯。

一、社会生活

民国时期河南城镇的普通百姓衣着主要沿袭晚清时期,变化不大,而留学西方资本主义国家的留学生已有身着西装回到国内。男子冬季多穿对襟小布衫,外套大襟或"小崛肚"棉袄,春秋穿夹袄,夏穿对襟褂。青年学生常穿"学生装",近似一种不翻领的西装。而妇女多沿晚清旧习,穿大襟大腰衣裤,讲究的还在袖口、衣边、裤管口加镶滚边。上衣无论单、夹、棉,均为右衽。裤也是大腰裤,婚嫁时着裙。中年以上腿扎绑腿带。有钱人家及政界、学界妇女,常穿高领窄袖的旗袍。凡此种种,均系一般习俗而言。民国时衣服所用的布料,多为妇女自家纺织的土布,只有绅商及富家世族,有穿着绸缎、呢绒的。

民国时期的河南处于战乱核心地区,社会动荡不安,社会生产生活都受到严重影响,无论城镇居民还是乡村百姓,生活都是异常艰难。"河南且为农业之区,而物力维艰,水旱频仍,收成不易,故民食大半粗粝"。据1929年的《河南新志》综述,产麦区"俗呼麦面为好面,盖不视为家常食料也",家常食料乃是被称为"黑粮"的粗粮。处于太行山地区的城镇居民,"以树叶为大宗食品,如榆、柳、杨、槐、杏、棠、梨等,取其花叶等部,煮熟浸渍之即可食,或煮后晒干,贮藏备用"。至于佐食之菜,豫西南地区的城镇以芝麻叶、红薯茎叶做菜,"劳动者视为果腹之佳品","宜阳、洛宁等县之妇女,有毕生不食肉者;叶县农家,惟年节、麦、秋食盐,余时皆淡食也"。以杞县为例,20世纪30年代居民所消费的粮食中,88%为高粱、黄豆、红薯,仅有12%的小麦,而且主要为富足人家的消耗,一般贫苦农民,8个月食高粱和小米,4个月食红薯。就全省而言,"即在丰收之年,民间树皮、草根剥掘殆尽,藜藿、菜羹,秕糠充饥多不可得,至如云桑、榆钱、杨花、椿芽、芝麻叶、芸苔叶及甘薯叶等,已为中产阶级饭食之上品","冬令日短,贫民一餐即可度日"。

民国时期的河南城镇建筑受西方文化的影响,欧式建筑开始在省会开封及郑州、洛阳等大城市出现,现存于河南大学的民国时期建筑就是最好的明证。而民国时期河南城镇普通居民的建筑绝大多数还是传统的建筑,只有官宦富户人家的建筑采用中式传统的屋瓦与西式拱穹圆柱相结合。民国时期河南城镇居民的房子有用草盖顶的草房、用瓦盖顶的瓦房、草瓦并用盖顶的缘边房以及平顶房(顶部不起屋脊)、平板房(以石砌墙、用石板盖顶)、楼房等,依各家的经济力量而异。平顶房主要盛行于安阳、濮阳一带;平板房多见于林县、辉县西部山区;楼房主要见于城镇,多为富家所居。清朝前期,豫北是"大村巨庄,室庐相聚",南阳、汝州一带,"界连楚省,人鲜土著,多依田结庐,不能萃处"。这种格局,以后也延续下来。大体上,淮河以南丘陵地带,"多二三家散处为村";伏牛山区,"平地既少,不易聚居,故少市镇、堡寨,不过十家八家之村,疏布于山坡涧崖,若数十家、百家之村,殊未易见";平原地区,人多聚居,"一村多至数百户,人烟稠密,鸡犬相闻,因避兵匪,多筑堡寨,防卫之严,俨若城堡"。此种堡寨有历时半年或五六年才筑成者,有的寨墙高2丈,阔1.8丈,四周围有深1.2丈、宽3.2丈的寨濠,许多乡村因此都城堡化了。

二、文化教育

民国时的河南文化教育因受西方文化教育的影响较大,传统的文化教育逐渐解体,新的文化教育体系形成,使河南这块古老的文化高地发生了翻天覆地的变化,新的文化教育润物细无声地滋养着河南人,尤其是新的教育体系在各城镇占据主导地位,取代了传统教育。

1. 文化发展

民国前期,虽然战乱不断,但修志的传统仍未中断,方志学持续发展。南京国民政府统治的20多年,从省到县的修志工作广泛开展。截止到1947年,共成志近百种,现存90多种,按年均成书数字计算,可谓历史之最。其中属于省志的,有林传甲的《大中华地理志·河南地理志》、白眉初的《河南省志》,均为私家撰述,比较简陋,但也著录了不少有价值的资料,填补了民初志书的空白。1929年由刘景向主纂的《河南新志》修成而未能付梓。在此期间,省政府设置了河南通志馆,续修中断百余年的省志,直至抗日战争前,完成了大部分志稿,但迄今为止,只付印3卷,存稿720多卷。各县县志大都印刷出版,其中不乏成功之作,如《巩县志》《许昌县志》《续安阳县志》等,均以体例精当、资料宏富见长。其他各志亦均参照近代修志理论和编纂体例,谋篇布局,突破了旧时志书的樊篱,注意反映社会经济和民生状况,较旧志有明显进步。

西方经济理论开始见于河南刊物。在官方出版的《河南官报》上以及发表于《豫报》和《河南》杂志上的文章有不少应用西方经济理论,反对帝国主义经济入侵,维护本国、本省利权的文章。五四运动以后,有关河南社会经济的著述或调查报告日渐增多(其中小部分出于外省人士之手)。如省实业厅的《河南全省棉业调查报告书》《河南矿业报告书》和王景尊的《河南矿业报告》,以及省建设厅的《二十年度建设概况》、行政院农村复兴委员会的《河南省农村调查》(多豫籍人士参加)、马秉祥的《开封郑州两市办理土地登记之研究》、金陵大学农业经济系的《豫鄂皖赣四省土地分类之研究》、刘茂增的《河南农业金融与地权异动关系》、孟光宇的《洛阳、陕州之租佃制度》等专书,使河南经济学方面的调查研究不断有所前进。在此期间,省政府各职能部门和一些文教机构,还陆续出版多种专业刊物,刊发了不少反映20世纪三四十年代河南社会经济的文字。上述这些书刊是此前未曾有过的,对于反映河南的社会经济情况和河南省情颇有参考价值。

其他诸如西方的政治学和法学也引进了河南,对河南人影响很大。在文学艺术、自然科学等方面,河南学者、作家都有不小的成就,这在此前河南的历史上是不曾有过的。由此缩小了河南在思想文化上与先进省份久已存在的差距,在哲学、社会科学和文学艺术方面足以与南北诸多省份并驾齐驱,但在自然科学和工程技术方面相对逊色。之所以如此,是与时代的进步和近代教育的发展分不开的。众多的河南学者不再像其祖辈那样沉溺于程朱理学和八股文之中,接受民主、科学以至马克思主义思想的洗礼,将自己的聪明才智用于真正的科学研究和文艺创作,以服务革命事业,促进社会进步,从而开辟了近代河南思想文化史的新篇章,不断为中华文明作出自己的新贡献。

2.学校教育

民国时期的河南教育比较开放,城镇教育体系逐步形成,自小学教育到大学教育都有,制定了新的学制系统和各类学校的课程标准,学堂改称学校。开头一两年,省内各地乘着辛亥革命的民主新风,"风气渐开,学校进行,较为顺利"①。省教育司划全省6个省立中学区,各建省立中学1所或2所,自办县立小学。不少县份,都开办了少则几所、多则十余所各类学校(中小学校、职业或师范学校)。尤其是省会开封,1913年春,光女校就创办数十所。管理教育的行政机构,1912年12月改提学使司为教育司,属于河南行政公署四司之一。1914年行政公署改为巡按使公署,于政务厅下置教育科。1917年9月教育厅成立,此后一直是省府四厅之一,负责全省教育行政事宜。国民政府前期,河南城镇教育有较大发展,学校和学生数量迅速增加。随之而来的抗日战争,使教育事业遭到巨大破坏,学校数量急剧萎缩。

小学教育于1912年民国建立后,改名学堂为学校,并以秋季为学期之始。但各县小学因多为私塾所改良,多数仍以春季始业,同时学校名称也不一致,有初等实业学堂、蒙养学堂、小学堂等,年限也有长有短。1923年实行新学制,定小学修业年限为6年,初级小学3年,高级小学3年。1927年始改为初级小学4年,高级小学2年,高初级合设者称完全小学。初级小学课程设置有国语、算术、常识、三民主义、工艺、形艺、体育、音乐等;高级小学另加公民、卫生、历史、地理、自然等科,国民政府时期又加授党义。各校一律采用教育部审定的小学教材。

中学教育于1913年省教育司划全省为六个省立中学区,分别在开封、汲

---

① 河南省教育志编辑室编:《河南教育月刊》,《河南教育资料汇编(民国部分)》,河南省教育志编辑室1984年版,第98页。

县、洛阳、汝南、南阳、淮阳及安阳、沁阳、陕县、商丘设立 11 所省立中学,其中开封设立 2 所。1917 年、1919 年又增设潢川、临汝两校,省立中学达 13 所。1927 年中学合并,缩减为 7 所,后有所恢复。到 1933 年,省内共有省立完全中学(高、初中均设)2 所、省立高中 2 所、省立初中 12 所、省立女中 3 所。除省立中学外,部分县亦创办了中学。因经费、师资限制,效果不佳。1921 年,教育厅令各县立中学一律停办。此后,郾城、西平、巩县等 10 余县又相继开办,1928 年,省内允准以庙产拨充教育经费,并准每丁一两增加 2 至 8 角学款,各县教育经费有了保障,不仅小学教育得以扩充,县立中学亦大量增加,1932 年达 53 所,在校学生 6341 人。

抗战前期因省立、县立中学未能普遍设立,故私立中学得到较快发展。私立中学肇始于清末,如开封的知新、正义、中州公学等,嗣因多种原因相继停办。直至 1919 年,始有东岳艺术及明诚中学预备班成立,1921 年后,北仓女中、黎明、两河等校相继开办。1928 年后,郑州、南阳、洛阳、汲县、焦作等地私立中学纷纷设立,1935 年达 61 校,1936 年增至 87 校。据 1934 年统计,全省初中在校学生 19997 人,其中私立学校 10149 人,比省立、县立中学合计在校学生人数还多 301 人。中学课程设置,原遵循教育部课程标准。1929 年,教育部颁布中小学课程暂行标准(1932 年颁布正式课程标准),教育厅遵部令实行。据此,初中设有公民、国文、算学、博物、生卫、化学、物理、历史、地理、劳作、图画、音乐、童子军等课,高中设有公民、体育、军训或家庭自护、国文、外国语、算学、生物、矿物、化学、物理、历史、地理、劳作、图画、音乐等课。

抗日战争爆发后,省当局先后组织 3 次战区学校内迁,多数学校则因战乱而停办,如私立中学战前为 87 所,停办者达 44 所。即便迁入后方的学校,生员也大量流失,发展中的中学教育受到沉重打击。省教育厅为挽救教育、安置流亡学生,特地派员到豫北、豫东沦陷区招收失学学生,带至后方,分送各校。后因战区来的学生过多,省立各校难以容纳,1939 年 11 月,特在南阳设立一战区中学,到 1940 年秋,该校共招收学生 21 班,其中高中 7 班 294 人,初中 10 班 588 人,师范、特师、简师共 4 班 200 人。为尽量收容沦陷区未能撤往后方的青年,省教育厅还于林县合涧村、浚县、扶沟、沈丘槐店(今沈丘)各设一联合中学,每校设高中、初中、师范班共 9 班(扶沟联中 19 班)。抗日战争胜利后,流亡到外地的中学相继返回原址,已停办的学校也先后复课。但是由于原校舍大都遭到破坏，图书、仪器散失，复课初期困难重重。1946年，各类学校均有较大发展，全省公、私立中学达347所，成为国民政府时期河南中学教育发展的高峰期。

中等师范教育是在清末的初级师范学堂、师范传习所基础上发展起来的，是为教育培养师资力量的。1912年改师范传习所为小学教员讲习科，怀庆、汝宁等府立初级师范学堂改为省立师范学校，中州女子师范学堂改为省立女子师范学校。1917年，各师范学校名按序号排列，原开封、淮阳、豫南（信阳）、洛阳、河北道（汲县）省立师范学校分别改名为第一、第二、第三、第四、第五师范学校，另有一省立女子师范学校。1924年，汝阳道省立师范（信阳）改为省立第二女师，1929年又于开封增设民众师范学院。到1936年，全省共有省立师范学校5所，省立女子师范学校1所（开封、信阳第二女师并入豫南师范）、省立乡村师范学校1所（原民众师范学院1931年迁辉县百泉，今更名）、私立艺术师范2所，县立简易师范96所，共计105所，在校学生9637人。抗日战争爆发后，开封、淮阳等地省立师范学校内迁，豫北、豫东沦陷区各县简易师范多因战事被迫停办。抗战期间，为实施国民教育培养师资，教育厅先后增设了省立战区师范（1942年秋成立于淅川，初名国立河南师范。1944年后辗转播迁宝丰、大营、淅川紫荆关、陕西周至）、战区师范第二校（1943年于许昌设立，后播迁至内乡、周至）、省立信阳师范商城分校（1942年9月成立），1942年至1943年各行政区先后建立了一批联立师范学校，其中有：一区联立师范，1943年创办于密县；五区联立师范，1942年秋在许昌设立；七区师范系1942年8月改原区联立中学而设立，校址先后设在周口、项城、淮阳；八区师范系1942年8月由原区联立中学改设；九区师范1943年于潢川设立；十一区师范系1942年由区联立中学改名。抗日战争胜利后，各师范学校迁回原址，并有增设。到1946年年底，省内共有省立师范13所，在校学生7131人。各行政区联立师范8所，在校学生1500人；县立师范79所，县立初中、县立职业技术学校附设简易师范部26处，共计在校学生10100人。师范学校之学制，1928年前因学员不同，学制亦长短不一，二、三、四、六年制均有。1928年8月，教育厅制定3年制师范学校制度课程纲要，废止6年制，省立师范为3年制，招收初中毕业生，县立师范于1931年奉令改为简易师范，招收小学毕业生，4年毕业。

职业教育肇始于清末。最早设立的是1904年沁阳蚕桑学校。民国初年，省立各中等实业学堂改称甲种职业学校，初等实业学堂改称县立实业学校。

1919年,省内共有甲种职业学校8所。1927年学校改组,部分职业学校合并,并设立职业学校5所(分设于开封、汝南、洛阳、汲县、沁阳)。1931年4月,教育部鉴于国内学校轻视职业教育,已有职业学校毕业生由于教学方式等问题毕业后大多无实际工作技能,为此,要求各地限制设立普通中学,大量增设职业学校。此后,省教育厅对职业教育拟定了发展规划,并予以扶持。1932年,省内共有职业学校22所,学生总数1438人;1934年发展到28所,学生1872人。抗战期间,省教育厅为尽快培养实用人才,对职业教育更为重视,先后在内乡、镇平、嵩县等地设立了8所省立职业学校,计有高级班28班,初级班9班,共有学生822人,设立农林学校5处,县立职业学校12处。1947年省立职业学校发展到14所,县立23所、私立11所,学校分农、林、工、商、医等。职业教育为社会培养了一批中、初级技术人才。

高等教育发展于民国初年。1912年,省当局接受教育总会会长李时灿等呈请,成立留学欧美预备学校。次年,又接受李时灿等的建议,建立河南省公立农业专门学校(两校均在开封)。两校的创建为河南高等教育(大专院校)打下了始基(清末的河南大学堂、高等学堂实为高级中学)。到1923年,原先尚为中等专科学校的留学欧美预备学校改建为正规的中州大学。这是河南第一所综合性大学,不过建校初期因陋就简,只分文、理两科,下设哲学、国文、英文、历史、教育、数理、化学、生物、地质等,学制6年(预科2年,本科4年)。1927年中州大学改名为省立中山大学,增设农科(设有农艺系、森林系)、法科(设法律系、政治系、经济系),次年复增设医科。1930年,中山大学改名为河南大学,设5院(文学院、理学院、法学院、农学院、医学院)16个系。所聘教授如萧一山、范文澜、嵇文甫、郭绍虞、姜亮夫、黄敦慈、林一民、郝象吾、熊绪端、阎仲毅、张静吾、郭鑫斋等,多一时人望,开设课程多达一百数十门,教学和科研都相当活跃,图书和仪器设备等也比较充足,成为国内卓有声誉的综合性大学。另外,焦作福中矿务大学(由清末的焦作路矿学堂、民初的矿务专门学校改置),于1931年改名焦作工学院,内设采矿、冶金和土木工程科,也获得较大的发展。新建的河南省立水利工程学校于1929年成立,学制3年(后改为5年)。这样,全省共有高等学校3所,尤其是在规模和质量上,较之北洋军阀统治的民国前期均有很大的提高。七七事变后,河南大学、焦作工学院等随着战局的变化,辗转搬迁,经历了长达8年的流亡时期。抗日战争胜利后,流亡学校大多迁回原址。焦作工学院先在洛阳关林复校,后迁至郑州,淮海战役前夕迁至江苏省苏州市。河南大学于 1945 年年底迁回开封原址,恢复了文、理、法、农、医 5 个学院,1946 年又成立了工学院,教学、科研有秩序地进行。1948 年 6 月,人民解放军第一次解放开封,数百名河南大学师生投奔解放区。人民解放军撤离开封后,国民党预感到中原必将失守,为阻止河南大学师生参加革命,裹挟河南各校师生南逃。在开封第二次解放前夕,河南大学、大梁联中等校师生南逃,河南大学寄居苏州。1948 年 10 月 24 日,人民解放军再克开封。1949 年 5 月,中共河南省委和河南省人民政府决定重建河南大学,省人民政府主席吴芝圃任校长,省人民政府委员张柏园、嵇文甫任副校长。1949 年 6 月河南省人民政府以中原大学留在开封的医学院、师训班 500 余人和河南行政干校 400 多人为基础,正式重建河南大学。吴芝圃派开封市教育局副局长郭海长赴苏州,联系迎接河南大学等校师生返回开封,"河大当时在苏州的教职工和学生 1200 余人,加上教职工家属,一共近 2000 人",7 月返回开封。新建的河南大学设立了 5 所本科学院。新建的河大提出了为工农服务、为河南经济和文化建设服务的方针,采取多种办学形式和学制,减去陈旧专业和课程,增加了社会急需的新专业、新课程,从而使河南大学的性质发生了根本变化,为中华人民共和国成立后进一步发展河南高等教育事业奠定了基础。

民国时期,社会教育开始起步。各种补习学校、识字学校、平民学校勃兴,图书馆、阅报所相继涌现。据《第一次中国教育年鉴》统计,截止到 1932 年,省内各县共办民众教育馆 67 处,到 1930 年全省 76 县共设立民众学校 844 处,参加学习人数达 2.6 万人。抗战时期,教育厅专设一个社会教育股,办理全省补教、电教(电影教育)、家庭教育等。各专区举办过义教、民教师资短训班,仅 1939 年春,即培训民师 1090 余人。战时有 64 县设立民教馆 214 个。尤以洛阳中原社会教育馆最为著名。洛阳中原社会教育馆设立于洛阳周公庙。国民政府迁洛后,考试院即选定周公庙为该院办事处,政府当局以该庙为洛阳古迹,慨然解囊,重加修葺。国民政府迁回南京后,为了保存考试院在周公庙的财产,政治会议议决,就周公庙址成立中原社会教育馆。任命宋湜为馆长,陈大白为主任,主持一切。每年经费 110000 余元,由教育部及考试院拨付。先后开办有民众学校,出版发行《新中原周刊》,在馆内、南关、西关设立三处阅报室,举办画展,仿制唐三彩,培育牡丹,并在周公庙内开辟了洛京公园。对此,当时有关人员指出,馆内"足容数百人肄业,余地约一百七十八亩,酌种果树材木万余株,其他牡丹、芍药、海棠、月季、兰菊及各种花卉,六万株以上,尚有余地,设立足球、篮球各场为民众练习体育之用,其在社会教育馆就学已举业百余人,现在馆就学者,成人班一百四十人,分为三级,儿童班三百余人,分为六班,每街每村设立学长一人,为传达馆长教育命令,领导本街或本村就学民众之运动,及就学事务。已举业者,设立同学会,每月定期集议,并定期报告,为转教民众及领导社会上一切改良事务。现在所办者为种树、修路、禁赌、戒烟、女子放脚及提倡国货、厉行节俭、奖励储蓄,推行新生活运动等事,其他改良私塾,办理合作社,及创设试验区等,正在计划进行"[①]。

总之,民国时期城镇教育有较全面的发展,各级各类学校设立比较齐全,受教育的人数比清末有明显增加,为现代教育打下了一定基础。

三、科学技术

民国时期,河南攻研近代自然科学的人也逐渐增多,且有所成就。如有机化学家高济宇在有机化学合成、反应以及主体化学和反应机理上的研究,成果卓著,并撰有相应的专著《1.6-二酮和1.7-二酮环醇异构》和《有机合成及结构证明:环乙烷衍生物的合成新法》传世。动物学家秉志,撰作《中国北方之腹足类》等书,是中国近代动物学的奠基人之一。成为中国微生物学开拓者的方心芳,在菌种的开发和保藏研究上作出了突出贡献,与他人合著的《商粮曲酒之研究》就为时人所称道。原生动物学家陈阅增在美国发表《百尾草履虫的交配型》,引起同行的普遍重视。地质学家高振西的《福建二叠纪地层》,开拓了前寒武纪地层的研究;另一论文《华北震旦纪地质》,开拓了震旦层地质的研究。地质学家冯景兰的《两广地质概要》,为该两省地质研究奠定了基础,书中提出的丹霞地形,为国内外地质学界所沿用。物理学方面,霍炳权在英国发表了放射性元素 Thz 种射线的能量分布、薄膜云室的性能和使用的论文,引起了原子物

[①] 钮永建:《建设中之洛阳行都:二十三年五月七日在国府纪念周演讲》,《中央周报》1934年第310期。

理学界的注意。接着霍炳权又发表了放射性元素 RaZ 种射线能量分布的论文，又在自创"云室"基础上成了"双云室"，用来观察宇宙线，效果良好①。在黄河治理上，张含英编撰的《黄河志·水文工程》、《治河论丛》(正、续编)、《黄河水患之控制》、《黄河治理纲要》等连续问世，很有科学价值和应用价值。其他如在医学、农学等方面，也有一些豫籍作者的论著出版。

四、思想与哲学

民国前期，当政的旧军阀曾悖逆历史潮流，各县守旧势力把清朝的覆亡归因于趋重西学而冷落了久为"国家元气"的理学，致使旧理学一度回光返照，但是历史前进的步伐势不可当。民国中后期，理学在河南思想文化界备受冷落，成为明日黄花。辛亥革命的积极影响，民族资本主义的发展，新的政治力量——资产阶级和工人阶级逐步登上历史舞台，尤其是接踵掀起的新文化运动和五四运动，更给河南社会带来民主主义的巨大冲击，特别是青年知识分子和学校学生。有记述称：1919 年前，学生们"可谓循规蹈矩，不脱旧私塾的学风"；五四运动后，"向之杜门危坐、埋头书案者，今则广购新书，注意时事，对于国家之内政、外交，在在关心"，即便是开封以外各县，学生们也"已远非昔比，思想行为亦自大有进益"。其中很重要的一点，就是扫除封建积垢，追求民主和科学，开启探求真理和思想解放的新途径。适应这种时代需要，各种宣传革新、革命的出版物源源输往各地城乡，供处于"学问饥饿"中的知识分子阅读。杞县吴芝圃回忆自己的思想历程说，1918 年至 1920 年，他在家乡读书，所学的主要还是私塾中的经书、古文，1921 年后，开始较多地接触康有为、梁启超的著作，阅读《新青年》杂志和"五四"后新出版的各种宣传民主、科学的书籍，1922 年开始，又阅读有关社会主义的出版物，以后两年，进而在北京和开封接受了马克思主义。这是一个具有时代意义的变化。尽管这样的先进典型当时还为数不多，但五四运动在思想文化领域开启的新机却是巨大的和普遍的。实际情况诚如地方志书中的记述，"五四而后，新说蔚起，迈进现代……回首民初，其思想变迁，

---

① 《河南省志·科学技术之志》，河南人民出版社 1995 年版，第 57 页。

殆不可以道里计矣"。处在这样的历史机缘中传播,马克思主义先是在一部分先进知识分子中,进而在工人阶级中逐渐传播,由此引发出近代河南思想文化的伟大历史巨变。与此同时,随着近代教育的发展,成长起一批又一批新文化哺育出来的知识分子,他们唾弃先辈们的价值取向和学术窠臼,在资产阶级民主主义或马克思主义指引下,研讨近代哲学、社会科学和自然科学,或从事文艺创作,在各自研究领域都有相当建树。

在哲学上,冯友兰是最早把东、西方哲学结合起来进行研究的学者,这反映在他的《人生哲学》(1926年出版)著作中。冯友兰的另一部著作《中国哲学史》(1931年出版)以其"取材谨严、持论精确"而受到国内外学者的赞誉,后被译为英、法、日诸国文字,至今还被一些国家作为讲授中国哲学史的教材。抗日战争期间,冯友兰又发表《新理学》《新事论》《新世训》《新原人》《新原道》《新知言》等著作,把程朱理学与西方的新实在论结合起来,组构成一个富有思辨色彩的哲学体系。另一位著名学者嵇文甫在20世纪30年代出版的《左派王学》和《船山哲学》在学界也广受赞誉。时人评论这两部很有影响的代表作是"见人所未见,道人所未道",作者也成为中国思想史研究中最有成就的专家之一。还有哲学家赵纪彬,用马克思主义观点撰写了《中国哲学史纲要》(1939年出版)。

五、城镇娱乐

民国时期地方戏剧和曲艺在河南城乡人民文化生活中均占重要地位,影响也很深广。流行的地方戏剧主要有豫剧(河南梆子)、曲剧、越调,还有大平调、怀梆、怀调、宛梆、大弦戏、罗戏、卷戏、二夹弦、四股弦、落腔、道情戏、四平调、坠剧、豫南花鼓戏、嗨子戏、永城清音戏、土二黄等;流行的曲艺主要有河南坠子、大调曲子、三弦书、河洛大鼓、评书、河南大鼓书等。

豫剧是在河南土生土长起来的,原先俗称河南梆子、高调、河南讴、靠山吼,颇能反映河南民众豪迈、敦朴的性格,长久以来,城乡民众对它喜爱不衰。因受人文环境和地理环境的影响,在不同地区具有不同的特色,有以开封为中心的祥符调,以洛阳为中心的豫西调(西府调),还有流行于商丘一带的豫东调,流行于漯河、许昌、周口一带的沙河调,流行于豫北的高调。其剧目大都取材于历史小说,如封神戏、三国戏、瓦岗戏、包公戏、杨家将戏,另有一大部分描写婚姻和伦理道德的戏。在行当上,有四生(大红脸、二红脸、老生、小生)、四旦(正、小、花、老旦)、四花脸(黑、大花、二花、三花脸)之说。其共同特点是以唱见长,在剧情的重要环节均安排有大板唱,往往把各种板路的优美唱腔融会演唱,使之具有强烈的艺术魅力。豫剧的演出形式也有一个发展过程。早期是"地摊"和"板凳头",一般仍然在乡村活动。民国初年,进入开封、郑州、洛阳、商丘、信阳等城市,在茶社演出,逐渐成为风靡全省城乡的成熟剧种,并涌现出不少班社,如开封的义成班、天兴班等,也成长起一批名角,诸如常香玉、马双枝等。20 世纪 20 年代末,开封相国寺内建立了永安、永乐、国民、同乐 4 个戏园,连同寺外的其他多处戏园,成为豫剧的主要演出场所,这个省会城市也成了豫剧名班荟萃之地。1935 年,河南教育厅社会推广部为了发展豫剧,成立了豫声戏剧学社,对豫剧的表演、音乐、服饰、行头、化妆及剧场管理进行了改革,使豫剧愈益正规。1937 年,常香玉、张同庆等又成立中州戏曲研究社,系统地研究豫剧艺术。陈素真主演的豫声剧院、以马双枝为主演的永安舞台和中州戏曲研究社在开封同时献演,彼此取长补短,促进了豫西调与豫东调的交流,使豫剧更臻完美。抗日战争期间,陈素真与樊粹庭创建狮吼剧团,在省内外演出了《歼素计》等剧目,鼓舞民众抗战。

  曲剧原称曲子戏、高台曲,是在河南民间的一种说唱艺术,它是在鼓子曲的基础上,吸收其他剧种的艺术成果发展而成的。初期只在街头巷尾、茶馆酒楼、地摊或树阴下演唱,没有固定的形式和班社,也没有锣鼓,只有坠子、三弦、四弦等伴奏。1926 年,临汝县"高跷曲"班子首次登上高台演出,才逐步发展成为一个新剧种。以后,这种"高台曲"进入汝州、洛阳、禹州、南阳等城献演,并涌现出众多的班社。每个班社或八九人或十多人,农忙务农,农闲演出,一般不讲价款,随意馈赠即可。曲剧形成初期,以生、旦、丑角为主,擅长唱功戏。所演唱的大都是民间故事,抒发儿女私情。唱词道白富有泥土气息和浓郁的生活情趣。唱腔由曲牌连缀体与板式变化体相结合,以真嗓为主,真假嗓结合,朴实自然,悠扬缠绵,声韵清亮,抒情性强,具有强烈的艺术感染力,因而受到城乡民众的普遍喜爱。20 世纪 30 年代,曲剧各行当逐渐建立并不断完善,表演形式也有了一定的规则,一些知识界人士积极编剧导演或成立学校,提高和讲授曲剧,使之愈趋艺术化。抗日战争期间,曲剧艺人积极投身于抗日救亡的热潮中。著名的曲艺名家王飞庭为曲剧编写了《夫妻从军》《守义不屈》等20多出现代戏,演出效果很好。豫剧名人樊粹庭、陈素真对曲剧的演唱也多加指导,京韵鼓师席筱朋为曲剧的音乐伴奏作出了有价值的贡献。曲剧艺术进一步提高。文场、武场都日趋健全,各种行当、服饰也初具规模。大小班社在全省各地乃至部分军队中纷纷建立。演出活动也日趋活跃,有些班社和艺人还到安徽、陕西、甘肃、湖北等省演唱,成功地把曲剧推向省外。

越调也叫"四股弦"或"月调",主要流行于豫西南、豫东和豫北,豫西也有流传。清末,南阳和其他各县的越调班社已发展到100多个。民国初年,才开始进入郑州、开封等城市,以其清脆宏亮、轻巧圆润的唱腔倾倒观众。越调的传统剧目有500多个。早期的剧目唱词少,道白多,词句比较古雅,唱词也都按一定的曲牌和调门演唱,称为"正装戏",不利于演员的发挥。后来增加了许多移植改编的剧目,即所谓"外装戏",唱调多道白少,通俗易懂。各行当一般均以唱做取胜,表演质朴粗犷,生活气息浓厚,有"咬牙作响""变脸作色""口出獠牙""响痰在喉""七窍流血"等绝活,具有强烈的河南地方色彩。

除以上三大剧种外,其他多种剧种也在全省不同地区流行。如大平调,流行于豫北、豫东,表演比较粗犷豪放,动作幅度大,出手画大圈,盘腿跨大步;怀帮(怀庆梆子),因主要流行于怀庆府一带而得名,其行当、服装、化妆、脸谱多与豫剧类同,唱腔激昂奔放,在演出中常用"挑后嗓";怀调,主要流行于彰德、卫辉两府,唱腔高亢激越,古朴粗犷;宛梆,流行于南阳周围各县,旧称南阳梆子、老梆子、南阳调,唱腔、音乐粗犷豪迈,激越奔放,所常用的"花腔"比一般唱腔还高8度,假嗓无字甩腔,具有独特的风味;大弦戏,旧称弦子戏,主要流行于豫北,表演粗犷、泼辣,动作幅度大,武戏使用真刀真枪,各行当以台上踢脚、分手亮相、打飞脚为基本动作;罗戏,又名啰啰戏,"黄河两岸有之,不甚普及,乐器以铜笛为主。唱后讴,类越调,唱字简直,似河南梆子",粗豪通俗,富有乡土气息;卷(眷)戏,泌阳、遂平、西平、邓县、内乡、唐河、汝南等地均曾流行,唱腔幽雅婉转,舒展清新,抒情性强;二夹弦,也称两家弦、二架弦,豫东、豫北、豫西都曾相当流行,唱腔真假嗓结合,老调粗犷醇厚,新腔婉转、绚丽、花俏;四股弦,又称五调腔、乱弹,豫北一些县份较流行,一般以真嗓吐字,假嗓甩腔,比较舒展、奔放。其他如落腔、道情戏等,也各有其艺术特色和流行地区,不一一列述。

曲艺以河南坠子最为有名。河南坠子简称坠子。因用坠胡伴奏而得名,出现于晚清时期。而早期演唱表演都比较简单，只有男演员。后来吸收了莺歌柳、渔鼓道情和三弦书的唱腔、曲目、表演、乐器，得以不断丰富和发展，成为一种覆盖全省的说唱艺术。清末民初，开封相国寺坠子棚就有不少。1914年后，女性演员亦登场献艺，演唱形式愈加丰富多彩，讲究手、眼、身、法、步、内、炸、腾、挪等表演技巧，在唱腔上吸收了一些花腔、民间时调、小曲以及山东大鼓、豫剧、越调等的声腔，把这种曲艺形式推到一个更高的层次，演出亦由地摊而进入书场，呈现出繁荣的局面。由于受不同艺术的形式和地域语言的影响，坠子在发展过程中逐渐形成了东路、西（中）路、北路三个地域分支。东路坠子以商丘为中心，唱腔柔美缠绵，伴奏不蹬脚梆，以大书见长。西路坠子以开封、郑州为中心，扩及豫中、豫西各地，硬功大调，字清梆稳，高亢明朗，朴实雄浑，节奏鲜明为其主要特色。北路坠子主要流行于安阳、新乡，是在东、西两路的基础上，吸收了山东大鼓的曲调而形成的，以欢快活泼、玲珑俊俏为特色。三派各有所长，互相促进，使坠子成为河南城乡民众喜闻乐见的主要曲种。

其他曲艺还有大调曲子（开封鼓子曲），流行全省，有汝南丝弦道、周口弦歌社、豫西洛阳曲子、豫北八音会和中州鼓调等支派，共有曲牌近200个；三弦书，也流行全省，因以三弦为主要伴奏乐器而得名，有中鼓三弦（南阳一带）、宜封三弦（尉氏周围）、洛阳琴书（洛阳一带）之分，唱腔有铰子腔、鼓子腔之别，形式上有腿缚节板自弹自唱和一弹一唱之异；河洛大鼓，由洛阳琴书和大鼓书结合而成，主要流行于洛阳、三门峡、焦作、新乡和郑州，后越出省境，活动范围远至山西、陕西、甘肃、新疆的部分县份，基本唱腔有引腔、起腔、送腔、二八腔、流水、凤凰三点头、夹板、平板、悲平板、数板等；评书，流行于全省各地，起初多为坐讲，20世纪三四十年代增加了武打招数和用醒木、扇子、手帕等作道具辅佐表演；河南大鼓书，因以大鼓为主要伴奏乐器而得名，流行于全省，有豫南大鼓（流行于信阳、驻马店一带）、豫东大鼓（流行于商丘和周口一带）、鼓词或鼓儿词（流行于南阳、许昌、洛阳一带）、大鼓京腔（流行于豫北）及铁板书之分，均以唱为主，辅以说白，演员单人上场说唱，以说大书见长。还有道情、鸳歌柳、山东琴书、锣鼓书、相声、故事、迷胡书、乱弹、梨花大鼓、大铙、善书、灶书、快板书、锣鼓曲、小铙、哈蟆嗡、洪山洞等。

除戏剧和曲艺外，一些西方人的娱乐生活也在省会开封能够看到，如西洋镜、日光电影等。民国时期的开封，有两个人耍西洋镜，一个叫李博一，一个叫冀成礼。李博一在相国寺同乐大戏院耍西洋镜,他的西洋镜很简单,仅有一个木方匣和四寸大的相框内框着二十四张画片。木方匣放在一张木桌上,后面用布围着,前面有个仅供两人看的圆孔,每次只能放两张片,片子是推动的,不是拉的。冀成礼的西洋镜木匣构造很复杂,共三层,里面有轮盘,可以拉转。演水淹金山时,还可放出水来。他的木匣可以供6个人同时观看,每人看一次扔五枚铜钱,来齐6个人时即开耍。开封中安社日光影院,民国十七年才开始放影片。影院的设备极其简陋,除室壁置一白色幕布外,便在室外安置一小小的开影机,开影机的后面有一个小小的反光镜,正对着镜头,镜头对着室壁一个透光的窟窿。除此之外,便是供观众用的几张矮凳。

　　总之,社会生活的变迁在任何时代都在持续中,但民国时期社会生活掺杂着西方社会生活的些许味道后,风起云涌的社会变革是其发展路向的主要动力,同时也反映出历史变革的内涵和价值。

结语

河南是华夏城市形成最早的区域之一,经过了漫长的发展历程,根据政治实体的演进,古代城市大致经历了邦国—王国—帝国三个阶段。邦国阶段处于仰韶龙山文化时代,王国阶段处于夏商周三代时期,帝国阶段起于战国后期,终于清朝灭亡,此后中国城市迈入近现代社会。

　　从河南城镇发展史可以看出,就城市功能而言,最早出现的是"城"而不是"城市"。最早的城与村落一样,是古代聚落的一种基本类型,以城墙为突出标志。迄今为止河南境内共发现了先秦城址200余座,为探索我国文明的起源和发展提供了重要考古学证据。至少在龙山时期,城市规划思想已经萌芽并付诸实践,夏商周时期我国古代城市建设的理论体系已经基本完善。"以城墙作为大规模的永久性防御设施,是历代城址所共有的特征。西周城址沿袭了仰韶龙山时代及夏商古城传统,非常重视城邑的防御建设,除修筑高耸的城垣外,还围以宽阔而深的城壕"[①],在"筑城以卫君"思想指导下,许多城市用外壕、大城、大城环壕、小城、小城内外环壕等多重防御工事将贵族居住区包围,防护之严密令人叹为观止,可见城市的防御功能是占据首要地位的。西周时期,随着中央统治者在中原地区接力推广分封制,河南地区的城市史无前例地增多,甚至出现了"无处不城"的壮丽局面。根据《考工记》的记载,君王所居住的"宫"位于城市的中心位置,突出其独一无二的身份和地位,祖庙和社稷坛分别位于"宫"的两翼,"国家大事,唯祀与戎",城市的政治功能也是举足轻重的。此外体现城市经济功能的"市"也入驻"城"中,所谓"前朝后市","市"堂而皇之成为城市中不可或缺的一道风景,早期的"城"已经发展成为真正的城市。西周时期的城市规划因为吸纳了上千年的建造理论和实践已经变得相当成熟。公元前770年,周平王迁都洛邑,轰轰烈烈的春秋战国时期的大幕由此拉开。孔子眼中的"礼崩

---

① 马世之:《中原之城与华夏文明的发展演进轨迹》,《商都学坛》2018年第3期。

乐坏"时代却为城市发展带来前所未有的契机,"旧的等级制度遭到破坏,新的城市不断涌现,春秋时期正处于这一大的历史变革的过程中。这一过程充满着新旧势力间的矛盾和斗争,春秋时期的筑城运动也因此带有极为浓厚的过渡色彩……进入战国时期,政治上的兼并战争愈烈,七雄争霸的局面最后形成;经济上,铁器的广泛使用和农业的发展,促进了整个社会经济的繁荣及人口的大量增长。城市的空前发达与性质的转变是这二者交互作用的直接结果"。城市的大跨步发展不但体现在数量大幅增多,城市的经济职能也日渐凸显,一大批富冠四海的天下名如雨后春笋般兴起。虽然此时期城市被划定出固定区域,以围墙、街巷分割,呈网格状分区,宫城居中,四周不同功能区成为宫城的军事缓冲区域,城市建设依然遵循《考工记》中"择国之中而立国"的建设初衷,而且士大夫与工商业者之间泾渭分明,正如《逸周书》所说:"士大夫不杂于工商","凡工贾胥市臣仆州里俾无交为",但是城市经济和文化的发展使得此时期的中原城市充满着勃勃生机。公元前221年,大秦帝国建立以后,中国城市正式迈入帝国阶段。此后城市功能日益丰富,政治对于城市的影响固然深远,但是经济对于城市的发展作用不断加强,尤其是唐宋时期大量市镇的涌现,既是经济发展的直接结果,同时也说明城镇对于政治中心的依附性逐渐减弱,虽然"重农抑商"的思想观念基本贯穿帝国时代始终,但是政治和经济格局的改变影响着城市的商业活动。总体来说,帝国时代政府对于城市经济管控不断放松,特别是唐代中后期以降,政府逐渐放弃了对商业分区域管理的"市坊制度",此后的商业活动在城市中随处可见,虽然也有集中,但是不再受到地点和时间的严格限制,这既是城市的经济功能强大的结果,同时也对城市商业发展起到了进一步的刺激作用。需要指出的是,城市的军事功能直到帝国时代晚期仍然受到统治者的重视,明清时期频繁进行的修筑城墙的活动正是例证,也就是说冷兵器时代"城"的防御功能与政治功能一样贯穿始终,而经济功能随着生产力的进步呈现出不断增强的趋势,虽然如此,但是统治者出于城市安全性考虑,对于城市生产生活的严格管理,还是会在一定程度上制约城市经济的发展,限制了经济功能的进一步发挥。

　　从河南城镇发展史还可以看出我国古代城市的演进具有极大的稳定性。河南位居中原,长期是我国政治、经济的中心,其城镇发展轨迹基本可以说是中国城镇发展的浓缩。虽然中国与西方世界的城市发展都经历过奴隶制社会,但是欧洲社会下的古希腊、古罗马在进入封建社会几百年后就在10世纪到达了古希腊罗马文明与近代资本主义社会之间的过渡阶段。与此对比,中国城市处在帝国时代的时间长达两千余年,其卓越的稳定性令西方中世纪的城镇只能望其项背。究其原因,应该是经济基础决定上层建筑。我国封建社会的城市文明基本建立在农耕文化的基础之上,农业社会生产力发展缓慢,加之统治王朝虽有更迭但是制度始终周而复始,直到清朝中期以前秦汉时期建立起来的封建秩序仍然没有根本改变,所以超级稳定的农耕文明造就了我国封建城市演进的极大稳定。河南自古就是农业发达之地,经济地位的重要性使得这里备受统治者青睐,尤其是在北宋及其之前,江南经济的优势还没有充分体现出来,中原始终是各民族统治霸权的争夺之地,所谓"中原逐鹿","得中原者得天下",所以即使经历过无数次的刀光剑影、金戈铁马,这里的城镇虽屡遭摧残,但是建设从未止步,洛阳、开封等中心城市的屡毁屡建就是中原城市发展最真实的写照,也是中原城镇稳定性的重要体现。宋代以后伴随着经济的发展,市坊制度被抛弃,城市布局有了很大的改变,但是放眼全国,各个时代的都城建设都遵循了《周礼·考工记》中提到的"九经九纬""前朝后市""左祖右社"等规则,清代的北京也不例外。

从河南城镇发展史还可以看到中国城镇发展具有极强的连贯性。中国的城市建设始终围绕着皇权而展开,城市规划也始终围绕宫殿、官衙等单一中心进行,中国的市民阶层直到唐代才出现,市民意识的出现和权力的伸张几乎无从谈起,始终作为封建社会关系的附庸而出现,在此背景下,中国城镇发展呈现出了巨大的连贯性。举例来说,中国的城市建设从选址到布局,再到施工,一切有章可循,其中蕴含的礼制思想和阴阳五行观念是历经两千余年不断的传承与完善逐渐形成的,即使在历史上遇到过几次大的混战,如南北朝、五代时期,但是每一次大的战争过后,新政权就会对遭受兵燹的城市进行修复,其建设蓝本基本依照战前而来,即使规模和布局有所变更,但是肯定与前代具有一定的连续性而不会是将一切推倒重来,不是从理念到建筑完全全新的作品。这种强大的连续性在西方国家是不曾出现过的。欧洲历史上也曾出现了诸如《乌托邦》《理想的城市》等城市建设理论,但是它们都是各自独立的,并不存在传承关系。中国城市的这种连贯性应该也与农耕文明的稳定与发展缓慢密切相连。

城市的出现是人类文明进步的产物,也是人类群居生活的最高形式,是人类走向成熟和文明的重要标志。虽然河南城镇在宋代以后随着全国经济重心的南下、政治中心的北上而受到一定影响,但是因为这里地理环境和交通优势明显,加之种植业和手工业的稳步发展,城镇经济水平仍然得到了很大提升。总之,在漫漫历史长河中,河南城镇一直在繁荣和衰退的交替中不停行进,虽然遭遇过挫折,但是总的发展趋势是数量由少到多,分布由分散到均衡,城镇职能和地域结构由低级到高级,此外,宋代以后,尤其是近代,随着市民阶层的壮大和市民意识的兴起,城镇人民的生活日益活跃和丰富。

参考资料

一、历史文献

（一）档案

1. 故宫博物院明清档案部编:《清代档案史料丛编》,中华书局1978年版。
2. 张伟仁主编:《明清档案》,台湾联经出版事业公司1986年版。
3. 台北"故宫博物院"编辑委员会编辑:《宫中档乾隆朝奏折》,台北"故宫博物院"1982年刊本。
4. 《中华民国史资料丛稿》,中华书局1979年版。
5. 《中华民国史档案资料汇编》,凤凰出版社1997年版。

（二）正史、别史、政书、诏令

1. 〔战国〕左丘明著,〔三国吴〕韦昭注,胡文波校点:《国语》,上海古籍出版社2015年版。
2. 高诱注:《战国策》,商务印书馆1934年版。
3. 杨伯峻编著:《春秋左传注》,中华书局1995年版。
4. 〔汉〕司马迁:《史记》,中华书局2005年版。
5. 〔汉〕班固撰,〔唐〕颜师古注:《汉书》,中华书局2012年版。
6. 〔晋〕陈寿撰,〔宋〕裴松之注:《三国志》,中华书局2000年版。
7. 〔北齐〕魏收:《魏书》,中华书局1974年版。
8. 〔唐〕魏徵:《隋书》,中华书局1973年版。
9. 〔唐〕杜佑:《通典》,文渊阁《四库全书》本。

10.〔唐〕李林甫等:《唐六典》,中华书局2014年版。

11.〔唐〕李百药:《北齐书》,中华书局1972年版。

12.〔唐〕房玄龄:《晋书》,中华书局1974年版。

13.〔唐〕李延寿:《北史》,中华书局1974年版。

14.〔南朝宋〕范晔撰,〔唐〕李贤等注:《后汉书》,中华书局1965年版。

15.〔后晋〕刘昫:《旧唐书》,中华书局1975年版。

16.〔宋〕欧阳修、宋祁:《新唐书》,中华书局1975年版。

17.〔宋〕司马光:《资治通鉴》,岳麓书社1990年版。

18.〔宋〕李焘:《续资治通鉴长编》,中华书局1985年版。

19.〔宋〕欧阳修:《新五代史》,中华书局1974年版。

20.〔宋〕李心传:《建炎以来系年要录》,文渊阁《四库全书》本。

21.〔宋〕王溥:《五代会要》,上海古籍出版社1978年版。

22.〔宋〕李昉编纂:《太平御览》,河北教育出版社1994年版。

23.〔元〕脱脱等撰:《宋史》,中华书局1977年版。

24.《清朝文献通考》,商务印书馆1936年版。

25.〔明〕李贤等:《明一统志》,文渊阁《四库全书》本。

26.〔明〕徐溥等:《明会典》,文渊阁《四库全书》本。

27.《明实录》,台湾"中央研究院"历史语言研究所1963年校印本。

28.〔清〕张廷玉:《明史》,中华书局1974年版。

29.《钦定大清会典》,文渊阁《四库全书》本。

30.《钦定大清会典则例》,文渊阁《四库全书》本。

31.《世宗宪皇帝朱批谕旨》,文渊阁《四库全书》本。

32.《清朝文献通考》,文渊阁《四库全书》本。

33.〔清〕吴任臣:《十国春秋》,中华书局2010年版。

34.〔清〕钱仪吉:《三国会要》,上海古籍出版社1991年版。

35.《嘉庆重修一统志》,中华书局1986年版。

36.《皇清奏议》,台湾文海出版社1967年版。

37.《清实录》,中华书局1987年版。

38.《钦定大清会典事例》,光绪二十五年(1899)原刻影印本。

39.《清史稿》,中华书局1976年版。

40.《清朝续文献通考》,浙江古籍出版社2000年版。

(三)文集、笔记与史料丛刊

1.〔汉〕刘向撰,向宗鲁校证:《说苑校证》,中华书局1987年版。
2.〔汉〕王符著,〔清〕汪继培笺,彭铎校正:《潜夫论笺校正》,中华书局1997年版。
3.〔魏〕杨衒之撰,周祖谟校释:《洛阳伽蓝记校释》,中华书局1963年版。
4.〔北魏〕郦道元撰:《水经注》,岳麓书社1995年版。
5.〔唐〕欧阳询撰,汪绍楹校:《艺文类聚》,上海古籍出版社1999年版。
6.〔唐〕杜宝撰,辛德勇辑校:《大业杂记辑校》,三秦出版社2006年版。
7.〔南朝宋〕刘义庆著,〔南朝梁〕刘孝标注,余嘉锡笺疏:《世说新语笺疏》,上海古籍出版社1993年版。
8.〔宋〕王钦若:《册府元龟》,凤凰出版社2006年版。
9.〔宋〕黄震:《黄氏日钞》,文渊阁《四库全书》本。
10.〔宋〕司马光:《司马温公集编年笺注》,巴蜀书社2009年版。
11.〔宋〕蔡绦:《铁围山丛谈》,中华书局1983年版。
12.〔宋〕王禹偁:《小畜集》,四部丛刊本。
13.〔宋〕黎靖德编:《朱子语类》,岳麓书社1997年。
14.〔宋〕毕仲游:《西台集》,中州古籍出版社2005年版。
15.〔宋〕王得臣:《麈史》,上海古籍出版社1986年版。
16.〔宋〕苏轼撰,〔明〕王如锡编,吴文清、张志斌校点:《东坡养生集》,福建科学技术出版社2013年版。
17.〔宋〕苏轼:《东坡志林》,中华书局1983年版。
18.〔宋〕徐度:《却扫编》,上海古籍出版社2012年版。
19.〔宋〕张载:《张载集》,中华书局1978年版。
20.〔宋〕欧阳修:《归田录》,中华书局1981年版。
21.〔宋〕孟元老:《东京梦华录》,中州古籍出版社2010年版。
22.〔宋〕洪迈:《容斋随笔》,北京燕山出版社2001年版。
23.〔元〕马端临撰:《文献通考》,中华书局1986年版。
24.〔明〕李贽:《史纲评要》,中华书局1974年版。
25.〔明〕宋应星:《天工开物》,商务印书馆1933年版。

26.〔明〕徐光启撰,王重民辑校:《徐光启集》,中华书局2014年版。

27.〔明〕徐光启:《农政全书》,上海古籍出版社2011年版。

28.〔明〕沈德符:《万历野获编》,文化艺术出版社1998年版。

29.〔明〕陈卜:《过庵遗稿》,三怡堂丛书本。

30.〔明〕陶宗仪:《说郛三种》,上海古籍出版社1988年版。

31.〔明〕徐弘祖:《徐霞客游记》,上海古籍出版社2007年版。

32.〔明〕王士性:《广志绎》,中华书局1981年版。

33.〔明〕何乔远:《名山藏》,福建人民出版社2010年版。

34.〔明〕朱橚:《救荒本草》,中华书局1959年影印本。

35.〔清〕王昶辑:《明词综》,辽宁教育出版社1997年版。

36.〔清〕贺长龄、魏源等编:《清经世文编》,中华书局1992年版。

37.〔清〕傅泽洪:《行水金鉴》,商务印书馆1936年版。

38.〔清〕郑廉撰,王兴亚点校:《豫变纪略》,浙江古籍出版社1984年版。

39.〔清〕陈宏谋:《培远堂偶存稿》,清乾隆刻本。

40.〔清〕顾祖禹:《读史方舆纪要》,中华书局2005年版。

41.〔清〕徐珂:《清稗类钞》,商务印书馆1917年版。

42.〔清〕俞森:《荒政丛书》,文渊阁《四库全书》本。

43.〔清〕顾炎武:《天下郡国利病书》,四部丛刊三编影印本。

44.〔清〕李绿园:《歧路灯》,中州书画社1980年版。

45.〔清〕宋继郊编撰,王晟等点校:《东京志略》,河南大学出版社1999年版。

46.〔清〕姚之骃:《元明事类钞》,文渊阁《四库全书》本。

47.〔清〕谈迁:《北游录》,中华书局1981年版。

48.〔清〕黄宗羲:《宋元学案》,商务印书馆1934年版。

49.〔清〕尹会一撰,张受长编:《尹少宰奏议》,台湾"商务印书馆"1966年版。

50.〔清〕朱寿朋:《光绪朝东华录》,中华书局1958年版。

51.《大中华河南省地理志》,民国九年(1920)中华印刷局铅印本。

52.《豫河续志》,民国十五年(1926)版。

53.陇海铁路车务处商务课:《陇海全线调查》,陇海铁路车务处商务课1933年版。

54.冯次行:《中国棉业论》,上海北新书局1929年版。

55.日本青岛守备军民政部铁道部:《河南省郑州事情》,青岛守备军民政部铁道部1922年版。

56.陈晓芬、徐儒宗注:《论语·大学·中庸》,中华书局2015年版。

57.〔战国〕韩非:《韩非子》,岳麓书社2006年版。

58.陈曦译:《六韬》,中华书局2016年版。

59.王世舜、王翠叶译注:《尚书》,中华书局2012年版。

60.万丽华、蓝旭译注:《孟子》,中华书局2016年版。

61.陈桐生译注:《盐铁论》,中华书局2015年版。

62.尹占华校注:《王建诗集校注》,巴蜀书社2006年版。

63.孔宪易校注:《如梦录》,中州古籍出版社1984年版。

64.王利器校注:《盐铁论校注》,中华书局1992年版。

65.李文治:《中国近代农业史资料》,生活·读书·新知三联书店1957年版。

66.南开大学历史系编:《清实录经济资料辑要》,中华书局1959年版。

67.《明清史料》,商务印书馆1936年版。

68.沈云龙选辑:《明清史料汇编》,台湾文海出版社1967年版。

69.沈云龙主编:《近代中国史料丛刊》,台湾文海出版社1966年版。

70.彭泽益编:《中国近代手工业史资料(1840—1949)》,生活·读书·新知三联书店1958年版。

71.谢国桢:《明代社会经济史料选编》,福建人民出版社2004年版。

72.张海鹏、王廷元主编:《明清徽商资料选编》,黄山书社1985年版。

73.《宋元笔记小说大观》,上海古籍出版社2007年版。

(四)方志、碑刻及其他

1.河南省明、清、民国及现代省志和各府州市县方志。

2.〔唐〕李吉甫:《元和郡县图志》,中华书局1983年版。

3.〔明〕何乔远:《闽书》,崇祯四年(1631)刻本。

4.(万历二十五年)《创塑神像壁记》,现藏于洛阳关林。

5.(康熙七年)《大王庙创建戏楼碑记》,现藏于博爱县城内大王庙。

6.(乾隆十一年)《关帝庙新建碑文》,现存于洛阳关帝庙。

7.(乾隆四十年)《移修舞楼碑记》,现藏于朱仙镇山陕会馆内。

8.(乾隆四十七年)《创建春秋楼碑记》,现藏于社旗县山陕会馆。

9.(嘉庆二十二年)《南阳赊旗镇山陕会馆铁旗杆记》,现藏于社旗县山陕会馆。
10.(道光十八年)《山陕会馆重修牌坊碑记》,现藏于开封山陕甘会馆。
11.(道光十八年)《重修关帝庙碑记》《岁积厘金碑记》,现藏于周口市博物馆。
12.(咸丰二年)《创建老君圣庙碑记》,现藏于舞阳县博物馆。
13.《汝州修城碑记》,收录于《古今图书集成·方舆汇编·职方典卷》,巴蜀书社1986年版。
14.《明故国学生西台范公(椿)暨配孺人何氏墓志铭》,现藏于商丘市八关斋。
15.《兴隆店》碑,现藏于社旗县博物馆。
16.《南阳赊旗镇山陕会馆春秋楼》,《社旗山陕会馆商业文化初探》(豫内资)。
17.《郭店楚简》,出土于湖北荆门郭店一号战国楚墓。

二、今人论著(按姓氏音序排列)

(一)专著

B

白寿彝总主编:《中国通史》,上海人民出版社1995年版。
鲍震培:《中国俗文学史论》,南开大学出版社2015年版。
卞书田、胡克仪、万战伟:《豫煤古今谈》,煤炭工业出版社2000年版。

C

曹树基:《中国人口史(第四卷)》,复旦大学出版社2005年版。
曹树基:《中国人口史(第五卷)》,复旦大学出版社2005年版。
陈伯中:《都市地理学》,台湾三民书局1983年版。
陈伯中:《经济地理》,台湾三民书局1984年版。
陈高华、史卫民:《中国经济通史·元代经济卷》,经济日报出版社2007年版。
陈桦主编:《多元视野下的清代社会》,黄山书社2008年版。
陈桥驿主编:《中国六大古都》,中国青年出版社1983年版。
陈寅恪:《隋唐制度渊源略论稿》,生活·读书·新知三联书店2001年版。
[日]成寻:《新校参天台五臺山记》,上海古籍出版社2009年版。
成一农:《古代城市形态研究方法新探》,社会科学文献出版社2009年版。
程民生:《中国北方经济史》,人民出版社2004年版。
程民生、程峰、马玉臣:《古代河南经济史(下)》,河南大学出版社2012年版。

程有为、王天奖主编:《河南通史》,河南人民出版社2005年版。

D

戴均良主编:《中国城市发展史》,黑龙江人民出版社1992年版。

邓亦兵:《清代前期商品流通研究》,天津古籍出版社2009年版。

[美]杜赞奇著,王福明译:《文化、权力与国家:1900—1942年的华北农村》,江苏人民出版社1995年版。

段鹏琦:《汉魏洛阳故城》,文物出版社2009年版。

F

樊树志:《国史十六讲》,中华书局2006年版。

范文澜:《中国通史简编》,河北教育出版社2000年版。

方行、经君健、魏金玉主编:《中国经济通史(清代经济卷)》,经济日报出版社2000年版。

冯承钧译,党宝海新注:《马可波罗行纪》,河北人民出版社1999年版。

傅崇兰等:《中国城市发展史》,社会科学文献出版社2009年。

傅衣凌:《傅衣凌治史五十年文编》,中华书局2007年版。

傅衣凌:《明清农村社会经济 明清社会经济变迁论》,中华书局2007年版。

傅衣凌:《明清社会经济史论文集》,中华书局2008年版。

傅宗文:《宋代草市镇研究》,福建人民出版社1989年版。

G

耿瑞玲:《民间居住》,海燕出版社1997年版。

顾朝林:《中国城镇体系——历史·现状·展望》,商务印书馆1992年版。

郭荣朝:《省际边缘区城镇化研究》,中国社会科学出版社2006年版。

H

韩大成:《明代城市研究》,中国人民大学出版社1991年版。

[美]何炳棣著,葛剑雄译:《明初以降人口及其相关问题(1368—1953)》,生活·读书·新知三联书店2000年版。

贺业钜:《中国古代城市规划史》,中国建筑工业出版社1996年版。

胡绳武、金冲及:《辛亥革命史稿》,上海人民出版社1991年版。

J

[日]加藤繁:《中国经济史考证》,台北华世出版社1981年版。

姜守鹏:《明清北方市场研究》,东北师范大学出版社 1996 年版。

姜锡东主编:《宋史研究论丛》第 11 辑,河北大学出版社 2010 年版。

L

李春祥、侯福禄主编:《河南考试史》,中州古籍出版社 1993 年版。

李澜主编:《中国城市经济研究概观》,中央民族大学出版社 2011 年版。

李永文主编:《河南地理》,北京师范大学出版社 2010 年版。

梁方仲:《中国社会经济史论》,中华书局 2008 年版。

刘庆柱主编:《中国古代都城考古发现与研究(上)》,社会科学文献出版社 2016 年版。

刘秀生:《清代商品经济与商业资本》,中国商业出版社 1993 年版。

刘有富、刘道兴主编:《河南生态文化史纲》,黄河水利出版社 2013 年版。

龙登高:《中国传统市场发展史》,北京人民出版社 1997 年版。

罗玲:《近代南京城市建设研究》,南京大学出版社 1999 年版。

[美]罗兹·墨菲著,黄磷译:《亚洲史》,世界图书出版公司 2011 年版。

罗宗强:《玄学与魏晋士人心态》,天津教育出版社 2005 年版。

M

马世之:《史前文化研究》,中州古籍出版社 1993 年版。

马学强、郁鸿胜、王红霞等:《中国城市的发展历程、智慧与理念》,上海三联书店 2008 年版。

N

南炳文、汤纲:《明史》,上海人民出版社 2014 年版。

宁越敏、张务栋、钱今昔:《中国城市发展史》,安徽科学技术出版社 1994 年版。

Q

漆侠:《宋代经济史》,上海人民出版社 1987 年版。

钱振民:《李东阳年谱》,复旦大学出版社 1995 年版。

秦佩珩:《明清社会经济史论稿》,中州古籍出版社 1984 年版。

全汉升:《中国行会制度史》,百花文艺出版社 2007 年版。

R

任崇岳主编:《中原地区历史上的民族融合》,内蒙古人民出版社 2004 年版。

S

申畅编著:《河南方志研究》,中州古籍出版社1991年版。

沈益民、童乘珠:《中国人口迁移》,中国统计出版社1992年版。

[美]施坚雅主编:《中华帝国晚期的城市》,中华书局2000年版。

史念海:《河山集》,生活·读书·新知三联书店1963年版。

史念海:《中国古都和文化》,中华书局1998年。

史卫民:《元代社会生活史》,中国社会科学出版社1996年版。

孙机:《中国古舆服论丛》,文物出版社1993年版。

孙丽娟:《清代商业社会的规则与秩序》,中国社会科学出版社2005年版。

T

唐长孺:《魏晋南北朝隋唐史三论》,中华书局2011年版。

田培栋:《明代社会经济史研究》,北京燕山出版社2008年版。

童书业编著:《中国手工业商业发展史》,齐鲁书社1981年版。

W

汪德华:《中国城市规划史纲》,东南大学出版社2005年版。

汪敬虞主编:《中国近代经济史:1895—1927》,北京人民出版社2000年版。

王佃利、张莉萍、任德成主编:《现代市政学》,中国人民大学出版社2004年版。

王瑞安:《山陕甘会馆》,中州古籍出版社1992年版。

王绍武等编著:《现代气候学概论》,气象出版社2005年版。

王文楷主编:《河南地理志》,河南人民出版社1990年版。

王兴亚:《明清河南集市庙会会馆》,中州古籍出版社1998年版。

王星光:《生态环境变迁与夏代的兴起探索》,科学出版社2004年版。

王幼平:《中国远古人类文化的源流》,科学出版社2005年版。

王毓铨主编:《中国经济通史(明代经济卷)》,经济日报出版社2000年版。

[德]文德尔班著,詹文杰译:《古代哲学史》,上海三联书店2014年版。

吴慧:《中国古代商业史(第一册)》,中国商业出版社1983年版。

吴仁敬、辛安潮:《中国陶瓷史》,团结出版社2006年版。

吴松弟:《中国人口史(第三卷)》,复旦大学出版社2005年版。

X

[日]西嶋定生著,冯佐哲、邱茂、黎潮合译:《中国经济史研究》,农业出版社

1984年版。

徐春燕:《明清时期中原城镇发展研究》,社会科学文献出版社2017年版。

许宏:《大都无城:中国古都的动态解读》,生活·读书·新知三联书店2016年版。

许宏:《最早的中国》,科学出版社2009年版。

许学强、周一星、宁越敏:《城市地理学》,高等教育出版社1997年版。

薛凤旋:《中国城市及其文明的演变》,世界图书出版公司2015年版。

薛世孝:《煤海集尘》,煤炭工业出版社2010年版。

Y

杨焕成、张家泰主编:《中原文化大典·文物典·历史文化名城》,中州古籍出版社2008年版。

杨吉仁编著:《三国两晋学校教育与选士制度》,台湾正中书局1968年版。

叶德辉:《书林清话 书林余话》,岳麓书社1999年版。

Z

[葡]曾德昭著,何高济译:《大中国志》,商务印书馆2012年版。

张丕远主编:《中国历史气候变化》,山东科学技术出版社1996年版。

张善余编著:《中国人口地理》,商务印书馆1997年版。

张文斌主编:《简明河南史》,中州古籍出版社1996年版。

张显清主编:《孙奇逢集》,中州古籍出版社2003年版。

张振明主编:《古荥镇与荥阳故城》,广陵书社2008年版。

赵冈:《中国城市发展史论集》,新星出版社2006年版。

赵冈、陈钟毅:《中国经济制度史论》,新星出版社2006年版。

赵景深主编:《元明北杂剧总目考略》,中州古籍出版社1985年。

赵世瑜:《大河上下:10世纪以来的北方城乡和民众生活》,山西人民出版社2010年版。

郑杰祥:《夏史初探》,中州古籍出版社1988年版。

郑州市城市科学研究会编:《华夏都城之源》,河南人民出版社2012年版。

郑州市文物考古研究所编著:《郑州大河村》,科学出版社2001年版。

[日]中村圭尔、辛德勇编:《中日古代城市研究》,中国社会科学出版社2004年版。

钟兴永:《中国集市贸易发展简史》,成都科技大学出版社 1996 年版。

周宝珠:《宋代东京研究》,河南大学出版社 1992 年版。

周昆叔主编:《环境考古研究(第一辑)》,科学出版社 1991 年版。

周一星:《城市地理学》,商务印书馆 1995 年版。

朱大渭等著:《魏晋南北朝社会生活史》,中国社会科学出版社 1998 年版。

邹逸麟编著:《中国历史地理概述》,福建人民出版社 1999 年版。

邹逸麟主编:《黄淮海平原历史地理》,安徽教育出版社 1997 年版。

邹逸麟主编:《中国历史人文地理》,科学出版社 2001 年版。

(二)论文

B

卞书田、胡克义、黄殿盈:《清代河南煤炭开采业的发展》,《中州煤炭》1995 年第 2 期。

C

曹树基:《清代北方城市人口研究——兼与施坚雅商榷》,《中国人口科学》2001 年第 4 期。

陈连营:《客商与清代河南农村经济》,《中州学刊》1992 年第 2 期。

陈旭:《郑州商城宫殿基址的年代及其相关问题》,《中原文物》1985 年第 2 期。

成一农:《清代的城市规模与行政等级》,《扬州大学学报(人文社会科学版)》2007 年第 3 期。

程民生:《宋代家庭人口数量初探》,《浙江学刊》2000 年第 2 期。

D

邓亦兵:《清前期开封城经济初探》,《史学月刊》1986 年第 2 期。

邓亦兵:《清代的朱仙镇和周家口》,《中州学刊》1988 年第 2 期。

邓玉娜:《清代河南的城镇化发展》,《中国经济史研究》2005 年第 3 期。

邓玉娜:《清代河南集镇的发展特征》,《陕西师范大学学报(哲学社会科学版)》2005 年第 4 期。

邓玉娜:《清代河南集镇的空间分布——基于距县里程方面的分析》,《中国社会经济史研究》2006 年第 1 期。

F

傅开梅:《浅析中国古代城市的形成时间》,《滨州师专学报》1998 年第 1 期。

傅衣凌:《明代经济史上的山东与河南》,《社会科学战线》1984年第3期。

G

郭沫若:《古代文字之辩证的发展》,《考古》1972年第3期。

H

黄以柱:《河南城镇历史地理初探》,《史学月刊》1981年第1期。

J

[日]加藤繁著,王兴瑞译:《清代村镇的定期市》,《食货》1937年第5卷第1期。

L

李昌集:《北宋文人俗词论》,《文学遗产》1987年第3期。

李华:《清代河南商品经济与商人——清代地方商人研究之十一》,《清史论丛》2010年。

李纪轩、王瑞平:《略论清代河南村镇的定期集市》,《中州学刊》1996年第4期。

李自智:《中国古代都城布局的中轴线问题》,《考古与文物》2004年第4期。

林万成:《20世纪前半期河南行政区划与沦陷区域研究》,《新乡学院学报》2014年第7期。

刘炳阳:《明代河南府行政区划沿革》,《洛阳师范学院学报》2007年第4期。

刘士岭:《〈如梦录〉及其史料价值》,《史学史研究》2008年第1期。

刘新:《试论汉代南阳郡治宛城的历史地位——兼谈宛城在汉代丝绸之路上的作用》,《洛阳考古》2014年第4期。

刘宇:《明清河南市镇经济的特点及影响》,《安徽文学》2009年第4期。

骆平安、李芳菊:《明清时期古商道在河南的分布与中小城镇的形成——探询明清时期河南的古商道、商业通道、商业重镇》,《安阳师范学院学报》2007年第1期。

M

马凤兰:《从历代典籍与"咏黄"诗歌看黄河渊源》,《北方民族大学学报(哲学社会科学版)》2009年第5期。

马雪芹:《明清时期河南省部分经济作物的种植与分布》,《史学月刊》2003年第7期。

马雪芹:《明清河南桑麻业的兴衰》,《中国农史》2000年第3期。

P

裴占超:《明清南阳府市镇经济初探》,《中州今古》2004年第6期。

彭学宝:《明清周家口城镇经济初探》,《商丘师范学院学报》2000年第3期。

Q

瞿安全:《曹魏行政体制中的州郡》,《湖北文理学院学报》2013年第1期。

全汉生:《中国庙市之史的考察》,《食货》1934年第1卷第2期。

R

任重:《魏晋南北朝的城市与农业》,《上海交通大学学报(哲学社会科学版)》2005年第3期。

T

唐力行:《从区域史研究走向区域比较研究》,《上海师范大学学报(哲学社会科学版)》2008年第1期。

田冰:《试论明清时期河南城镇发展的特点》,《中州学刊》2006年第1期。

W

王瑞成:《运河和中国古代城市的发展》,《西南交通大学学报(社会科学版)》2003年第1期。

王兴亚:《清代河南集市的发展》,《南都学坛》1996年第1期。

王兴亚:《清代河南集市贸易及其作用》,《河南大学学报(社会科学版)》1997年第2期。

王兴亚:《对明清时期北方五省商业镇市之研究》,《许昌师专学报》2000年第1期。

王兴亚、马怀云:《明清河南庙会研究(一)》,《天中学刊(驻马店师专学报)》1995年第1期。

王兴亚、马怀云:《明清河南庙会研究(二)》,《天中学刊(驻马店师专学报)》1995年第2期。

王震中:《邦国、王国与帝国:先秦国家形态的演进》,《河南大学学报(社会科学版)》2003年第4期。

X

徐春燕:《明清时期河南城镇职能结构及其特点分析》,《黄河科技大学学报》2014年第2期。

徐刚、郑泰森(摄影):《黄河与河南的纠缠:黄河中华文明的宿命之河》,《中国国家地理》2008年第5期。

许檀:《明清时期的开封商业》,《中国史研究》2006年第1期。

许檀:《清代中叶的洛阳商业——以山陕会馆碑刻资料为中心的考察》,《天津师范大学学报(社会科学版)》2003年第4期。

许檀:《清代河南的商业重镇周口——明清时期河南商业城镇的个案考察》,《中国史研究》2003年第1期。

许檀:《清代河南西部的商业重镇荆子关——以山陕会馆碑刻资料为中心考察》,《天津师范大学学报(社会科学版)》2009年第5期。

Y

袁广阔:《先商文化新探》,《中原文物》2002年第2期。

袁广阔:《郑州商城始建年代研究》,《中原文物》2003年第5期。

Z

张光直:《关于中国初期"城市"这个概念》,《文物》1985年第2期。

张海英:《明清江南与华北地区的经济交流》,《历史教学问题》2003年第2期。

张家泰:《登封观星台和元初天文观测的成就》,《考古》1976年第2期。

张宽胜:《元河南行省建置考述》,《皖西学院学报》2000年第4期。

张南、周伊:《秦汉城市发展论》,《安徽史学》1989年第4期。

张玉石、赵新平、乔梁:《郑州西山仰韶时代城址的发掘》,《文物》1999年第7期。

赵明星:《河南先秦城市平面布局与中国古代城市规划理论体系的形成》,《华中建筑》2008年第6期。

赵青春:《新密新砦城址与夏启之居》,《中原文物》2004年第3期。

赵青春、张松林、谢肃、张家强、魏新民:《河南新密市新砦遗址东城墙发掘简报》,《考古》2009年第2期。

周宝珠:《北宋时期中国各族在东京的经济文化交流》,《河南师大学报(社会科学版)》1982年第4期。

周长太:《洛汭、伊汭地望考辨》,《中州今古》2002年第4期。

周峰:《全新世时期河南的地理环境与气候》,《中原文物》1995年第4期。

朱和平:《略论古代城市经济的兴衰与政治因素的关系》,《经济社会体制比较》

1996年第2期。

邹逸麟:《我国古代经济区的划分原则及其意义》,《中国史研究》2001年第4期。

邹逸麟:《历史时期黄河流域的环境变迁与城市兴衰》,《江汉论坛》2006年第5期。

后　记

　　本书为2016年省级课题"河南城镇史"的结项成果,同时也是河南省社会科学院推出的"河南专门史大型学术文化工程丛书"中的一本。第一章、第二章、第三章、第四章和第五章为徐春燕撰写,第六章、第七章、第八章为田冰撰写。需要说明的是,本书在撰写过程中参阅了河南不同时期的地方志,因为数量众多,所以在参考书目部分对于省内方志一并做了省略,仅列举了部分省外方志。此外,由于本书时间跨度大,涉及范围广,加之笔者知识结构和写作水平有限,虽经多次磨合和屡次商讨修改,全书定有许多不尽如人意之处,敬请学界朋友批评指正。